Nicole Krome

RUSSISCHER NETZWERKKAPITALISMUS

Restrukturierungsprozesse in der
Russischen Föderation am Beispiel des
Luftfahrtunternehmens "Aviastar"

Mit einem Vorwort von Petra Stykow

ibidem-Verlag
Stuttgart

Bibliografische Information der Deutschen Nationalbibliothek
Die Deutsche Nationalbibliothek verzeichnet diese Publikation in der Deutschen Nationalbibliografie; detaillierte bibliografische Daten sind im Internet über http://dnb.d-nb.de abrufbar.

Bibliographic information published by the Deutsche Nationalbibliothek
Die Deutsche Nationalbibliothek lists this publication in the Deutsche Nationalbibliografie; detailed bibliographic data are available in the Internet at http://dnb.d-nb.de.

Coverabbildung: Ball of colored cables with network plugs, © tr3gi (tregi/org) / istockphoto.com

Zugl.:
Dissertation zur Erlangung der Doktorwürde des Osteuropa Institut, Freie Universität Berlin 2012.
Originaltitel: Restrukturierungsprozesse im Netzwerkkapitalismus der Russischen Föderation. Am Fallbeispiel eines Luftfahrtunternehmens

∞

Gedruckt auf alterungsbeständigem, säurefreien Papier
Printed on acid-free paper

ISSN: 1614-3515

ISBN-13: 978-3-8382-0534-2

Printed in Germany

Soviet and Post-Soviet Politics and Society (SPPS) Vol. 123

ISSN 1614-3515

Soviet and Post-Soviet Politics and Society (SPPS)

ISSN 1614-3515

Founded in 2004 and refereed since 2007, SPPS makes available affordable English-, German-, and Russian-language studies on the history of the countries of the former Soviet bloc from the late Tsarist period to today. It publishes between 5 and 20 volumes per year and focuses on issues in transitions to and from democracy such as economic crisis, identity formation, civil society development, and constitutional reform in CEE and the NIS. SPPS also aims to highlight so far understudied themes in East European studies such as right-wing radicalism, religious life, higher education, or human rights protection. The authors and titles of all previously published volumes are listed at the end of this book. For a full description of the series and reviews of its books, see www.ibidem-verlag.de/red/spps.

Editorial correspondence & manuscripts should be sent to: Dr. Andreas Umland, DAAD, German Embassy, vul. Bohdana Khmelnitskoho 25, UA-01901 Kyiv, Ukraine. e-mail: umland@stanfordalumni.org

Business correspondence & review copy requests should be sent to: ***ibidem*** Press, Leuschnerstr. 40, 30457 Hannover, Germany; tel.: +49 511 2622200; fax: +49 511 2622201; spps@ibidem.eu.

Authors, reviewers, referees, and editors for (as well as all other persons sympathetic to) SPPS are invited to join its networks at www.facebook.com/group.php?gid=52638198614 www.linkedin.com/groups?about=&gid=103012 www.xing.com/net/spps-ibidem-verlag/

Recent Volumes

115 Jussi Lassila
The Quest for an Ideal Youth in Putin's Russia II
The Search for Distinctive Conformism in the Political Communication of *Nashi,* 2005-2009
With a foreword by Kirill Postoutenko
ISBN 978-3-8382-0415-4

116 Valerio Trabandt
Neue Nachbarn, gute Nachbarschaft?
Die EU als internationaler Akteur am Beispiel ihrer Demokratieförderung in Belarus und der Ukraine 2004-2009
Mit einem Vorwort von Jutta Joachim
ISBN 978-3-8382-0437-6

117 Fabian Pfeiffer
Estlands Außen- und Sicherheitspolitik I
Der estnische Atlantizismus nach der wiedererlangten Unabhängigkeit 1991-2004
Mit einem Vorwort von Helmut Hubel
ISBN 978-3-8382-0127-6

118 Jana Podßuweit
Estlands Außen- und Sicherheitspolitik II
Handlungsoptionen eines Kleinstaates im Rahmen seiner EU-Mitgliedschaft (2004-2008)
Mit einem Vorwort von Helmut Hubel
ISBN 978-3-8382-0440-6

119 Karin Pointner
Estlands Außen- und Sicherheitspolitik III
Eine gedächtnispolitische Analyse estnischer Entwicklungskooperation 2006-2010
Mit einem Vorwort von Karin Liebhart
ISBN 978-3-8382-0435-2

120 Ruslana Vovk
Die Offenheit der ukrainischen Verfassung für das Völkerrecht und die europäische Integration
Mit einem Vorwort von Alexander Blankenagel
ISBN 978-3-8382-0481-9

121 Mykhaylo Banakh
Die Relevanz der Zivilgesellschaft bei den postkommunistischen Transformationsprozessen in mittel- und osteuropäischen Ländern
Das Beispiel der spät- und postsowjetischen Ukraine 1986-2009
Mit einem Vorwort von Gerhard Simon
ISBN 978-3-8382-0499-4

122 Michael Moser
Language Policy and the Discourse on Languages in Ukraine under President Viktor Yanukovych (25 February 2010–28 October 2012)
ISBN 978-3-8382-0497-0 (Paperback edition)
ISBN 978-3-8382-0507-6 (Hardcover edition)

Inhalt

Abbildungsverzeichnis

Abkürzungsverzeichnis

ANTK	Aviazionnyj Nautschno Technitscheskij Kompleks (Wissenschaftlich-luftfahrttechnischer Komplex) – im Rahmen der Arbeit wird nur von KB, von Konstruktionsbüro gesprochen
AOZT	Akzionernoe Obschtschestvo Zakrytogo Tipa (Aktiengesellschaft geschlossenen Typs)
EADS	European Aeronautic Defence and Space Company
EBRD	European Bank for Reconstruction and Development (Europäische Bank für Wiederaufbau und Entwicklung)
FABRID	Föderale Agentur zum rechtlichen Schutz der Ergebnisse intellektueller Tätigkeit
FAPSI	Federal'noe Agenstvo Pravitel'stvennoi Svjasi i Informazii (Agentur für das Kommunikationsnetz der Regierung der Russischen Föderation)
FGUP	Federal'noe Gosudarstvennoe Unitarnoe Predprijatie (Föderales Staatliches Monopolunternehmen)
FIG	Finanz-Iindustrielle Gruppe(n)
FPA	Federal'noe Agenstvo po promyschelnnosti (Föderale Agentur für Industrie)
FPS	Federal'naja Pogranitschnaja Slugba (Föderaler Grenzschutz)
FSB	Federal'naja Slugba Besopasnosti (Föderaler Sicherheitsdienst)
FSFO	Federal'naja Slugba po Finansovomu Ozdorovleniju i Bankrotsvo (Föderale Insolvenzbehörde)
FSNP	Federal'naja Slugba Nalogovoj Polizii (Föderale Steuerpolizei)
GKO	Gosudarstvennye Kratkosrotschnye Obligazii (kurzfristige Staatsobligationen)
GOSPLAN	Gosudarstvennyj Planovy Komitet (Staatliches Plankomitee)
GSGA	Gosudarstvennaja Slugba Gragdanskoj Aviazii (Staatlicher Dienst für zivile Luftfahrt)
GUS	Gemeinschaft Unabhängiger Staaten
HNS	Holding Novoe Sodrugestvo (Holding Neue Gemeinschaft)
IFC	Iljushin Finance Corporation
IFS	International Finance Corporation

IGPI	Institut Guminitarno-politischeskich Issledovanij (Institut für Humanitäre und Politische Wissenschaften)
KAPO	Kazanskoe Aviazionnoe Promyschlennoe Ob'edinenie (Kazaner Flugzeugvereinigung
KB	Konstruktionsbüro
KiAPO	Kievskoe Aviazionnoe Promyschlennoe Ob'edinenie (Kievsker Flugzeugvereinigung)
KMU	kleine und mittlere Unternehmen
KPdSU	Kommunistische Partei der Sowjetunion
LIK	Letny Issledovatelny Kompleks (Flugversuchskomplex)
MAK	Meggosudarstvennyj Aviazionnij Komitet (Zwischenstaatliches Luftfahrtkomitee – Zertifizierungsbehörde der GUS (Gemeinschaft Unabhängiger Staaten))
MIK	militärisch-industrieller Komplex
NIIEAP	Nautschno Issledovatel'skij Institut Ekonomiki Aviazionnoj Promyschlennosti (Wissenschaftliches Forschungsinstitut für die Wirtschaft der Luftfahrtindustrie)
NPK	Nautschno-Proizvodstvennaja Korporazija (Wissenschafts- und Produktionskomplex)
NRB	National'nyj Reservnyj Bank (Nationale Reserve Bank)
OAK	Ob'edinennaja Aviastroitel'naja Korporazija (Vereinte Flugzeugbauholding oder United Aircraft Corporation)
OAO	Otkrytoe Akzionernoe Obschtschestvo(Offene Aktiengesellschaft)
OOO	Obschtschestvo s Ogranitschennoj Otvetstvennost'ju (Gesellschaft mit beschränkter Haftung)
OPG	Organizirovannaja Prestupnaja Gruppirovka
OPK	Oboronno-Promyschlennyj Kompleks (Rüstungsindustriekomplex)
PPP	Promyschlenno-Proizvodstvenny Personal (Produktionspersonal)
RAK	Rossiskij Aviazionno-Konsorzium (Russisches Luftfahrtkonsortium)
RAKA	Rosaviakosmos (Rossiskij Aviazionno-Kosmitscheskoe Agenstvo – Russische Luft- und Raumfahrtbehörde)

RAT	Remonta Aviazionnoj Techniki (Reparaturarbeiten für Luftfahrttechnik)
RAUD	Regional'noe Agenstvo Upravlenija Dolgami (Regionale Behörde für Schuldenmanagement)
RF	Russische Föderation
ROA	Russische Rüstungsbehörde (Rossijskie Oboronnye Agenstvo)
RSFSR	Russische Sozialistische Föderative Sowjetrepublik
SP	Samoletnoe Proisvodstvo (Flugezugproduktion)
SSSR	Sojus Sovjetskich Sozialistitscheskich Respublik (Sowjetunion)
TPG	Texas Pacific Group
UAPK	Ul'janovskij aviazionnyj promyschelnnyj kompleks imeni D. F. Ustinova (Ul'janovsker Industriekomplex unter der Leitung von D. F. Ustinov)
VAL	Vnukov Airlines Vnukovskie Avialinii
VASO	Voronegskoe Akzionernoe Samolotostroitel'noe Obschest'vo (Voroneschsker Flugzeugbau und Aktiengesellschaft)
VEB	Vneschekonombank
VPK	Voenno-Promyschlennyj Komissia (Kommission für Rüstungsindustrie)
VTAD	Voenno Transportnoj Aviazionnoj Divizii (Division der Luftstreitkräfte)
VTB	Voenno Transportnoj Aviazionnoj (Luftstreitkräfte)
VTS	Voenno Technitscheskoe Strudnitschestvo (Kommission für rüstungstechnische Zusammenarbeit)
VVB	VoennoVozduschnych Sil (Luftstreitkräfte)
VVP	Voenno-Vozdusnyj Park (Flugzeugpark)
ZALIZ	(Zentrale Leasinggesellschaft für Luftfahrt)
ZAO	Zakrytoe Akzionernoe Obschtschestvo
ZK	Zentralkomitee
ZTO	Zentr Technitscheskogo Obslugivanija (Zentrum für Technische Wartung)
ZTO-EAT	(Zentrum für Technische Wartung und Test der Luftfahrttechnik)

Verzeichnis der Transkriptionen

Die Buchstaben des russischen Alphabets

А а	=	A a	Р р	=	R r
Б б	=	B b	С с	=	S s
В в	=	V v	Т т	=	T t
Г г	=	G g	У у	=	U u
Д д	=	D d	Ф ф	=	F f
Е е	=	E e	Х х	=	Ch ch
Ж ж	=	G g	Ц ц	=	Z z
З з	=	Z z	Ч ч	=	Tsch tsch
И и	=	I i	Ш ш	=	Sch sch
Й й	=	J j	Щ щ	=	Schtsch schtsch
К к	=	K k	Ь	=	’
Л л	=	L l	Ы ы	=	Y y
М м	=	M m	Э э	=	E e
Н н	=	N n	Ю ю	=	Ju ju
О о	=	O o	Я я	=	Ja ja
П п	=	P p			

Vorwort

In der zweiten Hälfte der 1980er Jahre scheiterte der letzte Versuch, die Krise des staatssozialistischen Gesellschaftsentwurfs systemimmanent zu überwinden. An der Wende zu den 1990er Jahren mündete diese Krise in den schnellen Zusammenbruch des Gesamtsystems. Ein radikaler Neubeginn schien ebenso nötig wie möglich. Im Gefolge des Herbstes 1989 zerfiel die sowjetisch dominierte Hemisphäre der Welt; die ehemaligen Satellitenstaaten Ostmitteleuropas führten demokratische Spielregeln ein. Durch einen Putsch kommunistischer Hardliner wurde im August 1991 auch der Untergang der Sowjetunion besiegelt; als Gebot der Stunde erschien der Übergang zur Demokratie. Am Jahresende 1991 erlangten die fünfzehn ehemaligen Unionsrepubliken ihre völkerrechtliche Souveränität, und am 1. Januar 1992 begannen in Russland radikale Wirtschaftsreformen, welche die Einführung der Marktwirtschaft zum Ziel hatten.

So radikal und umfassend dieser Neubeginn für das postsozialistische Russland war, begann er doch nicht in einem gesellschaftlichen Vakuum. Er wurde vorangetrieben und gebremst durch Akteure, die selbst einen Wandlungsprozess durchlebten und mehr oder weniger kompetent von außen beraten wurden. Die bisherigen Regelsysteme waren in ihrer Geltung erschüttert, aber keineswegs über Nacht abgelöst. Neue Regeln mussten nicht nur gesetzt, sondern auch ausgehandelt, angepasst und durchgesetzt werden. Russland durchlebte daher in den vergangenen zwei Jahrzehnten politische, ökonomische, soziale und kulturelle Entwicklungen, die widersprüchlich und manchmal hochdramatisch verliefen. Kerninstitutionen der Demokratie wurden zwar geschaffen, erwiesen und erweisen sich aber oft als nicht effektiv. Die Umwandlung des „Volkseigentums" in privates Eigentum schuf keine freie Marktwirtschaft, sondern eine hybride Ökonomie mit einem starken staatskapitalistischen Sektor. Der überwiegende Teil der Bevölkerung bezahlte einen hohen Preis für das beispiellose Experiment der postsowjetischen Transformation.

Aus diesem Kontext schöpft die vorliegende Langzeitbeobachtung des Schicksals eines großen russischen Flugzeugherstellers ihre Bedeutung. Nicole Krome verfolgt die Entwicklung von „Aviastar" über mehr als zwei

Jahrzehnte. Aus einem Ende der 1970er Jahre gegründeten Großbetrieb der sowjetischen Rüstungsindustrie verwandelte sich das Unternehmen nach seiner Privatisierung im Jahre 1991 für über zehn Jahre in ein Objekt der Begierde unterschiedlicher Investoren, bevor es in der ersten Amtszeit Putins wieder in zentralstaatliche Steuerungsstrukturen eingegliedert wurde. Die Geschichte, die Nicole Krome anhand akribischer Recherchen präsentiert, ist voller Dramatik, sie betrifft einen gewichtigen Fall, und die Autorin verfolgt geduldig die immer wieder neuen Anläufe, die Rettung für „Aviastar" versprachen und dann doch erneut scheiterten. Der lange Atem dieser Studie ist einer ihrer großen Vorzüge gegenüber anderen Fallstudien über den Verlauf der Unternehmensprivatisierung und -restrukturierung beim Übergang von der sowjetischen Zentralverwaltungswirtschaft zu einem „something else".

Die Autorin zeigt, wie unter den Bedingungen eines chaotischen Rückzugs des Staates aus der Wirtschaft und fehlender oder schwacher formaler Institutionen es letztlich konkurrierende Personennetzwerke und ihre Interaktionen waren, die den Lauf der Ereignisse bestimmten. In dieser Geschichte sind es nicht nur die Insider-Privatisierung und der daraus resultierende Kapitalmangel, Innovationsdefizite und fehlende Zugänge zu globalen Märkten, welche den Niedergang des Unternehmens erklären, sondern es sind in erster Linie rivalisierende, einander blockierende, wechselnde, inkompetent oder gar kriminell operierende „Seilschaften", welche versuchten, die Kontrolle über „Aviastar" zu gewinnen. Keinem dieser Netzwerke gelang es, sein Potential für die Restrukturierung des Unternehmens zu nutzen. Inadäquate Anreizstrukturen einerseits, das „Wuchern" interpersoneller Beziehungsnetzwerke andererseits, die sich zunehmend miteinander verflochten, lähmten – so die Autorin – die Handlungsfähigkeit der Investoren.

Nicole Kromes These lautet demnach: Diese Netzwerke haben als Koordinationsmechanismus versagt; sie führten nicht zur effektiven Restrukturierung des Unternehmens, sondern dienten der Abschöpfung und Verteilung von Unternehmenswerten. Aber auch die Alternative „hierarchische Steuerung des Wandels" erweist sich nicht als überlegen, wie die Autorin ebenfalls zeigt. Sie argumentiert, dass die Integration von „Aviastar" in die Steuerungskette der Präsidialadministration, die seit dem Jahre 2002 in wechselnder Form vollzogen worden ist, das Unternehmen ebenso wenig weltmarktfähig gemacht hat wie seine vorangegangene Preisgabe an private Akteure und deren informelle Koordinationsformen. Auch unter zentralstaatlicher Kontrolle blieben die fälligen Modernisierungs- und Innovationsprozesse aus.

Im systematischen Sinne weisen die Befunde der vorliegenden Untersuchung also weit über ihren unmittelbaren Forschungsgegenstand hinaus, bereichern sie doch die Diskussion über die Koordination und Steuerung komplexer Wandlungsprozesse. Aber auch in ihrem unmittelbaren Ertrag als Fallstudie ist sie bemerkenswert. Neben der Länge des erfassten Zeithorizonts betrifft dies insbesondere die akribische Rekonstruktion der Akteure und ihres Handelns: Illustriert wird, dass es nicht nur „Oligarchen", ihre Interessen und Interaktionen mit der „Mafia" und dem „Staat", sind, welche den Verlauf der postsowjetischen Transformation der russländischen Industrie geprägt haben, wie oft angenommen wird. Wesentliche handelnde Personen im Fall von „Aviastar" sind vielmehr, neben Insidern aus Politik und Wirtschaft, insbesondere ein ägyptischer Geschäftsmann und ein berühmter russischer Filmregisseur, die in ihren Netzwerken jeweils sehr spezifische Ressourcen mobilisieren konnten.

Ob die „Schocktherapie" der frühen 1990er Jahre für die Wirtschaft Russlands alternativlos war oder als gigantische wirtschafts- und sozialpolitische Fehlentscheidung zu bezeichnen ist, bleibt bis heute umstritten. Sicherlich ist sie in dem Sinne gescheitert, dass sie keinen schnellen, effizienten, im hergebrachten Sinne „erfolgreichen" Übergang vom Staat zum Markt erzwingen konnte. Für die tatsächlich ablaufenden Prozesse war, im Großen wie im Kleinen, über lange Jahre charakteristisch, was die vorliegende Studie anhand ihres Falls detailliert nachvollziehbar macht: ihre geringe Steuerbarkeit und hohe Kontingenz.

Petra Stykow

1 Einleitung

1.1 Von der Kriegswirtschaft zum Netzwerkkapitalismus

Warum konnte Russland sein umfassendes technologisches und industrielles Potenzial nicht nutzen, um die Deindustrialisierung zu verhindern oder um heute eine Reindustrialisierung zu ermöglichen? Dafür gibt es sicherlich viele Gründe.

Ähnlich wie die anderen sozialistischen Länder war Russland für mehrere Jahre in das staatliche und ökonomische Chaos eines historisch einmaligen Transformationsprozesses gestürzt, der praktisch alle gesellschaftlichen Bereiche erfasste. Infolge dessen waren alle formellen Strukturen der Koordination weitgehend außer Kraft gesetzt. Diese Transformationsprozesse lassen sich mit keinem anderen Land vergleichen, weder mit der Transformation in China oder in den Ländern Lateinamerikas noch mit den Umwandlungsprozessen in den klassischen Entwicklungsländern. Dabei bestätigte sich das von Offe dargelegte Problem der Gleichzeitigkeit als wesentlicher Unterschied.[1] In China beispielsweise wurde das wirtschaftliche System in eine Marktwirtschaft umgewandelt, während das politische System zunächst einmal in seinen Grundstrukturen bestehen blieb. In Lateinamerika hingegen wurden diktatorische, autoritäre Regime in eine Demokratie transformiert. Die Transformation des wirtschaftlichen Systems von einer tendenziell staatswirtschaftlichen in eine private Ökonomie stand dagegen nicht im Vordergrund. Einen analytischen Nutzen aus dem Vergleich mit den Umwandlungsprozessen in den Entwicklungsländern zu ziehen, ist schon deshalb schwierig, weil es hier, vorwiegend an entwicklungstheoretischen Überlegungen ausgerichtet, vor allem um den Übergang von einer Subsistenzwirtschaft in die Industriewirtschaft ging. In den osteuropäischen Ländern hingegen gab es schon eine hochentwickelte Industriebasis. Dies traf insbesondere auf die Sowjetunion zu.

Die Industrie der Sowjetunion basierte vor allem auf der Schwerindustrie, und diese wurde wiederum von der Rüstungsindustrie dominiert. Bis Mitte der 1980er Jahre stellte die Schwerindustrie 75 Prozent der landesweiten

1 Vgl. Offe, Das Dilemma der Gleichzeitigkeit, 1991.

Industrieproduktion, davon entfielen rund 80 Prozent auf die Rüstungsindustrie[2], die auch 3/4 aller Forschungs- und Entwicklungsressourcen verbrauchte.[3]

Die hohen industriellen und technischen Voraussetzungen des Landes ließen damals nicht nur die Wissenschaftler in Moskau[4] davon ausgehen, dass das Land eher mit den Industrienationen als mit den Entwicklungsländern vergleichbar sei und der Anschluss an die westlichen Volkswirtschaften ohne große Opfer vollzogen werden könne. Ein auf den ersten Blick naheliegender Schluss, letztlich gehörte die Sowjetunion neben den USA zu den führenden Weltmächten und konkurrierte mit den führenden Industrienationen auf dem Weltmarkt. Unabhängig davon, dass sich die internationale Wettbewerbsfähigkeit nur auf die hochsubventionierte rüstungsindustrielle Produktion beschränkte, setzte diese Einschätzung die häufig unterschätzte Annahme voraus, dass sich die unter realsozialistischen Bedingungen akkumulierten Produktionsmittel mit Kapital gleichsetzen ließen. Neben der Problematik der Transformation realsozialistischer Produktionsmittel in Kapital litt das Land unter einer Übermilitarisierung. So waren die zivilen Industrien technologisch rückständig, ihr Kapitalstock war veraltet und ihre Produktionsmengen zu gering.[5] Die Sowjetunion war, wie Götz treffend schrieb, „nicht eigentlich ein Industriestaat mit hohen Rüstungsausgaben, sondern vielmehr eine permanente Kriegswirtschaft mit peripherer Zivilproduktion."[6] Dementsprechend war eine Restrukturierung des

---

2 Vgl. Cooper, The Sovjet Defence Industry, 1992, S. 47. Unter Stalin wurden in der sowjetischen Wirtschaftsstatistik die Kategorien „Gruppe A" (Produktion von Produktionsgütern; sie umfasst in erster Linie die Schwerindustrie als Grundlage der Rüstungsindustrie) und „Gruppe B" (Produktion von Konsumgütern) eingeführt. Vgl. auch Malek, Russische Rüstungsindustrie, 1994, S. 31.

3 Vgl. Bystrova, Paradoxes of Soviet Arms Production, 2006, S. 4. Zum Ende der 1980er Jahre belief sich der Anteil der Rüstungsindustrie am Bruttosozialprodukt, berechnet nach Weltmarktpreisen, auf 62 %. Vgl. Cooper, Das Innovationspotenzial der russischen Wirtschaft, 2010.

4 Vgl. Abalkin, Obnovlenie otnoschenij sobstvennosti ukrepit socialism, 1990.

5 Vgl. Pimenov, Novye podchody k konversii, 1996, S. 6 und Malek, Russische Rüstungsindustrie, 1994, S. 34.

6 Vgl. Götz, Strukturerbe und Systemtransformation, 1994, S. 168.

Landes, das hieß die Nutzung der im Militär-Industriellen Komplex[7] gehorteten hochtechnologischen Ressourcen für die Modernisierung der zivilen Industrien, eine unausweichliche Aufgabe, wollte das Land den Anschluss an die anderen Industrieländer schaffen. Und so hatte Gorbatschow Anfang 1988 auf der XIX. Parteikonferenz die „soziale Reorientierung unserer Ökonomie"[8] angekündigt und der Rüstungsindustrie hierbei eine Schlüsselstellung zugesprochen. Soziale Reorientierung meinte hier die Umstellung der Produktion von militärischen Gütern auf die Herstellung von Konsum- und Verbrauchsgütern.

In Moskau ging man davon aus, dass die im Rüstungssektor gehorteten Ressourcen relativ problemlos für die Modernisierung der gesamten Volkswirtschaft genutzt werden könnten. Aufgrund der allgemeinen[9] sowie der spezifischen Konversionsschwierigkeiten[10] scheiterte die Rüstungskonver-

---

7 Der Begriff des MIK umfasst, im Gegensatz zur Rüstungsindustrie und zum Rüstungssektor, auch die Ministerialbürokratie, die Forschungsinstitutionen und Unternehmen sowie das Militär. Es ist jedoch darauf hinzuweisen, dass nur bedingt von einem Komplex gesprochen werden kann, da er nicht als eine einheitlich handelnde Interessengruppe auftrat. Vgl., Albrecht, Nikutta, Die sowjetische Rüstungsindustrie, 1989, S. 172.

8 Vgl. Vsesojuznaja konferecija kommunistitscheskoj partii sovetskoge sojuzan 28. ijunia–1 julija 1988, gida, S. 34.

9 Unabhängig von dem Wirtschaftssystem sind die ökonomischen wie technischen Nutzungmöglichkeiten der rüstungsindustriellen Ressourcen für die zivilen Sektoren eingeschränkt. Das betrifft insbesondere die hochtechnologischen und hoch spezialisierten Bereiche der Rüstungsindustrien, wie beispielsweise die Jagdbomberkonstruktion. Selbst wenn es sich nicht um diversifizierte Konversionsprodukte handelt, sondern um ein „gleiches" Produkt, wie bei der Umstellung von der rüstungsorientierten auf die zivile Flugzeugtechnik, gibt es große Unterschiede zwischen rüstungsorientierten und zivilen Produktionen und ihren Produkten. Dies beginnt schon bei den Produktzielen in puncto Nutzungsdauer, Leichtigkeit, Miniaturisierung, Höhe der Motorenleistung, Treibstoffverbrauch und vor allem der Anwendungsfreundlichkeit. Vgl. insbesondere Alice/Branscomb/Brooks, Beyond Spinoff, 1992, S. 70, 146, 398–405.

10 Im Vergleich zu den westlichen Industrieländern gab es in der sowjetischen Arbeitsteilung eine große technologische Lücke zwischen ziviler und rüstungsorientierter Produktion. Dies machte sich auch in der strikten verwaltungstechnischen Trennung beider Bereiche und selbst der geographische Trennung zwischen den F&E- und den Produktionseinheiten bemerkbar.

sion unter Gorbatschow jedoch. Aber auch das postkommunistische soziooökomische System hatte erhebliche Schwierigkeiten, die bestehenden volkswirtschaftlichen Ressourcen für den technologischen und wirtschaftlichen Anschluss an die Entwicklungen der internationalen Industrienationen zu nutzten. Es kam zu einer einzigartigen Deindustrialisierung des Landes und einer wachsenden Abhängigkeit von den extraktiven und rohstoffnahen Exportbranchen, wodurch die russische Volkswirtschaft zunehmend von den Symptomen der „Dutch Disease“[11] gezeichnet war. Bis heute fehlen dem Land breit angelegte Innovations- und Wertschöpfungssysteme,

---

11 „Dutch Disease“ bezeichnet ein makroökonomisches Paradoxon, gemäß dem es bei Rohstoffe exportierenden Volkswirtschaften über eine Verschlechterung der Wechselkursentwicklungen zu Einbrüchen bei den verarbeitenden Industrien kommt. Die Wechselkurseffekte begünstigen eine Deindustrialisierung. So kommt es nicht selten bei Ländern, die in großen Umfang Rohstoffe exportieren, zu einem Außenhandelsüberschuss. Die Überschüsse ziehen die Aufwertung der heimischen Währung nach sich, was zu Absatzproblemen für die verarbeitenden Industrien führt. Mit der Aufwertung verteuern sich nicht nur ihre Exportprodukte, sondern es verbilligen sich auch die Importprodukte. Der verbilligte Import führt zu einer Verdrängung der heimischen Ware. Beide Effekte der Aufwertung belasten also die heimische verarbeitende Industrie. Dieses Phänomen wurde zuerst in den 1960er Jahren in Holland nach der Entdeckung der Erdgasvorkommen beobachtet. Vgl. Kappel, R., Wirtschaftsperspektive Afrikas zu Beginn des 21. Jahrhunderts: Strukturfaktoren und Informalität, S. 11. Hinzu kommt, dass die weniger verarbeitungsintensiven Industrien bei steigenden Weltmarktpreisen besonders hohe Renditen ausweisen. Infolgedessen fließen ihnen die meisten Investitionen zu, die gleichzeitig aus den anderen Sektoren abfließen. Dies betrifft nicht nur den Faktor Kapital, sondern alle Faktoren. In den meisten Fällen werden die devisenbringenden Industrien vom Staat gefördert, was sich in Steuer- und Zollvergünstigungen und der Infrastruktur bemerkbar macht. Auch im heutigen Russland ist das Phänomen der Dutch Disease zu beobachten, wodurch die Re-Industrialisierungstendenzen, wie sie seit 1998 zu beobachten sind, erschwert werden. Das Land ist heute noch immer eine Erdöl- und Gaswirtschaft. Der Staatshaushalt ist in hohem Maße abhängig von den Einnahmen aus der Rohstoffförderung. Damit geht eine relativ schwache Entwicklung der anderen Wirtschaftszweige des Landes einher. Die russischen Terms of Trade (die das Verhältnis des Preisindexes für Importgüter zum Preisindex der Exportgüter angeben; die Größe zeigt, wie viele Mengeneinheiten eines Exportgutes im Ausland verkauft werden müssen, um ein Importgut dafür zu kaufen) haben sich in den letzten Jahren durch die konstant steigenden Rohstoffpreise verbessert, ohne dass die Wettbewerbsfähigkeit inländischer Produzenten gesteigert werden musste. Vgl. auch Götz, Russlands Öl und Europa, 2006, S. 19–21.

die für einen Strukturwandel unabdingbar sind. Dementsprechend geht die Reindustrialisierung gerade in den hochtechnologischen Industrien, abgesehen von einigen Prestigeprojekten, kaum voran.
Aufgabe dieser Arbeit ist es, die Gründe für die chronischen Restrukturierungsresistenzen zu erfassen und zu verstehen. Dafür gibt es sicherlich viele Gründe. Im Rahmen der vorliegenden Untersuchung werden die Restrukturierungsprozesse unter der Perspektive der Netzwerke analysiert.

1.2 Netzwerkkapitalismus

Dieser Blickwinkel scheint umso sinnvoller, als mit der Systemimplosion 1991 erst einmal alle bekannten formellen Möglichkeiten der Koordination weitgehend außer Kraft gesetzt worden waren. Geblieben waren allein die informellen Institutionen und Interaktionsformen. Die nun eingeführten Koordinationsmechanismen des Kapitalismus mit ihren spezifischen Anreizen und hier kaum funktionierenden Sanktionsimpulsen zeigten sich noch weniger geeignet, die anstehenden Restrukturierungsaufgaben zu bewältigen, als das alte Wirtschaftssystem. Während für einen funktionsfähigen marktwirtschaftlichen Kapitalismus der Strukturwandel automatisch dazu gehört, stagniert der Restrukturierungs- und Reindustrialisierungsprozess in Russland nach 20 Jahren Kapitalismus noch immer. Es war also ein Gesellschaftssystem entstanden, das weit von einem marktwirtschaftlichen Kapitalismus entfernt war. Ein Tatbestand, der, wie insbesondere David Stark betont hatte, nicht weiter verwunderlich ist. Zwar waren nach 1991 die formellen Fassaden gewechselt worden, aber das gesamte soziale Gefüge des alten Systems hinter den Fassaden war noch immer existent.[12]
Dieses soziale Gefüge basierte vor allem auf Netzwerken. Es ist kein Geheimnis, dass schon zu Zeiten der Sowjetunion informelle Netzwerke existierten und menschliches Handeln wesentlich durch die informelle Mobilisierung von sozialen Relationen bestimmt wurde. Diese lösten sich nach 1990 bekanntermaßen nicht einfach in Luft auf, sondern sie haben sich im

12 Vgl. Stark, Nicht nach Design, 1994, S. 134.

Chaos der postsowjetischen Phase der 1990er Jahre reproduzieren können.[13] Nun stellt sich allerdings die Frage, wie dieses soziale Gefüge sich entwickelt hatte und welches Gesellschaftssystem des Kapitalismus entstanden war.

King und Szelenyi hatten das postkommunistische Gesellschaftssystem in Russland als Kapitalismus „von oben" oder als patrimonialen Kapitalismus beschreiben. Dabei können gerade über die Beschreibung des patrimonialen Charakters die vertikalen gesellschaftlichen Interaktionsformen des postsowjetischen Systems sehr gut erfasst werden.[14] Aufgrund der Vielfalt an informellen Praktiken, der Vergabe von Sonderprivilegien, der Schwäche der Institutionen bei der Durchsetzung von politischen Maßnahmen und der Vielzahl an Akteuren, die auf die Restrukturierungsprozesse Einfluss zu nehmen versuchen, lässt bezweifeln, dass diese Prozesse vorwiegend durch Top-down-Entscheidungen einer mehr oder weniger handlungsfähigen politischen Elite gelenkt wurden. Vielmehr ist davon auszugehen, dass das Gesellschaftssystem durch Bottom-up-Prozesse mitbestimmt wird. Diese Prozesse werden dabei vor allem von Netzwerken initiiert und getragen. Über diese Netzwerkperspektive lässt sich auch die geringe Durchschlagkraft der Top-Down-Modernisierung unter Putin erklären. Das heißt nicht, dass es keine Top-down-Prozesse gibt. Allerdings wurden und werden auch diese maßgeblich über Netzwerke gelenkt. Während der Großteil der Forschung sich vor allem auf Institutionen konzentriert und Netzwerke gerne als Randerscheinung marginalisiert, werden in der vorliegenden Arbeit Netzwerke und ihre vorwiegend informellen Interaktionssysteme als zentrale Größe zur Beschreibung gesellschaftlicher Koordinationsprozesse herangezogen. Vor diesem Hintergrund ist es hilfreich, von einem Netzwerkkapitalismus[15] zu sprechen.

---

13 Vgl. Kornai, Economies of Shortage, 1980; Kordonskii, Evaluating Administrative Weights, 1995, S. 123–154; Medvedev, Ekonomiko-matematisheskye metody i realnyi chozystvennyi mechanism, 1982; Kuznetsov, Learning in Networks, 1998, S. 161; vgl. auch Ledeneva, Russia's Economy of Favours, 1998.

14 Vgl. Volkov, Patrimonialism versus Relational Bureaucracy, 2000; Sakwa, Liberalism and Neo-Patrimonialism, 2008.

15 Vgl. McNelly, The Institutional Contours, 2008.

Während in den sozialwissenschaftlichen Debatten Netzwerke vor allem im Zusammenhang mit den asiatischen Transformationen als entscheidendes Charakteristikum für die erfolgreichen Modernisierungsprozesse diskutiert werden[16], zeigen sie in den postkommunistischen russischen Restrukturierungsprozessen einen höchst ambivalenten Charakter. Anhand der Restrukturierung eines russischen Luftfahrtkomplexes aus dem rüstungsindustriellen Bereich kann aufgezeigt werden, warum die Netzwerke ihre Potenziale nicht für Restrukturierungsaufgaben nutzen können, sondern die Prozesse vielmehr durch Lock-in-Szenarien, emergente komplexe Fragmentierungsdynamiken sowie belastende Abschöpfungs- und Verteilungsstrategien blockiert werden. Die Arbeit ermöglicht damit einen Einblick in die Funktionsweisen des russischen Wirtschaftssystems und seinen Modernisierungsresistenzen.

1.3 Restrukturierung und Modernisierung

Die Frage der Modernisierung und Reindustrialisierung in Russland ist gleichzeitig eine Frage der Restrukturierung, da im Rüstungssektor der Großteil der industriellen und hochtechnologischen Ressourcen konzentriert war – ein Tatbestand, den erst Gorbatschow offiziell zu benennen wagte. Auf dem XXVIII. Parteitag der KPdSU im Juli 1990 beklagte er, dass die „Militarisierung der Wirtschaft kolossale – und zwar die besten materiellen und intellektuellen – Ressourcen verschlungen hat".[17] Die zentrale Frage war daher, wie die in den Rüstungsindustrien gehorteten Ressourcen für die zivilen Industrien genutzt werden können. Dieses Problem stellte sich umso dringender, als mit dem Ende der UdSSR der neue Staat sich einen Komplex dieses Ausmaßes gar nicht mehr leisten konnte. Wenn aber der gesamte Rüstungskomplex – und damit die industrielle „Kernkompetenz" der ehemaligen Weltmacht – nicht stillgelegt werden sollte, mussten ihre Akteure sich früher oder später der Restrukturierungsaufgabe stellen.

---

16 Vgl. McNelly, The Institutional Contours, 2008; Dore, The Asian Form of Capitalism, 1997; Hamilton, Overseas Chinese Capitalism, 1996.

17 Zitiert aus: Malek, Russische Rüstungsindustrie, 1994, S. 34.

Der Restrukturierungsprozess umfasste zwei Aufgaben: zum einen die Rüstungskonversion, zum anderen die Umstellung von einem planwirtschaftlichen Betrieb hin zu einem marktwirtschaftlich agierenden Unternehmen. Mit anderen Worten mussten die Akteure nicht nur lernen, zivile Flugzeuge herzustellen, sondern auch, wie man damit – im marktwirtschaftlichen Sinne – Geld verdienen kann.

Während die technische Umwandlung von einer militärtechnischen hin zu einer zivil ausgerichteten Produktion aufgrund des technischen Know-hows relativ leicht bewerkstelligt werden konnte, stellte der zweite Aspekt das eigentliche Problem des Restrukturierungsprozesses dar: die Umwandlung von realsozialistischem in „echtes" Kapital. Man könnte diesen Prozess auch als Kapitalisierung beschreiben. Wesentliche Faktoren dieser Umwandlung hatte niemand dezidierter beschrieben als Karl Marx, wenn auch in deren ausbeuterischsten Form und unter der Annahme eines gegenläufigen Entwicklungsverlaufes der Gesellschaftsform. In seiner Theorie über die „ursprüngliche Akkumulation" sind Geld, Waren und Produktionsmittel nicht automatisch Kapital, sondern zunächst lediglich Produktionsmittel, die in Kapital verwandelt werden müssen.[18] Dafür müssen, um mit Marx zu sprechen, die Unternehmen lernen, die Ressourcen so effizient einzusetzen, dass sie einen Produktpreis erzielen, der mindestens die Entlohnung der Produktionsfaktoren sicherstellt. Darüber hinaus sind ständige Investitionen in eine fortschrittliche Technologie notwendig, um über eine effiziente Kostenstruktur eine Kapitalakkumulation zu erreichen.[19] Damit hatte Marx wesentliche Punkte des Umwandlungsprozesses, also des transformatorischen Aspektes der Restrukturierung, beschrieben.

Die Restrukturierung wird demnach im Rahmen dieser Arbeit als die gewinnorientierte Neuausrichtung der realsozialistischen Ressourcen und Prozesse an die Nachfragebedürfnisse des zivilen Marktes über Produktionseffizienz, Investitionen und Innovationen definiert. Dabei umfasst der Umwandlungsprozess den gesamten Wertschöpfungs- und Innovations-

---

18 Verwandelt wird in der ursprünglichen Akkumulation Ware in Geld und Geld in Kapital sowie der Preis bzw. Wert der Arbeitskraft in den Arbeitslohn.

19 Vgl. Marx, Das Kapital – Kritik der Politischen Ökonomie, 1957, Kapitel 6.

prozess, angefangen bei der eigenständigen Koordination und Finanzierung von Forschung und Entwicklung[20] über die Produktion bis hin zu der Entwicklung der marktnahen Unternehmensfunktionen wie Marketing, Vertrieb und Kundenservice. Vor dem Hintergrund der wesentlichen institutionellen Schwächen und der fundamentalen ökonomischen Krise hing der Restrukturierungserfolg eng mit den Netzwerkkompetenzen der handelnden Akteure zusammen, zumal die Unternehmen nach dem Wegfall der hierarchischen Koordination die Integration der an den Wertschöpfungsprozessen und Innovationszyklen beteiligten Akteure selber organisieren mussten.

Untersuchungsgegenstand: Flugzeugkomplex Aviastar

In dieser Arbeit werden die Restrukturierungs- und Netzwerkprozesse anhand der Analyse eines hochtechnologischen Großunternehmens aus der Luftfahrtindustrie, des Flugzeugherstellers Aviastar, beschrieben. Die Aviastar ist ein typischer Flugzeughersteller des sowjetischen MIK. Allerdings war er der letzte in der Sowjetunion gebaute Komplex und damit auch der modernste und mit seinen ursprünglich 36 000 Mitarbeitern auch einer der größten des Landes. Der Flugzeugkomplex liegt 893 km südlich von Moskau in der Oblast Ul'janovsk. Ursprünglich hieß die Aviastar „Ul'janovsker Flugzeugkomplex UAPK imeni D. F. Ustinova".[21] Nach der Privatisierung im Jahr 1991 wurde sie in „OAO[22] UAPK Aviastar" umbenannt. Umgangssprachlich wurde allerdings nur von der Aviastar gesprochen. Der Ul'janovsker Betrieb ist *ein* Hersteller für die Flugzeugkonstruktionen des ukrainischen Konstruktionsbüros (KB) Antonov und des Moskauer KB Tupolev. Die Aviastar produzierte zwei Flugzeugmodelle: den militärischen Schwertransporter An-124 (Ruslan) sowie das Mittelstreckenflugzeug Tu-204. Mit diesen beiden Flugzeugen hatte die Aviastar relativ gute Voraussetzungen

---

20 Hierbei geht es um die wichtigsten Konstruktionsbüros. Die Wissenschaftsinstitutionen für die Luftfahrtindustrie werden hingegen vernachlässigt.

21 UAPK steht für Ul'janovksij aviazionnyj promyschennyj Kompleks. Der Name D. F. Ustinova ehrte den damaligen Verteidigungsminister, unter dessen Regie der Betrieb gebaut wurde.

22 OAO steht für „Offene Aktiengesellschaft".

für die Restrukturierung ihres Betriebes, denn beide Flugzeuge verfügten über ein „ziviles" Wettbewerbspotenzial.

1.4 Zentrale Fragestellung und These: Institutionen und Netzwerke

Die zentrale Fragestellung lautet: Welchen Einfluss haben die Netzwerke auf die Restrukturierung der Aviastar? Unter der Annahme, dass Netzwerke maßgeblich für das Handeln der Akteure sind, soll erklärt werden, wie Netzwerke funktionieren, handeln und wie sie miteinander interagieren. Im Hinblick auf die marktwirtschaftlichen Restrukturierungsanforderungen muss deutlich werden, inwieweit Netzwerke eine ökonomisch rationale, effektive und marktorientierte Ressourcenallokation fördern oder ob sie vielmehr zu einer nicht marktwirtschaftlichen und nicht restrukturierungsfreundlichen Nutzung führen. Dabei ist zu überprüfen, inwieweit Netzwerke ein Kooperations- bzw. Koordinationspotenzial generieren, um möglicherweise die formellen Organisationen und Institutionen ersetzen zu können.
Die These der vorliegenden Arbeit lautet, dass die Netzwerke im vorliegenden Fall ihr Kooperationspotenzial nicht für die Restrukturierungsprozesse nutzen können und diese vielmehr blockieren. Die Erarbeitung der Gründe dafür, gehört zu der zentralen Aufgabestellung der Arbeit.
In Anbetracht der Schlüsselstellung der Rüstungssektoren für die Industrialisierung stehen diese Aufgabe in einem engen Zusammenhang mit den Innovationssystemen und den Reindustrialisierungschancen und -grenzen des Landes. Die vorliegende Arbeit ermöglicht, dabei die Rolle und Komplexität von Netzwerken in den Restrukturierungs- und Innovationssystemen zu überprüfen.

1.5 Forschungs- und Literaturstand

Umfassende Studien über die Wechselwirkung zwischen den Restrukturierungsprozessen in der Rüstungsindustrie und der gesellschaftlichen Transformation gibt es kaum. Bereits in der ersten Hälfte der 1990er Jahren wurde eine Reihe empirischer Fallstudien aus der Perspektive der Rüstungskonversion vorgelegt,[23] die jedoch nur selten einen Bezug zwischen der Konversion der Rüstungsbetriebe und dem Übergang zur Marktwirtschaft herstellten.[24] Mit dem offensichtlichen Scheitern der Konversion verschwanden die Unternehmensprozesse der russischen Rüstungsindustrie nach 1996 dann auch vollständig von der Agenda der internationalen Konversions- und Friedensforschung.

Als Gegenstand der Transformationsforschung blieb die Umstellung der Rüstungsunternehmen jedoch peripher. Neben sporadischen Beiträgen in Sammelbänden[25] ist insbesondere Julian Coopers Studie über die politischen und administrativen Veränderungen des MIK um die Wende zu den 1990er Jahren zu erwähnen.[26]

Forschungen über die formal-institutionellen Rahmenbedingungen der marktwirtschaftlichen Transformation in Russland liegen in weitaus größerer Zahl vor. Untersucht werden dabei Probleme der Unternehmensprivatisierung und Corporate Governance, der Einführung marktwirtschaftlicher Institutionen (Eigentumsrechte, Privatisierung, Wettbewerb, Preisliberalisierung) und ihrer rechtlichen Ausgestaltung.[27] Obwohl dabei die zentralen,

---

23 Insbesondere zu nennen ist die Arbeit von Petra Opitz: Krisenmanagement in der russischen Rüstungsindustrie, 1995. Hier führt die Autorin mehrere Beispiele von Konversionsbetrieben in Russland auf. Vgl. hierzu Kuznetsov, Learning to learn, 1996. Vgl. auch Kuznetsov, Grafting Market Institutions in the Transition Economies, 1995. Kuznetsov ist einer der wenigen, der die Rolle von Netzwerken in den Restrukturierungsprozessen von Rüstungsunternehmen analysierte. Vgl. Mögel/Sachse, Chancen und Probleme der Rüstungskonversion in der GUS, 1995; Gonchar, Defense Conversion in the Declining Economy, 1992, S. 168–172; Blasi, Russian Privatisation, 1994; McFaul/Perlmutter, Privatisation, Conversion and Enterprise Reform in Russia, 1994; Bernstein, Summary of Project on Defense Conversion in Russia, 1992.

24 Siehe insbesondere Kuznetsov, Learning to learn, 1996.

25 So etwa Beresovskii/Chervyakov, Corporate Groups, 1995, S. 405–458.

26 Vgl. Cooper, The Sovjet Defence Industry, 1992; Albrecht, Die sowjetische Rüstungsindustrie, 1989.

27 Siehe insbesondere Kregel u. a., The Market Shock, 1992, sowie Roland, The Political Economy, 1992, und McFaul, State Power, 1995, S. 210–243; vgl. Frydman/Gray/Rapaczynski, Corporate Governance in Central Europe and Russia, 1996; Wiegert, Transformation, Wachstum und Wettbewerb in Russland, 2003; Shleifer/Vichny, Unstable Banking, 2009, S. 306–318.

marktwirtschaftliches Handeln induzierenden Institutionen behandelt werden, greift der Rahmen solcher Analyse für die Fragestellung der vorliegenden Arbeit zu kurz. Denn de facto setzen die Autoren mehr oder weniger die Existenz eines marktwirtschaftlichen Wirkungsgefüges voraus. Dies war aber in der Realität der russischen Transformationsgesellschaft kaum gegeben. Problematisch sind solche Beiträge, die sich relativ rigide an ökonomischen Modellen und in hohem Maße generalisierten Annahmen orientieren und sich damit methodisch zwar absichern können, inhaltlich aber nur geringes Erklärungspotenzial bieten. Das trifft auch auf die in den letzten Jahren geführte Debatte über die *varieties of capitalism* zu, welche sich mit den spezifischen institutionellen Konfigurationen von Marktwirtschaften und Wettbewerbsvorteilen der entwickelten Industriegesellschaften sowie der Schwellen- und Entwicklungsländer auseinandersetzt. Sie lässt sich allerdings nur bedingt auf die russische Transformationsgesellschaft übertragen, bei der es sich weder um einen liberalen Kapitalismus noch um einen koordinierten korporatistischen Kapitalismus handelt.[28]

Für die vorliegende Arbeit von größter Bedeutung sind daher Perspektiven, welche die Existenz marktwirtschaftlicher Institutionen nicht voraussetzt, sondern ihre Entstehung als dynamischen Prozess in den Blick nimmt. Für eine genaue Erklärung der osteuropäischen Transformationsprozesse sind dabei vor allem Arbeiten, die die informellen Institutionen und Prozesse konzeptualisieren, von Bedeutung. Eine Konzeptualisierung der informellen Interaktionssysteme ist jedoch schwierig. Dementsprechend besteht in diesem Bereich ein hoher Forschungsbedarf.[29]

Während es für die Öl- und Gasindustrie sowie den Bankensektor branchenspezifische Fallstudien gibt, welche die informellen Interaktionsmuster

---

28 Vgl. insbesondere Hall/Soskice, Varieties of Capitalism, 2001. Für eine Übertragung auf Russland siehe z. B. Lane, Was für eine Wirtschaft hat Russland? 2006, S. 2–7; Hanson/Teage, Big Business and the State in Russia, 2005, S. 657–680.

29 Brie und Stölting hatten beabsichtigt, sich im International Handbook on Informal Governance diesem Forschungsthema zu widmen. Die Bedeutung informeller Interaktionsformen war insbesondere von Elena Ledeneva herausgearbeitet worden. Vgl., Ledeneva, Russia's Economy of Favours, 1998; Ledeneva/Kurkchiyan (Hrsg.), Economic Crime in Russia, 2000; Auf disen Forschungsnotstand verwiesen auch Albrecht, Informelle Regulation in Transformationsgesellschaften, 1998, S. 179–180; Chavance, Formal and Informal Institutional Change, 2008.

und Strategien in der Mitte der 1990er Jahre untersuchen[30], liegen keine aktuellen Forschungsarbeiten zum MIK vor. Es gibt allerdings eine Reihe von Studien, die einen guten allgemeinen Einblick in die informellen Strukturen und Prozesse der russischen Transformation geben. Dazu gehören insbesondere Beiträge der russischen Wissenschaftler, die sich mit Themen der Wirtschaftskriminalität, Korruption, Schutzgelderpressung, der Nutzung von Schutzdiensten und administrativen Dienstleistungen beschäftigten.[31] Andere Studien haben grundlegende informelle Strategien wie Blat(Austauschsystem von Gefälligkeiten zwischen Freunden und Bekannten)[32]-, Barter- und Rent-Seeking-Methoden fallstudienbezogen herausgearbeitet.[33] In einigen Untersuchungen kann dabei gezeigt werden, dass die informellen Strategien in historischer Kontinuität mit der sowjetischen und vorsowjetischen Verwaltungspraxis stehen.[34]

Generell fehlt es allerdings an neueren Studien, die die verschiedenen informellen Interaktionsmethoden und ihre Veränderungen empirisch genau erfassen. In den letzten Jahren wurden informelle Strukturen unter Putin mit allgemeinen Begriffen wie „Militarisierung" (für die informelle Rekrutierung der politischen und administrativen Eliten aus den Repressionsapparaten), Business Capture (für das „Entern" des Staates durch reiche Großunternehmer), State Capture (für den umgekehrten Prozess einer administrativen „Übernahme" des Privatsektors) und (Re-)Sowjetisierung (für die erneute Steuerung der gesellschaftlichen Prozesse unter einer autoritären

30 Vgl. Pleines, Corruption and Crime in the Russian Oil Industry, 1999, S. 97–110; vgl. auch Pleines, Mehr Staat und mehr Markt?, 2008, S. 12–16.

31 Vgl. Radaeev, Corruption and Violence, 2000, S. 63–82; Dolgopyatova/Alimova, Informelle Wirtschaftsaktivitäten, 1998; Dolgopyatova, Strategy a predprijatija na rynke resursov, 1997; Glinkina, Russia's underground economy during transition, 1999, S. 101–106; Volkov, Organized Violence, 2000, S. 43–62.

32 Blat beschreibt ein komplexes Austauschsystem von Gefälligkeiten zwischen Freunden und Bekannten. Getauscht wird der Zugang zu Waren und Dienstleistungen, die Mangelwaren sind. Vgl. Ledeneva, Russia's Economy of Favours, 1998, S. 36.

33 Ledeneva, Russia's Economy of Favours, 1998; Humphrey, How Is Barter Done?, 2000; Guriev/Ickes, Barter in Russia, 2000.

34 Vgl. Easter, Reconstructing the State, 2001; Easter, Networks, Bureaucracies and the Russian State, 2003, S. 39–58; Willerton, Patronage and Politics in the USSR, 1992.

Führung einer politischen Elite) beschrieben.[35] Die Wirksamkeit der informellen Interaktionsformen empirisch zu belegen ist jedoch generell schwierig. Das trifft besonders für die jüngere Entwicklung zu, was sowohl als das Ergebnis einer Formalisierung der informellen Interaktionsprozesse interpretiert werden als auch für eine „Professionalisierung", d. h. eine Verfeinerung der Verschleierung informeller Interaktionsformen, sprechen kann. Dies stellt große Anforderungen an eine brauchbare empirische Bestandsaufnahme.[36]

Neben den empirischen Herausforderungen besteht auch ein theoretisches Defizit. Die informellen Strukturen und Prozesse durchdringen fast alle gesellschaftlichen Bereiche der russischen Transformation.[37] Das Problem der Forschung besteht darin, dass es an einer in sich konsistenten und übergeordneten Theorie fehlt. Die Arbeiten von North oder Helmke/ Levitsky geben wichtige Anhaltspunkte, reichen aber kaum für eine umfassende Konzeptualisierung der informellen Interaktionsprozesse.[38] Letztlich fehlt ein Konsens über Art und Inhalt von Schlüsselkonzepten, mit welchen die vielfältigen empirischen Probleme erfasst und geordnet werden können. Zum anderen ist kaum operationalisiert, wie informelle Strukturen, Regulationen und Funktionen deskriptiv erfasst und miteinander verglichen werden können. Im Rahmen der vorliegenden Arbeit soll das theoretische Defizit über die Netzwerkperspektive vermindert werden. Einen Anhaltspunkt gibt die Netzwerkforschung. Bezogen auf postsozialistische Netz-

---

35 Vgl. Yakovlev, The Evolution of Business-State-Interaction in Russia, 2006; vgl. auch Kryshtanovskaja, Die Anatomie der russischen Elite, 2004.

36 Vgl. dazu Kapitel 1.6 Methode und Aufbau der Arbeit

37 Vgl. Lapina, Business und Macht in den russländischen Regionen, 1998; Dowley, Striking the Federal Bargain in Russia, 1998, S. 359–384; Gel'man, Regional'naja vlast' v sovremenny Rossii, Institutiy i practiki, 1998, S. 44–72; Pleines, Large Scale Corruption, 2000; Lane, The Political Economy of Russian Oil, 1999; Knabe, Die System-Mafia als Faktor der sowjetisch-russischen Transformation, 1998; Gaddys/Ickes, Russia's Virtual Economy, 1998, S. 53–67.

38 Vgl. North, Institutionen, institutioneller Wandel und Wirtschaftsleistung, 1992; Helmke/Levitsky, Informal Institutions and Comparative Politics, 2004; Christiansen/Neuhold, International Handbook on Informal Governance, 2012; Köllner, Formale und informelle Politik, 2005.

werke steht allerdings auch diese Perspektive am Anfang, wenngleich bereits eine Reihe von Studien vorliegt.[39] Neben der Erarbeitung der inhaltlichen Konzepte, stellt die Konfrontation mit den theoretischen Lücken zwischen den Strukturen, den Akteuren und ihren Interaktionsformen eine Herausforderung dar.

1.6 Methode und Aufbau der Arbeit

Die Erfassung der Restrukturierungsprozesse unter dem Einfluss von Netzwerken wird in der vorliegenden Studie über die Analyse der Unternehmensprozesse eines hochtechnologischen Großunternehmens aus der Rüstungsindustrie, des Ul'janovsker Flugzeugkomplexes UAPK Aviastar, im Rahmen einer Fallstudie durchgeführt. Vor dem Hintergrund der Transformation und der historischen Perspektive umfasst die Analyse ein Zeitfenster von 25 Jahren, angefangen bei Strukturen und Prozessen zur Zeit der späten Sowjetunion bis zum Jahr 2006.

Datengewinnung

Da es sich bei den Netzwerkprozessen um informelle Interaktionsformen handelt, bestand das Problem, die für eine brauchbare empirische Bestandsaufnahme notwendigen Daten zu gewinnen. Erschwert wurde die Erfassung dadurch, dass es sich vor allem um nicht transparente Zusammenhänge in einem traditionellen Rüstungskomplex handelte. Die tradierte Mentalität der Geheimhaltung, das Misstrauen gegenüber ausländischen Akteuren erschwerte die Befragung erheblich.[40]

---

39 Ledeneva, Ambiguity of Social Networks, 2004; Harter, Wirtschaftliche Transformation in Russland, 1997; Batjargal, Comparative Social Capital, 2005; Batjargal, The Dynamics of Entrepreneur Networks, 2006; Kuznetsow, Learning in Networks, 1998.

40 Dies traf insbesondere auf die älteren leitenden Angestellten der Aviastar zu. Sie standen für eine detaillierte Befragung nicht zur Verfügung bzw. handelten die Fragen schriftlich auf sehr allgemeinem Niveau mit nicht verwertbaren Informationen ab. Bei den offiziell angemeldeten Interviews am Arbeitsplatz waren auch allgemeine Daten zum Unternehmen, wie Arbeitnehmerzahlen, Umsatz oder Kunden, die in manchen Fällen ohnehin über das Internet schon zugänglich waren, nicht in Erfahrung zu bringen und führten zu einer raschen Beendigung der Gespräche. Nicht selten erklärten sich die Befragten erst bei einem privaten Treffen,

Grundlage der Datengewinnung der vorliegenden Feldstudie waren mehrstündige Gespräche mit Experten und relevanten Akteuren aus dem direkten Umfeld der Aviastar in Ul'janovsk und in Moskau. In den meisten Fällen willigten die Interviewpartner nicht ein, die Interviews mit einem Tonband aufzuzeichnen. Die Interviews sind demzufolge als Gesprächsprotokolle im Anhang dieser Arbeit angeführt

Darüber hinaus basiert die Arbeit auf der Auswertung von Primär- und Sekundärliteratur vorwiegend russischer Quellen. Zu den wichtigsten Quellen gehörten die Berichte des Rechnungshofes der Russischen Föderation, der Regionalen Behörde für Schuldenmanagement RAUD (Regional'noe Agenstvo Upravlenija Dolgami) sowie des staatlichen Forschungsinstituts NIIEAP (Nautschno Issledovatel'skij Institut). Über diese Institutionen war es möglich, einen weitgehend objektiven und direkten Einblick in die betrieblichen Kennzahlen des Komplexes zu bekommen. Diese Daten sind der Ausgangspunkt, um beurteilen zu können, ob ein Akteur in seinen Handlungen ökonomisch-rational ausgerichtet oder an nicht ökonomischen Größen orientiert ist.

Neben wichtigen überregionalen Zeitschriften und Zeitungen für Wirtschaft und Politik, wie dem „Kommersant", der „Izvestija", „Vedomosti" und „Kompanija" stellten gerade die regionalen Zeitschriften, wie der „Narodnaja Gazeta" und der „Simbirskij Kur'er" eine wichtige Grundlage für die Informationsgewinnung.

Theoretische Konzeptualisierung

Die theoretische Konzeptualisierung der Studie stellte in Anbetracht der für die Analyse postkommunistischer Gesellschaften noch nicht ausreichend entwickelten Netzwerkforschung eine Herausforderung dar. Dabei bedingt die Arbeit einen relativ offenen Analyserahmen, der sowohl die Interaktionsformen zwischen den Akteuren konzeptualisiert als auch makro- und mikrosoziologische bzw. institutionelle als auch akteursbezogene Elemente verbindet. Vor diesem Hintergrund stellt das Analysekonzept des

---

sei es in der U-Bahn oder zu Hause, dazu bereit, detaillierte Informationen zu geben.

von Mayntz und Scharpf 1995 entwickelten Ansatzes des „akteurszentrierten Institutionalismus" einen wichtigen Anhaltspunkt dar. Allerdings muss der Ansatz im Hinblick auf die Fragestellung der vorliegenden Arbeit auf die Anwendung für die Netzwerkprozesse in der postkommunistischen Transformationsgesellschaft abgewandelt werden.[41]

Inhaltlicher Aufbau der Arbeit

Dieser Aufgabe widmet sich das Theoriekapitel. Dabei werden die Begrifflichkeiten und Erkenntnissen der Netzwerkforschung mit dem Analysekonzept des akteureszentrierten Institutionalismus auf qualitativer Ebeneverbunden

Die Kapitel drei bis sieben behandeln die Feldstudie. Die Arbeit unterscheidet vier Zeitphasen, die den Aufbau der Arbeit vorgeben und die sich den spezifischen Problemen der jeweiligen Zeitphasen widmen. In Kapitel drei werden die formellen und informellen Interaktionssysteme (Top-down- und Bottom-up-Interaktionsprozesse) der Aviastar im Rahmen der zentralen Verwaltungswirtschaft analysiert. Sie stellen die Ausgangslage für die 1991 beginnenden Restrukturierungsprozesse dar. In dieser ersten Phase stehen die Netzwerkaktivitäten im Mittelpunkt, die mit der Aviastar zur Privatisierung des ersten Werks der Luftfahrtindustrie führen. Kapitel vier untersucht die Folgen der Privatisierung auf die Wertschöpfungs- und Innovationsprozesse des Werkes unter dem Einfluss neuer und alter Netzwerke. Es stellt die Adaptionsphase des Werkes an den Systemwechsel dar. In den zwei folgenden Zeitphasen (Kapitel fünf und sechs) gerät das Werk zunehmend unter den Einfluss verschiedener externer Investoren und ihrer Netzwerke. In diesen Abschnitten kann gezeigt werden, wie eine Restrukturierung „von unten" über dezentrale Akteure in einem netzwerkorientierten Umfeld aussieht. Die großen Unterschiede zwischen den verschiedenen Interaktionssystemen (Akteure, Strukturen, soziale Bindungen, Integrationsgrad, Vernetzungsgrad, Handlungsfähigkeit, Strategien) bilden eine gute Grundlage für eine vergleichende Akteursanalyse. Das letzte Kapitel

41 Vgl. Mayntz/Scharpf, Der Ansatz des akteurszentrierten Institutionalismus, 1995, S. 39–72.

beleuchtet hingegen die Restrukturierung „von oben", sprich die hierarchische Steuerung der Restrukturierungsprozesse, von der die letzte der hier betrachteten Phasen der Entwicklung geprägt ist: Seit 2003 fiel das Werk unter die Führung der Netzwerkstrukturen des Präsidenten Putin, und die hierarchischen Steuerungsprozesse dauern bis heute an.
In der Schlussbetrachtung (Kapitel 8) werden die Möglichkeiten und Grenzen der Netzwerke für komplexe Wertschöpfungsprozesse und Innovationszyklen herausgearbeitet und die verschiedenen Netzwerke miteinander verglichen.

Methodischer Aufbau der Arbeit

Die Untersuchung der einzelnen Zeitphasen ist jeweils gleich aufgebaut und orientiert sich an dem in Abbildung 1 aufgezeigten Konzept des akteurszentrierten Netzwerkansatzes. Demnach werden in den Kapiteln drei bis fünf die institutionellen und netzwerkorientierten Rahmenbedingungen auf zentralstaatlicher, regionaler und marktorientierter Ebene erarbeitet. Sie geben den groben Handlungskorridor vor. In dem folgenden Kapiteln werden die Akteure und Interaktionsformen im Hinblick auf die Unternehmens- und Restrukturierungsprozesse der Aviastar analysiert.[42]

42 Siehe genauer Kapitel 2.3.

2 Theoretische Grundlagen

2.1 Netzwerktheorien und Transformationsforschung

Aufgabe dieses Kapitel ist es, einen theoretischen Rahmen zu bilden, der es erlaubt, das Restrukturierungsverhalten wichtiger Akteure analytisch besser erfassen und darstellen zu können. Bekanntermaßen wird das menschliche Handeln von institutionellen Regelsystemen (Markt und Hierarchien), soziokulturellen Werten und Normen, den direkten sozialen Beziehungsmustern sowie den individuellen Kompetenzen und Präferenzen bestimmt. Im Rahmen dieser Arbeit stehen die direkten sozialen Beziehungsmuster, zu denen auch die Netzwerke zählen, im Vordergrund. Netzwerke werden dabei als ein Geflecht von sozialen Beziehungen aufgefasst, in die Einzelne, Gruppen sowie kollektive oder korporative Akteure eingebettet sind.[43]

Einen ersten Anhaltspunkt für die theoretische Konzeptionalisierung (der Netzwerkperspektive) bietet die Netzwerkanalyse. Mit ihrer Hilfe können wesentliche Größen von sozialen Beziehungskonstrukten systematischer erfasst und beschrieben werden. Es stellt sich jedoch die Frage, inwieweit die hochstandardisierten netzwerktheoretischen Instrumente für die Erklärung der Netzwerk- und Restrukturierungsprozesse in der russischen Transformationsgesellschaft genutzt werden können. Aufgrund der Offenheit, mit der diese Arbeit an ihren Forschungsgegenstand herantritt, und aufgrund ihres Anspruchs, mögliche neue Netzwerktypen, Funktionen und Interaktionenformen zu erfassen, ist ihr Analyserahmen zu weit gesteckt, um eine Untersuchung auf einer netzwerkanalytischen Basis auch nur im Ansatz leisten zu können.[44] Das hält jedoch nicht davon ab, zu prüfen, inwieweit die in der Netzwerkforschung erarbeiteten Kriterien (Umfang, Dichte, Funktionen sowie die Qualität der Beziehungen) brauchbar sind,

43 Vgl. Jansen, Netzwerkanalyse, 2006, S. 11–12.

44 Das schließt auch die Methoden der qualitativen Netzwerkanalyse mit ein. Diese sind zwar weitaus offener angelegt als die Methoden der quantitativen Netzwerkforschung mit ihren hochstandardisierten Verfahren und Modellberechnungen, setzen aber dennoch eine Standardisierung voraus, die diese Arbeit nicht leisten kann. Vgl. Hollstein, Qualitative Methoden der Netzwerkanalyse, 2006.

um die Koordinations- und Handlungsfähigkeiten von Netzwerken auf einer qualitativen Ebene besser beschreiben zu können.

Netzwerkanalyse und Netzwerkkriterien

Maßgeblich für die Netzwerkforschung sind die Wirtschaftssoziologen Granovetter, Burt, Wellman und Powell.[45] Sie bauen ihr Netzwerkkonzept als eine Theorie des sozialen Handelns auf. Bestimmt wird das Handeln der Akteure vor allem durch die Anreize und Restriktionen des direkten sozialen Kontexts. Der soziale Kontext wird dabei über Netzwerke und ihre Strukturen definiert.[46]

Für die Erfassung der Netzwerkstrukturen und ihres Einflusses auf das individuelle Handeln werden Netzwerkkriterien entwickelt. Grundlage war das Konzept Granovetters von den *strong and weak ties*. Auf der Basis des Faktors Zeit, emotionaler Intensität, Vertrautheit und der Reziprozität definiert er zwei konträre Netzwerktypen. Auf der einen Seite stehen die Strong-Ties-Netzwerke. Sie zeichnen sich durch ein dichtes und dauerhaftes Beziehungsgeflecht aus. Intern produzieren sie Solidarität und Vertrauen. Ihre gruppenspezifischen Normen sind klar definiert und werden strikt sanktioniert. Der Nachteil der Strong-Ties-Netzwerke liegt in den eher schwachen bzw. geringen Außenkontakten begründet. Dies hat negative Folgen für die, die nicht im Netzwerk sind, denn sie können nicht an den hier akkumulierten bzw. generierten Ressourcen teilhaben. Nachteile ergeben sich aber auch für die Netzwerkmitglieder selbst, da sie, aufgrund des

---

45 Granovetter, Burt, Wellman und Powell werden von Jansen als gemäßigte Strukturalisten bezeichnet. Sie stehen zwischen den Systemwissenschaftlern wie Parson und den strukturellen Deterministen (Harvard-Strukturalisten) um den frühen White. Erstere arbeiten mit „hochsozialisierten Akteursmodellen". Das Handeln der Akteure wird vor allem durch die kulturellen und gesellschaftlichen Normen sowie die zugewiesenen Rollen bestimmt. Die strukturellen Deterministen beschränken sich ausschließlich auf die strukturellen Zwänge und Gelegenheiten der sozialen Beziehungsmuster in den Netzwerken. Vgl. White/Scott/Breiger, Social Structures from Multiple Network-Blockmodels, 1976, S. 730–780; Jansen, Netzwerkanalyse, 2006, S. 18.

46 Vgl. Granovetter, The Strength of Weak Ties, 1973, S. 1360–1380; siehe auch Burt, Towards a Structural Theory of Action, 1982; Wellmann, Structural Analysis, 1988, S. 19–61; Granovetter, Economic Action and Social Structure, 1985.

Ausschlusses von Abweichlern, der Gefahr einer sozialen Schließung ausgeliefert sind.[47] Auf der anderen Seite stehen die Weak-Ties-Netzwerke. Sie verfügen über viele Außenkontakte und sind somit besser für alle Arten von Diffusionsprozessen geeignet. Dafür sind sie intern nur lose koordiniert und normativ eher schwach entwickelt, womit auch ihre Sanktionsmöglichkeiten in der Regel als relativ schwach angesehen werden.[48]

Das Konzept der *strong and weak ties* wurde von den Strukturalisten (Parkin, Burt, Colemann, Wellmann, White) in den 1970er und 1980er Jahren immer wieder ergänzt und erweitert. Um die hier entwickelten Kriterien etwas systematischer zu beschreiben, wird zwischen den „orthodoxen" Strukturkriterien oder morphologischen Kriterien und den relationalen Kriterien unterschieden. Zu dieser Unterteilung kommt es jedoch erst einige Jahre später mit der Entwicklung des Sozialkapitalansatzes.[49] Die orthodoxen/morphologischen Kriterien rekonstruieren das Netzwerk als Gesamtordnung aus den formellen strukturellen Charakteristika der einzelnen Verbindungen. Die relationalen Kriterien erfassen eher den Grad der Verbundenheit der Netzwerkmitglieder untereinander.

Zu den morphologischen Kriterien gehören im Wesentlichen die Größe des Netzwerkes –(Anzahl der Mitglieder), seine Dichte (diese definiert sich als Index aus der Zahl der tatsächlichen Verbindungen zu den theoretisch möglichen Verbindungen), die Erreichbarkeit der Netzwerkmitglieder (diese errechnet sich als Durchschnittszahl für die jeweils kürzeste Verbindung zwischen zwei Mitgliedern) sowie letztlich die Konzepte zur Zentralisierung bzw. Hierarchisierung, Stratifizierung und Bildung von Subgruppen.[50] Eng damit zusammen hängt die Frage nach der Homogenität und Heterogenität von Netzwerken. Eine hohe Homogenität liegt vor, wenn die

---

47 Vgl. Granovetter, The Strength of Weak Ties, 1973. In extrem eng begrenzten und nach außen geschlossenen Netzwerken können nicht nur Modernisierungsprozesse „verschlafen" werden, sondern sich auch Mafiastrukturen aufbauen; vgl. Gambetta, Mafia: The price of distrust, 1988.

48 Vgl. Granovetter, The Strength of Weak Ties, 1973.

49 Vgl. Röhrle, Soziale Netzwerke und soziale Unterstützung, 1994, S. 15 ff.

50 Vgl. Jansen, Netzwerkanalyse, 2006, S. 129 ff.; Freemann, Centrality in Social Networks, 1979, S. 215–239.

Netzwerkmitglieder aus einem weitgehend ähnlichen sozialen Hintergrund kommen und ähnliche Einstellungen haben.[51]

Das Kriterium Homogenität/Heterogenität kann allerdings schon den relationalen Faktoren zugerechnet werden. Zu ihren wichtigsten Größen gehört die Intensität der Beziehungen. Diese wird über die Kontakthäufigkeit zwischen den Mitgliedern und die Dauer ihrer Beziehung gemessen. Die Qualität der Beziehung wird aber auch über die Reziprozität (die Gegenseitigkeit von Beziehungen), die Multiplexität (d. h., die Personen sind auf verschiedenen Ebenen miteinander verbunden, beispielsweise interagieren sie geschäftlich genauso wie privat) und die Transitivität (Mein Freund ist auch dein Freund) [52] bestimmt.

Wesentliche Impulse hatte die Netzwerkforschung durch den Sozialkapitalansatz erhalten, der sich ab Mitte der 1980er Jahre durchsetzte. Bis dahin hatte sich die Netzwerkforschung zunehmend auf die statistische Verfeinerung standardisierter Verfahren und Modellrechnungen konzentriert.[53] Insbesondere in der Ökonomie schien das Potenzial der Netzwerkanalyse nur begrenzt genutzt und vorwiegend als Mittel zur Bestimmung von Kennzahlen für Formen der Unternehmensverflechtung eingesetzt zu werden. Dabei wurden beispielsweise Interaktionskoeffizienten zwischen Netzwerkteilnehmern wie Mutter- und Tochterunternehmen, Joint-Venture-Partnern oder Forschungs- und Entwicklungsorganisationen errechnet.[54]

Es waren die Vertreter des Sozialkapitalansatzes, die die sozialen Werte, die bei der sozialen Interaktion entstehen, wieder in die Netzwerkdebatte einbrachten. Im Mittelpunkt stehen Normen, Vertrauens- und Solidaritätsformen. Allerdings setzte sich auch in der Sozialkapital-Diskussion die Trennung zwischen den systemischen Ansätzen[55], die Sozialkapital wie

---

51 Vgl. Jansen, Netzwerkanalyse, 2006, S. 30 und 138.

52 Vgl. Granovetter, The Strength of Weak Ties, 1973.

53 Siehe insbesondere Jansen, Netzwerkanalyse, 2006.

54 Vgl. Thorelli, Networks: Between Markets and Hierarchies, 1986, S. 37–39; siehe auch Johansson, Economic Networks in Self-Organization, 1991, S. 17.

55 Siehe beispielsweise Putnam, Making Democracy Work, 1993, S. 86 ff.; Kunz/Gabriel, Soziale Integration und politische Partizipation, 2000, S. 48; siehe auch Fukuyama, Konfuzius und die Marktwirtschaft, 1995, S. 43.

Systemkapital behandeln, und den handlungstheoretischen Ansätzen[56], die Sozialkapital als Individualgut konzeptualisieren, wieder durch.

In der Leseart Putnams und Fukuyamas gehören Normen, Vertrauen und Netzwerke zu den drei wesentlichen Komponenten des sozialen Kapitals.[57] Demnach können erst durch geteilte gemeinsame Werte und Normen das notwenige Vertrauen und die Verhaltenssicherheit innerhalb einer Gesellschaft geschaffen werden. Dadurch steigt die generelle Interaktionsbereitschaft zwischen den Personen, und es kommt zu produktiven und innovativen Kooperationen, die andernfalls unterlassen worden wären. Der Begriff des Vertrauens wird hier als „die in einer Gesellschaft entstehende Erwartung eines ehrlichen und den Regeln entsprechenden Verhaltens“[58] definiert. Durch die Gültigkeit der „guten Sitten“ kann also ein Mindestmaß an rechtstreuem Verhalten von den Kooperationspartnern erwartet werden, wodurch, so Putnam, einer generalisierten Reziprozität Vorschub geleistet wird. Die Akteure sind demnach bereit, eine Leistung zu erbringen, unabhängig davon, ob sie von der gleichen Person sofort eine Gegenleistung einfordern können.[59] Diese Form eines generalisierten Vertrauens fördert die allgemeine Hilfs- und Interaktionsbereitschaft nicht nur im Umgang mit Freunden und Familienmitgliedern, sondern auch mit mehr oder weniger Fremden.

Auf der anderen Seite der Sozialkapital-Debatte stehen Coleman und Burt. Sie setzen auf der handlungstheoretischen Ebene an und behandeln soziales Kapital vorrangig als individuelle Ressource. Basierend auf dem Rational-Choice-Ansatz geht es ihnen um den individuellen Vorteil und Nutzen, den rational agierende Akteure aus ihrem Zugang zu sozialen Beziehungen

---

56 Siehe insbesondere Coleman, Grundlagen der Sozialtheorie, Bd. 1, 1995, S. 395 ff.; Burt, Structural Holes, 1992; ders., The Network Structure of Social Capital, 1992.

57 Vgl. Putnam, Making Democracy Work, 1993, S. 86 ff.; Kunz/Gabriel, Soziale Integration und politische Partizipation, 2000, S. 48; Fukuyama, Konfuzius und die Marktwirtschaft, 1995, S. 43.

58 Fukuyama, Konfuzius und die Marktwirtschaft, 1995, S. 43.

59 Im Gegensatz zur Reziprozität im Koordinationsmodell „Markt“: Hier liegt nicht eine generelle Reziprozität vor, sondern eine hohe Reziprozität bezogen auf die Aspekte Zeit und Wertigkeit; vgl. Putnam, Bowling Alone, 2000, S. 21 ff.

ziehen und aus denen sie „Kapital schlagen“ können.[60] Aber auch innerhalb des Rational-Choice-Theorems bedarf es zur Herstellung einer Kooperationsfähigkeit innerhalb von Beziehungsnetzwerken des Vertrauens.[61] Coleman und Burt nutzen das Instrumentarium der klassischen Netzwerkanalyse, aber sie erweitern es auch, um soziales Kapital methodisch erfassen zu können. Nach ihrer Auffassung erzeugen Netzwerke soziales Kapital über die Dichte und Intensität der Beziehungen sowie durch das Vertrauen, die Homogenität und das Zugehörigkeitsgefühl.[62] Das Sozialkapital zeigt sich im Wesentlichen in der Kooperationsbereitschaft, Gruppensolidarität und Selbstorganisationsfähigkeit des Netzwerks. Eng damit zusammen hängt das Koordinationspotenzial, das sich über die Kategorien Zentralität und Stratifizierung darstellen lässt, d. h. über mögliche Clusterbildungen und Beziehungsmuster wie Zentrum-Peripherie-Relationen oder auch antagonistische Positionen. In diesem Zusammenhang wird das von Burt erarbeitete Konzept der strukturellen Löcher und der strukturellen Autonomie herangezogen. Das Sozialkapital kann hier als Individualgut von Akteuren beschrieben werden. Strukturelle Löcher ergeben sich durch fehlende direkte Kontakte bzw. indirekte Kontakte zwischen den Netzwerkmitgliedern. Die hierbei entstehenden Löcher können durch einzelne Akteure, sogenannte „Makler“, überbrückt werden. Diese Brückenstellung oder „cut-point position“ erhöht die Machtstellung dieses Akteurs innerhalb der Gruppe. Seine Machtposition kann er durch eine hohe Anzahl an Außenbeziehungen und ein entsprechendes Prestige weiter erhöhen. Die Makler haben einige Informations-, Handlungs- und Gewinnvorteile und damit eine rela-

60 Beispielsweise in Form der Koordination von Handlungsabsichten innerhalb eines Preiskartells.

61 Beide zählen zu den instrumentellen Rationalisten; vgl. Coleman, Grundlagen der Sozialtheorie, Bd. 1, 1995; siehe auch Burt, Structural Holes, 1992.

62 Vgl. Burt, Structural Holes, 1992. Es gibt Studien, die in den gemeinsamen Kulturen und Wissensständen einer Gesellschaft das entscheidende Integrations- und Solidaritätsmuster sehen. Diese sind wiederum die Grundlage für regionale Innovationsnetzwerke. Siehe dazu Crouch u. a. (Hrsg.), Local Production Systems in Europe, 2001; Grabher, The Embedded Firm, 1993.

tive strukturelle Autonomie und Unabhängigkeit in der Gruppe, die sie kapitalisieren können.[63] Die Sonderstellung des Maklers kann die Handlungsfähigkeit des Netzwerkes in der Weise verbessern, dass durch die Festlegung eines klaren Führungsstatus auch klare Entscheidungs- und Kompetenzbefugnisse bestehen, wodurch die Handlungsfähigkeit eines Netzwerkes erhöht werden kann. Mit der Zunahme von indirekten Beziehungen und Maklerakteuren kann es aber auch zu struktureller Autonomie und zu einer asymmetrischen Verteilung der Ressourcen kommen. Gerade bei größeren losen Gruppen kann bei sehr starken zentralen Positionen die Bildung von Zentrum-Peripherie-Strukturen gefördert werden, was ebenfalls zur Entstehung von Subgruppen und damit zu Antagonismen in der Gruppe führt.

Orthodoxe Strukturkriterien und relationale Kriterien der Netzwerkanalyse

Im Folgenden werden die wichtigsten orthodoxen Strukturkriterien und die relationalen Kriterien der klassischen Netzwerkforschung zusammenfasst:[64]

Orthodoxe Strukturkriterien (morphologische Kriterien)

- *Größe des Netzwerkes.* Erfasst die Anzahl der Mitglieder. Kleinstes Netzwerk ist die Dyade mit zwei Akteuren.
- *Dichte des Netzwerkes.* Erfasst die Anzahl an engen Beziehungen der Akteure und die Anzahl von indirekten und distanzierten Beziehungen.
- *Hierarchisierungs- und Zentralisierungsgrad.* Durch eine klare Hierarchie und Führung kann die Selbstorganisationsfähigkeit von Netzwerken beeinflusst werden.

---

63 Vgl. Burt, Structural Holes, 1992; ders., Structural Holes versus Network Closure as Social Capital, 2001, S. 31–56. Demgegenüber stehen Akteure mit ähnlichen Fähigkeiten und Ressourcen. Sie sind austauschbar und stehen unter Konkurrenzdruck; vgl. Jansen, Netzwerkanalyse, 2006, S. 187 ff. und 209.

64 Vgl. Jansen, Netzwerkanalyse, 2006.

- *Homogenität und Heterogenität.* Bezieht sich auf den soziokulturellen Hintergrund der Netzwerkmitglieder, der häufig gemeinsame Weltbilder und Auffassungen impliziert.
- *Vertrauen innerhalb der Gruppe und Zufriedenheit.*[65]
- *Dauer der Beziehungen.* Die Dauer ist ein wesentlicher Indikator für die Intensität der Beziehung.
- *Form der Reziprozität.* Diese kann einseitig oder gegenseitig sowie gleichzeitig oder flexibel sein. Die Form der Reziprozität hängt auch von der Intensität der Beziehung ab.
- *Multiplexität von verschiedenen Beziehungstypen.* Die Akteure eines Netzwerkes sind über mehrere Funktionen miteinander verbunden. Beispielsweise arbeiten sie im Geschäftsleben zusammen, genauso wie sie ihre Freizeit miteinander verbringen oder auch familiär miteinander verbunden sind.[66] Es wird zwischen rein instrumentellen Beziehungen und persönlichen Beziehungen unterschieden.[67]
- *Transitivität der Beziehungen.* Sie liegt vor, wenn ein Individuum eine starke Beziehung zu zwei Personen hat und diese zwei Personen dann automatisch ebenfalls in eine Beziehung treten.[68]
- *Strukturelle Löcher und strukturelle Autonomien.*[69]
- *Strong ties and weak ties.* Je indirekter und distanzierter die Beziehungen sind, desto eher kann von *weak ties* gesprochen werden. *Strong ties* liegen vor, je direkter und gefestigter die Beziehung zwischen den Mitgliedern ist.[70]

Die Errungenschaft der Netzwerkanalytiker ist, dass sie es geschafft haben, wesentliche Größen von sozialen Beziehungskonstrukten zu identifizieren, zu standardisieren und zu quantifizieren. Festzuhalten ist aber,

65 Vgl. Burt, Range, 1983, S. 176–194; ders., The Contingent Value of Social Capital, 1997, S. 339–365.

66 Vgl. Granovetter, The Strength of Weak Ties, 1973; Parkin, Strategien sozialer Schließung und Klassenbildung, 1983.

67 Vgl. Jansen, Soziale Netzwerke, 2006, S. 210.

68 Vgl. Granovetter, The Strength of Weak Ties, 1973, S. 1363.

69 Vgl. Burt, Structural Holes, 1992, S. 31–56.

70 Vgl. Jansen, Netzwerkanalyse, 2006, S. 107; Burt, Range, 1983, S. 176–194.

dass sie, obwohl sie Verbindungen zwischen den Akteuren und ihren Leistungen inhaltlich interpretieren – beispielsweise über Macht- und Informationsverteilung oder Vertrauen –, nur formale Strukturkriterien benutzen. Die inhaltlichen und funktionalen Aspekte der Beziehungen sowie ihre Handlungsstrategien müssen durch „externe" Konzepte beschrieben werden.

Dies betrifft auch den Sozialkapitalansatz. Hier ergibt sich das Paradoxon, dass zwar inhaltlich soziale Eigenschaften wie Solidarität und Vertrauen beschrieben werden, diesen Größen selbst aber kein Einfluss auf das Netzwerk eingeräumt wird. In der vorliegenden Arbeit werden die inhaltlichen und funktionalen Faktoren über die Restrukturierungsfrage bestimmt. Die Überlegungen zu den strong und weak ties, den strukturellen Löchern und den wesentlichen sozialen Beziehungsintensitäten können im Rahmen der Arbeit zur Beschreibung der verschieden Netzwerke in einer allgemeinen qualitativen Form genutzt werden. Wobei sie nicht auf Basis der standardisierten Methodik der Netzwerkananlyse erarbeitet werden. Darüberhinaus müssen aber auch die systemischen Ansatzpunkt des generalisierten Vertrauens, der generalisierten Solidarität und der Normen einer Gesellschaft Eingang in die Analyse der Netzwerkprozesse finden. Wichtig für die Übernahme der Netzwerkperspektive nach der vorliegenden Fragestellung der Arbeit ist dabei die Berücksichtigung der Besonderheiten der Transformationsprozesse. Entsprechend wird der Beitrag der Transformationsforschung zur Netzwerkbildung in der russischen Gesellschaft näher beleuchtet.

Beiträge aus der Transformationsforschung

Die Netzwerkforschung und erst recht die Netzwerkanalyse haben erst relativ spät Eingang in die Osteuropaforschung gehalten.[71] Dennoch gibt es eine Vielzahl von Studien, die sich jenseits der westlichen Netzwerkanalyse sehr differenziert mit komplexen informellen Interaktionssystemen in der ehemaligen Sowjetunion befassten. Die Arbeiten zum administrativen

---

71 Eine Ausnahme waren Sedaitis, Networks in Market Transition, 1997, und auch Stark, Networks of Assets, 1996.

Markt[72] und zum zweiten Markt[73] sowie zur Cliquen- und Günstlingswirtschaft,[74] zu den Old-Boys-Netzwerken (druzhina) bei der sowjetischen Staatsbildung[75] sowie die Arbeiten zum „zivilen" Interaktionssystem des Blat (Austauschsystem von Gefälligkeiten zwischen Freunden und Bekannten)[76] haben Netzwerkinteraktionen nicht nur als existent und divergent, sondern als systeminhärente Kräfte der sowjetischen Gesellschaft gezeigt. Die verschiedenen informellen Interaktionsformen waren zudem

---

72 Beide Märkte, der administrative Markt und der zweite Markt, behandeln den gleichen Sachverhalt, nämlich die informelle Redistribution der volkswirtschaftlichen Ressourcen unter dem Missbrauch der Verfügungsmöglichkeiten der formellen Hierarchien. Während sich der administrative Markt allerdings auf die administrativen Interaktionen und die informellen vertikalen Netzwerke konzentriert, fokussiert der zweite Markt die Transaktionen der gehorteten Ressourcen zwischen gleichberechtigten Akteuren. Naishul', The Supreme and Last Stage of Socialism, 1992; Kordinskii, The Structure of Economic Space, 1995.

73 Vgl. insbesondre Grossmann, The „Second economy" of the USSR, 1977, S. 25–40; Clarke, Crime and Punishment in Soviet Officialdom, 1992; Schwarz, Corruption and Political Development in the USSR, 1979, S. 436; Schulus, Schattenwirtschaft in Russland, 1993, zitiert aus: Mildner, Korruption in Russland, 1995, S. 353.

74 Selbst unter Stalin und Chruschtschov hatte sich schon eine Cliquen- und Günstlingswirtschaft etabliert. In der Epoche der Stagnacija unter Breschnew entwickelten sich auf allen Ebenen der Partei, Verwaltung und Wirtschaft weit verzweigte patrimoniale Netzwerke und Clansysteme. Vgl. Willerton, Patronage and Politics in the USSR, 1002; ebenso Kordinskii, The Structure of Economic Space, 1995.

75 Die sowjetische Staatsbildung basierte auf informellen persönlichen Netzwerken. Die politische Steuerung lief häufig über Old-Boys-Netzwerke, die sich aufgrund gemeinsamer Erfahrungen im Bürgerkrieg nach dem vorrevolutionären Interaktionsmuster der *drugina* gebildet hatten. Die ursprüngliche *drugina* wurde zusammengehalten durch die persönlichen Bindungen kämpfender Bruderschaften, die sich um einen machtvollen Patron gebildet hatten. Sie hatte neben den sozialen auch militärische und politische Funktionen. Generell beschreiben Old-Boys-Netzwerke oft lebenslange kameradschaftliche Verbindungen von Menschen, die einen wesentlichen Teil ihrer sozialen Entwicklung (Schule, Universität, Militärausbildung, Berufsleben etc.) gemeinsam erlebten. Ihre Interaktionsmuster sind horizontal, d. h. als Muster gleichberechtigter Akteure, geregelt.Vgl. Easter, Reconstructing the State, 2001.

76 Vgl. Ledeneva, Russia's Economy of Favours, 1998, S. 36,

im tradierten zaristischen Werte- und Normensystem verankert.[77] Sie zeigen sich durch den in der russischen Gesellschaft immer noch vorherrschenden hohen Anspruch an Kollektivität und Hilfsbereitschaft (eine spezielle Form generalisierter Reziprozität) einerseits sowie dem „schwachen öffentlichen Ethos“[78] und die kleptokratische Einstellung[79] gegenüber dem Staat andererseits.

Die historisch-kulturelle Verankerung der informellen Netzwerkbildung in der Sowjetgesellschaft verdeutlicht, dass sich mit der Veränderung der formellen Institutionen nach 1990 nicht Werte, Normen und Interaktionsmuster gleichermaßen änderten. Auf die Kontinuität tradierter informeller Beziehungen und Regeln hatten Autoren wie David Stark[80], Brie und Stykow[81] sowie Staniszkis [82] schon Anfang der 1990er Jahre aufmerksam gemacht. Sie polemisierten gegen die Annahmen, dass durch einen Zusammenbruch der alten Ordnung und über die Einführung formeller politischer Institutionen ein Wandel des traditionellen Wertesystems erfolgen könnte.[83] „Zwar haben sich die politischen Fassaden der alten Ordnung aufgelöst, dahinter aber befindet sich keineswegs ein gesellschaftliches Vakuum, sondern das soziale Gewebe von informellen Beziehungen, Regeln, Routinen, die die sozialistische Gesellschaft getragen haben.“[84]

---

77 Vgl. Willerton, Patronage and Politics in the USSR, 1992, S. 9; ebenso Easter, Personal Networks, 1996; Torke, Das russische Beamtentum, 1997; aber auch wieder Ledenevas Werk Russia's Economy of Favours, 1998, S. 81–83; vgl. auch Mildner, Korruption in Russland, 1995, S. 350, 352–353.

78 Vgl. Mildner, Korruption in Russland, 1995, S. 355.

79 Vgl. Mildner, Korruption in Russland, 1995, S. 355. Der Begriff der Kleptokratie bezeichnet eine Herrschaftsform, bei der die Herrschenden ihre Verfügungsgewalt über die staatlichen Ressourcen missbrauchen, um sich selbst zu bereichern. Kleptokratie ist als Antonym zur Nomokratie (Rechts- und Verfassungsstaat) zu verstehen. Der Begriff wurde zunächst als Beschreibung der afrikanischen Bürokratien (Kongo/Zaire) in die Diskussion eingeführt, dann aber auch für die Beschreibung der sowjetischen und russischen Staatsform verwendet. Vgl. Mildner, Korruption in Russland, 1995, und Haug, Russland unter Putin, 2001.

80 Vgl. Stark, Networks of Assets, 1996, S. 109–150.

81 Vgl. Brie/Stykow, Regionale Akteurskoordinierung, 1995.

82 Staniszkis bezieht sich auf die polnische Transformation; vgl. Staniszkis, Postkommunismus, 1998.

83 Vgl. Tatur, Transformation, Staat und moralische Ressourcen, 1998, S. 341.

84 Stark, Nicht nach Design, 1994, S. 134.

Die in den 1990er Jahren entstandenen Studien, die sich im Rahmen der verschiedenen Diskurse[85] mit Netzwerken beschäftigen, verdeutlichen, dass informelle Interaktionssysteme nicht nur überlebt, sondern sich nun ohne die Kontrolle und Steuerung des zentralen Partei- und Staatsapparates vervielfältigt hatten. Es kam zu einer Differenzierung der Eliten in Politik und Wirtschaft, und neue Akteure kamen hinzu.[86] Mittlerweile liegen eine Vielzahl von empirischen Studien zur Netzwerkbildung für die verschiedensten Zeitabschnitte, Regionen und Sektoren vor. Diese sind theoretisch weitgehend unfundiert bzw. bleiben untereinander nur schwach „vernetzt", sodass kaum ausreichende Hilfestellungen für die Erfassung und Ordnung der verschiedenen Interaktionssysteme gegeben werden können.

Anhaltspunkte zur Typologisierung von Netzwerken

Dabei fällt vor allem die Vielfalt an divergenten komplexen Netzwerksystemen ins Auge.[87] Sie unterscheiden sich durch ihre Akteure, ihren Aggregationsgrad (Netzwerk zwischen zwei Personen und komplexe dichte Netzwerke), ihre Größe (Anzahl), ihre Regeln, Funktionen und Vorgehensweisen. An diesem Punkt gilt zu überprüfen, welche Netzwerkkriterien für die Analyse russischer Netzwerkprozesse relevant und welche Unterschiede bei den Ausprägungen dieser Kriterien zu beachten sind.

Zu den zentralen Netzwerkkriterien ist die „Funktion" der Netzwerke zu zählen. Im Rahmen der westlichen Netzwerkdiskussion werden Netzwerke häufig im Zusammenhang mit der Stabilisierung von Märkten oder der

---

85 Vgl. insbesondere die Interessengruppen- und Elitenstudien: Pappé, Russian Economic Elites, 1995, S. 39–58; Berezovksii/Chervyakov, Sectoral Production Capital, 1995, S. 405–458; Lepekhin, Interest Groups in Russia's Political Life, 1995, S. 59–76; Kryshanovskaya/White, The Nomenklatura in Post-Communist Russia, 1998; Segbers, Actors and Interests in a Changing Russia, 2001, S. 5–7.

86 Vgl. insbesondere Lepekhin, Interest Groups in Russia's Political Life, 1995, S. 70–75; Kryshanovskaya/White, The Nomenklatura in Post-Communist Russia, 1998.

87 Vgl. Stark/Vederez, The Social Times of Networks Spaces, 2003, S. 4; Radaeev, Corruption and Violence, 2000, S. 63–83; Ledeneva, Ambiguitiy of Social Networks, 2004, S. 7; Humphrey, How Is Barter Done?, 2000, S. 259–297; Brie/Stykow, Regionale Akteurskoordinierung, 1995, S. 209.

Schaffung von Wettbewerbsvorteilen diskutiert. Generell wird ihnen die Produktion von sozialem Kapital zugesprochen. Über die Funktion der Netzwerke in der russischen Gesellschaft gibt es unterschiedliche Auffassungen.

In der russischen Transformationsökonomie wird den Netzwerken vor allem eine wichtige Funktion bei der Kompensation der politischen und administrativen Dysfunktionalitäten des formellen Interaktionssystems zugesprochen. Die Politikwissenschaftler Brie und Stykow kommen zu dem Schluss, dass es die hinter den Kulissen ablaufenden Konsens- und Koordinationsregulierungen waren, die in der Umbruchsphase und der tiefen wirtschaftlichen Krise nach 1990 den totalen Zusammenbruch des Landes verhindert haben.[88] Brie und Stykow sprechen nicht von Netzwerken, sondern von Regimen.[89] Diese basierten nicht auf Ad-hoc-Vereinbarungen zwischen Einzelakteuren, sondern auf stabilen Interaktionen zwischen kollektiven Akteursgruppen, wie der Gebietsadministration, den Direktoren, der Mafia, aber auch der Bevölkerung - wobei diese kein Kollektivakteur ist. Aufgrund gemeinsamer Interessen sind diese Gruppen fähig, sich nach eigenen Regeln und Erwartungen zu koordinieren, zu handeln und damit zur Stabilität und zu einer gewissen Handlungsfähigkeit der Gesellschaft beizutragen. Der zentrale Interaktionsmechanismus dieser Regime ist das Aushandeln, das „Bargaining", von Kollektivgütern der jeweiligen Gruppen. So werden beispielsweise zwischen der staatlichen Administration und den Betriebsdirektoren Steuervergünstigungen ausgehandelt, die den sozialen Frieden sichern, oder es werden Privilegien und Posten gegen Zahlung von Steuern und Zöllen getauscht. Es interagiert dabei allerdings mehr als nur eine Gruppe, sodass „hochkomplexe Netze von Austauschbeziehungen"[90] entstehen.

---

88 Vgl. Brie/Stykow, Regionale Akteurskoordinierung, 1995, S. 207.

89 Dieser Typ bezieht sich auf Netzwerke, die sich in autoritären Systemen entwickelt haben; vgl. Brie/Stykow, Regionale Akteurskoordinierung, 1995, S. 209.

90 Brie/Stykow, Regionale Akteurskoordinierung, 1995, S. 226.

Ähnlich Kompensationsfunktionen zeigen die Arbeiten zu den Barternetzwerken von Humphrey, Ledeneva und Aukutsionek[91] sowie die Untersuchungen über Korruptions- und Schutznetzwerke von Radaeev, die die Verbindungen zwischen den KMU, der Administration und den Schutzagenturen offenlegten.[92] Die hier beschriebenen Netzwerke versuchen die ökonomischen Dysfunktionalitäten, die makroökonomischen Probleme (Entmonetarisierung der realen Wirtschaft, Einbruch der Absatzmärkte) und die mannigfaltigen administrativen Barrieren (steuerliche Belastungen, willkürliche Rechtsvorschriften und Informationsasymmetrien) zu umgehen. Der Übergang zu der Nutzung von Netzwerkkapital für reine Abschöpfungsprozesse ist dabei fließend. Besonders offensichtlich war dies bei den kriminellen und mafiosen Gruppen, die insbesondere in den 1990er Jahren vorzufinden waren.[93] Dabei handelt es sich um stabile autoritäre Koordinationstypen mit engen Interaktionsformen und Abhängigkeiten. Sie nutzen die institutionellen Schwächen, um über „Kompensationsdienste“ Zugriff auf fremde Finanzströme sicherzustellen.

Eine besondere Rolle in Bezug auf die im Rahmen dieser Studie gestellte Frage nach den Restrukturierungs- und Innovationskompetenzen kommt den Arbeiten von Stark und Vederez zu. Sie stellen eine Verbindung zu den ökonomischen Netzwerkkonzepten der regionalen Netzwerkcluster und der Innovationsnetzwerke her. Dabei sehen sie in den russischen Netzwerken nicht nur ein Kompensationsinstrumentarium für institutionelle Dysfunktionen, sondern auch eine spezifische Wettbewerbskompetenz auf dem Markt,[94] die zu „normalen“ marktwirtschaftlichen Kooperationen führen. Auch die nach der Finanzkrise 1998 entstehenden Holdings und ihre

---

91 Vgl. Humphrey, How Is Barter Done?, 2000, S. 259–297; Ledeneva, Shadow Barter, 2000, S. 298–317; Aukutsionek, Industrial Barter in Russia, 1998, S. 98–102.

92 Vgl. Radaeev, Corruption and Violence, 2000, S. 63–83.

93 Wie sie Anfang der 1990er Jahre von Knabe, Fituni, Ledeneva und Klebnikov beschrieben wurden.

94 Vgl. Stark/Vederez, The Social Times of Networks Spaces, 2003; siehe auch Ledeneva, Ambiguity of Social Networks, 2004, S. 7; vgl. Krasnov, Financial Groups and the Development of Market Institutions, 2001, S. 177–200.

94 Vgl. Porter, Wettbewerbsvorteile, 1992; ebenso Messner/Meyer-Stamer, Die nationale Basis internationaler Wettbewerbsfähigkeit, 1993, S. 98–111.

Interessenkoalitionen werden von Yakovlev, Pappé und Stykow als Ausdruck moderner russischer Finanz- und Investitionsholdings verstanden.[95] Im Gegensatz dazu betrachten Tatur, Ledeneva und Harter die russischen Netzwerke weitaus skeptischer. Insbesondere Tatur warnt vor einem Vergleich mit solchen Kooperationsformen, wie sie in entwickelten Industrienationen idealtypisch beschrieben werden, da sich die russischen Netzwerke weder in einem kompetitiven Umfeld befänden noch über ein kompatibles soziales Kapital und moralische Ressourcen[96] verfügten.[97] In ihrer Transformationsanalyse der politisch-kulturellen Reproduktionsmodi in der sozialistischen bzw. postsozialistischen Gesellschaft beschreibt Tatur vielmehr, dass sich nach 1990 das institutionelle Grundmuster der sozialistischen Ökonomie, welches auf Macht, Abhängigkeiten und der Umverteilung von staatlichen Ressourcen beruht habe, reproduziert habe.[98] Somit bestehe die Gefahr, dass die postsozialistischen Netzwerke ihre Wettbewerbsvorteile weniger für Produktivitätssteigerungen und technische Innovationen als vielmehr für den exklusiven Zugang zu Informationen und Finanzmitteln und sonstige Privilegien nutzen würden.[99] Ähnlich problematisch sehen auch Ledeneva und Hartner die Kontinuität „alter" Kontakte, Normen- und Wertesysteme für die Entwicklung der russischen Gesellschaft. Ledeneva spricht sogar von einer zentralen Barriere für die Transformation des Landes und setzt die historische Integration der sowjetischen

---

95 Vgl. Yakovlev, Corporate Governance, 2005; vgl. Pappé, Oligarchitscheskij period zakontschen. Zabud'te, 2005; Stykow, Staat und Wirtschaft in Russland, 2006.

96 Unter moralischen Ressourcen versteht Tatur die zivilen Kompetenzen einer Gesellschaft, die sich in einem generalisierten Vertrauen als Ergebnis zivilgesellschaftlicher Entwicklungen zeigen. Dazu gehört auch die allgemeine Anerkennung „abstrakter" Regeln, was die Existenz eines einheitlichen normativen Raumes einer Gesellschaft voraussetzt. Im Gegensatz dazu stehen tribalistisch fragmentierte Gesellschaften, deren moralische Ressourcen von Ambivalenzen geprägt sind. Die gesellschaftlichen Ressourcen umfassen die demokratischen Interaktionsmechanismen zwischen der Gesellschaft und den politischen Interessenvertretern.

97 Vgl. Tatur, Transformation, Staat und moralische Ressourcen, 1998, S. 341–357.

98 Vgl. Tatur, Transformation, Staat und moralische Ressourcen, 1998, S. 345 und 349.

99 Vgl. Tatur, Transformation, Staat und moralische Ressourcen, 1998, S. 345 und 349.

Gesellschaft über soziale Netzwerke in eine gegenläufige Beziehung zum Transformationserfolg: „In fact it could be argued, that success of transformation is in a reverse proportion to the degree of integration within the Soviet economy.“[100]

Es sind die beiden zuletzt genannten Wissenschaftler, die sich Ende der 1990er Jahre direkt mit der Anwendung der Netzwerkanalyse auf die osteuropäischen Länder auseinandergesetzt haben und dabei die Notwendigkeit einer Anpassung des Konzeptes an die landes- und entwicklungsspezifischen Besonderheiten erkannten. Ledeneva betont dies, indem sie das Netzwerkkonzept um den Aspekt der Ambiguität erweitert. Denn die in der westlichen Forschung analysierten positiven Netzwerkeffekte würden bei den russischen Interaktionsformen ab einem bestimmten Punkt umschlagen und negative Effekte produzieren. Als positive Funktionen von Netzwerken nennt Ledeneva den Zugang zu Ressourcen, die Steigerung der Flexibilität, die Reduktion von Risiken und Transaktionskosten und eine allgemeine soziale Unterstützung. Zu den negativen Effekten zählt sie die wachsenden Investitionen in die Aufrechterhaltung von Netzwerkbeziehungen sowie die Grenzen der individuellen Handlungsfähigkeit der einzelnen Akteure, die strengen kollektiven Normen und schließlich die Gefahr von sozialen Schließungseffekten (Lock-in-Effekten) und Pfadabhängigkeiten.[101]

Streng gesehen werden damit keine neuen „Entdeckungen“ gemacht, denn diese von Ledeneva entwickelte Doppeldeutigkeit der Netzwerkeffekte lässt sich auch mit den positiven und negativen Effekten der *strong ties* von Granovetter erklären. Dessen ungeachtet ist ihr Netzwerkbeitrag ein wichtiger Schritt für die inhaltliche Anpassung der Kriterien an die russischen Netzwerkprozesse (wobei insbesondere den Faktoren, die zu Lock-in-Effekten führen, den Kosten für die Aufrechterhaltung von Netzwerkbeziehungen sowie den Grenzen der individuellen Handlungsfähigkeit eine zentrale Rolle zukommt). Der Beitrag ist auch so weit hilfreich, als er von einem anderen Akteursbild und dementsprechend einem anderen Verhalten ausgeht, wobei Ledeneva den Akteuren, basierend auf den tradierten Werten

---

100 Vgl. Ledeneva, Ambiguity of Social Networks, 2004, S. 3.

101 Vgl. Ledeneva, Ambiguity of Social Networks, 2004, S. 3.

und Gewohnheiten, ein ausbeuterisches Verhalten gegenüber dem Staat unterstellt. Zudem werden die Funktionen der Netzwerke nicht nur auf ihre Einflussmöglichkeiten oder den Aspekt der Informationsgewinnung reduziert, sondern vor allem unter dem Aspekt der Verteilung von Ressourcen betrachtet. In dieser allerdings weitgehend etatistischen Perspektive Ledenevas[102] geht es vorwiegend um die Verteilung „institutioneller Ressourcen", da sie den staatlichen Strukturen bei der Allokation der volkswirtschaftlichen Ressourcen noch immer eine zentrale Rolle zuspricht.

Die Bedeutung von sozialen Integrationsfaktoren

Direkt angewendet auf die Netzwerkprozesse in Russland wurde die Netzwerkanalyse vor allem durch den Sozialkapital-Theoretiker Batjargal (2003/2005). Seine Netzwerkstudie[103] basiert auf Interviews mit 75 russischen Unternehmern im Zeitraum zwischen 1995 und 1999. Die Studie geht der Frage nach, inwieweit der Unternehmenserfolg neben den strukturellen und sozialen Kriterien von der „resource embeddednes", also den Ressourcen, die durch das Netzwerk mobilisiert werden können, beeinflusst wird. Zu diesen Ressourcen zählt er das Finanzkapital, die Entscheidungsmacht und Informationen. Batjargal kommt in dieser Studie zu dem Ergebnis, dass weniger die strukturellen Faktoren als vielmehr die qualitativen Beziehungsfaktoren (Homogenität der Gruppe, Vertrauen) sowie der Zugang zu Ressourcen einen zentralen positiven Effekt auf den Unternehmenserfolg haben.[104] Dieses Ergebnis ist nicht weiter verwunderlich, denn Vertrauen, gemeinsame Erfahrungen, Loyalität gehört zu den wichtigsten Potenzialen der informellen Interaktionsprozesse in der russischen Transformationsgesellschaft.

Generell wird in den Beiträgen zur russischen Transformationsforschung die hohe „Verpersönlichung" der Beziehungen beschrieben. Nicht selten

---

102 Dass diese Verteilung bei Ledeneva vorwiegend über staatliche Institutionen erfolgt und auch das Verhalten der Akteure sich über das Verhalten gegenüber dem Staat definiert, ist auf die von Ledeneva beobachtete hohe Pfadabhängigkeit der Interaktionsweisen der sowjetischen zentralen Verwaltungsstaat zurückzuführen.

103 Vgl. Batjargal, Social Capital and Entrepreneurial Performance in Russia, 2003.

104 Vgl. Batjargal, Social Capital and Entrepreneurial Performance in Russia, 2003.

handelt es sich um Beziehungen zwischen Freunden, Familien- oder Clanmitgliedern und Akteuren, zu denen persönliche Abhängigkeitsverhältnisse bestehen.[105] Dadurch werden hohe soziale Interaktionsintensitäten produziert, welche die Handlungsfähigkeit sowie die Inter-Netzwerkbeziehungen bzw. die Interaktion zu Institutionen beeinflussen. Die relationalen Netzwerkkriterien (soziale Integrationspotenziale und Integrationsinstrumente), die diese Netzwerkeigenschaften beschreiben, sollten bei der Analyse der Netzwerke entsprechend berücksichtigt werden.

In einer weiteren Studie untersucht Batjargal, methodisch streng an das Netzwerkinstrumentarium[106] angelehnt, den Einfluss ego-zentrierter[107] sozialer Netzwerke auf das Unternehmerverhalten (bei neu gegründeten KMU) in Russland sowie in China. Neben der Analyse der Netzwerkgröße, Netzwerkdichte und der strukturellen Löcher analysiert er den Einfluss der relationalen Faktoren auf das wirtschaftliche Verhalten. Mit den relationalen Faktoren beschreibt er die soziale Qualität der Beziehung, das Vertrauen, die Beziehungsnähe und die Zufriedenheit, kurz: die Rolle des sozialen Kapitals in russischen und chinesischen Netzwerken. Diese bestimmt er über die Langfristigkeit der Beziehung und das Engagement der Mitglieder für die Netzwerkarbeit, gerechnet in Arbeitsstunden, und über das Kriterium der Homogenität. Die Homogenität definiert er über einen gleichen soziokulturellen Hintergrund der Netzwerkmitglieder, wobei wiederum der regionale Hintergrund eine wesentliche Rolle spielt.[108] Batjargal konnte anhand dieser Studie belegen, dass Netzwerke und ihr „Verhalten“ von der Homogenität und dem lokalen soziokulturellen Umfeld abhängen.

---

105 Siehe insbesondere die Arbeiten von Ledeneva, Harter und Höhmann.

106 Wie in der Netzwerkforschung üblich, arbeitete Batjargal das Datenmaterial für die statistische Beweisführung auf. Mittels der Faktoranalyse werden die Daten nicht auf metrische Größen heruntergebrochen, sondern Batjargal greift auf die Ordinalskalierung zurück. Die Ausprägung der Kriterien wird auf 3–5 Skalen reduziert; beispielsweise kann das Kriterium „Beziehung zwischen Akteuren“ mit „besonders eng“; „distanziert“ oder „weder noch“ bewertet werden. Die Ergebnisse werden dann mit Kennzahlen und Grenzwerten verglichen.

107 Unter ego-zentrierten Netzwerken sind die Beziehungen zwischen einer fokalen Person (Ego) und den unmittelbar mit ihr verbundenen Akteuren (Alteri) gemeint.

108 Vgl. Batjargal, Comparative Social Capital, 2005.

Im Rahmen der Netzwerkanalyse kann die soziokulturelle Dimension allerdings nur indirekt über die Kriterien der relationalen Faktoren erfasst werden.

Einbindung der soziokulturellen Dimension

In der gängigen Anwendung der Netzwerkanalyse werden Netzwerke als vom soziokulturellen Kontext unabhängig diskutiert, was eine Erklärungslücke entstehen lässt. Will man die heutigen formellen und informellen Unternehmensprozesse in Russland verstehen, so ist es hilfreich, die soziokulturellen und historischen Hintergründe zu kennen.[109] Zu berücksichtigen ist, dass die post-sowjetischen Akteure im Rahmen ihrer Geschichte kaum Möglichkeiten hatten, positive Erfahrungen mit Marktwirtschaft, Privateigentum und Individualismus zu machen. Noch heute ist die Gesellschaft durch einen hohen Anspruch an Kollektivität, Hilfsbereitschaft (eine spezielle Form generalisierter Reziprozität) und das Interagieren in informellen Interaktionsformen geprägt. Auch die Einstellung zur Einhaltung und Akzeptanz formeller Regelungen, der „schwache öffentliche Ethos"[110] und die kleptokratische Einstellung[111] gegenüber dem Staat bestimmen das wirtschaftskulturelle Umfeld nach 1990.

2.2 Institutionentheorie: Institutionen, Akteure und Interaktionsformen

Die Netzwerkanalytiker fokussieren vor allem auf die direkte soziale Einbindung der Akteure in die Netzwerkstrukturen. Im Rahmen dieser Studie spielt auch der Einfluss von Institutionen auf das Handeln der Akteure eine wichtige Rolle.

---

109 Vgl. Höhmann, Eine unterschätzte Dimension?, 1999, Treismann, The Politics of Soft Credit in Post-Soviet Russia, 1995.

110 Vgl. Mildner, Korruption in Russland, 1995, S. 355.

111 Vgl. Mildner, Korruption in Russland, 1995, S. 355. Siehe auch oben Fußnote 79.

2.2.1 Institutionentheoretische Überlegungen

Allerdings bieten die institutionentheoretischen Überlegungen ein äußerst widersprüchliches Bild von Institutionen. Entsprechend der bewegten Inanspruchnahme des Institutionenbegriffs durch die verschiedenen Teildisziplinen der Sozialwissenschaften in den letzten Jahrzehnten[112] begegnen uns Institutionen auf System- oder auf Akteursebene, also als staatliche Behörden und Organisationen, oder als institutionelle Rahmenbedingungen und Regelsysteme. In ihrer weitesten Definition ist die Institution ein Kulturbegriff. Je nachdem werden den Institutionen in einem unterschiedlichen Maße regulative bzw. normative Funktionen und gesellschaftliche Relevanz zugesprochen und den Akteuren unterschiedliche Kompetenzen. Dabei ist der Akteur für die einen als rational-ökonomisches Individuum zu intentionalem Handeln und zur Selbstkontrolle fähig, für die anderen ist er hingegen über seine kulturelle Einbettung fremdbestimmt. Nach der Feststellung der Ökonomen sind Institutionen für gewöhnlich das Ergebnis frei und rational entscheidender Akteure, anderen Sozialwissenschaften zufolge bestimmen umgekehrt die Institutionen maßgeblich das Handeln der Akteure. Die Überlegungen der Wirtschaftswissenschaftler basieren vor allem auf hoch reduktionistischen Verfahren, was bedingt auch auf die Kultursoziologen zutrifft, andere wiederum arbeiten vorwiegend mit dem Sammeln empirischer Daten.[113]

Neo-Institutionalismus

Die reduktionistische Herangehensweise sowie die gegensätzlichen Perspektiven der Sozialwissenschaften und der Wirtschaftswissenschaften

---

112 Den Grundstein für eine Institutionentheorie legte die Politikwissenschaft in den 1950er Jahren. In der sogenannten alten oder klassischen Institutionentheorie wurden Institutionen weitgehend mit Staatsorganen gleichgesetzt. Die Analyse war noch ganz auf die formalen politischen Strukturen und ihre regulativen Funktionsweisen, also auf die Verfassungs- und Normensysteme, konzentriert. Vgl. Peters, Political Institutions, 1998; Thelen/Steinmo, Historical Institionalism in Comparative Politics, 1992.

113 Insbesondere im Rahmen des verhaltensorientierten Behaviourismus. Sein methodologischer Ansatz orientiert sich an den Naturwissenschaften, indem Thesen aufgestellt und durch Beobachtung, Messungen und dann durch Generalisierung bestätigt oder verworfen werden. Vgl. Selznick, TVA and grass roots, 1949.

versuchte der sich seit den 1980er Jahren etablierende neue Institutionalismus bzw. Neo-Institutionalismus zu überwinden. Seine Ansätze konzentrieren sich dabei weniger auf die Darstellung einzelner Institutionen, sondern auf die Interaktion von Institutionen mit ihrem gesellschaftlichen Umfeld, also mit den ökonomischen, politischen und sozialen institutionellen Rahmenbedingungen.[114] Damit wurden verschiedene Fragestellungen aus den unterschiedlichen Disziplinen aufgenommen.

In der Politikwissenschaft ist der regulative Anspruch von Institutionen zwar noch von zentraler Bedeutung, aber es rücken auch die Orientierungs- und Integrationsaufgaben von politischen Institutionen in den Fokus. So geben Institutionen Richtlinien für Verhaltensweisen und Handlungsoptionen vor und üben damit letztlich eine gesellschaftliche Orientierungsfunktion aus. Dieser Aufgabe können Institutionen, so Göhler, jedoch nur dann nachhaltig gerecht werden, wenn sie auch eine Integrationsaufgabe wahrnehmen. Das heißt: Sie müssen ein Mindestmaß an kollektiver Identität erzeugen und ihre Regeln müssen bis zu einem gewissen Grad mit den Werten, Sinnvorstellungen und Ordnungsprinzipien einer Gesellschaft korrespondieren.[115] Diese eher normativ geleitete Integration von Institutionen ist entscheidend für die Stabilität formeller Institutionen.[116]

Bei der Orientierungs- und Integrationsfunktion ist die Analogie zu dem soziologischen Institutionenbegriff offensichtlich. Die Soziologen des Neo-Institutionalismus versuchen den alten Kulturdeterminismus zu überwinden, indem sie dem Akteur nun ein gewisses Maß an Selbstkontrolle (Entscheidungsfreiheit) zugestehen und die kognitive Handlungsdimension betonen. Demnach können die Akteure auf der Basis von Erkenntnissen, Lernen und Kreativität eigenständige Entscheidungen treffen – unter Beachtung institutioneller Regeln. Die Entscheidungsfreiheit ist jedoch durch den kulturellen Erfahrungshintergrund eingeschränkt zu interpretieren.[117]

---

114 Vgl. Göhler, Institutionen, 2006, S. 215.

115 Vgl. Göhler, Institutionen, 2006, S. 209–227.

116 Vgl. Göhler, Institutionen, 2006, S. 212–214.

117 Die neueren Entwicklungen in der Psychologie und Sozialpsychologie haben gezeigt, dass der Einfluss eines wie auch immer definierten Kulturdeterminismus auf Institutionen empirisch nicht mehr haltbar ist. Vgl. hierzu Göhler, G., Institutionen; Kühn 1999. Die kalkulierenden kognitiven Größen werden durch „vorbewusste“,

Mit dieser neuen Argumentation war und ist eine Annäherung an das ökonomische Institutionenverständnis möglich. Zumal die Ökonomen ihr rationalistisches Akteurs- und Institutionenmodell an die beobachteten Phänomene anpassen mussten. Sie konnten die Erkenntnisse der theoretischen Arbeiten Simons (1954) oder Marchs zur „begrenzten Rationalität"[118] des Menschen und zu der Möglichkeit opportunistischen Verhaltens[119] kaum noch ernsthaft ignorieren. Auch war die Einbeziehung von Institutionen unausweichlich, da die gesellschaftlichen und ökonomischen Prozesse immer komplexer wurden und solche Prozesse mehr oder weniger einer externen institutionellen Regulierung bedürfen. Dementsprechend definieren die Vertreter der Neuen Institutionen-Ökonomik[120] die Institutionen kontextbezogen als Regelsysteme bzw. als Restriktionen (*constraints*), die den Handlungsspielraum der nun rational nicht mehr unfehlbaren Akteure eingrenzen. Während zuvor bei Coase Institutionen noch mit Organisationen und Unternehmen gleichgesetzt wurden, ist bei den Neo-Institutionalisten spätestens mit North eine Begriffsverschiebung in Richtung „Regel" (institutionelle Rahmenbedingungen) zu beobachten.[121] Es sei zum Schluss aber daran erinnert, dass die Neo-Institutionalisten auch weiterhin inner-

halbautomatische Entscheidungen den zu beobachtenden pragmatischen Entscheidungsprozessen angepasst. Vgl. Di Maggio/Powell, The New Institutionalism in Organisational Analysis, 1991, S. 24.

118 Dies heißt nicht, dass sich die Individuen irrational verhalten, nur unterliegen sie begrenzender kognitiver Restriktionen, wodurch erforderliche Informationen nicht optimal verarbeitet werden können; vgl. March/Simon, Kognitive Grenzen der Rationalität, 1976, S. 129–160; Simon, Rationality in Psychology and Economics, 1986, S. 59.

119 Während der Homo oeconomicus der Neoklassik sich stets an die Regeln und Vereinbarungen hält, ist der Opportunist bereit, zur Verfolgung von Eigeninteressen auch arglistig zu handeln. Er verstößt gegen geschlossene Vereinbarungen auch mit illegitimen und illegalen Methoden.

120 Zu den wichtigsten Arbeiten zum Transaktionskostenansatz gehören die Beiträge Williamsons von 1975 (Market and Hierarchies) und von 1985 (The Economic Institutions of Capitalism) sowie die Arbeiten von North (Economic Theory of Institutions) von 1986.

121 Siehe insbesondere North, Institutionen, institutioneller Wandel und Wirtschaftsleistung, 1992, S. 3.

halb des neoklassischen Modells verbleiben. Es werden weiterhin die institutionellen Strukturen als das Ergebnis rationaler Entscheidungen der Akteure über das Argument der Ertragssteigerung erklärt.
Zu den wichtigsten Ansätzen der Neo-Institutionalisten, die sich mit den „externen“ institutionellen Handlungsstrukturen befassen, gehört der Transaktionskostenansatz. Er erklärt in Anlehnung an Coase die Bildung von Institutionen (Unternehmen) über die Effizienz der Transaktionen. Die Effizienz wird über die Kosten der Transaktion bestimmt, also der Kosten, die für die Anbahnung, Kontrolle und Durchsetzung der Transaktionen, häufig im Rahmen von Verträgen, entstehen. Williamson geht von einer beschränkten Rationalität seiner Vertragspartner aus, genauso wie er ihnen einen Hang zum Opportunismus (Eigeninteresse) und die Bereitschaft zu arglistigem Verhalten unterstellt. Bei sehr spezifischen und häufig stattfindenden Transaktionen sind die Transaktionskosten so groß, dass es effizienter ist, die Transaktion über die Gründung oder Erweiterung eines Unternehmens zu regeln.[122]
Im Rahmen der Weiterentwicklung des Transaktionskostenkonzepts ist ebenfalls der Property-Right-Ansatz entstanden, der auch unter dem Begriff „Theorie der Verfügungsrechte“ bekannt ist. Diese Theorie greift nur ein Element der marktwirtschaftlichen Institutionenbildung heraus. Der Ansatz beruht auf der These, dass die Koordination bzw. Transaktion von Leistungen erheblich durch den Transfer von Eigentums- und Verfügungsrechten beeinflusst wird. Die unterschiedlichen Ausgestaltungsmöglichkeiten des Eigentums-, Verfügungs- und Vertragsrechts (privat, gemeinschaftlich oder staatlich) können durch einen Vergleich der Transaktionskosten beurteilt werden.[123]
Während in der Netzwerkanalyse die Interaktionen zwischen Akteuren differenziert betrachtet werden, bleiben sie in den institutionentheoretischen Überlegungen weitgehend außen vor – die „internen“ Handlungsstrukturen bzw. die Spielräume innerhalb von Organisationen werden von den ökonomischen Institutionalisten kaum beachtet. Eine Ausnahme ist der Principal-

122 Williamson, The Theory of the Firm, 2002.
123 Vgl. Coase, The Problem of Social Cost, 1960, S. 1–44; Demsetz, Towards a Theory of Property Rights, 1967, S. 347–359.

Agent-Ansatz, der versucht, das Handeln der Akteure hierarchisch unter der Annahme begrenzter Rationalität und asymmetrischer Informationsverteilung zu erklären. Diesem Ansatz zufolge kommt es zwischen dem auftraggebenden „principal" und dem ausführenden „agent" zu einem opportunistischen Verhalten durch Letzteren und damit zu einem möglichen Auseinanderfallen der Zielsetzungen beider Akteure. Unter der Annahme, dass beide Akteure nutzenmaximierend handeln, wird der „Agent" seinen Informationsvorsprung sowie das Kontrolldefizit des „principal" zu seinen Gunsten ausnutzen.[124] Die von den Ökonomen als Kontroll- und Motivationsprobleme wahrgenommenen Folgen versuchen sie durch verschiedene Instrumente der betriebswirtschaftlichen Organisationslehre zu lösen. Diskutiert werden Maßnahmen der bürokratischen Kontrolle, der Ausgestaltung von Informationssystemen, des Controllings, neue Zeiterfassungsmethoden sowie Maßnahmen zur Anreiz- und Vertrauenssteigerung.[125] Der Principal-Agent-Ansatz fand neben dem Transaktionskostenansatz auch in den Politikwissenschaften Eingang.[126]

Weitaus differenzierter setzt sich die soziologische Institutionenlehre mit den internen Organisationsstrukturen auseinander.[127] Ihr Ansatzpunkt basiert auf der von Meyer und Rowan, aber auch Cohen, March und Olsen 1992 formulierten Kritik an der Vorstellung, Organisationen könnten mithilfe formaler Organisationsstandards auf einen Zweck hin ausgerichtet werden. Nach ihrem Verständnis müssten auch formale Organisationen als komplexe soziale Interaktionsmodelle verstanden werden. Vor diesem Hintergrund sind Unternehmensprozesse nicht per se als rational planbare Institutionen zu verstehen, sondern sie dienen dazu, den Aspekt des nicht plan-

124 Infolgedessen kommt es zu Problemen des *moral hazard* – der Arbeitnehmer vermindert seine Leistung, weil der Arbeitgeber nicht alles kontrollieren kann; es kommt zu einem Auseinanderfallen von Kollektivrationalität und Individualrationalität – oder der *adverse selection* – aufgrund von Informationsasymmetrien wird die effizientere Lösung bzw. der effizientere Leistungsaustausch nicht erkannt und die schlechtere Lösung gewählt.

125 Vgl. Ebers/Gotsch, Institutionenökonomische Theorien der Organisation, 1995.

126 Der Principal-Agent-Ansatz wurde zur Erklärung von Delegations- und Steuerungsproblemen in politischen Organisationsprozessen genutzt.

127 Hier wird Organisation unter dem Aspekt der Institutionen betrachtet.

baren und Irrationalen zu erweitern. Dementsprechend seien Unternehmensprozesse, selbst unter der Annahme einer gewissen Selbstkontrolle der Akteure, das Ergebnis von „Zufallsentscheidungen", die wiederum auf Gewohnheiten, eingespielten Regeln und Interaktion mit dem Umfeld basieren. Aus diesem Grund seien, so Di Maggio und Powell, Organisationen nicht nur unter einer ökonomischen Perspektive zu erfassen, sondern sie müssen in ihrem soziokulturellen Kontext analysiert werden.

Diese Ansätze geben wichtige Hinweise für die Definitionen von Institutionen, Organisationen und Verhaltensgrundlagen. Darauf aufbauend werden im Rahmen der vorliegenden Arbeit Institutionen kontextbezogen als Regelsysteme bzw. als Restriktionen (*constraints*) aufgefasst, die den Handlungsspielraum der rational und moralisch nicht mehr unfehlbaren Akteure eingrenzen. Institutionen sollten das menschliche Zusammenleben strukturieren, die Unsicherheiten verringern und sicherlich die menschlichen Handlungen vereinfachen bzw. geringe Transaktionskosten produzieren.[128] Während die Institutionen, um mit North zu sprechen, die Regeln des Spiels darstellen, fungieren die Organisationen und ihre Akteure als Spieler. Zu den Organisationen gehören alle politischen, wirtschaftlichen und sozialen Körperschaften.[129] Organisationen werden als ein Zusammenschluss von Individuen verstanden, die durch einen gemeinsamen Zweck und ein bestimmtes Ziel verbunden sind. In der Abgrenzung zu Netzwerken zeichnen sich Organisationen dabei durch genau definierte Rollen, Verantwortlichkeiten und ausdifferenzierte formalisierte Entscheidungsprozesse und Strukturen aus.[130]

Um die Interaktionsprozesse in der russischen Transformationsgesellschaft zu erfassen, sollte der Analyserahmen weiter gefasst werden, wobei versucht werden muss, die Dichotomien der institutionstheoretischen Parameter zu überwinden. In diesem Analyserahmen sollte das Handeln der

---

128 Zu den formellen Institutionen gehören Kodifizierungsformen wie Gesetze, Verordnungen, Verträge, Bilanzierungsregeln, Satzungsstatute etc. Die formellen Regeln sind offiziell und damit für Dritte nachvollziehbar und justifizierbar. Vgl. insbesondere North, Economic Performance through Times, 1998, S. 248–249.

129 Vgl. North, Economic Performance through Times, 1998.

130 Vgl. Friedberg, Ordnung und Macht, 1995.

Akteure neben den allgemeinen institutionellen Regelungen und den soziokulturellen Einflussfaktoren auch gleichzeitig über seine kognitiven Fähigkeiten und subjektiven Eigeninteressen bestimmt werden können. Zumal gerade in einer institutionellen Umbruchsituation das Individuum die Chance hat, sein Umfeld zu gestalten und Erlerntes umzusetzen.

2.2.2 Der akteurszentrierte Institutionalismus

Der Ansatz des akteurszentrierten Institutionalismus von Mayntz und Scharpf gelingt es, einen breiten Analyserahmen aufzustellen und dabei eine Mittlerposition zwischen den häufig gegensätzlichen Standpunkten einzunehmen. Dabei geht es Scharpf und Mayntz weniger um die Überwindung der rationalistischen und kulturalistischen Gegensätze als vielmehr um die Verbindung der systemtheoretischen Ansätze mit den Ansätzen des methodologischen Individualismus.

Nach Mayntz und Scharpf lassen sich gesellschaftliche Prozesse weder allein über das Ganze, d. h. nur über systemische Zusammenhänge, noch über das Verhalten von Einzelnen erklären. So nimmt der Ansatz der akteurszentrierten Institutionentheorie eine Mittlerposition ein. Demnach wird das Handeln zwar von Institutionen vorgeben, aber nicht determiniert. Als zentrale Erklärungsgröße von politischen Prozessen werden die politischen Akteure selbst angesehen. Dabei sollen vor allem subjektive Größen, wie die individuellen Wahrnehmungen und Präferenzen, berücksichtigt werden. Die politischen Prozesse erklären sich also nicht über das Handeln eines staatlichen Akteurs, sondern über komplexe Interaktionssysteme einer Vielzahl von politischen Akteuren. „Vielmehr ist es wahrscheinlich, dass sie [staatliche Programme, Anmerk. d. Verf.] das Produkt strategischer Interaktion zwischen mehreren oder einer Vielzahl politischer Akteure sind, von denen jeder ein eigenes Verständnis von der Natur des Problems und der Realisierbarkeit einer bestimmten Lösung hat, und sie weiter mit je eigenen individuellen und institutionellen Eigeninteressen sowie normativen Präferenzen und eigenen Handlungsressourcen ausgestattet sind.“[131]

---

131 Scharpf, Interaktionsformen, 2006, S. 34.

Damit ist der Ansatz interaktionsorientiert. So kommen beim Auftauchen politischer Probleme verschiedene Akteure mit ihren jeweiligen Kompetenzen und Zielvorstellungen zusammen, um bezüglich des Problems eine Entscheidung unter Berücksichtigung ihrer Eigeninteressen zu treffen. Im Mittelpunkt des Konzeptes stehen die Beschreibung der verschiedenen Akteurskonstellationen und ihre Interaktionsformen. Die Interaktions- und Entscheidungsprozesse werden von den verschiedenen Ausgestaltungsformen des institutionellen Umfelds beeinflusst. Der Ausgangspunkt des Ansatzes sind die Akteure.

Akteurskonzepte

Die Autoren unterscheiden zwischen Einzelakteuren und kollektiven Akteuren. Beim *Einzelakteur* handelt es sich um individuelle oder autonome Akteure. Sein Handeln wird im Unterschied zur Neoklassik nicht über die rational-egoistische Präferenzordnung bestimmt, sondern von verschiedenen institutionellen und subjektiven Größen. Dazu gehören seine Fähigkeiten und Kompetenzen, Wahrnehmungen und Präferenzen.

Seine Fähigkeiten und Kompetenzen beziehen sich auf alle Formen von Handlungsressourcen, die es dem Akteur ermöglichen, ein Ergebnis zu beeinflussen. Die Ressourcen umfassen persönliche Merkmale (Stärke, Intelligenz bzw. Lernfähigkeit, Human- und Sozialkapital) sowie materielle und technologische Ressourcen (Zugang zu Informationen).[132] Die Wahrnehmungen und Präferenzen definieren die Autoren über das Eigeninteresse. Es gibt dabei subjektive und institutionelle Eigeninteressen (Selbsterhaltung, Autonomie und Wachstum), Normen und Rollenerwartungen[133] sowie

132 Vgl. Scharpf, Interaktionsformen, 2006, S. 86. Im Kontext der Policy-Forschung sprechen Mayntz und Scharpf vor allem von den institutionellen Regeln. Dies sind Partizipationsrechte und Veto-Rechte oder das Recht zu autonomen Entscheidungen.

133 Normative Erwartungen bestehen gegenüber der Rolle von Inhabern bestimmter Positionen. Entscheidend ist, dass sie von allen beteiligten Akteuren geteilt werden.

spezifische Identitäten.[134] Im Gegensatz zu den behavioristischen Ansätzen basieren diese Größen nicht allein auf subjektiven, idiosynkratischen Merkmalen, die ohne Generalisierung nur empirisch zu erfassen sind, sondern eben auch auf Institutionen, also den formellen und informellen Regelsystemen, die eine Art Handlungskorridor vorgeben.[135] Die informellen Regeln werden hier als „stilles" gemeinsames Wissen verstanden. Die Akteure sind zu intentionalem Handeln fähig.

Bei größeren Akteurseinheiten, den *kollektiven Akteuren*, wie beispielsweise politischen Parteien, Gewerkschaften oder Ministerien, sprechen die Autoren von komplexen Akteuren. Die komplexen Einheiten geben ihren Teilnehmern eine relativ einheitliche Handlungsorientierung vor, d. h., die Einzelakteure sind weitaus mehr in den institutionellen Kontext eingebunden, als wenn sie nur für sich als autonome Individuen agieren würden. Die Autoren unterscheiden zwischen mehreren Typen von komplexen Akteuren. Diese lassen sich anhand von zwei Perspektiven unterscheiden:[136]

1. die äußere Perspektive: Hier steht vor allem die Handlungsfähigkeit des komplexen Akteurs, also die Fähigkeit des Akteurs, die Ressourcen zielorientiert und effizient in strategische Handlungen umzusetzen, im Vordergrund;
2. die innere Perspektive: Hier steht der Integrationsgrad im Vordergrund und damit die innerorganisatorischen Prozesse, um Entscheidungen zu treffen und Handlungen zu produzieren.[137]

Beeinflusst wird die Handlungsfähigkeit entscheidend durch den Integrationsgrad der Institution (die interne Kohäsion). Der Integrationsgrad wiederum ist abhängig von a) den innerorganisatorischen Prozesse zur Entscheidungsfindung, also der Kollektivierung der Ziele – beispielsweise über eine

---

134 Es gibt Situationen, in denen weder die Eigeninteressen noch die normativen Erwartungen Handlungsleitlinien sind, sondern vielmehr die idiosynkratischen Interessen des Individuums. Die idiosynkratische Ebene berücksichtigt die subjektiven, spezifischen Aspekte von Interessen und Erwartungen des Individuums. Demzufolge haben die Individuen die Fähigkeit, eigene Identitäten herauszubilden.

135 Vgl. Scharpf, Interaktionsformen, 2006, S. 114–122.

136 Scharpf, Interaktionsformen, 2006, S. 101–107.

137 Vgl. Scharpf, Interaktionsformen, 2006, S. 97–98.

institutionalisierte Führungsstruktur – und b) dem „Kollektivierungsgrad" der kritischen Handlungsressourcen. Von komplexen Akteuren kann nur dann gesprochen werden, wenn die beteiligten Individuen die Absicht haben, ein gemeinsames Ziel zu erreichen (im Gegensatz zu den aggregierten Akteuren[138], deren ähnliche Handlungen auf ähnliche Merkmale, nicht aber auf Koordinationsformen zurückzuführen sind). Jenseits dieser Minimalkondition gibt es unterschiedliche Integrationsintensitäten. Auf der einen Seite des Spektrums ordnen die Autoren Koalitionen ein. Dies sind dauerhafte Arrangements zwischen unabhängigen Akteuren mit separaten Eigeninteressen und separaten Handlungsressourcen. Eine Koordination der Handlung wird über Vereinbarungen erreicht. Bei Verbänden hingegen befinden sich sowohl entscheidende Handlungsressourcen unter kollektiver Kontrolle als auch die Präferenzen, die durch interne Regelungen, beispielweise Mehrheitsentscheidungen, organisiert werden. Verbände werden als Bottom-up-Organisationen definiert. Der höchste interne Integrationsgrad wird den sogenannten korporativen Akteuren, den Organisationen, zugesprochen. Sie sind für gewöhnlich hierarchisch über Top-down-Entscheidungsprozesse koordiniert. Die Ziele und Handlungen werden, losgelöst von den Präferenzen der Mitglieder, von der hierarchischen Führung bestimmt. Sie gehören streng genommen nicht mehr zu den kollektiven Akteuren.

Aggregierte, kollektive und korporative Akteure

		Kollektive Akteure			
	Aggregierte Akteure	**Koalitionen**	**Soziale Bewegungen**	**Verbände**	**Korporative Akteure**
Handlungen	individuell	gemeinsam	gemeinsam	gemeinsam	Organisation
Ziel	individuell	individuell	kollektiv	kollektiv	Organisation
Ressourcen	individuell	individuell	individuell	kollektiv	Organisation
Entscheidung	individuell	Vereinbarung	Konsens	Abstimmung	hierarchisch

Abbildung 1: Kollektive Akteure

138 Zu den aggregierten Akteuren werden Wähler, Bauern oder Stadtbewohner gezählt. Vgl. Scharpf, Interaktionsformen, 2006, S. 100.

Quelle: Scharpf, F., Interaktionsformen, S. 105

Für gewöhnlich wird den korporativen Akteuren die höchste, d. h. effizienteste und effektivste Handlungsfähigkeit zugesprochen. Die Handlungsfähigkeit wird maßgeblich durch die Fähigkeit zur internen Konfliktlösung bestimmt. Diese ist wiederum abhängig von den Divergenzen der Interessen der Mitglieder und den internen Methoden zur Willensbündelung.

Interaktion zwischen den komplexen Akteuren

Der Interaktionsprozess zwischen den politischen Akteuren läuft auf der Basis von weitgehend stabilen Akteurskonstellationen ab. Die Konstellationen beschreiben die beteiligten Spieler, ihre Strategieoptionen und ihre Ergebnispräferenzen. Auf einem relativ hohen Abstraktionsniveau werden die akteursorientierten Strategieoptionen in spieltheoretischen Matrizen dargestellt. In den Zellen der Matrizen stehen die zu erwartenden Ergebnisse, wenn die Strategieoptionen zweier interdependenter Akteure zusammentreffen. Von diesen Ergebnismöglichkeiten abzugrenzen ist die Interaktion selbst. Die Autoren unterscheiden vier Interaktionsformen: einseitiges Handeln, Verhandlung, Mehrheitsentscheidung und hierarchische Steuerung.

Institutioneller Kontext

Welche Interaktionsform gewählt wird, hängt von dem institutionellen, meist formellen Kontext ab. Dabei unterscheidet der Ansatz zwischen minimalen und maximalen Institutionen, welche die Kooperationsfähigkeiten in unterschiedlichen Formen sicherstellen können.[139] Zu den strukturellen Ausprägungen von minimalen Institutionen werden auch Netzwerke gezählt. Folglich werden Netzwerke in dem akteurszentrierten Ansatz als eine Form von institutionellen Rahmenbedingungen betrachtet und als „semipermanentes, auf Ressourcenaustausch und gegenseitige Unterstützung basierendes Beziehungsmuster"[140] definiert. Im Rahmen der vorliegenden Arbeit

---

139 Wohlfahrtssteigernde Kooperationen werden durch institutionelle Regeln, beispielsweise Eigentums- und Vertragsrechte, verankert; vgl. Scharpf, Interaktionsformen, 2006, S. 229 ff.

140 Vgl. Scharpf, Interaktionsformen, 2006, S. 231.

werden Netzwerke hingegen nicht als institutionelle Rahmenbedingungen aufgefasst, sondern als ein kollektiver Akteur.

2.3 Der akteurszentrierte Netzwerkansatz und der konzeptionelle Aufbau der Untersuchung

Die nun zu klärende Frage ist, wie dieser Ansatz von Mayntz und Scharpf für die Analyse der Restrukturierungs- und Netzwerkprozesse angewendet werden kann. Grundlegend gilt festzuhalten, dass der Ansatz weniger als Analyseinstrumentarium für die empirisch angelegte Studie angewendet werden kann, sondern vielmehr als paradigmatische Grundlage dient. Auch dafür müssen die Anwendungsbedingungen des Ansatzes an den russischen Kontext, ihre Akteure und Interaktionen angepasst werden.

Netzwerkorientierung: Interaktionssysteme und kollektive Akteure

Im Gegensatz zu Mayntz und Scharpf werden in der vorliegenden Arbeit, in der es gleichwohl auch Institutionen und Organisationen zu betrachten gilt, die Netzwerke im Mittelpunkt der Untersuchung stehen. Eine Übertragung des Ansatzes auf Netzwerke ist möglich, da das Konzept von Mayntz und Scharpf nicht eng an den Institutionsbegriff gekoppelt ist, sondern vielmehr interaktionsorientiert arbeitet. Die Autoren sprechen vor allem von Interaktionssystemen[141] und kollektiven Akteuren, zu denen auch die verschiedenen Typen von Netzwerken gezählt werden können. Damit ist auch ein Vergleich von Netzwerken und Organisationen als Kollektivakteuren auf verschiedenen Ebenen möglich. Natürlich heißt das nicht, dass Netzwerke mit Organisationen gleichgesetzt werden. Aber es lässt sich so deutlich machen, inwieweit einerseits Netzwerke organisationsgleich handeln und Organisationen andererseits wie Netzwerke funktionieren. Eine Überschneidung ist zudem auch bei den anderen Kollektivakteuren zu sehen. So können Netzwerke durchaus Ähnlichkeit mit Koalitionen aufweisen, die sich durch einen relativ hohen Grad an Unabhängigkeit und Eigenständigkeit auszeichnen. Die Koordination der separaten Eigeninteressen und

141 Umschreibt die verschiedenen Akteurskonstellationen und Interaktionsformen der kollektiven Akteure; vgl. Scharpf, Interaktionsformen, 2006, S. 92 ff.

Ressourcennutzung wird auf der Grundlage von Verhandlungen erreicht.[142] Aufgrund der hohen sozialen Integrationsintensitäten in den russischen Interaktionssystemen, die häufig über persönliche Abhängigkeits- und Vertrauensformen, Empathien und Ideologien koordiniert werden, eignen sich die eher losen Integrationsmuster allerdings weniger zur Erklärung von Entscheidungen und Verhaltensformen *innerhalb* der Netzwerke. Hingegen können externe Netzwerkkooperationen sehr wohl einen Koalitionscharakter aufweisen. Vor diesem Hintergrund dürfte es hilfreich sein, zwischen Intra-Netzwerkverbindungen, die auch als Kernnetzwerk bezeichnet werden können, und Inter- oder externen Netzwerkverbindungen zu unterscheiden.

Restrukturierungsorientierung: Ziele und Strategien

Darüber hinaus muss das Konzept des akteurszentrierten Institutionalismus, das auf die Analyse politischer Verhandlungsprozesse und Entscheidungen in modernen Demokratien ausgerichtet ist, inhaltlich angepasst und um die Netzwerkanalyse erweitert werden. Dementsprechend werden im Rahmen der Untersuchung Netzwerke, ihre Ziele, Handlungsstrategien, Akteurskonstellationen und Interaktionsformen im Hinblick auf ihren Restrukturierungseffekt untersucht.[143] Den Ausgangspunkt der Analyse bilden die restrukturierungsrelevanten Einzelakteure, ihre Handlungsressourcen (Sanierungskompetenzen, Zugriff auf Finanzmittel, Zugang zu den Märkten, soziale Kompetenzen etc.) und ihre Netzwerkaktivitäten. Im Fall des Flugzeugkomplexes Aviastar stehen neben den Managern vor allem die Investoren im Mittelpunkt der Analyse. Eine besondere Rolle kommt den Zielen und Strategien der Netzwerkakteure zu. Dabei ist zwischen restrukturierungsförderlichen und restrukturierungshemmenden Zielen zu unterscheiden. Restrukturierungshemmende Strategien sind an verschiedenen

---

142 Vgl. Scharpf, Interaktionsformen, 2006, S. 102–103.

143 Bei der Erfassung der Interaktionsformen geht es im Rahmen der vorliegenden Netzwerkstudie nicht um spieltheoretische Darstellungen von alternativen Strategieoptionen und die Ergebnisse bestimmter Strategiekombination, sondern um die inhaltliche Darstellung der tatsächlichen Interaktionsformen im Hinblick auf die Restrukturierung.

Formen des Asset-Stripping und Rent-Seeking ausgerichtet. Der Restrukturierungseffekt hängt davon ab, inwieweit es sich um wertschöpfende (productive) oder wert*ab*schöpfende (non-productive) Strategien handelt. Der Grad der Wertschöpfung und Innovation lässt sich anhand der betriebswirtschaftlichen Strategien und des Einbindungsgrads der verschiedenen Wertschöpfungsstufen ausmachen. Gesamtbetriebliche Sanierungsstrategien oder der Aufbau von interorganisatorischen Innovationssystemen haben einen höheren Wertschöpfungsgrad und einen größeren Restrukturierungseffekt als vorwiegend auf Handelsgeschäfte ausgerichtete Projekte.

An diesem Punkt sind die spezifischen Akteurskonstellationen zu beachten. Die beteiligten Akteure können komplementär, „einseitig" oder rivalisierend aufgestellt sein. Nach den Gegebenheiten des institutionellen Kontexts kann das Restrukturierungspotenzial des Netzwerks erhöht werden, wenn auch Akteure anderer gesellschaftlicher Bereiche (aus dem Finanzsektor, der Administration, der Politik) beteiligt sind. (In diesem Fall entstehen multiple (Kern-)Netzwerke.) Inwieweit die interagierenden Akteure ihr Wertschöpfungspotenzial nutzen, hängt mit den Zielsetzungen der einzelnen Akteure ab (Eigeninteressen). Die Ziele der einzelnen Netzwerkmitglieder müssen weder mit den Restrukturierungsaufgaben noch mit den Zielen der anderen Netzwerkmitglieder übereinstimmen.

Der Restrukturierungseffekt wird neben den Zielen vor allem durch die Handlungsfähigkeit und die Vernetzungseffekte bestimmt.

Handlungsfähigkeit (Konfliktpotenzial und Integrationsgrad): Die Handlungsfähigkeit des Netzwerkes beschreibt die Fähigkeit des Akteurs, die Ressourcen zielorientiert und effizient einzusetzen. Die Handlungsfähigkeit wird beeinflusst durch die internen Konfliktpotenziale und Fragmentierungsdynamiken sowie den Integrationsgrad der Netzwerke. Diese Eigenschaften können über die strukturellen Besonderheiten (strong and weak ties) und die spezifischen Akteurskonstellationen abgeleitet werden. Unabhängig davon, ob ein Netzwerk eng oder lose aufgestellt ist, kann die interne Kohäsion durch rivalisierende oder komplementäre Ziele und Strategien der verschiedenen Netzwerkakteure erschwert oder vereinfacht werden.

Inwieweit sich die Ziele und Strategien der Netzwerkakteure koordinieren lassen, hängt dann auch von dem Integrationsgrad des Netzwerkes ab. Neben den formalen Merkmalen der Integration und Konsensfindung (Organisation und Formalisierung der Interessen und Interaktionsprozesse über Verträge und formelle Regeln der Entscheidungsfindung und des Leistungsaustausches) soll versucht werden, die Bedeutung der informellen sozialen Integrationsformen zu erfassen. Im Mittelpunkt stehen die verschiedenen Loyalitäts-, Abhängigkeits- und Beteiligungsformen sowie die Homogenität der Netzwerkmitglieder.

Die Netzwerkeigenschaften des Kernnetzwerkes können durch die externen Netzwerkaktivitäten ergänzt, unterstützt oder geschwächt werden. Die externen Kooperationen können auf lose formalisierten Netzwerkinteraktionen (Verträge, lose Vergesellschaftungsformen zwischen unabhängigen Partnern) beruhen. In diesem Fall ließe sich von Koalitionen sprechen. Nicht ausgeschlossen werden kann die Entstehung auch enger formalisierter Inter-Netzwerkkooperationen. In diesem Fall ist der Übergang zur Organisation fließend.[144] Ähnlich wie bei den Interaktionen des Kernnetzwerkes können die externen Bindungen der Netzwerke aber auch auf verschiedenen informellen und komplexen Interaktionsformen beruhen.

Vernetzungsdynamiken: Vernetzungsdynamiken zeigen sich anhand umfangreicher und komplexer Verbindungsformen unter einem kontinuierlichen Anwachsen des Netzwerkes.[145] Mit der Vergrößerung der Netzwerke nimmt die Anzahl an indirekten Beziehungen und strukturellen Löchern zu. Es lässt sich zwischen positiven und negativen Vernetzungseffekten unterscheiden. Eine rasche Vernetzung kann gerade in einem unsicheren Umfeld mit dysfunktionalen institutionellen Rahmenbedingungen (wie einem eingeschränkten Zugang zu den Faktormärkten oder politischen Instabilitäten) die ökonomische Restrukturierungskompetenz erhöhen sowie eine

---

144 Das ist bei formellen Bindungen mit einer hohen organischen Verflechtung und einem hohen gemeinsamen Risiko- und Haftungskapital, wie beispielsweise bei Mutter-Tochter-Gesellschaften, der Fall.

145 Aufgrund der hohen Kollektivitäts- und Solidaritätsbereitschaft der Akteure liegt nicht selten eine hohe Transitivität vor. Dadurch werden immer neue Akteure in das Netzwerk eingebunden.

politisch-administrative Unterstützung bzw. Stabilität sicherstellen. Es werden positive Vernetzungseffekte generiert. Bei negativen Vernetzungseffekten entstehen hohe Netzwerktransaktionskosten.[146] Es kommt zu einem unkontrollierten Anwachsen des Netzwerkes und der Integration „zweckfremder“ Akteure und ihrer Ziele. Die Interaktionsprozesse gestalten sich zunehmend komplexer, langwieriger und störanfälliger. Ein restrukturierungsbezogener Leistungsaustausch wird immer schwieriger. Dadurch können die Restrukturierungsprozesse und -ziele entsprechend beeinträchtigt werden; es entstehen negative Vernetzungseffekte.

Vor diesem Hintergrund lassen sich zwei antagonistische Netzwerktypen ableiten:

1. Wertschöpfungsnetzwerk (Restrukturierungsnetzwerk): Auf der einen Seite stehen Netzwerke, die einen hohen restrukturierungsorientierten Wertschöpfungsgrad aufweisen. Sie interagieren auf der Basis von starken bzw. gut integrierten und konsensfähigen Interaktionssystemen mit einer hohen Handlungsfähigkeit und positiven Vernetzungseffekten. Dieser Netzwerktyp hat den höchsten Restrukturierungseffekt, da seine Ziele mit den Restrukturierungsaufgaben übereinstimmen und durch die positive Vernetzungsdynamiken unterstützt werden.

2. Wert*ab*schöpfungsnetzwerk: Demgegenüber stehen Netzwerke mit einem negativen Wertschöpfungsgrad. Ihr Netzwerkgefüge weist neben strukturellen Löchern ein hohes Konfliktpotenzial und negative Vernetzungseffekte auf. Es kommt zu einer gegenseitigen Blockade der Netzwerkmitglieder und einem Verlust der Handlungsfähigkeit. Entsprechend wird das Restrukturierungsziel nicht nur durch Abschöpfungsstrategien, sondern zudem durch hohe Netzwerktransaktionskosten und Blockadestrategien unterlaufen.

Zwischen diesen beiden extremen Netzwerktypen sind mehrere Mischformen möglich.

---

146 Ähnlich wie bei den Transaktionen über den Markt können auch Netzwerke bei dem Aufbau, der Koordination und dem Unterhalt der Verbindungen Kosten produzieren. Diese Kosten können als Netzwerktransaktionskosten bezeichnet werden.

Formalisierungs- und Instrumentalisierungseffekte: Im Unterschied zu den kollektiven Akteuren von Scharpf und Mayntz handelt es sich bei den Netzwerkakteuren vorwiegend um informelle Interaktionssysteme. Wichtig für die Beurteilung der Netzwerke im Rahmen unserer Fragestellung ist die Interaktion zwischen formellen und informellen Interaktionssystemen. Nach den Überlegungen von Helmke und Levitsky sowie Voigt und Engerer müssen beide Interaktionstypen nicht kontraproduktiv zueinander stehen, sie können sich neutral, entkoppelt oder auch kongruent, komplementär und funktional zueinander verhalten. So können formelle und informelle Interaktionssysteme eng miteinander gekoppelt sein und sich gegenseitig verstärken. Informell agierende Netzwerke können in pragmatischer Weise die Lücken formeller Institutionen füllen und schnellere Problemlösungen anbieten. Inwieweit sie formelle Interaktionssysteme substituieren können, ist fraglich.[147] Im Rahmen dieser Studie allerdings haben wir es oft mit Fragmentierungseffekten zu tun. Gemäß der These, dass die formellen Interaktionssysteme von den Netzwerken instrumentalisiert werden, kommt den Formalisierungs- und Instrumentalisierungseffekten von Netzwerken hier eine besondere Beachtung zu.

Nach Mayntz und Scharpf ist das Ergebnis der Interaktionsformen maßgeblich durch das formelle Institutionensystem bestimmt.

Institutioneller Kontext

Allerdings ist der institutionelle Kontext, die sogenannten „Hintergrundbedingungen“[148] als gesamtstaatlicher Kontext, den Bedingungen der für die russische Gesellschaft spezifischen Prozesse anzupassen. Dabei entspricht das Institutionensystem der russischen Transformationsökonomie nicht einmal den Anforderungen des Kontexts, den Mayntz und Scharpf als

147 Voigt und Engerer sprechen von neutralen, komplementären und substitutiven Beziehungen zwischen formellen und informellen Regelsystemen; vgl. Voigt/Engerer, Institutions and Transition, 2001. Nee hingegen spricht von kongruenten, entkoppelten und oppositionellen Verhältnissen, von formellen und informellen Regelungen und Normen; vgl. Nee, Norms and Networks, 1998, S. 85–89. Siehe auch Helmke/Levitsky, Informal Institutions and Comparative Politics, 2004, S. 725–740 und 728–729.

148 Vgl. Scharpf, Interaktionsformen, 2006,S. 168.

„minimale Institutionen“[149] bezeichnen. Dieser Kontext setzt ein funktionierendes Eigentums-, Vertrags- und Strafrecht sowie einen funktionierenden Preis-Mengen-Mechanismus voraus.[150] Ein anspruchsvoller institutioneller Kontext, was in unserem Fall einem ausdifferenzierten, Restrukturierungs- und Innovationsprozesse unterstützenden Institutionensystem gleichkäme, kommt als Ausprägungsform gar nicht in Betracht.[151] Da sich das Land in der von uns betrachteten Zeitspanne zudem in einer Transformationsphase befand, war das institutionelle Umfeld ständigen Veränderungen unterworfen. Im Wesentlichen lassen sich die institutionellen Rahmenbedingungen in drei verschiedene Zustände unterscheiden: anomisches Umfeld, restrukturierungsfeindliches Umfeld oder restrukturierungsfreundliches Umfeld. Gleichzeitig wird der gesamtstaatliche Kontext durch das Ausmaß an Netzwerkorientierung geprägt. Diese kann niedrig, mittel oder so hoch sein, dass es zu einer vollständigen Instrumentalisierung und Fragmentierung des Institutionensystems kommt.

Darstellung der Untersuchung

Das hier entwickelte Konzept des akteurszentrierten Netzwerkansatzes arbeitet zweigleisig. Auf der einen Seite der Untersuchung werden die Probleme des Restrukturierungsprozesses genauer betrachtet; auf der anderen Seite wird interaktionsorientiert analysiert. Das heißt, die Unternehmensprozesse der Aviastar und ihre konkreten restrukturierungsspezifischen Probleme und Aufgaben werden nicht als unabhängige, eigenständige

---

149 Vgl. Scharpf, Interaktionsformen, 2006, S. 168–170.

150 Vgl. Scharpf, Interaktionsformen, 2006, S. 170.

151 Dazu gehört die Förderung von Entwicklungsbanken, genauso wie die Förderung von Wagniskapital, Investitionen und Innovationen fördernde Steuer- und Finanzanreize sowie eine klare Ausgestaltung des Patent- und Lizenzrechts, aber auch die Förderung einer differenzierten technologischen Infrastruktur, was die Etablierung von Transfereinrichtungen, die das Bildungs- und Forschungssystem mit dem Industriesystem verbinden, einschließt, sowie die verschiedenen regionalen Akteure. Abzustimmen ist dies ggf. mit einer selektiven Export- und Importpolitik etc. Einen generellen Einblick in das russische Innovationssystem findet sich bei Gienella/Thomson, Stimmulation Innovation in Russia, 2007, vgl European Commission (2007) INNO-Policy TrendChart – Policy Trends and Appraisal Report Russia 2007; vgl. Cooper, Das Innovationspotential der russischen Wirtschaft, 2010.

Größen betrachtet, sondern mit den entsprechenden institutionellen und netzwerkorientierten Interaktionsprozessen in Beziehung gesetzt (vgl. Abbildung 2). Die Analyse der verschiedenen Netzwerke orientiert sich an folgenden Punkten:

1. Erfassung der allgemeinen institutionellen und netzwerkorientierten Rahmenbedingungen der Aviastar auf zentralstaatlicher und regionaler Ebene einschließlich der ökonomischen Anreiz- und Sanktionsimpulse (gegebenenfalls unter Beachtung der Veränderungen des soziokulturellen Kontexts).
2. Erfassung der Unternehmensprozesse der Aviastar im Hinblick auf die wesentlichen Ereignisse, Probleme und Aufgaben (Privatisierung, Investitionsprojekte, Übernahmen etc.) und die Zuordnung der relevanten Akteure. Dabei werden sowohl die institutionellen als auch die individuellen Ziele und Fähigkeiten bzw. die Handlungsressourcen sowie die Handlungsorientierung analysiert.
3. Daran anschließend werden die konkreten Vorgehensweisen der Akteure, ihr Networking und ihre betriebswirtschaftlichen Maßnahmen betrachtet. Dabei müssen die Ziele auf ihre Restrukturierungsorientierung hin überprüft werden. Ist der Akteur in seiner Vorgehensweise eher marktwirtschaftlich und an rational ökonomischen Kriterien ausgerichtet, setzt er vorwiegend auf wertabschöpfende Strategien? Wie sehen die Akteurskonstellationen aus und inwieweit ist das Netzwerk handlungsfähig?
4. Eng damit zusammen hängt die Interaktion der Netzwerke mit den formellen Institutionen im Unternehmen und in dessen Umfeld.
5. Als Letztes werden die Folgen der Handlungen der Akteure auf den Restrukturierungsprozess unter betriebswirtschaftlichen Gesichtspunkten dargelegt.

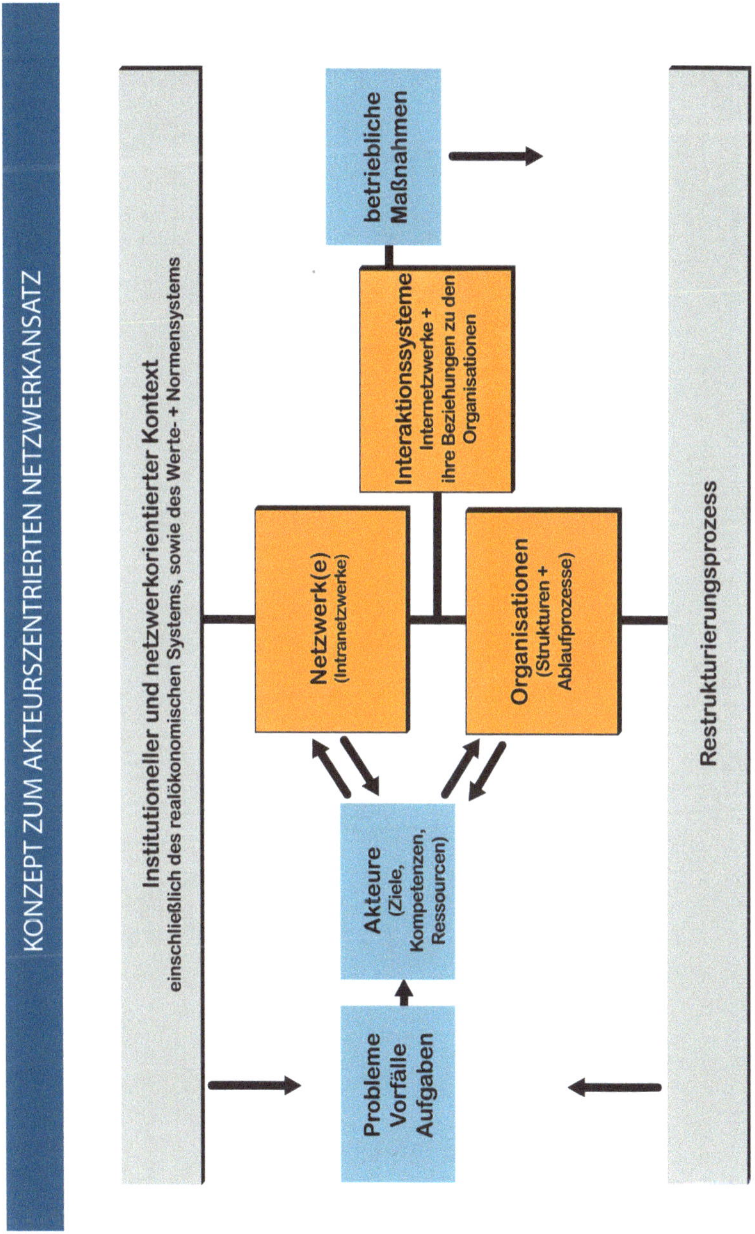

Abbildung 2: Akteurszentrierter Netzwerkansatz

Quelle: modifiziert nach Scharpf, Interaktionsformen, S. 85

3 Ausgangssituation: Schwache Kohäsion der Wertschöpfungs- und Innovationsprozesse (Phase I: 1980–1990/91)

Der Aviastar-Komplex wurde als rüstungsindustrieller Großbetrieb der Flugzeugindustrie Ende der 1970er Jahre in der Sowjetzeit gegründet. Geprägt wurden die Unternehmensprozesse durch die formellen und informellen Interaktionssysteme der zentralen Verwaltungswirtschaft. Diese Interaktionssysteme und ihr Einfluss auf die Handlungsfähigkeit und Selbstorganisationsfähigkeit des Werkes bilden die Grundlage für die Restrukturierungsprozesse nach 1991.

3.1 Institutionelle Rahmenbedingungen auf zentralstaatlicher Ebene: Möglichkeiten und Grenzen einer zweckorientierten Steuerung in der zentralen Verwaltungswirtschaft

Der zentralstaatliche Handlungsrahmen für die Akteure der Luftfahrtindustrie war in dem hier relevanten Zeitraum durch den institutionellen Rahmen der zentralen Verwaltungswirtschaft bestimmt. Dieser Rahmen wurde nicht nur durch die hoch formalisierten administrativen und politischen Top-down-Prozesse geprägt, sondern auch zunehmend durch Bottom-up-Netzwerkprozesse, die im Rahmen der Reformen der Perestroika sowie der Souveränitätsbildung der RSFSR zu einer Fragmentierung des Institutionensystems führten.

3.1.1 Top-down-Interaktionsprozesse und ihre Integrationsmechanismen

Die formellen Interaktionen des zentralen Verwaltungsstaates basieren auf der streng hierarchischen und hoch formalisierten Steuerung und Kontrolle der Wirtschaftsprozesse. Dabei war gerade der militärisch-industrielle Komplex (MIK)[152] aufgrund seiner strategischen Sonderstellung weitaus

152 Der Begriff des MIK umfasst, im Gegensatz zur Rüstungsindustrie und zum Rüstungssektor, auch die Ministerialbürokratie, die Forschungsinstitutionen, Unternehmen sowie das Militär. Es jedoch darauf hinzuweisen, dass nur bedingt von

mehr in das zentrale Verwaltungssystem in Moskau verankert, als dies bei den zivilen Industrien der Fall war. Die zentrale Steuerung wurde über zwei formelle vertikale Interaktionssysteme ausgeübt – den Staats- und den Parteiapparat.

Über den Staatsapparat wurden die Rüstungsbetriebe durch die Rüstungsministerien mit Hilfe rigider Hierarchien und Kennzahlenvorgaben gelenkt.[153] Dem Staatsapparat oblag die gesamte Rahmenplanung der Betriebe, angefangen bei der F&E über die Materialversorgung und die Zuteilung von Ressourcen über Personalfragen bis hin zum Absatz. Die Ministerien selbst unterstanden formell den Weisungen und der Kontrolle der Kommission für Rüstungsindustrie, der VPK (Voenno-Promyschlennyj Komissia). Sie gehörte zu den vier Kommissionen des Ministerrates – dem Sovmin –, der formell das höchste staatliche Organ und die „Regierung" der Sowjetunion war. Diese Zuordnung unterstreicht die zentrale Bedeutung des Rüstungssektors.[154] Dessen ungeachtet mussten die Ziele der Rüstungsministerien mit der staatliche Planbehörde GOSPLAN abgestimmt werden. Einen maßgeblichen Einfluss auf die Rüstungsbetriebe wurde aber auch dem Ministerium für Verteidigung und dem Militär, das über die Beschaffungspläne sozusagen die Nachfragestrukturen darstellte, zugesprochen. Festzuhalten ist hier, dass die Akteure dabei unterschiedliche institutionelle Interessen verfolgten.[155] Seit Mitte der 1980er Jahre war der

---

einem Komplex gesprochen werden kann, da hier keine einheitlich handelnde Interessengruppe auftrat. Vgl. Albrecht/Nikutta, Die sowjetische Rüstungsindustrie, 1989, S. 172.

153 Bis 1987 gab es neun Rüstungsministerien. Dazu gehörten neben dem Ministerium für Luftfahrtindustrie die Ministerien für Rüstungsindustrie, für Schiffbauindustrie, für Mittleren Maschinenbau, für Radioindustrie, für Elektroindustrie, für Allgemeinen Maschinenbau, für Maschinenbau und für Fernmeldegeräte. Vgl. Albrecht/Nikutta, Die sowjetische Rüstungsindustrie, 1989, S. 134–138.

154 Sie war für die Koordination der Plandaten der VPK mit den Daten der übrigen Volkswirtschaft verantwortlich, Vgl. Albrecht/Nikutta, Die sowjetische Rüstungsindustrie, 1989, S. 147–152.

155 Die Rüstungsindustrie war an einer Kapazitätsauslastung zu maximalen Kosten ausgerichtet. Das Ministerium für Verteidigung hingegen musste sich sowohl an einer optimalen Waffenausstattung seiner Streitkräfte ausrichten als auch die technologisch ehrgeizigen Pläne der Konstrukteure beachten. Besonders die Rüstungsministerien wollten sich nicht auf die technologisch ambitionierten Projekte

Aviastarkomplex über die Produktion ziviler Flugzeuge zudem auch noch in das Ministerium für Luftfahrt eingebunden.

Neben den oben genannten staatlichen Strukturen, dem staatlichen Verwaltungsapparat, existierten die „flächendeckenden" Parteistrukturen der KPdSU mit dem Politbüro und seinem Apparat, dem Zentralkomitee (ZK der KPdSU)[156], an der Spitze. Eine der 23 Hauptabteilungen des ZK war für die Koordination und Steuerung der sowjetischen Luftfahrtindustrie verantwortlich. Die zivile und die rüstungsorientierte Luftfahrtindustrie wurden schon in diesem obersten zentralen Organ voneinander getrennt. Beide Produktionsbereiche waren unterschiedlichen Hauptreferaten zugeordnet.[157]

Vor diesem Hintergrund ist davon auszugehen, dass es in dem zentralstaatlichen Steuerungssystem unterschiedliche institutionelle Ziele und auch Brüche in Form von parallelen Strukturen und Rivalität vor allem zwischen den beiden Organen der zentralen Führungssysteme, sprich zwischen dem Partei- und dem Staatsapparat, gab.

Integrationsfaktoren

Allerdings existierte eine Reihe von formellen und informellen „Integrationszwängen", ohne welche die Handlungsfähigkeit des Gesamtsystems sehr eingeschränkt gewesen wäre. Dazu gehörten zunächst einmal die hierarchischen Top-down-Steuerungsmechanismen selbst. Darüber hinaus gab es aber auch hierarchisch-informelle Integrationsmechanismen. Über das streng hierarchisch determinierte System von informellen Zugriffsrechten

---

einlassen. Sie fürchteten, den Managementaufgaben nicht gewachsen zu sein und durch das erhöhte Risiko eines Scheiterns die eigene Karriere zu gefährden. Die staatliche Planbehörde GOSPLAN wiederum musste die Ziele des Rüstungssektors mit den zivilen Produktionsaktivitäten in Einklang bringen. Auf Änderungen von Rüstungsplänen und die Entwicklung neuer Waffentechnologien reagierte sie eher schwerfällig. Vgl. hierzu insbesondere Albrecht/Nikutta, Die sowjetische Rüstungsindustrie, 1989, S. 147–152, 186–187 und 213–217.

156 Das ZK leitete formell, d. h. nach dem Statut der Kommunistischen Partei, in der Zeit zwischen den Parteitagen die gesamte Tätigkeit der KPdSU.

157 Vgl. Albrecht/Nikutta, Die sowjetische Rüstungsindustrie, 1989, S. 149 und 157. Im Referat, das für die rüstungsindustrielle Flugzeugproduktion verantwortlich war, arbeiteten etwa 100 Mitarbeiter.

und Privilegien[158] hatte sich in Verbindung mit einem patrimonialen Rekrutierungs- und Karrieresystem eine hohe Kaderstabilität und damit auch ein hoher Systemkonservatismus etablieren können.[159] Kryshtanovskaja und White sprechen von den selbstregulierenden Mechanismen. Sie ordnen dabei insbesondere der Partei eine wichtige Integrationsfunktion für den gesamten Verwaltungsapparat zu. Die Integrationswirkung lässt sich schon allein damit erklären, dass alle Spitzenfunktionäre, einschließlich der Vertreter des Staates, gleichzeitig auch Parteimitglieder und damit an die Regelungen der Partei (hierarchische Weisungsbindung, Verbot der Selbstorganisation) gebunden waren.[160] Dass der Einfluss der Partei auf die Rüstungsindustrie im Laufe der Jahre zunahm, kann unter dem Aspekt der Integration als systemerhaltend beurteilt werden.[161]

Zudem gab es konkrete institutionelle Integrationsmechanismen in den führenden Verwaltungsstrukturen. Im militärindustriellen Bereich kam dabei der VPK als einem zwischenbehördlichen Organ eine nicht zu unterschätzende Bedeutung zu. Die Kommission stellte, wie Albrecht schreibt, einen wichtigen „bürokratischen Mechanismus zur Konsensfindung“[162] zwischen

---

158 Die Verteilung von Mangelware über das hierarchische Verwaltungssystem implizierte eine notwendige Bindung an das System, nach dem Motto: Man soll die Kuh nicht schlachten, die man melken will.

159 Dieser Zusammenhalt der staatlichen Administration basierte nicht auf formalen legitimierten Regulationen, sondern, so Tatur, auf der „äußerlichen, persönlichen Loyalität der ‚Nomenklatura‘, d. h. durch institutionalisierte Korruption“.Vgl. Tatur, Interessen und Normen, 1995, S. 96.

160 Vgl. Kryschtanovskaja/White, The Formation of Russia's Network Directorate, 2011, S. 19–21.

161 Vgl. Sokov, Russian Strategic Modernisation, 2000, S. 26–27. Im Lauf der Zeit nahm der Einfluss der Partei auf den Rüstungskomplex zu. Allerdings war dieser Einfluss weitgehend unkontrolliert. So wurden Sonderkommissionen und Komitees gebildet, die direkt dem Politbüro unterstellt waren und die, so Gärtig, über „weitgehend unbegrenzte Vollmachten“ verfügten. Spätestens Ende der 1970er Jahre war es üblich, dass der Apparat des ZK auch die Koordination der Plandaten der VPK und die Budgetzuteilung bestimmte. Die Hälfte der Ausgaben für Rüstungsforschung wurden am Verteidigungsministerium und GOSPLAN vorbei *direkt* aus dem Staatshaushalt, d. h. auf Weisung des ZK, vergeben. Vgl. Krome, Konversion in Russland, 1997, S. 15 sowie S. 16 im Anhang, Gesprächsprotokolle mit Dr. T. Gärtig vom 04.04.1997.

162 Vgl. Albrecht/Nikutta, Die sowjetische Rüstungsindustrie, 1989, S. 146.

der Partei, dem Militär, den staatlichen Institutionen und den Betrieben dar.[163] Hinzu kommt der „personelle" Integrationseffekt, der sich daraus ergab, dass die Spitzenfunktionäre gleichzeitig in verschiedenen führenden Organen saßen. So war die VPK zwar dem Ministerrat unterstellt, gleichzeitig aber war der Vorsitzende der Kommission auch ein Stellvertreter des Vorsitzenden des Ministerrates.[164] Zudem saß der Großteil der Vertreter des Ministerrates auch im Politbüro und umgekehrt. Alexanders und McDonells kommen in ihren Studien zu dem Schluss, dass das Land von den „unkontrollierten Visionen" einer stets gleichen Gruppe von Spitzenfunktionären bestimmt war. Selbst das ZK diente demnach in der Praxis lediglich als politische Kulisse für die strategischen Vorstellungen eines kleinen Kreises von Spitzenfunktionären, die im Wesentlichen mit dem Politbüro identisch waren.[165]

3.1.2 Bottom-up-Interaktionsprozesse

Obwohl es mit großer Wahrscheinlichkeit einen Einfluss der Spitzenfunktionäre auf die Ressourcenallokation im MIK gab, sind die Beschlüsse im Politbüro und in der VPK von den Entscheidungs- und Aushandlungsprozessen der nachgeordneten Bürokratie nicht zu lösen. Diese Interaktionen entsprachen weniger den formellen als vielmehr den informellen Interaktionsformen im MIK. Sie basierten auf den Prinzipien der „maximalen Konsensfindung" und der „Aggregation von Interessen", die sich wiederum in den gesellschaftlichen Grundwerten und im Normensystem des Landes verankern lassen. Nach Sokov wurden hier die Interessen von unten nach oben aggregiert, d. h., es wurden erst die Interessen der Konstruktionsbü-

163 In der VPK saßen die verantwortlichen Vertreter des Parteiapparates wie der Leiter der Abteilung für Rüstungsindustrie beim ZK sowie die Vertreter des „Staates". Zu Letzteren gehörten die Leiter der Rüstungsministerien, die Vertreter des Verteidigungsministeriums, des GOSPLAN und des KGB.

164 Dies bedeutete jedoch, so Sokov, keine Unterordnung der VPK unter den Ministerrat, und spätestens seit der Perestroika habe sich die Macht zugunsten der VPK verschoben. Vgl. Sokov, Russian Strategic Modernisation, 2000, S. 26–27.

165 Vgl. zu den Studien von A. Alexander (1978) und C. Mc Donell (1977) Albrecht/Nikutta, Die sowjetische Rüstungsindustrie, 1989, S. 143.

ros und der Produktionsstätten auf der Ebene der einzelnen Rüstungsministerien zusammengeführt bzw. verhandelt, erst dann wurden die Interessen der neun Rüstungsministerien simultan beim VPK und bei der ZK-Hauptabteilung für Rüstungsindustrie zusammengefasst.[166] Wenn der Einfluss der Spitzenfunktionäre und die auf Kennziffern beruhende Planumsetzung als „Macht von oben" beschrieben werden kann, dann beschreiben die (den Plänen vorausgehenden) bürokratischen Prozesse zur Interessenskoordination eine massive Gegenbewegung von unten nach oben. Dieses Entscheidungssystem ist vornehmlich als informell zu bezeichnen und es hatte im Laufe der Zeit eine enorme Eigendynamik entwickelt. Manifestiert wurde die Aggregation von Interessen und maximaler Konsensfindung in den „zapiski" oder „spiski". Dies sind Listen mit Petitionen oder Vorschlägen, die dem Politbüro vorgelegt wurden. Sie konnten jedoch erst dann eingereicht werden, wenn der allgemeine politische Konsens der an einer Entscheidung beteiligten Behörden gewährleistet war. Dies bedingte die Zustimmung aller relevanten Behörden bis hinunter zu den untersten Ministerialebenen, den Betrieben und den Konstruktionsbüros (KB). Die Zustimmung wurde allein durch die Unterschrift unter der Petition sichtbar. Fehlte dabei nur eine einzige Instanz oder auch nur die Unterschrift des stellvertretenden Generaldirektors, hätte weder der Generaldirektor selbst unterschreiben noch der Mitarbeiter des ZK die zapiska zur Vorlage an das Politbüro durchreichen können.[167] Die Vorschläge wurden selten abgelehnt.[168] Auch diese Entscheidung im Politbüro wurde nicht durch Abstimmungen entschieden, sondern es wurde ein Konsens angestrebt.[169]

---

166 Vgl. Sokov, Russian Strategic Modernisation, 2000, S. 27.

167 Vgl. Sokov, Russian Strategic Modernisation, 2000, S. 23–25; Krasnikov, Polititscheskoe predstavitl'stvo biznesa, 1994, S. 134, zitiert in: Stykow, Staat und Wirtschaft in Russland, 2006, S. 56.

168 Vgl. Sokov, Russian Strategic Modernisation, 2000, S. 28–31.

169 Valentin Falin, sowjetischer Botschafter in der BRD und anschließender Erster Stellvertreter des ZK-Sekretärs für die Abteilung Internationale Information, beschrieb dieses Konsensverhalten für die Entscheidungsprozesse im Politbüro zur Breshnewzeit; vgl. Albrecht, Die sowjetische Rüstungsindusstrie, 1989, S. 166.

Diese Konsensfindung und Interessenaggregation stellten einerseits ein nicht zu unterschätzendes Integrations- und Stabilitätsmoment dar. Andererseits waren damit langwierige, streng hierarchische – und das hieß „one way"-determinierte – Entscheidungsrunden verbunden. Für den Fall, dass eine Instanz nicht zustimmte, musste ein neuer Entscheidungsprozess von unten angestrengt werden. Somit waren Konflikte politisch „teuer", und es war einfacher, jeder Behörde das zu geben, was sie wollte, als eine Auseinandersetzung zu forcieren.
Spätestens seit den 1980er Jahren war es auch für die Akteure der untersten Ebene, d. h. die Betriebe, möglich, die Planzahlen mitzubestimmen.[170] Eine Sonderstellung vor diesem Hintergrund kam, so Sokov, dem „glavny konstruktor" (Chefkonstrukteur) zu. Er konnte als einziger Akteur die hierarchischen Entscheidungs- und Koordinationsprozesse verkürzen und einen direkt Zugang zu den politischen Spitzenfunktionären erwirken.[171] Insgesamt betrachtet führten die komplexen zwischen- und innerbehördlichen Aushandlungssysteme des administrativen Entscheidungssystems zu einer zunehmend suboptimaleren Ressourcenverteilung und Schwächung der Innovationsfähigkeit. Darüber hinaus hatten sie zu einer unkontrollierbaren Eigendynamik des gesamten Verwaltungsapparates geführt. Gorbatschow sprach dabei von der vollständige Paralyse der Steuerungsfähigkeit des Landes, einschließlich des Politbüros.[172]

> „According to the procedures that emerged during stagnations, agencies calculated something, planned something as best as they could, obviously, proceeding from their narrow interests, and sent the results to our table. The central Committee apparatus usually simply copied those and sent them to the Secretariat and the Politbüro. And we usually just rubber-stamped them. [...] Sometimes the most important decisions were made in 5–10 minutes. Who, then, determined policies of the Politbüro? It was the bureaucracy."[173]

Diese Steuerungsprobleme und Ineffizienzen des Verwaltungssystems versuchte Gorbatschow durch seine Reformen zu beheben. Gleichwohl

170 Vgl. Albrecht/Nikutta, Die sowjetische Rüstungsindustrie, 1989, S. 27–31.
171 Vgl. Albrecht/Nikutta, Die sowjetische Rüstungsindustrie, 1989, S. 30.
172 Vgl. Tschernyaev, Schest' let s Gorbatscheviem, 1993, S. 234.
173 Vgl. Tschernyaev, Schest' let s Gorbatscheviem, 1993, S. 228.

war er aufgrund der Stagnation der sowjetischen Wirtschaft, des steigenden Haushaltsdefizits und der Kosten des Wettrüstens zu radikalen Anpassungsmaßnahmen gezwungen.

3.1.3 Neue Handlungsspielräume durch die Einführung der Glasnost- und Perestroikamaßnahmen

Die Einführung der Glasnost- und Perestroikamaßnahmen (Selbstständigkeit, Selbstverwaltung, Selbstfinanzierung, Selbsterhalt, Lockerung der Aufbau- und Ablaufprozesse) führten nicht zu einer Flexibilisierung und Selbstregulation, sondern verstärkten die Fragmentierung der Interessen und Handlungsorientierungen der einzelnen Behörden. Dabei führten die neuen Anreiz- und Sanktionsimpulse zu einer Zerstörung der selbstregulierenden Integrationsmechanismen,[174] während sich die Unternehmensprozesse zusehends zu verselbstständigen schienen.

Grundlage für das neue wirtschaftliche Handeln war das Unternehmensgesetz (1987) sowie das Genossenschafts- und Pachtgesetz (1988/1989). Sie können als Grundlage des Kapitalismus in der Sowjetunion gewertet werden.[175] Mit diesen Gesetzen wurde nicht nur die Autonomie der Betriebe erhöht, sondern auch privates Eigentum legitimiert. Die Betriebe konnten nun im Rahmen von Genossenschaften ihre Preise selbst bestimmen und Verträge abschließen. Damit erlaubten die neuen Gesetzgebungen den Akteuren nicht nur, „eigene" Einkommensquellen zu sichern, sondern auch, sich legitimiert zu privatisieren.[176] Im Folgenden setzte die „Prichvatisazija", die spontane Privatisierung ein.[177] Daran beteiligt waren Betriebe und in

---

174 Vgl. Kryschtanovskaja/White, The Formation of Russia's Network Directorate, 2011, S. 19–21.

175 Vgl. insbesondere Siehl, Privatisierung in Russland, 1997.

176 Die neue Gesetzgebung legalisierte den neuen Kooperationen den Zugriff auf die Ressourcen und Aktiva der staatlichen Betriebe. Während Letztere an die Staatspreise gebunden waren, konnten die Kooperationen selbst zu freien Preisen verkaufen. Schon ein Jahr nach dem Gesetz war die Zahl der Genossenschaften von 13 000 auf 4,5 Millionen angestiegen. Vgl. Webseite der Organisation „Fond liberal'naja Missija" (Stand 2000); vgl. Golovenko, Vtoraja gizn' Nikolaja Rygkova, 2000.

177 Herauslösung profitabler Unternehmenteile aus dem Gesamtunternehmen; vgl. u. a. Stykow, Staat und Wirtschaft in Russland, 2006, S. 68, 439;

zunehmendem Maße auch die Behörden. Spätestens mit der Auflage der Selbstfinanzierung und der Ergänzung zum Unternehmensgesetz im August 1989,[178] das im Kern eine Transformation der Branchenministerien in quasikorporative Eigentumsformen vorsah, ging eine Fragmentierung der zentralstaatlichen Verwaltungsstrukturen einher. Ende der 1980er Jahre suchte jede Behörde nach eigenen Möglichkeiten des Überlebens.

Beginn des Systems Jelzin

Zu einer Beschleunigung der Veränderung des institutionellen Handlungsrahmens kam es, als die RSFSR im Juni 1990 ihre Souveränität erklärte und im Mai 1991 auch auf Republikebene das Präsidentensystem mit Boris Jelzin an der Spitze eingeführt wurde. Mit diesem Schritt fiel der Flugzeugkomplex in das Hoheitsgebiet der souveränen Russischen Republik, da er sich auf ihrem Gebiet befand. Dabei konfligierten die neuen Bestimmungen der RSFSR nicht selten mit der Rechtsprechung der Union.[179]

Die Divergenzen zwischen altem und neuem System verschärften sich nach der Niederschlagung des Putsches im August 1991. Um eine ausreichende Handlungsfähigkeit zu erreichen, war Jelzin mit einer Reihe von Sondervollmachten ausgestattet worden. Dazu gehörten die Bildung der Regierung, mit deren Leitung er seinen langjährigen Kollegen Burbulis beauftragt hatte, sowie das Recht, das Land über Präsidentenerlasse zu regieren.[180] Gleichzeitig war Jelzin in diesen labilen Umwälzungsprozessen entschieden auf die Unterstützung verschiedener Interessengruppen angewiesen. Mit Hilfe der neuen Möglichkeiten einer Einflussnahme auf die politischen Entscheidungsfindungen entstand ein völlig neuer Handlungsrahmen mit ungewohnt hohen Freiheitsgraden.

---

178 Vgl. Gesetz der SSSR, O vnesenii izmenenij i dopolnenij v Zakon SSSR "O gosudarstvennom predprijatii (ob'edinenii), 1989.

179 Vgl. Gesetz der RSFSR Nr. 1532-I, O privatisazii gosudarstvennych i municipal'nych predprijatij v RF, 1991.

180 Vgl. Siehl, Privatisierung in Russland, 1997.

3.2 Institutionelle Rahmenbedingungen auf regionaler Ebene: Schwache Verankerung des Unternehmens im regionalen „Mestnitschesvo-Regime“

Das Flugzeugwerk Aviastar wurde in den 1970er Jahren in der Oblast Ul'janovsk[181] in der Region Volga Vjaka (Privolge) 800 km südöstlich von Moskau errichtet. Zu diesem Zeitpunkt wurden die Unternehmensprozesse der Aviastar und die Handlungen ihrer Akteure von den regionalen Institutionen und Netzwerken nicht wesentlich bestimmt.

Den wirtschaftlichen Kern des Gebietes bilden die von den Ausläufern der Schwarzerde-Zone profitierende Landwirtschaft und die Nahrungsgüterindustrie. Als agrarindustrielle Region gehörte die Oblast nicht zu den ideologisch und strategisch als relevant erachteten Regionen – im Gegensatz zu den Gebietskörperschaften, die von der Rüstungs- und Maschinenbauindustrie dominiert waren. Dies hatte nach Brie und Stykov einen maßgeblichen Einfluss auf das zentralstaatliche Steuerungs- und Verwaltungssystem. Während Letztere streng hierarchisch im Moskauer Machtzentrum institutionalisiert waren (Vedomostvennost'-Regime), wurden Regionen wie Ul'janovsk regional-dezentral verwaltet, und es entstanden Mestnitschestvo-Regime, d. h. regionale korporative Netzwerkstrukturen. Damit gingen eine Regionalisierung und eine Machtverschiebung zugunsten der regionalen Parteistrukturen einher.[182]

Im Rahmen des hier betrachteten Zeitraums wurden die regionalen Interaktionssysteme maßgeblich von dem autoritären Führungsstil des letzten Parteichefs und Leiters des Exekutivkomitees, Juri Gorjatschev, geprägt. Dabei war es zu korporativen Netzwerkstrukturen im agrarindustriellen Bereich gekommen.

---

181 Der Oblast umfasst ein Territorium von 37 000 qkm, was etwa dem Bundesland Baden-Württemberg oder 0,2 % der russischen Staatsfläche entspricht. Allerdings leben hier nicht 10 Mio. Menschen wie in dem genannten Bundesland, sondern nur 1,5 Mio. Personen.

182 Die Agrar- und Nahrungsmittelindustrie unterstand dem regionalen Gebietsparteikomitee. Das Gebietsparteikomitee der KPdSU (Obkom KPSS) stellte mit seinem ersten und zweiten Sekretär die höchste regionale Instanz dar. Sie waren auch für die Verteilung der Ressourcen zuständig. Vgl. Brie/Stykow, Regionale Akteurskoordinierung, 1995, S. 216–222; Interview mit Titov, 2002.

Von diesen Entwicklungen war die Aviastar weitgehend ausgenommen. Als das Flugzeugwerk „UAPK imeni Ustinova“ auf dem der Stadt Ul’janovsk gegenüberliegenden Ufer der Wolga errichtet wurde, war es von Anfang an ein Fremdkörper in der Region. Pro forma ein Teil von Ul’janovsk, war die Satellitenstadt nicht nur räumlich durch die Wolga von ihr getrennt, sondern auch infrastrukturell autark. Auch administrativ war sie weitgehend isoliert; die Ul’janovsker Verwaltung hatte formell kein Mitspracherecht bei der Entwicklung des Rüstungsunternehmens.[183] Und im Gegensatz zum agrarindustriellen Bereich bekam der UAPK seine Ressourcen und Planauflagen nicht über das Gebietsparteikomitee, sondern direkt von den Ministerien „durchgestellt“. Allein unter diesem Aspekt war der Komplex nicht auf formelle und informelle Beziehungen zu dem regionalen Partei- und Staatsapparat angewiesen und hatte, soweit dies nachvollziehbar ist, keine korporativen Strukturen aufgebaut. Die regionale Isolation der Rüstungsindustrie ist nicht per se als typisch zu bezeichnen. In anderen Regionen, wie beispielsweise Sverdlovsk (heute Ekatarinenburg), hatte die regionale Administration schon immer gute korporative Beziehungen zu den regionalen Rüstungsbetrieben gehabt, da sie über diese Betriebe bzw. über die politische Machtstellung des MIK die Ressourcenzuteilung für die Region erhöhen konnte. So konnten über die Rüstungsbetriebe auch andere Projekte der Region (z. B. Bauprojekte, landwirtschaftliche Projekte, Einrichtungen und Infrastrukturen für den Maschinenbau) mit gefördert werden.[184]

3.3 Unternehmensebene – Akteure, Interaktionsformen und Strategien: Fragmentierungsdynamiken und Kommerzialisierungsstrategien vertikaler Netzwerke

Der Handlungsrahmen für die Produktions- und Innovationsprozesse des Flugzeugkomplexes war durch die streng hierarchischen Steuerungs- und Kontrollmechanismen der Staats- und Parteibürokratie aus Moskau vorge-

183 Das war allgemein üblich; vgl. Mögel, Allianz auf Zeit, 1997, S. 17

184 Vgl. RSPP Research Institute, Lobbyism in Russia: Stages of a Long Road, 1995, S. 90; vgl. Mögel, Allianz auf Zeit, 1997, S. 7. Zur Situation in Ul’janvoks siehe Teleinformzionnaja set’ VPK, 2001

geben. Dabei war eine direkte Interaktion zwischen den am Innovationsprozess beteiligten Akteuren nicht möglich. So waren die Produktionsstrukturen sowohl vom „Kunden" und den Zulieferern als auch von den Konstrukteuren und Forschern getrennt. Diese Trennung verlief nicht nur administrativ, sondern manifestierte sich auch geographisch und sozial. So befand sich der Flugzeugkomplex UAPK in der Wolgaprovinz Ul'janovsk, während die F&E über das KB Antonov im Zentrum der Ukraine und das KB „Tupolev" in Moskau durchgeführt wurde. Die Ausrichtung der F&E sowie ihre Koordination mit der Produktion, die Sicherstellung einer entsprechenden Versorgung mit den notwendigen Ressourcen, die Abstimmung mit der Nachfrage bzw. den militärischen und zivilen Beschaffungspläne wurde von den unterschiedlichen zentralstaatlichen Behörden geregelt. Damit hing die Innovations- und letztlich auch die Produktionsleistung der Aviastar von den Koordinations- und Interaktionsprozessen der verschiedenen Branchenministerien, des Verteidigungsministeriums (Armee) und der ZK-Behörden ab. Aufgrund der institutionellen Eigeninteressen dieser Institutionen und den langwierigen, komplexen Aushandlungsprozessen bestand die Gefahr, dass die Handlungsfähigkeit des bürokratischen Systems sehr eingeschränkt und höchst unflexibel war.[185] Von diesen administrativen Koordinationsproblemen aber war der Ul'janovsker Industriekomplex „UAPK" (Ul'janovskij aviazionnyj promyschelnnyj kompleks imeni D. F. Ustinova[186]) zumindest bis zur Perestroika nicht maßgeblich betroffen, da es sich um eines der letzten Prestigeprojekte der sowjetischen Führung handelte, das direkt unter der persönlichen Leitung des damaligen Verteidigungsministers und Namensgebers Dimitrij F. Ustinov stand. Unter dessen Führung wurde eine gewisse Bündelung der Ressourcen und Akteure sichergestellt.

185 Siehe dazu insbesondere Albrecht/Nikutta, Die sowjetische Rüstungsindustrie, 1989, S. 171–219.

186 Ustinov war der damalige Verteidigungsminister der UdSSR.

3.3.1 Ausrichtung an politischen Visionen im Rüstungswettkampf

Die Unternehmensprozesse des Ul'janovsker Industriekomplex waren dabei allein an den Visionen und strategischen Zielen der Spitzenfunktionäre im Kampf um die militärische Vormachtstellung im Kalten Krieg gegen Amerika ausgerichtet.

Der Industriekomplex wurde am 16.04.1975 als letzte Neugründung der sowjetischen Flugzeugindustrie auf Verordnung Nr. 299-122 des Ministerrates der UdSSR gegründet. Ursprüngliches Ziel war der Aufbau der Serienproduktion des strategischen Überschallbombers und atomaren Raketenträgers Tu-160. Es sollte eines der größten Vorhaben der sowjetischen Luft- und Raumfahrt werden, das den gesamten Produktionszyklus und den Bau einer unterirdischen Eisenbahn[187] mit einschloss. Nach nur drei Jahren, im Jahre 1979, hatte der Rüstungswettlauf mit den Vereinigten Staaten die weitere Entwicklung des Unternehmens schon eingeholt, und der Komplex musste für die Produktion des Militärtransporters A-124 (Ruslan), eines neuen Prestigeprojektes, umgerüstet werden.

Keine Demütigung der sowjetischen Rüstungsindustrie[188]

War der Bau des Ul'janovsker Flugzeugkomplexes selbst schon ein Prestigevorhaben, so wurde es von dem Antonov-Projekt und der Vorbereitung

---

187 Die Eisenbahn war an das sowjetische Netz angeschlossen und verfügte eigens für diesen Zweck über eine unterirdische Anbindung und einen unterirdischen Terminal. Dieser war aus Gründen der Geheimhaltung in den 1970er Jahren für den Transport von Bauelementen für den Raketenträger TU-160 gebaut worden.

188 Die Amerikaner hatten mit der Einführung der strahlgetriebenen Lockheed C-5 „Galaxy" den sowjetischen Militärtransporter, die Propellermaschine An-22, im Jahr 1965 überholt. Dies war nicht nur als Demütigung der sowjetischen Luftfahrt verstanden worden, sondern die sowjetische Führung hatte befürchtet, dass diese Entwicklung zu einer signifikanten Verbesserung der strategischen Mobilität der amerikanischen Streitkräfte führen würde, die ihrer Meinung nach ohnehin die halbe Welt kontrollierten. Aus dieser Sorge heraus hatten das ZK der KPdSU und der Ministerrat der UdSSR am 21. Juli 1966 die Verordnung Nr. 564-180 „Über die Hauptrichtlinien der Entwicklung der Luftfahrttechnik und Ausrüstung von 1966–1970" erlassen. Auffallend ist dabei die rasche Handlungsfähigkeit der politischen Führung. In nur vier Wochen wurden die notwendigen Maßnahmen über das Prä-

der Serienproduktion noch übertroffen. In relativ kurzer Zeit wurden alle erdenklichen Ressourcen in das Unternehmen geleitet. Das Personal wurde auf 35 577 Mitarbeiter (27 303 davon stellten das Produktionspersonal; PPP = Promyschlenno-Proizvodstvenny Personal) aufgestockt. Sie gehörten zu den privilegiertesten der Luftfahrtindustrie.[189] Mit dem Werk entstand eine autarke Stadt für 150 000 Einwohner mit einer vollständigen eigenen Infrastruktur.[190] Dieses Mal sollte zudem eine maximale vertikale Integration der Produktion und damit die Autarkie des Komplexes gewährleistet werden, die selbst den Bau einer eigenen Landebahn für die Buran[191] mit einschloss. Die Umrüstungsprozesse der Produktionsstrukturen konnten bis zum Winter 1985 abgeschlossen werden.[192] Im Jahre 1987 flogen die ersten An-124 in ihre Einsatzgebiete.[193]

Seit der Verordnung Nr. 564-180 des ZK im Jahr 1966, die den Startschuss für die Entwicklung der Antonov gegeben hatte, waren über 20 Jahre vergangen und gewaltige Ressourcen investiert worden. Eine Amortisation dieser Investitionen bzw. eine Kapitalisierung war kaum realistisch. Von 1986 bis 1990 sollen jährlich insgesamt nur drei bis fünf Militärtransporter fertiggestellt worden sein. Bei einer geplanten Gesamtkapazität von 30 Ruslan im Jahr entsprach dies einer Auslastung von unter 17 Prozent.[194]

---

sidium der SSSR und den Beschluss Nr. 206 eingeleitet, woraufhin das Ministerium für Luftfahrt mit den Befehlen Nr. 352 und Nr. 413 das KB Antonov mit der Ausarbeitung beauftragte. Nach 13 Jahren aufwendiger F&E-Prozesse konnte dann die Entwicklung der Ruslan abgeschlossen werden, und das ZK beschloss, die neue Errungenschaft sowjetischer Technik in Ul'janovsk zu produzieren. Vgl. Zajarin/Sovenko, An-124 Ruslan (Stand 2010); vgl. Interview Titov 2002.

189 Dafür sprach auch der soziale Status der Belegschaft, die höhere Löhne bezog als ihre Kollegen in den Werken von Ulan Ude, Kazan oder Voronesh. Junge Mitarbeiter erhielten schon nach einem halben Jahr eine werkseigene Wohnung, was für die damalige UdSSR ein beachtlicher Fortschritt war.

190 Interview mit Gavrilova, 2002 (I); vgl. Russian Defence Business Directory, 1995, S. 1–215.

191 Sie sollte auch der großen Schwester der Ruslan, der Mryja An-225, als Landebahn dienen. Die Mryja transportierte die Raumfähre Buran.

192 Vgl. Interview mit Gavrilova, 2002 (I); Russian Defence Business Directory, 1995, S. 1–215.; Interview Titov, 2002.

193 Vgl. Zajarin/Sovenko, An-124 Ruslan (Stand 2010).

194 Eine Einschätzung der Höhe der Entwicklungskosten ist äußerst schwierig. Nach Angaben des Military Aircraft Forecast sollen die Entwicklungskosten der Ruslan

Im Vergleich dazu ging der Airbus-Konzern bei seinem neuen Großraumflugzeug A380 von einer jährlichen Produktion von mindestens 40 Maschinen und einer Break-even-Menge von 250 Maschinen aus. Für gewöhnlich muss der Verkauf der Break-even-Menge durch mehr oder weniger verbindliche Vorbestellungen von vorneherein gedeckt sein.[195] De facto wurden in Ul'janovsk bis 1991 nur 17 Ruslan fertiggestellt.[196]

Folgen der Perestroika: zivile Passagiermaschine Tu-204

Das Problem für die Ul'janovsker Flugzeugbauer lag darin, dass mit dem Fortschreiten der Perestroika in der zweiten Hälfte der 1980er Jahre die staatliche Finanzierung zunehmend wegbrach. Dabei war der Produktionsaufbau noch nicht vollständig abgeschlossen, und der Bau des Motorenwerkes kam über die Fundamente nicht hinaus. Gleichzeitig sanken die Aufträge aus dem Ministerium für Verteidigung, bis sie 1990 vollständig eingestellt wurden.

Um den Betrieb auszulasten, wurde seit Ende der 1980er Jahre ein Teil der Produktionsstrukturen auf die Herstellung der zivilen Mittelstreckenmaschine Tu-204 bei einer maximalen Kapazität von 35–65 Flugzeugen im

---

mindestens 7 Mrd. $ betragen haben. Vgl. Military Aircraft Forecast, Antonov/Aviastar An-125/225; bei einem Preis von 80 Mio. $ pro Flugzeug wären diese Kosten mit knapp 90 Maschinen amortisiert.

195 Vgl. Hegmann, Pannen-Serie bei Militärtransporter; 2009. Bis zum Jahre 2015 rechnet Airbus mit 1 500 Bestellungen. Vgl. Wikipedia, Stichwort: Airbus A380.

196 Bei der Analyse der Angaben in den Fachberichten von Zajarin, Sovejko, Krasnoschtscheko und den Angaben des Leiters der Luftstreitkräfte wurden bis zum Jahre 1991 28 militärische Varianten der AN-124 produziert. Diese wurden jedoch nicht nur im Ul'janovsker Flugzeugkomplex hergestellt, sondern auch in der Kiever Flugzeugproduktionsvereinigung (KiAPO) (heute KiGAZ „Aviant"). Der Chef der Luftstreitkräfte bestätigte, dass das Verteidigungsministerium nach 1989 keine Ruslan mehr gekauft hat. Das Ministerium verfügte damals über 28 Großtransporter, wobei 17 aus Ul'janovsk und 11 aus dem Werk in Kiev kamen. Im Jahr 2004 soll das Ministerium nur noch 10 Ruslan besessen haben. Ein Teil soll vom Ministerium Ende der 1990er Jahre verkauft worden sein. Vgl. VPK-IA, Pologenie predprijatii VPK – Ul'janovskij Oblast', 2001 (August); vgl. Zajarin/Sovenko, An-124 Ruslan (Stand 2010). Dessen ungeachtet befanden sich aber noch unfertige Antonov-Maschinen auf dem Werksgelände der Aviastar; vgl. Interview mit Titov, 2002.

Jahr umgestellt.[197] Die Tupolev-204 (200 Plätze, 6500 km Reichweite) wurde als moderne Passagiermaschine Ende der 1970er Jahre als Pendant zur Boeing-737 und als Nachfolgemodell der Tu-154 und der Il-62 vom Moskauer Konstruktionsbüro (KB) „Tupolev" entwickelt. Ausgestattet waren die Basismodelle der Tu-204 mit Triebwerken des russischen Triebwerksherstellers „Permskie Motory", der PS-90 A. Der erste Prototyp hob im Januar 1989 und die erste Tupolev-Maschine aus dem Ul'janovsker Werk erst Ende 1990 ab – noch unzertifiziert.[198]

3.3.2 Fragmentierungsdynamiken im formellen Interaktionssystem

Unabhängig von der zwischenbetrieblichen Fragmentierung der am Innovationsprozess beteiligten Akteure war das Werk durch Fragmentierungsdynamiken in den formellen und informellen Interaktionssystemen geprägt, die die Kohäsion des Werkes und damit die Aufrechterhaltung seines Wertschöpfungszyklus gefährdeten.

Vielfalt der Unternehmensbereiche

Der Komplex hatte einen hohen Koordinationsbedarf. Die relativ hohen Anforderungen an die Autarkie bedingten, dass er neben der Aufgabe der Flugzeugmontage eine Vielzahl von Produktionsphasen, die der Wertschöpfung vor- oder nebengelagert waren, integrieren musste. So konnte der Komplex in Ul'janovsk – im Gegensatz zu der Ruslan-Produktion der Kiever Flugzeugproduktionsvereinigung KiAPO – die meisten Einzelteile selbst herstellen. Das Flugzeugwerk in Ul'janovsk umfasste alle notwendigen Wertschöpfungsphasen, angefangen bei den Entwicklungsarbeiten (Umsetzung der Konstruktionspläne) über die Metallverarbeitung und die

---

197 In dem Zeitrahmen von 1992–1999 setzte der Rechnungshof eine Kapazität von nur 30 Tu-204 an; vgl. NIIEAP, Gosudarsvo neset poteri, 2000. Für den intakten modernisierten Produktionskomplex gibt Sergej Kirienko in seiner Funktion als Vertreter des Präsidenten der RF und Aufsichtsratsvorsitzender der ZAO Aviastar-SP eine Kapazität von 65 Maschinen an; vgl. o. V, Sergej Kirienko provel zasedanie soveta direktorov, 2003.

198 Webseite des britischen Fachjournals „Jane's" 2001–2002: Tupolev Tu-204.

Baugruppenherstellung bis hin zu Möbelbau und Außenlackierung. Insgesamt bestand der UAPK aus mindestens 20 Werkhallen mit eigenen Verwaltungs- und Konstruktionsabteilungen.[199]

Neben den Unternehmensbereichen der Flugzeugproduktion gehörten noch besondere Vermögenbereiche zu dem Komplex. Dazu zählen der Flugversuchskomplex (Letny Isledovatelny Komplex – LIK) mit seiner einzigartigen Landebahn[200] oder der Flugzeugpark (Voenno-Vozdusnyj Park – VVP) mit vier Hangars und eigenen Produktionshallen für Wartungs- und Reparaturarbeiten. Zudem gab es ein eigenes Zentrum für technische Dienste, das „ZTO" (zentr technitscheskogo obslugivanija), und ein Zentrum für Reparaturarbeiten für Luftfahrttechnik unter der Bezeichnung „RAT" (remonta aviazionnoj techniki). Besonders wichtig für den späteren After-Sale-Service war die betriebseigene Ersatzteilproduktion.[201] Gerade im Hinblick auf die Gemeinkosten sind allerdings auch die Aktiva der sozialen Infrastruktur[202] und der Versorgung, die ebenfalls zum Komplex gehörten, relevant. Letztlich musste das Werk die Versorgung der „betriebseigenen" Stadt mit ihren 150 000 Einwohnern sicherstellen.[203]

---

199 Interview mit Gavrilova, 2002 (I). Vgl. Interview mit Postnikov, 2005.

200 Sie ist fünf Kilometer lang und 250 Meter breit.

201 Vgl. Titkov, Ukradennye kryl'ja, 2003; Rechnungshofbericht Nr. 10 (Punkt 2), 2000.

202 Neben den Wohnbauten gehörten dazu ein Krankenhaus, Kindergärten, eine technische Hochschule für Luftfahrttechnik, ein Kaufhaus, ein neunstöckiges Hotel und eine Buslinie, die die abgelegenen Waldsiedlungen mit dem Werk verband.

203 Der Komplex verfügte über eine betriebseigene Möbel- und Haushaltsgeräteproduktion sowie betriebseigene Versorgungsbetriebe – einschließlich eines eigenen Kraft- und Wasserwerks. Auch ein 40 000 Morgen großes Agrargebiet samt eigener Nahrungsmittelbetriebe gehörten dazu. Bei diesen betriebsfremden Unternehmensbereichen handelte es sich um große autarke Betriebseinheiten. Die Möbelherstellung beispielsweise beschränkte sich nicht auf die Inneneinrichtung der Flugzeuge, sondern war für die Ausstattung der gesamten Stadt zuständig. Das Werk schloss ein eigenes großes Sägewerk mit ein.

3.3.2.1 *Innerbetriebliche Fragmentierungsdynamiken – Begünstigung einer Sparten- und Funktionsorientierung*

Bis 1992 waren 8 274 Mitarbeiter bei der UAPK mit der Verwaltung der Unternehmensprozesse beschäftigt. Formell liefen alle Strukturen nach einer strengen Linienorganisation beim Generaldirektor des Komplexes zusammen. Er stellte gleichzeitig die unterste Ebene der Ministerialbürokratie dar und trug die Verantwortung für den Zustand und die Tätigkeit des Betriebes gegenüber den Ministerien.[204] Dadurch scheint formell eine streng organisierte Einheit des Komplexes gegeben zu sein.

Ihm nachgeordnet waren die sieben Hauptabteilungen, die nach den wesentlichen Verwaltungsfunktionen unterteilt waren:[205] 1. Die Hauptabteilung für Technologische Politik wurde von dem „glavny inshener", dem Chefingenieur, geleitet. 2. Als weitere Hauptabteilung gab es die „Ekonomitscheskij otdel" (Hauptabteilung für Ökonomie), die von dem „glavny ekonomist", dem Chefökonomen, geleitet wurde. Sie war u. a. für die Kostenrechnung verantwortlich. Den Ökonomen war auch die Planabteilung zugeordnet, welche die Daten aus den staatlichen Plänen in Betriebspläne umsetzen musste. 3. Die Hauptabteilung für Finanzen wurde vom „glavny buchgalter", dem Hauptbuchhalter, geführt. Seine Abteilungen fassten die Daten der Ökonomen aus der Kostenrechnung zusammen und leiteten die Preiskontrolle bzw. Preiskalkulation. Formell auf gleicher Ebene, nahm der Hauptbuchhalter durch seine umfassenden (finanziellen) Kontrollbefugnisse gegenüber den anderen Hauptabteilungen eine gewisse Sonderstellung ein. 4. Die vierte Hauptabteilung war für die Materialversorgung und den Absatz zuständig (otdel snabshenie i sbyta). Ihr stand der Direktor für Materialwirtschaft (Material'no-chozstvennym voprocam) vor. 5. Eine weitere Abteilung im Range eines Direktorates war die Personalabteilung, die „otdel kadrow". 6. Für die unmittelbare Leitung der Produktion selbst war die Hauptabteilung „proisvodstvennyj otdel" verantwortlich. Hier lief die

---

204 Vgl. Smirnov u. a., Upravlenie maschinostroitel'nym predprijatiem, 1989, S. 123–130.

205 Vgl. Smirnov u. a., Upravlenie maschinostroitel'nym predprijatiem, 1989, S. 122–125.

operative Leitung der Fertigungseinheiten zusammen und wurden die Betriebspläne aufgeschlüsselt. 7. Schließlich gab es noch einen Direktor „po kapital'nomy stroitel'stvo", der für die Bauarbeiten zuständig war, was sich dadurch erklärt, dass der Aufbau des Komplexes bis 1990 noch nicht vollständig abgeschlossen war.

Die Leiter der oben genannten Hauptabteilungen waren gleichzeitig auch die Stellvertreter des Generaldirektors. Mit dem Leiter der Gewerkschaft stellte diese Gruppe formell das oberste Management eines Produktionsbetriebes dar. Sie bildeten den „sovet direktorov", der dem Generaldirektor zur Seite gestellt war und dem Aufsichtsrat eines Unternehmens entsprach. De facto kam diesem Gremium als solchem, zumindest bis 1990, kaum Bedeutung zu.[206]

Linienorganisation versus Spartenorganisation und Funktionssteuerung

Im Wesentlichen bestand die Hierarchie der Linienorganisation aus vier Ebenen: Generaldirektor – Direktor für Produktion – Werkleiter (natschalnik zecha) – Abteilungsleiter bzw. Meister (starsche master/master) und die Brigaden. Aufgrund der Fertigungstiefe war die Produktion (vertikale Linie) des UAPK nach den wichtigsten Fertigungsprozessen (wie beispielsweise für Metallbearbeitung, die Baugruppen, Endmontage, Lackierung) aufgegliedert. Diesen stand jeweils ein „natschalnik zecha", ein Werkleiter, vor. Die einzelnen Werke setzten sich wiederum aus mehreren Unterabteilungen bzw. Fertigungsabteilungen zusammen.

Die Stringenz der Linienorganisation wurde beim UAPK durch eine Unterteilung in die Sparten „rüstungsorientierte" und „zivile" Produktion unterbrochen. Zudem war die vertikale Linienorganisation auch noch durch die funktional organisierten Verwaltungsstrukturen der einzelnen Werkhallen und Fertigungsabteilungen modifiziert. Jede Fertigungsabteilung verfügte

---

206 Vgl. Smirnov u. a., Upravlenie maschinostroitel'nym predprijatiem, 1989, S. 122–125. In den zivilen Branchen bekam das Organ erst mit der „Perestroika" mehr Gewicht.

also über eine eigene Finanzbuchhaltung, eine Produktions- und Planabteilung sowie eine mechanische Abteilung mit ihren Unterabteilungen für die Wartungs- und Reparaturarbeiten.[207]
Damit verfügten die Unternehmensbereiche über die administrativen Voraussetzungen für eine gewisse Eigenständigkeit. Formell waren die Funktionsabteilungen der einzelnen Werkhallen und Fertigungsbereiche allerdings in die Linienstrukturen eingebunden, disziplinarisch also dem Werksdirektor unterstellt. Ihre „fachliche Anleitung" erfolgte jedoch durch die entsprechenden Hauptabteilungen. Inwieweit beide Organisationsprinzipien miteinander rivalisierten bzw. inwieweit Vertreter der Funktionsabteilungen an den Knotenpunkten der Linienstrukturen, also dem Werkleiter oder Generaldirektor, „vorbei" handeln konnten, ist nicht allgemein belegt.
Aus den Gesprächen mit einer ehemaligen Finanzbuchhalterin geht allerdings hervor, dass die einzelnen Funktionsabteilungen, insbesondere die Finanzabteilung, über informelle Möglichkeiten verfügten, in einem gewissen Rahmen eigene Interessen durchzusetzen und die Planindikatoren zu manipulieren (höhere Entlohnungs- und höhere Ressourcenzuteilung).[208]
So kann nicht ausgeschlossen werden, dass es auch innerhalb des strengen Kontrollsystems der Planvorgaben und Kennziffern möglich war, sich informelle Freiheitsgrade zu verschaffen.
Dies brachte allerdings die Gefahr mit sich, dass von der Sparten- und Funktionsorientierung der betrieblichen Aufbau- und Ablaufstrukturen (insbesondere in Verbindung mit den Möglichkeiten, gewisse Handlungsfreiheiten auszunutzen) eine fragmentierende Wirkung auf die Stringenz der Linienführung und damit auch des Unternehmensprozesses in seiner Gesamtheit ausging. Die Rolle der Sparten und Funktionsorganisationen wurde vor allem durch die Einbindung in den übergeordneten Verwaltungsapparat (Partei- und Staatsapparat) maßgeblich mitbestimmt.

---

207 Vgl. Smirnov u. a., Upravlenie maschinostroitel'nym predprijatiem, 1989, S. 129. Auf die Verwaltungsstrukturen der sozialen Einrichtungen und betriebseigenen Versorgungsbetriebe wird nicht weiter eingegangen.

208 Beispielsweise wurden nach dem Prinzip der „Toten Seelen" höhere Arbeitnehmerzahlen gemeldet, als de facto in dem Betrieb arbeiteten. Dementsprechend konnte der Betrieb mehr staatliche Ressourcen bzw. eine höhere Entlohnungszuteilung beanspruchen.Vgl. Interview mit Anne Schwengler.

3.3.2.2 *Außerbetriebliche Fragmentierungsdynamiken und das Kontrollsystem „Voenpred"*

Die zentralstaatliche Steuerung verlief nicht einheitlich wie aus einem Guss, sondern die einzelnen Behörden aus dem Partei- und Staatsapparat verfügten über eigene vertikale Schnittstellen und Einflussmöglichkeiten. Das betraf insbesondere die unterschiedliche ministerielle Einbindung der Aviastar. Über die Produktion des Militärtransporters war das Werk in die Institutionen der Rüstungsbürokratie und über die Tu-204 in die des zivilen Ministeriums für Luftfahrt eingebettet.[209] Die formelle Schnittstelle zwischen dem Produktionsbetrieb und den staatlichen Strukturen war der Generaldirektor der Aviastar. Er war letztlich die unterste Ebene der Ministerialbürokratie und zugleich die höchste Hierarchieebene des Betriebes. Daneben existierten jedoch noch weitere Schnittstellen. Diese liefen über die einzelnen Hauptabteilungen und die zuständigen Akteure aus dem Verwaltungsapparat. Von besonderer Bedeutung war hier die Rolle der Konstruktionsbüros. Für die zivile Tu-204 war es das Moskauer KB Tupolev und für die Ruslan das ukrainische KB Antonov.[210]

Unabhängig von dem politischen Einfluss der Generalkonstrukteure stellten die Konstruktionsbüros auch ein direktes betriebliches Einfallstor dar. Dies basierte auf den fachlichen bzw. instrumentellen Interaktionen des Abteilungsdirektors der Hauptabteilung für Technik, sprich des Chefingenieurs und zweiten Mannes des Flugzeugkomplexes. Er war, wie bereits erwähnt, für gewöhnlich der erste stellvertretende Generaldirektor des Betriebes. Neben der fachlichen Interaktion lag häufig auch eine persönliche Verbindung zwischen dem KB und dem Chefingenieur vor, denn nicht selten wurden die Chefingenieure aus dem gleichen Konstruktionsbüro rekrutiert. Fallstudien über postsowjetische Reorganisationsversuche belegen eine spezifische Rivalität zwischen den Generaldirektoren und den Gene-

209 Daneben gab es auch noch die Einbindung in das Ministerium für Transport über die betriebseigene Eisenwaggonproduktion. Hinzu kamen noch die Parteistrukturen.

210 Vgl. Sokov, Russian Strategic Modernisation, 2000, S. 22–23.

ralkonstrukteuren, was die besondere Stellung der Konstrukteure im Sowjetsystem belegen könnte.[211] Dies kann für die Aviastar nicht bestätigt werden. Hier scheint der Chefingenieur vorrangig für die zivile Produktion der Tu-204 zuständig gewesen zu sein. Für den Militärtransporter dürfte hingegen Viktor I. Tolmatschev diese Aufgabe übernommen haben. Tolmatschev, Stellvertreter des Antonov-Generaldirektors, war schon als Chefkonstrukteur für die Entwicklung der An-124 mitverantwortlich gewesen.[212]

Die Finanzabteilung wiederum war über die Funktionen „Beschaffung" und „Preisabsprache" mit den entsprechenden Abteilungen im Ministerium für Verteidigung bzw. im Minaviaprom verbunden. Und auch die Betriebsabteilung Planung musste für die Abstimmung der Planindikatoren mit den staatlichen Institutionen – und dies hieß mit den Abteilungen der staatlichen Planbehörde GOSPLAN – interagieren.[213] Weitere wichtige Schnittstellen zeigten sich bei der Hauptabteilung für Versorgung und Absatz, welche die externen Kooperationen realisierten.[214] Wenn im Rahmen der „zweiten Wirtschaft" von den „tolkatschi" gesprochen wurde, ist mit der Analyse bei diesen Abteilungen und ihren horizontalen Beziehungen anzusetzen.[215]

Zur Bedeutung betrieblicher Parteistrukturen

Eine vertikale Verbindung zwischen den regionalen oder zentralstaatlichen Parteistrukturen und der innerbetrieblichen Parteiorganisation ist auf den

---

211 Vgl. Hartner, Die russische Luftfahrtindustrie, 1997, S. 18–28; Sokov, Russian Strategic Modernisation, 2000, S. 28.

212 Vgl. Sovenko/Zajavin, An-124 Ruslan (Stand 2010).

213 Dies war in den zivilen Bereichen wie der Nahrungsmittelindustrie der Fall; vgl. Interview Anne Schwengler. Im Gegensatz zu den zivilen Betrieben fand die Interaktion der Rüstungsbetriebe mit Gosplan nicht auf regionaler, sondern auf zentraler Ebene statt. Siehe dazu auch Albrecht/Nikutta, Die sowjetische Rüstungsindustrie, 1989, S. 150–151.

214 Vgl. Smirnov u. a., Upravlenie maschinostroitel'nym predprijatiem, 1989, S. 123–125.

215 Unter Tolkatschi, übersetzt „Pusher", wurden in der sowjetischen Industrie die Akteure verstanden, welche die Interessen des Unternehmens – also die Erfüllung der Planvorgaben – durch informelle Kontakte und Verbindungen auf dem Zweiten Markt durchsetzten; vgl. Ledeneva, Russia's Econnomy of Favours, 1998, S. 25–27.

ersten Blick nicht belegbar. Die Rolle der Parteiorganisation, sprich ihre Einfluss- und Kontrollfunktionen, ist schwer zu fassen, da sie in den formellen Organigrammen der Betriebe nicht sichtbar waren.[216] Wie in allen sowjetischen Betrieben war das Werk selbst flächendeckend über die Parteistrukturen auf allen Ebenen der Aviastar vernetzt. Sobald mehr als drei Parteimitglieder in einer Brigade arbeiteten, fungierte diese als kleinste Einheit bzw. als Parteizelle. Betrieblich stellten die Parteistrukturen ein System im System dar.[217] Der Leiter des betrieblichen Parteikomitees war Aleksander Poljakov.[218] Er hatte seine Karriere ausschließlich im Flugzeugwerk gemacht. Eine besondere Verbindung zwischen Poljakov und den Parteistrukturen außerhalb des Werkes lässt sich insofern nicht ziehen.[219]
Die Interaktionen der betrieblichen Verwaltungsabteilungen mit den verschiedenen staatlichen Behörden sind weitgehend vertikal und laufen entlang der formellen Hierarchien. Besonders deutlich ist die vertikale Interak-

216 Ihre formelle ideologische Aufgabe im Betrieb wurde, wenn sie denn überhaupt Erwähnung fand, nur allgemein in dem „Ergreifen von Maßnahmen der Parteipropaganda zur Verbreitung philosophischen und politischen Wissens der Arbeiterschaft" erfasst. Vgl. Smirnov u. a., Upravlenie maschinostroitel'nym predprijatiem, 1989, S. 42.

217 Vgl. Smirnov u. a., Upravlenie maschinostroitel'nym predprijatiem, 1989, S. 126–127. Generell ist davon auszugehen, dass die betrieblichen Parteistrukturen eine umfassende informelle Kontrollfunktion gegenüber der Belegschaft, aber auch gegenüber dem Management ausübten. Ein Grund liegt darin, dass insbesondere die Vertreter des oberen Managements ihre leitenden Positionen kaum ohne Parteimitgliedschaft ausüben konnten, wodurch eine Weisungsbefugnis auch gegenüber den betrieblichen Parteistrukturen bestanden haben muss. Vgl. Interview mit Titov, 2002.

218 Vgl. Interview mit Titov, 2002.

219 Nachdem er 1976 das Institut für Luftfahrt in Kuibyschev (heute Samara) absolviert hatte, begann er im Ul'janovsker Flugzeugkomplex als Meister im Werk Endmontage. Von dort arbeitete sich Poljakov zum Obermeister und schließlich bis zum Direktor des Vermögenskomitees der Aviastar im Jahr 1991 hoch. ASMO-Press (Hrsg.), Stichwort: Poljakov, Aleksandr Petrovitsch; vgl. Rechnungshofbericht Nr. 10., 2000. Poljakov verfügte über umfassendes Wissen hinsichtlich der technischen und organisatorischen Produktionsprozesse des Komplexes. In Anbetracht seiner wachsenden Verantwortung innerhalb der betrieblichen Parteistrukturen ist zudem von einem großen Einfluss auf die Arbeiterschaft der Aviastar auszugehen

tion bei den Sparten erkennbar. Dies lässt sich am Kontroll- und Steuerungssystem des Verteidigungsministeriums für die Ruslan-Produktion beobachten.

Das Kontrollsystem „Voenpred" des Verteidigungsministeriums

Wie für alle strategisch wichtigen Rüstungsproduktionen in der Luftfahrtindustrie wurde auch die Ruslan-Produktion durch ein Kontroll- und Steuersystem vom Verteidigungsministerium kontrolliert. Der zentrale Akteur an der Schnittstelle zwischen Ministerium, genauer gesagt den Luftstreitkräften VTA, und dem Flugzeugwerk war der „Voenpred"[220], der Vorsitzende Militärökonom. Im Fall der Aviastar wurde diese Funktion von dem Oberstleutnant der Luftwaffe und Militärökonom (Voenpred) Aleksej Isajkin[221] ausgeübt. Die Kontrolle des Voenpred war in der Finanzabteilung der Aviastar institutionalisiert.[222] Isajkin überprüfte dabei alle Abläufe, die mit der An-124 in Verbindung standen. Dazu gehörte die finanzpolitische Steuerung, von den Kosten- und Leistungsflüssen bis hin zur Preiskontrolle. Gleichzeitig oblag ihm die Kontrolle der technologisch korrekten Herstellung des Militärtransporters. Seine Tätigkeit war streng hierarchisch an den Betriebsabläufen orientiert. Sie manifestierte sich in einem „Kontrollprotokoll", einer systematischen Unterschriftenliste (podpisnoj list)[223], in der die Meister,

---

220 Voenpred ist das Akronym von Voennyj Predsedatel. Der Voenpred-Ekonomist ist der vorsitzende Militärökonom. Das Wort „Ekonomist" wird dabei häufig weggelassen.

221 Aleksej Isajkin, geboren im Jahr 1952, schloss 1976 am Irkutsker Institut für Volkswirtschaft das Studium zum Ingenieur-Ökonomen ab. Dieser Studiengang war speziell an den betrieblichen Kontroll- und Steuerungsaufgaben des MIK ausgerichtet. In der Funktion als Militärökonom kontrollierte Isajkin zunächst die Rüstungsproduktion in Ulan Ude und wurde anschließend nach Ul'janovsk versetzt.

222 Vgl. Webseite der Fluggesellschaft Volga Dnepr, Stichwort: Verwaltungspersonal. Zwischen 1977 bis 1979 war Isajkin auch als Voenpred in der Finanzabteilung des Rüstungswerks Ulan Ude (Herstellung u. a. der Jäger MiG-25 und MiG-27 sowie der Militärhubschrauber Ka-15, Ka-62 und Mi1-71) tätig.

223 Diese Unterschriftenlisten waren wie die berühmten zapiski ein zentrales administratives Kontrollinstrument in den sowjetischen Entscheidungs- und Steuerungsprozessen.Wie schon weiter oben beschrieben, basierten alle Entscheidungen, beispielsweise die Anträge für das Politbüro, auf hierarchisch standardisierten Entscheidungsprozeduren, infolge derer die Unterschrift und Zustimmung aller relevanten Behörden und ihrer vertikalen Strukturen eingeholt werden mussten.

Werkleiter und Verwaltungsleiter der betroffenen Werkhallen der Baugruppen bis zum Leiter der Gesamtproduktion unterschreiben mussten, um die vorschriftsmäßige Herstellung der Maschine in den jeweiligen Bereichen zu bestätigen. Dies verdeutlicht die Abhängigkeit von den jeweils untergeordneten hierarchischen Strukturen und ihren Akteuren. Es ist davon auszugehen, dass diese Unterschriftenlisten ein wichtiges Kontrollinstrument für die zentralstaatliche Steuerung waren. Erst wenn alle Unterschriften auf der „podpisnoj list“ geleistet und durch Isajkins Signatur versiegelt waren, galt die Herstellung der Militärtransporter als abgeschlossen, und erst ab diesem Moment konnte die Maschine dem Ministerium für Verteidigung übergeben werden. Mit seiner Unterschrift übernahm Isajkin die volle Verantwortung für die hergestellte Maschine gegenüber dem Ministerium. Traten später technische Fehler an der Maschine zutage, dann musste er mit harten Sanktionen rechnen. „Untere Stalin wäre er erschossen worden, später unter Breschnev hätte er im Knast Holz fällen oder Stiefel nähen dürfen.“[224]

Neben den Werks- und Verwaltungsleitern, die direkt mit dem Aufbau der Serienproduktion befasst waren, war Isajkin vor allem auf die flugzeugtechnische Beratung des „glavny konstruktor“ des KB Antonov, des Chefkonstrukteurs der An-124, Viktor Tolmatschev, angewiesen. Der „glavny insheпer“ und Vizegeneraldirektor der Aviastar, Anatoly A. Gulyayev,[225] scheint in diesen Interaktionsstrukturen hingegen keine besondere Rolle gespielt zu haben. Zwischen den „Unterzeichnern“ entlang der vertikalen Produktionsstrukturen hatte sich ein Netzwerk herausgebildet, welches sich auf der Basis der formellen und fachlichen Zusammenarbeit, der gemeinsamen Verantwortung und der sich daraus ergebenden Abhängigkeiten gebildet hatte. Der Großteil dieser Akteure hatte den gleichen soziokulturellen Hintergrund und befand sich in einer ähnlichen Lebenssituation. Einige kann-

---

Ähnlich verhielt es sich mit den Kontroll- und Abnahmedokumenten. Auch hier waren die unteren Betriebsebenen, bis hin zu den Leitern der einzelnen Fertigungsstellen, mit einbezogen.

224 Vgl. Interview mit Postnikov, 2005.

225 Vgl. Russian Defence Business Directory, 1995, S. 1–216.

ten sich aus Studienzeiten und waren unmittelbar nach dem Universitätsabschluss gemeinsam bei der Aviastar am Aufbau der Serienproduktion der An-124 beteiligt gewesen.[226] Demnach ist davon auszugehen, dass es sich um ein relativ enges und stabiles betriebliches Netzwerk handelte. Eine besondere Rolle kam hier dem Chefkonstrukteur der An-124, Tolmatschev, zu. Er war gleichzeitig Stellvertreter des Antonov-Generaldirektors und stellte damit eine institutionelle und persönliche Brückenverbindung zu dem KB Antonov dar. Zwischen beiden Interaktionssystemen, zwischen den Akteuren des System „Voenpred" und den Akteuren des KB Antonov, soll neben einer guten instrumentellen Interaktion auch ein freundliches, kameradschaftliches Verhältnis bestanden haben.[227]

Parallele vertikale Netzwerksysteme ohne betriebliche Koordination

Dieses System „Voenpred" unterstand dabei nicht dem Generaldirektor und damit dem Ministerium für Luftfahrtindustrie[228], sondern direkt dem Ministerium für Verteidigung. Somit bestätigt sich die Vermutung,[229] dass die zentralstaatlichen Akteure über separate Kontroll- und Einflusssysteme verfügten, die bis auf die Unternehmensebene hinunterreichten. Sie verliefen parallel und wurden auf betrieblicher Ebene nicht durch eine gemeinsame Instanz, wie den Generaldirektor oder den Direktorenrat, koordiniert. Über diese parallelen administrativen Liniensysteme konnten die Integrität und Steuerungsfähigkeiten des Betriebes gefährdet werden, umso mehr, als die tatsächliche Stellung des Generaldirektors und des Direktorenrats im Fall der Aviastar als schwach zu bewerten war. Unter den Bedingungen der Perestroika begünstigten die vertikalen Netzwerksysteme eigene Kommerzialisierungs- und Abspaltungsstrategien, die die Kohäsion des Werkes als eine zweckorientierte effektive Einheit gefährdeten.

---

226 Vgl. Webseite der Frachtgesellschaft Volga Dnepr, Stichwort Verwaltungspersonal.

227 Vgl. Sovenko/Zajavin, An-124 Ruslan (Stand 2010).

228 Vgl. Sovenko/Zajavin, An-124 Ruslan (Stand 2010).

229 Lane und Albrecht gingen davon aus, dass die Industrieministerien über eigene Befehlsstränge bis in die Produktionsbetriebe und gleichwohl auch über einige Entscheidungsfreiräume verfügten; vgl. Albrecht/Nikutta, Die sowjetische Rüstungsindustrie, 1989, S. 176; Lane, State and Politics in the USSR, 1985, S. 227.

3.3.3 Kommerzialisierungs- und Abspaltungsstrategien der Netzwerke der mittleren und unteren Nomenklatura

3.3.3.1 Möglichkeiten und Grenzen des Bottom-up-Networking zum Ende der 1980er Jahre

Mit den Abrüstungsgesprächen und dem sinkenden Verteidigungshaushalt war absehbar, dass sich die Luftstreitkräfte keine weiteren Ruslan-Maschinen würden leisten können. Ende der 1980er Jahre verfügten sie über 28 Ruslan-Maschinen.[230] In Anbetracht der neuen kapitalistischen Möglichkeiten und infolge der Anreize der neuen Gesetzgebung (Unternehmensgesetz, Genossenschaft- und Pachtgesetz) hofften der Voenpred Isjakin sowie die Generaldirektoren des KB Anvonov, über den zivilen Einsatzes der Ruslan-Maschinen im Rahmen neuer Frachtgesellschaften zusätzliche Einnahmen generieren zu können.

Die ökonomischen Chancen für eine zivile Nutzung waren ausgesprochen gut. Das hatten die zivilen Einsätze, welche die Luftstreitkräfte (VTA-Voenno-Transportnyj Aviazii) der UdSSR seit 1988 hin und wieder flogen, gezeigt. Sie wurden dabei von der Presse weltweit mit viel Aufmerksamkeit beobachtet.[231] Schon 1985, als die Ruslan auf der Pariser Luftfahrtmesse aus Gründen der Geheimhaltung als ziviler Transporter präsentiert wurde, war sie bei den westlichen Ländern auf großes Interesse gestoßen. Insbesondere die britische Cargo-Fluggesellschaft des Geschäftsmannes K. Foyle, „Heavy Lift", „attackierte die Vertreter der Aeroflot mit Fragen".[232] Das verwundert nicht, war doch die Ruslan mit 120 Tonnen Ladegewicht und einer Reichweite von 5000 km der westlichen Konkurrenz weit voraus.[233] Sie erlaubte eine einzigartige Monopolstellung auf dem Markt für

---

230 Eine Auslastung der 28 Militärtransporter war nicht gegeben. Hinzu kamen die hohen Unterhaltskosten. Neben den üblichen Betriebskosten mussten in regelmäßigen Abständen auch Investitionen in die Ausstattungen, Modernisierungs- und Wartungsarbeiten geleistet werden. Spätestens mit dem Zerfall der UdSSR waren die Pläne für eine militärische Nutzung der frisch entwickelten Ruslan ohnehin hinfällig. Vgl. Sovenko/Zajavin, An-124 Ruslan (Stand 2010).

231 Vgl. Sovenko/Zajavin, An-124 Ruslan (Stand 2010).

232 Vgl. Sovenko/Zajavin, An-124 Ruslan (Stand 2010).

233 Die westlichen zivilen Cargo-Maschinen konnten zu diesem Zeitpunkt nur bis zu max. 80 Tonnen unter 5 000 km transportieren. Die großen Modelle von Airbus

Großraumfracht. Dabei hofften die britischen Geschäftsleute, Aufträge aus den Nachbarsegmenten, die primär von der Boeing 747 bedient wurden, abziehen zu können.[234]

Um die Aufgabe einer zivilen Produktion in Angriff nehmen zu können, mussten die Akteure zwei Aufgaben lösen: Erstens brauchten sie die politische Erlaubnis des Politbüros, und zweitens brauchten sie die Ruslan-Flugzeuge. Letzteres sollte sich insbesondere für Isajkin als Herausforderung herausstellen. Die Privatisierung der Aviastar als eines der ersten privaten Unternehmen der sowjetischen Luftfahrtindustrie ist vor dem Hintergrund dieser Problematik zu sehen.

Möglichkeiten und Grenzen des Bottom-up-Networking zum Ende der 1980er Jahre

Die politische Durchsetzung des Vorhabens oblag vor allem dem angesehenen Generaldirektor des KB Antonov, P. V. Balabuev (geb. 1954)[235]. Balabuev verfügte in seiner Funktion über ein unerwartet hohes politisches Kapital. Dass die Lobbyarbeit trotzdem mehr als zwei Jahre dauern sollte, bezeugt neben den Möglichkeiten auch die Grenzen der Einflussnahme auf das Institutionengefüge des zentralen Verwaltungssystems in den Jahren der Perestroika. Obwohl den Konstrukteuren ein direkter Zugang zu der obersten Führung nachgesagt wurde[236], war ihre Lobbyarbeit, den Ergebnissen der vorliegenden Fallstudie nach zu urteilen, in den hierarchischen

---

(A 380 100 F) und Boeing (B-747 X) waren zu diesem Zeitpunkt noch weit von einer Realisierung entfernt. Vgl. o. V., Ruslan ischtschet chozjaina, 2002.

234 Vgl. o. V. Ruslan ischtschet chozjaina, 2002.

235 Er war seit 1971 als Vizegeneralkonstrukteur unter dem berühmten Konstrukteur Oleg. K. Antonov tätig und für die Koordination der Forschungsinstitutionen und Betriebe sowie für die zwischenbehördliche Interaktion zur Umsetzung des Zielprogramms Nr. 124, das im Wesentlichen die Entwicklung der An-124 beinhaltete, verantwortlich. Balabuev wurden nicht nur fachliche und technologische Kompetenzen sowie produktionsbetriebliche Kenntnisse nachgesagt, er soll vor allem auch über die notwendigen politischen und sozialen Kompetenzen verfügt haben, um die Koordination dieses Prestigeprojektes umzusetzen. Vgl. Sovenko/Zajavin, An-124 Ruslan (Stand 2010).

236 Vgl. Sokov, Russian Strategic Modernisation, 2000, S. 28.; Tschernyaev, Schest' let' c Gorbatschevym, 1993; Albrecht/Nikutta, Die sowjetische Rüstungsindustrie, 1989, S. 173.

Entscheidungsprozess eingebunden – wenn auch in verkürzter Form: Immerhin mussten sie ihr Anliegen nicht über die untersten Hierarchieebenen der Ministerien verhandeln, sondern konnten weiter oben an der Führungsspitze ansetzen. In der entsprechenden Politbüro-Petition (zapiski) wurde jedoch nicht von Kommerzialisierungswünschen des KB Antonov gesprochen, sondern die Petition wurde als ein Vorschlag zur „Selbstfinanzierung durch die zivile Nutzung der AN-124“[237] und zur Verbesserung der Finanzsituation der zivilen Luftstreitkräfte präsentiert. Bevor der Vorschlag beim Politbüro eingereicht werden konnte, musste die Zustimmung von sechs Instanzen in Form der Unterschriftenleistung des jeweiligen Leiters erreicht werden. Die Reihenfolge der Instanzen war:

1. Ministerium für Luftfahrtindustrie (MAP)
2. Ministerium für zivile Luftfahrt (MAG)
3. Ministerium für Außenhandel
4. GOSPLAN
5. Ministerium für Finanzen
6. Generalstab

Einschließlich des Ministeriums für Finanzen hatten alle Instanzen ihre Genehmigung erteilt. Die Politbüro-Petition (zapiski) scheiterte aber an der letzten Instanz, dem Generalstab, der in der Person von Marschall S. Achromeev die Zustimmung verweigerte. In Anbetracht der hohen One-Way-Logik des hierarchischen Entscheidungsprozesses war das Projekt damit gescheitert und konnte nicht an das Politbüro weitergeleitet werden. Der Generalkonstrukteur und aktive Lobbyist Igor Babenko erinnerte sich:

> „Als letzte Instanz blieb der Generalstab. Aber Marschall Achromeev wollte noch nicht einmal über das Thema sprechen: ‚Das strategische militärische Transportflugzeug ist der lange Arm des Kreml, und plötzlich – kommerzieller Transport? Das ist vollkommen ausgeschlossen!‘ – Im Ergebnis schienen alle unsere Anstrengungen damals vergeblich.“[238]

Das „Njet“ des Generalstabs wollten die Lobbyisten nicht als endgültige Absage akzeptieren. Und so suchten die Konstrukteure des ANTK Antonov

---

237 Vgl. Sovenko/Zajavin, An-124 Ruslan (Stand 2010).

238 Babenko, zitiert in: Sovenko/Zajavin, An-124 Ruslan (Stand 2010).

nach einem geeigneten Augenblick, um jenseits des Instanzenweges Kontakt mit dem Generalsekretär, M. Gorbatschow, aufzunehmen. Grundlage waren die guten persönlichen Beziehungen zwischen Balabuev und dem Generalsekretär. Dieses Treffen wurde in einer Form inszeniert, die beispielhaft für die informellen Möglichkeiten, Vorgehensweisen und Grenzen in sowjetischen Entscheidungsprozessen des MIK waren. Es zeigt, dass das alte russische Sprichwort „Nelsja, no mozno" („Verboten, aber möglich") auch hier seine eigene Form der Anwendung fand.

> „Im Februar 1989 erwartete man den Besuch von M. S Gorbatschow in der Ukraine. Aus diesem Anlass hatte der 1. Sekretär des ZK der KPU [Kommunistische Partei der Ukraine – d. Verf.], V. V. Schtscherbinzikj, eine Vorführung der Mrija, der AN-234, als eine der Errungenschaften der Ukraine im Kiever Flughafen Borispol' angeordnet. Im KB ‚Antonov' beschloss man, diese Situation zu nutzen, und so lief am Flughafen Borispol' eine filmreife Szene ab: Kurz nachdem Michail Sergeevitsch und Raisa Maksimova in Begleitung des ukrainischen ZK-Sekretärs die An-234 bestiegen hatten, gab der Generalkonstrukteur Balabuev ein Zeichen, woraufhin die Treppe eingefahren wurde. Balabuev selbst war am Morgen in der ‚Mrija' mitgeflogen. Und während die Gefolgschaft Gorbatschows *vor* dem Flugzeug stand, hatten der Generalkonstrukteur des KB ‚Antonov' und der Generalsekretär des ZK der KPdSU genügend Zeit, im Frachtraum unter vier Augen ein Gespräch zu führen ..."

Nach dem Gespräch erhielt der 1. ZK-Sekretär der Ukraine, Schtscherbinskij, den Befehl, einen Vorschlag zur Übergabe von zwei Ruslan-Maschinen an das KB für die nächste Ministerratssitzung fertigzustellen. Einen Monat später, am 23. März 1989, kam es tatsächlich in einer Sitzung des Ministerrates dazu, dass die Frage der kommerziellen Nutzung und die Übergabe der Flugzeuge als „Maßnahme zur Steigerung der Wettbewerbsfähigkeit der sowjetischen Luftfahrt durch Eigenfinanzierung" erörtert wurden. An dieser Sitzung nahm auch Balabuev selbst teil. Trotz des Widerstandes aus dem Ministerium für Verteidigung und dem Ministerium für Luftfahrt wurden vom sowjetischen Ministerium für Verteidigung dem KB vier Ruslan übertragen und deren zivile Nutzung genehmigt. Allerdings wurden die Maschinen nicht dem KB direkt übertragen, sondern einer neu eingerichteten Unterabteilung des ukrainischen Ministeriums für Luftfahrt.

Aus dieser Unterabteilung des Ministeriums sollte nach 1991 die staatliche Fluggesellschaft Antonov Airlines werden.[239]
Unterstützung erhielt das Anliegen durch den Vorsitzenden des Ministerrates und Vater des Genossenschafts- und Pachtgesetztes von 1988/89, N. I. Ryschkov. Er hatte die Gegner des Projektes, das Ministerium für Verteidigung sowie das Ministerium für Luftfahrt „überzeugen“ können, ihren Widerstand aufzugeben.[240] Wie diese Überzeugungsarbeit aussah, kann allerdings nicht belegt werden. Nach Gontscharev wurde das Projekt (Genehmigung kommerzieller Flüge und die Übertragung der Maschinen an das Ministerium für Luftfahrt) „in den besten Traditionen bürokratischer (apparatnoj) Intrigen mit einem eher geringen Zeitaufwand“ durchgesetzt.[241] Dieser Zeitaufwand betrug gut zwei Jahre. Es kann vermutet werden, dass Ryschkov für die Zustimmung der Ministerien Verfügungs- und Kommerzialisierungsmöglichkeiten im Hinblick auf staatliches Vermögen und staatliche Rechte in Aussicht gestellt hatte, die u. a. mit der Gründung der rein privaten Frachtgesellschaft Volga Dnepr in Zusammenhang standen. Auch die Gründung der Frachtgesellschaft wurde von Ryschkov unterstützt. Beide Ministerien sollten an der privaten Frachtgesellschaft beteiligt werden.[242]

239 Gleichzeitig erhielt das KB das Recht, direkte Verträge mit ausländischen Fluggesellschaften einzugehen; vgl. Verordnung des Ministerrates der SSSR Nr. 520 – R vom 01.04.1989; ebenso Sovenko/Zajavin, An-124 Ruslan (Stand 2010).

240 Vgl. Sovenko/Zajavin, An-124 Ruslan (Stand 2010); Gontscharov, Grusovaja errosija, 2002. Der Premierminister Ryschkov galt als Mittler zwischen den Reformern und den konservativen Kräften. So hatte er maßgeblich die Ideen der Selbstorganisation der Unternehmen unterstützt, indem er die grundlegenden Gesetze des Kapitalismus in der Sowjetunion, wie das Pacht- und das Genossenschaftsgesetz von 1988/1989, auf den Weg brachte. Andererseits hatte er als ranghöchster Interessenvertreter des Rüstungssektors in den staatlichen Strukturen auch die konservativen Interessen des Sektors im Auge.

241 Vgl. Gontscharov, Grusovaja errosija, 2002.

242 Dafür spricht, dass die Luftstreitkräfte auf Anordnung von Ryschkov schon Anfang der 1990er, also noch vor der Gründung der jungen Frachtgesellschaft, ihr eine Ruslan zur Verfügung gestellt hatten. Vgl. Interview mit Poljakov in der Monatszeitschrift „Prjamye Investizii“, 2005, zur Gründung der Frachtgesellschaft Volga Dnepr 15 Jahre später. Vgl. auch Garkova, Po vozduschnym Mostam, 2005, S. 32.

3.3.3.2 Die Gründung der „Volga Dnepr" und die Privatisierung der Aviastar

Während für das KB Antonov alle Weichen für die Kommerzialisierungsstrategie gestellt waren, fehlten dem Voenpred Isajkin und seinem Kommerzialisierungsvorhaben allerdings noch die entscheidenden Aktiva. Diese befanden sich in dem Betriebsvermögen der Aviastar. Nur Insidern war damals bekannt, dass in den Produktionshallen und auf dem Test- und Versuchsgelände des Ul'janovsker Flugzeugwerkes insgesamt noch 16 An-124 in unterschiedlichen Fertigungsstadien standen. Experten gehen davon aus, dass ein Teil dieser Maschinen im Durchschnitt zu 2/3 fertiggestellt und nicht weniger als jeweils 30–40 Mio. $ wert war.[243] Unabhängig von den Beständen an Maschinen verfügte der Betrieb noch über weitere Aktiva, die für die Betreibung der An-124 notwendig waren. Dazu gehörten die Produktionseinheiten für die Wartung und vor allem das Test- und Versuchsgelände „LIK" mit der 5 km langen „Buran"-Landebahn, die als Flughafen unentbehrlich war.[244] Schon 1989 hatte Isajkin der Führung der Aviastar unter Viktor Michailov die *gemeinsame* Gründung einer Frachtgesellschaft vorgeschlagen, welche die Ruslan betreiben sollte. Aber bis zu diesem Zeitpunkt hatte sich der damalige Generaldirektor der Aviastar eher verhalten und abwartend gezeigt.[245]

Trotzdem gründete Isajkin im August 1990, also noch zu Zeiten der UdSSR, die Fluggesellschaft ZAO Volga Dnepr. Sie wurde als erste Aktiengesellschaft der sowjetischen Luftfahrt in Ul'janovsk registriert.[246] Erst vier Wochen zuvor im Juli hatte Jelzin die „Verordnung über die Aktienge-

---

243 Bis 1995 hatte der „UAPK Aviastar" insgesamt 33 Ruslan produziert. Bis 1989 hatte der Komplex 17 dieser Militärtransporter an das Ministerium für Verteidigung übergeben. Aber auch die anderen 16 Maschinen waren zum Großteil schon zu Sowjetzeiten in die Produktion gegangen. Nach 1991 sollen mindestens 5 Maschinen fast vollständig fertig produziert worden sein. Zwischen 1991–1995 gingen 7–8 Ruslan, die letzte trug die Seriennummer 820079, an die Volga Dnepr. Vgl. Rechnungshofbericht Nr. 10 (Punkt 11), 2000; Zajarin/Sovenko, An-124 Ruslan (Stand 2010).

244 Vgl. Aviastar-Info, Chronologija dvigenie kapitala (Stand 2002).

245 Vgl. Arabov, Reinkarnazija v aviazii, 2004.

246 Vgl. Rechnungshofbericht Nr. 10 (Punkt 1), 2000

sellschaft und die Gesellschaft mit beschränkter Haftung" erlassen und damit die Gründung von Kapitalgesellschaften erst möglich gemacht.[247] Innerhalb der nächsten Monate hatte Isajkin mit der britischen Fluggesellschaft Heavy-Lift-Cargo das Joint Venture „Heavy Lift-Volga Dnepr" mit dem Standort London (Flughafen Stanstead) gegründet.[248] Gemäß dem Joint-Venture-Vertrag sollte die Frachtgesellschaft Volga Dnepr den Fuhrpark an Ruslan-Maschinen sowie die Transportdienstleistungen einbringen, während die Heavy Lift die Vermarktung der Cargo-Dienstleistung sowie die Vertretung der Gesellschaft in internationalen Organisationen übernehmen sollte, eine Leistung, die die Volga Dnepr 50 Prozent des Gewinns des Gemeinschaftsunternehmens „kosten" sollte.[249] In dem Joint-Venture-Vertrag mit der britischen Heavy Lift hatte die Ul'janovsker Fluggesellschaft mit der Verpflichtung zur Einbringung der Ruslan-Maschinen allerdings eine Leistung zugesichert, über die sie zu diesem Zeitpunkt (September 1991) noch gar nicht verfügte, da die Flugzeuge noch der Aviastar gehörten und damit Volkseigentum waren.

Es spricht für die raschen und umfassenden Änderungen auf der Ebene der zentralstaatlichen Institutionen im Jahre 1991, dass völlig neue Handlungsstrategien zur Option standen, zumal der Präsident der nunmehr souveränen RSFSR das Land über Präsidialerlasse regieren konnte.[250] Damit schien es durchaus machbar, die Aktiva über eine Privatisierung aus dem Komplex herauszulösen.

Vor diesem Hintergrund werden nicht nur die Interessen der Volga Dnepr an den Aktiva, sondern auch an der Privatisierung der Aviastar deutlicher. Mit einiger Wahrscheinlichkeit ging die Initiative zur Privatisierung des

---

247 Vgl. Pologenie ob akzionernych obschestvach i obschestvach s ogranitschennoj sobstvennost'ju, in: Ekonomika i gizn', No. 27, S. 12–14, Juli 1990, zitiert in Siehl, Privatisierung in Russland, 1997, S. 26.

248 Vgl. Webseite der Frachtgesellschaft Volga Dnepr, Stichwort: Geschichte.

249 Vgl. o. V., Pritschudy Ruslana, 2002.

250 Jelzin, der im Juni 1991 zunächst zum Präsidenten der Russischen RSFSR gewählt worden war, hatte sich nach der Niederschlagung des Augustputsches mit einer Reihe von Sondervollmachten, wie der Durchsetzung der Wirtschaftsreformen mittels Präsidialerlassen, ausstatten lassen. Diese waren ihm vom Kongress der Volksdeputierten Anfang November genehmigt worden.Vgl. Siehl, Privatisierung in Russland, 1997, S. 13–15.

Komplexes nicht von der Aviastar, sondern von dem Volga-Dnepr-Akteur Isajkin und seinen Netzwerkmitgliedern aus.[251] Nach Angaben des Rechnungshofes war die Volga Dnepr gemeinsam mit dem Arbeitskollektiv des staatlichen UAPK der Antragsteller der Privatisierung und auch der Gründer der Aktiengesellschaft OAO Aviastar.[252] Allerdings verweisen die Chronologie und die Vorgehensweise im Rahmen des Privatisierungsprozedere darauf, dass die führende Rolle hierbei weniger das Arbeitskollektiv als vielmehr die Volga-Dnepr-Akteure und Teile des Aviastar-Managements spielten.[253] Unterstützung fand Isajkin vor allem bei dem neuen Direktor des Vermögenskomitees und ehemaligen Leiter des betrieblichen Parteikomitees, A. Poljakov.

Kurz vor dem Zerfall der UdSSR war es soweit. Anfang November 1991 flog der Präsident nach Ul'janovsk und unterzeichnete, wie Augenzeugen berichteten, auf dem Flügel einer Tu-204 den Präsidialerlass Nr. 103. Damit gab er den größten und modernsten sowjetischen Flugzeugkomplex aus der Hand des Staates[254] in die Privatwirtschaft – unentgeltlich.[255] Noch

---

251 Die Verbindung zwischen der Gründung der Frachtgesellschaft Volga Dnepr und der Privatisierung ist auch daran erkennbar, dass alle die Aviastar-Privatisierung betreffenden Verordnungen immer beide Gesellschaften in ihrer Benennung tragen. So hat beispielsweise die Regierungsverordnung Nr. 23 der RSFSR vom 26.11.1991, welche die Privatisierung der Aviastar behandelt, den Titel „Fragen zur OAO Aviastar und ZAO Volga-Dnepr"; vgl. Regierungsverordnung Nr. 23, Voprozy akzionernych obschestv Aviastar i „Volga Dnepr", 1991.

252 Rechnungshofbericht Nr. 10 (Punkte 2.2.3, 2.2.5), 2000.

253 Die formelle Bedeutung des Arbeitkollektivs beruhte auf den Unternehmensgesetzen von 1988, nach denen nur die Belegschaft der offizielle Betriebsbesitzer werden konnte. Vgl. Gesetze der SSSR, Zakon SSSR o gosudarstvennom predprijatii (ob edinenii), 1987; siehe auch Blasi/Shleifer, Corporate Governance in Russia, 1996, S. 79.

254 Vgl. Gavrilova, Aviastar na poslednem izdychanii, 2001, S. 4; Interview mit Gavrilova, 2002 (I).

255 Zu Beginn der Transformation des Privateigentums 1992 sahen sich die Reformer mit der Tatsache konfrontiert, dass mittlerweile schon nicht mehr der Staat, sondern das Management bzw. das Kollektiv de facto die Eigentumsrechte über die Staatsunternehmen hielt. Die Privatisierungsansprüche der privaten Akteure ließen sich nun kaum noch rückgängig machen.

am gleichen Tag verabschiedete die Regierung der RSFSR – sie unterstand der Leitung von Jelzins engem Vertrauten G. Burbulis[256] – die Regierungsverordnung Nr. 23 mit dem Titel „Fragen zur Aktiengesellschaft ‚Aviastar' und ‚Volga-Dnepr'".[257] Damit wurde die Aviastar mitsamt „allen vom UAPK geschaffenen Vermögensaktiva, allen betrieblichen sowie nicht betrieblichen Fonds, allen Mitteln des Umlaufkapitals und den nicht fertiggestellten Bauten"[258] in die Privatisierung entlassen. Beide Dokumente stellen die normative Basis für die Privatisierung des Komplexes dar. Allerdings basierten sie auf einer Art Rechtsanarchismus zwischen der „alten" Rechtsprechung der Union, den Sonderbefugnissen des Präsidenten der RSFSR und der neuen Privatisierungsgesetzgebung der Russischen Föderation[259], die weitaus detaillierter und stärker an der Zustimmung der legislativen Organe wie etwa des Obersten Sowjets ausgerichtet war. Sie wurden allerdings erst im Sommer 1992 und damit einige Monate später als der Privatisierungsprozess der Aviastar vom Obersten Sowjet verabschiedet.[260]

---

256 Jelzin und Burbulis haben ihre politische Karriere in Sverdlovsk durchlaufen. Im April 1991 war auch in der Russischen RSFSR (auf Republikebene), ähnlich wie bereits zuvor auf Unionsebene (UdSSR), das Präsidentensystem eingeführt worden, mit der Begründung, dass eine stabile Exekutive die Reformen besser durchführen könne. Nach der Niederschlagung des Putsches im August 1991 ließ sich Jelzin mit weiteren Sondervollmachten ausstatten. Dazu gehörte die Bildung der Regierung, mit deren Leitung er seinen langjährigen Kollegen Burbulis beauftragt hatte, sowie das Recht, das Land über Präsidentenerlasse zu regieren. Vgl. Siehl, Privatisierung in Russland, 1997, 13–14.

257 Vgl. Regierungsverordnung der RSFSR Nr. 23, Voprocy akzionernych obschtschestv Aviastar i Volga Dnepr, 1991.

258 Vgl. Regierungsverordnung der RSFSR Nr. 23, Voprocy akzionernych obschtschestv Aviastar i Volga Dnepr, 1991, zitiert im Rechnungshofbericht Nr. 10, Punkt 2.2.1.

259 Die Privatisierung wurde berührt vom Gesetz der RSFSR Nr. 1532-I, O privatisazii gosudarstvennych i municipal'nych predprijatij v RF, 1991; die Verordnung des Obersten Sowjets, RF, Nr. 2989-1 vom 11.06.1992 sowie die Regierungsverordnung vom 26.11.1991, Nr. 23 Absatz 1; vgl. Rechnungshofbericht Nr. 10 (Punkt 2.2.1.), 2000.

260 Verordnung des Obersten Sowjets, RF Nr. 2980-1, 1992, sowie das staatliche Privatisierungsprogramm der föderalen und regionalen Unternehmen von 1992; vgl. Rechnungshofbericht Nr. 10 (Punkt 2.2.1).

3.4 Zusammenfassende Beurteilung

Die Handlungsfähigkeit des Werkes war durch das strenge hierarchisch-bürokratische System der zentralen Verwaltungswirtschaft der Sowjetunion geprägt, das unabhängig von der Produktion die Steuerung und Koordination aller wichtigen Unternehmensfunktionen selbst übernahm. Die Unternehmensprozesse der Aviastar waren dabei an den ehrgeizigen Zielen der Spitzenfunktionäre ausgerichtet. Diese Produktziele stimmten, wie sich zum Ende der 1980er Jahre zeigen sollte, nicht mit den Bedürfnissen des Militärs überein und erst recht nicht mit den Anforderungen der zivilen Märkte für Flugzeugtechnik (mit Kriterien wie Unterhaltskosten, Anwendbarkeit, Gewicht, Passagierzahl). Auch das Anreiz- und Sanktionssystem war nicht an den für marktwirtschaftliches Handeln wesentlichen Größen wie Effizienz und Innovation ausgerichtet. Die verantwortlichen Akteure des Komplexes sahen sich nach dem Zusammenbruch der zentralen Verwaltungswirtschaft dementsprechend vor hohe Herausforderungen gestellt.

Wie die Untersuchung zeigt, war die Restrukturierungsfähigkeit der Aviastar in diesem Zusammenhang erheblich beeinträchtigt, da der Komplex nicht als zweckorientierte handlungsfähige Einheit agieren konnte. Die formal verantwortlichen Akteure der Aviastar, allen voran der Generaldirektor, waren bei der Einbindung in die zentralstaatlichen Steuerungs- und Kontrollsysteme kaum zu einer dezentralen Entscheidungsfindung und zur Selbstorganisation auf Betriebsebene angehalten worden. Das heißt nicht, dass es keine Ansätze von Selbstorganisationsprozessen gegeben hätte. Diese waren aber nicht an den gesamtbetrieblichen Innovations- und Wertschöpfungsprozessen des Werkes ausgerichtet, sondern auf einzelne Teilbereiche. Der gesamtbetriebliche Prozess war sowohl durch formelle, strukturelle als auch durch informelle Interaktionssysteme stark fragmentiert. Wie die Fallstudie des Kontroll- und Steuerungssystems des Verteidigungsministeriums verdeutlichen konnte, wurden die Wertschöpfungsprozesse (unabhängig von dem Fehlen einer direkten zwischenbetrieblichen Koordination der am Innovationsprozess beteiligten Akteuren) durch vertikal ausgerichtete Interaktionssysteme zwischen den Vertretern der Unternehmensbereiche (Funktionen und Sparten) und den jeweiligen Vertretern der Ministerialbürokratie fragmentiert.

Die Integration der Akteure in das Kontroll- und Steuerungssystem war dabei stärker als die Integration in die betrieblichen Strukturen, wodurch sich im Laufe der Zeit entlang hierarchischer instrumenteller Strukturen Netzwerke bildeten. Das Problem für die Aviastar bestand nun darin, dass diese separaten Kontroll- und Einflusssysteme der zentralstaatlichen Akteure, die bis auf die Unternehmensebene herunterreichten, nicht durch eine ausreichend starke betriebliche Instanz koordiniert werden konnten. Mit diesen „unabhängigen", separat eingebundenen Netzwerken war die „Integrität" und die Handlungsfähigkeit des Unternehmens als Einheit geschwächt worden.

Im Rahmen des Institutionensystems des zentralen Verwaltungsstaates konnte durch die formelle, streng hierarchische Steuerung und Kontrolle ein Mindestmaß an Kohäsion und Handlungsfähigkeit gewährleistet werden. Auch die selbstregulierenden Integrationsmechanismen einschließlich einer Orientierung an den kollektiven Werten wie Konsensmaximierung und Interessensaggregation konnte ein vollständiges „Ausbrechen" einzelner Netzwerke verhindern. Die Untersuchung zeigt allerdings, wie schnell infolge einer Lockerung der institutionellen Steuerungs- und Kontrollmechanismen (Perestroika) die Wertschöpfungs- und Innovationsprozesse auseinanderbrechen. Die folgenden Abspaltungsprozesse verliefen entlang der vertikalen Netzwerkverbindungen, die von den Akteuren aus der mittleren Wirtschaftsnomenklatura (Generaldirektor des KB Antonov und des Voenpred des Flugzeugwerkes Aviastar) ausgingen.

Wie schnell sich das institutionelle Umfeld zwischen 1989 und 1990 veränderte und wie tiefgreifend diese die Handlungsspielräume der Akteure veränderte, zeigt sich beim Vergleich des Ruslan-Kommerzialisierungsprojektes des KB Antonov (Antonov Airline) und des Ruslan-Kommerzialisierungsprojektes zur Gründung der Frachtgesellschaft Volga Dnepr. Während der Generaldirektor des KB Antonov Ende der 1980er Jahre im Rahmen der Bottom-up- und der Top-down-Aushandlungsprozesse sowie unter Anwendung informeller Netzwerkbeziehungen zum Generalsekretär zwei Jahre gebraucht hatte, um die Überschreibung von vier Ruslan-Maschinen an eine Unterabteilung des ukrainischen Ministeriums für Luftfahrt durchzusetzten, hatten die Vertreter des Volga-Dnepr-Projektes 1990 über ihre Beziehungen zum Militär eine Privatisierung des gesamten Flugzeug-komplexes innerhalb von einigen Monaten durchsetzten können.

4 Nach dem Zusammenbruch des sowjetischen Zentralstaates – Desintegrationsprozesse (Phase II: 1991–1996)

Mit dem Zusammenbruch der UdSSR stürzte der postsowjetische Staat in eine tiefe Krise. In Anbetracht der umfassenden institutionellen Schwächen und der massiven ökonomischen Krisen stellt sich die Frage, inwieweit Netzwerke eine Interaktionsform bieten konnten, die es ermöglichten, die anstehenden Restrukturierungsaufgaben zu bewältigen.

4.1 Institutionelle Rahmenbedingungen auf zentralstaatlicher Ebene: schwache hierarchische Steuerungs- und Koordinationsmechanismen

Für die neue Führung des jungen kapitalistischen Russland stellten die Sicherung einer idealerweise starken staatlichen Unterstützung der neuen industriellen Restrukturierungsprozesse und die Schaffung eines den Restrukturierungsaufgaben angepassten Institutionensystems die vorrangigen Aufgaben dar. Neben einem starken Eigentums-, Vertrags- und Gesellschaftsrecht gehörten hierzu aber auch die Förderung von spezialisierten Entwicklungsbanken, entsprechende Venture-Capital-Strukturen sowie funktionierende Patent- und Lizenzrechte etc.[261] Das Ganze stellte sich als eine kaum zu bewerkstelligende Aufgabe dar. Die größte Herausforderung bestand darin, die Reformen politisch durchzusetzen und gleichzeitig die notwendige Handlungsfähigkeit des Gesamtsystems sicherzustellen.

---

261 Es fehlte nicht nur an Entwicklungsbanken oder Venture-Capital-Strukturen, sondern auch an den fundamentalen Institutionen eines marktwirtschaftlichen Umfelds wie einem funktionierenden Banken- und Finanzsystem. Krasavina, Problemy antiinflazionny strategii, 1995, S. 11–20; Buase/Koen, Bankovskaja sistema Rossii. Dabei war dem Staat auch das zentrale Instrument der Stabilitäts- und Wirtschaftspolitik, nämlich der Kredit- und Bankenmechanismus, weitgehend zusammengebrochen, d. h., die Verbindung zwischen Kreditmarkt und Investition waren auseinandergefallen Vgl. Glaz'ev, Finansovye problemy budgeta 1997, 1997; Rogova, Sbalansirovannost' finansogog-bankovskoj sistemy, 1996, S. 76.

4.1.1 Machtverlust des MIK

Für eine weitgehend staatliche Koordination und Unterstützung fehlte es dem jungen Staat an den notwendigen Haushaltsmitteln. Im Jahr 1996 lagen die Haushaltseinnahmen bei nur 347,2 Trillionen Rubel,[262] was ungefähr 65,5 Mrd. $ und damit nur einem Teil der dem deutschen Haushalt im gleichen Jahr zur Verfügung stehenden 230 Mrd. Euro entsprach.[263] Wie diese Gelder verteilt wurden, hing nicht unerheblich mit der Verankerung des Sektors in den zentralstaatlichen Strukturen zusammen. Während der militärische Komplex in anderen Ländern zu den führenden Akteuren in der Umsturzphase gehörte, zählte der MIK bei dem Systemwechsel in Russland zu den Verlierern.[264] In den ersten Jahren nach 1991 war er noch ein wichtiger Koalitionspartner für den Präsidenten Jelzin, den dieser in dem wachsenden institutionellen Krieg zwischen dem mehrheitlich konservativen Parlament und den Reformern mit Zugeständnissen für sich zu gewinnen suchte. Die Sonderbehandlung der Frachtgesellschaft Volga Dnepr und die Privatisierung des Flugzeugkomplexes Aviastar sind vor diesem Hintergrund zu sehen. Mit der Konsolidierung seiner Machtstellung nach der Niederschlagung des Aufstandes der Dumaabgeordneten und der neuen Verfassung im Jahr 1993 war Jelzin allerdings weniger auf die Unterstützung des Militärs angewiesen. Zwar konnte der Sektor aufgrund seiner Größe als politischer Faktor nicht vollständig übergangen werden, de facto aber musste er unter Jelzin einen nie da gewesenen Zerfall seiner Machtstrukturen erleben.

In der schwachen administrativen Verankerung des Rüstungssektors wurde nicht nur der Verlust seiner ehemaligen Hegemonialstellung deutlich, sondern auch der hohe administrative Kompetenzverlust, der eine hierarchische Steuerung unmöglich machte. Nachdem die Rüstungsministerien 1991 aufgelöst worden waren, war die staatliche Koordination des Rüstungssektors und die anstehende Restrukturierungsaufgabe dem

262 Vgl. Glaz'ev, Finansovye problemy budgeta 1997, 1997, 76–80; Wechselkurs für 1996: 5 300 / 1 $.

263 Vgl. o. V., The World in Figures, 1996, S. 86.

264 Vgl. Schwanitz, Russlands Regionen als neue Machtzentren, 1998, S. 147–166.

Staatskomitee für Industriepolitik zugeteilt worden. Dem Staatskomitee unterstanden vier Sektorenkomitees; eines davon war das Gosoboronprom (Staatskomitee für Rüstungsindustrie). Dieses Organ, das im Wesentlichen die gleichen Aufgaben wahrnehmen sollte wie zuvor die VPK, war dieser Anforderung kaum gewachsen. Dies fing damit an, dass die Abteilungen personell völlig unterbesetzt waren – in der Abteilung für Luftfahrtindustrie arbeiteten nur 20 Beamten[265] –, und endete damit, dass das Komitee noch nicht einmal formell auf Regierungsebene administrativ verankert war. Im Gegensatz zum Energiekomplex war sein Vorsitzender kein vollwertiges Mitglied des Regierungspräsidiums und verfügte entsprechend über keine Stimme in der Regierung. Von Experten, wie dem Berater Jelzins, Michail Malej, wurde das Komitee als weitgehend machtlose „NGO" und sein Minister als Strafbankspieler betrachtet.[266]

Gerade im Vergleich mit dem Energiekomplex wird deutlich, dass sich der Rüstungssektor zu einem lästigen Kostenfaktor entwickelt hatte. Eine Rolle spielte dabei, dass nach 1991 der Einfluss der sektoralen Interessengruppen zunehmend von ihrem Exportpotenzial bestimmt wurde. Während der Energiesektor im Jahr 1993 für 66 Prozent aller staatlichen Haushaltseinnahmen sorgte, steuerte der Export des MIK im Zeitraum von 1991 bis 1994 nicht mehr als 2–4 Prozent zum Haushalt bei. Und so sehr sich der Sektor auch bemühte, betrugen die Ausgaben für Verteidigung nicht mehr als 5 Prozent des BIP.[267] Die heimischen Rüstungsaufträge, die schon unter Gorbatschow drastisch gesunken waren, fielen von 1991 bis 1992 unter der Führung der Gaidar-Reformer im Finanzministerium um weitere 68 Prozent.[268]Auch die Produktion der An-124 in Ul'janovsk war davon betroffen. Nach 1990 wurde das Programm eingestellt und kein weiterer Militärfrachter mehr in Auftrag gegeben.[269]

---

265 Vgl. Stoljarow, Konzepzija kolchosnogo proizvodstvo, 2002, S. 2.

266 Vgl. Beresovkskij/Tschervykov, Sectoral Production Capital, 1995, S. 420–438.

267 Vgl. Beresovkskij/Tschervykov, Sectoral Production Capital, 1995, S. 420–438. Das BIP 1996 belief sich auf 434 Mrd. $.

268 Vgl. Beresovkskij/Tschervykov, Sectoral Production Capital, 1995, S. 420–438, 445; Malek, Russische Rüstungsindustrie, 1994, S. 37.

269 Vgl. Sovenko/Zajavin, An-124 Ruslan (Stand 2010).

Kostenfaktor Konversion/Restrukturierung

Einer der größten Kostenfaktoren des Sektors war die Konversion. Wollte man den Sektor nicht vollständig stilllegen und die Ressourcen weiter nutzen, dann waren Investitionen und Konversionsprogramme notwendig. Allerdings war das Ausmaß der Restrukturierungsaufgaben völlig unterschätzt worden. Hatte man dem Sektor 1991 noch eine Schlüsselfunktion bei der volkswirtschaftlichen Restrukturierung des ganzen Landes in eine moderne Industrienation zugesprochen, war spätestens 1993 offensichtlich, dass die vorgesehenen volkswirtschaftlichen Restrukturierungsaufgaben (Transfer des Know-how und der Ressourcen in die zivilen Produktionszweige) weder staatlich durchführbar noch finanzierbar waren.[270]

Schon mit dem Konversionsgesetz von 1992 war man zu einem dezentralen industriepolitischen Ansatz übergegangen, der sich auf die Schaffung eines institutionellen Handlungsrahmens beschränkte.[271] Unter Tschernomyrdin war man dann allerdings wieder zu einer direkten, wenngleich selektiven Industriepolitik übergegangen, die eng mit dem tradierten Aushandlungssystem von Netzwerken im Zusammenhang stand.

Im Mittelpunkt der relevanten industriepolitischen Programme[272] stand die Weiterentwicklung und Produktion einer neuen Generation von zivilen Passagierflugzeugen, was die Anpassung an internationale Standards und die

---

270 Nach den Angaben des Jelzin-Beraters für Konversion und Rüstungsfragen, M. Malej, wären für die Konversion ein Zeitraum von 7–10 Jahren und eine Investitionssumme von mindestens 15 Mrd. $ im Jahr erforderlich. Ursprünglich wollte Malej die Konversion über den Export finanzieren. Der Rüstungsexport lag 1993 aber bei nur 2,1–2,2 Mrd. $ bzw. 4,4 Mrd. $ nach den Angaben des Stockholmer Institut für Friedensforschung SIPRI. Vgl. Malej, Eksport oruzia, 1993; Simanovskij/Petuchova, Konversija v Rossii, 1992, S. 22. Erst für das Jahr 2000 hatte SIPRI ein Waffenexportvolumen für konventionelle Waffen von 8 Mrd. $ prognostiert. Vgl. Sachse, Russische Rüstungspolitik 1993/1994, 1995, S. 4.

271 Vgl. BICC, Conversion Survey, 1996, S. 131.

272 Dazu gehörte das „Föderale Programm zur Entwicklung der zivilen Luftfahrttechnik bis 2000". Es wurde noch auf Verordnung des Obersten Sowjet RF im August 1993 verabschiedet. Dieses ehrgeizige Programm sah bis zum Jahr 2000 eine Investitionssumme von 117 Trillionen Rubel und die Förderung von 23 Flugzeugen vor. Vgl. Verordnung des Obersten Sowjet der RF Nr. 56157, O programme razvitija grazdanskoj aviazionnoj techniki Rossii do 2000, 1993. Danach kamen die beiden Konversionsprogramme von 1993–1995 und von 1995–1997.

Modernisierung von Triebwerken mit einschloss. Gleichfalls sollte der Erhalt des wissenschaftlich-produktiven Potenzials sichergestellt werden.[273] Zu den Förderprojekten gehörte auch die Tupolev-Maschine der Aviastar – die Tu-204.[274] Von einer uneingeschränkten Umsetzung der industriepolitischen Programme konnte allerdings nicht ausgegangen werden. So wurde von den geplanten Geldern nur ein Bruchteil als Kredite vergeben, und es wurden keine Programme abgeschlossen, von denen die Aviastar hätte profitieren können.[275]Das betraf auch die budgetneutralen Maßnahmen.[276]

4.1.2 Schwache Institutionenbildung und industriepolitische Steuerung

Die Durchsetzung industriepolitischer Maßnahmen bzw. Programme scheiterte zudem an der fehlenden Organisation der administrativen Kompetenzen und administrativen Zuständigkeiten. Anfang 1990 gab es ein großes institutionelles Durcheinander und eine Vielzahl von alten und neuen, parallelen und sich ständig reorganisierenden staatlichen Behörden, die allesamt die Konversions- und Rüstungsprozesse berührten.[277] So bestimmten neben dem Verteidigungsministerium[278] auch entsprechende Abteilungen

---

273 Vgl.Verordnung des Obersten Sowjet der RF Nr. 56157, O programme razvitija grazdanskoj aviazionnoj techniki Rossii do 2000, 1993.

274 Vgl. Rechnungshofbericht Nr. 28, 2000

275 Nach Angaben des ehemaligen Staatskomitees für Rüstungsindustrie sank der Anteil staatlicher Subventionen am gesamten Finanzaufkommen der Betriebe zwischen 1992 und 1996 auf 10–13 %. Nach 1996 flossen praktisch keine Gelder mehr. Vgl. Zav'japow/Goew, Problemy restrukturizaii gradyobrazyjuschtschich predprijatij, 1997.

276 Vgl. Rechnungshofbericht Nr. 28, 2000.

277 Vgl. Malek, Russische Rüstungsindustrie, 1994, S. 35; Vorobyev, An Industry Perspective, 1996, S. 68–69.

278 Dazu gehörte die „Abteilung für militärisch-technische Fragen und Beschaffung".

im Ministerium für Wirtschaft[279], im Ministerium für Transport, im Ministerium für Außenhandel, in der Präsidialadministration[280] oder auch in unabhängigen Institutionen wie der Zertifizierungsbehörde MAK[281] über die Luftfahrt betreffende Themen (wie Subventionierung, Leasing, Lizenzierung, Zertifizierung, Zölle und Export-Import-Fragen) und damit über die Luftfahrtindustrie.

Problematisch war die Behördenvielfalt insbesondere dann, wenn die einzelnen Organe ihre Ressourcen und Kompetenzen für widersprüchliche Maßnahmen einsetzten, da keine übergeordnete Koordinierung stattfand. Dies war im jungen Russland nach 1990 der Fall. Ein Grund dafür lag im Fehlen bzw. in den Schwächen einer entsprechenden Rahmengesetzgebung, angefangen bei den gesamtökonomisch relevanten Gesetzen wie der Eigentumsgesetzgebung (insbesondere im Hinblick auf die Leasinggesetzgebung),[282] dem Vertragsrecht und dem Gesellschaftsrecht, dann aber auch bei den konkret mit dem Rüstungssektor befassten Gesetzen wie

279 Das Ministerium war über die eigens geschaffene Abteilung „Verteidigungsindustrie und Konversion" für die Erarbeitung von Maßnahmen zur Unterstützung der „besonders betroffenen Rüstungsunternehmen" sowie für die Aufstellung des „Programms zur Unterstützung der zivilen Luftfahrttechnik" verantwortlich.

280 Das in der Präsidialadministration angesiedelte Komitee für „Technische Rüstungsindustrielle Zusammenarbeit" (VTS – Voenno-Technitscheskoe Sotrudnitschestvo) war u. a. daran ausgerichtet, den Rüstungsexport zu erhöhen.

281 Die MAK (Internationales Luftfahrt-Komitee – Meggosudarstvennyj-Aviazionnoj-Komitet) ist für die Zertifizierung der heimischen Flugzeuge und Flughäfen, für die Sicherheitsbestimmungen sowie für die Zertifizierung ausländischer Flugzeuge im GUS-Raum zuständig.

282 So war beispielsweise kein Eigentumsrecht an Flugzeugen möglich. Dadurch wurde die Entwicklung von Leasingmechanismen erschwert, weil die Finanzgeber die Flugzeuge somit nicht als Pfand zur Absicherung der Kredite nutzen konnten. Dies sollte sich die foldenden zehn Jahre nicht ändern. Auch Weisungen des Rechnungshofes vom 05.01.2000 (Nr. 01-10/04) wurden von der Regierung nicht beachtet, genauso wenig wie die Aufforderungen der Rosaviakosmos im April 2000. Vgl. Rechnungshofbericht Nr. 28, 2000.

dem Konversionsgesetz[283] oder der Militärdoktrin.[284] Während das Konversionsgesetz als ein weitgehend inhaltsleeres Rahmengesetz galt, sollte es noch Jahre dauern, bis die Russische Föderation es schaffte, eine verlässliche Militärdoktrin aufzustellen. [285] Solange die Präsidialadministration und das Parlament, die Räte und die Kommissionen mit der Aufstellung sich gegenseitig aufhebender Gesetze und Verordnungen beschäftigt waren, konnten die einzelnen Behörden ihre eigene Politik ganz nach ihrer institutionellen Interessenlage verfolgen. An den Vorgaben der Industrieprogramme bzw. Konversionsprogramme richteten sie sich dabei nicht aus. Auch von der Politik wurden diesen Abweichungen und Widersprüchen des Verwaltungsapparates keine Grenzen gesetzt. Im Gegenteil – Jelzin erteilte nach eigenem Gutdünken an die 2000 Präsidialerlasse im Jahr, und Tschernomyrdin war damit beschäftigt, die Macht und Handlungsfähigkeit

---

283 Das Konversionsgesetz stellte ein inhaltsloses Rahmengesetz dar, das in wesentlichen Punkten auf Gesetze und Programme verwies, die es noch gar nicht gab. Beispielsweise wurde in Artikel 3 für den Umfang der künftigen militärischen Aufträge und den Umfang der Mobilitätsreserven (Produktion) auf die Militärdoktrin verwiesen. Diese wurde erst 1993 in groben Zügen aufgestellt. Artikel 4 verweist auf die Konversionsprogramme, deren Aufstellungen unklar und deren Durchführung bzw. deren Organe noch nicht definiert waren. In Artikel 5 wird bei dem Prozedere der Bereitstellung von finanziellen, materiellen und technischen Mitteln auf entsprechende Programme verwiesen, die es ebenfalls noch nicht gab. Artikel 6, der die Privatisierung und die Beteiligung von ausländischen Exporteuren abhandelt, bezieht sich auf das Privatisierungsprogramm, das insbesondere bei der Ausländerbeteiligung keine klaren Regeln festlegte etc. Weitere wichtige normative Akte für die Rüstungsindustrie standen wiederum in Widerspruch zum Konversionsgesetz. Vgl. Gesetz zur Konversion der Russischen Rüstungsindustrie in der RF, 1992. Vgl. auch Pimenov, Novye podchody k konversii, 1996, S. 7.

284 Die Militärdoktrin war von besonderer Bedeutung, da von ihr die Beschaffungs- und Restrukturierungsprogramme abgeleitet werden, an denen sich wiederum die Betriebe der Rüstungsindustrie mit der Aufteilung von rüstungsorientierten und zivilen Produktionsanteilen ausrichten mussten. Nach dem Präsidialerlass von 1992 mussten Rüstungsunternehmen Mobilisierungskapazitäten bereithalten. Bei Zuwiderhandlungen wurde den Direktoren mit Haftstrafen von 5–10 Jahren gedroht; vgl. Malek, Russische Rüstungsindustrie, 1994, S. 38.

285 Im Jahr 1994 unterstellte Jelzin die Machtministerien direkt dem Präsidenten. Dazu gehörten das Verteidigungsministerium, das Innenministerium und die Spionagedienste. Zuvor unterstanden sie dem Premier. Die Machtminister wurden auch vom Präsidenten in den Sicherheitsrat berufen.

der Exekutive sicherzustellen, indem er die Interessen der verschiedenen Machtgruppen nach dem alten Konsensprinzip zu koordinieren versuchte. Dadurch wurden eine vertikale Netzwerkbildung und die Rivalität im MIK noch weiter gefördert. Ohnehin konnte man spätestens nach dem Zusammenbruch der Sowjetunion nicht mehr von einem einheitlichen Komplex sprechen: Nun traten die früher kompensierbaren Differenzen zwischen der Armee, dem Ministerium für Verteidigung und der Rüstungsindustrie, vor allem aber zwischen den einzelnen Rüstungsbetrieben und den KBs offen zutage.[286]

Im Unterschied zum Sowjetsystem fehlten dem jungen kapitalistischen Staat die streng hierarchischen Kontroll- und Steuerungselemente. Hinzu kam, dass die Anzahl und die Macht der Einflussgruppen zugenommen hatte, was die Koordination zunehmend erschwerte. In Verbindung mit den neuen kapitalistischen Freiheiten und Anreizstrukturen generierte dies eine besondere Eigendynamik, die zu einer beschleunigten Privatisierung nicht nur staatlicher Ressourcen, sondern auch wichtiger staatlicher Kompetenzen führte.

4.1.3 Die Privatisierung staatlicher Kompetenzen durch alte und neue Netzwerke

Die fehlende einheitliche Ausrichtung der staatlichen Akteure (Behörden) und die Folgen für die industriepolitischen Zielsetzungen (bzw. die Restrukturierungsprogramme) zeigten sich am Vorgehen der führenden Akteure aus dem Ministerium für Luftfahrtindustrie. Ein eigenes Ministerium für die Luftfahrtindustrie gab es nach 1991 nicht mehr, diese Branche wurde vielmehr durch eine Abteilung des Ministeriums für Industrie geleitet. Ungeachtet dieser administrativen Abwertung verfügte die Abteilung für zivile Luftfahrt über drei stellvertretende Minister, deren Kompetenzen nicht

286 Vgl. Cooper, The Sovjet Defence Industry, 1992, S. 47–49; Opitz, Krisenmanagment in der russischen Rüstungsindustrie, 1995, S. 12. Harter hat dies bei den Privatisierungsprozessen des Konstruktionsbüros Suchoj und seinen Produktionsbetrieben sowie für MIG-MAPO aufgezeigt. Vgl. Harter, Die russische Luftfahrtindustrie, 1998, Kap. 3.4.

klar voneinander abgegrenzt waren. Sie verfolgten dabei jeweils eine eigene Interessenpolitik, die nicht selten mit den Interessen der anderen Minister kollidierte,[287] von einer koordinierten Umsetzung einer zentralstaatlichen Politik ganz zu schweigen. Im Gegensatz zu den Netzwerkaktivitäten anderer Ministerien, wie etwa des Außenhandelsministeriums oder des Finanzministeriums, die mit den neuen Wirtschaftseliten (z. B. Rohstoffhändlern, Banken)[288] interagierten, war das Ministerium für Luftfahrt durch Netzwerke und Vorgehensweisen aus sowjetischer Zeit geprägt.

Betrachten wir die GUS-Zertifizierungsbehörde MAK (das Zwischenstaatliche Luftfahrtkomitee). Sie war für die GUS-weite Zertifizierung und Kontrolle der zivilen Luftfahrt zuständig. In dieser Gatekeeper-Funktion bestimmte sie nicht nur über den Zugang russischer Flugzeuge, sondern auch über den Zugang ausländischer Flugzeugmodelle (wie beispielsweise von Boeing und Airbus) auf den russischen Markt. Am 23.04.1994 unterschrieb der Ministerpräsident der RF, Tschernomyrdin, die Regierungsverordnung Nr. 367 und legte damit die gesamte Zertifizierungsvollmacht für die Russische Föderation in die Hände des unabhängigen GUS-Komitees. Geleitet wurde diese Organisation von einem der stellvertretenden Minister für Luftfahrt, Tatjana Anodina. Frau Anodina gehörte zu den Eliten der sowjetischen Luftfahrt und verfügte über ein breites Beziehungsnetzwerk auch in dem neuen Regierungssystem.[289] Das Besondere an dieser Behörde war,

---

287 Die Vielfalt an stellvertretenden Ministern ist ein russisches Phänomen. Im Jahr 1998 gab es für das Unterministerium fünf stellvertretende Minister für Luftfahrt, die weiterhin nach sowjetischem Stil, d. h. in einem patriarchalen Stil, versuchten, ihren Einfluss auf die Industrie abzusichern. Bei der Analyse der informellen Strukturen waren es meistens diese mehr im Hintergrund agierenden Stellvertreter, die in Skandale verwickelt waren. Vgl. Nezavisimaja Gazeta, 4.12.1997, S. 1, zitiert in Harter, Die russische Luftfahrtindustrie, 1998, S. 13.

288 Vgl. insbesondere Klebnikov, Der Pate des Kreml, 2001; Pleines, Der politische Einfluss von Wirtschaftseliten in Russland, 2003.

289 Ihr Werdegang kann für die Reproduktion von sowjetischen Eliten und ihren Netzwerken in der Luftfahrt stehen. Dabei handelt es sich um ein familiäres Netzwerk. Tatjana Anodina wurde im Jahr 1932 in Leningrad in eine Familie geboren, deren Mitglieder vorrangig der Luftwaffe angehörten. Der Familientradition folgend, wählte Tatjana Anodina einen Beruf in der Luftfahrt, wobei sie die wissenschaftliche Laufbahn einschlug. Mit nur 28 Jahren wurde sie an der elitären Moskauer Universität für Luftfahrt, dem MAI, habilitiert. Gleichzeitig arbeitete sie erfolgreich

dass sie – unter der Mitwirkung der Ministerin – so ausgestaltet wurde, dass sie als quasistaatliche Institution auftreten und obligatorische Gebühren einfordern konnte, aber gleichzeitig über praktikable Mechanismen zur „Privatisierung“ der Einnahmen verfügte.[290] Dabei begünstigten die institutionellen Anreiz- und Sanktionsstrukturen der Organisation die Zertifizierung ausländischer Modelle ganz entscheidend.

Die Tätigkeit des Komitees war ein sehr einträgliches Geschäft. Die Einnahmen pro Zertifizierung konnten sich auf bis zu drei Millionen USD belaufen.[291] Dieser Tatbestand begünstigte den Marktzugang der finanzschwachen heimischen Hersteller nicht unbedingt und war umso kritischer zu beurteilen, als für die Zertifizierung ausländischer Flugzeuge zusätzliche finanzielle Anreiz bestanden. Neben einer Steuerbefreiung auf die Einnahmen ausländischer Zertifizierungsgeschäfte[292] lag ein positiver Anreiz vor allem in der Finanzabwicklung dieser Gebühren: Sie wurden über ein privates Off-Shore-Unternehmen der Behörde im Ausland abgewickelt. Konkret bedeutete dies, dass Boeing seine Zertifizierungsgelder in Millionenhöhe an das Unternehmen „TRACE World Wide Corporation“ in den USA überwies. In Russland, so der Rechnungshof, kamen die Gelder jedoch nie an.[293] Der Verdacht auf Veruntreuung von Staatsgeldern ist hier naheliegend. Zu einer Sanktionierung kam es nicht, da die MAK als GUS-Behörde

---

an einer Karriere im Ministerium für Luftfahrtindustrie. In den 1970er Jahren hatte Anodina als Leiterin der technischen Abteilung begonnen. In den 1980er Jahren galt sie als „graue Eminenz der zivilen Luftfahrt“. Verheiratet war Tatjana Anodina mit Minister P. S. Pleschakov. Pleschakov war als Minister des Minradioprom (Radioindustrie) für die Leitung des neuen Space-ABM-Programms (Anti Ballistic Missile) zuständig. Nach dem Tod Pleschakovs heiratete T. Anodina den damaligen KGB-General und späteren Außenminister und Premier Y. Primakov. Vgl. Strelkov, P. S. Pleschakov v Radiopromyschlennosti SSSR, 2002; vgl. o. V. Deputaty prosjat likvidirovat' MAK, 2003.

290 Vgl. NIIEAP-Analyse zum Rechnungshofbericht Nr. 28, 2000.

291 Die Zertifizierungen russischer Tu-Modifikationen beliefen sich 2002 auf den viel geringeren Betrag von 200 000 $; vgl. o. V., Deputaty prosjat likvidirovat' MAK, 2003.

292 Vgl. Rechnungshofbericht Nr. 28., 2000, sowie Rechnungshofbericht Nr. 10, 2000.

293 Nach den ersten Veröffentlichungen der „Stringer“ erhob Ruben Esajan, verantwortlicher Beamter für die Zertifizierung der Boeing, Klage gegen die Zeitung; vgl. o. V., Deputaty prosjat likvidirovat' MAK, 2003.

keinem der einzelnen Staaten der GUS untergeordnet und damit kaum irgendeiner Kontrolle unterlag.[294] Damit eine Sanktionierung auch weiterhin ausgeschlossen werden konnte, erließ Tschernomyrdin am 17. Oktober 1995 eine Verordnung, welche die vollständige Immunität des Komitees sicherstellte,[295] wodurch nicht nur die Kontroll- und Sanktionierungsmöglichkeiten gegenüber der MAK eingedämmt wurden, sondern auch die Begünstigung ausländischer Flugzeugtechnik auf den heimischen Märkten legitimiert werden konnte. Die Regierung beraubte sich damit aller staatlichen Möglichkeiten, die heimische Luftfahrtindustrie, komplementär zu den Modernisierungsprojekten ihrer Restrukturierungsprogramme, vor einem Import analoger ausländischer Modelle auf dem russischen Markt zu schützen.

4.1.4 Der Einfluss mafioser Netzwerke: die Finanz-Industrielle-Gruppe „Russisches Luftfahrt-Konsortium" (RAK)

Eine ähnliche Privatisierungsdynamik staatlicher Ressourcen und Kompetenzen ließ sich seit 1995 über die Bildung finanzindustrieller Gruppen (FIG), einer Art Holding von Finanz- und Industriegesellschaften, hervorrufen. Sie wurden als eine neue Organisationsform im postsowjetischen Kapitalisierungsprozess vom Staat gefördert. Man hoffte, dass die Finanzinstitutionen, die sich über Finanzgeschäfte mit großem Fleiß bei der Kapitalakkumulation im neuen russischen Kapitalismus bewährt hatten, sich nun mit ihren Geldern an der finanziellen Umsetzung der Restrukturierungs- und Modernisierungsprogramme beteiligen würden. Neben der Finanzierungsfunktion boten diese Gesellschaften eine Plattform, um die administrative Koordination der Wertschöpfungsprozesse, sprich die Abstimmung der Forschungsaufträge, der Zertifizierung und der Konstruktionsaufgaben oder den Zugang zu den Märkten und seinen Finanzströmen, zu übernehmen. Damit sollten die FIG letztlich die Aufgaben übernehmen, die

294 Die GUS war ein sehr schwaches zwischenstaatliches Konstrukt. Vgl. NIIEAP-Analyse zum Rechnungshofbericht Nr. 28; siehe. auch o. V., Deputaty prosjat likvidirovat' MAK, 2003.

295 Vgl. o. V., Deputaty prosjat likvidirovat' MAK, 2003.

der russische Staat aufgrund seiner Steuerungsdefizite und geringen Finanzmittel nicht leisten konnte.

Im russischen Transformationsprozess war in Anbetracht der umfassenden industriellen Restrukturierungsaufgaben und der großen institutionellen Schwächen die Förderung der FIG eine begrüßenswerte Entwicklung, die schon aus den erfolgreichen Industrialisierungsstrategien der asiatischen Länder wie Japan (Zaibatsu) oder Südkorea (Chaebols), aber auch aus Südamerika bekannt ist.[296] Die genannten Funktionen konnten für die FIG im Rahmen unserer Fallstudie jedoch nicht belegt werden. Als erste FIG in der Luftfahrtindustrie[297] wurde 1995 auf der Grundlage eines speziellen Präsidialerlasses[298] das Russische Luftfahrtkonsortium (RAK)[299] geschaffen. Dessen formelles Ziel war die Koordinierung der Wertschöpfung des modernen Verkehrsflugzeuges Tu-204, der Aufbau von Marketingstrategien und der Kauf der Tupolev. Wie aus dem Ukas abzulesen ist, wurden die FIG dabei vom Staat unterstützt. So hatte Jelzin die Regierung angewiesen, „in den nächsten zwei Monaten alle Maßnahmen zum Schutz des traditionellen Marktes für heimische Luftfahrttechnik und des Lufttransportes zu ergreifen“[300], wie sie im Rahmen des „Programms zur Entwicklung der zivilen Luftfahrttechnik Russlands bis 2000“ festgeschrieben waren. Dazu gehörten u. a. die Sicherstellung einer staatlichen Garantie für alle heimischen und ausländischen Investoren, die Gewährung von Steuerpri-

296 Die Bildung von FIG wurde als tyischer Konzentrationsprozess verstanden, wie er im Umfeld von *emerging market economies* in Anbetracht der unsicheren Verhältnisse sinnvoll ist, um bestmöglich zu überleben. Zudem wurde ihnen auch ein positives Investitionsverhalten zugesprochen. Vgl. hierzu Stykow, Staat und Wirtschaft in Russland, 2006, S. 74.

297 Die anderen großen FIG im Luftfahrtsektor, die sich um das KB Iljushin oder das KB Suchoj und MiG-MAPO bildeten, wurden erst im Jahr 1997 gebildet; vgl. Harter, Russische Luftfahrtindustrie, 1997, S. 17–20.

298 Vgl. Gesetz des Präsidenten RF, Nr. 496, O finansovo-promyschlonnoj gruppe Rossijskij Aviazionnyj Konsorzium, 1995.

299 RAK – Rossijskij Aviazionnyj Konsorzium.

300 Vgl. Gesetz des Präsidenten der RF Nr. 496, O finansovo-promyschlonnoj gruppe Rossijskij Aviazionnyj Konsorzium, 1995.

vilegien sowie die Ergreifung von Maßnahmen zum Schutz des traditionellen Marktes der zivilen Luftfahrttechnik und des Marktes für Lufttransport innerhalb der nächsten zwei Monate.[301]

Zu den offiziellen Mitgliedern der RAK gehörten die OAO Aviastar, die Triebwerkehersteller AG „Permskie Motory" und seine KB AG „Aviadvigatel", das KB „Tupolev", die Luftfahrtgesellschaft Aeroflot und drei in den gewöhnlichen Zeitungsveröffentlichungen gar nicht erwähnte Akteure: zwei kleine regionale Fluggesellschaften und ein Unternehmen namens ZAO „Universal". Wer im Rahmen dieser FIG die Finanzen besteuern sollte und welche Ziele die einzelnen Akteure verfolgten, war von Jelzin und seiner Umgebung nicht weiter hinterfragt worden. Wie sich bei einer Hintergrundanalyse[302] herausstellt, stand das Konsortium de facto unter der Kontrolle einer nordkaukasischen Gruppe aus der Organisierten Kriminalität (OPG).[303] Sie nutzte das Konsortium und dessen Privilegien in den folgenden Jahren für den preiswerten Zugriff auf einige führende Fluggesellschaften, deren Finanzströme sie sich durch radikale Abschöpfungsstrategien aneignete. Die Auflagen aus den Präsidialerlassen wurden hingegen nicht erfüllt.

---

301 Vgl. Gesetz des Präsidenten der RF (President RF Ukas) Nr. 496, O finansovo-promyschlonnoj Gruppe Rossijskij Aviazionnyj Konsorzii, 1995.

302 Zu den weitgehend unbekannten Akteuren gehörten die regionalen Fluggesellschaften „Sibir" und die „East-Line" sowie ein Unternehmen namens ZAO „Universal". Während sich das Interesse der Fluggesellschaften an dem Konsortium noch erklären ließe – obwohl ins Auge fällt, dass es sich um relativ kleine Gesellschaften mit relativ niedrigem Finanzkapital handelt –, kam das dritte Unternehmen, die ZAO „Universal", aus dem Nahrungs- und Lebensmittelbereich. Geleitet wurde sie durch Tatevos Surinov, der selber von Strafverfolgungsbehörden gesucht wurde und von Kennern der Szene dem Umfeld der organisierten Kriminalität zugeordnet wird. Er arbeitete als Strohmann für die nordkaukasische kriminelle Gruppe unter der Ägide von Ibrahim Sulejmanov. Wie sich herausstellte, hatte Surinov die führende Rolle bei der Gründung der FIG gespielt und war ab 1996 der Generaldirektor der „RAK". Schon kurz darauf unterlag die FIG vollständig der Kontrolle der nordkaukasischen Gruppe. Vgl. o. V., Posadotschnaja polosa na futbol'nom pole, 2004; o. V., Kriminal'naja „Kryscha" Kamenschtschika i Fileva, 2002; Gagarin, A-restovan Kaznatschej futbol'noj prem'erligi, 2004; Ivanov/Paukov, Neudobnyj, 2004.

303 OPG – Organizirovannaja Prestupnaja Gruppirovka.

4.1.5 Ökonomische Rahmenbedingungen: keine Förderung von restrukturierungsorientierten Wertschöpfungsprozessen

Neben den Probmen des neuen Institutionensystems wurde ein marktwirtschaftliches Handeln auch durch die schwierigen makroökonomischen Bedingungen in der ersten Hälfte der 1990er Jahre fast unmöglich gemacht. Die extrem hohen Preissteigerungen – die Inlandspreise stiegen jährlich um ein Vielfaches, erst 1996 stabilisierten sie sich bei einer Preissteigerung von 20–30 Prozent[304] – sowie die hohen Wechselkursschwankungen führten zu Anreiz- und Sanktionsimpulsen, die eher ein hochspekulatives Handeln auf den Finanz- und Devisenmärkten sowie kurzfristige, auf Abschöpfung fokussierte Handelsgeschäfte belohnten. In Anbetracht der Möglichkeiten, über Devisen- und Spekulationsgeschäfte kurzfristige Renditen von bis zu 100 Prozent im Monat zu erzielen, flossen kaum noch Gelder in die reale Wirtschaft, sprich die verarbeitende Industrie. Entsprechend kam es zu einer regelrechten Entmonetarisierung und einer wachsenden gegenseitigen Verschuldung der Unternehmen. Der Anteil von nichtmonetären Transaktionsformen wie Bartergeschäften, der 1992 nur 5 Prozent der Transaktionen in der Wirtschaft ausmachte, war im Jahr 1995 offiziell auf 47 Prozent gestiegen.[305]

Die informellen Transaktionen der Mafia, die Ende 1996 schon 70 Prozent der privaten Wirtschaft kontrolliert haben soll,[306] sowie der wachsende Anteil von Bartergeschäften und Geldsurrogaten (wie Wechselgeschäfte und betriebseigene Währungen) führten ihrerseits dazu, dass Regierung und

---

304 Im Dezember 1992 war der Konsumgüterpreisindex im Vergleich zum Vorjahr um das 26-Fache und der Industriepreisindex um das 33,8-Fache gestiegen. 1996 beliefen sich die Indices auf 1,2 (20 %) respektive auf 1,3, sprich 30 %. Vgl. Goskomstat, Rossij v Zifrach 1997, S. 10.

305 Nach den Studien von Makarov und Kleiner waren 34–50 % des Umsatzes von Industrieunternehmen Bartergeschäfte, und 75–80 % der Transaktionen für Input-Produkte der Industrie wurden über Barter organisiert; vgl. Makarov/Kleiner, Barter v rossiskoj ekonomike,1996, S. 5. Nach Humphrey waren es in Buratien im Jahre 1995 80 % der wirtschaftlichen Transaktionen; vgl. Humphrey, How Is Barter Done?, 2000, S. 262.

306 Vgl. Glaz'ev, Finansovye problemy budgeta 1997, 1997, S. 4–5.

Zentralbank die Kontrolle über den Großteil der Geldmenge verloren.[307] Damit war das zentrale Instrument der russischen Stabilitäts- und Wirtschaftspolitik, nämlich der Kredit- und Bankenmechanismus, weitgehend zusammengebrochen bzw. der Zusammenhang zwischen Kreditmarkt und Investition beschädigt.

Ein wesentliches Problem stellten die investitionshemmenden Kreditkonditionen dar. Neben den hohen Zinsen (im Jahr 1992/1993 beliefen sie sich auf 200–300 Prozent, noch 1996 lag die Monatsrate bei 10 Prozent) war ihre Kurzfristigkeit für jegliche Investitionstätigkeit hinderlich.[308] Zu einem regelrechten Crowding-out-Effekt kam es, als die Regierung 1993 dann dazu überging, das immer größere Haushaltdefizits über kurzfristige Staatsanleihen (GKO)[309] mit zudem sehr hohen Renditen zu finanzieren. In diesem unsicheren ökonomischen Umfeld konnten die Unternehmen kaum mit Projektrenditen aufwarten, die mit den hohen Renditen der GKO hätten konkurrieren können. Demzufolge investierten die Banken lieber in die relativ sicheren und kurzfristigen Staatspapiere als in die risikoreichen langfristigen Unternehmensprojekte. Schon 1994 nahmen die GKO 66 Prozent aller Zentralbankkredite ein mit rasch wachsender Tendenz, und 1996 sollten es 90 Prozent sein.[310] Gleichzeitig setzte ein umfassender Deindustrialisierungsprozess ein. So sank das BIP von 1989 bis 1996 um 44 Prozent, während sich die Industrieproduktion im gleichen Zeitraum fast halbierte.[311] Mit der Deindustrialisierung brachen auch die zivilen Märkte für Industriegüter ein. Damit sanken die Absatzmöglichkeiten für die Diversfikationsprodukte aus der Rüstungsindustrie. Die Aviastar war weniger auf den Absatz von Diversifikationsprodukten angewiesen, als vielmehr auf die Märkte für Luftfahrttechnik. Damit standen neben den Entwicklungen auf dem Markt

---

307 Vgl. Glaz'ev, Finansovye problemy budgeta 1997, 1997, S. 4–5; Rogova, Sbalansirovannost' finansogog-bankovskoj sistemy, 1996, S. 76.

308 Erfahrungen aus den USA, Asien und Europa haben gezeigt, dass für eine erfolgreiche Wirtschaftsentwicklung der Anteil der langfristigen Kredite an der Kreditvergabe sich auf über 2/3 belaufen müsste.

309 GKO – Gosudarstvennye Kratkosrotschnye Obligazii.

310 Vgl. Krasavina, Problemy antiinfazlonny straegii, 1995, S. 13; vgl. Rogova, Sbalansirovannost' finansogo-bankovskoj sistemy, 1996, S. 76.

311 Vgl. die Berechnungen von Frenkel, Prognos osnovnych pokazatelej social'no – ekonomitscheskogo razvitija Rossii na 1997 god, 1997, S. 46–47.

für Lufttransport vor allem die Unternehmensprozesse der heimischen und ausländischen Fluggesellschaften im Mittelpunkt des Interesses.

4.2 Fehlende Koordination über die Märkte – zwischen strukturellen und ökonomischen Restriktionen und informellen Netzwerksystemen

Für die sich restrukturierenden Flugzeugwerke war in Anbetracht der geringen staatlichen Unterstützung die Finanzierung über den Markt die entscheidende Größe für den Restrukturierungserfolg. Die marktwirtschaftliche Koordination zwischen den Flugzeugherstellern und den Fluggesellschaften funktionierte aber aus vier Gründen nur unzureichend. So existierten zum einen umfassende strukturelle und ökonomische Restriktionen. Zum anderen wurde der Markt durch einen weitgehend unkontrollierten Verdrängungswettbewerb durch ausländische Modelle geprägt. Drittens fehlte es an Leasingmechanismen, und viertens wurden die bestehenden Absatzkanäle durch allein an einer Abschöpfung orientierte Netzwerke blockiert.

Das Dilemma der sich restrukturierenden Flugzeughersteller bestand darin, dass innerhalb des neuen, kapitalistischen Systems die Angebotsstrukturen viel umfassender waren als die zu Sowjetzeiten noch hochsubventionierten Nachfragestrukturen. Im Zeitraum von 1992 bis 1996 halbierte sich der gesamte Passagierverkehr in der Russischen Föderation und belief sich auf durchschnittlich nur noch 39,6 Mio. Passagiere im Jahr. Er entsprach damit nicht einmal dem jährlichen Passagiervolumen der „Lufthansa" mit 54 Mio. Passagieren.[312] Während die Lufthansa dieses Passagieraufkommen mit 307 Flugzeugen bewältigte, standen den russischen Passagieren 1600 Maschinen von mehr als 390 Fluggesellschaften zur Verfügung. Dabei flogen nicht selten mehrere Fluggesellschaften die gleichen Routen mit einer jeweiligen Auslastung von unter 10 Prozent.[313] Die Entwicklung des Passagiervolumens wies zudem eine eindeutig fallende Tendenz auf. So hatten sich die Passagierzahlen von 63 Mio. Personen im

312 Vgl. Goskomstat, Rossii Zifrach – 1997, 1997, S. 325.

313 Vgl. NIIEAP-Analyse der Luftwirtschaft, Analitika: Aviazionnaja ekonomika, Stand 2003; siehe auch Georigew, Krivaja rossijskich avialinij, 1998, S. 27.

Jahr 1989 auf 27 Mio. Personen im Jahr 1996 reduziert.[314] Diese strukturelle Überkapazität förderte nicht gerade die Kauflaune russischer Fluggesellschaften.[315]

Auf der Angebotsseite war man theoretisch mit den neuen Faktoren der Wirtschaftlichkeit konfrontiert. War der Erfolg der Fluggesellschaften bislang anhand der Quantitätsgrößen wie der „transportierten Anzahl von Tonnen und Fluggästen pro Jahr" erfasst worden, musste man sich nun an der Qualität der Leistungserbringung, also an den international vergleichbaren Rentabilitäts- und Serviceindikatoren messen lassen. De facto bestand hier aber kein großer Restrukturierungsdruck, verfügte doch der Großteil der Gesellschaften über große stille Reserven.[316]

Als entscheidendes Hindernis für die Entstehung einer potenziellen Nachfragestruktur entwickelte sich der Zerfall der sowjetischen Aeroflot in eine Vielzahl von kleinen Luftfahrtunternehmen meist auf der Basis der regionalen Abteilungen der Aeroflot. Diese regionalen Gesellschaften verfügten über eine nur sehr geringe Kapitalbasis und arbeiteten häufig mit Verlust.[317] Umso fataler wirkten sich hier die bestehenden institutioneller Schwächen aus – beispielsweise gab es kein Eigentumsrecht an Flugzeugen und somit

---

314 Vgl. Goskomstat, Rossii v Zifrach – 1997, 1997, S. 325.

315 Für diese Entwicklung mit verantwortlich waren einerseits die realen Einkommensverluste der Bevölkerung, die mit dem Zerfall der sowjetischen Volkswirtschaft einhergingen, und andererseits der drastische Preisanstieg der zuvor hoch subventionierten Flugtickets, die nur einen Bruchteil der Kosten gedeckt hatten. Belief sich der Preis eines Flugtickets in den 1980er Jahren auf maximal 1/3 eines durchschnittlichen Monatsgehaltes, so hatte sich das Verhältnis nach der Preisliberalisierung auf das Dreifache eines Monatseinkommens erhöht. Vgl. NIIEAP-Analyse der Luftwirtschaft, Analitika: Aviaziionnaja ekonomika (Stand 2003)

316 Vgl. NIIEAP-Analyse der Luftwirtschaft, Analitika: Aviaziionnaja ekonomika (Stand 2003). Als problematisch wurde zwar der rasante Anstieg der Treibstoffkosten genannt, die Kosten waren im Vergleich zum Weltmarktpreis aber immer noch niedrig. Darüber hinaus verfügten die Gesellschaften über vergleichswesie niedrige Kosten im Bereich Personal. Auch mussten sie großteils keine Flughafengebühren zahlen und verfügten über stille Reserven wie die Verfügung über den übernommenen Flugzeugpark, Lizenzen etc.

317 Bis Ende der 1990er Jahre arbeiteten 85 % der Luftfahrtgesellschaften mit Verlust. Vgl. NIIEAP-Analyse der Luftwirtschaft, Analitika: Aviaziionnaja ekonomika (Stand 2003); Rybak, Russia plans to lease 100 Western Transporters, 1995, S. 38.

auch keine Kreditabsicherung.[318] Diese Schwächen erschwerten maßgeblich ein flächendeckendes „allgemeines" Leasingsystem. Die meist kleinen Gesellschaften konnten sich allerdings kaum 25–26 Mio. $ für den Erwerb einer Tu-204 leisten.[319] Im Rahmen eines Leasingprogramms für die analoge Boeing 737 hingegen konnten die Gesellschaften die Flugzeuge sofort in Betrieb nehmen und aus den laufenden Einnahmen einen Teil der Kaufsumme bezahlen.

Während auf der einen Seite die wesentlichen gesetzlichen Voraussetzungen für den Aufbau von Leasingstrukturen fehlten, die für den Kauf heimischer Flugzeugtechnik ausschlaggebend gewesen wären, war über die Zertifizierungsbehörde MAK unter der Ägide der Ministerin für Luftfahrtindustrie eine Institution geschaffen worden, die den Import ausländischer Maschinen über eine sehr liberale Zertifizierungspolitik förderte. Diese Entwicklung wurde überdies zu Beginn 1990er Jahre noch durch den zollfreien Import begünstigt.

4.2.1 Nomenklatura-Netzwerke: Die Transaero und der Import ausländischer Flugzeugtechnik

Davon profitierten insbesondere die großen, international agierenden Fluggesellschaften. Gerade von diesen hatte sich die Aviastar Absatzchancen versprochen, da sie über hohe Gewinnquoten und damit über das notwendige Investitionskapital verfügten. Zu diesen Gesellschaften gehörten vor allem die Aeroflot und die Transaero.

Die private Transaero hatte sich seit Beginn der 1990er rasch zur zweitgrößten (internationalen) Gesellschaft entwickelt. Profitieren konnte die Aviastar mit der Tu-204 davon allerdings nicht, da die Transaero vorrangig mit analogen ausländischen Modellen flog. Gegründet und geleitet wurde die Transaero von Aleksander Pleschakov. Er war der Sohn der Ministerin für Luftfahrtindustrie und Präsidentin der Zertifizierungsbehörde MAK,

---

318 So gab es keine Eigentumsrechte an Flugzeugen. Damit hatten die Leasinggeber keine Sicherheiten für die Kreditvergabe.

319 Vgl. Georgiev, Krivaja rossijskich avialinij, 1996, S. 26. Der Preis ist in Rubeln mit 130–140 Mrd. angegeben. Der Wechselkurs im Juli 1996 belief sich auf 5 300 / 1 $.

Tatjana Anodina (aus ihrer ersten Ehe mit dem Minister für Radiotechnologie Petr Stepanovitsch Pleschakov). Zwischen der Behörde und der Fluggesellschaft bestand somit nicht nur eine fachliche und institutionelle Interaktion, sondern es gab darüber hinaus eine familiäre Interaktionsbasis. Dass Pleschakov von den Netzwerkverbindungen seiner Mutter profitierte, ist anzunehmen. Tatsache ist, dass Premierminister Tschernomyrdin 1994 mit der Regierungsverordnung Nr. 18-98-p eine Regelung verabschiedete, von der sowohl die Zertifizierungsbehörde MAK als auch die Transaero profitierte. Diese Verordnung befreite die Fluggesellschaft „Transaero" nicht nur von Steuerzahlungen, sondern auch von jeglichen Zoll- und Gebührenauflagen beim Import ausländischer Luftfahrttechnik, angefangen bei Flugzeugen über Triebwerke bis hin zu Ersatzteilen. Die Vergünstigungen wurden für die nächsten fünf Jahre festgelegt und förderten so kaum die Absatzchancen der Tu-204. Die Maßnahmen waren im Grunde kaum mit den föderalen Regierungsprogrammen vereinbar, die die Förderung der Tu-204-Modelle vorgegeben hatte. [320]

Hier zeigen sich die Möglichkeiten, innerhalb des oben geschilderten institutionellen und netzwerkorientierten Handlungsrahmens über persönliche Verbindungen zu Akteuren der Regierungsspitze Eigeninteressen zu bedienen, die zudem den erklärten Zielen der föderalen Programme zuwiderliefen.

4.2.2 Abschöpfungsstrategien der wichtigsten potenziellen Kunden

Die Aeroflot

Die staatliche Aeroflot gehörte zu den wichtigsten potenziellen Kunden der Aviastar und war auch nach der Abspaltung der regionalen Abteilungen 1991 die größte Fluggesellschaft des Landes. Sie verfügte über die wichtigsten Lizenz- und Vertragsrechte für die internationalen Routen. In Anbetracht der Divergenz zwischen den niedrigen Kosten der Heimatbasis und den relativ hohen internationalen Preisen konnten Gewinnspannen von 40

---

320 Vgl. o. V., Aviakompanijam naschli dolg, 2004; o. V., Deputaty prosjat likvidirovat' MAK, 2004.

bis zu 100 Prozent erreicht werden.[321] Über den Verkauf der Tickets flossen der Gesellschaft jährlich im Durchschnitt Erlöse von 1,2–1,7 Mrd. $ zu. Zudem hatte die „Aeroflot" eine Reihe von Privilegien „geerbt", sodass sie allein durch Überflugs- und Kabotagerechte jährlich über Gelder in dreistelliger Millionenhöhe verfügte.[322] Diese Liquidität in harter Währung – in einem sich zunehmend entmonetarisierenden Land – übte eine immense Anziehungskraft auf russische Geschäftsleute aus. Entsprechend hatte die Aeroflot, als sie 1995 privatisiert wurde, keine Schwierigkeiten, die Privatisierungstranche von 48 Prozent ihrer Aktien zu verkaufen.

Mit der Beteiligung privater Akteure aus der russischen Wirtschaft fand auch eine Wende in der Unternehmenspolitik statt, die im Wesentlichen als Abschöpfungsstrategie oder Privatisierungsstrategie im weitesten Sinne bezeichnet werden kann. Diese Strategien basierten vor allem auf der illegalen Aneignung der Finanzströme des Unternehmens, was irgendwann zur Verschuldung des Unternehmens führte. Die wachsende Illiquidität wurde über die Gewährung kurzfristiger teurer Kredite durch den neuen Akteur noch kommerzialisiert. Im Fall eines Bankrotts konnte das Unternehmen gegebenenfalls preiswert aufgekauft werden. Nach dieser Unternehmensstrategie verfuhr der spätere Oligarch Boris Beresovksie, unter dessen Kontrolle die Aeroflot im Zuge der Privatisierung gefallen war.[323] So kam es, dass die größte russische Lufttransportgesellschaft trotz steigender Umsatzzahlen im Auslandsgeschäft, hoher Gewinnmargen und Einnahmen aus den Überflugrechten zunehmend rote Zahlen schrieb. Im Jahr 1996 wies die „Aeroflot" einen Verlust von 86 Mio. $ auf.[324] Insgesamt sollen der größten russischen Fluggesellschaft zwischen 1996 und 1999 Einnahmen von einer Milliarde USD verloren gegangen sein.[325]

---

321 Vgl. NIIEAP-Analyse des Finanzierungsvermögens der Fluggesellschaften (Stand 2010).

322 Vgl. Jambaeva, Aviazionnoj transport, 2000.

323 Vgl. Klebnikov, Der Pate des Kreml, 2001, S. 221–239, 80–82, 108, 124–126, 228.

324 Vgl. Klebnikov, Der Pate des Kreml, 2001, S. 220–242; Jambaeva, Aviazionnoj Transport, 2000.

325 Diese Gelder befanden sich auf ausländischen Konten. Beresovskie hatte seinen Einfluss auf die föderalen Organe geltend gemacht, um eine Befreiung von der Devisenrückführungsbestimmung beim Ministerium für Finanzen durchzusetzen.

Auch diese Unternehmenspolitik bot eine schlechte Basis für Investitionen in die heimische Luftfahrttechnik. De facto kaufte die Aeroflot in den 1990er Jahren weder für den internationalen noch für den heimischen Markt eine einzige Tu-204. Auch als 1994/95 die Tu-204 endlich lizenziert und mit ausländischer Technik ausgestattet wurde, schloss die „Aeroflot" jährlich neue Leasingverträge mit Boeing und Airbus ab mit dem Ziel, die russische Technik zu ersetzen.[326]

Die Vnukovskie Avialinii (VAL)

Aber auch der größte potenzielle Kunde auf dem heimischen Binnenmarkt, die „Vnukovskie Avialinii" (VAL), orientierte sich in seinen Handlungen an einer Abschöpfungsstrategie.[327] Die VAL hatte von der sowjetischen „Aeroflot" den Großteil der Flugrouten im Inland, einen Park von allein 56 Passagiermaschinen sowie Sonderrechte für die Nutzung der Flughäfen Scheremetevo und Vnukovo übernommen.[328]

Die VAL stand unter der Kontrolle des von Jelzin als FIG geschaffenen Konsortiums „Rossijskij Aviacionyj Konsorzium" RAK. Im Dezember 1995 hatte die Regierung einen Investitionsvertrag mit der RAK abgeschlossen, wonach der Staat im Rahmen der Privatisierung sein VAL-Mehrheitspaket von 75 Prozent an das Konsortium abgab. Als Gegenleistung hatte sich das Konsortium gegenüber dem Staat verpflichtet, in den nächsten drei Jahren 150 Mio. $ in die Erneuerung des Fuhrparks zu investieren, der hauptsächlich aus Tu-154 bestand. Profitieren davon sollte die OAO Aviastar, die mit der Tu-204 das Folgemodell der Tu-154 produzierte. Geleitet wurde die Fluggesellschaft 1995 von dem RAK-Vorstandsvorsitzenden T.

Dadurch konnte eine Verschleierung der Privatisierung der Finanzströme erreicht werden.

326 Vgl. Jambaeva, Aviazionnoj Transport, 2000.

327 Zweitgrößter Akteur auf dem Binnenmarkt war die Moskauer Gesellschaft „Aeroflot-Rossija". An dritter Stelle rangierte eine regionale Fluggesellschaft, die Petersburger „Pulkovo". Im Jahr 1996 deckten die drei Gesellschaften fast 65 % des gesamten Passagierverkehrs in Russland ab. Vgl. Jambaeva, Aviazionnoj Transport, 2000.

328 Vgl. Jambaeva, Schanc dlja Vnutschki, 2000.

Sorinov und seinem Kollege A. Klimov.[329] Beide Akteure gehörten einer Gruppe aus dem Organisierten Verbrechen (OPG) an.

Einige Monate nach der Beteiligungs- und Managementkontrolle durch die Mitglieder der RAK rutschte die VAL zunehmend in die roten Zahlen. Sie tätigte in den folgenden Jahren keine Investitionen in neue Maschinen, auch kleinere Investitionen in die Wartung oder in die Lösung von Konstruktionsproblemen wurden nicht vorgenommen. Vielmehr hatte das Management um Sorinov auf eine radikale Umsatzsteigerung mittels Dumpingpreisen gesetzt, die nur einen Bruchteil der Kosten deckten. Die Kosten wurden mit unseriösen kurzfristigen Methoden zu reduzieren versucht: Löhne wurden nicht mehr ausgezahlt und die Wartung wurde auf ein Minimum reduziert. In der Folge wurden die wartungs- und reparaturbedürftigen Flugzeuge abgestellt und durch die noch funktionstüchtigen Maschinen des ererbten Flugzeugparks ersetzt. Von den 56 Flugzeugen der Gesellschaft waren im Durchschnitt nur 5–7 Maschinen in Betrieb. Gegen ein solides Management sprach vor allem die Tatsache, dass von den Einnahmen aus Ticketverkäufen im Durchschnitt 300 Mio. $ jährlich „verschwanden".[330]

Entscheidend für die Aviastar war, dass von der VAL bis 1996 nur eine einzige Tu-204 „erworben" wurde. Bezahlt wurde die Tu-204 jedoch erst im Jahr 1997 – mit einem ungedeckten Wechsel. Allein die staatliche Aeroflot Rossia hatte bis 1995 noch einige Tu-204 abgenommen, wobei es sich um die Fertigstellung alter Bestellungen handelte. Der noch Ende 1991 vom Ministerium für Lufttransport erteilte Auftrag von insgesamt 260 Flugzeugen für das Jahr 1992 wurde von der Aeroflot storniert.[331]

Die Folgen auf die Nachfragemengen nach heimischen zivilen Flugzeugen fiel entsprechend schlecht aus – mit fallender Tendenz. Im Jahre 1994 wurden auf dem russischen Markt nur noch 47 neue Passagier- und Cargo-

---

329 Vgl. o. V., Ubit profsojuznyj lider Vnukovskich Avialinij, 1999.

330 Vgl. Jambaeva, Schanc dlja Vnutschki, 2000; ebenso Zapoznikov/Jambaeva, Posdnee ditja rossijsokoe aviaproma, 2000; o. V., Ubit profsojuznyj lider Vnukovskich Avialinij, 1999.

331 Vgl. Ryback, Russia Plans to Lease 100 Western Transporters, 1995, S. 34; Jambaeva, Aviazionnoj Transport, 2000; NIIEAP-Analyse der Luftwirtschaft (Stand 2003)

Maschinen in Dienst genommen. Davon waren 17 Maschinen aus der heimischen Produktion. Die restlichen 30 bestanden aus importierten Flugzeugen. Im Folgejahr waren es nur 31 Maschinen, wobei nur noch 14 Passagierflugzeuge aus den russischen Werken kamen. Nach 1995 wurden die staatlichen Aufträge vollständig eingestellt, und ein Jahr später lieferte die gesamte russische Luftfahrtindustrie nur noch fünf zivile Passagierflugzeuge.[332]

4.3 Institutionelle Rahmenbedingungen auf regionaler Ebene: ein restrukturierungshinderliches Umfeld

Was den regionalen Handlungsrahmen im Gebiet Ul'janovsk betraf, so war dieser, im Gegensatz zu den reformorientierten Regionen wie Nishni Novgorod oder St. Petersburg, unter Juri Gorjatschev, dem Leiter der Administration des Gebietes Ul'janovsk, weiterhin durch eine regionale Form der sozialistischen Kommandowirtschaft mit Zügen patriarchaler korporativer Patronagestrukturen im agrarindustriellen Komplex geprägt. Alle Versuche Moskaus, die Macht Gorjatschevs als Chef der Exekutive einzuschränken, waren gänzlich misslungen.[333] Im Jahre 1993 wurde er erneut als Leiter der Administration für vier Jahre im Amt bestätigt. Im Gegensatz zu anderen

---

332 Vgl. Rechnungshofbericht Nr. 28, 2000.

333 Diese Machtkontinuität gerade der konservativen Kräfte in den Regionen fürchtete Jelzin auch nach der Niederschlagung des Putsches im August 1991. Am 22. August 1991 versuchte er, über das Gesetz Nr. 75 „Über Fragen der Tätigkeit der Exekutivorgane in der RSFSR" ihre Macht in den Regionen zu brechen. Das Gesetz bestimmte, dass nunmehr alle ausführenden Verwaltungsfunktionen in den Regionen dem Leiter der Administration unterstanden und dass dieser vom Präsidenten der RSFSR (Jelzin) in Übereinstimmung mit dem Sowjet zu ernennen sei. Indem der Leiter der Administration zum Chef der Exekutive aufgewertet wurde, sollten die Sowjets von den Exekutivfunktionen „abgekoppelt" und in ihrer Macht wieder eingeschränkt werden. In diesem Gesetz wurde auch die Institution des „Stellvertreters des Präsidenten" eingeführt, mit dem Ziel, die Tätigkeiten der Exekutivorgane der RFSRF und der Region zu koordinieren. Als Auswahlkriterium für die Ernennung zum Vertreter des Präsidenten in den Regionen galt neben einer demokratischen Anschauung (belegbar durch eine Mitgliedschaft in der Partei Demokratischeskaja Rossija) auch die persönliche Beziehung zu Jelzin. Vgl. Vladimirov, Rossijskij zentr i mestnaja vlast' 1991–1993, 1993.

Regionen, die durch eine hohe Rivalität zwischen den konservativen Sowjets und den jelzinfreundlichen Administrationsleitern geprägt waren, konnte sich unter Gorjatschev ein eigenes regionales Machtsystem konsolidieren.[334]

Den Studien Lapinas zufolge blieb in dem regionalen Machtsystem Ul'janovsk das Primat der Politik erhalten (was sich vor allem an dem uneingeschränkten Erfolg der Kommunistischen Partei in Ul'janovsk ablesen lässt.)[335] Dabei hatte sich eine Art stillschweigendes Einverständnis zwischen den örtlichen Machtorganen und der wirtschaftlichen Elite der großen Staatsunternehmen manifestiert. Alle Versuche der regionalen Unternehmer und der marktwirtschaftlich ausgerichteten Intelligenz zu Beginn der Reformen 1992–1993, die Politik der Gebietsadministration zu beeinflussen, stießen auf unüberwindbaren Widerstand.[336] Letztlich hatte sich die Elite, so Lapina, dem System Gorjatschev angepasst. Dieses erlaubte einerseits keine marktwirtschaftlichen Freiheiten wie Preis- und Handelsliberalisierung oder Privatisierung, auf der anderen Seite aber bot es Vergünstigungen, Subventionen und sonstige Privilegien.[337]

Die Politik Gorjatschevs war dabei stark sozialpolitisch geprägt, was ihm als „Führer, der sich um die Probleme der einfachen Menschen kümmert", die Unterstützung der Bevölkerung sicherte. Für die Unternehmen kam dies einem Entlassungsverbot gleich. Darüber hinaus gründete Gorjatschev den Fonds „zur Stabilisierung der Wirtschaft". Er diente zur Finanzierung der sozial ausgerichteten Politik. Getragen wurde der Fonds durch die obligatorischen Gewinnsteuern der Unternehmen des Gebietes. Allerdings stand er außerhalb des beschlossenen Haushalts und unterlag nicht

334 Vgl. Lapina, Business und Macht in den russländischen Regionen, 1998.

335 Bei der Wahl zur Staatsduma 1993 bescherte das Gebiet den Kommunisten mit 97 % eines der besten Wahlergebnisse des Landes. Vgl. Lapina, Business und Macht in den russlandischen Regionen, 1998, S. 14–15.

336 Vgl. Lapina, Business und Macht in den russlandischen Regionen, 1998, S. 14–15.

337 Vgl. Lapina, Business und Macht in den russlandischen Regionen, 1998, S. 14–15.

der Kontrolle der Legislative.[338] Das Modell Ul'janovsk sollte als Beispiel für den „weichen" Eintritt in den Markt bis 1996 Furore machen.

Mittlerweile konnte die Region infolge eines persönlichen Bargaining-Abkommens zwischen Gorjatschev und Jelzin mit Unterstützung aus Moskau rechnen. In Anbetracht seiner gesicherten regionalen Machtstellung war es zu einer pragmatischen Übereinkunft zwischen dem Leiter der Ul'janovsker Administration und dem Präsidenten gekommen. So garantierte Gorjatschev dem Präsidenten eine politisch neutrale Haltung der Region gegenüber seiner Person und seiner Reformpolitik. Dafür sicherte Jelzin finanzielle Vergünstigungen für die Region in Form einer hohen Subventionierung der Energiepreise sowie den Verzicht politischer „Störungen" seitens Moskau zu.[339] In dem Ul'janovsker Modell des „weichen" Eintritts hatten aber auch die regionalen korporativen Netzwerke des sowjetischen Mestnitschestvo-Regimes im agrarindustriellen Komplex überlebt.[340]

Folgen für die Aviastar

Mit der Privatisierung der Aviastar 1991 fiel der Komplex in den Verwaltungsbereich der Ul'janovsker Oblast. Eine Sonderbehandlung, wie sie Rüstungsbetriebe in anderen Regionen erhielten, in denen sie als wichtigster Arbeitgeber des Gebietes über entsprechende interessenpolitische Machtpositionen verfügten[341] oder, wie Caroline Humphrey an dem Fallbeispiel des Aviazavod „Lenin" in Burjatien zeigte, durch alte sogenannte Shevtso-Prinzipien[342] unterstützt wurden[343], war in der Ul'janovsker Oblast nicht

338 Vgl. Lapina, Business und Macht in den russlandischen Regionen, 1998, S. 14–15.

339 Vgl. Perfil'ev, Ul'janovskaja oblast' izbiratel'nych kompanijach 1995–1996, 1997.

340 Vgl. Perfil'ev, Ul'janovskaja oblast' izbiratel'nych kompanijach 1995–1996, 1997. Für eine Beschreibung der Nomenklatura-Geschäfte der Region vgl. insbesondere Il'in, Rogov i Kampanija, 2000.

341 Mögel zeigt dies für Sverdlovsk auf. Vgl. Mögel, Allianz auf Zeit, 1997, S. 18.

342 Der Begriff steht für die ideologische Führerschaft der Rüstungs- bzw. Maschinenbauunternehmen gegenüber der Leicht- und Nahrungsmittelindustrie. Sie implizierte eine selbstverständliche Unterstützung der Rüstungsunternehmen durch die regionale Landwirtschaft, beispielsweise mit Lebensmitteln und Rohstoffen. Vgl. Humphrey, How Is Barter Done, 2000, S. 268.

343 Vgl. Humphrey, How Is Barter Done, 2000, S. 268.

zu erwarten. Vielmehr war die Verhandlungsbasis der Rüstungsbetriebe hier als eher schwach zu beurteilen. Zum einen konnten sie auf keine vergleichsweise informellen, korporativen Strukturen aufbauen, wie dies für den agrarindustriellen Bereich der Fall war, zum anderen verfügten die Rüstungsunternehmen über kein ökonomisches Gewicht. So war der Anteil der Rüstungsproduktion an der Industrieproduktion der Region unter 10 Prozent gesunken.[344] Demzufolge hatte sich auch die Aviastar an das regionale Bargaining-System Gorjatschevs zu halten, wonach sich der Betrieb zu einer Aufrechterhaltung der sozialen Infrastruktur verpflichten und von Entlassungen und Schließungen absehen musste. Dafür aber konnte das Werk weiterhin hochsubventionierte Preise bei der Versorgung von Energie- und Wasser in Anspruch nehmen.

4.4 Unternehmensebene – Akteure, Interaktionsformen und Strategien: Desintegration der Innovations- und Wertschöpfungsprozesse in der Post-Privatisierung

4.4.1 Insiderprivatisierung und ihre Folgen

Der Aviastarkomplex ging schon privatisiert in die Marktwirtschaft und war damit für die umfassenden Restrukturierungsaufgaben in dem neuen institutionellen Umfeld selbst verantwortlich. Während die Aviastar letztlich zu den Verlierern der Privatisierung und des Systemwechsel zählen sollte, gehörten die Frachtgesellschaft Volga Dnepr und ihr Ruslan-Projekt zu den Gewinnern. Innerhalb kurzer Zeit hatte sie mit Hilfe ihres Kooperationspartners, eines erfahrenen, international agierenden Marktinsiders, ein Quasimonopol auf dem internationalen Markt für schwere Luftfracht aufgebaut und dabei das völlig neue Marktsegment „Überschwere Transporte und Großraumlasten" geschaffen, das bis zum Jahr 2000 auf ein Marktvolumen von 250 Mio. $ angewachsen war und das sie nur mit der Frachtgesellschaft Antonov Airlines teilen musste.[345] Ganz anders entwickelten sich die

344 Der Anteil der Rüstungsproduktion schwankte in den 1990er Jahren zwischen 3,4 und 8,9 % der Industrieproduktion, und zwar mit sinkender Tendenz; vgl. VPK Informationsagentur: Pologenie predprijatii VPK – Ul'janovskij Oblast', 2001.

345 Es umfasst den Transport von Bohrausrüstungen, Transformatoren, Produktionsanlagen etc. Vgl. Webseite der Frachgesellschaft „Volga Dnepr".

Unternehmens- und Netzwerkprozesse der Aviastar. Dafür gab es eine Reihe von Gründen.

Nach dem Präsidialerlass Nr. 103 und der Regierungsverordnung Nr. 23[346] war das Werk schon am 26. November 1991 – und damit noch vor den Privatisierungsprogrammen 1992 – als erster Flugzeugkomplex von der politischen Führung der RSFSR in die Privatisierung entlassen worden.[347] Im Januar 1992 wurde die Aviastar als Aktiengesellschaft beim Ministerium für Finanzen der RF mit einem Vermögenswert von 3.044 Mrd. Rubel registriert.[348] Diese Summe entsprach zu diesem Zeitpunkt einem Wert von umgerechnet 734 Mio. $.[349] Über die Privatisierung konnten allerdings keine Investitionsgelder generiert werden, da das Werk nach dem Prinzip der Insiderprivatisierung entstaatlicht wurde. Dabei gingen von den 3.044.700 nominellen Aktien à 1 000 Rubel 41,1 Prozent unentgeltlich an das Arbeitskollektiv und nur 1,6 Prozent an das Management. Weitere 6 Prozent wurden dem Arbeitskollektiv nicht unentgeltlich, sondern mit einem 30-prozentigen Abschlag vom nominellen Wert angeboten. Der Staat behielt nur 14,1 Prozent der Aktien ein.[350] Die restlichen 37,2 Prozent des Kapitals durften über den Wertpapiermarkt zur Kapitalbeschaffung veräußert werden. Verantwortlicher Akteur für die Aktienverwaltung und Börsengeschäfte war der Leiter des Vermögenskomitees, der ehemalige Leiter des Parteikomitees A. Poljakov. Damit hatte die Privatisierung der Aviastar de facto den Charakter eines Management-Buy-outs.

---

346 Vgl. Regierungsverordnung RF Nr. 23, „Voprocy akzionernych obschtschestv Aviastar i Volga Dnepr", 1991.

347 Die eigentliche Privatisierungswelle in der Rüstungsindustrie setzte erst mit dem Erlass des Präsidenten vom 27.02.1993 ein.

348 Die Richtigkeit der Angaben und Wertigkeiten wurden kaum kontrolliert. So wurde auch kein Privatisierungsplan, der u. a. die Inventur- und Bewertungsdaten der betrieblichen und nicht betrieblichen Fonds erklärt hätte, vorgelegt.

349 Vgl. Rechnungshofbericht Nr. 10, (Punkt 2.2.7.), 2000. Der Wechselkurs im Dezember 1992 betrug 415 / 1 $. Ein Jahr später hatte sich der nominelle Wert des Unternehmens in Dollar gerechnet fast um ein Dreifaches verringert. Vgl. Goskomstat, Russia v ziffrach – 1997, 1997, S. 228.

350 Vgl. Rechnungshofbericht Nr. 10 (Punkt 2.2.8), 2000.

Akteure, Handlungskompetenzen und Problemstellung

Auch wenn das Unternehmen hier nicht von einem Vertreter der Nomenklatura mit entsprechendem politischem und netzwerkorientiertem Kapital geleitet wurde, war das Unternehmerverhalten der verantwortlichen Akteure (Generaldirektor/Aufsichtsratsmitglieder) von den gleichen problematischen Verhaltensmerkmalen geprägt, wie sie von King und Szelenyi als typisch für die von ihnen untersuchten Akteure im Rahmen des „Kapitalismus von oben" benannt wurden: keine Erfahrung als Kapitalisten, keine internationalen Kontakte und vor allem kein Kapital für die Restrukturierung.[351] Auch das nach der Insiderprivatisierung typische Unternehmerverhalten der Direktoren, insbesondere das Festhalten an Verhaltensroutinen, war bei dem Generaldirektor der Aviastar zu beobachten.[352] Ungeachtet der realen Nachfragesituation ließ er weiterhin unbeirrt Flugzeuge produzieren, die dann im Lager gehortet wurden.[353] Seine Fähigkeit zur Problemlösung beschränkte sich demgegenüber auf Bittstellungen bei dem jeweils zuständigen Ministerium, wobei er sich auch beim Rent-Seeking durch eine passive Haltung auszeichnete,[354] was nicht zuletzt an der stillschweigenden Annahme der sozialen Bargaining-Auflagen des regionalen Leiters der Administration deutlich wurde.

In unserem Fallbeispiel sind die verantwortlichen Akteure des privatisierten Unternehmens allerdings noch mit weiteren Problemen konfrontiert. Da es sich um einen Produktionskomplex aus dem hochtechnologischen Bereich handelt, waren zum Erhalt bzw. zur Steuerung der Innovations- und Wert-

---

351 Vgl. King, Explaining Postcommunust Economic Performance, 2003; King/Szelenyi, Post-Communist Economc System, 2005.

352 Vgl. Oding/Zaostrovzev, Rent-seeking as a Source of Makroeconomic Instability in Russia, 2000, S. 478, zitiert in: Stykow, Staat und Wirtschaft in Russland, 2006, S. 71.

353 Vgl. Rechnungshofbericht Nr. 10 (Punkt 7.7), 2000.

354 Als es mit dem wachsenden Einfluss der Reformer im Finanzministerium zu einer Einstellung der Energiesubventionierung kam, reiste Viktor Michailov Ende 1994 nach Moskau, um den Finanzminister Boris Fedorov um Unterstützung zu bitten. Dieser hatte aber abgelehnt, die heimische Industrie weiter zu subventionieren. Vielmehr wurde dem Komplex bei Nichtzahlung mit der Einstellung der Stromversorgung gedroht. Vgl. Interview Gavrilova, 2002, (Januar I).

schöpfungssysteme relativ komplexe sowie stabile Koordinations- und Integrationsmechanismen notwendig. Das betraf eben auch die Absatzstrukturen. Nach dem Wegfall der staatlich-administrativen Koordination der Innovations- und Produktionsprozesse musste diese Koordination dezentral vom Unternehmen selbst organisiert werden. Das Problem bestand darin, dass a) die bestehenden Netzwerke nicht mit den formellen Interaktionssystemen, wie sie für den Aufbau des Innovationssystems notwendig gewesen wären, korrespondierten, sondern diese konterkarierten – was auch mit dem Auseinanderfallen der Akteure des MIK zusammenhing –, dass b) die Einbindung der Fluggesellschaften als einzige potenzielle Investoren in der Wertschöpfungsketten nicht möglich war und c) der Komplex in restrukturierungshinderliche Bargaining-Strukturen eingebunden war. In all diesen Punkten unterschieden sich die Unternehmensprozesse des Flugzeugproduzenten deutlich von denen der Frachtgesellschaft Volga Dnepr.

4.4.2 Zwischenbetriebliche Koordination: Fehlende Koordination zwischen den Akteuren des Innovationszyklus

Im Gegensatz zu dem erfolgreichen Ruslan-Projekt gelang es der Aviastar nicht, die relevanten externen Akteure des Innovations- und Wertschöpfungssystems über ein zweckorientiertes Interaktionssystem an das Gelingen der Tu-204 zu binden. Dies betraf insbesondere folgende Akteure: a) das KB Tupolev, b) den Triebwerkehersteller und c) die Fluggesellschaften. Aufgrund der schwachen Interaktionsbasis und den konfligierenden Anreiz- und Sanktionsimpulsen des KB Tupolev einerseits und der Aviastar andererseits kam es zu erheblichen Marktanpassungsproblemen und zunehmend zu technischen Mängeln. Gerade für eine marktorientierte Restrukturierung wären aber Modernisierungsmaßnahmen zur Anpassung an die internationalen Standards (Radar, Avionik) nicht zuletzt in Bezug auf den Komfort und die Erfüllung der Lärmauflagen (Veränderungen bei den Brems- und Landeklappen) zwingend zu leistende Aufgaben gewesen – zumal der Aufwand für diese Arbeiten relativ gering gewesen wäre, da das Tu-204-Basismodell eines der neuesten und modernsten russischen Passagierflugzeuge war. Das es trotzdem zu keiner Zusammenarbeit kam, hatte mehrere Gründe.

Zum einen gab es keine ausreichende Finanzierung aus den staatlichen föderalen Programmen.[355] Wegen der Unterfinanzierung blieben die Entwicklungsarbeiten weit hinter den geplanten Modernisierungsaufgaben zurück, sodass nur 8 Prozent der in den Programmen vorgesehenen Maßnahmen überhaupt umgesetzt wurden![356] Zum anderen war das KB Tupolev vielmehr an kostspieligen Prestigeprojekten wie der Entwicklung von „wasserstoffgetriebenen Verkehrsflugzeugen" interessiert, die den technisch ehrgeizigen Zielen der Konstrukteure entsprachen. Weitaus engagierter waren die Tupolever zudem in die Weiterentwicklung des Konkurrenzmodells zur Tu-204, der Langstreckenvariante Tu-der Tu-214, involviert.[357] Diese sollte im Kasaner Werk hergestellt werden. Im Gegensatz zu den Ul'janovskern bestand zwischen den Konstrukteuren und dem Kasaner Produktionsbetrieb eine langjährige und enge Zusammenarbeit. Diese Präferenzen sind vor dem Hintergrund zu sehen, dass das KB Tupolev sich nach wie vor dem rüstungsindustriellen Bereich zugehörig fühlte, was sich auch an der Besetzung des Managements des KB, das sich vorwiegend aus ehemaligen Generälen der Luftstreitkräfte und des Generalstabs zusammensetzte, ablesen lässt. In dem Kasaner Werk waren die militärischen Tupolev-Modelle (Tu-160, Tu-22-MZ) produziert worden.[358] Es ist angesichts dessen davon auszugehen, dass diese Interaktion zwischen KB und dem Kasaner Werk auf einem stärkeren Netzwerk beruhte, als es zwischen dem KB und der Aviastar bestand – mit den entsprechenden Folgen. Ähnliche Brüche im Produktions- und Innovationszyklus waren zwischen der Aviastar und dem Triebwerkehersteller zu sehen. So taten sich das Management der Triebwerkeproduktion, die OAO „Permskie Motory", und sein Konstruktionsbüro „Solowjew" sehr schwer, eine neue Generation der

355 Vgl. Interview mit Sergej Nedoroslew (Präsident der Gruppe Kaskol), 2002; Rechnungshofbericht Nr. 28 (Punkt 6.1.1), 2000; Rechnungshofbericht Nr. 10 (Punkt 5.7), 2000.

356 Vgl. Rechnungshofbericht Nr. 28 (Punkt 6.1.1), 2000; Rechnungshofbericht Nr. 10 (Punkt 5.7.), 2000.

357 Die Tu-214 basiert auf der Tu-204.

358 Vgl. The Russian Defence Directory, 1995, S. 113 f.; Ozegov, Conversion, 1994, S. 71–72; Roschtschin, Tupolevzy obedenilis's, 1999, S. 1, 4.

PS-90-Motoren zu entwickeln, die den Vorgaben der Lärm- und Emissionsverordnungen der EU entsprochen hätten.[359]

Die Schwächen der fachlichen Koordination des Innovationszyklus zwischen Produzenten und Konstruktionsbüros hatten wiederum direkte Auswirkungen auf den Absatz, da Fluggesellschaften die Folgen der technologischen Mängel kompensieren mussten. Oft klagten die Betreiber der ersten Tupolev-Maschinen, wie die Fluggesellschaften „Vnukowskie Avialinii" (VAL) und „Kavminwodyawia", über technische Mängel bzw. die Nichteinhaltung der technischen Vorgaben. Dabei bemängelten sie nicht nur laut und unregelmäßig arbeitende Klimaanlagen, fehlende Sauerstoffgeräte, Wassertanks, deren Kapazität nur für vier Stunden Flug ausreichten – mit entsprechenden Folgen für die Passagiere bei Langstreckenflügen –, sondern auch über wesentliche Funktionsdefizite wie den raschen Ausfall der Messgeräte wegen Überhitzung oder die Nichteinhaltung der maximalen Ladegewichtsvorgaben etc.[360]

Ein besonderes Problem lag in den in hohem Maße unökonomischen und unterentwickelten Wartungssystemen – die Wartungs- und Nutzungsintervalle waren viel zu kurz –[361] sowie in dem Fehlen eines Garantiesystems. Das Konstruktionsbüro Tupolev lehnte bei technischen Mängeln jede Leistung ab und verwies für Nachbesserungen an die Aviastar. Allerdings war nicht immer nachvollziehbar, wer für die technischen Mängel die Verantwortung trug. War es ein Konstruktionsfehler des KB oder war die Arbeit von der Aviastar falsch ausgeführt worden? Auch der Übergang zwischen

---

359 Vgl. Interview mit Sergej Nedoroslev, 2002.

360 Vgl. Interview mit Sergej Nedoroslev, 2002.

361 Nach dem bis 1999 geltenden Wartungssytem musste die TU-204 von den Fluggesellschaften im Durchschnitt nach vier Tagen Inbetriebnahme für zwei Tage zur Wartung stillgelegt werden. Bei der Lufthansa hingegen fallen die Maschinen im Durchschnitt nur 1,5 Tage im Monat für Wartungsarbeiten aus – unabhängig von einem täglichen einstündigen Check und einer Generalüberholung alle zwei Jahre. Aber auch die Generalüberholung stellte mit ihren unökonomischen Intervallen ein Problem dar, da sie so gesetzt waren, dass sie erst mit dem Ablauf der Nutzungsdauer der Komponenten anfielen und somit die Maschinen völlig überholt werden mussten. Dabei kam es ebenfalls zu einem langfristigen Ausfall der Flugzeuge und entsprechend hohen Modernisierungskosten; vgl. Jambaeva/Sapoznikov, Pozdnee ditja rossijskogo aviaproma, 2000, S. 2.

Modernisierungswünschen und konkreten technischen Mängeln war mitunter fließend.[362]

Ein wesentlicher Grund für die schwache Koordination zwischen KB, Produktionsbetrieb und Fluggesellschaften lag in der generell ungeregelten Finanzierung der Konstruktionsarbeiten im neuen marktwirtschaftlichen System. Im Gegensatz zum sozialistischen System wurden die Konstruktionsbüros für ihre Leistungen kaum noch vom Staat unterstützt, sondern mussten die Arbeiten privat refinanzieren. Die Aviastar sah keinen Grund, warum sie die Konstrukteure an den geringen Einnahmen aus dem Flugzeugverkauf beteiligen sollte. Im Gegenzug verweigerte das KB die Übergabeprotokolle und die Übernahme von Garantien. Auch die frisch entstandenen und teilweise noch illiquiden Fluggesellschaften taten sich schwer, für Leistungen (z. B. Wartungsleistungen) zu zahlen, die bislang „umsonst" war – für Wartungsarbeiten verlangten die Konstrukteure von den Fluggesellschaften nunmehr eine Gegenleistung in liquiden Finanzmitteln.[363]

Gescheiterte Integrationsversuche mit Fluggesellschaften

Soweit waren alle Integrations- und Koordinationsversuche gescheitert. Das lag sicherlich auch an der geringen Kooperationsbereitschaft der Fluggesellschaften, die nicht bereit waren, ihre Gewinne mit den Akteuren der nachgeordneten Wertschöpfungsschritte zu „teilen". Sie waren deshalb nicht dazu bereit, weil sie im Rahmen eines vor allem kurzfristigen Zeithorizontes arbeiteten und sich vorrangig an einer Abschöpfungsstrategie orientierten. Dies war in extremer Form in dem von Präsident Jelzin von oben angeordneten Integrationsprojekt, der Gründung des Russischen Luftfahrtkonsortiums (RAK), demonstriert worden. An dieser FIG waren zwar alle wichtigen Akteure beteiligt gewesen, einschließlich der Fluggesellschaften Aeroflot, VAL und Sibir, letztendlich aber diente die Gesellschaft als for-

362 Vgl. Jambaeva/Sapoznikov, Pozdnee ditja rossijskogo aviaproma, 2000, S. 2–5.
363 Vgl. Jambaeva/Sapoznikov, Pozdnee ditja rossijskogo aviaproma, 2000, S. 2–5.

melle Plattform der Nutzung staatlicher Privilegien und der Umsetzung wirtschaftskrimineller Abschöpfungsstrategien.[364] Es waren weder marktorientierte Entwicklungsprojekte angestrengt noch der versprochene Kauf der Tupolev-Maschinen eingehalten worden.

Daneben gab es den Versuch einer internationalen Kooperation mit einer Investmentfirma. Schon 1992 wurde ein Joint Venture zwischen dem ANTK „Tupolev“, der OAO Aviastar und der englischen Investmentfirma „Fleming's Russia Investment Corporation“ geschlossen – die Kooperation ähnelte derjenigen Isajkins mit der britischen Firma „Heavy Lift“. Das Projekt scheiterte jedoch, u. a. aufgrund des Fehlens einer staatlichen Leasinggarantie, die in Anbetracht der lückenhaften russischen Gesetzgebung notwendig schien. Zwar hatte das Management dem Ministerium für Transport ein mit der Sberbank ausgearbeitetes Leasingprogramm vorgelegt, dieses war jedoch unbeantwortet geblieben.[365]

Über ein eigenes informelles Netzwerk, das mit dem Unternehmens- und Restrukturierungsprozess in Einklang gestanden hätte, verfügte die Aviastar-Führung offensichtlich nicht. Im Endeffekt führte die fehlende Kooperation zwischen den Konstrukteuren, den Produzenten und den Fluggesellschaften zu wachsenden Wettbewerbsnachteilen des Tupolev-Modells, und das nicht nur auf dem internationalen Markt, sondern auch auf den heimischen Märkten. Komfort, Wartung und Handling von Maschinen wie der Boeing 767 und 757 oder dem Airbus A310 erwiesen sich als überlegen. Hinzu kam, dass dann auch erst im Dezember 1994 die Tu-204-100, eine kaum modernisierte Variante der in den 1980er Jahren entwickelten Tupolev, für Fracht- und Passagiertransporte von der MAK zertifiziert wurde. Für den internationalen Markt wurde die Tu-204-120 entwickelt, die

364 Auf Jelzins Erlass Nr. 496 war diese Gesellschaft als FIG mit dem Ziel gegründet worden, über dezentrale und private Strukutren alle an der Wertschöpfung der Tupolev beteiligten Akteure zu integrieren, um die Modernisierung und den Verkauf der Tupolev zu fördern. Vgl. Gesetz des Präsidenten der RF (President RF Ukas) Nr. 496, O finansovo-promyschlonnoj gruppe „Rossijskij Aviazionnyj Konsorzium“, 1995.

365 Vgl. o. V., Kommersant'daily vom 14.11.1997, S. 9; ebenso The Russian Defence Directory, 1995, S. 1–216.

für den Einbau von Rolls-Royce-Triebwerken und Honeywell-Avionik angepasst war. Diese Maschine wurde erst in den Jahren 1997 und 1998 zertifiziert, obwohl der Prototyp schon seit Februar 1992 flog.[366]

4.4.3 Innerbetriebliche Koordination: Betriebsinterne Restriktionen und Fragmentierungsdynamiken

Die Volga Dnepr hatte darüber hinaus als De-novo-Unternehmen ganz entscheidende Vorteile. Zum einen verfügte sie mit der Ruslan über ein Monopolprodukt, mit dem sie am Ende der Wertschöpfungskette auch einen direkten Zugang zu den Märkten und zu den zahlenden Endkunden hatte. Der Produktionsbetrieb war im Gegensatz dazu von dem Zugang zu diesen echten, d.h. bargeldnahen, Finanzströmen abgeschlossen. Hinzu kam, dass die Aviastar anders als ein De-novo-Unternehmen mit ganz anderen betriebswirtschaftlichen Restriktionen belastet war.

Betriebswirtschaftliche Restriktionen

Für eine marktwirtschaftlich orientierte Handlungsweise waren die ökonomischen Voraussetzungen des Flugzeugkomplexes ungünstig. Wie alle sowjetischen Großbetriebe war auch der Aviastar-Komplex mit den typischen Merkmalen der sowjetischen Wirtschaftsstruktur belastet. Dazu gehörten die hohen Gemeinkosten, die Überkapazitäten und die hohen Belegschaftszahlen (34 000 Beschäftigte). Die jährlichen Gemeinkosten des Gesamtkomplexes der Aviastar beliefen sich zwischen 1991 und 1996 auf durchschnittlich 70–79 Mio. \$.[367] Auf die Flugzeugproduktion allein entfielen nach Angaben des Rechnungshof 70 Prozent der gesamten Gemeinkosten – und damit 49–55 Mio. \$.[368] Die maßgebliche Größe für ein marktwirtschaftlich orientiertes Restrukturierungsverhalten ist die Break-even-

---

366 Vgl. Webseite von „Jane's" 2001–2002, Tupolev Tu-204; NIIEAP, Bericht vom 16.05.200, Gosurdarstvo necet poterij, S. 2.

367 Für den hier betrachteten Zeitraum in der ersten Hälfte der 1990er Jahre wurde ein Durchschnittswert aus den ersten fünf Jahren gebildet. Mit der Stabilisierung der Wechselkurse sanken die Kosten. Die größten Kostenblöcke der Gemeinkosten sind die Lohnkosten und die Energiekosten.

368 Eigene Berechnung auf der Basis der Angaben des Rechnungshofberichtes Nr. 10 (Punkte 5.4, 6, 6.4), 2000.

Menge. Dies ist die Menge, die ein Unternehmen verkaufen muss, um seine Kosten zu decken, bzw. ab der das Werk beginnt, Gewinne zu realisieren. Nachdem die Nachfrage nach der An-124 durch das Ministerium für Verteidigung im Jahre 1991 zum Erliegen gekommen war, beschränkte sich die Flugzeugproduktion der Aviastar vor allem auf die Herstellung der zivilen Mittelstreckenmaschine Tu-204. Ohne Triebwerke war der Preis der Tu-204 mit 21 Mio. $ anzusetzen.[369] Bei einem Gemeinkostenanteil von 20 Prozent[370] hätte das Werk allein zur Deckung der Gemeinkosten der Flugzeugproduktion 12–13 Flugzeuge verkaufen müssen.[371] Diese Zahlen decken sich weitgehend mit den Angaben von Sergej Kirienko in seiner Funktion als Aufsichtsratsvorsitzender der ZAO Aviastar-SP[372]: Er gab die Break-even-Menge für das Flugzeugwerk mit 12 Maschinen pro Jahr an.[373] Auch wenn die genannten Zahlen teilweise auf Schätzungen und mehr oder weniger groben Berechnungen basieren, verdeutlichen sie doch, wie

369 Vgl. Georgiev, Krivaja rossijskich avialinij, 1996, S. 27. Die Herstellungskosten ohne Triebwerke werden mit 12 Mio. $ angegeben; vgl. Interview mit Gavrilova, 2002, (Januar I).

370 Vgl. Interview mit Dr. Postnikov, 2005. Vgl. Smirnov u. a., Upravlenie Maschinostroitel'nym predprijatiem, 1989, S. 123–125.

371 Für das Gesamtwerk wären dies dementsprechend 16–17 Flugzeuge.

372 Dieser Bereich umfasste im Wesentlichen die Flugzeugproduktion. Im Jahre 1997 wurde sie aus der Muttergesellschaft herausgelöst und in die Tochter ZAO Aviastar-SP eingebracht.

373 Aussage von Sergej Kirienko in seiner Funktion als Vertreter des Präsidenten der RF und Aufsichtsratsvorsitzender der ZAO Aviastar-SP, zitiert in: o. V., Sergej Kirienko provel zasedanie soveta direktorov ZAO Aviastar- SP. Zu dem hier betrachteten Zeitpunkt bis 1996 bezogen sich die Zahlen nur auf die Produktions- und Verwaltungsstrukturen der eigentlichen Flugzeugproduktion. Diese Strukturen stimmten im Wesentlichen mit der später gegründeten ZAO Aviastar überein. Die Flugzeugproduktion machte, nach Angaben des Rechnungshofes, nur ca. 70 % der gesamten Gemeinkosten des Gesamtwerkes (OAO Aviastar) aus. Für die Deckung der Gemeinkosten des gesamten Komplexes, wie dies für die Phase vor 1996 zu berechnen war, hätten demnach noch 4–5 weitere Flugzeuge, also insgesamt 16–17, veräußert werden müssen.

weit der Komplex von einer Restrukturierung und einer marktwirtschaftlichen Kapitalisierung entfernt war.[374] Ein Verkauf von mindestens 12 Flugzeugen (bzw. 17 Maschinen zur Deckung der Kosten für den Gesamtkomplex) war, wie die Unternehmensprozesse der Fluggesellschaften gezeigt haben, unrealistisch.

Einnahmen/Absatz Tu-204

Tatsächlich wurde über den Verkauf der Tu-204 nur ein Bruchteil der Kosten erwirtschaftet. Nach ihrer Zertifizierung 1994 wurden bis Ende 1996 nur einige wenige Maschinen verkauft. So ging eine an die (RA-64011) „Vnukovskie Avialinii“[375], und zwei Maschinen wurden über die nur kurzzeitig existierende Permsker Leasinggesellschaft „Avialeasing“[376] an die regionale Gesellschaft „Kavimvody“ übergeben. Formell hätten der Aviastar für die drei Maschinen bei einem offiziellen Stückpreis von 21–24 Mio. $ bzw. 130–140 Mrd. Rubel[377] Erlöse von 72 Mio. $ zufließen können. De facto wurde die Maschine an die VAL durch einen ungedeckten Wechsel gezahlt. Der „Verkauf“ der Maschinen über die Permsker „Avialeasing“ basierte vermutlich auf einem Tauschgeschäft. De facto verfügte keiner der drei beteiligten Akteure über ausreichende Finanzmittel. Vielmehr ist davon auszugehen, dass der Hersteller und der Triebwerkehersteller ihre Lagerbestände zusammengeführt und versucht hatten, über die Fluggesellschaft einige Einnahmen zu generieren. Ob oder in welchem Umfang unzertifizierte Maschinen verkauft wurden, ist nicht belegbar.

---

374 Für die 1990er Jahre wurde die Produktionskapazität mit nur 35 Maschinen angegeben. Ursprünglich sollten hier 60–65 Maschienen im Jahr hergestellt werden können. Ein Grund für die geringere Kapazität war, dass das Produktionsprojekt nur zu 75 % des geplanten Gesamtwertes fertiggestellt worden war; vgl. Rechnungshofbericht Nr. 10 (Punkt 5.1), 2000.

375 Mit dieser Tu-204 (Bordnummer 64011) sollte die Tuschka im Februar 1996 zu ihrem ersten kommerziellen Flug abheben!

376 Vgl. ANTK Tupolev, Suschtschestvujuschtschij park samolotov Tu-204, Stand 2010.

377 Vgl. Georgiev, Krivaja Rossijskich Avialinii, 1996.

Ruslan-Projekt

Nicht viel anders sah es bei den Einnahmen der Ruslan-Produktion aus. Denn die Erwartungen an das Volga-Dnepr-Projekt hatten sich nicht erfüllt. Zwar gingen in den nächsten Jahren acht Ruslan aus dem Bestand der Aviastar in den Besitz der Volga Dnepr über.[378] *Neue* Maschinen wurden bis 1996 jedoch nicht bestellt![379] Hinzu kommt, dass die Aviastar gar keinen echten Gegenwert für die Maschinen erhielt und nicht von den Finanzströmen der Fluggesellschaft profitierte. Vielmehr, so legt die Untersuchung nahe, wurde über die Beteiligung der Aviastar an der Volga Dnepr (34 Prozent) ein Tauschmechanismus gefunden, um die Maschinen zu bezahlen. Für eine reale Bezahlung fehlten auch der Frachtgesellschaft die Finanzmittel – der Umsatz der Volga Dnepr entsprach 1996 gerade einmal etwas mehr als 50 Mio. $,[380] und der Preis für eine Ruslan belief sich auf 40

---

378 Vgl. o. V., AO Aviastar prodala 34 % akzij ZAO Aviakompanija Volga Dnepr, 1999; o. V., Aviakompanija Volga Dnepr zarabotala 77 Millionov Dollarov, 2004; o. V., 3 Avgusta projdet torgestvennaja peredatscha aviakompanii „Volga Dnepr" tjagelogo samolota An-124-100, 2000; ebenso Webseite der Fluggesellschaft Volga Dnepr.

379 Bis 2008 wurde de facto keine neue Ruslan gebaut, sondern aus dem Bestand der Ruslan-Maschinen wurden einzelne Flugzeuge „fertiggestellt". Der Großteil war schon zu Zeiten der Sowjetunion hergestellt worden. Ungefähr 10–12 Maschinen waren bis 1994/95 zu 2/3 fertiggestellt worden, 4–6 Maschinen befanden sich noch im Anfangsstadium. Vgl. Rechnungshofbericht Nr. 10 (Punkt 4.3.), 2000.

380 Von der Volga Dnepr wird der jährliche Umsatz einer An-124 mit bis zu 10 Mio. $ angegeben. Die erste Maschine wurde 1991 in Betrieb genommen. Bis 1994/95 gingen acht weitere Maschinen in Betrieb. Von ihnen dürfte mindestens eine Maschinen aus Wartungsgründen ausgefallen sein. Demnach kann sich der Umsatz selbst bei einer Kapazitätsauslastung von 100 % auf nicht mehr als 65–70 Mio. $ im Jahr 1995 belaufen haben. Der Umsatzanteil, der durch die Iljushin-Maschinen generiert wurde, war relativ gering. Vgl. o. V., Volga-Dnepr ischet investor, 2000. Nach den veröffentlichten Zahlen der Zeitung „Vedomosti" ist der Umsatz des Unternehmens bis Mitte der 1990er Jahre vermutlich niedriger anzusetzen. So erreichte er 1995 51–58 Mio. $. Allerding stieg er dann kontinuierlich von 64–72 Mio. $ im Jahr 1996 auf bis zu 104 Mio. $. im Jahr 1999. Nach 2000 gab es allerdings einen Einbruch der Wachstumsentwicklung. Vgl. o. V., „Ruslan" ischtschet chozjaina, 2002; o. V., Volga-Dnepr gotova uletet', 2002.

Mio. $.[381] Auch eine Fremdfinanzierung war zu diesem Zeitpunkt auf den heimischen Finanzmärkten unwahrscheinlich.

Inwieweit hier eine Abschöpfungsstrategie von Seiten der Volga Dnepr verfolgt wurde, liegt im Graubereich der Werteinschätzung des Vermögens, das transferiert wurde, hängt also davon ab, ob der transferierte Wert der Aktiva an die Volga Dnepr mit dem Wert der Beteiligung übereinstimmt. Der Gesamtwert allein der Maschinen, die an die Volga Dnepr übergegangen waren, summierte sich auf 320 Mio. $. Er umfasst nicht den Wert der anderen Aviastar-Aktiva, die ebenfalls zum Verfügungsbereich der Volga Dnepr gehörten. Als die OAO Aviastar am 4. August 1999 ihren Aktienanteil von 34 Prozent verkaufte, bekam sie letztlich nur knapp 10 Mio. $ und somit nur einen Bruchteil dieser Summe. Die Kaufsumme wurde dabei nicht bar bezahlt, sondern durch die Übernahme der Lohnzahlungen der Aviastar-Belegschaft geleistet, die sich zu diesem Zeitpunkt auf nicht mehr als 10 Mio. $ im Jahr beliefen.[382] Und Dividenden soll die Volga Dnepr von 1993 bis 1999 nicht ausgezahlt haben.

4.4.4 Desintegrations- und Überlebensstrategien

Betriebswirtschaftliche Folgen: Finanzierung über Verschuldung

Was bedeutet das für die ökonomische Entwicklung der Aviastar in den ersten fünf Jahren ihres Bestehens als privates Unternehmen? De facto gab es keine echten Einnahmen, mit denen die akkumulierten Gemeinkosten von 350–395 Mio. $ des Gesamtkomplexes hätten gedeckt werden können. Bis Ende 1996 hatte sich der Komplex mit 400 Mio. $ verschuldet.

---

381 Isajkin gibt den Wert einer Ruslan mit 40 Mio. $ als überbewertet an. Im Jahr 2001 beabsichtigte er, zwei Maschinen für je ca. 20 Mio. $ zu erwerben; vgl. o. V., Potrebnosti aviakompanii Volga Dnepr v samoletach An-124-100, 2001; Viktor Michailov gab den Wert einer aus dem alten Bestand „neu“ fertiggestellten Ruslan mit 70–80 Mio. $ an. Bei einer Wiederbelebung der gesamten Produktionsstrukturen würde eine komplett neue Ruslan nicht weniger als 120 Mio. $ kosten, Vgl. Ul'eev, Ul'janvoksij aviazavod otpravil v „Polet“ An-124-100, 2004.

382 Nach der Ertragswertmethode ergäbe sich für das 34%ige Aktienpaket, das die Aviastar an der Frachtgesellschaft hielt, eine Wert von nicht mehr als 50–55 Mio. $. Diese Summe entspricht dem Wert von 1–2 Ruslan. Später hatte die Volga Dnepr 10 % der Aktienkapitals für 30 Mio. $ verkauft. Vgl. o. V., Aviakompanija „Volga Dnepr“ prodast okolo 10 % svoich akzij, 2004.

Nicht von ungefähr nähern sich die akkumulierten Gemeinkosten der Gesamtverschuldung der Summe von 400 Mio. $ an. Mit anderen Worten finanzierte sich der Komplex nicht über Einnahmen, sondern über Verschuldung! Diese Verschuldung lief in erster Linie über die Banken – dazu gehörten auch die Geschäftsbanken, über die die Konversions- und Industriekredite vergeben wurden –, über die Belegschaft, die Lieferanten, einzelne Gesellschafter und den Staat.[383]

Reorganisation und die Entstehung eines neuen Netzwerkes

Die Strategie des Generaldirektors erschöpfte sich darin, für die Subventionierung der Versorgerpreise und die Lagerproduktion Lobbyarbeit zu verrichten. Nach Angaben des Rechnungshofes waren am Ende des Jahres 1999 56 Tu-204 und 20 An-124 produziert und unter dem Posten „Unfertige Erzeugnisse" verbucht worden.[384] Aufgrund des Verschleißes, des Stillstands sowie der Einstellung von Zulieferungen war der Komplex nach 1996 kaum noch in der Lage, komplett neue Maschinen herzustellen.

In Anbetracht der extrem hohen Verschuldung flossen die wenigen Einnahmen der OAO Aviastar sofort wieder im Rahmen des Schuldendienstes ab – Investitionen konnten nicht realisiert werden.[385] Um dem Unternehmen einen Lebensimpuls zu geben und zu verhindern, dass der Komplex verpfändet und vollkommen auseinandergerissen wurde, hatten Vertreter des Aviastar-Managements um den Leiter des Vermögenskomitees, A. Pol-

---

383 Nach Angaben des Rechnungshofberichts Nr. 10 mit Bezug auf die Regierungsverordnung Nr. 23 wurden der Aviastar allein für Zollvergünstigungen auf den Import von Ausrüstungstechnik über 245,6 Mio. Rubel (denominiert) gewährt. Um die reformerischen Kräfte im Finanzministerium, die sich gegen die Subventionierung stellten, zu beschwichtigen, waren diese Gelder allerdings auf der Basis von Krediten vergeben worden. Auffallend an dem Dokument ist, dass die Frist zur Rückzahlung nicht benannt wurde. Vgl. Regierungsverordnung (Postanovlenie pravitel'stva) Nr. 23 vom 26.11.1991, Voprocy akzionerny obschestv Aviastar i Volga Dnepr; siehe Rechnungshofbericht Nr. 10 (Punkt 4.2), 2000.

384 Der Fertigungsstand dieser Maschinen war jedoch unterschiedlich. Während einige schon mit Triebwerken versehen waren, wurde bei anderen gerade einmal mit dem Rumpfbau begonnen. Vgl. Rechnungshofbericht Nr. 10 (Punkt 7.7.), 2000; ebenso Interview mit Gavrilova, 2002 (Januar I).

385 Vgl. Rechungshofbericht Nr. 10 (Punkt 4), 2000.

jakov, beschlossen, Filialen und später unabhängige Tochtergesellschaften zu gründen. Auf diese Filialen konnten dann die Einnahmen umgebucht und gesichert werden.[386] Im Folgenden setzte ein komplexer Reorganisations- und Unternehmensneugründungsprozess ein.

Im Zuge dieser Reorganisation wurden nicht nur die produktionsfremden Bereiche (Flughafen, Stromversorgung etc.), sondern auch die verschiedenen zur Flugzeugproduktion gehörenden Unternehmenseinheiten (Metallbearbeitung, Aggregatebau, Endmontage etc.) als Filialen mit eigener Buchführung organisiert.[387] Die Grundlagen dafür waren schon in der Zeit der Sowjetunion gelegt worden, verfügte doch jedes Werk über eine eigene Verwaltung mit Finanz-, Produktions- und Planabteilung etc. Daneben gab es eine Reihe von Unternehmensneugründungen, die vor allem als Finanzinstitutionen fungierten und die später in Holdings umgewandelt werden sollten.[388] Geleitet wurden die wichtigsten Filialen und Finanzinstitutionen von einem kleinen Kreis natürlicher Personen aus dem mittleren Management um den Leiter des Vermögenskomitees, A. Poljakov.[389] Diese Akteure formierten sich zu einer engen Interessengemeinschaft und zu einem eigenständigen Netzwerk innerhalb des Aviastar-Komplexes. Ihr Ziel war es, eine weitgehende Konzentration der direkt an der Flugzeugproduktion beteiligten Unternehmensbereiche sicherzustellen.

---

386 Vgl. Lopuchov, Istoriju reorganizazii Predprijatie OAO UAPK Aviastar, Stand 2005.

387 Vgl. Rechnungshofbericht Nr. 10 (Punkt 1), 2000; Lopuchov, Istoriju Reorgansiazii OAO Aviastar, Stand 2005.

388 Vgl. Interview mit Gavrilova, 2000 (Januar I). Dazu gehörten die von Poljakov geleitete Fondsgesellschaft AOZT „Fondovyj Dom ‚Aviastar-Invest'", die TOO „Novaja finansovaja Kompanija", die AOZT „Investizionnja finansovaja Komapnaija ‚Argument'", die ZAO „Aviastar-Rieltor" und die TOO „Ruslan", die Moskauer Filiale der Aviastar.

389 Zu den führenden Akteuren gehörten: Kostrov, Utanova, Juravlev (Volga Dnepr), Prichod'ko (Direktor der Filiale Ul'janovsk Vostotschny), Ruzaveoj (Direktor der Aviastar Alfa), Korotnev, Krjutschkov, Prjadkin, Badanov, Rachmanov, N. P. Semenov. Vgl. Aviastar-Info, Chronologija sozdanija krupnyjch kompanij c utschastiem OAO „UAPK Aviastar" i dvigenie kapitala, Stand 2002.

Finanz- und Handelsgeschäfte: Zwischen Überlebensstrategien und Selbstbereicherung

Durch Poljakovs Reorganisation kontrollierten die Leiter der Filialen ihre eigenen Finanzkreisläufe und die ihnen zugeteilten Aktiva. Gleichzeitig nahmen sie auch die staatlichen Privilegien und Kreditzusagen im Namen der OAO Aviastar in Anspruch. Diese nutzten sie weniger im Sinne des offiziellen Verwendungszwecks als vielmehr für eigene Handels- und Finanzgeschäfte. Allein der Moskauer Filiale, von Poljakov selbst geleitet, war bis zum 24. April 1995 ein Zollkredit von 176 Mio. denominierten Rubeln gewährt worden. Offiziell sollten die Vergünstigungen für den Import von Verfahrenstechnologie genutzt werden, im Einklang mit den Konversions- und Modernisierungsprogrammen des Betriebes. Genutzt wurden die Privilegien für den verbilligtem Import von Unterhaltungselektronik, die dann weiter gehandelt wurden.[390] Neben diesem Import von betriebsfremden Gütern wurden auch Teile der umfangreichen Lagerbestände des Komplexes in Bargeld verwandelt. Gerade der Export der Aluminiumbestände war zu diesem Zeitpunkt ein einträgliches Geschäft. Generell stellte der Verkauf von Metallen zu diesem Zeitpunkt keine Besonderheit dar.[391] Abgesehen von der Verfügung über die Aktiva konnten die Leiter und Direktoren auch den Lauf der betrieblichen Finanzströme freizügig gestalten. Zu den Betriebsfinanzen gehörten die Bankkredite, Betriebsfonds und Verkaufserlöse. Diese Gelder umfassten umgerechnet mehrstellige Millionensummen. Der Anreiz, die Finanzmittel für nichtbetriebliche Finanzanlagen zu nutzen, war zu diesem Zeitpunkt sehr hoch. Mit Wechselkurs- und Termingeschäften allein konnten Anfang der 1990er Jahre extrem hohe Ge-

390 Vgl. Rechnungshofbericht Nr. 10 (Punkt 4.2), 2000; NIIEAP, Bericht vom 15.05.2000, Gosudarstvo necet poteri; siehe auch Titkov, Ukradennye Kryl'ja, 2003.

391 So hatten allein die landesweiten Lagerverkäufe im Jahr 1992 dazu geführt, dass die Leistungsbilanz Russlands positiv war und die Preise an der Londoner Metallbörse fielen. Der Preis für eine Tonne Aluminium lag in diesem Zeitraum zwischen 860 und 1 276 $. Vgl. Rechnungshofbericht Nr. 10 (Punkte 4.2, 6.4), 2000; Goskomstat, Rossij v Ziffrach – 1997, 1997, S. 157, 166; Beresovskiej/Tschervykov, Sectoral Production Capital, 1995, S. 405–458.

winne erzielt werden. Im Jahr 1992 konnten durch die Anlage in Dollar jährliche Renditen von 1 000 Prozent und auch noch 1993 und 1994 Renditen von 300 Prozent erreicht werden. Allein dadurch, dass die Auszahlung der Betriebsgelder für mehrere Monate hinausgezögert und die Mittel in der Zeit in Fremdwährungen angelegt wurden, konnten beachtliche Zugewinne realisiert werden, während sich die Verbindlichkeiten aufgrund der Inflationsraten entsprechend verbilligten. Der Übergang von einer Überlebensstrategie zur Selbstbereicherung war insofern fließend.

4.5 Zusammenfassende Beurteilung

In dieser Phase wurde das Werk bei seinen umfassenden Restrukturierungsaufgaben weder durch stabile institutionelle Rahmenbedingungen gestützt noch durch Koordinationsmechanismen des Marktes. Die finanziellen und administrativen Schwächen des neuen Staatsapparates – und dies traf insbesondere auf die Rüstungsbürokratie zu – verhinderten, dass der Staat wichtige Koordinations- und Kontrollaufgaben übernehmen konnte. Dabei wurde das Institutionensystem zunehmend durch Netzwerke fragmentiert. Da die systemimmanenten Desintegrationsdynamiken des politischen Systems nun nicht mehr über die selbstregulierenden Integrationsmechanismen und die streng hierarchischen Kontroll- und Steuerungsmechanismen des sowjetischen Verwaltungsstaates kompensiert werden konnten, wurde die Handlungsfähigkeit des zentralstaatlichen Institutionensystems eingeschränkt.

Der Aviastar war es in dieser Phase nicht gelungen, jenseits der staatlichen Steuerung eine eigene horizontale Koordination der an den Wertschöpfungs- und Innovationsprozessen beteiligten Akteure aufzustellen. Vielmehr hat sich gezeigt, dass die diametral zu den Unternehmensprozessen laufenden Netzwerkprozesse, die im Rahmen der zentralen Planwirtschaft noch koordiniert werden konnten, unter der Einführung marktwirtschaftlicher Elemente zu einem Auseinanderbrechen des Wertschöpfungszyklus und des Innovationszyklus beitrugen. So bastelte das KB Tupolev in Moskau weiterhin an der Konstruktion wasserstoffangetriebener Businessjets, und die Fluggesellschaften konzentrierten sich entweder auf den Import analoger ausländischer Luftfahrttechnik oder auf die Abschöpfung der betrieblichen Finanzströme der Fluggesellschaften. Infolge des Auseinanderbrechens des Innovationssystems der Tupolev vergrößerten sich die Wettbewerbsnachteile der Tu-204, viele notwendige Modernisierungsmaßnahmen wurden nicht umgesetzt, was die Absatzchancen erschwerte. Durch die fehlende Interaktion zwischen Produzenten und den Fluggesellschaften, die als einzige Zugang zu den „echten" Finanzströmen hatten, war das Werk von diesen Finanzströmen, die zu diesem Zeitpunkt nur am Ende der Wertschöpfungskette generiert werden konnten, abgeschnitten. Auch das Volga-Dnepr-Projekt war nicht erfolgreich. Zwar hatte die Aviastar der Frachtgesellschaft mit den acht Ruslan-Maschinen Werte in dreistelliger Millionenhöhe zur Verfügung gestellt, gleichwertige Einnahmen sind der Aviastar aber nicht zugeflossen. Auch waren de facto keine neuen Ruslan-Maschinen bestellt worden.

Der Restrukturierungsprozess wurde in dieser Phase vor allem durch die betriebswirtschaftlichen Restriktionen, die sich insbesondere in den hohen Gemeinkosten manifestierten, gehemmt. Eine Deckung dieser Kosten über den Verkauf von Flugzeugen an die heimischen Fluggesellschaften wäre zu diesem Zeitpunkt kaum möglich gewesen. Entsprechend finanzierte sich das Werk nicht über Einnahmen, sondern über eine ungebremste Verschuldung.[392] Am Ende dieser Phase hatte sich der Komplex mit 400 Mio. $ verschuldet. In dieser Situation wurden keine Investitionen in die Produktionsstrukturen und die Ausrüstungstechnologie getätigt. Nach 1996 war das Werk kaum noch in der Lage, neue Maschinen herzustellen, und ganze Werksteile wurden geschlossen. Die nun einsetzende Reorganisation und der Zerfall in eine Vielzahl von Filialen konnten das Werk zwar vor dem Zugriff der Gläubiger retten, allerdings ging von der Reorganisation auch eine weitere Desintegrationsgefahr aus. Das Werk geriet damit zunehmend in die Lage, von dem Netzwerk des ehemaligen Leiters des Parteikomitees abhängig zu sein.

---

392 Die staatlichen Privilegien, die Gewährung weicher Kredite und die Subventionierung der Energiekosten begünstigten streng genommen eine Herauszögerung der Restrukturierung.

Während die Aviastar so zu den Verlierern des Systemwechsels gehörte, war die Volga Dnepr der Gewinner. Im Gegensatz zur Aviastar basiert das Ruslan-Projekt auf einem effektiven Interaktionssystem, das bestens für die Bewältigung der anstehenden Aufgaben in dem neuen Umfeld geeignet war. Die Grundlage war ein stabiles, komplementäres Netzwerk, das durch seine Manifestierung in Form der formellen Strukturen der privaten Frachtgesellschaft ZAO „Volga Dnepr" ein festes, den kapitalistischen Bedingungen angepasstes Gerüst gefunden hatte. Die Netzwerkinteressen und die Unternehmensziele stimmten überein.

5 Reorganisations- und Investitionsprozesse in einem netzwerkorientierten Umfeld (Phase III: 1996–2001)

5.1 Institutionelle Rahmenbedingungen auf zentralstaatlicher Ebene: Ende der Handlungsfähigkeit

Nach der Präsidentschaftswahl 1996 war das formelle Institutionensystem so weit von Netzwerken unterwandert, dass eine „übergeordnete" zweckorientierte Koordination des Systems kaum noch möglich war. Dabei dominierten die Netzwerkprozesse, die „von unten", von den einzelnen Wirtschaftsakteuren, ausgingen, die staatlichen Organe und ihre Institutionen kaperten und für ihre Zwecke instrumentalisierten („state-capturing"). Ende der 1990er Jahre schienen die staatlichen Institutionen nicht nur wichtige Kompetenzen, Souveränitäts- und Hoheitsrechte (Gewaltrechte bzw. die Verteidigungsrechte, Justiz- und Polizeirechte, aber auch die Steuer- und Finanzrechte) sowie Haupteinnahmequellen verloren zu haben, sondern auch ihre wesentliche Funktion als Institutionen. Die Gültigkeit von formellen Regelungen bot keine ordentlichen Handlungsorientierungen und Vorgaben mehr.

5.1.1 Zwischen wirtschaftsliberalen Reformen und der Koordination von Netzwerksinteressen

„Das Dualistisches System"

Nachdem die Oligarchen 1996/1997 ihre offiziellen Ämter in den politischen Organen weitgehend verloren hatte, wurde die Regierung von zwei diametral entgegengesetzten Akteurgruppen besetzt, die aber in einer Form der Partnerschaft interagierten: das waren einerseits die Reformer und andererseits die Industrielobbyisten um den Ministerpräsidenten V. Tschernomyrdin. Die Aufgabe der Reformer war es, die Haushaltsdisziplin aufrechtzuerhalten.[393] Vor diesem Hintergrund waren die Maßnahmen zur Entsubventionierung (dies betraf die Versorgerpreise, Steuer- und Zollvergünstigungen sowie Export und Zollprivilegien) und zur De-zentralisierung der Unternehmensprozesse zu verstehen. Gleichzeitig waren sie bemüht, die ordnungspolitischen Institutionen weiter auszubauen. Über Tschernomyrdin blieb allerdings das tradierte Aushandlungs- und Konsenssystem in der Regierung verankert. Dadurch konnten einzelne, häufig konservative Interessengruppen ihre Partikularinteressen in die Entscheidungen direkt einbringen. Über diesen vertikalen Interaktionskanal agierten auch die alten Eliten aus der Luftfahrt und der Luftfahrtindustrie. De facto sollten sich dieses Aushandlungssystem und die Koordination der Partikularinteressen als die zentrale Größe für die politische Steuerung des politischen Gesamtsystems herausstellen. Auch die politische Macht der jungen Reformer in der Regierung beruhte paradoxerweise auf der Koexistenz mit Viktor Tschernomyrdin als Regierungschef, der wegen des Krankheitsausfalls des Präsidenten de facto immer häufiger die Staatsführung ausübte. Neben der Regierung konnten die Wirtschaftsakteure aber auch über die Präsidialadministration und den Präsidenten ihre Interessen und Vorstellungen durchsetzen. Wie willkürlich, instabil und wenig an den sachlichen Lösungen orientiert das Institutionensystem war, bekam insbesondere der MIK zu spüren.

MIK wird zum Spielball der Machtinteressen

Vor der Wahl 1996 war Jelzin in Anbetracht der stabilen Macht G. Sjuganovs und der Kommunisten zur Schwächung des konservativen Lagers auf die neutrale Haltung der Militärs angewiesen. Vor diesem Hintergrund war

---

393 Über die „Aktien gegen Kredit"-Privatisierung der größen Staatsunternehmen versuchten sie, beide Aufgaben mit einem Schlag zu lösen. So konnten die Oligarchen für die Finanzierung von Jelzins Wahlkompf ausbezahlt und gleichzeitig das Haushaltsdefizit ausgeglichen werden. Im Rahmen dieser Privatisierung wurden die größten und einträglichsten Staatsunternehmen über nur dem kleinen Kreis der Oligarchen zugängliche Auktionen weit unter Preis verkauften. Vgl. Klebnikov, Der Pate des Kremls, 2001, S. 275–277; Pleines, Large-scale Corruption, 2000, S. 191–207.

kurzerhand über Verordnungen des Präsidenten und der Regierung Tschernomyrdin die administrative und finanzielle Aufwertung des Rüstungskomplexes initiiert worden. Anfang 1996 wurde die – 1991 zum Staatskomitee für Verteidigungsindustrie degradierte – höchste administrative Behörde der Rüstungsindustrie zum Ministerium aufgewertet. Auch die Luftfahrtindustrie sollte von den politischen Bargaining-Absprachen profitieren, ablesbar an der geplanten Aufstockung seiner Haushaltsgelder für die Programme zur Entwicklung der zivilen Luftfahrttechnik.[394] Nur einige Tage vor den Wahlen hatte der Präsident Russlands in den Erlassen Nr. 825 und 904 die Regierung mit der Schaffung von Leasingmechanismen beauftragt.[395]

Allerdings wurde die Aufwertung der Rüstungsbürokratie schon im nächsten Jahr wieder rückgängig gemacht. Das Ministerium für Verteidigungsindustrie wurde aufgelöst und seine Industrien wurden dem Ministerium für Wirtschaft unterstellt. Nun oblag es dem Wirtschaftsminister Jakov Urinson, die Restrukturierung der Luftfahrtindustrie umzusetzen. Urinson war dabei mehr an einer Ökonomisierung als an der Subventionierung der ehemaligen Rüstungsindustrien ausgerichtet. Das „Programm zur nationalen technologischen Basis" war im Haushalt 1997 mit nur 1 Prozent der vorgesehenen Summe unterlegt worden. Ein Jahr später erwog man, es ganz aus dem Budget zu streichen.[396] Auch die Aufnahme des „Programms zur Entwicklung der zivilen Luftfahrttechnik" in das Programm des Präsidenten hatte dem Sektor keine Verbesserung gebracht. Von der ohnehin knappen

394 So wurde das föderale „Programm zur Entwicklung der zivilen Luftfahrttechnik bis 2000", das bislang nur auf der Basis der Verordnung des Obersten Sowjets der RF vom 12.08.1993 (Nr. 5615-1) existierte, im Januar 1996 durch das Präsidialgesetz Nr. 112 in das Programm des Präsidenten aufgenommen. Große Erwartungen setzte der Komplex in das „Programm zur nationalen technologischen Basis" und das „Programm zur Restrukturierung und zur Konversion in der Rüstungsindustrie 1998–2000". Mittels dieser Programme sollte der Dual-Use-Ansatz gefördert werden. Und das Militär erhoffte sich, eine bessere Abstimmung mit dem Waffenprogramm 1996–2005 zu erreichen.

395 Vgl. Rechnungshofbericht Nr. 28 (Punkt 5.1), 2000.

396 Vgl. NIIEAP, Beurteilung des Rechnungshofberichts (Ottschet Stschetnoj palaty RF) Nr. 28.

Finanzierung für 1996–1999 wurden kaum mehr als 13 Prozent der geplanten Summe im Haushalt verzeichnet. Die Finanzierung der Konversionsprogramme, für die von den Rüstungsunternehmen 1 069 Konzepte ausgearbeitet worden waren, wurde vollständig eingestellt.[397]

Im Laufe der Zeit liefen die beiden verschiedenen Steuerungs- und Kontrollsysteme um die Reformer und um den Ministerpräsidenten Tschernomyrdin immer stärker gegeneinander. Die Reformer waren mit dem Problem des wachsenden Haushaltsdefizits konfrontiert, das sie letztlich durch den Verkauf der wichtigsten staatlichen Einnahmequellen an die Oligarchen selbst verursacht hatten. Das Haushaltsdefizit sollte dabei durch Steuerreformen und über eine „teure" rigide Finanz- und Wechselkurspolitik durchgesetzt werden.[398] Allerdings war das politische Machtsystem Jelzins bzw. Tschernomyrdins, das eben auf der Vergabe von Sonderprivilegien und der Verteilung des Staatsvermögens bzw. der Staatseinnahmen aufbaute, nicht mehr finanzierbar.[399] Im Jahr 1997 beliefen sich allein die Steuerprivilegien bzw. -befreiungen auf umgerechnet 28 Mrd. $.[400] De facto konnten die Reformer in den Finanz- und Wirtschaftsministerien gar nicht so viele Ressourcen einsparen, wie über die Bargaining-Politik Tschernomyrdins verteilt wurde – ganz abgesehen davon, dass dies ohnehin durch die Ineffizienzen der Verwaltungsapparate erschwert wurde.[401]

Um das kontinuierlich wachsende Haushaltsdefizit zu decken, mussten immer neue Staatsanleihen (GKO) zu immer höheren Zinsen ausgegeben werden, wodurch sich die Regierung in eine immer schneller drehende Schuldenspirale manövrierte.[402] Im Frühjahr 1998 hatte sich das Land an

---

397 Vgl. NIIEAP, Beurteilung des Rechnungshofberichts (Ottschet Stschetnoj palaty RF) Nr. 28.

398 Vgl. Forstner, Russland – Hintergründe und Perspektiven, 1999. Die Verschuldung sollte nicht über die Notenpresse und damit über Inflation und Rubelabwertung finanziert werden, sondern 1. durch die Emission von weiteren Staatsanleihen (neben internationalen Stützungskrediten), 2. durch einen rigiden Sparkurs und 3. durch Steuerreformen.

399 Vgl. Forstner, Russland – Hintergründe und Perspektiven, 1999.

400 Vgl. Shleifer/Treismann, Without a map, 2000, S. 96.

401 Vgl. Forstner, Russland – Hintergründe und Perspektiven, 1999.

402 In den Jahren 1997–1998 basierten 75 % der gesamten wirtschaftlichen Transaktionen auf Tauschbeziehungen. Auch der Staat war daran beteiligt. So wurden

den Rand der Zahlungsunfähigkeit gebracht. Die fixe überbewertete Rubelkursparität war nicht mehr zu halten.[403] Mit der Zahlungsunfähigkeit, der drohenden Rubelabwertung und somit dem drohenden Zusammenbruch des gesamten Finanzsystems wurde das Tandem Tschubais und Tschernomyrdin entlassen, und das Land stürzte erwartungsgemäß in eine Führungskrise.

5.1.2 Netzwerkprozesse und erste Rezentralisierungsversuche nach 1998

Im Sommer 1998 wurden dem bis dahin unbekannten Sergej Kirienko die Regierungsgeschäfte übertragen. Es gelang dem jungen Technokraten nicht, eine Eskalation der Finanzkrise und den Sturz des Rubels im August 1998 zu vermeiden. Daraufhin übergab Jelzin die Leitung der Regierung an den Außenminister, Jewgeni Primakov. Dieser konnte sich aufgrund seines rigiden Vorgehens gegen die Oligarchen nur einige Monate halten. Ihm folgten Stepaschin und im August 1999 dann der Leiter des Inlandsgeheimdienstes FSB, Vladimir Putin. Entscheidend unter der Netzwerkperspektive ist in diesem Zusammenhang, dass mit dem Rücktritt Tschernomyrdins der zentrale Koordinator des informellen gesamtstaatlichen Aushandlungssystems von Netzwerkinteressen weggefallen war. Die alten Eliten hatten da-

---

beispielsweise nur 10 % der Gas- und Stromrechnungen 1998 in Bargeld bezahlt, die föderalen Steuern nur zu 49 %. Der Anteil der nichtmonetären Zahlungen an das regionale Budget belief sich auf bis zu 70 %. Vgl. Commander/Mummsen, The Growth of Non-Monetary Transaction, 2000, S. 126–128, 134–135. Die Banken brauchten ihre Gelder auch weiterhin nicht in langfristige und risikoreiche Unternehmensprojekte zu investieren, sondern konnten sie direkt in die hoch rentablen kurzfristigen Staatsanleihen umlenken, die ihnen Gewinne von 40–100 % einbrachten, was die Entmonetarisierung des realen Sektors erhöhte.

403 Zu diesem Zeitpunkt mussten 30 % der Staatseinnahmen allein zur Finanzierung der Zinszahlungen genutzt werden. Für die Tilgung der Schatzwechsel sah sich die Zentralbank gezwungen, neue Staatsanleihen auszugeben, um den Rückkauf überhaupt finanzieren zu können. Die Zinsen der neu emissionierten Schatzwechsel beliefen sich zu diesem Zeitpunkt bereits auf über 100 %. Vgl. Commander/Mummsen, The Growth of Non-Monetary Transaction, 2000; Forstner, Russland – Hintergründe und Perspektiven, 1999.

mit nicht mehr den gewohnt leichten Zugang zur Regierung. Dementsprechend komplizierter gestaltete sich die Einflussnahme auf die politischen Entscheidungsprozesse.

Im Mittelpunkt der vorliegenden Betrachtung stehen die Regelungen, welche den Gestaltungsraum der Restrukturierungsprozesse der Aviastar am meisten beeinflussten. Dazu gehören neben den Leasing- und Zertifizierungsbestimmungen auch die Zollbestimmungen. Seit 1995 sollte die heimische Luftfahrtindustrie gegen den Import ausländischer Modelle von Boeing und Airbus geschützt werden. Unter Tschernomyrdin waren die Fluggesellschaften Aeroflot und Transaero über die von der Zertifizierungsbehörde MAK bewirkte Verordnung 18-5p von Zöllen und Gebühren befreit worden. In Anbetracht des wachsenden Imports ausländischer Technik hatten sich ab Ende 1997 führende Akteure des Luftfahrtsektors[404] an den Wirtschaftsminister Urinson gewandt – dem Ministerium war die Abteilung für Luft- und Raumfahrt seit 1997 untergeordnet –, um sich gegen den unbeschränkten Import von ausländischer Luftfahrttechnik auszusprechen – allerdings vergeblich.[405] Erst unter Kirienko kam es zu einer Einschränkung der Zollvergünstigungen. In einer am 07.07.1998 verabschiedeten Verordnung (Nr. 716) wurde eine Gewährung von Zollvergünstigungen für ausländische Flugzeugtechnik für die Modelle untersagt, für die es analoge russische Modelle gab.[406]

Von dieser Veränderung der Zollvorschriften konnte auch die Aviastar mit ihrer Tu-204 profitieren. Im Frühjahr 1999 unterzeichnete die Transaero mit der OAO Aviastar ein Protokoll, das dem Ul'janovsker Flugzeugkomplex erstmalig den Kauf von zehn Tu-204 in Aussicht stellte. Auch Investitionsgespräche mit der Aeroflot wurden angekündigt.[407] Soweit sollte es jedoch nicht kommen, denn am 26. November 1999 unterzeichnete das Ministe-

---

404 Wie das Konstruktionsbüro Iljuschin, die Behörde für Luft- und Raumfahrt „Rosaviakosmos" sowie die Forschungsinstitutionen TSAGI (Schwerpunkt: Aerodynamik) und GosNII (führendes Forschungszentrum für Avionik und Software).

405 Vgl. Rechnungshofbericht Nr. 28 (Punkt 6.2.1), 2000; Rechnungshofbericht Nr. 10 (Punkt 7.4), 2000.

406 Vgl. Rechnungshofbericht Nr. 10 (Punkt 7.4), 2000.

407 Vgl. Sinizkij, Na uzlete, 1999, S. 3.

rium für Wirtschaft mit der Aeroflot, der Transaero und der MAK einen Vertrag, der die beiden wichtigsten Kunden russischer Mittelstreckenflugzeuge von allen Zollauflagen (52 Prozent) beim Import ausländischer Flugzeugtechnik bis zum Jahre 2004 bedingungslos befreite. Der Zertifizierungsbehörde MAK war es gelungen, über eine selektive und offensichtlich eigennützige Ausübung ihrer Kompetenzen[408] sowie mit Hilfe administrativer Verzögerungsmaßnahmen ihrer Netzwerkpartner[409] die Verordnung Kirienkos (und den Widerspruch der ebenfalls an den Prozessen beteiligten russischen Forschungsinstitutionen) zu umgehen.

Infolgedessen wurde der Vertrag im Dezember 1999 auch von der Regierung Putin im Rahmen der Verordnungen Nr. 2130 und 2131 bestätigt.[410] Damit wurde den beiden wichtigsten Kunden der Aviastar die vollständige Zollbefreiung für den Import der westlichen Modelle bis 2005 gewährte. Den russischen Produzenten entgingen Aufträge bis zu 1,2 Mrd. $. Insgesamt 200 Mio. $ Leasingzahlungen flossen jährlich ins Ausland. Gleichzeitig entgingen dem Staat allein durch die Zollbefreiung nach Angaben des

---

408 Als Erstes wurde die Analogiefrage der importierten Maschinen bestimmt. So kam die Zertifizierungsbehörde, die selbst für die Festlegung der Analogiebestimmungen verantwortlich war, zu dem Schluss, dass es bei den relevanten Modellen keine Analogien hinsichtlich der heimischen Maschinen gebe. Erst nachdem die relevanten russischen Forschungsinstitutionen – gemeinsam mit dem KB und der Luft- und Raumfahrtbehörde Rosaviakosmos (RAKA) – die Analogiebeurteilung der MAK im Rahmen des Protokoll Nr. AS-18 ablehnten und eine erneute Überprüfung empfahlen, sah sich die MAK gezwungen, einzulenken.Vgl. Verordnung Nr. 716, 1998; o. V., Deputaty prosjat likvidirovat' MAK, 2003; NIIEAP, Gosudarstvennaja poderzka aviazionnoj promyschlennosti, 2000; Rechnungshofbericht Nr. 10 (Punkt 4.4.), 2000. Es ging um die Modelle Il-96 und die Boeing 767-300-ER.

409 Entscheidend an diesem Punkt ist, dass der MAK die Aufforderung, eine erneute Überprüfung der Anaologie vorzunehmen, erst mehrere Monate später, im Januar 2000, über das Ministerium für Wirtschaft übergeben wurde. Für die Zurückhaltung des Dokumentes verantwortlich war der Leiter der Abteilung für zivile Luftfahrtindustrie, A. J. Knivel, im Ministerium für Wirtschaft. Knivel kam ebenfalls aus den Strukturen der Tatjana Anodina. Vgl. o. V., Deputaty prosjat likvidirovat' MAK, 2003; Webseite der Zertifizierungsbehörde MAS (Megdunarodnogo Sojuza Aviapromyschlennosti Biographie), Management: Knivel', Aleksandr Janovitsch (Stand 2002).

410 Vgl. NIIEAP, Gosudarstvennaja poderzka aviazionnoj promyschlennosti, 2000; ebenso Rechnungshofbericht Nr. 10 (Punkt 4.4.), 2000.

Rechnungshofes 1,25 Mrd. $ sowie Steuereinnahmen in Höhe von 400 Mio. $.[411] Mit den 1,25 Mrd. $ Zolleinnahmen, auf die man damit verzichtet hatte, wäre eine breite Förderung nachhaltiger Modernisierungs- und Zertifizierungsprojekte der Branche aus dem Budget möglich gewesen.[412]
Es ist davon auszugehen, dass Putin sich als Ministerpräsident und *newcomer* nicht ohne weiteres gegen die Interessen der Aeroflot, die unter dem Einfluss der Familie Jelzin[413] stand, sowie gegen den Clan Anodina/Pleschakov wenden konnte. Interessant an diesem Punkt ist, dass in den Verordnungen (Nr. 2130 und Nr. 2131) die Sonderprivilegien an die Bedingung geknüpft wurden, dass die Fluggesellschaften den Teil, den sie durch die Zollbegünstigung sparten, in die Förderung der heimischen Flugzeugtechnik bis 2004 zu investieren hatten.[414]

5.1.3 Die neue Rolle des Militärs

Schon in seiner Regierungszeit war Putin damit beauftragt worden, die Dezentralisierungsprozesse wieder rückgängig zu machen und auch die Kontrolle über die strategischen Industrien wiederherzustellen. Mit Putin zeichnete sich zudem eine Änderung in der Militärpolitik ab. Eng damit zusammen hingen die Nato-Einsätze in Südosteuropa und der Tschetschenienkrieg. Mit der Aufwertung der Rolle des Militärs rückten auch die Ausrüs-

---

411 Vgl. Rechnungshofbericht Nr. 28 (Punkt 6.2), 2000; Rechnungshofbericht Nr. 10 (Punkt 7.4.), 2000.

412 Der Rechnungshof der Russischen Föderation beurteilte die Aktivitäten der MAK und der russischen Regierung wie folgt: „[...] mit der direkten Unterstützung der Regierung der Russischen Föderation kam es dazu, dass die führenden Fluggesellschaften Russlands, allen voran Aeroflot (International) und Transaero, praktisch aufhörten, heimische Flugzeuge zu kaufen, während über westliche Leasingunternehmen in großem Maßstab Leasingoperationen für den Kauf westlicher Luftfahrttechnik durchgeführt wurden." Rechnungshofbericht Nr. 10 (Punkt 4.4.), 2000.

413 Es war die „Familie", der Putin seinen rasanten Aufstieg vom Ex-KGB-Offizier zum Regierungschef und dann zum Präsidenten verdankte, mit dem Ziel, dass Putin das akkumulierte Kapital der „Familienmitglieder" und ihrer Verwandten dann schützen würde.

414 Vgl. NIIEAP, Gosudarstvennaja poderzka aviazionnoj promyschlennosti, 2003; ebenso Rechnungshofbericht Nr. 10 (Punkt 4.4.), 2000.

tung der eigenen Armee und dementsprechend die heimische Rüstungsindustrie wieder in das politische Blickfeld. Allerdings hatte der Staat mittlerweile seine Kontrolle über die Rüstungsindustrie und ihre Wertschöpfungsprozesse verloren. Das 1998 begonnene Programm zur Restrukturierung der Luftfahrtindustrie sah deshalb vor, die unter Jelzin verloren gegangene staatliche Steuerung durch die Bildung von Branchenkonzernen und Holdings, die unter staatlicher Kontrolle standen, wiederherzustellen.[415]

Um eine bessere administrative Umsetzung zu erreichen, hatte schon Jelzin 1999 die Rüstungsagentur Rosaviakosmos (RAKA)[416] beim Wirtschaftsministerium per Erlass gegründet. Diese Behörde war vom damaligen Wirtschaftsminister Jakov Urinson allerdings weder mit den nötigen rechtlichen Befugnissen noch mit ausreichenden finanziellen Mitteln ausgestattet worden.[417]

Die zivile Luftfahrtindustrie profitierte zunächst kaum von der Aufwertung des Militärs. Gerade in einem der wichtigsten Punkte, den Leasingmechanismen, waren die Flug- bzw. Leasinggesellschaften immer noch auf Staatsgarantien angewiesen, da die wesentlichen Rechtsfragen weiterhin ungeklärt waren. Putin hatte Anfang 1999 ein Leasingprogramm verabschiedet, das die Anschaffung von 87 Maschinen bis zum Jahr 2002 proklamierte.[418] Die Leasingbedingungen des Programms waren jedoch schlechter als die Konditionen der ausländischen Kreditanstalten. Über den Zollaufschlag wären diese ausländischen Modelle allerdings trotz ihrer besseren Leasingbedingungen teurer als die heimischen Maschinen. Da der Staat jedoch eine Zollbefreiung gewährt hatte, hoben sich beide industriepolitische Maßnahmen wieder auf. Es blieb alles wie gehabt.

Ökonomische Rahmenbedingungen

Zu diesem Zeitpunkt, sprich Ende der 1990er Jahre, hatte sich die fiskalische und ökonomische Situation stabilisiert. Durch die mit der überfälligen

---

415 Vgl. Stoljarov, Konzepzija kolchoznogo proizvodstva samolotov, 1998, S. 2.

416 Die Agentur wurde im Mai 1999 durch das Gesetz des Präsidenten Nr. 651 geschaffen; vgl. Präsidentengesetz Nr. 651, 1999, und Regierungsverordnung Nr. 827, 1999 (Voprocy rossijskogo kosmitscheskogo agenstvo).

417 Vgl. Pimenov, U poroga reorganizazii, 2001.

418 Vgl. o. V., Deputaty prosjat likvidirovat MAK, 2003.

Rubelabwertung 1998 einhergehende Importsubstitution (Verbilligung der heimischen Produktion) und Exportverbilligung stieg die Industrieproduktion 1999 an. Erstmals konnte der Staatshaushalt 1999 ausgeglichen werden und die Handelsbilanz war positiv. Entscheidend trug der Anstieg der Weltmarktpreise für Energierohstoffe dazu bei.[419]

5.2 Weiterhin keine Koordination über die Märkte

Eine Koordination zwischen Flugzeugherstellern und Fluggesellschaften über den Markt blieb auch in der zweiten Hälfte der 1990er Jahre bis zum Jahre 2000 schwierig. Erschwert wurde der Absatz nicht nur durch das Fehlen der wichtigsten formellen Regelungen (Leasingmechanismen) und die erneute Durchsetzung von Zollprivilegien, sondern durch das auffällig passive Sanktionsverhalten der staatlichen Institutionen und Akteure gegenüber den arglistigen und wirtschaftskriminellen Handlungsstrategien der wichtigsten Fluggesellschaften. Damit konnten sich diese Akteure und ihre Vorgehensweisen weiter konsolidieren, und die marktwirtschaftliche Koordination blieb weitgehend blockiert. Dies betraf nicht nur die großen, international agierenden Gesellschaften, sondern auch die heimischen Flugzeuggesellschaften, die nicht selten unter mafiosen Strukturen arbeiteten.

5.2.1 Fehlende Sanktionierung von Amtsmissbrauch und wirtschaftskriminellem Verhalten

Stornierung der Aufträge der großen internationalen Fluggesellschaften Aeroflot und Transaero

Im Jahr 1996 hatte die Transaero ein Investitionsprogramm von 2 Mrd. $ für den Kauf von Flugzeugen bis zum Jahr 2008 aufgelegt. Auch die Aeroflot hatte bis zum Jahr 2002 den Erwerb von 54 neuen Flugzeugen geplant.[420] Von diesem Investitionsvolumen sollten jedoch nicht die heimische

---

419 Dessen ungeachtet beliefen sich die Auslandsschulden Anfang 2000 noch immer auf 150 Mrd. $, wobei 65 % aus der Zeit der Sowjetunion stammten; vgl. o. V., Vnutrennie problemy vneschnego dolga, 2000.

420 Boeing 737-700/737-300/767-200; vgl. o. V., o. T., Nezavisimaja Gazeta vom 06.12.1997.

Aviastar und der Voroneschker Iluschin-Hersteller profitieren, sondern die Hersteller der Boeing und des Airbus. Im Frühjahr 1999 unterzeichnete die Transaero mit der OAO Aviastar ein Protokoll, das dem Ul'janovsker Flugzeugkomplex erstmalig den Kauf von 10 Tu-204 in Aussicht stellte. Auch Investitionsgespräche mit der Aeroflot wurden angekündigt.[421] Nach der oben dargestellten manipulativen Strategie des Netzwerkes um die stellvertretende Ministerin für Luftfahrtindustrie und Leiterin der Zertifizierungsbehörde MAK wurden jedoch beide Gesellschaften für weitere fünf Jahre von den Zollzahlungen befreit. Damit fielen die großen russischen Gesellschaften als wichtigste potenzielle Kunden für das Tu-204-Modell auch für die nächsten Jahre weiter aus.[422] (Bis 1999 hatte die Transaero ihren Bestand an ausländischen Maschinen im Flugzeugpark bereits auf 85 Prozent aufgestockt, und die Aeroflot hatte im Jahr 1996 zehn Flieger bei Boeing bestellt.[423])

Die Fluggesellschaft VAL: Konsolidierung wirtschaftskrimineller Kapitalakkumulation

Auch über die wichtigsten heimischen Fluggesellschaften war nach wie vor keine marktwirtschaftliche Koordination möglich. Obwohl die allgemeinen Passagierzahlen sanken,[424] hatte die Tu-204 eigentlich vergleichsweise gute Wettbewerbsaussichten: Die Produktion ihres Vorläufermodells, dieTu-154, die allein 43 Prozent des Flugzeugparks der heimischen Fluggesellschaften ausmachte, wurde eingestellt. Im Samarer Flugzeugwerk Aviakor sollten nur noch Reparatur- und Modernisierungsarbeiten durchgeführt werden.[425] Und das weiterentwickelte Modell Tu-214-200 (für 214

421 Vgl. Sinizkij, Na Islete, 1999, S. 3.
422 Vgl. NIIEAP, Financovaja obespetschennost' (Stand 2010).
423 Vgl. Rechnungshofbericht Nr. 28, 2000.
424 Die Zahl der transportierten Passagiere fiel von 28 Mio. im Jahr 1996 auf 20 Mio. im Jahr 2000. Vgl. Goskomstat, Possija v Ziffrach – 2000, 2000, S. 230, 232.
425 Vgl. NIIEAP, Aviatechniki; Georgiew, Krivaja Rossijskich Avialinij (Stand 2010), S. 26–27; Jambaeva, Sapozikow, Pozdnee ditja possijskogo aviaproma, 2000.

Passagiere), dessen Produktion im Kasaner Flugzeugwerk (Tatarstan) geplant war, hatte die Serienreife noch lange nicht erreicht.[426]
Von diesen Entwicklungen konnte der Tu-204-Absatz jedoch nicht profitieren. So blieb die ursprünglich größte Fluggesellschaft auf dem Binnenmarkt, die VAL, durch die wirtschaftskriminellen Abschöpfungsstrategien ihres Managements als Interaktionspartner blockiert. Unter der Führung T. Sorinovs und seiner Netzwerkmitglieder der nordkaukasischen OPG hatte sich die Finanznotlage durch eine weiterhin ungehemmte Abschöpfungsstrategie weiter zugespitzt. Während aus den jährlichen Einnahmen aus Ticketverkäufen weiterhin jährlich Millionenbeträge „verschwanden“[427], wurden die Löhne nicht mehr ausbezahlt. Um den Umsatz zu halten, wurden die Preise so weit gesenkt, dass der ohnehin schwache Service völlig zusammenbrach. Spätestens Anfang 1999 war die Gesellschaft nicht mehr in der Lage, die Flugpläne auch nur ansatzweise einzuhalten, und der Anteil der regulären Flüge sank auf 10–30 Prozent.[428] Von dem ursprünglichen Maschinenpark von 56 Flugzeugen waren mittlerweile kaum noch zuverlässig funktionierende Flugzeuge übrig geblieben – im Durchschnitt waren nicht mehr als fünf im Einsatz.[429]

Fehlende Reaktion des Staates

Auch an die Investitionsauflagen der Regierungsverträge hielt sich die Gesellschaft nicht. Demnach hätte die VAL als Mitglied der finanzindustriellen Gruppe RAK bis 1998 150 Mio. $ in den Erwerb von Tu-204-Maschinen investieren müssen. Bis zum Jahr 1998 hatte jedoch weder die Fluggesellschaft noch die Aviastar einen Cent gesehen.[430] Hier stellt sich die Frage,

---

426 Da die Aviastar ohnehin nicht ausgelastet war, ist kaum verständlich, warum das Modell 214, wenn es denn Marktchancen gehabt hätte, in einem weiteren Werk hergestellt werden sollte.

427 Vgl. Jambaeva, Schanc dlja Vnutschki, 2000; ebenso Jambaeva/Sapoznikov, Posdnee ditja rossijsokoe aviaproma, 2000; o. V., Ubit profsojusnyj lider Vnukovskich Avialinij, 1999.

428 Vgl. Jambaeva, Schanc dlja Vnutschki, 2000.

429 Vgl. Jambaeva, Schanc dlja Vnutschki, 2000.

430 Vgl. o. V., Ubit profsojusnyj lider Vnukovskich Avialinij, 1999; Gesetz des Präsidenten der RF (President RF Ukas) Nr. 496, O finansovo-promyschlonnoj Gruppe, 1995; o. V., Kriminal'naja Kryscha Kamenschtschika i Fileva, 2002.

warum die staatlichen Behörden auf diese offensichtliche Vertragsverletzung nicht regierten.

Auch als der Gewerkschaftsvorsitzende der VAL und ehemalige Duma-Abgeordnete G. Borisov die staatlichen Akteure auf das Missmanagement der Geschäftsführung aufmerksam zu machen versuchte, regierte man in Moskau nicht. Dabei hatte Borisov mehrere Anträge in der Duma auf Überprüfung der Geschäftsführung initiiert und der russischen Regierung insgesamt 35 Dokumente übergeben, die den Missbrauch durch die Unternehmensführung belegten.[431] Erst zwei Jahre später, im Dezember 1998, wurde eine Überprüfung des Betriebes und des Investors hinsichtlich der Umsetzung des Investitionsprogramms zur Entwicklung der Luftfahrtgesellschaft durch den Rechnungshof der Russischen Föderation für das Jahr 1999 angekündigt. Noch am 12.01.1999 organisierte G. Borisov eine Streikaktion vor dem Gebäude der RAK, die der Belegschaft 30 Mio. Rubel (3 Mio. $) Lohn schuldete. Am 27.01.1999 wurde Gennadij Borisov durch 25 Messerstiche ermordet.[432]

Als es im Mai 1999 zu der Überprüfung durch den russischen Rechnungshof kam, bestätigte sich, dass fast 1 Mrd. $ aus dem Verkauf der Flugtickets verschwunden waren, genauso wie der Flugzeugpark der VAL, der sich in einer von Sorinov kontrollierten Gesellschaft befand.[433]

---

431 Vgl. o. V., Ubit profsojusnyj lider Vnukovskich Avialinij, 1999.

432 In der Zeit des Übergangs von der Planwirtschaft zur Marktwirtschaft kam es immer wieder zu Angriffen auf Gewerkschaftsaktivisten. Im Jahr 1992 kam es zu schweren Körperverletzungen an Gewerkschaftern der Fluggesellschaften in Magadan, Ul'janovsk, Minieral'nich Wodach, in Rostov und Wolgograd. Dies ist vor dem Hintergrund zu sehen, dass in dieser Zeit das Lufttransportgeschäft begann, in den Interessenfokus mafioser Strukturen zu geraten. Im Mai 1994 war der regionale Vizepräsident der Gesellschaft „ALS Rossi", der ursprünglich zum Direktor der Gesellschaft „Vnukovskie Avialinii" gewählt werden sollte, ebenfalls ermordet worden. Vgl. o. V., Ubit profsojusnyj lider Vnukovskich Avialinij, 1999.

433 Den Fuhrpark hatte Sorinov in eine ursprünglich 100-prozentige Vnukovskie-Tochter, die AO Zentrolizing, eingebracht. Kurze Zeit darauf hatte Sorinov 75,01 % der Zentrolizing-Aktien an ein Unternehmen „veräußert", das ebenfalls von ihm kontrolliert wurde. Damit hatte die Fluggesellschaft VAL die Kontrolle über ihre Tochter und damit über ihren eigenen Flugzeugpark weitgehend verloren.Vgl. o. V. Kriminal'naja „Kryscha" Kamenschtschika i Fileva, 2002.

Schwierig zu verstehen ist, warum selbst nach der Bestätigung der Vorwürfe auf Veruntreuung durch den Rechnungshof keine Sanktionen gegen Sorinov oder das RAK eingeleitet wurden. Tatevos tauchte eine Woche vor Beginn der Prüfung des Rechnungshofes im Mai 1999 unter. Die Untersuchungen des Rechnungshofes hatten Tatevos und das Konsortium nicht davon abgehalten, sich in der Zwischenzeit weiter in andere regionale Fluggesellschaften und Organisationen des Luftverkehrs einzukaufen.[434] Als im Sommer 1999 der ehemalige Vizepräsident der Aeroflot Aleksander Krasnenker zum Generaldirektor des Unternehmens ernannt wurde und es ihm in relativ kurzer Zeit gelang, die Gesellschaft auf der Grundlage seiner kaufmännischen Kenntnisse und seiner Vielzahl an fachlichen Kontakten im In- und Ausland zu konsolidieren, wurde er von Tatevos bedroht und musste das Unternehmen verlassen.[435] Ende 2000 nahm T. Sorinov seine alte Position als Generaldirektor wieder ein.[436]

5.2.2 Zwischen Barterhandel und Sekundärmarkt

Die Krasnojarskie Avialinii (Kras Air) und die Bartergeschäfte

In der zweiten Hälfte der 1990er Jahre lassen sich erste Konzentrations- und Konsolidierungsprozesse bei den regionalen Fluggesellschaften ausmachen. Davon profitierte vor allem die sibirische Fluggesellschaft aus Krasnojarsk, die Krasnojarskie Avialinii (Kras Air). Geleitet wurden sie seit 1998 von den Brüdern Boris und Aleksander Abramovitsch. Sie gehörten

---

434 Dabei war er auf cashflowstarke Bereiche im Lufttransport fokussiert. Es gelang ihm 1999, in die GUS-weiten Verrechnungssysteme und Ticketverkaufsorganisationen einzusteigen. Durch seine Kontakte und die Platzierung seiner Leute an entscheidenden Positionen der Moskauer Verwaltung hatte er die Kontrolle über die zentrale Verrechnungsbehörde der Luftfahrtunternehmen (TKP), das führende Ticket-Reservierungs- und Verkaufssystems ZAO „Polet-Sirena" sowie über die Branchenbank „Sojusaviakosmos" erlangt. Bis Ende 2000 mussten die zentrale Verrechnungsbehörde und die ZAO „Polet-Sirena" Insolvenz anmelden Vgl. Jambaeva, Schanc dlja Vnutschki, 2000; o.V., Ubit profsojusnyj lider Vnukovskich Avialinij, 1999.

435 Vgl. o. V., Ubit profsojusnyj lider Vnukovskich Avialinij, 1999; Klebnikov, Der Pate des Kreml, 2001, S. 221–242.

436 Vgl. o. V., Krasnenkera opjat' yvolili, 2000.

zu einem regionalen Netzwerk, zu dem auch der Oligarch Potanin, Großaktionär des Metallkonglomerats RAO Norilski Nickel, zählte.[437] Im Zuge der Ausweitung des Liniennetzes und der Verbreiterung des Geschäftsfeldes hatte sich die Kras Air bis 2001 zur zweitgrößten Fluggesellschaft auf dem Binnenmarkt entwickelt. Sie gehörte zu den wenigen regionalen Gesellschaften, die überhaupt Gewinne erzielten.

Die Kras Air verfügte über einen Bestand an Mittelstreckenmaschinen (Tu-154-Maschinen), der durch Tu-204-Maschinen ersetzt werden sollte. Im Jahr 1998 wurde der Gesellschaft jedoch nur eine Tu-204 auf der Basis eines Bartergeschäftes geliefert, das nicht „bezahlt" wurde. Die Initiative ging von der Ul'janovsker Administration aus. Sie hatte versucht, über das Bartergeschäft die Steuerschulden der OAO Aviastar gegenüber der Oblast mit Kohlelieferungen aus der Region Krasnojarsk zu begleichen. Aufgrund der Finanzierungsschwierigkeiten bei der Energieversorgung standen die Städte der Region Ul'janovsk kurz vor dem Einfrieren. Das Bartergeschäft schien eine gute Möglichkeit, das Problem pragmatisch zu lösen. Mysteriöserweise sollen die Eisenbahnwaggons mit den Kohlelieferungen zwar aus Krasnojarsk abgefahren sein, in Ul'janovsk kamen sie jedoch nie an.[438]

Damit war das Vertrauensverhältnis zwischen Produzenten und Fluggesellschaft belastet. Auch das zweite Geschäft scheiterte. Im Jahr 1999 bestellte die Kras Air bei der OAO Aviastar eine weitere Tu-204 mit einer Präsidentenausstattung. Eine Gruppe von ambitionierten Anhängern des Krasnojarsker Gouverneurs, Ex-General Aleksander Lebedev, der sich 1999 für die Präsidentschaftswahlen hatte aufstellen lassen, wollte diesen mit einem eigenen Flugzeug auf der Basis der Tu-204 überraschen. Diesmal bestand die Aviastar allerdings auf Barzahlung. Der Aufsichtsrat der Kras Air, in dem Lebedevs Parteigänger aus der Gebietsadministration saßen, übernahm die Bestellung des Sondermodells und sicherte die Finanzierung zu. Die Refinanzierung fand bei einer Finanzinstitution namens

---

437 Vgl. o. V. Regionale Behörde für Schuldenmanagement RAUD, OAO Aviakompanija Murmanskie Avialinii, 2003.

438 Vgl. Interview mit Gavrilova, 2002 (Januar I).

„Avantgarde" statt. Als jedoch Lebedev nicht Präsident wurde, war die Finanzgesellschaft verschwunden. Die Kras Air hatte 20 Mio. $ Schulden und die Aviastar eine Präsidentenmaschine im Hangar stehen.[439]

Die staatliche Fluggesellschaft „Pulkovo": Aktives Investitionsverhalten und Verdrängung durch den Sekundärmarkt

Ein vollständig anderes Investitionsverhalten zeigte die größte Fluggesellschaft in der nordwestlichen Region, die „Pulkovo". Sie war ein rein staatliches (kommunales) Unternehmen und gehörte der Stadt St. Petersburg. Die Pulkovo verfügte, wie die Aeroflot, die VAL (Flughafen Vnukov) und die Kras Air über stille Reserven aus dem Erbe der Sowjetzeit. Dazu gehörten der gleichnamige Flughafen GUAP „Pulkovo" und ein umfangreiches internationales Routennetz zu 80 Städten. Als viertgrößte Fluggesellschaft auf dem heimischen Markt transportierte die Petersburger Linie damals ein Passagiervolumen von 0,8–1,1 Mio. Personen. Basis ihres Flugzeugparks war und ist die Tu-154, das Vorgängermodell der Tu-204. Insgesamt hatte sie ihren Bestand an Mittelstreckenmaschinen bis 2001 auf 22–24 Tu-154, elf Tu-134 und neun Il-86 ausgeweitet.[440]

Im Gegensatz zu den anderen regionalen Gesellschaften lässt sich bei der staatlichen Pulkovo aber ein relativ solides aktives Investitionsverhalten beobachten, mit dem die Airline auf den steigenden Modernisierungsdruck, insbesondere auf den internationalen Verbindungen, reagierte. Die Petersburger richteten ihre Investitionsstrategie jedoch nicht auf den Erwerb neuer Technik, sondern auf die Modernisierung der Tu-154-Modelle aus. Im Jahr investierte Pulkovo im Durchschnitt 10 Mio. $ in die Modernisierung. Bis zum Jahre 2002 hatte sie 70 Prozent ihres Flugzeugparks modernisiert, wobei von den 24 Tupolev-Maschinen 14 zu der modernisierten Variante Tu-154M aufgewertet worden waren. In Anbetracht des beschränkten Finanzrahmens stellte die Modernisierung des Vorgängermodells eine solide und finanzierbare Lösung für die regionalen Fluglinien dar.[441]. Die modernisierte Variante Tu-154M konnte und kann auch heute

---

439 Vgl. o. V., Ugolobschtschina na letonom pole, 2002.

440 Vgl. GUAP „Pulkovo" (Sankt Petersburg), 2002.

441 Die Modernisierungskosten beliefen sich auf ca. 4 Mio. $.

noch auf internationalen Flügen nach Europa eingesetzt werden, da sie den internationalen Anforderungen der Lärm- und Emissionsverordnungen vom 1. April 2002 entspricht. Somit bestand kein überzeugender Grund für die regionalen Linien, vorhandene Flugzeuge zu verschrotten und durch 15–27 Mio. $ teure Tu-204 zu ersetzen, zumindest bei einer Betrachtung ohne Leasingoptionen. Bei der Einführung von Leasingkonditionen nach westlichem Vorbild hingegen wäre die Tu-204 mit jährlichen Leasingzahlungen von 2,4 Mio. $ (gegenüber den russischen Bedingungen mit 7,3 Mio. $ für das Jahr 1999/2000 bzw. 5–6 Mio. ab 2001)[442] eine Alternative gewesen.[443]

Der Sekundärmarkt der Tu-154 stellte für die Tu-204 eine hohe Verdrängungsgefahr dar. Zwar wurde die Produktion der Tu-154 im Jahr 1996 eingestellt, gleichwohl war aber der Bestand an relativ neuen Tu-154-Maschinen sehr groß. Nach Aussage des damaligen Direktors des Herstellers in Samara sollen zwischen 1990 und 1996 151 Maschinen an heimische Gesellschaften verkauft worden sein.[444] Hinzu kamen die zwischen 1990 und 2006 ins Ausland – China, Bulgarien, Tschechien, Ägypten, Ukraine, Moldawien und Kuba – exportierten Maschinen. Interessanterweise wurden diese Maschinen nun wieder reimportiert. So kaufte die Pulkovo im Jahr 2001 zwei Tu-154 aus China für jeweils 3–7 Mio. $ zurück und modernisierte sie. Die Nutzungsdauer der modernisierten Tu-154M-Maschinen läuft noch bis zum Jahre 2020.[445] Vor diesem Hintergrund fiel so auch die Nummer drei der heimischen Transportgesellschaften als Käufer der Tu-204 weiter aus.

---

442 Bei einem russischen Leasingmodell beträgt die Leasingzahlung nach Angaben des Generaldirektors der Flugzeugholding S. Il'juschin 27 % des Anschaffungspreises. Das entspräche für die Tu-204 einer Zahlung von 7,3 Mio. $. Die Problematik des russischen Modells lag immer noch in der Kurzfristigkeit der Leasingkreditierung von mittlerweile 5 Jahren anstelle von 10–12 Jahren wie bei den westlichen Leasingkonzepten. Damit ergeben sich Jahreszahlung von nahezu 5 Mio. $ im Jahr. Nach westlichen Konditionen entspräche die Jahresrate hingegen 2,4 Mio. $. Vgl. NIIEAP, Finansovaja obespetschennost' (Stand 2010).

443 Vgl. o. V., GUAP „Pulkovo" (Sankt Petersburg), 2002.

444 Vgl. Anischtschik, God c Sibirskim Aljuminiem, 2000; ebenso NIIEAP, Aviatechnika (Stand 2010).

445 Vgl. Anischtschik, God c Sibirskim Aljuminiem, 2000.

5.3 Institutionelle Rahmenbedingungen auf regionaler Ebene: Verlust der regionalen Autonomie und Zugang neuer Akteure

Das bilaterale Bargaining-System zwischen Jelzin und dem Regionalfürsten Gorjatschev schien schon 1994/95 mit dem Erstarken der Reformer im Finanzministerium und der Ab-erkennung der Privilegien für das Gebiet Ul'janovsk gefährdet. Zum Wahljahr 1996 wurde es jedoch noch einmal aufgefrischt. Das Finanzministerium musste weiteren Subventionen zustimmen, und auf den Titelseiten der großen regionalen Zeitungen[446] erschien Jelzin als der große „Vater der Nation".[447]

Gorjatschev hatte sich eine Beibehaltung der finanziellen Zuwendungen einschließlich der Subventionierung der Energiepreise erhofft. Gleichzeitig ging es ihm um die Sicherstellung einer neutralen Haltung Moskaus bei den Gouverneurswahlen im Dezember 1996, deren Ausgang nicht unerheblich durch die Art und Weise bestimmt wurde, wie der Kreml seinen Kandidaten in Ul'janovsk ins Feld führte. Gorjatschevs starke Stellung in Ul'janovsk zeigte allerdings Risse: Zwar besaß er aufgrund seiner Sozialpolitik viele Sympathien, die Region hatte aber in den letzten Jahren alle ökonomischen Reserven aufgebraucht und der sogenannte „sanfte Übergang" zur Marktwirtschaft war kaum noch aufrechtzuerhalten.

Zwar wurde Gorjatschev Ende 1996 doch ein weiteres Mal zum Gouverneur gewählt, aufgrund des erneuten Erstarkens der Reformer unter Tschubais und deren rigoroser Sparpolitik musste er jedoch letztlich ein Abkommen unterschreiben, mit dem er dann doch seine Autonomie und die finanziellen Zuwendungen aus Moskau verlor: Am 30.10.1997 schlossen die Regierung unter der Ägide der Reformer und der Gouverneur den Vertrag (Nr. PB 97-210), der die Kompetenzen und Interessen zwischen der Russischen Föderation bzw. ihren Organen und der Administration des Ul'janovsker Gebiets festlegte bzw. abgrenzte. Hierin verpflichtete sich die Ul'janovsker Regierung u. a.[448]

---

446 Beispielsweise die Narodnaja Gazeta oder die Simbirskie Gubernatorskich Vedomosti.

447 Vgl. Baischev/Perfil'ev, Ul'janovskaja Oblast', 1997.

448 Vgl. Regierungsvertrag RF (Dogorov Pravitestvo RF) N-210, 1997. Ähnliche Verträge gab es mit fünf weiteren Gouverneuren.

1. zu einer „strukturellen Perestroika der Wirtschaft in der Oblast“,
2. zu einem „Funktionieren des Erdöl-Energie-Komplexes“,
3. zum Aufbau und Funktionieren einer freien Wirtschaftszone im Ul'janovsker Gebiet (hierbei ging es in erster Linie um den zollfreien Import und Export),
4. zur Öffnung des Ul'janovsker Gebietes für die Geschäftstätigkeit ausländischer Firmen und Bürger im Einklang mit der Gesetzgebung der Russischen Föderation,
5. zur rationellen Auseinandersetzung mit solchen Themen wie Lagerung und Nutzung von chemischen, nuklearen und sonstigen radioaktiven Substanzen, deren Produktion und die dafür notwendige Technologie in dem Gebiet.[449]

Die Analyse des Vertrages und mehr noch seine Umsetzung macht deutlich, dass Gorjatschev damit die bisherige Autonomie an das Zentrum abgeben musste. Die Einführung einer strukturellen Perestroika verpflichtete ihn, seine Maßnahmen gegenüber den Unternehmen (Verpflichtungen zur Auszahlung der Löhne, zur Unterhaltung der sozialen Infrastruktur sowie zu Abgaben an die administrativen Sonderfonds) einzustellen. Entscheidend für den weiteren Verlauf der Restrukturierung der Aviastar war jedoch die Öffnung des Gebietes für externe Akteure, für (ausländische) Investoren und Geschäftsleute, wodurch das Gebiet nun den Folgen der Moskauer Netzwerk- und Bargaining-Prozesse ausgesetzt war.[450] Der für die Region wohl nachhaltigste Punkt war jedoch die Verpflichtung, das „Funktionieren des Erdöl-Energie-Komplexes“ sicherzustellen. Und das hieß nichts anderes als das Ende der Subventionierung der Energiepreise, was wiederum mangels eigener verfügbarer regionaler Energiequellen zur Verschuldung und zu unausweichlicher Abhängigkeit des Gebietes von den Energieversorgern führen würde.

Von der Umsetzung von Punkt 3 sollte insbesondere die Cargo-Gesellschaft Volga Dnepr profitieren. So wurde ganz Ul'janovsk noch im gleichen

---

449 Der letzte Punkt steht allem Anschein nach mit dem erst kurz vor den Wahlen kursierenden Bericht über Uranvorkommen im Ul'janovsker Gebiet in Verbindung; vgl. Baischev/Peril'ev, Ul'janovskaja Oblast', 1997.

450 Vgl. Lapina, Business und Macht in den russländischen Regionen, 1998, S. 15.

Jahr zur zollfreien Wirtschaftszone erklärt, wodurch die Frachtgesellschaft ihr internationales Cargo-Geschäft weiter ausbauen konnte.

5.4 Aviastar – Akteure, Interaktionsformen und Strategien: Investitions- und Reorganisationsprozesse

5.4.1 Ausgangslage: Die Eskalation der Liquiditätskrise

Schon im Winter 1995 hatten Management und Belegschaft der Aviastar jede Hoffnung auf eine staatliche Unterstützung aus Moskau aufgegeben. Die Einstellung der Regierung, wie sie in der Antwort des damaligen Finanzministers gegenüber Michailov im April 1995 deutlich gemacht wurde – „Es gibt keinerlei Notwendigkeit, eigene Flugzeuge zu produzieren, wenn es von Boeing- und Airbus-Maschinen nur so wimmelt“[451] –, sollte sich nicht ändern. Der Großteil der Belegschaft hatte sich dann auch an den Wahlen zur Moskauer Duma nicht beteiligt.[452] Das alte Bargaining-Prinzip zwischen Region und Zentrum – Subventionen für Stimmen – war aufgehoben.

Erste eigenständige Schritte

Erstmalig sah sich das Management genötigt, eigenständige Schritte jenseits einer staatlichen Unterstützung zu unternehmen. Aufgrund der schwierigen Lage auf dem nationalen Markt versuchte sich das Unternehmen nun auf die Exportmärkte zu konzentrieren. Insbesondere auf dem asiatischen Markt sah die Aviastar-Führung Exportchancen für die Tupolev.

---

451 Zitat des damaligen Finanzministers Boris Federov gegenüber Viktor Michailov, zitiert in Baischeva/Perfil'ev, Ul'janovskaja Oblast', 1997. Die Einstellung eines großen Teils der Regierung zur OAO Aviastar sollte sich auch in der zweiten Hälfte der 1990er Jahre nicht ändern, wie die Aussage eines Spitzenpolitikers (Minister für Steuern und Gebühren Aleksander Potschinok) bei einem gemeinsamen Besuch des Komplexes mit dem neuen Premierminister Sergej Stepaschin zeigte: „Erst muss man Geld erarbeiten, und dann – Prestige. Nicht ein Land, nicht Deutschland nach dem Krieg, nicht Japan, hat in Krisenzeiten Flugzeuge hergestellt. Korea hat mit Regenschirmen angefangen. Und bei uns machen sie Flugzeuge, die keiner kaufen will, und fragen dann noch um Hilfe“. Zitiert in Sinizkij, Na izlete, 1999, S. 3.

452 Vgl. Baischev/Perfil'ev, Ul'janovskaja Oblast', 1997

In Europa schien insbesondere die Cargo-Variante, die Tu-204-S, absatzfähig zu sein. Das größte Problem für den Absatz im Ausland bestand in den Triebwerken der „Permskye Motory". Der Motorenbauer hatte es in sieben Jahren nicht geschafft, die Triebwerke an die europäischen Lärm- und Emissionsverordnungen anzupassen.[453] So versuchte das Management unter V. Michailov, einen westlichen Triebwerkehersteller zu finden. Noch 1995 unternahm das Management erste eigenständige Schritte auf dem internationalen Parkett, und es gelang ihm, einen Vertrag mit der britischen Firma Rolls-Royce über den Einbau des Modells RB-211-535E4 (für 5,5 Mio. $ pro Stück) in die Tu-204 und ihre Modifikationen auszuhandeln.[454] Dies war ein entscheidender strategischer Schritt zur Wahrung der Chancen der Tu-204 auf den Auslandsmärkten. Erstmalig schien sich das Management von dem sowjetischen Betriebsmuster zu lösen, das den Komplex lediglich auf die Erfüllung der Unternehmensfunktion „Produktion" reduziert hatte. Unternehmensfunktionen wie die strategische Unternehmensführung, Einkauf und Verkauf mussten sich erst noch entwickeln. Dieser Schritt hin zu den europäischen Märkten kann somit als ein Restrukturierungserfolg gewertet werden.

In ihrer betriebswirtschaftlichen Wirkung kam diese Maßnahme jedoch zu spät. Mit den Absatzeinbrüchen auf dem noch nicht konsolidierten heimischen Markt und in Anbetracht des rasch wachsenden Schuldenbergs steuerte der Komplex auf eine ökonomische Katastrophe zu. Der Absatz der OAO Aviastar belief sich im Jahr 1996 auf zwei Flugzeuge. Ein Auftragsschub für das Jahr 1997/98 war nicht in Sicht.[455] Demgegenüber standen die hohen Gemeinkosten insbesondere für Energie, Löhne und Gehälter, die sich 1996 nach Berechnungen der Verfasserin auf um die 50 Mio. $ beliefen. Waren die Schulden gegenüber den Banken, den Versorgern, dem Staat und der Belegschaft zuvor durch die hohen Inflationsraten

453 Ähnlich den Zerfallsprozessen der Aviastar war auch der Wertschöpfungsprozess der Permskie Motory zu dieser Zeit erheblich beeinträchtigt, sodass es nicht nur zu einem Modernisierungsverzug, sondern auch zu Lieferschwierigkeiten bei den Triebwerken kam. Vgl. Rechnungshofbericht Nr. 28 (Punkt 4.5), 2000.

454 Vgl. Interview mit Gavrilova, 2002 (Januar I).

455 Vgl. ebenda; der Rechnungshofbericht Nr. 28 gibt unter Punkt 5 einen Absatz von nur jeweils einer Tu-204 für 1995 und 1996 an – und keine für 1997.

von allein vermindert worden, so blieben sie nach 1994 als Folge der restriktiven Geldpolitik und der entsprechend niedrigeren Inflationsraten fast ungemindert stehen.[456]
Mit dem Erstarken der Reformer waren nach 1995/96 zudem auch keine staatlichen Subventionen mehr zu erwarten.[457] Nun wurden nicht nur die Zoll- und Steuervergünstigungen aus der Regierungsverordnung Nr. 23 und dem Präsidialerlass Nr. 103 gestrichen, sondern das Ministerium verlangte außerdem die kurzfristige Rückzahlung der Kredite. Jelzin hatte seinerzeit für diese Steuer- und Zollkredite keinen Rückzahlungstermin festgelegt.[458] Mit dieser Tilgungsforderung verwandelten sich die „weichen" in „harte" Kredite. Der Schuldenberg wuchs rasch über die Summe von 400 Mio. $ hinaus. Es war allen Beteiligten klar, dass eine Rückzahlung nicht möglich war. Die Fondkonten der Aviastar waren weitgehend leer und die Löhne waren seit neun Monaten nicht gezahlt worden. Am 5. September 1995 kam es zum ersten Streik in der Geschichte des Unternehmens. Zweitausend Arbeiter des Werkes marschierten 20 km zur Wolga und blockierten die einzige Straßen- und Eisenbahnbrücke auf einer Strecke von über 300 km.[459]

5.4.2 Ein neuer Akteur: Der Investor Dr. Ibrahim Kamel und sein Beteiligungsnetzwerk

In dieser Situation versuchten externe Akteure Zugang zur Aviastar zu bekommen. Zu den wichtigsten gehörte der ägyptische Geschäftsmann Dr. Ibrahim Kamel aus Kairo. Er war Inhaber der „Kato Aromatic", einer der größten ägyptischen Konzerne. Kamel machte der Aviastar ein sehr „groß-

---

456 Die Inflationsraten waren seit 1994 einstellig. 1997 beliefen sich die Preissteigerungen der Verbrauchs- und Industriegüter auf nur 1,1 %; vgl. Goskomstat, Rossija v Zifrach – 2000, 2000, S. 341.

457 Vgl. Rechnungshofbericht Nr. 10 (Punkt 4.2), 2000.

458 Vgl. Rechnungshofbericht Nr. 10 (Punkt 4.2), 2000. Die Zollkredite für die Moskauer Filiale der OAO Aviastar beliefen sich auf 176 Mio. nicht denominierte Rubel, was 1995 fast 40 Mio. $ entsprach.

459 Vgl. Interview mit Gavrilova, 2002 (Januar I).

zügiges" Investitionsangebot. Schon im Dezember 1995 war er zu Verhandlungen mit Viktor Michailov, dem Generaldirektor der Aviastar, zusammengekommen.[460]

5.4.2.1 *Das Investitionsangebot und die Spaltung des Managements*

Das Ergebnis der Verhandlungen manifestierte sich im Frühjahr 1996 in dem „Investitionsangebot" (Nr. 936/1).[461] Darin stellte der Geschäftsmann den Kauf von 200 Tu-204 in Aussicht und verpflichtete sich, 30 Maschinen bis zum Jahr 2001 für einen Preis von 12 Mio. $ pro Flugzeug zu übernehmen. Zugleich versprach Kamel, in die ersten fünf Maschinen jeweils noch 11 Mio. $ für ausländische Technik zu investieren und in die folgenden 20 Maschinen jeweils 15 Mio. $.[462] Auf den ersten Blick schien der Vertrag eine geeignete Basis für die Rettung des Betriebes zu sein. Die Auslieferung der ersten 30 Maschinen von 1997–2001 mit 6 Maschinen im Jahr versprach einen jährlichen Umsatz von 72 Mio. $. Zudem bot sich so die Möglichkeit, dass die Reformer im Finanzministerium keinen Betrieb in die Insolvenz schicken mussten, in den ausländische Akteure Millionen Dollar investierten.

Das Investitionsprojekt barg jedoch eine Reihe von folgenschweren Bedingungen für die Aviastar. So entsprachen die sogenannten Investitionen gerade einmal den Selbstkosten von 12 Mio. $. Gewinne waren damit noch nicht einberechnet. Zum anderen kam es schon bald zu mehreren Nachverhandlungen, in denen Kamel den Preis der ersten 30 Tu-204 auf 6 Mio. $ pro Stück drückte.[463] Dieser Preis von 6 Mio. $ entsprach jedoch nur

---

460 Vgl. Gavrilova, Aviastar v Tupike, 2001.

461 Basis des „Investitionsvertrages I" war der Vertrag Nr. 963/1 vom 13.03.1996. Ihm sollte eine Vielzahl von Nachbesserungen folgen, die zulasten des Betriebes gingen.

462 Vgl. Interview mit Gavrilova, 2002 (Januar I); vgl. Gavrilova, Aviastar v Tupike; vgl. Korolev, To jama, to kanava, 2001. Der Preis der Rolls-Royce-Triebwerke entsprach 11 Mio. $ für zwei Stück. Die späteren Modelle der TU-204-120 sahen zudem den Einbau der Avionik von Honeywell zu einem Preis von 4 Mio. $ vor. Vgl. Radzievskij, Pervym delom samolety, 2002.

463 Vgl. Radzievskij, Pervym delom samolety, 2002.

der Hälfte der Herstellungskosten (die Triebwerke noch nicht mit eingerechnet).
Für Kamel stellten die Bedingungen des Vertrages die Realisierung beachtlicher Gewinne in Aussicht. Generell konnte er von dem im Vergleich zum internationalen Markt sehr niedrigen Preis des russischen Flugzeuges profitieren. Zudem waren die Herstellungskosten des russischen Werkes relativ niedrig, und auch wichtige Kostenblöcke wie die Kosten für F&E waren gar nicht darin enthalten. In einem Interview betonte Kamel: „[D]as Reizvolle an der Tu-204 ist die Tatsache, dass ihre Forschungs- und Entwicklungsarbeiten schon in den 70ern bezahlt worden sind.“[464]
Da er die Maschinen nicht für 12 Mio. $, sondern für den „Sonderpreis“ von 6 Mio. $ bezog, konnte er sich nach den „Investitionen“ für die westliche Technik (Triebwerke/Avionik) von max. 15 Mio. $[465] einen Einkaufspreis von 21 Mio. $ sichern. Angeboten wurden die Tu-204-120 von Kamel auf dem internationalen Markt für 38 Mio. $.[466] Damit war die Tu-204-120 noch immer um fast 1/3 billiger als die entsprechenden Modelle der Konkurrenz. Der Investitionsvertrag ermöglichte dem sogenannten Investor also eine Gewinnspanne von mindestens 17 Mio. $ pro Flugzeug.[467] Bezogen auf die ersten 30 Maschinen, die in den nächsten 15 Jahren erworben werden sollten, bedeutete dies einen Handelsgewinn von 510 Mio. $. Dass sich Kamel an der Finanzierung der Zertifizierung beteiligten wollte, schien vor diesem Hintergrund eine rentable Investition.[468]
Als Gegenleistung seines finanziellen Engagements beanspruchte Kamel das Exklusivrecht für den Export der Tu-204-120-Modelle mit Rolls-Royce-Motoren, das im Investitionsabkommen dann auch vereinbart wurde. Mit diesem Exklusivrecht brachte sich der Flugzeughersteller allerdings in die

464 Vgl. Jambaeva/Sapozikow, Pozdnee ditja possijskogo aviaproma, 2000.
465 Vgl. Radzievskij, Pervym delom samolety, 2002.
466 Vgl. Radzievskij, Pervym delom samolety, 2002. Siehe auch Korolev, To jama, to kanava, 2001; o. V., Sirocco Aerospace holds talks with Russia, 2002.
467 Die Vermarktungskosten und die einmaligen Zertifizierungskosten nicht mit eingerechnet.
468 Die Zertifizierungen russischer Tu-Modifikationen beliefen sich 2002 auf 300 000–500 000 $; vgl. o. V., Deputaty prosjat likvidirovat' MAK, 2003. Es ist davon auszugehen, dass dieser Betrag 1995/1996 noch niedriger war; vgl. o. V., Ibragim Kamel sertifiziroval Tu za sobstvennyj stschet, 1999.

Abhängigkeit des „Investors", da er sich damit den eigenen Zugang zum Exportmarkt erschwert hatte. Schließlich war es eher unwahrscheinlich, parallel neben der mit Rolls-Royce-Motoren ausgestatteten Maschine eine andere Mittelstreckentupolev auf den internationalen Märkten zu platzieren. Vor diesem Hintergrund wird deutlich, warum Kamel den Generaldirektor Michailov drängte, den Liefervertrag mit Rolls-Royce an ihn abzutreten.[469]

Die hohen Handelsmargen und die asymmetrischen Abhängigkeiten, die dieser Vertrag mit sich brachte, wären dann annehmbar gewesen, wenn die Aviastar an den Gewinnen beteiligt worden wäre. Nach dem Vertrag Nr. 936 war sie dies aber nicht.[470] Zweifelsohne war es sinnvoll, die Unternehmensfunktionen Verkauf und Marketing an externe Experten abzugeben, da das Management der OAO Aviastar in diesen Bereichen insbesondere auf dem internationalen Markt über keine Erfahrungen verfügte. Es stellt sich jedoch die Frage, warum diese Unternehmensfunktionen nicht über ein Gemeinschaftsunternehmen hätten organisiert werden können, wie es die Volga Dnepr über die Gründung des Joint Ventures „Heavy Lift-Volga Dnepr" mit dem britischen Partner getan hatte. Im Rahmen dieser Zusammenarbeit lief der Verkauf der Ruslan über das Joint Venture, an dem beide Partner zu je 50 Prozent beteiligt waren und bei dem auch der Gewinn entsprechend aufgeteilt wurde.[471] Bei einer Beteiligung von 50 Prozent wären der Aviastar aus dem Vertrag mit Kamel somit 255 Mio. $ zugeflossen.

Das Handelsgeschäft lief nicht über ein Joint-Venture-Unternehmen ab und wurde auch nicht direkt zwischen Kamel und der Aviastar geschlossen, sondern über eine Tochter des Konzerns Kato Aromatic, die Sirocco Aerospace International bzw. deren russische Tochtergesellschaft, die Sirocco Aerospace Russia, und die russische Handelsgesellschaft Aviaeksport. Michailov hatte in dem Investitionsvertrag die Interessen der Aviastar (keine Beteiligung am Gewinn, Verkauf unter Herstellkosten, Abhängigkeit durch

---

469 Interview mit Gavrilova, 2002 (Januar I).

470 Selbst die Herstellungskosten implizieren keinen Gewinn.

471 Vgl. die Fallstudie über die Fluggesellschaft Volga Dnepr in Kapitel III.4.

Exklusivvertrag für den Investor) alles andere als vorteilhaft verhandelt, andererseits konnten über die Gelder Kamels kurzfristig die dringendsten Liquiditätsprobleme gelöst werden.

Spaltung des Managements und Führungswechsel

Der Aufsichtsrat schien sich in Gegner und Befürworter des Investitionsprojektes zu spalten. Zweifel an dem Vertrag signalisierten der stellvertretende Generaldirektor, Gennadi Korotnev, sowie weitere Mitglieder des Aufsichtsrates, die der Gruppe Poljakov zuzurechnen waren. Sie hätten 1995 die Unterzeichnung des Investitionsvertrages zu den festgelegten Bedingungen gern verhindert. Allerdings waren die Befürworter in der Überzahl. In Anbetracht der Verschlechterung der Liquiditätssituation im Jahr 1996 unterschrieb dann Michailov am 13. März 1996 den Investitionsvertrag sowie die folgenden Nachbesserungen, welche die oben erläuterten Bedingungen festlegten.[472] Ende 1996 kam es allerdings aufgrund einer Verschiebung der Aktienanteile zu einer Machtverschiebung im Aufsichtsrat zugunsten der Gruppe Poljakov. Die Gruppe zeigte sich insbesondere kritisch gegenüber den Sonderpreisen und dem Exklusivrecht des Investitionsvertrages.[473] Als Michailov am 24. Januar 1997 zu einem Treffen mit Vertretern von Rolls-Royce und Kamel nach London flog, wählte der Aufsichtsrat Viktor Michailov ab und ernannte G. Korotnev zum Generaldirektor. Der Aufsichtsratsvorsitz ging an Poljakov.[474] Michailov erkannte die Entscheidung seinerseits nicht an, er verbarrikadierte sich später dann in seinem Büro und konnte erst nach einigen Tagen mit Hilfe von Sicherheitskräften zum Verlassen des Gebäudes bewegt werden.[475]

---

472 Vgl. die Fallstudie über die Fluggesellschaft Volga Dnepr in Kapitel III.4; Sinizkij, Na izlete, 1999.

473 Die Aufsichtsratsmitglieder sind die Vertreter der Aktionäre. Sie werden auf den Hauptversammlungen durch die Aktionäre gewählt. Die Verteilung der Aktienanteile macht sich im Abstimmungsergebnis bemerkbar. Zu diesem Zeitpunkt hatte Poljakov begonnen, über die betriebseigenen Finanzinstitutionen in großem Rahmen Belegschaftsaktien aufzukaufen, und vermutlich auch über die Börse weitere Aktien erworben. Vgl. Interview Gavrilova, 2002 (Januar I).

474 Vgl. o. V., Ul'janopvskij aviakompleks raskololsja, na dve gruppy akzionerov, 2001; Perfil'iev, Ul'janovkskaja Oblast' v janvare 1997 goda, 1997 (Januar).

475 Vgl. Interview Gavrilova, 2002 (Januar I).

Ungeachtet dieser Veränderungen hielt auch das neue Management unter Korotnev 1997 an dem Vertrag mit Kamel fest, da es nicht auf die Bargeldsummen in Millionenhöhe verzichten konnte, die es zum Überleben brauchte. Zudem, so Poljakov in seine Funktion als Aufsichtsratsvorsitzender der OAO Aviastar, hatte das alte Management keine Gegenmaßnahmen getroffen, da es wusste, „dass Kamel über einflussreiche Freunde in der Regierung verfügte".[476]

5.4.2.2 Das Netzwerk Kamels: Handlungsressourcen und Handlungsorientierung

Neben der ökonomischen Auswirkung, die das eigentliche Investitionsprojekt auf den Restrukturierungsprozess hatte, gab es weitere mehr oder weniger positive Effekte, die von den Netzwerken und ihren Eigendynamiken ausgingen. Die Netzwerksysteme des Investitionsprojektes Kamels sollen daher im Folgenden aufgezeigt werden.

Der Erfolg des (unter ökonomischen Gesichtspunkten sehr fraglichen) Projektes basierte auf einem komplexen multidimensionalen Beteiligungsnetzwerk, das Akteure auf der zentralstaatlich-politischen, der industriellen und der betrieblichen Ebene miteinander verband. Es umfasste direkte und indirekte Strukturen mit unterschiedlichen qualitativen Interaktionsintensitäten (unpersönliche, materielle und zweckgebundene sowie multipel langfristige Beziehungen) und entsprechend unterschiedlichen Integrationsanreizen. Aufgrund der vielen indirekten Verbindungen war das Netzwerk durch hohe Vernetzungseffekte belastet, was sich in den steigenden Transaktionskosten bemerkbar machte. Es war ein egozentriertes Netzwerk mit Dr. I. Kamel im Mittelpunkt.

Soziales und politisches Kapital: Kamels persönliche Freundschaften

Ibrahim Kamel wurde 1941 in Kairo geboren. Er absolvierte 1965 die ökonomische Fakultät in der ägyptischen Hauptstadt und erhielt vier Jahre später seinen Masters of Business Administration und seinen Doktortitel der

476 Vgl. Interview mit Poljakov, August 2001.

Philosophie an der Universität von Michigan.[477] Nach den Angaben Gavrilovas, die der ersten Pressekonferenz Dr. Kamels in Ul'janovsk beiwohnte, liegt der Schluss nahe, dass er nicht nur mit der amerikanischen Mentalität und den Gepflogenheiten vertraut war, sondern auch mit der sowjetischen: „Kamel verfügt nicht nur über sehr gute Russischkenntnisse, sondern er kennt vor allem das politische Machtsystem Russlands; er hat 30 Jahre mit den sowjetischen Machtstrukturen zusammengearbeitet."[478]

Es gibt Hinweise, dass Kamel seine Militärausbildung in der Sowjetunion erhielt und dabei seine Sprachkenntnisse erwarb. Für die Elite der arabischen Länder war es zu dieser Zeit Tradition, an den führenden Moskauer Universitäten zu studieren. Auch Mubarak hatte seine höhere Militärausbildung an der sowjetischen Militärakademie in Frunse erhalten.[479] Zudem arbeitete Kamel schon zu Breschnevs Zeiten mit der Sowjetunion zusammen. Als er Mitte der 1970er Jahre in das Familienunternehmen Kato Aromatic einstieg, das ursprünglich mit Saatgut und aromatischen Ölen handelte, begann er, Handelsbeziehungen mit der Sowjetunion aufzubauen. Die Geschäfte mit der UdSSR entwickelten sich rasch, und schon bald wurden Handelsabkommen zwischen der Kato Aromatic und einer Reihe sowjetischer Außenhandelsbehörden abgeschlossen. Neben der „Avtoeksport" und der „Traktoreksport" wurde auch ein Abkommen mit der „Aviaeksport" geschlossen, über die Kamel 10 Tu-154 (Vorgängermodelle der Tu-204) für die Cairo Air importierte.[480]

Daraus wird ersichtlich, dass Kamel über soziale Kompetenzen im Umgang mit russischen Akteuren verfügte. Dies betraf vor allem die Akteure seiner Generation, die in der Sowjetunion der Breschnevzeit sozialisiert worden waren. Es ist davon auszugehen, dass auf dieser Basis zwischen den Interaktionspartnern aus den Luftfahrt- und Außenhandelsstrukturen auf der einen und Kamel auf der anderen Seite ein Mindestmaß an generalisiertem Vertrauen und generalisierter Reziprozität gegeben war (soziales Kapital).

---

477 Vgl. o. V., Igra navylet, 2002.

478 Vgl. Interview mit Gavrilova, 2002 (Januar I).

479 Vgl. Kapitonov, Gospadin tschestnost', o. J.

480 Vgl. Interview mit Kamel, Vce ravno my budem tret'em, 2002; Interview mit Kamel, Igra navylet, 2002; o. V., Egipet i Rossija (Stand 2010).

Im Rahmen seiner Ausbildung und Handelsbeziehungen konnte er auf einen relativ breiten Kreis an persönlichen Beziehungen mit Akteuren zurückgreifen, die nun, 20 Jahre später, relevante politische Ämter besetzten. In einem Interview mit der russischen Tageszeitung „Gazeta“ aus dem Jahre 2002 bemerkte Kamel: „Ich habe sehr viele Freunde in Russland. Wenn ich sie alle der Reihe nach aufzählen müsste, dann müsste ich Hunderte nennen. So nenne ich einige. An erster Stelle steht Herr Primakov – ich bin sehr stolz auf diese Freundschaft. Herr Seleznev[481], Sjuganov[482], Ruzkoj[483] und Ramazan Abdulatipov[484] sind auch meine Freunde. Wir kennen uns schon seit sehr vielen Jahren. Ich kann natürlich nicht die nennen, die heute in den entsprechenden Positionen sind, aber ich denke, dass ich in diesen Jahren viele Freunde in den politischen sowie in den wirtschaftlichen Kreisen gewonnen haben.“[485] Alle namentlich genannten Akteure haben auf die eine oder andere Weise einen besonderen Bezug zu Ägypten und sprechen die arabische Sprache.[486] Diese Orientierung trifft insbesondere auf Primakov zu, der im Rahmen seiner Ausbildung und seines Werdegangs

481 Gennadi Seleznev war Duma-Vorsitzender von 1999–2003.

482 Vorsitzender der KPRF.

483 1. Vizepräsident Jelzins 1991.

484 Präsident der „Gesellschaft der Freunde Ägyptens“. Auch Primakov und Ramazan Abdulatipov galten als befreundet. Primakov holte Abdulatipov 1998 in die Regierung und betraute ihn im Rang eines Ministers mit der Koordinierung der Politik im Nordkaukasus. Im gleichen Jahr wurde Abdulatipov zum Präsidenten der „Gesellschaft der Freunde Ägyptens“ gewählt. Vizepräsident der Gesellschaft war (und ist) Kamel; vgl. o. V., Egipet i Rossija (Stand 2010); siehe auch dic.academic.ru (Große biographische Enzyklopädie), biographische Daten zu Adulatipov, Ramazan Gragdimuradovitsch, online: dic.academic.ru/dic.nsf/enc_biography/134 (Stand 2010).

485 Vgl. Interview mit Kamel, Vce ravno my budem tret'em, 2002.

486 Ruzkoj gehörte auch zu dem engeren Freundeskreis Mubaraks; vgl. dic.academic.ru (Große biographische Enzyklopädie), biographische Daten zu Aleksandr Vladimirovitsch Ruzkoj, online dic.academic.ru/dic.nsf/enc_biography/108465 (Stand 10.2010).

einen Schwerpunkt auf den Nahen Osten und insbesondere Ägypten gelegt hatte.[487] In den 1970er und 1980er Jahren leitete er die führenden Institute für Außenhandel und internationale Beziehungen (IMEMO).[488] Die Handelsbeziehungen Kamels waren kaum um diese Behörde herumgekommen.

Wirtschaftliches und politisches Kapital im Heimatland

Darüber hinaus verfügte Kamel über wirtschaftliches und weiteres politisches Kapital. Zum Zeitpunkt des Vertragsabschlusses mit der Aviastar war Kamel Generaldirektor der Holding „Kato Aromatic", eines der größten ägyptischen Konzerne. Die Kato Aromatic betätigte sich in den Sparten Tourismus, Immobilien, Finanzen und Investitionen. Zu der Holding gehört auch die Fluggesellschaft „Air-Cairo".[489] Sie flog mit der alten Tu-158. Vor diesem Hintergrund ist davon auszugehen, dass Kamel über ausreichend eigenen Finanzen verfügte.

Gleichzeitig war Kamel Berater des ägyptischen Präsidenten Mubarak in Wirtschaftsfragen,[490] ein zweifelsohne wichtiger Tatbestand, der nahelegt, dass Kamel Zugang zu der obersten Ebene des ägyptischen Staates hatte und an einigen Entscheidungsprozessen beteiligt war. Dementsprechend konnte er den russischen Akteuren ein politisches Bargaining-Kapital anbieten, um ihre Interessen in Ägypten zu fördern. Die Interessen der Russischen Föderation lagen hier vor allem in der Wiedererlangung des sowjetischen Einflusses in der Region des Nahen Ostens einschließlich einer

487 Vgl. Wissenschaftliches Zentrum Agentur.ru, biographische Daten zu Primakov, Evgenij Maksimovitsch (Stand 2010).

488 IMEMO – Institut für Weltwirtschaft und internationale Beziehungen.

489 Vgl. Krasavin, Egitjanin gruzit Aviastar, 2004. Seit 2003 beteiligte sich die staatliche ägyptische Fluggesellschaft Egypt Air an der Cairo Aviation; erst hielt sie 40 %, später dann 100 %. Der Fuhrpark der Tupolev-Maschinen wurde 2004 in die Gesellschaft „Cairo Aviation" transferiert. Präsident der Cairo Aviation war I. Kamel.

490 Vgl. Interview mit Kamel, Igra navylet, 2002; ebenso Interview mit Gavrilova, 2002 (Januar I).

490 Vgl. o. V., Ul'janovskij aviazavod opjat' na gran ostanovksie, 2001.

„Ökonomisierung" der Beziehungen mit dem Schwerpunkt Energiewirtschaft, Metallurgie und Waffenexport.[491]
Zusammenfassend lässt sich für die Ziele und Handlungsressourcen festhalten: Das Investitionskonzept Kamels war ein Handelsgeschäft mit dem Ziel, hohe Handelsgewinne zu erzielen. Der ägyptische Geschäftsmann verfügte voraussichtlich über genügend eigenes Kapital für die Vorfinanzierung des Projektes. Besondere fachliche Fähigkeiten, Erfahrungen oder Kontakte im Bereich des Verkaufs von Flugzeugen auf den internationalen Märkten waren bei Kamel zwar nicht erkennbar. Allerdings verfügt er über ein gutes Netzwerkpotenzial in Russland, dass er aktivieren konnte, um ein breites, zweckorientiertes Interaktionssystem in dem bestehenden Umfeld aufzubauen.

Beteiligungsnetzwerke: Netzwerkaktivitäten im Rahmen des Investitionsprojektes

Es ist davon auszugehen, dass der sowjetisch geprägte Technokrat Viktor Michailov nicht eigenständig und ohne die Rückendeckung der zentralstaatlichen Strukturen den Investitionsvertrag unterschrieb, sondern dass Kamel dafür die Zustimmung der relevanten Akteure eingeholt hatte. Der Einstieg mag über die alten Kontakte, vor allem in den Außenhandelsstrukturen um Primakov, unterstützt worden sein. Er war 1996 als Außenminister in die Regierung Tschernomyrdins berufen worden. Diesen Posten hielt er trotz der Reorganisationen von Tschernomyrdins Kabinett bis zu seiner Ernennung zum Premierminister im September 1998. Parallel zu seinen

491 Trotz der zeitweise angespannten politischen Beziehung beider Länder hatte die UdSSR beträchtlich an der Industrialisierung und Aufrüstung des arabischen Landes mitgewirkt. Nach dem Abbruch der diplomatischen Beziehungen kam es mit dem Zusammenbruch der Sowjetunion langsam zu einer Entspannung der Beziehungen. Im Jahr 1991 erkannte Ägypten die Russische Föderation als Rechtsnachfolgerin der UdSSR an. Wollte man nun auch die Handelsbeziehungen wiederbeleben, mussten die gegenseitigen Verschuldungen, die nicht selten auf Barter-Beziehungen beruhten, neu verhandelt werden. Ergebnis und Basis künftiger Beziehungen war der Vertrag „Über die Regulierung der gegenseitigen Schulden und neue Abkommen über die handelswirtschaftliche und technische Zusammenarbeit" von 1994.

Regierungsämtern war Primakov Mitglied des Sicherheitsrates der Russischen Föderation und Vorsitzender der „Kommission für rüstungstechnische Zusammenarbeit" (VTS). Diese Behörde beschäftigte sich faktisch mit der politischen Unterstützung des Waffenexports. Seit 1994 gehörte Ägypten wieder zu den wichtigsten Abnehmern russischer Raketentechnik.[492] An der Kommission war auch Il'ja Klebanov, der spätere Vizepremier und Patron des Kamelprojektes, beteiligt. Unter Primakov wurde Klebanov 1998 die Co-Leitung des „Komitees für rüstungsindustrielle Zusammenarbeit" (VTS) übertragen.[493]

Beteiligungsformen

Das Netzwerk Kamels in Russland baute vor allem auf einer materiellen Beteiligung an dem Projekt auf. Die Zustimmung der politischen Akteure wurde entweder über politisches Kapital bzw. das Bargaining von Privilegien oder über konkrete materielle Vorteile erreicht. Ein Beispiel für die materiellen Anreize des Kamelprojektes zeigte sich in der vier Monate nach Abschluss des „Investitionsvertrages I" verabschiedeten Regierungsverordnung Nr. 783 „Über staatliche Maßnahmen zur Unterstützung der Produktion und die Umsetzung von Leasingbedingungen des Flugzeuges Tu-204". Offizielles Ziel der Verordnung war die Umsetzung des präsidialen „Programms zur Entwicklung der zivilen Luftfahrttechnik Russlands bis 2000".[494] Diese Verordnung war vom Ministerium für Transport und vom Ministerium für Rüstungsindustrie initiiert sowie vom Ministerium für Finan-

---

492 Vgl. o. V. Egipet i Rossija (Stand 2010).

493 Klebanov kommt aus der Petersburger Rüstungsindustrie. Er hatte seit 1992 die Leitung des Herstellers für Optikmechanik und Raketensysteme, der Vereinigung LOMO, übernommen. Vgl. FLB.ru (Agentur für Föderale Aufklärung), biografische Daten zu Klebanov, Il'ja, Iosifovitsch, online www.flb.ru/kompromat/108/1.html (2010); vgl. ebenso o. V., I. Klebanov: Prioritetami Voenno-Technitscheskom Sotrudnitschestve (VTS), 2001.

494 Vgl., Regierungsverordnung RF Nr. 783, O merach gosudarstvennoj poddergki, 1996; vgl. auch Zusatzverordnung Nr. 8 zur Regierungsverordnung RF Nr. 783, O vnesenii izmeneniij, 1997.

zen und Wirtschaft bestätigt worden und trug die Unterschrift des Premierministers V. Tschernomyrdin.[495] Entgegen seinem Wortlaut befasste sich das Dokument allerdings nicht mit den lange erwarteten Leasingprogrammen, sondern mit den Konditionen zur Vorfinanzierung des Kamelprojektes einschließlich der zu importierenden britischen Triebwerke. Kamel musste demnach die Millionenbeträge vorfinanzieren und dem staatlichen Bankensystem, genauer gesagt der staatlichen Vneschekonombank, bis zur Fertigstellung der Maschinen zur Verfügung stellen. Der Staat garantierte in dieser Verordnung die Rückzahlung der Gelder.[496] Von den Zolleinnahmen des Projektes konnte vor allem das Ministerium für Finanzen profitieren – die Zölle und Gebühren auf importierte Luftfahrttechnik beliefen sich auf 56 Prozent.[497] Für den Import von zwei Triebwerken für eine Tu-204 (11 Mio. $) mussten demnach 6,16 Mio. $ an das Ministerium abgeführt werden.

5.4.2.3 Das Kernnetzwerk und seine Beteiligung an der Handelsgesellschaft Sirocco

Zu dem Kernnetzwerk des Kamelprojektes gehörten vor allem die Akteure auf der Industrieebene einschließlich der Außenhandelsstrukturen. Von den Akteuren der Industrie ging auch die Initiative für das Aviastar-Engagement Kamels aus. In einem späteren Interview antwortete Kamel auf die Frage nach dem ursprünglichen Anlass für die „Aviastar-Investition“: „1995

---

495 Vgl. Regierungsverordnung RF Nr. 783, O merach gosudarstvennoj poddergki, 1996; vgl. auch Zusatzverordnung Nr. 8 zur Regierungsverordnung RF Nr. 783, O vnesenii izmeneniij, 1997.

496 In der im Januar 1997 verabschiedeten Zusatzverordnung Nr. 8 garantierte die Russische Föderation dem ägyptischen Investor Kamel (Kato Aromatic) die Rückzahlung von 30 Mio. $. Diese hatte Kamel für die Finanzierung der in Ul'janovks eingebauten Rolls-Royce-Triebwerke vorfinanziert. Die Gelder liefen über die Vneschekonombank. Es ist die Vermutung der Autorin, dass der Staat sich gegen die vollständige Abtretung des Rolls-Royce-Vertrages an den ägyptischen Investor ausgesprochen hatte. Damit hätte Kamel die Gelder direkt an die Engländer zahlen können. Ist der Vertrag hingegen zwischen der Aviastar und den englischen Hersteller abgeschlossen, laufen die vorfinanzierten Millionenbeträge für die Triebwerke erst über das russische Finanz- und Bankensystem. Dies entspräche einem indirekten Finanzanreiz des Kamelgeschäfts.

497 Vgl. Sinizkij, Na izlete, 1999.

kamen Freunde aus der Luftfahrtindustrie zu mir und erzählten, dass das Unternehmen OAO ‚Aviastar' ein sehr interessantes Projekt hätte."[498]
Diese Akteure gründeten gemeinsam mit Kamel die Handelsgesellschaft „Sirocco Aerospace Russia". Sie war eine Tochter der „Sirocco Aerospace International" (S.A.E.)[499], die wiederum zu der Holding Kato Aromatic des ägyptischen Geschäftsmannes gehörte. Die Sirocco Aerospace International war als geschlossene Aktiengesellschaft im Jahr 1995 mit Sitz in Kairo gegründet worden. Sie sollte als Marketinggesellschaft für die Vermarktung der Tu-204-120 auf den internationalen Märkten verantwortlich sein.[500] Ihre unbekannte, zwei Jahre später gegründete Tochter, die Sirocco Aerospace Russia, war mit der Organisation des Leasing- und Handelsgeschäftes der Tupolev in Russland betraut. Im Folgenden werden beide Gesellschaften unter der Bezeichnung „Sirocco" zusammengefasst und nur dort, wo dies nötig ist, unterschieden.
Im Sommer 1996 überschrieb Kamel der Sirocco das Exklusivrecht für die internationale Vermarktung der Maschine.[501] Die Gesellschaft kaufte die Tupolev-Maschinen und verkaufte sie wieder. Die Gewinne dieses lukrativen Handelsgeschäftes liefen dementsprechend über die Konten der Sirocco. Zu den wichtigsten Teilhabern ehörte der ehemalige Monopolist für den Export von Luftfahrttechnik, die Aviaeksport (und die Außenhandelsbank „Vneschekonombank" VEB), über welche die Kato Aromatic schon zu Sowjetzeiten die Tu-154 erworben hatte. Neben der Außenhandelsbehörde war auch das KB Tupolev durch ihren Generaldirektor, Igor Schevtschuk, an dem Geschäft beteiligt. Die Konstrukteure wurden für die Anpassung der Tu-204 an die westliche Technik sowie den Einbau der Rolls-Royce-Triebwerke und der Avionik von Honeywell gebraucht. Der dritte

498 Vgl. Interview mit Kamel, Vce ravno my budem tret'em, 2002. Ähnlich hatte er sich auch in seinem Interview mit Igra navylet, 2002, geäußert.

499 Die S.A.E. ist eine geschlossene Joint Stock Company des ägyptischen Rechts. Das gemeinsame Kapital wird in Aktien aufgeteilt und entsprechend der Anteile wird auch der Gewinn zugewiesen. Es besteht nur eine beschränkte Haftung.

500 Auf der Webseite der Sirocco Aerospace International wird allerdings das Jahr 1996 angegeben. Der Großteil der alten Veröffentlichungen gibt als Gründungsjahr den August 1995 an. Vgl. Krasavin, Egiptjanin grusit Aviastar, 2002.

501 Vgl. Krasavin, Egiptjanin grusit Aviastar, 2002.

russische Teilhaber war V. Michailov, der mittlerweile abgesetzte Generaldirektor der OAO Aviastar.[502]

Ähnlich wie bei dem Ruslan-Projekt auf der Basis der Frachtgesellschaft Volga Dnepr manifestierten sich auch über die Sirocco neue und alte Netzwerkverbindungen im Rahmen einer formellen Gesellschaft. Als formelle Integrations- und Verteilungsbasis sollte über sie ein kollektives Handeln und vor allem die kollektive Verteilung der Gewinne formell geregelt werden. Dabei mussten alle direkt von dem Projekt betroffenen Akteure und ihre Funktionen integriert und gebündelt werden. Die Netzwerkakteure in den Organen der Sirocco, dies waren die jeweiligen Generaldirektoren und Leiter, stellten dabei eine gewisse Brückenfunktion zwischen der Sirocco und ihren eigenen Organisationen dar.

Eine besondere Rolle in der Handelsorganisation kam dem vierten russischen TeilhaberMitglied zu: der quasistaatlichen Investmentkorporation Gosinkor bzw. der späteren Gosinkor-Guta-Holding.[503] Die Gründung der Investitionskorporation Gosinkor war eng mit dem Interaktionssystem Jelzins verbunden.[504] Die formelle Aufgabe der staatlichen Investitionskorporation bestand darin, ausländische und heimische Investoren bei der Umsetzung der föderalen Programme zu unterstützen. Vor diesem Hintergrund übte sie auch im Rahmen des Kamelgeschäfts eine Garantie- und Kontrollfunktion aus.

---

502 Vgl. Krasavin, Egiptjanin grusit Aviastar, 2002; Maksimov, Ten' piramidov nad Aviastarom, 2001; o. V. Tuschki prorivalis' na vostok, 2002.

503 Vgl. o. V., GUTA-BANK – ekonomitscheskoe tschudo-judo.

504 So war die Korporation auf der Basis eines Präsidentengesetzes am 2. Februar 1991 – und zwar ein Tag nach der Inauguration Jelzins als Präsident der RF – gegründet worden. Leiter der Korporation war Juri V. Petrov. Er galt als Freund Jelzins. Petrov war 1985–1988 1. Parteisekretär des Sverdlovsker Obkom der KPSS. Danach war er bis 1991 Botschafter der SSSR in der Republik Kuba und wurde dann 1991–1993 zum Leiter der Präsidialadministration Jelzins ernannt. Die Regierung überschrieb der Korporation kurze Zeit später wieder nach Anweisung des Präsidenten ein Vermögen im Wert von über 1 Mrd. $ und 200 Mrd. Rubel. In den folgenden Jahren wurde das Ministerium für Finanzen wiederholt angewiesen, dem Fonds Edelmetalle, Edelsteine und Devisen zu überschreiben. Vgl. o. V., GUTA-BANK – ekonomitscheskoe tschudo-judo?, 2000; o. V., S tschevo natschinaetsja Rodina, 2003.

Die Integration des Kernnetzwerkes war angesichts gemeinsamer Sozialisationsaspekte ihrer Akteure, vor allem aber infolge der breiten materiellen Basis und der Aussicht auf eine Beteiligung an den erwarteten Handelsgewinnen als hoch einzuschätzen.

5.4.2.4 Vernetztungsdynamiken, Fragmentierungsdynamiken und Netzwerktransaktionskosten

Fragmentierungsdynamiken

Obwohl die Sirocco eine wichtige Schaltstelle des Projektes war und als eine formelle Manifestation des Netzwerkes und seiner Regelungen galt, war die Struktur des Gesamtnetzwerkes, wenn man auch die Verbindung zu den Interaktionssystemen um das Kernnetzwerk betrachtet, instabil und wies „qualitative" Interaktionslöcher auf. Zwar waren alle für die Produktion und den Verkauf der Tu-204-120 relevanten Akteure an der Sirocco beteiligt. Das Problem bestand aber darin, dass Vertreter dieser Teilhaber – die Generaldirektoren oder Leiter – nicht die formelle und erst recht nicht die informelle Macht über die Organisationen hatten, die sie vertraten. Aufgrund der hohen Fragmentierung ihrer Betriebe war nicht erkennbar, inwieweit sie mit Zustimmung des Managements bzw. des Aufsichtsrates handelten, wodurch die Brückenfunktion, die sie erfüllen sollten, entsprechend schwach war. Insbesondere im Fall der Aviastar war dies von Bedeutung, da sich um die Poljakov-Gruppe eine Opposition gegen den Kamel-Vertrag sammelte, was zur Abwahl Michailovs als Generaldirektor geführt hatte.[505] Auch bei dem KB Tupolev war es zu Machtkämpfen mit dem Generaldirektor, I. Schevtschuk, gekommen, der zur Sirocco gewechselt war.

Vor diesem Hintergrund ist die Frage nach der Verwendung der Handelsgewinne offen. Dass Michailov die Handelsgewinne der Sirocco nicht in die verschuldete OAO Aviastar zurückfließen lassen würde, davon war auszugehen. Was mit den Geldern passierte, ist soweit unklar. Zu diesem Zeitpunkt zeigte sich, dass V. Michailov sich stärker dem Netzwerk Kamels als dem verschuldeten Betrieb, der von dem Netzwerk Poljakovs geführt

---

505 O. V., Ul'janovskij aviakompleks raskololsja, 2001; Perfil'iev, Ul'janovkskaja Oblast', 1997 (Januar).

wurde, verpflichtet fühlte. Mit anderen Worten war hier die institutonelle Integration schwächer als die netzwerkorientierte Integration, was letztlich einer Verdrehung der Integrationslogiken entsprach,.

Vernetzungsdynamiken

Entscheidend für die Beurteilung der Handlungsfähigkeit des Netzwerkes und des Effekts auf die Restrukturierung war die hohe Einbindung der Kamel-Akteure in wiederum eigene Netzwerkkonfigurationen. Dadurch entstanden mehrere indirekten Netzwerkbindungen. Aufgrund der hohen Transitivität[506] zwischen den Netzwerkmitgliedern, kommt es dazu, dass auch die Interessen der Partner der einzelnen Netzwerkmitglieder bei dem Aviastarprojekt berücksichtigt werden müssen. So verwundert es beispielsweise nicht, dass die private Hausbank (Inkombank) des Netzwerkmitglieds, Aviaeksport, indirekt von dem Kamel-Engagement profitieren sollte. Über die Bank lief dann auch die von Kamel geleistete Vorfinanzierung für den Fertigbau der Tu-204. Während Kamel die volle Summe noch vor Beginn des Projektes an die Bank überwies, verlieh diese die Gelder dann gestückelt und zeitverzögert mit hohen Zinsen von bis zu 30 Prozent an die Aviastar weiter.[507] Über diese Zurverfügungsstellung der Kamel-Gelder konnte die Bank zusätzliche Anlagegeschäfte und Zinseinnahmen generieren, was zu Lasten der Aviastar ging. Daran wird deutlich, dass mit der Größe der Netzwerke auch die persönlichen und finanziellen Aufwendungen steigen. Im Fall des Kamel-Netzwerkes wurde dieser Mehraufwand von der Aviastar getragen.

Die Netzwerkaktivitäten des Kamel-Projektes verdeutlichen zudem, dass indirekte Verbindungen einen großen und unkontrollierten Push-in-Effekt haben, d. h., dass sich aus indirekten Verbindungen schnelle direkte Verbindungen und Forderungsansprüche entwickeln können. So verhielt es sich mit der staatlichen Investitionskorporation Gosinkor, die ebenfalls an

---

506 Mein Freund oder Feind ist auch dein Freund oder Feind. Hat A eine Beziehung zu B und B zu C, dann besteht auch automatisch eine Beziehung zwischen A und C.

507 Vgl. o. V. Igra sud'boj Aviastara, 2001; Mel'nik, Ob'javlen rozysk schesti million dollarov, 2001; Korolev, To jama to kanava, 2001.

der Sirocco beteiligt war. Die Problematik dieser quasistaatlichen Korporation lag in ihrer Interaktion mit der ebenfalls zur Gosinkor-Holding gehörenden privatwirtschaftlichen Guta-Bank.[508] Sie hatte über kriminelle Methoden Beteiligungen in den wichtigen Industrien akkumuliert.[509] Betrachten wir ihre Akquisestrategien, so waren sie auch an einer Aufstockung der Luftfahrtindustriebeteiligung interessiert.[510] Das Engagement Kamels bei der Aviastar bot dem Partner Gosinkor einen strategischen Zugang, dieses Ziel umsetzen zu können. Aufgrund des hohen Kollektivitätsdrucks und der Transitivität in den russischen Netzwerken bestand die Gefahr, dass auch das Kernnetzwerk Kamels in eine Situation geriet, in der es sich den indirekten Gefälligkeitsanforderungen nicht entziehen konnte. Durch diese „indirekten Beteiligungen" war das Kamel-Netzwerk in den Streit zwischen der Guta-Bank und der Inkombank über die Aviastar-Beteiligungen, die im Rahmen des Insolvenzprozesses der Inkombank „verloren" gegangen waren,[511] involviert. Die entstehenden Eigendynamiken dieser indirekten Netzwerkverbindungen bzw. Inter-Netzwerkverbindungen (Push-in-Effekt) sind

---

508 Mit der Guta-Bank bildete die Gosinkor seit 1996 eine gemeinsame Holding – die Gosinkor-Group. Der Gosinkor wurde nachgesagt, dass sie einen Großteil der ihr anvertrauten staatlichen Gelder über die in Skandale verwickelte Guta-Bank „privatisiert" habe. Diese soll die Gelder in illegalen Geschäften eingesetzt haben. Die Bank hatte seit 1997/98 versucht, Aktienbeteiligungen in der Nahrungsmittel- und Rüstungsindustrie zu erwerben. Aufsichtsratsvorsitzender der Guta-Bank war bis 1997 Juri Gutschin. Er hatte keinerlei Ausbildung im Banken- und Finanzwesen vorzuweisen, dafür aber eine hochkriminelle Vergangenheit. Vgl. o. V., GUTA-BANK – ekonomitscheskoe tschudo-judo?, 2000; o. V., S tschevo natschinaetsja Rodina, 2003.

509 Vgl. Bekker/Lysova, Gosinkor umer. Da zdrastvuet Gosinkor cholding, 2003.

510 So bei der Permskie Motory und ihren Tochterunternehmen. Später auch bei OKB Suchoj (25,1 %), OAO Taganrog, ANTK Beriev (13 %) und Ulan Ude Aviazionnyj Zavod (UUAZ) (11 %). Sie übte schon damals Einfluss auf die Aufsichtsräte aus. Vgl. o. V., GUTA-BANK – ekonomitscheskoe tschudo-judo?, 2000; o. V., S tschevo natschinaetsja Rodina, 2003.

511 Im Jahr 1997 nahm die Aviastar einen Kredit bei der Inkombank in Höhe von 6,5 Mio. $ auf. Getilgt hatte sie die Gelder nicht mit Bargeld, sondern mit der Übergabe eines zehnprozentigen Aktienpaketes. Vgl. Korolev, To Jama to kanava, 2001. Ein Jahr später wurde ein weiterer Kreditvertrag über 5,82 Mio. abgeschlossen. Nicht deutlich ist, ob dieser mit einem weiteren Aktienpaket abgesichert wurde. Im Rahmen der Insolvenz der Inkombank war die Aviastarbeteiligung im

in hohem Maße informeller und intransparenter Natur und werden deshalb gern in ihrer Bedeutung zur Erklärung von Entscheidungen und Maßnahmen unterschätzt. Es spricht für sich, dass es schon bald zu einer Verquickung des Kamel-Netzwerkes mit den indirekten Netzwerkakteuren kam. I. Karavaev, Abteilungsleiter der Gosinkor und Vizepräsident der Guta, wurde später auch Generaldirektor der Sirocco (Russland).[512] Auch Boris Zenkov, der ehemalige Leiter der Inkombank und russischer Botschafter in Zypern, saß als Generaldirektor der Sirocco (Russland) vor.[513]

Davon blieben die formellen und informellen Unternehmensprozesse der Aviastar nicht unbeeinflusst, und so fanden sich die Vertreter dieser indirekten Netzwerkverbindungen später in den Aufsichtsräten der Aviastar wieder. Sowohl I. Karavaev (Guta/Gosinkor) als auch Denis Manturov (Gosinkor) und Boris Zenkov waren später in den Aufsichtsorganen der Aviastar vertreten. Sie nutzten ihre Ämter, um die Machtkämpfe um die Aviastar-Beteiligungen und Aktiva weiterzuführen. Vor diesem Hintergrund ist

---

Rahmen eines Gläubigerkredits, den die Guta-Bank der insolventen Inkom gewähren sollte, als „Pfand" in eine neue Guta-Bank-Holding eingebracht worden. An dieser Holding waren allerdings die Inkombank eingeschränkt mitbeteiligt. De facto zahlte die Guta-Bank den Gläubigerkredit nur zu 30 % aus. In der Zwischenzeit hatte sie, in einem weitgehend intransparenten Vorgehen, den alleinigen Zugriff auf die Beteiligungen gesichert. Dafür hatte sie kleine Unternehmen wie die „Florena", „Rangos" und „Eisberg" (mit einem Stammkapital von nicht mehr als 8 350 Rubel) aufgekauft und in ihre Holdingstrukturen eingebracht. In den Bilanzen dieser Unternehmen (Florena, Rangos und Eisberg) tauchten dann verdeckt die Inkombank-Beteiligungen, darunter die Aviastaranteile, wieder auf. Ein Teil der Inkombankvertreter beschuldigte die Guta-Bank, sich durch die Nichteinhaltung von Vereinbarungen den Zugriff auf die Aktiva unrechtmäßig verschafft zu haben. Im November 1998 wurde das Insovenzverfahren der Inkombank eröffnet und die Bank wurde unter die Leitung des Konkursverwalters V. Alekseev gestellt. Vgl. Berzanskaja/Evstigneeva/Kozyrev, Vse, tschto nagito neposil'nym trudom, 2001. Der Konkursverwalter und die Verteter der Banken sollen später im Aufsichtsrat der Aviastar sitzen.

512 Vgl. o. V., GUTA-Bank – ekonomitscheskoe tschudo-juda?, 2000; ebenso Bujlov, Inkombank gotovitsja k vojne, 2001; Bekker/Lysova, Gosinkor umer, 2003; o. V., S kem nado bylo govorit' o den'gach v 2002 gody, 2002.

513 Vgl. Rechnungshofbericht Nr. 41, 2002; o. V., Post Mortem, 2001; Luré, Temnyj les, 2002.

zu verstehen, warum der damalige Inkom-Insolvenzverwalter, V. Alekseev, dann ebenfalls im Aviastar-Aufsichtsrat saß.
Hier zeigt sich nun deutlich die Verankerung der informellen Netzwerkbeziehungen in den formellen Institutionen. Dabei werden die formellen Organe und Kompetenzen vorwiegend zur gegenseitigen Kontrolle und zur Austragung interner Machtkämpfe genutzt und weniger für die eigentlichen betrieblichen Aufgaben, wie die Wiederherstellung des Wertschöpfungsprozesses. Diese negativen Netzwerkeffekte standen neben den Effekten, die von dem eigentlichen Investitionsprojekt des Investors Kamel, das mittelfristig als ökonomisch nachteilig einzuschätzen war, ausgingen.

5.4.3 Ausgründung der Flugzeugproduktion auf der Basis von Netzwerken der Gruppe Poljakov

Zugang neuer Akteure über den Kauf von Aktien

Das neue Management der Aviastar unter der Führung der Gruppe Poljakov mit Gennadi Korotnev als Generaldirektor und Poljakov als Aufsichtsratsvorsitzender an der Spitze befürchtete, die Kontrolle über den Komplex zu verlieren – nicht nur aufgrund des Kamelvertrages, sondern auch angesichts fremder Akteure, die über den Kauf von Aktienanteilen Zugriff auf das Werk bekamen. Aufgrund der Liquiditätsknappheit hatte man begonnen, Kredite gegen Aktien (Inkombank) zu tauschen. Auch die Steuerschulden gegenüber der Region Ul'janovsk hatte man bargeldlos über die Vergabe von Aktien getilgt – mittlerweile hielt die Region 12 Prozent des Aktienkapitals.[514] In Anbetracht der schlechten Auftragslage hatte es zudem eine Verkaufswelle der Belegschaftsaktien gegeben. Im Jahre 1999 hielt die Belegschaft nicht mehr 47 Prozent wie zu Beginn, sondern nur noch 20 Prozent des Aktienkapitals. Einen Teil dieser Belegschaftsaktien hatte Poljakov über den Fonds „Aviastar-Invest“ zurückgekauft.[515]
Über die 36 Prozent der Aktien, die mittlerweile an der Börse gehandelt wurden, erhielten vor allem ausländische institutionelle Anleger Zugang

514 Vgl. Korolev, To Jama, to kanava, 2001.

515 Zwischen 1996 und 1997 hatte sich die Zahl der ursprünglichen Aktionäre mehr als halbiert, wobei sich ein Teil in den Händen einiger weniger Aktionäre konzentrierte. Vgl. Interview mit Titov, 2002; Korolev, To Jama, to kanava, 2001.

zum Komplex.[516] Ein besonderes Interesse zeigten der Fonds „Oppenheimer Capital Corporation"[517] und seine Tochtergesellschaften, die mit einem der größten Konkurrenten der Aviastar, mit der Firma Boeing, in enger Verbindung standen.[518] Mit einem Anteil von 12–17 Prozent besaß die „Oppenheimer Capital Corporation" das größte Paket an der Aviastar. Dass es sich dabei um eine renditeorientierte Portfolioinvestition gehandelt hat, ist wenig wahrscheinlich.[519]

Verschuldung und Reorganisation des Werkes

Das größte Problem des Komplexes war aber nach wie vor die Verschuldung des Werkes. Das neue Management der OAO Aviastar wusste, dass ein Überleben der Flugzeugproduktion mit dem aufgehäuften Schuldenberg nicht möglich war, zumal die Tilgung der Schulden zu einer Zerschlagung des Werkes und zum Verlust der Kontrolle durch das Management

---

516 Bis 1999 gehörten ausländischen Anlegern 35,5 % der Aktien der OAO Aviastar. Vgl. Rechnungshofbericht Nr. 10 (Punkte 2.2.10, 2.2.8), 2000.

517 Die Oppenheimer Capital Corporation ist eine weltweit agierende Investmentbank. Sie ist Teil der Oppenheimer Holdings mit Sitz in New York und managt einen Umsatz von 1 Mrd. $.

518 Die Oppenheimer Captial Corporation war schon lange mit der Firma Boeing verbunden und der größte Investor der Fluggesellschaft im Bereich des zivilen Flugzeugbaues (Wichita Division). Vgl. Paduano/Harris/Cutcher-Gershenfeld, Boeing Case Study, 2000; Holmes, Boeing's Sonic Bruiser, 2001.

519 Die Einnahmen durch den zivilen Flugzeugbau stellten gut 60 % der Gesamteinnahmen (um die 5 Mrd. $) von Boeing dar. Dass Boeing der Letzte war, dem es an einem Erstarken der russischen Mittelstreckenproduktion lag, davon ist berechtigterweise auszugehen. Die kommerzielle Flugzeugproduktion befand sich seit Jahren in einer schwierigen Konsolidierungsphase, die durch immer geringere Margen gekennzeichnet war. Die Gewinnmargen waren zu diesem Zeitpunkt kaum noch bei 10 % zu halten. Eine Förderung der Weiterentwicklung der Tu-204, die mit 28 Mio. $ fast nur ein Drittel einer Boeing 737-200 oder Boeing 757 kostete und, mit RR-Motoren und Honeywell-Avionik ausgestattet, auch den internationalen Lärm-, Emissions- und Sicherheitsnormen entsprach, wäre eher unwahrscheinlich, hätte doch Boeing damit einem höchst unwillkommenen Teilnehmer in den Markt geholfen, was insbesondere in den neu umkämpften Schwellen- und Entwicklungsländern negative Folgen für Boeing gehabt hätte. Inwieweit die Oppenheimer, so die Auffassung von Poljakov, versuchten, über ihre Aviastaranteile die Prozesse des russischen Werkes zu blockieren, bleibt Spekulation. Nicht auszuschließen ist, dass es bei ihrem Engagement um die Sicherstellung von Informationen ging.

geführt hätte. Da die Gläubiger auf den Konten der Aviastar kaum Geld finden konnten, hätten sie auf die Aktiva der Aviastar-Filialen zugreifen können, wodurch eine Zerschlagung des Komplexes nicht unwahrscheinlich gewesen wäre.[520]

Um dies zu verhindern, wurden die Filialen Schritt für Schritt in eigenständige juristische Personen umgewandelt. An diesen war die Mutter zunächst mit 100 Prozent beteiligt, während sie später nur noch eine Minderheitsbeteiligung hielt. Zwischen 1996 und 2001 wurden die Filialen und Teile des Komplexes in über 27 eigenständige juristische Töchter und 15 geschlossene und offene Aktiengesellschaften umgewandelt (s. Abb. 3).[521] Um eine zentrale Kontrolle über die Wertschöpfung bzw. die Koordination der nun formell unabhängigen Unternehmen der Wertschöpfungskette zu erhalten, gründete Poljakov gleichzeitig Holdinggesellschaften, die potenzielle Beteiligungen der ausgegründeten Firmen hielten und so insbesondere die entscheidenden Funktionen der Wertschöpfung, der Versorgung und Zulieferung für die Flugzeugproduktion, kontrollierten. Zu den wichtigsten Beteiligungsholdings gehörten:

- OOO Inter-ANT (Januar 2000)
- ZAO „Aviastar-Alpha“
- ZAO „Aviastar-M“
- OOO „ALK Tupolev“ (April 2000)

Sie hielten die Aktien der großen Produktions- und Versorgungseinheiten der Flugzeugproduktion wie

- der Ersatzteilproduktion ZAO „Forsch“,
- des Lackierwerks ZAO „Aviastar-Spekt“,
- des Flughafens ZAO „Ul'janovsk-Vostotschny“ (April 1999),
- des Reparatur- und Wartungswerkes ZAO „ZTO i RAT „Aviaservice“ (September 1998) sowie

520 Vgl. o. V., Aviastar pripomnili staroe, 2002.
521 Vgl. Rechnungshofbericht Nr. 10 vom 24.03.2000 (Punkt 1).

- des Schulungs- und Ausbildungszentrums OOO „Aviastar-Utschebnyi zentr".[522]

Kontrolliert wurden die Versorgungsbetriebe und Verwaltungsholdings durch die Vertreter des Managements um Poljakov. Neben dem Generaldirektor Gennadi Korotnev und dem Aufsichtsratsvorsitzenden Poljakov gehörte dazu die Mehrheit der Aufsichtsratsmitglieder. Diese Vertreter des Managements werden als die „Gruppe Poljakov" bezeichnet. Im Rahmen der Reorganisationsprozesse gelang es ihr, die vollständige Verfügungsgewalt insbesondere über die für die Flugzeugherstellung relevanten Bereiche zu erlangen. Unabhängig davon, dass sie indirekt über die Beteiligungen der Holdinggesellschaften (Inter-ANT/OOO ALK Tupolev) über Aviastaraktien verfügen konnten, besaßen sie auch als private Personen an die 20 Prozent des Aktienkapitals der OAO Aviastar. Entscheidend für die Kontrollausübung der Akteure der Gruppe waren allerdings weniger die Aktienbeteiligungen an sich als vielmehr die mittels Überkreuzbeteiligungen, Satzungsbestimmungen, wie die Festlegung der Einstimmigkeit bei Beschlussfassungen, und mittels Managementkontrolle erreichten Kontroll- und Steuerungsmöglichkeiten des Poljakov-Netzwerkes.

Hieran wird deutlich, dass mit der Reorganisation des Aviastarkomplexes auch die Konsolidierung und Aufwertung des betrieblichen Netzwerkes der Gruppe Poljakov einherging. Im Mittelpunkt der Reorganisation des Komplexes stand jedoch die Ausgründung der Flugzeugproduktion in das Tochterunternehmen ZAO Aviastar-SP.

522 Vgl. Aviastar-Info, OAO Aviastari dvigenie kapitala (Stand 2002). Es ist der spätere Widersacher der Gruppe Poljakov, I. Leiko, der diese Daten 2002 über die www.aviastar.info ins Internet stellte.

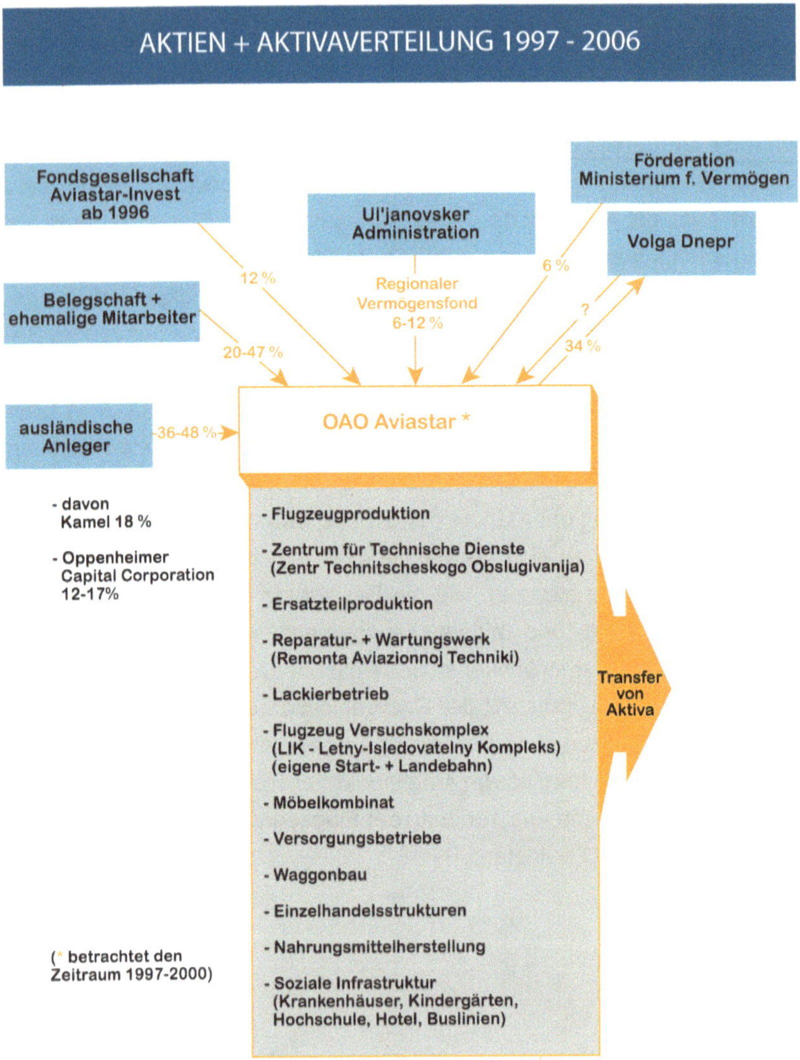

Abbildung 3: **Aktien- und Aktivaverteilung 1997–2006**

AKTIEN + AKTIVAVERTEILUNG 1997 - 2006

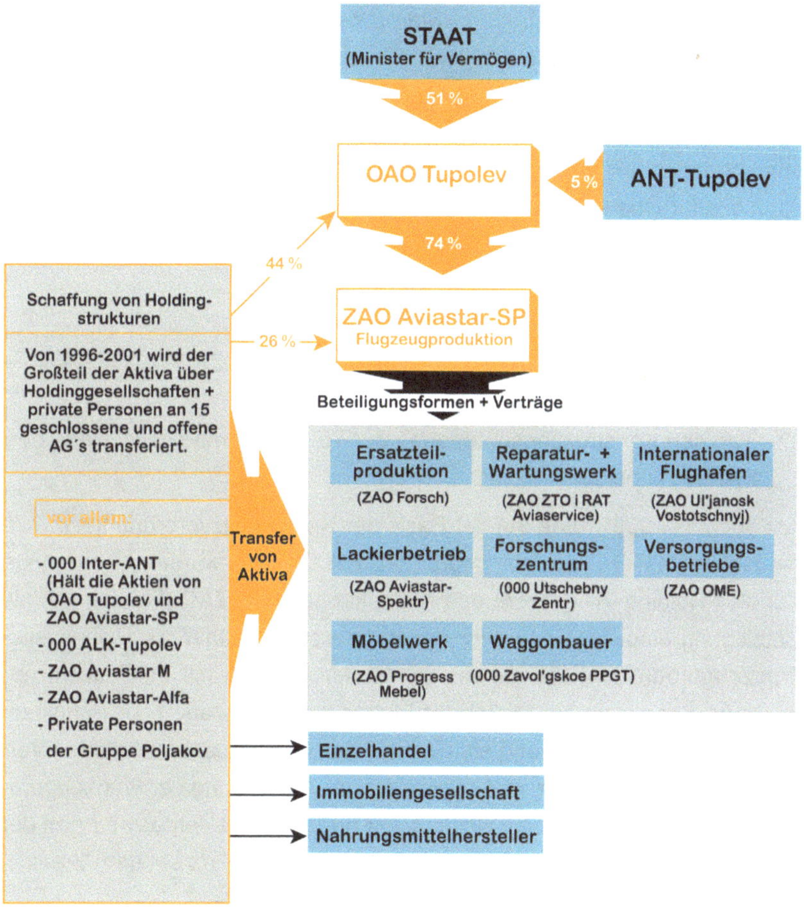

5.4.4 Re-Verstaatlichungsstrategien: Die Gründung der Flugzeugproduktionsgesellschaft ZAO Aviastar-SP und der Holding OAO Tupolev

Am 12.12.1997 wurde die ZAO Aviastar-SP als einhundertprozentige Tochter der OAO Aviastar mit einem Stammkapital von ursprünglich 4,8 Mrd. Rubel gegründet. In diese Gesellschaft wurde nach und nach der Großteil der Flugzeugproduktion eingebracht. In den nächsten Jahren wurden im Rahmen von Neuemissionen immer mehr Aktiva der neuen Gesellschaft überschrieben. Im Jahr 1999 gehörten zu den Aktiva der ZAO Aviastar-SP dann alle für eine unabhängige Flugzeugproduktion wichtigen Bereiche:[523]

- Flugzeugproduktion: ZAO Aviastar-SP sowie Beteiligungen
- am Flughafen ZAO „Ul'janovks-Vostotschnyj",
- am Lackierwerk ZAO „Aviastar-Spektr",
- am Service und zertifizierten Wartungszentrum ZAO „ZTO i RAT Aviaservis" sowie
- an den Konstruktionsunterlagen der Tu-204 (immaterielle Werte des ANTK Tupolev).

Am 30. Juni 1999 wurde auf der Basis der Regierungsverordnung Nr. 720 die Holding OAO „Tupolev" gegründet. Kurz darauf wurden in die junge Tupolev-Holding 74 Prozent des Aktienkapitals der ZAO Aviastar-SP als Beteiligung eingebracht und ihr damit die Kontrolle über die Ul'janovsker Flugzeugproduktion übergeben; der Mutter verblieb mit 26 Prozent nur noch die Sperrminorität.[524] Bei der Mutter verblieben auch die Schulden, die soziale Infrastruktur und ein Großteil der Kader aus der zentralen Verwaltung. Die Einbringung der 74-prozentigen Beteiligung der Flugzeugproduktion in die OAO Tupolev Holding war de facto eine verdeckte Form der Re-Verstaatlichung, denn die Holding gehörte zu 51 Prozent dem Staat.

---

523 Vgl. Aviastar-Info, Chronologija dvigenie kapitala (Stand 2002); siehe auch Vortrag des Generaldirektors der OAO UAPK-Aviastar für 2001 auf der Aktionärsversammlung, Stand 2004.

524 Vgl. Aviastar-Info, Chronologija dvigenie kapitala (Stand 2002); siehe ebenso Regierungsverordnung RF Nr. 720, Ob otkrytom akzionernom obschtschestve „Tupolev", 1999; Aufsichtsratsbeschlüsse der OAO Aviastar vom 27. Februar bis zum 19. März 2000 (Protokoll Nr. 14) im Rechnungshofbericht Nr. 47, 2002.

Instabile institutionelle Basis

Die offizielle Registrierung dieser großen Vereinigung in der russischen Luftfahrtindustrie ging am 11. Oktober des Jahres jedoch so leise vor sich, das weder die regionalen noch die Moskauer Massenmedien sie meldeten.[525] Dies hatte einen Grund: Die Ausgründung der Aktiva der de facto insolventen Mutter in eine Tochtergesellschaft und die Vergabe des Kontrollpaketes der Tochter an eine dritte Gesellschaft bewegten sich auch nach russischem Recht, das hier in wesentlichen Zügen das deutsche Unternehmensrecht übernommen hatte, am Rande der Legalität. Entscheidend in diesem Fall ist, dass das Durchgriffsrecht der Gläubiger nicht mehr gewährt war. In einem solchen Fall können die Gläubiger eine Rückabwicklung verlangen. Allerdings sind sie dabei in der Beweispflicht und müssen den Vorsatz einer bösartigen Übertragung der Aktiva aus der Insolvenzmasse nachweisen. In diesem Fall hatte aber keiner der Gläubiger oder Manager einen Insolvenzantrag gestellt. Die genannten Faktoren stellten dennoch eine unklare Rechtlage dar. Damit waren beide Gesellschaften rechtlich anfechtbar, was wiederum die Stabilität und Sicherheit der handelnden Akteure, gerade im Hinblick auf die langfristigen Strategien, beeinträchtigte.

Neue hierarchische Interaktionssysteme: Bargaining zwischen der Gruppe Poljakov und den Vertretern des Staates

Diese Re-Verstaatlichungsstrategie basierte auf einem intransparenten Bargaining zwischen einer Gruppe staatlicher Akteure und dem Management um Poljakov. Während Poljakov durch die Einbringung der Flugzeugproduktion in die quasistaatliche Holdinggesellschaft hoffte, sowohl eine Zerschlagung des Werkes zu umgehen[526] als auch gleichzeitig die Produktion von den mittlerweile 450 Mio. $ Schulden zu befreien, ermöglichte es den Vertretern des Staates, die zentralstaatliche Kontrolle über die Rüstungsindustrien, wie es im Rahmen des „Programms zur Reorganisation der Luftfahrt“ festgelegt worden war, umzusetzen. Für diese Aufgabe war

---

525 Vgl. Roschtschin, Tupoevzy obedinilis's, 1999.

526 Interview mit Poljakov, Tupolevzy ob'edininilis's zel'ru samozaschitschity, 1999.

am 25.05.1999 per Erlass des Präsidenten Nr. 651 die Luft- und Raumfahrtbehörde „Rosaviakosmos"(RAK) gegründet worden. Der Leiter der RAK, J. Koptev, war im Aufsichtsrat der neuen Holding vertreten.[527] Dessen ungeachtet konnte die Gruppe Poljakov ihren Einfluss konsolidieren. Poljakov selber war am 21.12.1999 vom Aufsichtsrat der neuen OAO Tupolev einstimmig zum Präsidenten gewählt worden.[528] Der Chefredakteur der regionalen Zeitung „Narodnaja gazeta" formulierte das neue Machtverhältnis in dem Unternehmen mit den Worten: „Mittlerweile gibt es keine Entscheidung, die nicht über den Tisch von Poljakov geht."[529]

Reprivatisierung des KB Tupolev

Mit der Gründung der OAO Tupolev sollten erstmals auch die immateriellen Werte erfasst und bewertet werden. Sie gehörten dem russischen Staat als Nachfolger der Sowjetunion. Über sie konnte dann auch der staatliche Anteil am Vermögen der Gesellschaft bzw. ihr Anteil am Aktienvermögen erhöht werden[530]. Im Fall der Tupolev-Aktiva des KB, die in die OAO-Tupolev-Holding eingingen, entsprach der Wert, welcher dem Staat gehörte, genau

527 Vgl. Präsidentengesetz Nr. 651, O strukture federal'nych organov ispolnitel'noi vlasti, 1999; und die Regierungsverordnung Nr. 827, Voprocy rossijskogo Kosmitscheskogo Agenstvo, 1999.

528 Vgl. Präsidentengesetz Nr. 651, O strukture federal'nych organov ispolnitel'noi vlasti, 1999; und die Regierungsverordnung Nr. 827, Voprocy rossijskogo Kosmitscheskogo Agenstvo, 1999.

529 Vgl. Interview mit Titov, 2002.

530 Für die Bewertung und Kontrolle der immateriellen Werte hatte das Justizministerium1998 speziell eine „Föderale Agentur zum rechtlichen Schutz der Ergebnisse intellektueller Tätigkeit" (FAPRID) gegründet. Die Behörde wurde mit umfassenden Machtbefugnissen ausgestattet. Dazu gehörten nicht nur die Kontrolle über Lizenzen und Patente, sondern auch die (unkontrollierte) Bewertung der immateriellen Güter. Auf der Basis dieser Bewertungen wurde der dem Staat zustehende Aktienwert der Organisationen bestimmt. Je höher die staatliche Behörde den Wert der immateriellen Aktiva ansetzte, desto eher konnte eine maximale Aktienkontrolle durch den Staat sichergestellt werden.Vgl. Rechnungshofbericht Nr. 28 (Punkt 2.2.2.), 2000.

51 Prozent.[531] Die Werte, die das KB Tupolev selber in die Holding einbrachte, sollen dahingegen nur 5 Prozent des Aktienwerts entsprochen haben. Die OAO Aviastar bekam für die Einbringung der 74-Prozent-Beteiligung des Flugzeugwerkes 44 Prozent des Aktienkapitals der OAO Tupolev.[532]

Die nun entstandene Holding hatte die besten Voraussetzungen für eine Vermarktung der Tupolev-Flugzeuge. Sie besaß das immaterielle Vermögen der Konstrukteure und zugleich die Kontrolle über die schuldenfreie und kostenoptimierte Flugzeugproduktion der ZAO Aviastar-SP in Ul'janovsk. Von nun an lag das Schicksal der Flugzeugproduktion in den Händen des Managements der OAO Tupolev. Wie eine Steuerung und Koordination durch den Staat in dieser Phase über eine Mehrheitsbeteiligung von über 50 Prozent aussah, verdeutlichte die Zusammensetzung des Aufsichtsrates und des Vorstands.

5.4.5 Die OAO Tupolev unter staatlicher Kontrolle: rivalisierende staatliche Interaktionssysteme

Die Besetzung der Organe der neu geschaffenen Institution entsprach deutlich den Prinzipien der maximalen kollektiven Konsensfindung. So saßen im Aufsichtsrat der neuen Holding die Vertreter all der Behörden, die mit dem KB und dem Produktionskomplex in den letzten Jahren befasst gewesen waren. Dies waren acht verschiedene Behörden, die Administrationen von Moskau und Ul'janovsk mit eingeschlossen. Nach dem Gründungsdokument der OAO Tupolev, der Stepaschin-Verordnung Nr. 720 vom Juni 1999, setzte sich der erste Aufsichtsrat der Holding aus 15 Mitgliedern zusammen. Zu den wichtigsten gehörten:

1. der Generaldirektor der FAPRID, J. N. Gajdukov: Diese Behörde war für die Bewertung der immateriellen Werte zuständig und dem Justizministerium untergeordnet;

---

531 Vgl. o. V., Gosudarstvennaja politika v oblsti ozenki, 2000; Regierungsverordnung RF Nr. 720, Ob otkrytom akzionernom obschtschestve „Tupolev", 1999; Babkin, FABRID, Stanzija „MIR" i interesy nautschnych organiszazii, 2001.

532 Vgl. o. V., Gosudarstvennaja politika v oblsti ozenki, 2000; Regierungsverordnung RF Nr. 720, Ob otkrytom akzionernom obschtschestve „Tupolev", 1999; Babkin, FABRID, Stanzija „MIR" i interesy nautschnych organiszazii, 2001; Aviastar-Info, Chronologija dvigenie kapitala (Stand 2002).

2. der Generaldirektor der Rosaviakosmos (RAKA), J. Koptev: Diese ebenfalls frisch gegründete Behörde war zunächst dem Wirtschaftsministerium und im Jahr 2000 dem Vizepremier Klebanov untergeordnet;
3. F. B. Kovrigo aus dem „Regierungskomitee der Stadt Moskau für die Reformierung von Rüstungsunternehmen";
4. J. Kolpakov als Vertreter der Administration von Ul'janovsk;
5. N. A. Gusev, stellvertretender Minister für Vermögen;
6. G. Svinarenko, Vertreter des Wirtschaftsministeriums;
7. V. I. Samochin, Leiter der Wissenschaftlich-technischen Verwaltung des Föderalen Dienstes für Lufttransport: Diese Behörde war dem Ministerium für Transport untergeordnet;
8. J. P. Klischin, stellvertretender Befehlshaber der Luftstreitkräfte

Die Vertreter der acht staatlichen Behörden im Aufsichtsrat der OAO Tupolev waren nun bestrebt, die „Interessen des Staates" umzusetzen.[533] In dem Gemenge der verschiedenen ministeriellen Subordinationen und der unklaren Rolle der neuen Behörden und Komitees bestand allerdings die Gefahr, dass jede Stelle in eigene institutionelle Interaktionssysteme eingebunden war, die nicht koordiniert waren. Wie sich später zeigen wird, verfolgten die einzelnen Vertreter neben den institutionellen Eigeninteressen auch verschiedene netzwerkorientierte Eigeninteressen.

Hier zeigte sich ein gewisses Fragmentierungspotenzial, das entsprechender Koordinationsinstrumente bedurfte, um ein aktives, zweckorientiertes Handeln zum Wiederaufbau der Flugzeugproduktion zu ermöglichen. Eine wichtige Rolle kam vor diesem Hintergrund dem Vorstand zu. Mit A. Poljakov hielt allerdings ein Akteur den Vorstandsvorsitz, der aus dem Management der Aviastar kam, über wenig politisches und soziales Kapital verfügte und als solcher nur eine geringe Autorität gegenüber den Aufsichtsratsmitgliedern und den anderen Vorstandsmitgliedern hatte. Zudem war die Zusammenarbeit mit den Vorstandsmitgliedern, die aus dem KB

533 Vgl. Regierungsverordnung RF Nr. 720, Ob otkrytom akzionernom obschtschestve Tupolev, 1999.

Tupolev kamen, also mit dem Aufsichtsratsvorsitzenden General V. Aleksandrov und dem Generaldirektor Schevtschuk, durch die tradierte Rivalität beider Institutionen belastet. An dieser Rivalität waren auch schon frühere Zusammenschlüsse gescheitert.[534] Poljakov sagte selbst:

> „Der erste Versuch (der Integration) ist uns nicht gelungen. Selbst die Leiter der KB ‚Tupolev' und der Aviastar waren Gegner der Vereinigung, weil sie sich nicht darüber einig werden konnten, wer ‚das Sagen hat'. Und dieses russische ‚Kto budet pervym' hat es keinem erlaubt, sich zu vereinigen. Wie viele Skandale gab es um die Vereinigungen von ‚Suchoi', ‚Milja', MAPO ‚MIG'. An dieser Frage ist alles gescheitert, und an die Führung kamen die, die sich für die Finanzströme interessierten, nicht für die Produktion von Flugzeugen."[535]

Aber nicht nur die inter-institutionelle Fragmentierung zwischen den hier vertretenen Akteuren stellte ein Problem dar, sondern auch die intra-institutionelle Fragmentierung der Akteure, die ein und die gleiche Organisation vertraten. Das traf insbesondere auf Schevtschuk, den Generaldirektor des KB Tupolev, und General Aleksandrov, den Aufsichtsratsvorsitzenden des KB, zu. Es war Schevtschuk, der die Abwahl des Generals wegen dessen persönlicher Privatisierungsstrategien von immateriellen Arbeiten des KB initiiert hatte. Da Aleksandrov unter der Patronage von I. Klebanov stand, musste er jedoch wieder eingesetzt werden.[536] Während Schevtschuk in der zivilen Luftfahrttechnik die Zukunft des KB sah, hatte der ehemalige General der Luftstreitkräfte Aleksandrov vor allem die militärischen Interessen und Projekte im Blick. Sein Interesse galt der Sicherstellung des Tu-334-Projekts, das die Konstrukteure in Zusammenarbeit mit der Russischen Flugzeug-Corporation (RSK) MIG entwickelt hatten und in das die Korporation bereits viel investiert hatte.[537]

---

534 Vgl. Roschtschin, Tupoevzy obedinilis's, 1999.

535 Vgl. Interview mit Poljakov, Tupolevzy obedinilis' s, 1999.

536 Vgl. o. V., Akzionery ne smogli uvolit'direktora, 1999; Kalaschnikov, Mozgi Tupoleva, 2002.

536 Vgl. o. V., Akzionery ne smogli uvolit' direktora, 1999.

537 Auf der Basis der MIK MAPO und des KB Mikoyan (MIG) ist sie die größte Produktionsvereinigung. De facto ist das Tu-334-Projekt mit der RSK MIG nicht zu einer Serienproduktion gekommen. Für das Jahr 2009 war allerdings noch einmal erneut eine Serienproduktion der Tu-334 im Kazaner Flugzeugwerk geplant worden.

Die Gewissheit, dass sich ihre Spezialisten nun unter dem Dach der Aviastar wiederfanden und die Tu-334 sogar dort produziert werden konnte, hatte eine eigene Lobbykette in Bewegung gesetzt, die eine weitere Aufspaltung der KB-Strukturen durch die Abtrennung des rüstungsorientierten Blocks von Tupolev-Spezialisten und ihrer Aktiva anstrebte.[538] Zudem galt es auch, die Interessen der Kasaner Flugzeugproduktionsvereinigung (KAPO) „Gorbunova" zu verteidigen. Diese stellte sich gegen die neue Tupolev-Holding. Die Kasaner hatten aufgrund ihrer langjährigen Zusammenarbeit mit den Tupolev-Konstrukteuren auf eine privilegierte Behandlung gehofft. Ihr Unternehmen sollte ursprünglich auch in die Tupolev-Holding integriert werden. Dass dann aber nicht die Tupolev, sondern die Aviastar eine maßgebliche Rolle in der Holding spielte, war zumindest ein Etappensieg, den Poljakov durch geschicktes Bargaining für die Aviastar errungen hatte.

5.5 Zusammenfassende Beurteilung

In der zweiten Hälfte der 1990er Jahre beschränkte sich die staatliche Steuerung nur noch auf die Koordination von verschiedenen Netzwerkinteressen; von einer zweckorientierten Steuerung konnte kaum noch gesprochen werden. Die Kontrolle über Industrien und ihre Wertschöpfungsprozesse hatte die Führung längst verloren. Es herrscht das Primat der Netzwerke. Dabei konnten über die an Partikularinteressen ausgerichteten zentralstaatlichen Aushandlungssysteme auch verschiedene ausländische Akteure wie der ägyptische Geschäftsmann Kamel (mit dem entsprechenden politischen Kapital) einen unkontrollierten Zugang zu der heimischen Flugzeugindustrie sicherstellen. War die Aviastar zuvor noch im System Gorjatschev vor „ortsfremden" Einflüssen geschützt, geriet das Werk nun in die Einflusssphäre der Moskauer Netzwerksysteme.

Das Kamelprojekt basierte auf einem multidimensionalen Beteiligungsnetzwerk. Das Engagement dieses Netzwerkakteurs hat zeigt, dass die Restrukturierungsprozesse neben dem rein ökonomischen Effekt für das Projekt auch durch die Netzwerkprozesse selber belastet wurden. Betrachten

538 Vgl. Interview mit Poljakov, Tupolevzy obedinilis' s, 1999.

wir die ökonomischen Folgen der Kamel-Investitionen, dann wird deutlich, dass es weniger um Investitionen in die Restrukturierung und Wiederbelebung der Luftfahrt ging als vielmehr um ein Handelsgeschäft, dessen Ziele mit den Restrukturierungszielen konfligierten. Gewiss konnte nicht erwartet werden, dass bei einer Break-even-Menge von zwölf Maschinen allein das Investitionsgeschäft mit I. Kamel mit den ursprünglich geplanten sechs Flugzeugen im Jahr ausgereicht hätte, den Komplex zu retten. In der Realität entwickelte sich das Geschäft mit Kamel und seiner Firma Sirocco jedoch weitaus schlechter als geplant. Hatte Kamel zunächst den Kauf von 30 Tu-204 zwischen 1996 und 2001 für je 12 Mio. $ vereinbart, so hatte er de facto bis zum Jahre 2000 nur vier Flugzeuge für weniger als 6 Mio. $ je Maschine erworben, wobei der Betrieb für die Vorfinanzierung der Produktion die 6 Mio. $ zu einem Zins von 30 Prozent als Kredit nehmen musste. Der Erlöse der vierten Maschine blieb zudem aus, da die 6 Mio. $ bei der Inkombank 1998 aufgrund dubioser Anlagegeschäfte „verschwunden" waren.

Angesichts dieser Preisstrukturen, die weit unter den Herstellungskosten lagen, konnte mittelfristig kein marktorientierter Wertschöpfungs- und Innovationszyklus aufgebaut werden, zumal in den ohnehin niedrigen Herstellungskosten wichtige Kostenbereiche, beispielsweise die Kosten für Forschung und Entwicklung, noch gar nicht berücksichtigt waren (obwohl dies für eine marktorientierte Preisfindung notwendig gewesen wäre). Ein nachvollziehbarer und nachhaltig positiver Effekt für eine Restrukturierung und den Wiederaufbau des Innovationszyklus war bei dem Kamelgeschäft nicht erkennbar; Investitionen in den Produktionszyklus fanden nicht statt.

Darüber hinaus wurden die Restrukturierungsprozesse durch die Netzwerkprozesse und ihre hohen Vernetzungseffekte als solche belastet. Das Netzwerk des ägyptischen Akteurs zeigte sich als komplexes Beteiligungsnetzwerk, das Akteure auf betrieblicher, industrieller und zwischenstaatlicher Ebene an dem Geschäft beteiligte. Da es sich nicht um ein besonders enges persönliches Netzwerk handelte, wurde die Integration vor allem über eine Beteiligung am Handelsgewinn erreicht. Die Bedienung der Interessen aller von der Entscheidung betroffenen Akteure auf industriell-betrieblicher Ebene bedingte entsprechend hohe Handelsrenditen, was zu

Lasten des Werkes ging. Dabei wurde die Beteiligung über die gemeinsame Handelsgesellschaft Sirocco organisiert. Insbesondere die Lobbyingaktivitäten und die Bedienung der politischen Akteure führten zu hohen Transaktionskosten. Hinzu kamen die Kosten, die durch Vernetzungsdynamiken, d. h. die Beteiligung indirekter Netzwerkakteure, entstanden. Die Bedienung dieser Interessen lief ebenfalls zu Lasten der Aviastar, denn dies implizierte die Annahme teurer Kredite durch die (indirekten) Netzwerkakteure sowie die Vergabe von Aufsichtsratsposten an verschiedene miteinander rivalisierende Netzwerkakteure des Kamel-Netzwerkes. Diese nutzten ihre Positionen nicht für die Restrukturierung des Flugzeugwerkes, sondern für den Zugriff auf dessen Aktiva. Unter den Vernetzungsdynamiken mit ihrem hohen Push-in-Effekt litt auch das Investitionsprojekt Kamels selber. So lief Kamel Gefahr, die Kontrolle über die Netzwerkprozesse und die investierten Gelder zu verlieren.

Instabil war das Netzwerk aber auch, weil seine Netzwerkmitglieder auf betrieblicher Ebene in ihrer Funktion als Brückenglied zu den am Projekt beteiligten Organisationen zu schwach waren. Aufgrund der hohen intra-organisatorischen Fragmentierung dieser Organisationen hatten die sie vertretenden Generaldirektoren keine echte Kontrolle über die Unternehmensprozesse. So war der in der Handelsgesellschaft Sirocco vertretene Viktor Michailov schon nach kurzer Zeit von seinem Posten als Generaldirektor abgesetzt worden.

Neben den Kameleinnahmen hatte es nach der Stornierung der Bestellung der Transaero und der Einstellung der Verkaufsgespräche mit der Aeroflot kaum Einnahmen über den Verkauf von Flugzeugen gegeben. Hinzu kamen noch das missglückte Bartergeschäft mit der Kras Air und die Einstellung der Zahlungen für die Präsidentenmaschine, die die Kras Air in Auftrag gegeben hatte.

Über die Re-Verstaatlichung, d. h. die Einbringung der Aktiva der Flugzeugproduktion in die OAO Tupolev, die zu 51 Prozent dem Staat gehörte, konnte sich die Aviastar dann von ihrem Schuldenberg von 450 Mio. $, rund 10 000 Mitarbeitern, Überkapazitäten und den hohen Gemeinkosten befreien und eine tragfähigere Unternehmensstruktur schaffen. In den Büchern schlug sich die Ausgliederung erst im Jahr 1998 vollständig nieder.

Damit entfielen auch auf die Flugzeugproduktion nach Angaben des Rechnungshofes nur 35 Mio. $ der Gemeinkosten.[539] Zwar konnte das Personal in der Produktion durch schrittweise erfolgende Entlassungen deutlich vermindert werden, diese Entwicklung wurde aber durch den Lohnanstieg wieder kompensiert. Bis zum Ende 2000 beliefen sich die Lohnkosten auf 10,5 Mio. $. Ähnlich verhielt es sich bei dem zweiten großen Kostenblock, den Energie- und Wasserkosten. Auch hier machte der Preisanstieg die Einsparungen infolge der Stilllegung von Produktionsteilen wieder zunichte. Bis zum Jahr 2001 stiegen die Energiekosten auf knapp 1 Mio. $ im Monat bzw. auf 11 Mio. $ im Jahr. Da die Gesamtkosten der Flugzeugproduktion nicht annähernd gedeckt wurden, verschuldete sich auch die Flugzeugproduktion jährlich fast in Höhe der Gemeinkosten, also um 34 Mio. $.

Über die Einbringung der Flugzeugproduktionsbetriebe in die mehrheitlich staatliche OAO Tupolev wurden die Restrukturierungsprozesse wieder unter eine hierarchische, staatliche Steuerung gestellt. Das Problem dieser neuen Gesellschaft lag in der hohen Fragmentierung zwischen den im Aufsichtsrat und im Vorstand vertretenen staatlichen Akteuren. Diese waren an den institutionellen Interessen ihrer Behörden oder an eigenen Netzwerkinteressen ausgerichtet. Dementsprechend nahmen auch sie ihre Positionen hier weniger für die Lösung der betriebswirtschaftlichen Probleme als vielmehr für den Erhalt des Status quo und eine gegenseitige Beobachtung und Kontrolle wahr.

539 Vgl. Rechnungshofbericht Nr. 10 (Punkt 6), 2000. Der Umrechnungskurs wurde hier mit 10 / 1 $ angesetzt. Die gesamten Gemeinkosten lassen sich dabei auf ca. 52 Mio. $ schätzen.

6 Scheitern der Restrukturierung „von unten“ in einem unkoordinierten Netzwerkkapitalismus (Phase IV: 2001–2002)

Mit der Wahl Putins zum Präsidenten im März des Jahres 2000 hatte die Sowjetisierung und mit ihr die Wiederherstellung der Machtvertikalen begonnen. Ziel war, alle Institutionen wieder in die Subordination zu bringen. Das Primat der Wirtschaft sollte wieder durch das Primat der Politik abgelöst werden. Insbesondere in dieser ersten Amtszeit des Präsidenten Putin ist jedoch zu erkennen, dass die Vielzahl an bestehenden Netzwerken und ihren Bargaining-Absprachen nicht einfach übergangen werden konnten. Insbesondere in den Regionen blieben die Netzwerkinteraktionen die dominante Interaktionsform und prägten damit entscheidend die Restrukturierungsprozesse.

6.1 Institutionelle Rahmenbedingungen auf zentralstaatlicher Ebene: Kontrollversuche über die Netzwerkprozesse

6.1.1 Eigendynamiken der Netzwerkprozesse trotz Autoritarisierungsansätze

Aufbau eigener Loyalitätsnetzwerke

Die innenpolitischen Ziele Putins lassen sich im Wesentlichen auf Re-Zentralisierung, Re-Verstaatlichung, Re-Bürokratisierung und eine Re-Anonymisierung reduzieren. Dies implizierte letztlich die Aufhebung der wirtschaftlichen und regionalen Eliten als vom Kreml unabhängige Akteursgruppen. Die Umsetzung dieser Ziele basierte auf formellen, aber auch auf informellen Zentralisierungsmaßnahmen.

Als wichtiges Integrationsmoment erwies sich dabei vor allem die Autorität der Person Putin, in dem die Bevölkerung den tatkräftigen und handlungsfähigen Führer sah, der mit eiserner Hand endlich für Recht und Ordnung sorgen würde. Die Reaktivierung des Militärs als politischer Machtfaktor war dabei nicht nur eine Imagekampagne, sondern auch ein wichtiger strategischer Schritt, um Putins Stellung neben den anderen Machtgruppen zu stärken. Ihr politischer Neuauftritt ist in direkten Zusammenhang mit dem raschen Sieg im Zweiten Tschetschenienkrieg zu sehen, der nicht unwesentlich zu seinem Wahlerfolg als Präsident beigetragen hatte. Fast alle Tschetschenienkommandeure wurden von Putin dafür, dass sie Grosny in kurzer Zeit in eine Trümmerlandschaft verwandelt hatten, mit der Auszeichnung „Helden Russlands“ dekoriert, befördert und dann in wichtige politische Ämter gebracht.[540] Gemeinsam mit den Vertretern der Geheimdienste gelang es Putin so, eigene Massenloyalitätsnetzwerke aufzubauen, über die er schrittweise sein „Verwaltungspersonal“ rekrutieren konnte. Beide Akteursgruppen verfügten zudem über eine gruppenumfassende Ideologie und damit über ein Mindestmaß an „Zusammenhalt“. Gleichzeitig hatten sie über ihre Sozialisation ein Wertesystem und eine Handlungsorientierung verinnerlicht, die mit den autoritären Interaktionsformen und den Vorstellungen Putins über die Steuerung des Landes übereinzustimmen schienen.[541] Zu den wichtigsten Akteuren, die den inneren Kreis der Putinmannschaft ausmachten, gehörten allerdings die Leute, die Putin aus seiner Zeit in Petersburg kannte und zu denen, ob Geheimdienstler, Technokrat oder Reformer, ein persönliches Loyalitätsverhältnis bestand. Diese Gruppen überschnitten sich und lassen sich jeweils in mehrere Untergruppen unterteilen.[542]

Am Anfang seiner Amtsperiode waren die informellen Sowjetisierungs- und Unterwanderungsprozesse allerdings in ihren wahren Ausmaßen kaum zu erkennen.[543] Auch von einer zentralen einheitlichen Steuerung war nicht

---

540 Vgl. hierzu insbesondere Kryschtanovskaja, Anatomie der russischen Elite, 2004; Morzek, Putin setzt Generäle in Schlüsselämter, 2000. Das Militär erhoffte sich von der Präsidentschaft Putins eine Wiedergeburt ihrer früheren ideologischen und finanziellen Unterstützung, die es zu Zeiten der Sowjetunion erhalten hatte. Diese Hoffnung wurde durch eine Reihe von emotionalen Gesten Putins genährt, wie beispielsweise durch die Übergabe des roten Banners, des Symbols des KGB, an die russischen Streitkräfte.

541 Vgl. hierzu insbesonders Kryschtanovskaja, Anatomie der russischen Elite, 2004, S. 143–170.

542 Vgl. hierzu insbesonderes Muchin, Kremlevskoe dzjudo pod kovrom, 2004, S. 24, 31–33, 170–179; Makarkin, Piterskaja komanda Vladimir Putina, 2002; Morzek, Putin setzt Generäle in Schlüsselämter, 2000.

543 Allerdings gab Putin schon 1997 bei den Gesprächen mit der Buchautorin Elena Tregudovas einen klaren Eindruck von seinem Verständnis von Demokratie und

allzu viel zu sehen. Dies lag vor allem in der Kontinuität und Eigendynamik der Netzwerkprozesse begründet. In einem von Netzwerken geprägten System kann kaum ein Einzelakteur ohne Netzwerke an die Macht gelangen. Hat er diese erlangt, können seine Förderer als Gegenleistung politische Ämter und sonstige Privilegien „einfordern" – hier könnte man von einem *Bottom-up-Networking* sprechen. Zugleich kann in einem von Netzwerkprozessen geprägten System kein Akteur ohne eigene Loyalitätsnetzwerke effektiv agieren, d. h. seine formellen Kompetenzen nutzen – in dieser Hinsicht handelt es sich also um ein *Top-down-Networking*. Damit aber reproduzieren sich Netzwerke – und damit auch negative Fragmentierungseffekte. Dies lässt sich auch an dem Aufstieg Putins nachvollziehen.

Fragmentierung der Exekutive

Putin verdankte seinen politischen Aufstieg den Netzwerken Jelzins und der „Familie". Dementsprechend war er ihnen zu Loyalität verpflichtet. Seine erste Amtshandlung als Präsident der RF war ein Präsidentenerlass, der die Immunität Jelzins und der Familienmitglieder (einschließlich der großen Oligarchen) gegenüber einer strafrechtlichen Verfolgung sicherstellte.[544]

Betrachten wir die Personalbesetzung in den führenden politischen Organen im Frühjahr 2000, dann fällt auf, dass Putin noch erhebliche Zugeständnisse an die Vertreter der „Familie" und ihre Netzwerke leisten musste. Um die dominierende Macht der „Familienmitglieder" in den führenden Positionen des Staates einzuschränken, hatte sich Putin jedoch bemüht, Schritt für Schritt *„svoj ljudie"* („seine Leute" vs die anderen) in Form

---

Staat. Demnach sind die staatlichen Kontroll- und Steuerungsaufgaben nicht durch die formellen Macht- und Rechtsorgane durchzuführen, sondern nur über die Geheimdienststrukturen. „Ein verwesendes Land kann nur noch über den KGB reformiert werden." Vgl. Putin-Interview Mai 1997, zitiert in: Tregudova, Bajki kremlevskogo diggera, 2003 (Titel auf Deutsch in etwa: „Fabeln der Ausgräber des Kreml"; das Buch ist dann unter dem Titel „Die Mutanten des Kreml" veröffentlicht worden). Zur Zeit des Interviews war Putin noch Leiter der neuen Behörde „Hauptkontrollverwaltung des Präsidenten" (GKU). Dieses von Jelzin frisch etablierte und kaum einzuordnende Organ sollte die Korruption in den wichtigsten staatlichen Institutionen aufdecken und beseitigen.

544 Vgl. Russlands Entwicklung unter Putin im Jahre 2000, 1999.

eines Gegengewichtes spiegelbildlich aufzustellen. In diesem Sinne instrumentalisierte er hierbei das Prinzip „Kontrolle durch Rivalität“.[545] Dadurch reproduzierte sich die Fragmentierung der zentralstaatlichen Strukturen weiter. Das betraf nicht nur die Regierungsorgane, sondern setzte sich entlang der nachgeordneten Behörden weiter fort. Die Fragmentierung verlief dabei nicht nur entlang der Netzwerke der Familie und der Leute Putins, sondern auch zwischen den Untergruppen und letztlich zwischen den einzelnen Akteuren, zumal jeder der hier vertretenen Akteure wiederum eigenen Interessengruppen verpflichtet war. So betrieb Regierungschef Kasjanov Lobbyarbeit im Interesse von mindestens fünf Gruppen, die ihn multifunktional bei seinem Machtaufstieg unterstützt hatten. Vertreter dieser Gruppen waren zudem direkt in die politischen Ämter seiner Umgebung ernannt worden; dabei wurden ihnen solche Positionen zugeteilt, die für die Ausübung der Aufgabe Kasjanovs wichtig waren. Zu den Gruppen Kasjanovs gehörten die „Masljukovzy“ (J. Masljukovzy war Kasjanovs langjähriger Partner im Gosplan), die „Artjuchovzy“, die „Kotelkinzy“, die „Metallisty“ (A. Libschitz; O. Deripaska) und die „Mamutovzy“, getragen von der Familie Mamut, die als Finanziers des Jelzin-Netzwerkes fungierte. Nicht selten kam es dabei in den tieferen „Verästelungen“ der Netzwerke zu komplexen Überschneidungen.[546]

6.1.2 Hierarchische Steuerung unter dem Vizepremier

Auf Putins Wirken wurde Il'ja Klebanov im Mai 2000 zum Vizepremier ernannt. Klebanov gehörte zu den Vertrauten Putins aus der Petersburger Zeit. Seine eigene Machtbasis gründete auf der Rüstungsindustrie in St. Petersburg mit dem Schwerpunkt in der Raketenindustrie. Im Jahre 1998 war Klebanov auf Empfehlung Putins, damals noch Leiter des FSB, in die Regierung Stepaschins berufen worden, wo er die Co-Leitung des Komitees für rüstungstechnische Zusammenarbeit (VTS), das sich vor allem mit dem Export russischer Rüstungstechnologie befasste, übernommen hatte. Wieder auf Empfehlung Putins wurde der Petersburger kurz darauf zum Vorsitzenden der „Zwischenbehördlichen Kommission zum Schutz von

---

545 Vgl. hierzu insbesondere Makarin, Piterskaja Komanda Vladimira Putina, 2002.
546 Vgl. o. V. Vecna. Kas'janov torgestvuet, 2002.

Staatsgeheimnissen" ernannt. Erwähnt sei, dass Klebanov Beziehungen zum FSB (Staatlicher Geheimdienst) und zum FAPSI (Pravidel'stvennoj svajsy), dem Nachrichtendienst der Regierung, nachgesagt werden.[547]
Mit Klebanovs Ernennung sollte ein Gegengewicht zum Premier Kasjanov, der als „distanzierter" Interessenvertreter der „Familie" galt, aufgestellt werden. Beiden Politikern wurden dabei, neben den üblichen Ämterfunktionen, völlig unterschiedliche Aufgaben aufgetragen, für deren Umsetzung sie auf ihre Netzwerkpartner zurückgreifen sollten.[548] Die Fragmentierung der Regierung machte sich auch nach außen soweit bemerkbar, dass Sjuganov einen Misstrauensantrag gegen die Regierung Kasjanov ankündigte, da „jede Gruppierung – Gref, Kasjanov und Klebanov – eine eigene Linie verfolge"[549].
Klebanovs Aufgabe bestand darin, die Rezentralisierung und Konzentration des Rüstungssektors unter der Kontrolle des Staates zu organisieren. Dafür hatte ihm Putin die Kontrolle über die gesamte russische Rüstungsindustrie übergeben.[550] Die ministerielle Steuerung der Rüstungsindustrie

547 Vgl. Muchin, Kremlevskoe dzjudo pod kovrom, 2004, S. 24, 31–33 und 170–179; Makarkin, Piterskaja komanda Vladimir Putina, 2002; o. V., Dos'e Il'ja Klebanov, 2002; o. V., Interros razorugilisja, 2003.

548 Kasjanov wurde mit der Restrukturierung der Außenschulden beauftragt. Kasjanov und sein Netzwerk galten als Fachleute in diesem Bereich. Schon Anfang der 1990er Jahre war Kasjanov an den Restrukturierungsgesprächen des Londoner Clubs beteiligt gewesen. In dieser Zeit waren die Netzwerkmitglieder in den relevanten Fachabteilungen der russischen Botschaft, des Finanzministeriums (Abteilung Außenverschuldung/Lizenzgewährung für Wertpapierhandel) und der Vneschekonombank tätig. Die Urzelle des Netzwerkes waren die persönlichen Beziehungen aus den Universitätsfreundschaften von A. Kostin, A. Mamut (Bankier des Kremls) und A. Lebedev (Chef der Nationalen Reservebank). Kasjanov kam erst später hinzu.

549 Russlands Entwicklung unter Puttin im Jahre 2001, 2001.

550 Die obersten zentralstaatlichen Behörden, die sich mit der Ausarbeitung einer Strategie zur Entwicklung des VPK (mittlerweile OPK genannt) beschäftigten, waren:
1. der Sicherheitsrat der RF und seine zwischenbehördlichen Regierungskommissionen (Bedarf der Armee, Umsetzung der Föderalen Programme)
2. VTS, bis 1999 geschaffenes Komitee für die rüstungstechnische Zusammenarbeit mit dem Ausland (Export von Waffen)
3. Verteidigungsministerium und seine Abteilungen
4. Rüstungsbehörden (RAO)

wurde aus dem Ministerium für Wirtschaft ausgegliedert (neuer Minister wurde German Gref) und dem neuen Industrieministerium[551] eingegliedert. Um eine stärkere Zentralisierung und administrative Lenkung zu erreichen, wurde für jede Rüstungsindustrie eine nachgeordnete Behörde, die „Rossijskie Oboronnye Agenstvo" (ROA), geschaffen. Insgesamt waren dies fünf Agenturen, deren Aufgabe es sein sollte, die Restrukturierungsprogramme umzusetzen, in deren Mittelpunkt die Gründung von großen Industrieholdings stand.

Diese administrative Neuordnung betraf auch die Betriebe der Luftfahrtindustrie. Ihr oberster Dienstherr war ab Mai 2000 I. Klebanov. Die direkte ministerielle Steuerung oblag der schon am 25.05.1999 per Erlass des Präsidenten Nr. 651 gegründete Luft- und Raumfahrtbehörde „Rosaviakosmos" (RAKA).[552]

Performance Gap

Mit der Umsetzung der Programme zur administrativen Reorganisation des Rüstungskomplexes kam man allerdings nur langsam voran. Obwohl Klebanov schon 2001 mit der Umsetzung des Reorganisationsprogramms beginnen wollte, gab es bis zum Herbst 2001 nur allgemeine Angaben des Ministers: „[I]n den nächsten 4–5 Jahren sollen vertikal integrierte Strukturen geschaffen werden. Von den 1700 Unternehmen des Rüstungskomplexes bleiben 400–500 Holdings, die durch den Staat finanziert werden sollen [...]."[553]

Das im Oktober 2001 entwickelte föderale Zielprogramm „Reformierung und Entwicklung des OPK",[554] in dessen Mittelpunkt die Luftfahrtindustrie stand, trug nicht wesentlich zur Konkretisierung bei. Demnach sollten die

---

551 Das Ministerium für Industrie und Wissenschaft koordiniert neben dem Rüstungskomplex noch acht weitere große Industriezweige: den Energiekomplex, die Metallurgie, den Maschinenbau, die Holzverarbeitungs-, die Chemie- und die Leichtindustrie.

552 Regierungsverordnung Nr. 827, Voprocy rossijskogo Kosmitscheskogo Agenstvo, 1999.

553 Zitiert in: Galiev, Gorizont blizok, 2001.

554 Klebanov hatte die Umbenennung des VPK (Voenno-promyschlennyj Kompleks – Rüstungsindustrieller Komplex) in OPK (Oboronno-promyschlennyj Kompleks – Verteidigungsindustrieller Komplex) veranlasst.

Unternehmen des VPK, von Klebanov nun in OPK umbenannt, in sieben Holdings konzentriert werden. Die Luftfahrtindustrie sollte dabei auf zwei Holdings reduziert werden, in die auch die Produktion der Hubschrauber und der Triebwerke zu integrieren war.[555] Die ZAO Aviastar-SP und das KB Tupolev sollten mit dem KB MIG und dem Konkurrenten aus Kasan, dem Triebwerkekonstrukteur Progress und den MIG-Produzenten OAO „NAZ Sokol" in einer Holding zusammengefasst werden (Holding 1).[556] Wann und wie diese Reorganisationsmaßnahmen umgesetzt werden sollten, war nicht bekannt. Die Verzögerungen bei den Restrukturierungsprogrammen waren wiederum auf die Schwierigkeiten bei der Verabschiedung des Bewaffnungsprogramms zurückzuführen, an dem die Produktionspläne der Industrie nun stärker ausgerichtet werden sollten. Formell musste das Bewaffnungsprogramm vom Sicherheitsrat genehmigt und vom Präsidenten unterschrieben werden. Zu diesem Zeitpunkt lag es bereits mehr als zwölf Monaten beim Sicherheitsrat. Es sollte auf der Basis der 1999 verabschiedeten Militärdoktrin erarbeitet werden. Die Doktrin galt jedoch als ebenso undurchsichtig wie allgemein und bot keine Grundlage, um konkrete Ableitungen von Bedarfsstrukturen zu rechtfertigen. Im Hintergrund stand der offene Konflikt zwischen dem Verteidigungsminister, der sich an dem Neuaufbau einer preiswerten atomaren Raketenstreitmacht orientierte, und dem Leiter des Generalstabs, A. Kvaschnin, der in Anbetracht der Erfahrungen im Tschetschenienkrieg eine konventionelle und flexible Armee befürwortete.[557]

Die föderalen Zielprogramme für die zivile Luftfahrtindustrie basierten weiterhin auf der illusorischen Annahme, dass die russische Luftfahrtindustrie in der ersten Etappe von 2002–2005 insgesamt 140–180 Flugzeuge (ohne Leichtflugzeuge), sprich 25–35 Flugzeuge im Jahr, produzieren und ver-

---

555 Vgl. Galiev, Gorizont blizok, 2001.

556 Zur Holding 2 gehörten neben den großen Hubschrauberwerken und Konstruktionsbüros auch die Iljushin Aircraft Corporation (AK Iljushin) und das Konstruktionsbüro für Jagdflieger (OKB Suchoj), das ANTK Beriev sowie die großen Flugzeugwerke in Ulan Ude, Voronesch, Komsolmol na Amur und letztlich auch die Werke und Konstruktionsbüros für Flugzeugkomponenten und Triebwerke.

557 Vgl. Galiev, Gorizont blizok, 2001; Pimenov, U poroga reorganizazii, 2001.

kaufen würde. Für die zweite Etappe von 2006–2010 hätten dem Programm zufolge 445–600 Maschinen verkauft werden müssen, was einer Jahresrate von 90–120 Maschinen entsprach. In den letzten Jahren waren jedoch durchschnittlich nur vier Maschinen an inländische Fluggesellschaften verkauft worden, und es gab keinen Anlass anzunehmen, dass sich dies rasch ändern sollte.

Ein Grund für die optimistischen Annahmen mag in dem für das Jahr 2000 entwickelten Leasingprogramm liegen. Es bestand aber nach wie vor ein großer *performance gap*. Das Programm war im Jahr 2001 nicht mit Haushaltsgeldern unterlegt worden. Erst für 2002 waren Ausgaben von 64 Mio. $ geplant.[558] Konkret berücksichtigt waren im Haushalt 2002 dann nur 26,4 Mio. Rubel (etwa 0,8 Mio. $). Dabei handelte es sich nicht um Finanzströme bzw. Direktinvestitionen für die Fluggesellschaften, sondern um eine Subventionierung der hohen Leasingzinsen der russischen Banken. Als Pfand sollten die Leasinggesellschaften dem Staat über Neuemissionen eine Mehrheitsbeteiligung an ihren Unternehmen sichern. De facto handelte es sich also um einen Mechanismus, um die Re-Verstaatlichung voranzutreiben.

Diese Maßnahmen reichten kaum aus, um die Entwicklung der zivilen Luftfahrtindustrie zu beschleunigen. Betrachten wir die Aussagen der Vertreter der Regierungsspitze, war man daran auch nicht interessiert. So sagte der Transportminister Sergej Frank auf der jährlichen Konferenz des Ministeriums Ende Februar 2002, zwei Monate vor der Einführung der neuen europäischen Lärmverordnungen:

> „Wenn wir der Wahrheit ins Auge schauen, dann müssen wir anerkennen, dass unser Anforderungslevel an die Luftfahrttechnik nicht mit den Fähigkeiten unserer Industrie korrespondiert.“[559]

6.2 Möglichkeiten der Koordination über den Markt bleiben ungenutzt

Der Binnenmarkt für den zivilen Lufttransport hatte 1999 seine Talsohle durchschritten, und ab 2000 stieg das Passagiervolumen wieder an (25

---

558 Im Vergleich: Eine Il-96-300 kostet 30 Mio. $ und eine Tu-204 23 Mio. $.

559 Vgl. Pronina, Nation Scrambles for EU Noise Ban Solutions, 2004.

Mio. Passagiere). Zudem unterlagen die heimischen Fluggesellschaften einem Modernisierungsdruck. Sie hatten den Großteil ihres Flugzeugparks Anfang der 1990er Jahre in Betrieb genommen. Nun waren zehn Jahre vergangen und die Bestände mussten modernisiert werden. Auch unter Putin wurde weder der rechtliche Rahmen für eine gesamtstaatliche Lösung noch ein echtes Leasingprogramm umgesetzt, noch hatte sich das Sanktionierungsverhalten des Staates sichtbar geändert. In Anbetracht der geringen Finanzierungsbasis bestand so die Gefahr, dass die heimischen Fluggesellschaften ihre Nachfrage nach Luftfahrttechnik vorwiegend auf die Modernisierung der vorhandenen Modelle und den Kauf von alten westlichen Maschinen beschränken könnten.

Während die Aeroflot und die Transaero als Betreiber ausländischer Maschinen aus den schon genannten Gründen als potenzielle Abnehmer für Tupolev-Maschinen ausfielen,[560] hatten allerdings die mittelständischen Fluggesellschaften und damit gerade die regionalen Gesellschaften weiter aufgeholt – ganz besonders die St. Petersburger Pulkovo. Sie hatte nach dem Einbruch des Geschäftes der Transaero im Auslandsgeschäft den zweiten Platz eingenommen und beförderte insgesamt 1,7 Mio. Passagiere. Diese Position hatte sie mit den modernisierten alten Tu-154-M[561] erreicht. Auf dem Binnenmarkt konnten sich in dieser Phase vor allem die Novosibirsker Fluggesellschaft „Sibir“ und die Krasnojarsker Gesellschaft „Kras Air“ (Krasnojarsk) mit dem Transport von jeweils um die 2 Mio. Passagieren an die Spitze gleich hinter der Aeroflot etablieren.[562] Die vorerst größte regionale Fluggesellschaft „Vnukovskie Avialinii“ (VAL) hatte hingegen nach der erneuten Übernahme der Geschäfte durch Sorinov und der nordkaukasischen OKG im November 2000 wieder 500 Mio. $ Schulden und stand vor der Insolvenz.[563]

560 Vgl. Pronina, Nation Scrambles for EU Noise Ban Solutions, 2004 ; o. V., Trudnyj Lizing, 2003.

561 Vgl. Jambajeva/Zavarskie, Sovremmenost – Aviazionnyj Transport, 1999.

562 Vgl. Jambajeva/Zavarskie, Sovremmenost – Aviazionnyj Transport, 1999.

563 Vgl. o. V., Znatschitel'nuju tschast aviakompanii Vnukoskie avialinii, 2001.

6.2.1 Kontinuität mafioser Verhaltensformen: Die Karawane zieht weiter

Von der beachtlichen Umsatzentwicklung der Sibir konnte die Aviastar ebenfalls nicht profitieren. Ein Grund lag darin, dass der Sibir der Zugriff auf den Fuhrpark der insolventen VAL möglich war,[564] was sich auch in dem rasanten Anwachsen des Bilanzpostens „Investitionen in die Erweiterungen des Fuhrparks" zeigte. Dementsprechend brauchte sie keine neuen Tupolev-Maschinen mehr.

Die Sibir gehörte wie die VAL zu den Gründungsmitgliedern des Konsortiums RAK und wurde mit zu dem Netzwerk der nordkaukasischen organisierten Kriminalität gerechnet. Da die VAL im Rahmen der Insolvenz und ihrer Verschuldung von 500 Mio. $ ihren Fuhrpark nicht an die Gläubiger verlieren wollte, begann sie mit Hilfe der RAK die Flugzeuge der Sibir zu übertragen. Das Konsortium hatte seine Beteiligung an der VAL schon im Frühjahr 2001 auf 2 Prozent zurückgefahren. Im Gegenzug dazu hatte sie dann ihre Anteile an drei Novosibirsker Unternehmen, die eng mit der regionalen Fluggesellschaft „Sibir" in Verbindung standen, erhöht. Dass zudem auch A. Klimov, die rechte Hand des VAL-Direktors Sorinovs, in die Position des Vizegeneraldirektors der „Sibir", gewechselt hatte, belegt die Verbindung beider Gesellschaften und die Herausführung der Aktiva aus der Insolvenzmasse.[565]

Das betraf auch das lizensierte Routensystems der VAL, deren Übertragung auf die Sibir sich allerdings als komplizierter herausstellte, da bei Erlöschen der Gesellschaft beispielsweise durch Bankrott die Lizenzen an den Staat fallen. Um dies zu verhindern, hatte die RAK einen Fusionsprozess beider Gesellschaften angestrengt. Nach russischem Recht darf während Fusionsgesprächen kein Insolvenzverfahren oder eine Auszahlung

564 Damit verfügte die sibirische Gesellschaft über 28 Passagiermaschinen. Dazu gehörten achtzehn TU-154 (davon zwölf Tu-154-M der neueren Generation), zwei Tu-204 und acht IL-86.

565 Vgl. o. V., Lenta fondovych novosti, 2002; o. V., Znatschitel'nuju tschast' aviakompanii Vnukoskie avialinii, 2001; o. V., Kriminal'naja „kryscha", 2002; Egorova, Dolgi Vnutschki „Sibir" ne nuzny, 2002.

der Gläubiger angestrengt werden. Das mag auch erklären, warum der Fusionsprozess über Jahre künstlich verzögert wurde[566] – ein Vorgehen, das sich eindeutig als ein Missbrauch der bestehenden russischen Rechtsnormen darstellt. Der Staat griff während der drei Jahre in keiner Weise ein; es gab nicht einmal eine Kontrolluntersuchung seitens der zuständigen Ministerien oder des Rechnungshofes.

Über die Nutzung des großen Fuhrparks der VAL verfügte die sibirische Gesellschaft über 28 Passagiermaschinen. Dazu gehörten achtzehn TU-154 (davon zwölf Tu-154-M der neueren Generation), zwei Tu-204 und acht IL-86.[567] Von diesen ließ die Sibir mehrere Tupolevs zur Tu-154-M modernisieren. Die Sberbank stellte der Novosibirsker Fluggesellschaft 2002 für fünf Jahre einen Kredit von 25 Mio. $ für Modernisierungsprojekte zur Verfügung.

6.2.2 Die Kras Air: Monopolverhalten im Rahmen eines regionalen korporativen Netzwerkes

Die größten Umsatzsteigerungen konnte in der hier betrachteten Zeitphase die Kras Air vorweisen. Zwischen 2001–2003 verdoppelte sich ihr Umsatz fast, wobei das Auslandsgeschäft um 27 Prozent anwuchs.[568] Hintergrund dieser Entwicklung war eine aggressive Verdrängungs- und Ausbeutungsstrategie unter Rückgriff auf den Flughafen der Region in Krasnojarsk. Seit dem Jahr 2001 hatte Generaldirektor B. Abramovitsch den Ausbau der Gesellschaft betrieben und ihren Flughafen „Jemeljanov“ als zentralen Knotenpunkt eines neuen, effizienteren regionalen und GUS-weiten Liniennetzes institutionalisiert.[569] Davon waren vor allem die „Aeroflot“ und die „Domodedovskie Avialinii“ negativ betroffen, die bei Flügen in die östlichen, zentralen und südlichen Regionen Russlands nun über Krasnojarsk fliegen

566 Vgl. Egorova, Dolgi vnutschki „Sibir“ ne nuzny, 2002; ebenso RAUD (Regionale Behörde für Schuldenmanagement, „Regional'noe Agenstvo Upravlenija Dolgami“), Vnukovskie avialinii priuanli bankrotom, 2003.

567 Vgl. o. V., Lenta fondovych novosti, 2002.

568 Vgl. o. V., Za desjat' mesjazev 2002 goda, 2002; o. V., Aviakompanija Krascjr, 2003

569 Vgl. o. V., Kras Ejr: Novoe myschlennie, 2004; Jambaeva/Zavarskij, Sovremmenost –aviazionnyj Transport, 1999.

mussten. So wurde die Konkurrenz insbesondere auf den direkten Langstreckenflügen entsprechend zurückgedrängt. Im Winter 2001 dehnte die Kras Air ihr Routensystem auch auf internationale Flüge nach Amerika und Südostasien aus. Aus dieser Quasi-Monopolstellung heraus konnte die Kras Air die höchsten Flughafengebühren und die höchsten Tarife unter den russischen Gesellschaften festlegen.[570]

Geschützt wurde dieses Monopolverhalten durch die Einbindung der Führung der Fluggesellschaft (also der Brüder Abramovitsch) in eine regionales korporatives Netzwerk zwischen den Oligarchen der regionalen Metall- und Transportindustrie und der Administration. Nach einigen Schwierigkeiten mit der vorangegangen Administration unter General Lebedev wurde mit dem Machtantritt des Kandidaten der regionalen Korporation, Aleksander Chloponin, im Frühjahr 2002 die Monopolstellung der Gesellschaft weiterhin protektioniert.[571] Im Rahmen dieses geschützten Monopols konnte die Gesellschaft ab 2002 Kapital akkumulieren. Die Aviastar profitierte nur bedingt davon. Zumindest konnte die 1998 für Lebedev bestellte Maschine bis 2003 abbezahlt werden, und Gespräche über den Kauf weiterer Maschinen wurden aufgenommen.

6.3 Institutionelle Rahmenbedingungen auf regionaler Ebene: Systemwechsel, Vasallensyteme und das Primat der Netzwerke

Putins Aufgabe, die Kontrolle und Steuerung des Landes wiederherzustellen, schloss insbesondere die Reorganisation des hochfragmentierten föderalistischen Systems mit ein. Vor diesem Hintergrund waren administra-

---

570 Nach mehreren Preiserhöhungen waren 2001 die Preise der Kras Air nicht nur höher als bei den heimischen Wettbewerbern, sondern mittlerweile auch höher als bei den westlichen Anbietern. So bot sie beispielsweise die Passage Moskau–New York für 970 $ an, während die Lufthansa für diese Strecke lediglich 599 $ verlangte und die heimische Aeroflot mit einem Preis von 399 $ noch günstiger war. Ähnlich verhielt es sich auf der „Hausstrecke" Krasnojarsk–Moskau. Auch hier waren die anderen regionalen Gesellschaften weitaus preiswerter.Vgl. o. V., Ugolovschtschina na letnom pole, 2002; o. V., Blokada Kras Ejr, 2002.

571 Vgl. o. V., Kras Ejr: Agonija pered krachom, 2002; o. V., Ugolovschtschina na letnom pole, 2000; o. V., Blokada Kras Ejr, 2002; Jambaeva/Zavarskij, Sovremmenost –Aviazionnyj Transport, 1999; o. V., Tschugie zdes' ne letajut, 2002.

tive Maßnahmen wie die Einführung einer überregionalen Kontrollhierarchie über die sieben Föderationsbezirke[572] und ihre Führung durch die Vertreter des Präsidenten,[573] das Recht zur Absetzung der Gouverneure und die Reformen des Föderationsrates zu sehen. Ziel war die Wiederherstellung der Machtvertikale und damit eine klare Steuerbarkeit des Landes. Eng damit verbunden war die Durchsetzung der fiskalischen Maßnahmen, allen voran der Steuerreform.[574]

6.3.1 Gouverneurswahlen und das neue Vasallensystem

Der Präsident hatte die Gouverneurswahlen im Jahr 2000 genutzt, um die hochdekorierten Tschetscheniengeneräle als loyale Vertreter in den Regionen als Gouverneure einzusetzen.[575] „In Russland ist man generell der Meinung, dass, wer eine Armee führen kann, auch mühelos mit einer Region wie der unsrigen zurechtkommt“, sagte ein Wähler, der vor dem Regierungsgebäude in Ul'janovsk in der kalten Wahlnacht ausharrte. Und so wurde General Schamanov am 24.12.2000 mit 56,3 Prozent der Stimmen neuer Gouverneur des Oblast Ul'janovsk. Damit war die postsowjetische Kommandowirtschaft Gorjatschevs zehn Jahre nach dem Zusammenbruch der Sowjetunion beendet. Inwieweit der neue Gouverneur Ordnung schaffen bzw. inwieweit sich das regionale politische und ökonomische System

---

572 Der Oblast Ul'janovsk fiel damit unter die Kontrolle des Föderalen Okrug „Privolge“.

573 Fünf dieser Männer seines Vertrauens waren Generäle, die entweder in Tschetschenien gekämpft hatten oder zu den oben beschriebenen Untergruppen (2. und 3.) der Petersburger Tscherkisten gehörten. Nur die Generalgouvernements Sibirien und Wolga-Vjatka wurden an zwei loyale Zivilisten übergeben. Vgl. Morzek, Putin setzt Generäle in Schlüsselämter, 2000.

574 Für die Beschreibung der administrativen und fiskalischen Maßnahmen zur Reduzierung der Fragmentierung der föderalen Beziehungen unter Putin siehe insbesondere Fruchtmann, Der Russische Föderalismus, 2007, S. 175–207.

575 Dies gelang insbesondere in den kommunistischen Hochburgen, wie Woronesch, das nun von dem Geheimdienstgeneral Wladimir Kulakov geleitet wurde, und Ul'janovsk, das unter der Führung des Tschetscheniengenerals V. Schamanov stand. Die sibirischen Gebiete (Chakassien und Krasnojarsk) waren ohnehin bereits unter den Brüdern Lebed, dem Fallschirmjägeroberst Alexej Lebed und dem Exgeneral Aleksander Lebed, aufgeteilt. Der Afghanistangeneral Boris Gromow regierte das Moskauer Gebiet. Vgl. Morzek, Putin setzt Generäle in Schlüsselämter, 2000.

ändern würde, sollte sich in den folgenden Jahren für das Gebiet Ul'janovsk wie folgt zeigen.

Vasallensystem: Abhängigkeit und Loyalität gegen Immunität und freie Verfügungsgewalt

Auch wenn die Interaktionsmodi des bilateralen Bargainings zwischen Jelzin und den Gouverneuren durch einheitliche, objektive Regelungen ersetzt werden sollten, beruhte die Interaktion zwischen Zentrum und Region auch unter Putin auf einer persönlichen, informellen Interaktionsbasis. Ähnlich wie in einem Vasallensystem hatte Putin dem ehemaligen Tschetscheniengeneral, der sich um Präsident und Vaterland verdient gemacht hatte, die Verwaltungsmacht über die Region Ul'janovsk übergeben.[576]

Über den Tausch militärischer Dienstleistungen gegen Ämtervergabe hinaus bestand eine emotionale, ideologische Bindung. Neben öffentlichen, symbolischen Gesten[577] war vor allem die politische Unterstützung des radikalen Vorgehens gegen die Tschetschenen von den führenden Generälen mit großer Dankbarkeit aufgenommen worden. Schamanov galt als einer der erfolgreichsten Generäle der russischen Armee im Tschetschenienkrieg und hatte dafür den höchsten Orden „Held Russlands" von Putin persönlich erhalten. Bis heute wird er nicht müde, Putins wichtige Rolle bei der Niederschlagung der Tschetschenen zu betonen. Zu Zeiten des zweiten Tschetschenienkriegs im Jahre 1999 spielte Schamanov in Putins Popularitätskampagne vor dem Hintergrund der tschetschenischen Kriegsschauplätze eine wichtige Rolle.[578] Bei beiden Einsätzen in Tschetschenien war

---

576 Zu diesem Zeitpunkt wurde der Ul'janovsker Gouverneur noch gewählt. Die Unterstützungsmaßnahmen sind indirekter, verdeckter Natur. Bekannt ist, dass Schamanov bei den Wahlen PR-Experten aus dem Kreml zur Seite gestanden haben. Vgl. o. V., General Schamanov proigral svoe galvnoe sragenie, 2002; Gorelov, Simbirskij podel'nik, 2002; Magametov, Itogi gubern, 2001.

577 Beispielsweise durch die Übergabe des roten Banners, des Symbols des KGB, an die russischen Streitkräfte, durch Ordensauszeichnungen etc.

578 Einblick in die Vorstellungen und Vorgehensweisen des Generals im Tschetschenienkrieg gab auch ein Interview Anna Politkovskajas mit V. Schamanov. Vgl. Politkovskaja, A dirty War – A Russian Reporter in Schechnya, S. 180–191. In einer Fernsehreportage über den Machtaufstieg Putins wurde Schamanov als einziger Tschetscheniengeneral interviewt, wobei er die Bedeutung Putins für den

es unter der direkten Verantwortung Schamanovs zu Massakern und Massenmord an Zivilisten gekommen. Im Frühjahr 2000 wurde der General vor dem Europäischen Gerichtshof für Menschenrechte für die Massaker verantwortlich gemacht, woraufhin er sich auch vor dem russischen Militärgericht hätte verantworten müssen – so weit kam es jedoch nicht, wie man an der Wahl des Generals zum Gouverneur von Ul'janovsk erkennen kann.[579] Entscheidend an diesem Punkt ist, das Schamanov auch auf die rechtliche Immunität und den Schutz seiner Person durch den Präsidenten Putin angewiesen war, wodurch die asymmetrische Abhängigkeit noch erhöht wurde und von einer entsprechend hohen Loyalitätsbereitschaft auszugehen ist. Davon abgesehen hatte Schamanov als Gouverneur bei der Führung und Verwaltung seines Gebietes aber weitgehend freie Hand. Nach dem gleichen politischen Koordinationsprinzip „Wahlunterstützung gegen politische Ämter" vergab Schamanov seine Verwaltungsbereiche und Ressorts (Nahrungsmittelindustrie, Handel, Landwirtschaft, Schwerindustrie, Energiekomplex, Bauwesen) wiederum an vier Netzwerke, die ihn bei seiner Wahl unterstützt hatte. Politikwissenschaftler erkannte in diesen Prozessen ein altes Bargaining-Konzept in einem sich verändernden Umfeld:

> „Es geht nicht um eine neue Machtgruppe, sondern um die Beziehungsstrukturen zu den Regionen. In Russland hat sich diese eigene Art von ‚biznes' durchgesetzt: Hilf jemandem, an die Macht zu kommen, und beanspruche dann Prozente als

---

Sieg der Truppen und des Vaterlandes unterstrich. Vgl. „Die Macht des neuen Zaren: Putins gelenkte Demokratie", Fernsehreportage vom Juni 2004, 3SAT; ebenso Fernsehreportage „Putins Weg zur Macht" vom Oktober 2005; vgl. auch Izmailov, Kto takoj General Schamanov, 1999; o. V., Befehlshaber der Luftlandetruppen, 2012.

579 Human Rights Watch (HRW) beschuldigte Schamanov, für die Massenmorde in Alchan-Jurt (Vladikavkaz) verantwortlich gewesen zu sein. Sein Vorgehen wurde im HRW-Jahresbericht über Militärverbrechen 1999 dokumentiert. Vgl. o. V., US President must Press Russia on Chechnya Abuses, 1999. Es gibt auch Berichte über Massaker an Zivilisten und Machtmissbrauch im 1. Tschetschenienkrieg (1995–1996), für die Schamanov als stellvertretender Kommandeur der 58. Armee ebenfalls verantwortlich war. Damals war er nicht nur mit dem Europäischen Gerichtshof für Menschenrechte in Konflikt geraten, sondern auch mit dem russischen Militärrecht. Allerdings wurde er durch die am 12. März 1997 verabschiedete Amnestie für die Beteiligten am Tschetschenienkrieg von der Duma freigesprochen Vgl. o. V., Putin dolgen znat' pravdu, 2000; siehe auch Lur'e, Iz dos'e Schamanova, 2000.

Gegenleistung für deine Hilfe. Das Schicksal der regionalen Wirtschaft wird dabei sicherlich nicht in Rechnung gestellt. Und genau das lässt sich in Ul'janovsk beobachten."[580]

6.3.2 Neue rivalisierende Netzwerke der Administration und ihre Abschöpfungsstrategien

Nach der Wahl Schamanovs im Dezember 2000 tauchten vier Gruppen in der Region auf:[581]

1. die Repressionsapparate
2. eine Gruppe aus dem Energiekomplex der Nachbarregion Samara (und Moskaus)
3. die sogenannte „Moskauer Diaspora"
4. eine Gruppe um den Regisseur und Geschäftsmann Nikita Michalkov (die „Gruppe der Regisseure")

Diese Gruppen hatten, wie sich bei näherer Analyse herausstellt, die Wahl Schamanovs auf die eine oder andere Weise unterstützt. Nach dem Wahlsieg war es nun an Schamanov, die Gegenleistungen zu erbringen. Er tat dies, indem er ihnen Vizegouverneurspositionen und damit die höchste administrative Kontrolle über die regionalen Ressourcen übertrug.

Die Repressionsapparate

Unter Putin gewannen die Machtministerien verstärkt Zugang zu den regionalen Strukturen. Auch in Ul'janovsk wurden auffallend viele Vertreter aus der Armee und den Machtministerien nach den Gouverneurswahlen in führende Positionen der Ul'janovsker Administration eingesetzt. Insgesamt waren es sechs Vertreter aus der Armee, dem FSB, dem Innenministerium und der Steuerpolizei. Es muss jedoch festgehalten werden, dass es sich

---

580 Interview mit Grunberg, 2002.

581 In einem Gespräch mit Elena Gavrilova, unter Anwesenheit des Chefredakteurs der „Narodnaja Gazeta", S. Titov, nannte Gavrilova nur einen Teil der Gruppen. Titov gab ihr zu verstehen, dass weitere Fragen zu diesem Thema nicht abgehandelt werden sollten. Gavrilova hielt sich an die Anweisung. Die „Narodnaja Gazeta" zählt zu den Blättern, die der neuen Administration von Schamanov nahestanden. Gleich nach der Verkündung der Wahlergebnisse hatte Schamanov der örtlichen Presse „mit einschneidenden Personalveränderungen" gedroht. Vgl. Akopov, Uspeschnoe desantirovanie, 2004.

hierbei nicht um einen einheitlichen Block handelte, zumal die Akteure aus unterschiedlichen Ministerien kamen. An der Spitze der Administration stand mit General Schamanov ein Vertreter des Verteidigungsministeriums, der hier wiederum über den Generalstab Kvaschin mit den „Konventionalisten" in einem engeren Interaktionsverhältnis stand. Der Bürgermeister der Stadt Ul'janovsk kam direkt aus den Strukturen des Geheimdienstes FSB, der ebenfalls in verschiedene Gruppen zu unterteilen ist. Sie standen dem amtierenden Verteidigungsminister und Tscherkisten Ivanov institutionell und ideologisch nahe. Morosov, der neue Bürgermeister der zweitgrößten Stadt des Oblasts, Dimitrovgrad, hingegen war ein Mann des Innenministeriums, dessen Kontroll- und Steuerungsmaßnahmen sich zunehmend auf die Partei „Geeinigtes Russland" und die Duma verlagert hatten.[582]

Der Samarer Energiekomplex

In einem Interview, das Schamanov zwei Tage nach seinem Wahlsieg am 26.12.2000 mit dem „Simbirskij-Kurier" führte, antwortete er auf die Frage, welches die wichtigsten Probleme seien, die er anzugehen beabsichtige: „In der Stadt reicht das Heizöl nur noch für zwei Tage. Seit heute Morgen wird über die Zahlung einer 3-Millionen-Tranche beraten."[583] Das ließ auf ein energisches und pragmatisches Vorgehen des neuen Gouverneurs schließen. Drei Tage später kam es zu Gesprächen mit den Vertretern des Gasversorgers „Ul'janovskenergo", den Managern des Stromversorgers RAO „EES" (Tschubais) und mit Vertretern des größten Heizöllieferanten, Jukos.[584] Bislang hatte sich die Ul'janovsker Administration unter Gorjatschev hoch verschuldet. Mit der Wahl Schamanovs war man nun in ein eigenes Bargaining-System mit einigen Energieversorgern eingestiegen. Mit der großzügigen Umschuldung konnte der General aktiven Wahlkampf betreiben. Als Gegenleistung verlangten die Energielobbyisten aus Sa-

---

582 Vgl. Gavrilova, Lebed' prinjal ot Schamanova novyj samolet, 2000.

583 Vgl. Interview mit Vladimir Schamanov, Ja ne sobirajusb brosat' kamni,2000; Gavrilova, Lebed'prinjal ot Schamanova novyj samolet, 2000.

584 Vgl. Interview mit Vladimir Schamanov, Ja ne sobirajusb brosat' kamni, 2000.

mara allerdings einen Vizegouverneurssitz in der neuen Ul'janovsker Administration und die Kontrolle über den Energiekomplex.[585] Da die Administration ihre Rechnungen nicht monetär begleichen und das völlige Einfrieren ihrer Städte nicht riskieren konnte, bezahlte sie ihre Schulden nun in politischer Währung, d. h. über die Vergabe administrativen und wirtschaftlichen Einflusses an die Samarer.[586] Der Vizegouverneursposten fiel an den stellvertretenden Direktor der „Samaratransgas", Vladimir Zarev. Als Vizegouverneur von Ul'janovsk wurden ihm offiziell die Bereiche Energie, aber auch Industrie und Transport zugesprochen.[587]Hinter der Samaratransgas stand die Firma Jukos mit ihren Strukturen.[588]

Die „Moskauer Diaspora"

Ein weiteres Netzwerk, das mit der Wahl Schamanovs in der Führung der Administration verankert wurde, war die von Insidern als „Moskauer Diaspora" beschriebene Gruppe. Sie bestand aus Persönlichkeiten, die zur Zeit der Sowjetunion zur regionalen Elite gehört hatten und in den 1990er Jahren in Opposition zum Regionalpatriarchen Gorjatschev geraten waren. Da sie nicht zu seinem Clan gehörten, hatten sie kaum Chancen auf führende Ämter und gingen daher nach Moskau, wobei sie sich in der Nähe des Moskauer Bürgermeisters Luschkov platzierten.[589] Ein zentraler Akteur dieser Gruppe ist Valentin Denisov. Er wurde nach dem Wahlsieg Schamanovs zum Vizegouverneur ernannt und bekam die Kontrolle über die Landwirtschaft. Denisov war in den 1980er Jahren der 1. Sekretär des

---

585 Vgl. Gorelov, Simbirskij podel'nik, 2002; Turovskiji, Gubernatory i oligarchi, 2001.

586 Vgl. o. V., Simbirskij „Zirulnik" (Schamov otdal oblast' na kormlenie „Sem'e" Nikity Michalkova), 2001.

587 Vgl. o. V., Simbirskij „Zirulnik" (Schamov otdal oblast' na kormlenie „Sem'e" Nikity Michalkova), 2001; Mel'nik, Zarev uvolen, 2001; Turovskij, Gubernatory i oligarchi, 2001; Gorelov, Simbirskij podel'nik, 2002.

588 Auch mit dem Leiter des Strommonopolisten RAO EES, A. Tschubais, kam es zu gesonderten Verhandlungen. Er soll außer den institutionellen Zielen des Stromversorgers auch persönliche Interessen verhandelt haben. So soll Tschubais Schamanov gebeten haben, einen „seiner eigenen Leute" als Abgesandten für den Oblast' Ul'janovsk in den russischen Föderationsrat zu schicken, damit seine Immunität sichergestellt sei. Vgl. Gorelov, Simbirskij podel'nik, 2002.

589 Vgl. Interview mit I. Grunberg, 2002; siehe auch Interview mit Vladimir Schamanov, 2000, vgl. Gavrilova, Lebed'prinjal ot Schamanova novyj samolet, 2000.

Ul'janovsker Komsomol-Gebietskomitees.[590] Ihm wurden sehr gute Beziehungen zum Moskauer Bürgermeister Luschkov nachgesagt. Offiziell hatte Luschkov Schamanov politische Unterstützung und enge Zusammenarbeit zugesagt. Nach dem Wahlsieg des Exgenerals kehrten außer Denisov auch seine Freunde V. Sidortschev und Michail Schkalov nach Ul'janovsk zurück und nahmen ebenfalls führende Positionen in der administrativen Leitung der Industrie und des Bauwesens ein.[591]

Die „Gruppe der Regisseure" oder die „informelle Administration" – Clan Michalkovzy

Die mit Abstand stärkste Gruppe, die sich mit Schamanov in der Administration etablieren konnte, war die „Gruppe der Regisseure".[592] Sie stand hinter einem weiteren neuen Vizegouverneur, dem Moskauer Geschäftsmann Sergej Ilinski[593] aus der Stadt Klin (Moskauer Gebiet). Ihm hatte Schamanov die Zuständigkeit über den einträglichsten Bereich der Region zugesprochen, die Nahrungsmittelindustrie (Lebensmittel, Alkoholhandel). Dieser Sektor hatte zuvor zum Hoheitsgebiet des Netzwerkes des Ex-Gouverneurs Gorjatschev gehört.[594]

Im Mittelpunkt dieser Gruppe stand Grunberg zufolge nicht Ilinski, sondern das direkte Umfeld des ehemaligen Starregisseurs und Oscarpreisträgers Nikita Michalkov. Michalkov ist für einen Großteil der Russen ein „Nationalheiligtum". Er stammte aus einer Familie, die zur Bildungselite und zu den traditionellen „Clans" Russlands gehörte.[595] Die Michalkovzys verfügten traditionell weniger über politische Machtpositionen als über ein „kulturelles"

---

590 Die politische Organisation der Jugend. Sie war dem Obkom direkt untergeordnet. Erst mit 27 Jahren konnte man einen Antrag auf die Mitgliedschaft in der KPdSU stellen.

591 Vgl. Ul'janovsker Administration (Webseite), Zusammensetzung der Administration.

592 Interview mit Grunberg, 2002.

593 Vgl. Interview Gavrilova 2002 (Januar II); siehe auch Ul'janovsker Administration (Webseite), Zusammensetzung der Administration.

594 Interview mit I. Grunberg, 2002.

595 Die „Michalkovzy" gehören zu den traditionellen russischen „Clans" Russlands wie die „Romanovs" und die „Morosovs" und später u. a. auch der Gaidar-Clan. Nikita

und „soziales Kapital", und sie gelten als auffallend anpassungsfähig.[596] Dementsprechend zeigte Michalkov seine Unterstützung auch in kultureller Form mit dem zum Wahljahr erschienenen Film „Der Barbier von Sibirien", der mit 45 Mio. $ das Jahresbudget der RF für die russische Filmproduktion verschlungen hatte. In ihm, einem nostalgischen Hommage an das alte Russland, verherrlichte Nikita Michalkov den russischen Militärmenschen als die Verkörperung der wahren russischen Seele. Der Film wurde vor den Wahlen im Ul'janovsker Gebiet – mit Michalkov als Zar Aleksander in der Hauptrolle – gedreht. Vor diesem Szenario hatte der beliebte Regisseur aktive Propaganda für General Schamanov betrieben.[597]
Diese Form der Unterstützung sagt noch nicht allzu viel über Netzwerkbeziehungen zur Ul'janovsker Administration unter Schamanov aus, zumal Nikita Michalkov nach seinem Gastspiel in Ul'janovsk von der regionalen Bühne abtrat.[598] Schwerer wiegt die Tatsache, dass nach seiner Abreise

---

S. Michalkov ist 1945 in Moskau geboren. Zu seinen Verwandten gehören berühmte russische Maler, Dichter und Dramaturgen. Sein Vater war der beliebte Kinderbuchautor und Dramaturg Sergej Michalkov. Sein älterer Bruder ist der ebenfalls nicht unbekannte Kinoregisseur Andrej Michalkov-Kontschalovskij. Im Gegensatz zu den „Romanovs" haben sich alle „Michalkovy" mehr oder weniger plakativ bis philosophisch durch die Zeiten der SSSR und die Amtszeiten der beiden neuen Präsidenten der RF retten können. Ihre Interessen konnten sie dabei vor allem mit sozialpolitischen Methoden durchsetzen, die mitunter als aggressiv bezeichnet wurden. Vgl. Didurov, Klany pravjat Rossie, 2004; Schmidt, Nikita Michalkov als politischer Mentor Russlands, 2010, S. 10–12; vgl. auch Legenda.ru (Datenbank für biographische Informationen), Biographie: Michalkov, Nikita Sergeevitsch; Gorelov, Simbirskij podel'nik, 2002.

596 Beispielsweise hatte der Vater Nikita Michalkovs, Sergei Vladimirovitsch Michalkov, die Texte der sowjetischen (Stalin'schen) Hymne verfasst. Später, unter Chrustchov, hatte er den Bezug auf Stalin entfernt und schließlich zur selben Melodie den Text der neuen russischen Nationalhymne geschrieben, nun mit einem Bezug auf Gott.

597 Vgl. o. V., General Schamanov proigral, 2002; Gorelov, Simbirskij podel'nik, 2002; Magametov, Itogi gubern, 2001.

598 Auch Magametov betonte in seiner Dissertation über die Wahlen in Ul'janovsk: „Um V. Schamanov zu unterstützen, kam N. Michalkov angereist, der in der Folge „seine Leute" in die Administration V. Schamanovs setzte"; Magametov, Itogi gubern, 2001.

fünf Personen aus seinem direkten Umfeld wichtige Positionen in der administrativen Führungsspitze der Region besetzten.[599] Neben Ilinski, der nach Angaben Grunbergs ein enger (Jagd-)Freund Michalkovs und gleichzeitig sein Geschäftspartner war,[600] gehörte dazu der Schwiegersohn Michalkovs, Albert Bakov. Er war Direktor des „Fonds zur sozialen und ökonomischen Unterstützung der heimischen Filmproduktion", der die Gelder der Familie Michalkovs mitverwaltete.[601] Zu der Gruppe des Regisseurs in Ul'janovsk zählte außerdem Aleksandr Kotelevskij, ebenfalls im Vorstand des genannten Filmfonds. Beide Akteure wurden von Schamanov als Repräsentanten der Ul'janovsker Oblast bei der russischen Regierung eingesetzt.[602] Der wirkliche Führer der Gruppe war Dimitri Piorunski. Er und ein gewisser Mirimski waren ursprünglich nur zu Beratern des Gouverneurs ernannt worden und traten somit nach außen gar nicht in Erscheinung, allerdings wurde Piorunski später zum 1. Vizegouverneur befördert. Piorunski kam als erster stellvertretender Leiter des „Verbandes für Film und des Russischen Kulturfonds" ebenfalls aus dem Filmgeschäft. Als Michalkov selbst Leiter des Fonds war, bestand zwischen beiden eine enge Geschäftsbeziehung.[603]

Institutionalisiert ist das Kernnetzwerk aus Familienmitgliedern und Geschäftsfreunden in einer Holding mit dem Namen ZAO „NIKOS". Es ist eine geschlossene Gesellschaft, die sich aus einem Geflecht von verborgenen und offenen Aktiengesellschaften zusammensetzte, die zudem noch über Kreuzbeteiligungen miteinander verbunden waren. Ihre Verbindungen lassen sich anhand der Adressen und Telefonnummern nachvollziehen. So hatten die Unternehmen entweder die gleichen Adressen oder unterschiedliche Adressen, aber dafür die gleichen Telefonnummern. Im Aufsichtsrat der Dachgesellschaft ZAO „NIKOS" waren alle Akteure vertreten, die 2000

599 Vgl. Magametov, Itogi gubern, 2001.

600 Vgl. Interview mit Grunberg, 2001; siehe auch o. V., Nikita Michalkov zachvatil potschti ves Ul'janovsk, 2001; Gorelov, Simbirskij podel'nik, 2001.

601 Vgl. Interview mit Grünberg, 2001; ebenso Belevzev, Schamanov vygnal zjatja Michalkova, 2002.

602 Vgl. o. V., Zjat' Michalkova stal bezrabotnym, 2002; Belevzev, Schamonv vygnal zjatja Michalokva, 2002.

603 Vgl. o. V., Simbirskij zirulnik, 2003.

an der Spitze der Ul'janovsker Administration Fuß gefasst hatten: M. Mirimski, D. Piorunski, A. Bakov sowie außerdem die Tochter des Regisseurs, Anna Nikitischna. Soweit erkennbar, war Ilinski hier nicht vertreten. Zu dem Netzwerk der Holding-Gruppe „NIKOS" gehörten u. a. die britische „Wharton Investment Associates Ltd." und die Firma „Mapledean Ltd.". Diese Firmen waren gemeinsam mit der „NIKOS" an weiteren Auslandsfirmen beteiligt.[604]

Fehlende Koordination der regionalen Netzwerke

Bei diesen vier neuen Akteuren handelte es sich um sehr unterschiedliche Netzwerke, vor allem im Hinblick auf ihre Ziele und Vorgehensweisen. Eine übergeordnete Koordination über den Gouverneur Schamanov fand nicht statt. Dies kann u. a. den fehlenden Erfahrungen und Kenntnissen des Ex-Generals in der Führung von zivilen Institutionssystemen zugeschrieben werden. Nach Aussage des Vizegouverneurs Valentin Denisov (Moskauer Diaspora) wurde die Führung der Region nach einiger Zeit gar nicht mehr durch den Gouverneur durchgeführt, sondern durch seinen Berater Piorunski (Gruppe der Regisseure). Ohne die Zustimmung Piorunskis soll der Gouverneur kein Dokument unterschrieben haben, und selbst schon getroffene Entscheidungen sollen auf sein Anraten hin wieder rückgängig gemacht worden sein. Bei seinem Rücktritt im Januar 2002 verkündete Denisov: „Im Oblast gibt es zwei Administrationen, eine formale und eine faktische, und ‚faktischer' Gouverneur ist Piorunski, denn Schamanov setzt lediglich das um, was ihm gesagt wird."[605] In den folgenden zwei Jahren sollte es nicht nur zu einer unkontrollierten Unterwanderung des Ul'janovsker Verwaltungsapparates kommen, sondern auch zu einer unkontrollierten Privatisierung der staatlichen Machtstrukturen der Region. Dabei agierten und interagierten die neuen regionalen Staatsdiener nicht einheitlich, sondern nach eigenen Spielregeln und Zielsetzungen. Unter diesen Umständen bestand die Gefahr, dass Schamanov die Vorgaben Putins nicht mehr erfolgreich umsetzen konnte.

---

604 Vgl. o. V., Simbirskij zirulnik, 2003.
605 Vgl. o. V., Simbirskij zirulnik, 2003.

Betrachten wir die beiden für den Handlungsrahmen der Aviastar wichtigsten regionalen Netzwerke der Administration. Die Vertreter der Moskauer Diaspora beispielsweise waren in ihrem Handeln noch immer den Normen des administrativen Marktes verhaftet. Sie betrachteten es als ihr selbstverständliches Recht, für die formellen administrativen Leistungen informelle Gegenleistungen einzufordern. Diese Erwartungshaltung basierte noch auf dem alten Verständnis von dem Primat des Staates gegenüber der Ökonomie und auf dem Selbstverständnis vom Gebrauch der administrativen Verfügungsrechte. Im Gegensatz zu den anderen Gruppen jedoch war die verantwortliche Beamtengruppe nicht nur an einer persönlichen Bereicherung interessiert, sondern gleichzeitig an der Unterstützung der regionalen Vertreter der agrarindustriellen Korporationen.

Ganz anders verhielt sich die Gruppe der Regisseure. Sie hatte keinerlei Bindung an die Region. Ihre Zielsetzung war klar an der Abschöpfung der regionalen Aktiva ausgerichtet. Schon in der Region Voronesch, in welcher die Gruppe davor „engagiert" war, hatte sie versucht, über die dortige Administration eines der zentralen regionalen Werke zu „annektieren". Allerdings musste sie nach der Einschaltung der Staatsanwaltschaft das Gebiet rasch verlassen.[606] In der Region Ul'janovsk ging sie weitaus erfolgreicher vor. Über eine feste Verankerung ihrer Akteure in den entscheidenden Positionen der Administration[607] und im Management der Betriebe war es ihr

---

606 Wie die regionale Branchenzeitschrift „Tekstilnyj Vestnik" im November 2001 berichtete, war die Gruppe im Winter 1999/2000 nach Voronesch gekommen. Dort fielen ihre Akteure im Zusammenhang mit einem Skandal um den größten lokalen Chemiefaserproduzenten auf. Wie den Berichten des „Tekstilnyj Vestnik" zu entnehmen ist, hatte A. Bakov versucht, über den Kauf einer lokalen Firma namens „Kaustik" die Chemiefaserfabrik mit weitgehend illegalen Methoden zu „annektieren". Daraufhin war es zu unerwarteten Unruhen in der Belegschaft und Widerstand anderer lokaler Akteure gekommen. Auch die Versuche Piorunskis, Einfluss auf die Voronescher Administration auszuüben, um einen administrativen Schutz der Aktivitäten sicherzustellen, scheiterten. Vgl. o. V., Iz plochich ruk – v choroschie lapy, 2001; ebenso Gavoronkov, Bogatye u znamenitye, 2005.

607 Dabei wurden erst die wichtigsten Positionen in der Administration besetzt, einschließlich des regionalen „Komitees für Vermögen" und der Insolvenzbehörde. Dann wurde das Unternehmen in eine *künstliche* Insolvenz geführt. So wurde beispielsweise der Grund und Boden des Unternehmens einem dritten Unternehmen überschrieben, das so hohe Preise für die Vermietung ansetzte, dass das Werk in

gelungen, die Aktiva der rentabelsten und krisenfestesten Unternehmen der regionalen Nahrungsmittelindustrie – u. a. der beiden Komplexe aus der Getreideverarbeitung („Jakuschkinskij Elevator", „Simbirsk-Myka"), der Zuckerfabrik („Zil'inskij sacharnyj zavod (ZSZ)") und der größten regionalen Alkoholbrennerei – zu einem sehr niedrigen Preis und mittels wirtschaftskrimineller Methoden (Privatisierung, künstliche Insolvenzen, Nichteinhaltung von Verträgen, Erpressung, Morddrohung etc.)[608] ihrer Holding NIKOS zuzuführen.[609] In ihrem Vorgehen hatte sie sich direkt an der Unternehmensführung beteiligen und neue Netzwerkbeziehungen zu den relevanten Akteuren vor Ort aufbauen können. Der Ul'janovsker Vizegouverneur für Landwirtschaft, Denisov, der aufgrund seiner ablehnenden Haltung gegenüber derartigen Geschäften im Januar 2002 auf Drängen Piorunskis entlassen wurde, beurteilte die Situation später so: „Wenn die Staatsanwaltschaft nicht gewesen wäre, hätte sie [die Gruppe um Michalkov] die ganze Oblast geplündert."[610]

De facto war die neue Administrationsführung unter Schamanov weniger um die Lösung struktureller Probleme oder die Umsetzung der Steuerreform bemüht als vielmehr um den Zugriff auf die regionalen Aktiva. Die Ziele und Vorgehensweisen der Netzwerke geben dabei einen instabilen und restrukturierungsfeindlichen Handlungsrahmen vor. Die Netzwerkverbindungen und Vorgehensweisen waren zu diesem Zeitpunkt allerdings in der Öffentlichkeit nicht bekannt.

---

kurzer Zeit Insolvenz anmelden mußte. Im Rahmen des von ihren Netzwerkmitgliedern geleiteten Insolvenzprozesses wurden die Aktiva zu niedrigen Preisen an Akteure aus den Strukturen der Gruppe verkauft. Vgl. o. V., Simbirskij zirulnik, 2003.

608 Vgl. Zvetov, Vozguschnye boi za Aviastar, 2003.

609 Vgl., o. V., Simbirskij zirulnik, 2003; o. V., Iz plochich ruk –v choroschie lapy, 2001.

610 Vgl. o. V., Simbirskij zirulnik, 2003.

6.4 Unternehmensebene – Akteure, Interaktionsformen und Strategien: Das Scheitern einer marktwirtschaftlich orientierten (netzwerkunabhängigen) Restrukturierung

6.4.1 Ausgangssituation und die Suche nach einem Investor

Seit der Gründung der OAO Tupolev im Jahr 1999 hatte sich die wirtschaftliche Lage der Flugzeugproduktion in Form der Tochtergesellschaft ZAO Aviastar-SP nicht wesentlich verbessert. Zwar hatte sich das Unternehmen von einem Großteil der alten Schulden befreit, aber es fanden weder Investitionen statt, noch besserte sich die Auftragslage. Der Kamel-Vertrag und sein Exklusivmonopol bestimmten weiterhin den Unternehmensprozess, und das Unternehmen verschuldete sich entsprechend der weitgehend ungedeckten Gemeinkosten. Sprach Poljakov 1999 noch davon, dass die Luftfahrtindustrie nur als hochintegrierte Holding unter der Kontrolle des Staates mit Boeing und Airbus konkurrieren könne,[611] so betonte er 2001, dass die Versuche, die Produktion über die Ausgründung bzw. Integration in die OAO Tupolev zu retten, sich als erfolglos erwiesen habe. Poljakov hatte sich angesichts der staatlichen Kontrolle über die OAO Tupolev ein starkes Engagement des Staates erhofft, eine Einbindung in staatliche Programme und Investitionen. Seit der Gründung der OAO Tupolev hatte der Staat jedoch keinen Rubel investiert, und seine Vertreter im Aufsichtsrat zeigten, so Poljakov, weder Interesse an der Verbesserung der ökonomischen Situation des Produktionsunternehmens noch an der Suche nach einem strategischen Investor.[612] „Ohne Investitionen", so fügte Poljakov hinzu, „ist aber eine Weiterführung des Unternehmens sinnlos."[613] Investitionen waren dringend notwendig, da die Produktionsstrukturen nicht mehr intakt waren. So sahen sich Poljakov und Korotnev (Generaldirektor

611 Vgl. Roschtschin, Tupoevzy obedinilis's, 1999.

612 Vgl. Gavrilova, Aviastar na poslednem izdychanii, 2001; Gavrilova, Aviastar v tupike, 2001.

613 Vgl. Gavrilova, Aviastar na poslednem izdychanii, 2001.

der OAO Aviastar und Vizepräsident der OAO Tupolev) veranlasst, eigenständig und weitgehend unabhängig von den staatlichen Strukturen nach einem Investor zu suchen.[614]

6.4.2 Der rational-ökonomisch orientierte Investor „Holding Novoe Sodruschestvo" (HNS): Angebot, Handlungsressourcen und Handlungsorientierung

Sie fanden ihn schließlich in einer Gruppe junger Manager aus Moskau, der „Holding Novoe Sodruschestvo (HNS)". „Sie waren", so Poljakov, „die Einzigen, die einen seriösen Vorschlag für die ‚Aviastar' machten."[615] Am 23. April 2001 schlossen Poljakov als Vorstandsvorsitzender der OAO Tupolev (sie kontrollierte 74 Prozent des Aktienkapitals der ZAO Aviastar-SP) und Korotnev als Generaldirektor der Muttergesellschaft (er vertrat damit die restlichen 24 Prozent der Aktien) mit der Holding Novoe Sodruschestvo eine Investitionsvereinbarung. In dieser verpflichtete sich die HNS, in den nächsten zwei Jahren 70 Mio. $ in die Flugzeugproduktion ZAO Aviastar-SP zu investieren. Dabei sollte es sich um direkte Investitionen vor allem in das Anlagevermögen handeln. Als Sicherheit bot Poljakov der HNS ein 25,4-Prozent-Aktienpaket und damit die Sperrminorität an der ZAO Aviastar-SP an. Dies war das Aktienpaket, das die Aviastar-Mutter an ihrer Tochter noch hielt.[616] Erst wenn die 70 Mio. $ wie vorgesehen investiert worden waren, sollte dem Investor das Recht eingeräumt werden, seinen Aktienanteil im Rahmen einer Neuemission um 22 Prozent zu erhöhen. Damit hätte sich der Anteil des Investors auf 47,4 Prozent erhöhen können. Die HNS verstand sich als strategischer Investor, was eine direkte Beteiligung an der Unternehmensführung über das Amt der Generaldirektorenschaft bedingte.[617]

614 Vgl. Gavrilova, Aviastar v tupike, 2001.
615 Vgl. Gavrilova, Aviastar na poslednem izdychanii, 2001.
616 Vgl. Interview mit Gavrilova 2002 (Januar I).
617 Vgl. Interview mit Gavrilova, 2002 (Januar I und Januar II); siehe auch o. V., Kollektivu ZAO Aviastar-SP predstavleno novoe rukovodstvo, 2001.

6.4.2.1 *Formelle Interaktionsbindung*

Das größte Risiko für die Tupolev-Holding lag darin, dass die HNS ihre Verfügungsgewalt missbrauchen könnte. Die Interaktion zwischen den beiden Akteursgruppen, der Gruppe Poljakov und der HNS, war weitgehend instrumentell. Die Interaktionspartner konnten dabei nicht auf schon bestehende, anderweitige formelle oder informelle Beziehungen, Erfahrungen, Vertrauen etc. zurückgreifen.

Institutionell konnte die Tätigkeit der jungen Investoren allerdings über unterschiedliche Instrumente kontrolliert werden. So hielt die mehrheitlich staatliche OAO Tupolev über ihre Aktienbeteiligung von 74 Prozent die eigentumsrechtliche Kontrolle über die Flugzeugproduktion, wodurch sie an allen wesentlichen Entscheidungen zu beteiligen war (Informationsrecht, Wahlrecht, Kontrollmaßnahmen). Kontrolliert werden konnte die Geschäftstätigkeit der HNS aber auch durch den ehemaligen Generaldirektor der Aviastar-Mutter, Gennadi Korotnev, der der HNS als stellvertretender Geschäftsführer zur Seite gestellt wurde, sowie durch den Aufsichtsrat der ZAO Aviastar-SP. Hier saßen neben den Mitgliedern der Gruppe Poljakov auch Vertreter des KB Tupolev (bzw. der OAO Tupolev) und der zentralstaatlichen Behörden. Dazu gehörten die Föderale Luft- und Raumfahrtbehörde RAKA, das Ministerium für Vermögen, das Ministerium für Transport (über die Behörde GSGA)[618] und das Verteidigungsministerium (Abteilung für Aufträge der Luftstreitkräfte) sowie ein Vertreter aus der regionalen Administration in Person des Vizegouverneurs Sidortschev (Moskauer Diaspora). Ein Teil dieser Institutionen, wie das Ministerium für Vermögen, die Behörde RAKA und das Militär (Luftstreitkräfte), sowie die Ul'janovsker waren auch in der OAO Tupolev vertreten. Dabei handelte es sich aber nicht um Personalunionen, sondern um unterschiedliche Personen. Die in den Aviastar-Organen vertretenen Beamten kamen aus den nachgeordneten Hierarchien der jeweiligen Behörden. Inwieweit hier wichtige Informationen weitergegeben wurden, hing nicht unerheblich von der intra-behördlichen Kommunikationskultur ab.

618 Staatlicher Dienst für Zivile Luftfahrt.

In Anbetracht der informellen Möglichkeiten des Amtsmissbrauchs war es immer noch ein gewisses Risiko, die HNS an der Geschäftsführung zu beteiligten. Kritiker aus der Administration behaupteten später, dass sich die HNS viel zu billig habe einkaufen können. Der stellvertretende Gouverneur des Gebietes Ul'janovsk, Sidortschev (Moskauer Diaspora), der auch Aufsichtsratsmitglied der ZAO Aviastar war, betonte in einem Interview, dass „Poljakov nicht richtig gehandelt habe, als er der HNS versprach, den Aktienanteil von 48 Prozent für den miserablen Preis von nur 70 Mio. $ zu veräußern – da dieser nur dem Wert von zwei Flugzeugen entspräche".[619] Nach nichtmarktwirtschaftlichen Gesichtspunkten, wonach sich der Wert eines Unternehmens, dem tradierten Verständnis von Verfügungsgewalt zufolge, an den bestehenden Aktiva, den stillen Reserven und den Finanzströmen bemisst,[620] konnte dieser Wert als zu niedrig empfunden werden. Nach marktwirtschaftlichen Gesichtspunkten war der Wert des Unternehmens bzw. der Beteiligung hingegen nur mit Schwierigkeiten darzustellen, dies allein schon deshalb, da sich dieser Wert über den Ertrag errechnet, das Unternehmen aber de facto aber seit Jahren mit Verlusten arbeitete. Auch über den Substanzwert war in Anbetracht der hohen Verschuldung eine Wertbestimmung recht schwierig.[621] Hinzu kamen die hohen Risikofaktoren. In Anbetracht der Tatsache, dass erst bei einem Absatz von zwölf Flugzeugen überhaupt ein Gewinn generiert werden konnte, war gerade

619 Vgl. Gavrilova, Esli zavtra vstanet Aviastar, 2001.

620 Neben den Aktiva der Infrastruktur verfügte die Aviastar über eine Lagerproduktion von fertigen und unfertigen Erzeugnissen. Nach Angaben des Rechnungshofes standen um die 56 Tupolevs und 20 Ruslanmaschinen auf Lager. Vgl. Rechnungshofbericht Nr. 10 (Punkt 7.7.), 2000; ebenso Interview mit Gavrilova, 2002 (Januar I). Titov sprach 2002 von 18 Tu-204 und 3 Ruslan in fast fertgem Zustand. Vgl., Interview mit Titov, 2002.

621 Werden die gesamten Aktiva, die Poljakov von der Muttergesellschaft in die ZAO Aviastar-SP überführt hatte, herangezogen, dann ergibt sich eine Summe von 3,54 Mrd. Rubel. Bewertet mit dem damaligen Kurs von ca. 30 Rubel pro Dollar entspricht dies einem Wert von 118 Mil. $. Von diesem Betrag wären noch die Verbindlichkeiten und Rückstellungen abzuziehen. Die Schulden der ZAO Aviastar beliefen sich auf umgerechnet 40 Mio. $. Dies ergäbe einen Wert von 78 Mio. $. Vgl. Pressemitteilung der ZAO Aviastar-SP (HNS), Informazija-po resul'tatam paboty Novoe Sodruzestvo, 2001.

angesichts der Restriktionen der Absatzmärkte eine Investition in das Werk mit hohen Risiken verbunden.[622]

6.4.2.2 *Handlungsressourcen, Handlungsziele und Handlungsstrategien der HNS*

Hohes Restrukturierungspotenzial, aber keine Netzwerkkompetenzen

Um die Handlungsziele und das Potenzial der HNS für ein restrukturierungsorientiertes Unternehmerverhalten (Erarbeitung und Umsetzung von Maßnahmen zum Aufbau der Wertschöpfung, der Effizienzsteigerung und der Modernisierung) einschätzen zu können, müssen die Kompetenzen einschließlich der Netzwerkverbindungen der HNS erfasst werden.

Die HNS war, betrachten wir den Geschäftsumfang, keine große Finanzgesellschaft, sondern entsprach im Wesentlichen einem mittelständischen Unternehmen. Der Holding standen vier Jungunternehmer aus den Jahrgängen 1970–1971 vor.[623] Sie stellten die Kerngruppe dar. Ihre Mitglieder waren über *strong ties* verbunden. Neben der instrumentellen Zusammenarbeit basierte ihre Interaktion auch auf einer langjährigen Kameradschaft. Kennengelernt hatten sie sich während des Studiums. Noch während der Universitätszeiten hatten sie ihr eigenes Unternehmen, die „Novoe Sodruschestvo" (Neue Gemeinschaft), gegründet. Alle vier Ingenieure verfügten über eine hervorragende Ausbildung und hatten an führenden Universitäten des Landes Flugzeugbau bzw. Ingenieur- und Finanzwissenschaften studiert.[624] Sie gehörten jedoch keiner traditionellen Elite, keiner politischen Gruppierung und keinem Familienclan an und hatten somit kaum Zugang zu staatlichen Ressourcen. Dafür hatten sie in den folgenden Jahren rasch Erfahrungen in der Sanierung von Unternehmen aufbauen können.

---

622 Vgl. Rechnungshofbericht Nr. 47, 2002, sowie Nr. 10, 2000.

623 Juri V. Rjazanov war zum Zeitpunkt des Aviastar-Engagements verheiratet und hatte eine Tochter von 9 Jahren. Auch Viktor V. Mal'zev (Jg. 1971) war verheiratet und hatte zwei Kinder, 12 und 3 Jahre alt.

624 Es handelte sich um einen Absolventen des MAI, des Moskovskij-Aviazionnyj-Instituts, und drei Absolventen des MIFI, des Moskovskij-Ingenierno-Finansovo-Instituts.

Ihren Einstieg machten sie erst einmal über Export- und Importgeschäft mit aromatischen Ölen und Chemikalien. Im Jahr 1996 setzten sie ihr akkumuliertes Kapital aus den Handelsgeschäften erstmalig in kleinen industriellen Investitionsprojekten (Erwerb von Aktienpaketen) ein. Am Anfang stand die Moskauer Seifenfabrik „Moskovskij Mylovarennyj Zavod", die sie als strategischer Investor erfolgreich restrukturierten. In weitgehend langsamen Schritten wurden die Investitionen und Firmen immer größer. Im Jahre 1999 gelang den jungen Investoren ein Entwicklungsschub in ihrer Unternehmensgeschichte, indem sie eine 45-Prozent-Beteiligung am weltweit größten Hersteller für Landmaschinen „Rostselmasch" mit einer Belegschaft von 17 000 Mitarbeitern erwarben. Wiederum beanspruchten sie als „strategischer Investor" auch die Leitung des Großunternehmens, und wieder führten sie in dieser Verantwortung erfolgreiche Restrukturierungsmaßnahmen durch.[625]

Bis zum Zeitpunkt des Engagements bei der Aviastar hatte sich die Moskauer Holding zu einem Unternehmen mit spezifischen Venture-Capital-Funktionen (Kapitalbeteiligung, Kreditvergabe und betriebswirtschaftliche Beratung)[626] und spezifischem Sanierungs-Know-how entwickelt. Wie für Venture Capitalists üblich, konzentrierte sich auch die HNS auf Unternehmen mit besonders großen Zukunftschancen und hohem Verlustrisiko. Aber während die Venture Capitalisten in den westlichen Märkten vor allem bei jungen und innovativen (Hightech-)Unternehmen engagiert sind, be-

---

625 Vgl. o. V., Novoe Sodruschestvo – Istorija (Stand 2000); Vin'kov, Roskred stal kombajnerom, 2001; Burakov, Kontrollnaja zakupka, 2001.

626 Für gewöhnlich stellt die Venture-Capital-Gesellschaft in marktwirtschaftlichen Industriegesellschaften einem Unternehmen über einen mittelfristigen Zeitraum Kapital zur Verfügung, verbunden mit unternehmerischer Beratung. Die Bereitstellung des Kapitals wird im Gegensatz zur Kreditvergabe nicht von dem Vorhandensein beleihungsfähiger Kreditsicherheiten abhängig gemacht, sondern allein von den geschätzten Ertragschancen der zu finanzierenden Unternehmensprojekte. Häufig handelt es sich um Unternehmen, die Investitionsprojekte mit hohen Ertragschancen, aber auch hohen Verlustrisiken realisieren wollen und kaum Zugang zum Kapitalmarkt haben. Der Kapitalgeber kann zudem durch betriebswirtschaftliche Kenntnis und sein technisches Wissen eine Beratungsfunktion ausüben.

fasste sich die HNS mit sowjetischen Großbetrieben. Dabei ging es weniger um technische Beratungen, die Vermarktung von Innovationen oder die Vorbereitung von Börsengängen als vielmehr um die Restrukturierung planwirtschaftlich orientierter Unternehmen. Die HNS wählte dabei Unternehmen aus, die aufgrund eines Restrukturierungsstaus kurz vor dem Bankrott standen und damit preiswert einzukaufen waren, aber aufgrund ihrer Aktiva, einer Marke, einer Monopolstellung und eines prognostizierten Nachfrageanstiegs hohe Ertragschancen boten.

Das Engagement der HNS ging dabei über die für das Venture Capital typische unternehmerische Beratung hinaus und ist eher mit einem Sanierungsmanagement zu vergleichen. Im Rahmen ihrer Investition erarbeiteten sie neue Strategien und marktorientierte Absatz- und Marketingkonzepte, tätigten Investitionen in die Anlagen und später auch in Konstruktionsarbeiten und führten internationale Qualitätsstandards ein. Da es im Rahmen der Reorganisationsarbeiten neben der Trennung von betriebsfremden Aktiva immer wieder zu größeren Entlassungen kam, genossen sie allerdings bei den Belegschaften der Unternehmen im Raum Moskau keinen guten Ruf.[627]

Mit ihren Sanierungserfolgen hatte sich die Holding einen Namen als vertrauenswürdige und kompetente Managergruppe geschaffen. Sie verfügte mittlerweile über eigene Steuer- und Unternehmensberater, eine eigene Bank und Kapital. Durch ihre Strategie konnte sie Investoren Renditen von mindestens 30 bis 80 Prozent anbieten.[628] So wurde die Holding als eine Alternative zu den selten gewordenen Chancen auf Superrenditen im Finanz- und Handelsgeschäft wahrgenommen. Die Gesellschaft bot Investoren dabei einen Mechanismus, um „inoffizielle Gelder" wieder in den offiziellen Wirtschaftskreislauf einfließen zu lassen. So meinte ein Jungunternehmer aus Moskau:

> „Die Russen haben viel Geld unter ihren Betten oder im Ausland gehortet, das nur darauf wartet, gewaschen und eingesetzt zu werden. Wenn sich einer als guter

627 In mittelständischen Unternehmerkreisen war die HNS nicht unbekannt; vgl. o. V., Novoe Sodruschestvo – istorija (Stand 2000); siehe auch Interview mit Aleksander, 2002.

628 Vgl. Burakov, Kontrollnaja zakupka, 2001.

> Unternehmer einen Namen gemacht hat, kann er sich bei diesen Leuten fast beliebig fremdfinanzieren. Das gilt im Großen wie im Kleinen für mein Unternehmen. Die Kapitalisten gewähren der Holding Kredite, deren Herkunft, ähnlich wie bei Spenden für Stiftungen, nicht hinterfragt wird. Die Holding investiert diese Gelder in Investitionsprojekte und zahlt sie mit Renditen von bis zu 80 Prozent zurück."[629]

Zusammenfassend bleibt festzuhalten, dass sich bei der HNS ein potenzielles restrukturierungsorientiertes Verhalten erkennen lässt. Die HNS verfügte über die umfassende Kompetenzen und Erfahrungen im Bereich der Sanierung von Großbetrieben im marktwirtschaftlichen Sinn. Auch das Interesse an der Aviastar war als logischer Schritt einer wachstumsorientierten Managergruppe nachzuvollziehen. Im Gegensatz zu den anderen „Investoren" stimmten im Fall der HNS die Anreize und Ziele des Projektes mit den Restrukturierungszielen des Unternehmens überein. Was den Akteuren sicherlich fehlte, waren Managementerfahrungen im Bereich der Flugzeugindustrie, das betraf neben den fachlichen Besonderheiten auch Kenntnisse über die politischen und netzwerkorientierten Strukturen und Prozesse.

Netzwerkkompetenzen

Anders als die Akteure der Aviastar und des Aviastar-Umfelds gehörten die Gruppenmitglieder der HNS einer anderen Generation an und hatten dementsprechend ihre Sozialisierung nicht im realsozialistischen, sondern vor allem im radikalkapitalistischen Wirtschafts- und Gesellschaftssystem der Jelzin-Jahre erfahren. So waren die jungen Investoren gewohnt, in Renditen zu denken, auf der Basis klarer, nachprüfbarer und ökonomisch rationaler Argumente zu handeln und Eigeninitiative zu ergreifen. Dahingegen fehlte ihnen allerdings das Selbstverständnis für das Agieren in Kollektiven. Unabhängig davon, dass die HNS im Vergleich zu den anderen Aviastar-Investoren nur einen geringen ökonomischen Kooperationsdruck hatte, da sie über eigenes Finanzkapital, Management-Know-how und einen „guten Namen" verfügte, prägten ihre Erfahrungen und Werte auch ihr Kooperati-

629 Vgl. Interview mit Aleksander, 2002. Dass diese Aussagen für die HNS tatsächlich zutreffen, kann angenommen werden, ist aber im Rahmen dieser Arbeit nicht nachgewiesen worden.

onsverständnis. Während sie gegenüber der ZAO Aviastar-SP als dem eigentlichen Investitionsobjekt auf eine engere Interaktion in Form der Übernahme von Geschäftsführungspflichten und einer Aktienbeteiligung bestanden, beschränkten sich die externen Kooperationsaktivitäten der HNS auf die Bildung einer freiwilligen, die Eigenständigkeit der Partner nicht einschränkenden formellen Interaktion. Mit der OAO Aviastar und der OAO Tupolev als den Hauptanteilseignern der ZAO Aviastar-SP wurde ein Investitionsvertrag vereinbart. Allerdings wurde das allgemeine Vertrauensverhältnis zwischen Poljakov und den jungen Investoren durch einen klassischen Generationskonflikt belastet, der, gepaart mit einem unterschiedlichen Sozialisationshintergrund, zu erheblichen Kommunikationsschwierigkeiten zwischen beiden Parteien führte.

Die Interaktion der HNS mit den zuständigen staatlichen Entscheidungsträgern auf zentralstaatlicher und regionaler Ebene beschränkte sich auf die formelle Zustimmung zu der Investitionsvereinbarung durch den Vertreter der föderalen Behörde für Luft- und Raumfahrtindustrie RAK und ihren Generaldirektor, Juri Koptev, sowie durch den Gouverneur Schamanov. General Schamanov soll persönlich für die Einhaltung der Investitionsvereinbarung zwischen der OAO Tupolev und der HNS garantiert haben.[630] Darüber hinaus war die Gruppe in keine informellen Netzwerksysteme im Rahmen des Aviastar-Projektes eingebunden, und sie schien auch nicht bereit, sich einbinden zu lassen. Dieses Kooperationsverständnis, das sich so gänzlich von den „üblichen“ Interaktionsformen unterschied, musste zu Konflikten führen.

6.4.3 Die Aviastar unter der Führung des rational-ökonomischen Akteurs: Restrukturierungsstrategien

Am 24. April 2001 wurden der HNS auf Vorschlag von Sergej Kartaschov (Ex-Generaldirektor der Aviastar-Mutter) mehrheitlich vom Aufsichtsrat der ZAO Aviastar-SP die Generaldirektorenschaft und damit die Geschäftsführung übergeben.[631] Generaldirektor wurde Juri Rjasanov. Er war einer der

---

630 Vgl. Interview mit V. Mal'zev, 2001 (September); Pressekonferenz Mal'zev, 2001 (August); Kaschinskij, Aviastar – na mylo, 2001.

631 Vgl. o. V., Kollektvu ZAO Aviastar-SP, 2001.

vier Gründer der HNS und Vorstandsmitglied der Rostselmasch. Rjasanov war zu diesem Zeitpunkt 30 Jahre alt. Als seine rechte Hand wurde Viktor V. Mal'zev zum ausführenden Generaldirektor ernannt. Mal'zev hatte im Jahr 1994 das Moskauer Institut für Flugzeugbau absolviert, sodass von entsprechenden technischen und industriellen Qualifikationen auszugehen war. Zudem war er schon seit mehreren Jahren mit diversen Führungsaufgaben bei der HNS betraut, was auf Erfahrungen im Bereich der Unternehmenssanierung schließen lässt.[632]

Einen Tag nach der Wahl der HNS-Führung, am 25. April, beschloss die Versammlung der Aktionäre der ZAO Aviastar-SP die Übergabe des Aktienpaketes von 26 Prozent an den neuen Investor bis zum 27. April 2001. Das Paket sollte sich aus 25,4 Prozent der Aktien der Mutter und nur aus 0,6 Prozent der Aktien der OAO Tupolev zusammensetzen. Gleichzeitig wurde die Option zur Neuemission festgelegt.[633]

Wie sich bald herausstellte, konnten diese Beschlüsse nicht realisiert werden, kam es doch zu „administrativen Verzögerungen" bei der notwendigen Gesetzesänderung. Für die vertraglich bedingte Neuemission als Grundlage des Erwerbs der weiteren 22 Prozent war eine Änderung des regionalen Eigentumsgesetzes durch die gesetzgebende Versammlung des Gebietes notwendig. Als Grund für die Verzögerung gab die Administration Schwierigkeiten mit der Antimonopolbehörde an.[634] Die Holding ließ sich vorerst von ihrem Verhandlungspartner Poljakov beschwichtigen und führte das Sanierungsvorhaben weiter durch.

6.4.3.1 Betriebswirtschaftliches Restrukturierungskonzept der HNS

Das Konzept der Investoren beruhte auf einer Strategie der kleinen Schritte einer sich weitgehend selbst tragenden Restrukturierung. Über ein langsames Anlaufen der Serienproduktion und einen stetigen Ausbau der Marketing- und Absatzstrukturen sollte sich das Projekt selbst tragen können – ein Herangehen, das sich von den groß angelegten Prestigeprojekten der

632 Vgl. o. V., Kollektvu ZAO Aviastar-SP, 2001.

633 Vgl. Maksimov/Egorova/Kozurev, Novitschku ne vezet, 2001.

634 Vgl. Interview mit Mal'zev, 2001 (September); Kaschinskij, Aviastar – na mylo, 2001.

„traditionellen" Akteure dieser Industrie gänzlich unterschied. Ausgangspunkt war das sich ebenfalls nur langsam entwickelnde Absorptionspotenzial des heimischen Marktes. Demnach sollten für das Jahr 2001, so der neue Direktor V. Mal'zev, vorerst nur drei Flugzeuge produziert werden. Im folgenden Jahr sollte der Ausstoß dann auf neun und im Jahr 2003 auf zwölf Flugzeuge gesteigert werden. Wichtig für den Restrukturierungsprozess war, dass in der Aviastar erstmals wieder von Grund auf neue Flugzeuge produziert und die Maschinen nicht nur aus dem Lager abverkauft werden sollten. Bei der Umsetzung dieses Zieles wollte sich das neue Management drei Aufgabenfeldern widmen:

1. Abbau und Umschuldung der Schulden der ZAO Aviastar-SP
2. Wiederaufbau des Wertschöpfungszyklus
3. Förderung des Absatzes

In den nächsten drei Monaten investierte die Holding 236 Mio. Rubel oder 8,1 Mio. $ in den Betrieb.[635] Mit diesem Geld wurden Lohnrückstände von 56,3 Mio. Rubel beglichen und mit den Banken Umschuldungsprogramme von über 1,7 Mrd. Rubel (40 Mio. $) verhandelt, wobei erste Raten getilgt wurden.[636] Gleichzeitig zahlte die Holding die Steuerrückstände für das Jahr 2001 von 25 Mio. Rubel aus. Der Großteil der Summe floss jedoch in die Wiederinbetriebnahme und den Fertigbau von Werksteilen, die für die Herstellung eines geschlossenen Produktionszyklus notwendig waren.[637]

---

635 Als es offensichtlich zu Verzögerungen bei der Aktienübergabe vonseiten der Administration kam, ging die HNS im Juli dazu über, ihre Investitionen über einen real zinslosen 10-Jahres-Kredit zu finanzieren. Als Absicherung wurde eine Tu-204 weitergebaut, die als Pfand dienen sollte. Anzumerken ist, dass die Banken für ihre Kredite Zinssätze von 30 % verlangten.

636 Vgl. o. V., Igra Sud'boj Aviastara, 2001. Die Verschuldung wird mit 1,2 Mrd. Rubel angegeben; vgl. Pressemitteilung der ZAO Aviastar-SP (HNS): Informazija-po resul'tatam paboty Choldinga Novoe Sodruzestvo, 2001. Nach Information der Holding belief sich die Verschuldung im Oktober auf 1,7 Mrd. Rubel. Darüber hinaus müssen noch Kredite für unvollendete Gebäude von allein 1,2 Mrd. Rubel hinzugerechnet werden.

637 Das Tupolev-Projekt der Aviastar war zum Ende der Sowjetunion noch nicht abgeschlossen. Im Jahr 1993 waren hinsichtlich der Produktionsstrukturen erst 75 % fertiggestellt worden. Investitionen in die Produktionsstrukturen blieben danach minimal. Bis 2000 waren auch die bestehenden Ausrüstungsgüter veraltet. Um die

Der Entwicklungsplan für die ZAO Aviastar-SP sah vor, die Produktion schrittweise zu modernisieren und die Kapazitäten des Betriebes wieder hochzufahren. Über eine Effizienzerhöhung wollte man die Kosten senken. Zu den Maßnahmen gehörten sowohl die Einführung von Stechuhren als auch der Erwerb neuer Produktionstechniken. Die Stechuhren brachten den neuen Managern einige Kritik ein; man verglich den Disziplinanspruch mit den Methoden der Stalinzeit.[638] Trotz anfänglichen Misstrauens wurden die jungen Manager von der Belegschaft jedoch voll unterstützt, zumal die Löhne und Gehälter ausbezahlt wurden.[639] Eine weitere Aufgabe sah die Gruppe zudem in der „Revision" des Rechnungswesens. So stellten die Mitarbeiter der HNS die veraltete Buchführung des Fondssystems auf die Grundsätze internationaler Buchführung um.[640] Die wohl wichtigste und schwierigste Aufgabe sah die HNS jedoch im Zugang zu den Absatzmärkten. Als infrage kommenden Markt betrachtete man nicht den Wettbewerb mit den neuen Boeing- und Airbus-Maschinen, sondern vielmehr die Sekundärmärkte ausländischer Modelle. Die Wettbewerbsvorteile der Tupolev auf diesem Feld seien allerdings, so der neue geschäftsführende Direktor V. Mal'zev, gefährdet, da nach der Einführung der Europäischen Lärmverordnung alte Flugzeuge aus dem Ausland ungehindert nach Russland importiert würden: „Es existiert eine ausreichend reale Gefahr, dass alte Passagiermaschinen aus ausländischer Produktion, die nicht mehr den neuen Anforderungen [der Europäischen Lärmverordnung] entsprechen, einfach nach Russland kommen. Das ist eine ernst zu nehmende Gefahr für die russische Flugzeugproduktion. [...] Nicht weniger problematisch ist der Reexport sowjetischer Maschinen aus den ehemaligen Sowjetrepubliken."[641]

---

90 % waren zwischen 10 und 12 Jahre alt. Vgl. Rechnungshofbericht Nr. 10 (Punkte 4.2, 5), 2000.

638 Der Simbirkskij Kur'er schreibt in seiner Überschrift: „Bei der Aviastar geht man dem Kollektiv an die Kehle"; vgl. o. V., Na Aviastar kollektiv beryt za gorlo, 2001.

639 Vgl. Interview mit Gavrilova, 2002 (Januar II).

640 Vgl. Interview mit Gavrilova, 2002 (Januar II); siehe auch o. V., Strategizschekij investor ZAO Aviastar-SP, 2003

641 Vgl. Interview mit Mal'zev, 2001 (September).

Aus diesem Grund sahen sie ihre wichtigste Aufgabe in der Verbesserung der Kundenbeziehungen. Im Rahmen des Aufbaus eines Key-Account-Managements wurden in einem ersten Schritt Garantie- und Wartungsprogramme auf der Basis allgemeiner Normenkataloge aufgestellt (de facto gab es nicht einmal ein Betriebshandbuch). Diese hatten bislang vollkommen gefehlt, was den Verkauf nicht gerade erleichterte. Dabei hatte Mal'zev in einem Team aus Technikern und Finanzexperten umfassende und schwierige Gespräche mit den Betreibern sowie potenziellen Kunden im In- und Ausland geführt.[642] Um das Vertrauen in den Ul'janovsker Betrieb zu verbessern, wurden einhundert Direktoren russischer Fluggesellschaften nach Ul'janovsk eingeladen und durch das Werk geführt, wobei die Verbesserungen gegenüber der Tu-154 demonstriert wurden. Bedeutsam war u. a. das Profil der Tragflächen, das aufgrund seiner neuen Struktur das Vereisen fast vollständig verhinderte. Die Delegation soll sich mit den soliden Produktionsbedingungen und dem Engagement der jungen Investoren sehr zufrieden gezeigt haben. Insbesondere die Neuaufnahme bzw. Verbesserung des gesamten Produktionszyklus wurde als wichtiger Entwicklungsschritt begrüßt. Insgesamt konnte das Unternehmen seine Kunden davon überzeugen, dass es fähig war, Flugzeuge der neuen Generation im Einklang mit allen internationalen Standards in Serie zu produzieren. Dabei wurden konkrete Verkaufsgespräche mit den heimischen Fluggesellschaften eingeleitet. Insgesamt hatte man in zwei Monaten unterschriebene Vereinbarungen mit russischen Fluggesellschaften über die Lieferung von sieben Maschinen erreicht. Zudem wurden erste Schritte zur Umstellung der Produktion auf eine neue, wettbewerbsfähigere Tupolev-Variante, die Tu-204-300, eingeleitet.[643]

Von nicht geringer Bedeutung war die finanzielle Kapazität der HNS, die es ermöglichte, die Flugzeugproduktion selbst vorzufinanzieren.[644] Um den Export zu fördern, hatte die HNS eine Tu-204 (Nr. 20) fertigstellen lassen,

---

642 Vgl. o. V., Informazija-po resul'tatam paboty Choldinga Novoe Sodruzestvo, 2001.

643 Vgl. o. V., Informazija-po resul'tatam paboty Choldinga Novoe Sodruzestvo, 2001; o. V., Predstaviteli komando-letnogo sostava, 2001.

644 Vgl. Interview mit Mal'zev, 2001 (September).

um sie auf dem internationalen Moskauer Luftfahrtsalon MAKS 2001 auszustellen. Diese war die erste Tu-204, die auf einer Messe präsentiert wurde, was ihnen ein besonderes Lob des Präsidenten Putin einbrachte.[645] Die HNS lud auch eine chinesische Delegation ein, um sie von der Produktionskompetenz der Aviastar zu überzeugen. Bis dahin hatte China die Absicht bekundet, fünf Flugzeuge zu erwerben. Nach dem Besuch hatte die chinesische Seite den Kauf der fünf Flugzeuge mit der Option auf weitere zehn Flugzeuge bestätigt.[646] Damit schien die HNS die hohe Restrukturierungsdynamik durchzuhalten, die auch ihre anderen Investitionsprojekte zum Erfolg geführt hatte. Die Maßnahmen unterschieden sich grundsätzlich vom Verhalten der anderen „Investoren" und können als beispielhaft für den Restrukturierungsprozess im Rahmen der russischen Wirtschaft verstanden werden.

6.4.3.2 Die HNS stellt den Kamel-Vertrag infrage

Nach der Analyse der Kostenstrukturen kam die HNS zu dem Schluss, dass der Vertrag mit dem ägyptischen Geschäftsmann Kamel nicht tragbar und eine Belastung für das Werk sei.[647] In einem Interview erklärte Mal'zev: „Jeder Rubel, den Kamel in das Unternehmen investiert, impliziert einen Verlust von mindestens 30 Kopeken."[648] In einem Interview mit der Isvestija bemerkte er zum Kamel-Geschäft: „Die Tu-204 kostet real mindestens 23 Mio. $, und uns bieten sie an, sie für nur 11 Mio. $ abzunehmen, und beziehen sich dabei auf einen alten Vertrag, in welchem die Preise fixiert wurden. Aber wir können die Flugzeuge mit unserem Geld bauen und sie

---

645 Dies war auch eine Frage der Kreditsicherheit. Eine fertige Maschine konnte die Gruppe als Pfandobjekt für den Fall, dass die Aviastar ihren Kredit an die HNS nicht zurückzahlen kann, besser verkaufen. Vgl. Interview Mal'zev mit der russischen Fachzeitschrift „Ekspert" am 20.08.2001, Remontnaja masterskaja.

646 Vgl. o. V., Informazija-po resul'tatam paboty upravlentschkoj Kompandy choldinga „Novoe Sodruzestvo" na ZAO Aviastar-SP, 2001.

647 Vgl. Interview mit Gavrilova 2002 (Januar I); siehe auch Interview Mal'zev, 2001 (August).

648. Vgl. Interview mit Gavrilova 2002 (Januar I); vgl. Gavrilova, Aviastar v Tupike, 2001; siehe auch Interview V. Mal'zev mit dem Ekspert, 2001 (August). Auch hier findet sich wieder der Sprachgebrauch, die Vorfinanzierung eines Kaufgeschäftes als *Investition* zu bezeichnen.

zu einem echten Preis verkaufen."[649] Zudem galt zu bedenken, dass Kamel de facto weniger als 6 Mio. $ je Flugzeug und für die vierte Maschine gar nichts gezahlt hatte. Hinzu kam, dass der damals verabschiedete ägyptische Investitionsvertrag die Wechselkursentwicklungen nicht mitberücksichtigt hatte. Allein 1998 war es zu einer 3,5-fachen Abwertung[650] gekommen.[651]

Im Mai des Jahres 2001 beschloss der neue Aufsichtsrat der ZAO Aviastar-SP unter der Führung der HNS, Kamels Sirocco Aerospace, der Tochter der ägyptischen Holding Kato-Aromatik, die Kündigung des Vertrages anzudrohen, und forderte zu Nachverhandlungen auf. Er wies die Sirocco darauf hin, dass eine weitere Zusammenarbeit mit der Firma Kato-Aromatik unter den Bedingungen des Vertrages von 1996 nicht mehr aufrechterhalten werden könne, da „den Flugzeugen eine kannibalische Bewertung zugrunde liege".[652] Sergej Kartaschov, Ex-Generaldirektor der OAO Aviastar und stellvertretender Generaldirektor der ZAO Aviastar-SP, verteidigte die Entscheidung und betonte, dass Kamel auch seine direkten Investitionsversprechen nicht gehalten habe. Formell könne die OAO Aviastar den Vertrag mit Kamel einfach lösen, indem sie darauf verweise, dass der ursprüngliche Vertragspartner, also die OAO Aviastar, keine Flugzeuge mehr produziere.[653]

6.4.3.3 Isolation der HNS und ihr Rückzug aus dem Aviastarprojekt

Eine Reaktion auf das Schreiben an Kamels Sirocco Aerospace Russia ließ nicht lange auf sich warten. Im Lauf der nächsten Monate wandten sich alle administrativen Akteure von der HNS ab. Dies umfasste die staatliche Luft- und Raumfahrtbehörde RAKA, die Ul'janovsker Administration und auch die OAO Tupolev. Einzig die Belegschaft stand weiterhin hinter dem jungen Investor.

---

649 Vgl. Pressekonferenz mit Mal'zev, 2001 (August).

650 Im Januar 1998 kostete ein Dollar noch 6,026 Rubel und im Dezember 1998 bereits 20,650; vgl. Goskomstat of Russia, Russia in Figures – 2000, 2000, S. 412.

651 Vgl. Interview mit Kartaschov, 2001.

652 Vgl. Gavrilova, Aviastar v Tupike, 2001.

653 Vgl. Interview mit Kartaschov, 2001.

Im Sommer kam es bei der OAO Tupolev zu einer Umbildung im Aufsichtsrat zuungunsten der Gruppe Poljakov und der Befürworter der HNS als strategischen Investors.[654] Gleichwohl fanden Gespräche zwischen der OAO Tupolev, der Administration und dem ägyptischen Geschäftsmann statt, bei denen die Rechtmäßigkeit der Investitionsvereinbarung mit Poljakov infrage gestellt und die Investitionen in den Flugzeugbetrieb neu ausgeschrieben wurden. Diese Ausschreibung war ein Pseudo-Wettbewerb, auf dessen Grundlage der plötzlich erwachte Aufsichtsrat der OAO Tupolev seine Entscheidung *gegen* die HNS und *für* den ägyptischen Investor nach marktkonformen Kriterien zu inszenieren suchte. Ansonsten ist nicht nachvollziehbar, warum Kamel als Einziger über den Tender informiert wurde. Die HNS hingegen war weder über Ort und Zeit des Tenders noch über die konkreten Investitionskriterien informiert worden. Trotzdem reichte sie noch einmal ihr Angebot ein. Kamel machte weitreichende Versprechungen über neue umfassende Exportgeschäfte und gewann die Ausschreibung. Nach Auffassung der HNS war der Tender keine seriöse Anfrage: „Uns scheint es, dass es sich hierbei um keinen wirklichen Tender handelte, sondern um ein Element irgendeines Spiels."[655] Nach Poljakovs Urteil war „das Angebot der ‚Novoe Sodruschestvo' ein bescheidenes Programm, aber ein realistisches. Das von I. Kamel war ein großartiges, es basierte aber nur auf Worten".[656]

Die Behörden gaben keinerlei offizielle Erklärungen zu der Auflösung der Investitions-vereinbarung zwischen der HNS und der OAO Tupolev ab, obwohl sowohl die Administration als auch die zentralstaatliche Luft- und Raumfahrtbehörde der Vereinbarung zugestimmt und sie noch im August als rechtlich legitim bezeichnet hatten. Zudem hatte wie gesehen der Gouverneur die Investitionsvereinbarung unter seinen persönlichen Schutz gestellt.[657] An die jungen Investoren war bis zum August weder das 26-Pro-

654 Vgl. Radzievskij, Pervym delom samolety, 2002.

655 Vgl. o. V., Uchod Novogo Sodruschestvo s Aviastar-SP, 2001.

656 Vgl. Poljakov, zitiert in: o. V., Uchod Novogo Sodruschestvo s Aviastar-SP, 2001.

657 Vgl. o. V., Uchod Novogo Sodruschestvo, 2001; siehe auch Titov, Broschennyj bol'noj, 2001; o. V. Novaja neudatscha Sodrugestva, 2001.

zent-Aktienpaket überschrieben worden, noch hatte die Administration entgegen ihrer Zusage die notwendigen gesetzlichen Maßnahmen (Gesetzesänderung Zustimmung der Antimonopolbehörde zu der Neuemission) eingeleitet.[658] Dieser Umgang mit staatlichen Zustimmungen und Vereinbarungen gibt einen Einblick in den „Zustand der Gültigkeit" staatlicher Regelungen.

Einen Einblick in die informelle bis willkürliche Handlungsorientierung staatlicher Akteure geben auch die Androhungen eines Einsatzes der Repressionsapparate. So kündigte das Ministerium für Vermögen sowie das Ministerium für Industrie und Wissenschaft den Einsatz der Steuerpolizei und des FSB für eine Überprüfung der ZAO Aviastar-SP an.[659] Und die Samarer Abteilung des FKZB, die Föderale Kommission für Wertpapiermärkte für den Föderalen Bezirk Privol'ge, ließ verlauten, dass die „Prozedur der Legalisierung der Aktien der ZAO Aviastar-SP in die Gesellschaft der Tupolev noch nicht vollständig beendet sei". [660] Diese Drohgebärden richteten sich insbesondere gegen das Team um Poljakov, das für die Reorganisation und die Einbringung der Flugzeugproduktion in die Tochtergesellschaft ZAO Aviastar-SP verantwortlich war.

Der strategische Investor HNS verlässt die Aviastar

Am 2. Oktober gab die HNS ihr Investitionsprojekt wegen Vertragsbruch auf Seiten der OAO Tupolev und der OAO Aviastar auf. Sie hinterließ eine funktionierende Finanzbuchhaltung nach internationalem Standard, eine transparente Kostenrechnung und Investitionen von mittlerweile fast 9 Mio. $ in die Modernisierung der Produktion, ein neues Wartungssystem, Diversifikationspläne, einen teilweise realisierten Restrukturierungsplan etc.[661] Das Einzige, was der Holding als Pfand blieb, war die Tu-204 (Nr. 20) für die MAKS, um die sie sich über zwei Jahre mit der Aviastar gerichtlich auseinandersetzen musste. Valerij Mal'zev erklärte den Rückzug seiner

---

658 Vgl. Titov, Broschennyj bol'noj, 2001; o. V., Uchod Novogo Sodruschestvo, 2001.
659 Vgl. o. V., Zatschem drugit' s vlast'ju, 2001.
660 Diese Aussage eines Mitarbeiters der Samarer Abteilung des FKZB wurde zitiert in: Zavarskij, Investory ne dogdalis' svoej doli aviazavoda, 2001.
661 Vgl. Interview mit Gavrilova 2002 (I); o. V., Strategischekij investor ZAO Aviastar-SP, 2003.

Holding mit den Worten: „Der Investor sieht sich nicht in der Lage, die Verantwortung für die nicht nachvollziehbaren politischen Spiele auf sich zu nehmen, die das Schicksal dieses Unternehmens und seiner Mitarbeiter an den Rand des völligen Zusammenbruchs bringen."[662]

6.4.4 Die Netzwerkaktivitäten gegen den neuen Investor: informelle Spielregeln, Amtsmissbrauch, Bottom-up-Networking und Fragmentierungsfallen

Diese Einschätzung der HNS ist vor dem Hintergrund zu sehen, dass ein marktwirtschaftlich handelnder unabhängiger Akteur auf Gegenspieler traf, die gewohnt waren, im Rahmen komplexer Netzwerksysteme zu agieren, deren Strukturen und Spielregeln die HNS nicht kannte. Dass Interagieren über Netzwerke war für die HNS nicht nur eine Frage der Bereitschaft, sondern auch eine Frage der Kenntnis von informellen Netzwerksystemen auf betrieblicher, regionaler und zentralstaatlicher Ebene. Fast naiv anmutend ging die HNS von der Gültigkeit der verabschiedeten Investitionsvereinbarungen, Verträge und Aufsichtsratsbeschlüsse aus. Die plötzliche Isolation konnten sie sich nicht erklären. „Poljakov", so kritisierte der abgesetzte Aviastar-Geschäftsführer der HNS, A. Mal'zev, „erklärt die Situation nicht, sondern versteckt sich hinter allgemeinen Phrasen des Typs ‚Ihr seid noch viel zu jung, um die Führung eines Luftfahrtunternehmens zu übernehmen'."[663] Mal'zev schloss daraus, dass die HNS keine gemeinsame Sprache mit der ehemaligen Führung der Aviastar finden könne. Aber auch Poljakov zeigte sich in einem Interview verärgert über die jungen Investoren. „Die neuen Geschäftsleute sind noch zu jung, um die Zusammenhänge zu begreifen."[664]

Welche Zusammenhänge waren dies?

---

662 Aleksander Savost'janov, Pressesekretär der Aviastar-SP (HNS), erklärte: „Eine Hälfte des Vorstandes der Tupolev war für das Einschalten eines strategischen Investors (HNS), die andere Hälfte baute ausschließlich auf die Unterstützung des Staates. Es herrscht in der Luftfahrtindustrie ein starkes Clansystem, und wir sind neu in diesem System." Vgl. Maksimov/Egorova/Kozurev, Novitschku ne vezet, 2001.

663 Vgl. Gavrilova, Esli zavtra vstanet Aviastar, 2001.

664 Vgl. Gavrilova, Esli zavtra vstanet Aviastar, 2001.

Amtsmissbrauch und die Handlungspassivität der Status-quo-Netzwerke der OAO Tupolev

Die jungen Investoren waren nicht davon ausgegangen, dass ihr Vertragspartner, der Vorstandsvorsitzende der OAO Tupolev, mit der Unterschrift unter den Investitionsvertrag seine internen Kompetenzen überschritten hatte. Im Aufsichtsrat der OAO Tupolev hatten die Vertreter der RAKA sowie die Administration im April 2002 die HNS zwar ursprünglich unterstützt. Trotzdem war der Vorstandsvorsitzende Poljakov – sicherlich berechtigt – davon ausgegangen, dass er für die HNS-Investition nicht die volle Rückendeckung des Aufsichtsrates und des Vorstandes bekommen würde. Die Akteure des Aufsichtsrates und des Vorstandes waren entweder in andere Netzwerke eingebunden oder nahmen ihre Ämter bei der Tupolev für eine gegenseitige Kontrolle bzw. für die Aufrechterhaltung eines Status quo wahr. „Der Vorstand der OAO ‚Tupolev' ist einfach impotent. Mit seiner Tatenlosigkeit hat er jedwede Aktivität im Tupolev-Sektor der zivilen Luftfahrt blockiert."[665]

Daraufhin hatte er weitgehend eigenständig mit Unterstützung der Hälfte des Aufsichtsrates den Investitionsvertrag mit der HNS abgeschlossen.[666] Die Gegner des HNS-Engagements führten später an, dass der Aufsichtsrat der Tupolev-Holding für die Ernennung eines neuen Generaldirektors der ZAO Aviastar-SP sowie für die geplante Durchführung einer Neuemission seine Zustimmung hätte geben müssen. Auch wenn Poljakov diese Punkte widerlegen konnte, lag hierin ein Angriffspunkt, um die Investitionsvereinbarung rechtlich anzugreifen.[667] Ein Mitarbeiter der RAKA, Vjatschslav Michajlitschenko, erklärte: „Dieser Vertrag wäre vielleicht rechtmäßig, wenn ihn nicht allein der Präsident der ‚Tupolev', Aleksander Poljakov, unterschrieben hätte."[668]

Verwunderlich ist allerdings, dass der Vertrag mit der HNS vom Aufsichtsrat der ZAO Aviastar-SP bestätigt worden war. In dem Aufsichtsrat saßen

---

665 Vgl. Interview Poljakov, 2001 (Juli). Kurz zuvor hatte der Premierminister Kasjanov Poljakov des eigenmächtigen Handelns beschuldigt. Poljakov verteidigte sich hier in einem Interview mit der Zeitung „Vedomosti".

666 Vgl. Interview Poljakov, 2001 (Juli).

667 Vgl. Kaz, Mylovary rvtsja v nebo, 2001.

668 Zitiert in: Kaz, Mylovary rvtsja v nebo, 2001.

nicht nur die Vertreter der RAKA und der Administration, sondern auch verschiedene Vertreter der OAO Tupolev sowie der Ministerien (Ministerium für Vermögen, Ministerium für Transport, Ministerium für Verteidigung). Sie hatten soweit keinen Widerspruch angekündigt.

Die Gründe für den Seitenwechsel der Administration

Auch den plötzlichen Verhaltenswechsel der Administration konnten sich die jungen Investoren nicht erklären. Nach der Auffassung der HNS hatte sie die persönliche Zustimmung des Gouverneurs. Zudem hatte sie ihrerseits die Bedingungen für die Zustimmung zur Investitionsvereinbarung erfüllt: Sie hatte angefangen den Flugzeugbetrieb zu restrukturieren und Gelder zu investieren. Gleichzeitig hatte sie unmittelbar nach ihrer Wahl damit begonnen, die Aviastar-Schulden gegenüber der Administration zu tilgen, was insbesondere für den Gouverneur Schamanov ein wichtiger Punkt war. Die Reorganisation der Steuern gehörte zu einer der wichtigsten Aufgabenstellungen Moskaus in dieser Phase.
Dass der Vizegouverneur Sidortschev (Moskauer Diaspora), der für die direkte administrative Kontrolle der Aviastar zuständig war, darüber hinaus eigene Forderungen an die HNS stellen konnte, hatte diese nicht in Betracht gezogen. Nach der Auffassung der Vertreter der Moskauer Diaspora aber war der Zugang zu der Region nicht selbstverständlich, sondern hätte von der HNS „bezahlt“ werden müssen. So hatten sie als Gegenleistung von der HNS als Hausherr der Rostover Mähdrescherfabrik „Rostselmasch“ eine Schenkung von 50 Mähdreschern erwartet. Da der Moskauer Diaspora auch der Agrarsektor zugeordnet war, hatten deren Vertreter gehofft, mit den Maschinen die Erwartungen der Akteure der Landwirtschaft bedienen zu können und so wiederum das alte korporative Interaktionssystem zu konsolidieren.[669]
Da sich die HNS nicht zu einer zusätzlichen informellen Gegenleistung verpflichtet fühlte, zumal das auch ihrerseits einen Amtsmissbrauch gegenüber der Rostselmasch nach sich gezogen hätten, verstießen sie gegen die „allgemeinen Spielregeln“. Die Vertreter der Gruppe der Moskauer

---

669 Vgl. o. V., Tu-204 proletaet, 2002.

Diaspora zeigten sich unzufrieden mit der HNS als Geschäfts- bzw. Kooperationspartner. Hatte sich der Vizegouverneur für Industrie, V. Sidortschev, im Frühjahr noch als Vermittler der HNS präsentiert, leistete er nun keine Unterstützung mehr.

Das Unverständnis der HNS in Bezug auf das Verhalten der Administration riefen auch die Verzögerungen bei der Änderung der regionalen Eigentumsgesetze hervor. Darüber, dass Schamanov seinem Versprechen nicht nachkam – de facto hatte er noch nicht einmal einen Antrag bei der gesetzgebenden Versammlung eingereicht –, zeigte sich die HNS irritiert. „Nun", so Mal'zev erstaunt, „erklärten uns die Vertreter der administrativen Strukturen, dass sie die Investitionsvereinbarung nicht anerkennen würden, da sie ungesetzlich sei. Dabei hatten die ‚Rosaviakosmos' und die Ul'janovsker Administration noch einige Monate zuvor dem Investitionsabkommen ihre Zustimmung und Garantie gegeben."[670]

Aktivierung der vertikalen Netzwerkbindungen des alten Investors: Bottom-up-Networking

Der entscheidendste und folgenreichste Fehler der HNS, der letztlich den Anlass für die politischen und administrativen Mechanismen zur Herausdrängung der jungen Investoren aus den Aviastarstrukturen darstellte, war die Androhung, den Vertrag mit Kamel zu kündigen. Jetzt wurden die zentralstaatlichen Akteure über ein Bottom-up-Networking aktiviert und instrumentalisiert, um über eine hierarchische Regelung die HNS aus den Aviastarstrukturen hinauszudrängen.

Nach Auffassung Poljakows „machen die jungen ‚Hausherren' etwas, was die vorherige Leitung beschlossen hatte, nicht offenzulegen. Und zwar hatte sie es deshalb beschlossen, weil Kamel sehr großen Einfluss auf die russischen Regierung hat."[671] Poljakov hatte versucht, die jungen Manager von der angedrohen Vertragskündigung abzuhalten, aber die Holding-Mitglieder schienen zu diesem Zeitpunkt verärgert über diese Art administrativer und politischer Bevormundung und nahmen ihren Schritt nicht zurück.

---

670 Vgl. Interview mit Mal'zev, 2001(September).

671 Vgl. Gavrilova, Esli zavtra vstanet Aviastar, 2001.

Nach Einschätzung von Poljakov war es der Einfluss Kamels auf die Akteure, u. a. auf der Regierungsebene, der hinter dem Bruch mit der HNS stand: „Der Kopf der ‚Kato Aromatik' ist Ibrahim Kamel. Er arbeitet schon 30 Jahre mit unserem Land zusammen. Er weiß sehr gut, wie man sich und seine Sache vor den Moskauer Beamten verkaufen muss und wie man sie kauft. Für ein Beispiel muss man gar nicht weit gehen: Um zum Premierminister Kasjanov zu kommen, brauchte die Flugzeugindustrie viele Monate. Kamel hingegen traf Kasjanov nach nur einigen Stunden. Wie sich herausstellte, lobbyierte Kamel über seine Freunde in Moskau die Entscheidung über die Absetzung der neuen Führung der ‚Aviastar' unter Valeri Mal'zev."[672]

Einbindung in strategische Verhandlungen mit China

Vor dem Hintergrund der Kündigungsandrohung seines Investitionsvertrages durch die jungen Investoren war Kamel nun bemüht, sein „altes" politisches Kapital zu aktivieren, Dabei war es ihm gelungen seinen betriebswirtschaftlich fragwürdigen Vertrag in die internationalen politischen Verhandlungen der russischen Regierung mit China und dem Nahen Osten einzubinden. Bei diesen Interaktionen wurde vor allem der Zugang der russischen Industrie (Rüstungs- und Automobilindustrie, Öl- und Aluminiumindustrien) zu den Exportmärkten verhandelt.

Eine Schlüsselrolle in diesem Kontext kam ab 1998 I. Klebanov zu, der als Leiter der „Kommission für rüstungstechnische Zusammenarbeit VTS" (maßgebend für die Förderung des Waffenexports) sowie als Vizepremier der russischen Regierung und Aufsichtsratsvorsitzender einer Reihe von wichtigen Großbetrieben für die Förderung der hier betroffenen Industriezweige verantwortlich war. In diesen Funktionen war auch Klebanov sehr an einer engen Zusammenarbeit mit Ägypten gelegen. Bei seinem Amtsantritt als Vizepremier hatte er öffentlich versprochen, sein Land bis 2001

672 Vgl. o. V., Igra sud'boj Aviastara, 2001, S. 4.

wieder auf den zweiten Platz der Waffenexporteure zu bringen. Ägypten[673] und insbesondere China konnte ihm dabei helfen.

Im Sommer 2001 reiste Putin nach China, um einen Freundschaftsvertrag zwischen China und Russland abzuschließen.[674] Nach Medienberichten wurde in diesem Zusammenhang eine „Kommission für rüstungstechnische Zusammenarbeit zwischen China und Russland" gegründet, die auf russischer Seite von I. Klebanov geleitet wurde.[675] Im September kam der Vorsitzende des Staatsrates der Volksrepublik China, Zhu Rongji, nach Moskau, um mit Putin die Realisierung des Vertrages zu erörtern. Neben Rohstofflieferungen, einer wissenschaftlich-technischen und rüstungstechnischen Zusammenarbeit sowie Öllieferungen der Firma Jukos und dem Bau einer Ölleitung mit den Firmen „Lukoil" und „Surgutneftegaz" wurde in diesen Gesprächen auch über den Kauf von Tupolev-Maschinen über Kamels Sirocco Aerospace verhandelt.[676] Tatsache ist, dass ein Vertrag über die mögliche Lieferung von fünf Tu-204-120 S (Cargo) unterschrieben sowie ein Auftragsvolumen von 500 Mio. $ in Aussicht gestellt wurde.[677]

Bereits im Juni 2001 war im Zusammenhang mit den Vorbereitungen zur Chinareise Putins die politische Unterstützung des Kamel-Vertrages abzu-

---

673 Vgl. Sermirjaga, Vorona dlja oboronschtschika, 2002. Seit einigen Jahren hatte man mit dem Wiederaufbau der Waffenexporte u. a. in den Nahen Osten begonnen, wobei man in Ägypten auf Modernisierungsaufträge für die alten sowjetischen Raketensysteme hoffte. Vgl. o. V., Klebanov obsudit v Kaire, 2003.

674 Im Juli 2001 war Putin nach China gereist, um mit dem chinesischen Staatspräsidenten Jiang Zemin den „Chinesisch-russischen Vertrag über konstruktive Partnerschaft" zu unterzeichnen. Offizielle Schwerpunkte waren der Austausch in den Bereichen Kultur, Bildung, Wissenschaft und Forschung, Medien, Recht und internationale Angelegenheiten.Vgl. Bin, Putin's Partners in Beijing, 2003.

675 Hierbei wurden über umfangreiche Waffenlieferungsaufträge sowie den Export von Aluminium (davon profitierte der zweitgrößte Aluminiumhersteller der Welt „Rossiskij Aluminium) gesprochen. Im Jahr 2002 verhandelten beide Seiten konkret über Waffenlieferungen, die China mit einem Anteil von 70 % am gesamten Waffenexport zum größten Kunden der russischen Rüstungsindustrie machen sollte. Vgl. o. V., Michailu Kas'janovu uzok assortiment kitajskogo eksporta, 2002; Stoljarov, Aviakor nugno sokratit', 2003; o. V., Russkij Aljuminij, 2003.

676 Vgl. Arabaev, Tschgu Gunzy govorit o Trube, 2001; o. V., Tovarooborot megdu Rossij i Kitaiem, 2001.

677 Vgl. Arabaev, Tschgu Gunzy govorit o Trube, 2001.

sehen. Dem konnten die jungen Investoren mit ihren langfristigen betriebswirtschaftlichen Restrukturierungsplänen nichts entgegensetzen. Vor dem Hintergrund der Patronage Kamels durch den Vizepremier Klebanov wird auch deutlich, warum die ihm nachgeordnete Behörde ihre Zusage zum HNS-Geschäft schnell in eine Absage verwandelt hatte.[678]

6.4.5 Neues Inter-Netzwerkbündnis und seine vertikalen Interaktionsformen

Auch der Seitenwechsel der Administration gegen die HNS und für den ägyptischen Investor ist als Folge der politischen Netzwerkaktivitäten Kamels zu bewerten.[679] Die Verhandlungen mit China wurden von einem weiteren Netzwerkakteur hinter der Administration genau beobachtet. Das war die Gruppe der Regisseure. Mit dem vom Staat politisch unterstützten Investitionsengagement Kamels versprachen reale Finanzströme in Millionenhöhe durch den Betrieb zu fließen. Im Sommer kam die Gruppe auf den ägyptischen Geschäftsmann zu. Gemeinsam mit einem neuen Akteur, der Leasinggesellschaft Lider mit ihrem Präsidenten I. Leiko, entstand ein korporatives Inter-Netzwerkbündnis.[680]

Ihr erstes gemeinsames Ziel war es, die HNS sowie die Gruppe Poljakov aus den Aviastarstrukturen zu verdrängen. Dieses Ziel konnte sie nun gemeinsam über verschiedene vertikale Verbindungen erreichen. Über das politische Kapital Dr. I. Kamels wurde die Patronage des Kamelprojektes an höchster Stelle gesichert. Nun musste die Regierung nur noch davon überzeugt werden, dass die HNS mit ihren Neuverhandlungen zu den Vertragsbedingungen eine Bedrohung für das Leasingunternehmen darstellte. Dabei war man sehr bemüht, diese Verbindungen und Interessen nicht offenzulegen, und suchte nach einem formellen Mechanismus, um den Rückzug der jungen Investoren sicherzustellen. Der Ansatzpunkt war die Holding OAO Tupolev.

---

678 Vgl. Kaz, Mylovary rvtsja v nebo, 2002; Radzievskij, Pervym delom samolety, 2002.

679 Vgl. Interview mit Poljakov, 2001 (Dezember), S. 1, 4; Interview mit Novgorodzev, 2002.

680 Vgl. VPK-IA: Pologenie predprijatijtij VPK – Ul'janovskaja Oblast', 2001.

Bottom-up-Networking: Aktivierung und Instrumentalisierung der staatlichen, hierarchischen Kontroll- und Steuerungsmechanismen

An diesem Punkt wurde der neue Netzwerkpartner Kamels, die Gruppe der Regisseure aus der Ul'janovsker Administration, die ebenfalls über Kontakte zur den Regierungsstrukturen verfügte, aktiv. Im Mittelpunkt standen dabei nicht die Kontakte des Regisseurs Nikita Michalkov, sondern die persönlichen Beziehungen des Netzwerkmitglieds und Beraters Schamanovs, M. Mirimski, zum stellvertretenden Minister für Vermögen, Nikolaj Gusev.[681] Eine naheliegende Verbindung, zumal das Ministerium im Aufsichtsrat der OAO Tupolev vertreten war. Die Brückenbindung zwischen der Gruppe der Regisseure und dem Ministerium wies dabei einen hohen Integrationsgrad auf, da die Akteure in einem Interaktionssystem verbunden waren, das sich durch eine breite geschäftliche und familiäre Interaktionsform auszeichnete. So arbeitete ein Sohn des Vermögensministers, Aleksander Gusev, in der Gesellschaft, die von der Tochter Mirimskis, Olga, geleitet wurde. Der jüngere Sohn des Ministers wiederum arbeitete eng mit einem Partner Mirimskis zusammen, Aleksander Golubovitsch. Dieser war Generaldirektor des Unternehmens „Russkie Investory", das in den letzten Jahren ein verzweigtes Beteiligungsnetz an Unternehmen aufgebaut hatte, in deren Aufsichtsrat wiederum Gusev als stellvertretender Vermögensminister saß.[682]

Dieses persönliche, vertikale Interaktionspotenzial wurde jetzt von der Gruppe aktiviert. So war es nicht der Leiter der RAKA und oberster Vertreter staatlicher Interessen bei der Aviastar oder ein Vertreter der anderen Ministerien in den Organen der Aviastar, sondern der stellvertretende Vermögensminister, der die Regierung und die hierarchischen Einflussmechanismen aktivierte, um den Rückzug der HNS aus der ZAO Aviastar-SP zu bewirken. So hatte sich der Minister, erst kurz nachdem die HNS dem ägyptischen Investor mit der Beendung des Investitionsvertrages gedroht hatte,

---

681 Vgl. Polenov, Kapkan dlja natschal'nika genschtaba, 2002.

682 Vgl. Polenov, Kapkan dlja natschal'nika genschtaba, 2002. Zu biographischen Daten von Gusev, Nikolaj Anatol'evitsch siehe o. V., Izbran novyj sovet direktorov Permskie Motory, 2001; ebenso Webseite der RKK „Energija" (Stand 2003).

an seine Kontroll- und Informationspflichten gegenüber seinen Vorgesetzten erinnert. In einem persönlichen Brief hatte er Klebanov darauf aufmerksam gemacht, dass durch die Investitionsvereinbarung mit der HNS und der Übergabe des Aktienpaketes von der OAO Aviastar an die Investoren der Staat seine Kontrolle über den Flugzeugproduzenten verlöre. Viele wichtige Entscheidungen über die Aviastar-SP bräuchten eine Mehrheit von 75 Prozent. Als Eigentümer der Sperrminorität könnte der fremde Investor HNS diese Entscheidungen mitbestimmen oder blockieren. Als Lösung schlug Gusev dem Vizepremier vor, „unverzüglich alle Maßnahmen zu ergreifen, um die Position der OAO ‚Tupolev' am Stammkapital der ZAO Aviastar-SP wiederherzustellen sowie die OAO ‚Tupolev' durch die Kräfte des Föderalen Sicherheitsdienstes (FSB) und der Steuerpolizei (FSNP) zu überprüfen."[683] Vizepremier Klebanov reagierte prompt auf das Schreiben und wies das Ministerium für Vermögen, das Ministerium für Industrie und Wissenschaft sowie die Behörde „Rosaviakosmos" an, „alle Möglichkeiten ausschöpfender Maßnahmen auszuarbeiten und zu ergreifen, auf welche Weise die vom Staat kontrollierte OAO ‚Tupolev' ihre Kontrolle über die ZAO Aviastar-SP sichern kann".[684]

Aleksander Dondukov, Minister für Industrie und Wissenschaft, schlug Klebanov vor, die staatliche Kontrolle über die Veränderung der Zusammensetzung des Vorstandes der OAO Tupolev zu erreichen. Diesen Vorschlag aus dem Industrieministerium aufgreifend, wies Premierminister Kasjanov den Vermögensminister schriftlich an, die Anzahl der Mitglieder des Aufsichtsrates schlicht von fünfzehn auf zwölf zu senken. Damit waren von den zwölf Mitgliedern acht Staatsvertreter – darunter auch Gusev. Durch eine einfache Satzungsänderung konnte damit die vollständige staatliche Kontrolle über den Aufsichtsrat hergestellt werden. Dass Kasjanov gleichzeitig

683 Vgl. o. V., Novitschku ne vezet, 2001; Kaschinskij, Na Aviastar napravjat FSB i nalogovuju poliziju, 2001; o. V., Zatschem drugit' s vlast'ju, 2001.

684 Vgl. o. V., Novitschku ne vezet, 2001.

die Umschreibung der offiziellen juristischen Adresse von Moskau auf Ul'janovsk empfahl, sei nur am Rande erwähnt.[685]
Die Gruppe Poljakov gehörte zu den Verlierern der neuen Aufstellungen im Management der OAO Tupolev. Poljakov musste seinen Vorstandsvorsitz an den Tupolever I. Schevtschuk abgeben und wurde zum zweiten Vizepräsident ernannt, neben V. Aleksandrov (Generaldirektor des Konstruktionsbüros).[686] Zu den Gewinnern gehörten die Strukturen Kamels. Auch wenn er nicht selbst im Aufsichtsrat saß, wurde sein Vorhaben sowohl von den staatlichen Vertretern unterstützt als auch von seinen Netzwerkpartnern aus den Strukturen der „Gosinkor"- und der Guta-Bank-Institutionen,[687] dem KB Tupolev in Person des Generaldirektors[688] und vor allem von seinem Netzwerkpartner aus der Aviastar, dem ehemaligen Generaldirektor der OAO Aviastar, Viktor Michailov. [689]
In dem im November 2001 neu gewählten Aufsichtsrat der OAO Aviastar hatten sich dann die Vertreter der neuen Internetzwerk-Kooperation aus den Strukturen Kamels, dem Netzwerk aus der Ul'janovsker Administration (Gruppe der Regisseure) sowie dem neuen Investor, der Leasinggesellschaft Lider, fest institutionalisiert.

---

685 Vgl. o. V., Novitschku ne vezet, 2001. Mit der Verlegung des Sitzes in die Provinz flossen die Zahlung der Steuern und Gebühren der Holding an die Provinz Ul'janovsk. Da die Stadt Ul'janovsk nicht mehr im neuen Aufsichtsrat vertreten war, könnte diese Maßnahme als Gegenleistung verhandelt worden sein.

686 Vgl. Radzievskij, Pervym delom samolety, 2002.

687 Vgl. Maksimov, Ten' piramid nad Aviastar, 2001. Dies waren Denis Manturov, V. Tschernov und A. Romanov.

688 Igor Schevtschuk (KB Tupolev).

689 Vgl. Titov, Otscherednaja revoluzija na Aviastare, 2002.

6.5 Unternehmensebene – Interaktionsformen und Akteure: Das Scheitern einer Restrukturierung über dezentrale Netzwerksysteme

6.5.1 Ein Rat der Unbekannten: der neue Aufsichtsrat der OAO Aviastar

Im neuen Aufsichtsrat der OAO Aviastar war die Administration mit drei Sitzen (vertreten waren die „Berater" des Gouverneurs, Mirimski und Piorunski, sowie der Vizegouverneur V. Zarjev als Vertreter der Gruppe des Samarer Energiekomplexes) und die Gruppe Kamel mit vier direkten Interessenvertretern (aus der Sirocco und der Gosinkor-Guta-Bank sowie der ehemalige Generaldirektor der Aviastar Viktor Michailov) vertreten. Als dritte Akteursgruppe im neuen Aufsichtsrat der OAO Aviastar hatte sich der Kooperationspartner, die Leasinggruppe „Lider", mit drei Akteuren etabliert. Die Gruppe Lider wurde von der Ul'janovsker Administration unterstützt, insbesondere von den beiden Vertretern aus der Gruppe der Regisseure. Alle drei Gruppen schienen in dem Ziel vereint, zuerst die HNS und dann die Gruppe Poljakov aus den Aviastar-Strukturen zu verdrängen. In Anbetracht ihrer geringen Aktienbeteiligung stellte sich eine Kooperation der drei Netzwerke schon deshalb als eine Notwendigkeit dar, da keiner der Akteure zu dem Zeitpunkt über eine ausreichend große Beteiligung verfügte, um im Alleingang die Mehrheit im Aufsichtsrat zu stellen und die Wahl des Generaldirektors bestimmen zu können.[690]

Bei der ersten Aufsichtsratsversammlung im November 2001 hatte die Netzwerkkooperation den unbekannten und von der Staatsanwaltschaft

---

690 Die Gruppe Lider hielt zu diesem Zeitpunkt 6,7 % und der Ul'janovsker Vermögensfonds (FIUO) 6 bis 12 % (hier schwanken die Angaben). Damit kontrollierten diese beiden Akteure zusammen zwischen 12,7 und 18,7 %. Die Sirocco Aerospace hielt maximal 18 % der Aktien der OAO Aviastar. Rechnet man die 10,5 % der Pisevole, die zu den Gosinkor-Gutabank-Strukturen gehörte, dazu, kommt dieses Netzwerk auf 41,2 bis 47,2 %. Die Gruppe Poljakov" kontrollierte direkt und indirekt (bzw. als persönliche Aktionäre oder als Vertertung ihrer Gesellschaften) 20 bis 27 % des Mutterunternehmens und damit mehr als die jeweils anderen Großaktionäre.

gesuchten I. Ponomarenko zum Generaldirektor der Aviastar-Mutter gewählt.[691] Ponomarenko hatte für die Netzwerkkooperation im Aufsichtsrat der OAO Aviastar die Funktion eines Strohmanns übernommen. Auffallend ist, dass die Netzwerkakteure aller Maßnahmen ergriffen hatten, um Rückschlüsse auf sich und ihre Verbindungen zueinander zu erschweren. Bis auf den ehemaligen Generaldirektor V. Michailov und den Vizegouverneur für Energie waren zu diesem Zeitpunkt alle Aufsichtsratsmitglieder in der Ul'janovsker Öffentlichkeit und auch in der Belegschaft des Betriebes weitgehend unbekannt. Einberufen worden war die Aktionärsversammlung, auf welcher der Aufsichtsrat gewählt wurde, durch eine bislang unbekannte zyprische Gesellschaft namens „Piosevole Holding Ltd.".[692]

Gruppe Poljakov entzieht dem neuen Management der OAO Aviastar den Zugriff auf alle Verfügungsrechte – Instrumentalisierung des Rechts

Nach dem Ausgang der Wahl im November 2001 beschloss das alte Management der OAO Aviastar um Poljakov, alle wichtigen Aktiva direkt unter ihre Verfügung zu bringen, um einen Zugriff des neuen Managements auf jeden Fall zu vermeiden. Schon im Frühjahr hatte Poljakov alle für die Flugzeugproduktion wichtigen Aktiva – das betraf insbesondere die Aktienbeteiligungen der Aviastar-Mutter an der ZAO Aviastar (knapp 24 Prozent) und an der OAO Tupolev (44 Prozent)[693] – in die von der Gruppe Poljakov

---

691 Dieser war vormals Bürgermeister der Stadt Schachty (Rostover Oblast') gewesen und weder in Ul'janovsk noch in der Flugzeugbranche bekannt. Er war im Rostover Oblast' wegen einer Reihe von Straftaten angeklagt. Vgl. Polat, Levinski, Novaja rukirovka na Aviastar, 2002; Interview mit Gavrilova, 2002 (Januar II).

692 Diese zyprische Gesellschaft verfügte im Sommer 2001 über 10,5 % der Aktien der OAO Aviastar. Ab einem 10%igen Aktienanteil hat ein Aktionär nach dem russischen Aktienrecht (Art. 51) die Möglichkeit, eine außerordentliche Aktionärsversammlung einzuberufen.Vgl. Maksimov u. a., Novitschku ne vezet, 2001; Maksimov, Ten' piramid nad Aviastar, 2001; o. V., Vlasti Ul'janvoksoj oblasti poddergat iniziativu kipriskoj kompanii Piosevole; ebenso Polat/Levinski, Novaja rukirovka na Aviastar, 2002.

693 Dazu gehören auch die Beteiligungen am Flughafen ZAO Meschdunarodnyj Ul'janovsk Vostotschnyj, am Lackierwerk ZAO Aviastar-Spektr, am Reparaturwerke ZAO ZTO und an der RAT Aviastar-Service etc. Insgesamt war das Kapital der Inter-ANT von ursprünglich 10 000 Rubel auf 5.225.510.466 Rubel angewachsen.

kontrollierte Holding Inter-ANT eingebracht.[694] Die Mutter selber hielt aber noch 57,34 Prozent an dieser Inter-ANT. Um den Zugriff des neuen Managements auf die Aktiva über diese Beteiligung zu verhindern, wollte Poljakov nun die 57,34 Prozent auf drei Moskauer Firmen überschreiben;[695] die anderen 42,57 Prozent der Inter-ANT gehörten ohnehin der von der Gruppe Poljakov kontrollierten ALK Tupolev[696]. Nach dem für die Gruppe Poljakov nachteiligen Wahlergebnis hatte sie dazu nicht mehr die notwendigen Managementkompetenzen. Vor diesem Hintergrund hatte die Gruppe Poljakov beschlossen, eine Klage gegen den neuen, im November gewählten Aufsichtsrat einzureichen. Unterstützung erhielt Poljakov dabei von der Belegschaft der Aviastar (sie hielten zusammen über 20 Prozent der Aktien der OAO Aviastar). Den juristischen Ansatzpunkt für die Klage bot der neu gewählte Generaldirektor Ponomarenko, der in Rostov wegen einer Reihe von Straftaten angeklagt war.[697] Als Poljakov die Ul'janovsker Staatsanwaltschaft einschaltete, verschwand Ponomarenko aus Ul'janovsk. Für den 04.01.2002 wurde eine neue Wahl des Aufsichtsrates festgesetzt, sodass es im Winter 2001/02 zwei Aufsichtsräte gab.[698] Durch die Verzögerung der Legitimierung des neuen Managements konnte die

---

Auf die OAO Aviastar entfielen damit 57,43 % und auf die ALK Tupolev 42,57 % des Kapitals der Inter-ANT.

694 Schon im Dezember 2000 ging ein Teil der Aktienbeteiligungen der OAO Aviastar an die „Inter-ANT" über – nach Beschluss der Aufsichtsratssitzung vom 29.12.2000 (Protokoll Nr. 7) unter dem Generaldirektor S. Karatschov. Vgl. Aviastar-Info, Chronologija dvigenie kapitala (Stand 2002).

695 Dies waren die ZAO M-Relef, die ZAO Paradistajm und die ZAO Sal'ona. Das Vorgehen soll gegen das Aktiengesetz, Artikel 78, Absatz 3 verstoßen haben. Vgl. Aviastar-Info, Chronologija dvigenie kapitala (Stand 2002).

696 Die ALK Tupoelv ist eine Leasinggesellschaft. Sie war im April 2000 gegründet worden. Diese Gesellschaft wurde vielmehr für die „Unterbringung" eines Großteils der Vermögensgegenstände der Muttergesellschaft genutzt, einschließlich eines Teils der Aktienbeteiligungen der Muttergesellschaft an der OAO Tupolev und der ZAO Aviastar-SP.

697 Vgl. Polat/Levinski, Novaja rukirovka na Aviastar, 2002.

698 Nach dem Gesetz soll die folgende zweite Wahl zum Aufsichtsrat nicht später als 20 Tage nach der ersten gescheiterten Sitzung stattfinden. Sie braucht nur 30 % der Stimmen. Da diese gegeben waren, konnte der alte Aufsichtsrat um S. Karatschov de jure abgesetzt werden. Vgl. Polat/Levinski, Novaja rukirovka na Aviastar, 2002; o. V., Ul'janovskj aviakompleks raskololsja, 2001.

Gruppe Poljakov ihre juristischen Kompetenzen in der Zwischenzeit weiternutzen.[699] Geleitet wurde die Inter-ANT von Sergej Kartschov, der ebenfalls zu dem Team um Poljakov gehörte.[700] Damit standen die wichtigsten Zulieferbetriebe für die Flugzeugproduktion der Gruppe Poljakov zur Verfügung, während die neuen Netzwerke keinen Zugriff auf diese Werte hatten. Aufgrund einer Klage Poljakovs gegen den neuen Aufsichtsrat – offiziell ging es um den strafrechtlich gesuchten Generaldirektor Ponomarenko, inoffiziell um eine Verlängerung der Geschäftsführungskompetenzen der Gruppe Poljakov – musste der Aufsichtsrat im Januar 2002 noch einmal neu gewählt werden. Der November-Aufsichtsrat wurde dabei im Wesentlichen bestätigt. Anstelle des im November gewählten und bald darauf verschwundenen Generaldirektors Ponomarenko wurde Igor Leiko von der Leasinggruppe Lider „auf ausdrückliches Drängen von Mirimski und Piorunski"[701] zum neuen Generaldirektor der OAO Aviastar gewählt. Zum Aufsichtsratsvorsitzenden der Aviastar wurde der Berater des Gouverneurs, M. Mirimski ernannt.[702] Damit unterstand die OAO Aviastar der Kontrolle I. Leikos und der „Gruppe der Regisseure" und ihren Netzwerken. Weitere Vertreter der Administration im Aufsichtsrat, wie der Vizegouverneur des Energiekomplexes, waren aufgrund der regionalen Machtkämpfe hinter

---

699 Dies waren die ZAO M-Relef (Sinizkij, P. V.), die ZAO Paradistajm (Direktor Aksenova) und die ZAO Sal'ona (Direktor Golosaj, L. I.). Das Vorgehen soll gegen das Aktiengesetz, Artikel 78, Absatz 3 verstoßen haben. Vgl. Aviastar-Info, Chronologija dvigenie kapitala, (Stand 2002).

700 Im Oktober 2001, also kurz vor der Wahl zum neuen Aufsichtsrat der OAO Aviastar, hatte Poljakov sichergestellt, dass alle Entscheidungen, die die Holding Inter-ANT betrafen, von ihm kontrolliert werden konnten. Dafür war an der Inter-ANT ein neuer Aktionär neben der Muttergesellschaft und der ALK Tupolev beteiligt worden. Dieser war die von Poljakov direkt geführte ZAO Aviastar-M. Sie erhielt de facto nur 0,0003 % des Aktienkapitals der Inter-ANT. Da die Satzung gleichwohl eine 100%ige Zustimmung der Aktionäre bedingte, konnte er alle Entscheidungen der Gesellschaft blockieren.

701 Vgl. o. V., General Schamanov proigral, 2002; Gorelov, Simbirskij podelnik, 2002.

701 Vgl. Polat/Levinski, Novaja rukirovka na Aviastar, 2002; o. V., Uljanovskij aviakompleks raskololsja, 2001.

702 Vgl. Gorelov, Simbirskij podelnik, 2002.

702 Vgl. Polat/Levinski, Novaja rukirovka na Aviastar; o. V., Uljanovskij Aviakompleks raskololsja, 2001.

den Kulissen der Administration nicht mehr vertreten.[703] Kamel hingegen gelang es, durch aktives Lobbying bei der Ul'janovsker Administration, so Schamanov, Viktor Michailov[704] wieder als Generaldirektor der ZAO Aviastar-SP einzusetzen. Nun schien wieder alles beim Alten. Mit dem Rückzug der HNS hatte letztlich auch die Gruppe Poljakov ihren Einfluss auf die Geschäftsführung der OAO Aviastar verloren.

6.5.2 Der neue „strategische Investor" Igor Leiko: Handlungsressourcen und Handlungsorientierung

Nunmehr unterstand die Aviastar im Wesentlichen der Netzwerkoperation zwischen Kamel, dem administrativen Netzwerk „Gruppe der Regisseure" und dem neuen Investor, der Leasinggruppe Lider. In der Öffentlichkeit wurde die Leasinggesellschaft als großer und erfahrener Leasingfachmann dargestellt. Der Präsident der Leasinggesellschaft, Igor Leiko, trat nun als der neue strategische Investor in Ul'janovsk auf.

Angebot, Kompetenzen und Restrukturierungspotenzial des neuen Akteurs

Im Dezember 2001 sprach Igor Leiko in der Presse über die Aviastar-Investitionen. Demnach müssten in einer ersten Etappe 12 Mio. $ in die ZAO Aviastar-SP investiert werden, um die Produktion wieder aufnehmen zu können; in einer zweiten Etappe müssten weitere 170 Mio. $ investiert werden, um die Serienproduktion der Tu-204 zu finanzieren.[705] Im Gegensatz zu Kamel und entgegen dem offiziellen Bild der Leasinggesellschaft hatte

---

703 Ab Januar 2002 begannen die Vertreter der anderen Netzwerke, die regionale Regierung zu verlassen, woran die „Gruppe der Regisseure" maßgeblich beteiligt gewesen sein soll. Dabei wurde ihr eine mafiose Vorgehensweise vorgeworfen. Aus Protest gegen die Machenschaften und die dominierende Rolle Piorunskies, der auch weiterhin von Gouverneur Schamanov geschützt wurde, gingen noch weitere Beamte. Vgl. Chasbiev, Pust' Aviastar spacaet prezident, 2002; Zvetov, Vozduschnye boi za Aviastar, 2003; o. V., Otstavnye generaly, 2002; o. V. Simbirskij zirul'nik, 2003.

704 Mitte der 1990er Jahre hatte die Gruppe Poljakov unter Sergej Kartaschov gegen den Investitionsvertrag mit Dr. I. Kamel opponiert und Viktor Michailov als Generaldirektor abgewählt.

705 Vgl. o. V., Ul'janvoskij gubernator obsudil s bankirami, 2001; Chrennikov, Sverchsekretnaja Avrora, 2003.

der neue „Investor“ keinen Zugriff auf eigenes Finanzkapital. Vielmehr funktionierte das „Liderprojekt“ als eine Interaktionsplattform für Akteure aus den Bereichen Finanzen, Produktion und Nachfrage (Fluggesellschaften).[706] Es zeichnete sich damit durch ein hohes Integrationspotenzial aus, was gerade in Anbetracht der schwachen institutionellen Rahmenbedingungen und der schwachen Märkte ein zentraler Ansatzpunkt für die Bewältigung von Restrukturierungsaufgaben war.

Das Projekt umfasst zwei Finanzierungsaufgaben. Zum einen musste die Flugzeugproduktion vorfinanziert und zum anderen der Kauf der Flugzeuge über Leasingmechanismen finanziert werden.[707] Da die Gruppe Lider nicht über eigenes Finanzkapital verfügte, versuchte sie, die Finanzgeber über hohe Rendite- und Beteiligungsversprechen sowie niedrige Investitionsrisiken an sich zu binden – nach dem Prinzip maximale Rendite bei minimalem Risiko. Für die Finanzierung der Aviastarproduktion traten vor allem die russischen Banken auf. Es handelte sich dabei insbesondere um die Banken, die an einer Aufstockung ihrer Beteiligung in der Luftfahrtindustrie im Rahmen ihrer eigenen Netzwerke interessiert waren.[708] Wie sich später

706 Vor diesem Hintergrund war auch der Besuch der Vertreter von 18 Finanzinstitutionen zu sehen, die, einer Einladung Schamanovs folgend, bereits am 20. Dezember nach Ul'janovsk angereist kamen. Dazu gehörte die Sberbank, die Russische Bank für Entwicklung, die Vneschtorgbank, die Meschdunarodnyj Bank St. Petersburg, die Meschregionalnyj Bank und die Alpha Bank. Vgl. o. V., Aviastar naschtschupal vzletnuju polosu, 2002; o. V., Ul'janvoskij gubernator obsudil, 2001; Chrennikov, Sverchsekretnaja Avrora, 2000. Hinzu kamen der Generaldirektor der Fluggesellschaft Krasnojarskie Avialinii und der Kavminvody sowie der Generaldirektor der Tochter der amerikanischen Fondtochtergesellschaft Texas Pacific Group, der TPG-Aurora, die von von Max Scherbakov geleitet wird. Diese Akteure können zu den externen Netzwerkbindungen der Leasinggesellschaft gezählt werden. Vgl. Galischnikov, Rossii nugny takie samolety, 2001.

707 Vgl. Interview mit Andrej Tupolev, 2002 (Februar).

708 Nehmen wir als Beispiel einen Finanzgeber: die Rosbank. Sie gehörte mit zu den Partnerbanken der Gruppe Lider. Die Bank selbst war eine 100%ige Tochterbank der Potanin-Industriegruppe „Interros“. Die „Interros“ wiederum war an dem russischen Triebwerkshersteller Permskie Motory beteiligt. Da das Lider-Projekt sich nur auf die Tu-204-100 mit den Motoren des Permer Werkes (PS-96M) konzentrierte, konnte insbesondere die Permskie Motory davon profitieren. Die Interros und die OAO Permskie Motory waren gleichzeitig an der Fluggesellschaft Kavminvodavia beteiligt, die zu den offiziellen Leasingnehmern des Lider-Projektes

herausstellte, sollte die Finanzierung der Aviastarproduktion über den Kredit-gegen-Pfand-Mechanismus umgesetzt bzw. abgesichert werden. Für eine Vergabe von Aviastar-Aktien fehlten Leiko allerdings die notwendigen Kompetenzen. Auch hatte die Aviastar-Mutter den Zugriff auf den Großteil der Aktiva verloren. Den Banken hatte er die Subventionierung der Kredite versprochen; das Projekte sollte über Leasingsubventionen des Ministeriums für Transport in Höhe von 120 Mio. $ unterstützt werden. Davon sollten insbesondere die Banken in Form von verbilligten Krediten profitieren.[709] Nach Aussage des Gouverneurs sowie nach späteren Ermittlungen des Obersten Arbitragegerichtes der Russischen Föderation soll die Gruppe Lider schon bei ihrem Zugang zur Aviastar durch das Ministerium für Transport protegiert worden sein.[710]

Neben den hohen Renditen spielte auf dem russischen „Investitionsmarkt" die Kontrolle über das Investitionsprojekt und die Risikominimierung eine entscheidende Rolle. Eine notwendige Absicherung der Investitionen kann nach russischem Verständnis neben einer Beteiligung am Eigentum durch die Übernahme wichtiger Positionen in der Geschäftsführung erreicht werden. Vor diesem Hintergrund ist auch die Vertretung der Gruppe Lider im Aufsichtsrat der Aviastar-Mutter sowie die Übernahme der Geschäftsführung durch I. Leiko zu sehen. Genauso wie die Unterstützung des Projektes durch die regionale Administration gesucht wurde, um eine politische Absicherung sicherzustellen.

An der Finanzierung des Leasinggeschäftes war hingegen insbesondere die Tochter der amerikanischen Fondsgesellschaft „Texas Pacific Group" (TPG), die „TPG-Aurora", interessiert. Offiziell wurde diese Aufgabe durch die Lider-Gesellschaft ZAO „Zentrale Leasinggesellschaft für Luftfahrt"

---

gehören sollte. An dem Aviastar-Projekt interessiert war auch die Meschregional'ny Investitionyj Bank (MIB). Sie war vor allem an der russischen Rüstungsindustrie und dem Waffenexport mit dem Schwerpunkt Schiffs- und Flugzeugbau ausgerichtet. Sie arbeitete eng mit der ROSOBORONEKSPORT zusammen. Hier standen vermutlich Hoffnungen, sich an Exportgeschäften zu beteiligen, im Vordergrund. Vgl. Webseite der Meschregional'ny Investitionyj Bank (MIB) (Stand 2003). Vgl. o. V., Gruppa lizingovych kompanij Lider, 2001; ebenso Kukuschkin, Avialisingovye kompanii razduvajutsja, 2001.

709 Vgl. o. V., Novy sovet direktorov UAPK-Aviastar, 2001.

710 Vgl. Polat/Livinskyi, Novaja rukirovka na Aviastar, 2001.

(„ZALIZ") wahrgenommen.[711] Der Generaldirektor der frisch gegründeten Leasinggesellschaft ZAO ZALIZ war David Weiß.[712] Er gehörte zu den Strukturen der Investitionsgesellschaft Texas Pasific Group (TGP) - eine amerikanische Fondgesellschaft mit einem hohen Venture Capital Anteil.[713] Die Gruppe war auf dem russischen Markt über ihre Tochter TGP-Aurora an einigen Investitionsprojekten aktiv beteiligt, u. a. auch im Lufttransport.[714] Die TGP-Aurora befand sich zu dieser Zeit in Verhandlungen mit der „Krasnojarskie Avialinii" und der „Kavminvody".[715] Über die Finanzierung der Lider-Leasingprojekte hoffte die TPG in diesem Sektor Fuß zu fassen. Bei dem Besuch der Finanzinstitutionen in Ul'janovsk waren sowohl die TPG-Tochter sowie die Fluggesellschaften vertreten.

Formelle und informelle Interaktionsschwächen

So groß das Kooperationspotenzial des Lider-Projektes war, so wies dieses doch einige maßgebliche Schwächen auf. Eine lag in der relativ schwachen strukturellen und qualitativen Integrationsintensität der Interaktionsformen. Die strukturellen Integrationsschwächen zeigten sich deutlich in der Unternehmensstruktur der Gesellschaft. So interagierten beispielsweise die Akteure der Leasingfinanzierung und die russischen Fluggesellschaften nicht direkt miteinander, sondern über Joint-Venture-Konstrukte zwischen unabhängigen Unternehmen der Gruppe Lider und neu gegründeten Gesellschaften der beteiligten Banken. Die Leasinggesellschaft war

711 Vgl. Interview Andrej Tupolev, 2002 (Februar).

712 Vgl. Interview Andrej Tupolev, 2002 (Februar).

713 Der Fond verwaltete 13 Mrd. Dollar. Vgl. Interview Andrej Tupolev, 2002 (Februar); o. V., Texas Pacific Group Company Profile, 2004; o. V., Venture Capital Information Network: Texas Pacific Group, 2006.

714 Im Jahr 2000 akquirierte sie beispielsweise Mehrheitsbeteiligungen an den russischen Medien (NTV, TV-6, Russkoj Media Group, Echo Moskvy). Ihr Engagement war durch eine Reihe von Skandalen begleitet worden. Die Gruppe kooperierte mit den sogenannten Petersburger-Tscherkisten um den Schattenoligarch Sergej Pugatschev und Leiter der Megprombank. Vgl. Rjabov, Beresovskiej i Koch protiv Gusinskogo, 2002; o. V., Neskutschnye biznes, 2002; Chrennikov, Sverchsekretnaja Avrora, 2000.

715 Vgl. o. V., Neskutschnye biznes, 2002; Chrennikov, Sverchsekretnaja Avrora, 2000.

also nicht eine organische Holding-Struktur mit Mutter-Tochter-Beziehungen, sondern eine Ansammlung von jungen Joint-Venture-Konstrukten. Zudem verfügten diese Joint-Venture-Unternehmen über fast kein eigenes Haftungskapital, und da sie unabhängig waren, konnte bei Zahlungsunfähigkeit auch keine Muttergesellschaft haftbar gemacht werden.[716] Betrachten wir die Bilanzen, so wird ersichtlich, dass das Stamm- und Haftungskapital selbst der konsolidierten Bilanz der Gruppe Lider nicht mehr als 35 000 $ umfasste.[717] Auch die für die Finanzierung des Leasinggeschäfts zuständige geschlossene Aktiengesellschaft ZAO „Zentrale Leasinggesellschaft für Luftfahrt" (ZALIZ)[718] verfügte über ein Haftungskapital von nicht mehr als 280 $ (8 400 Rubel). Sie war erst kurz vor dem Aviastar-Engagement der Gruppe Lider im Jahr 2001 als Mitglied der Assoziation gegründet worden.[719] Hieraus wird deutlich, dass sich die Finanzgeber und die Firmen der Leasinggesellschaft Lider (aufgrund der losen Joint-Venture-Konstruktion und des niedrigen Haftungskapitals) jederzeit ohne großes Risiko wieder zurückziehen konnten. Die Gruppe Lider war also vielmehr eine Plattform für die Koordination von Interessen, aber keine solide Finanzinstitution. Auch vertraglich waren die Akteure nicht weiter an das Projekt gebunden. Dieses Interaktionssystem implizierte zudem hohe Vernetzungseffekte, die mit den Unternehmenszielen der Aviastar konfligieren konnten. Ein denkbarer Fall war, dass die Finanzinstitutionen über Leiko einen preiswerten Zugriff auf die Flugzeuge der Aviastar zu erreichen versuchten – um ihre Renditeerwartungen zu bedienen oder aus Sicherheitsgründen Ansprüche auf die Aktiva der Aviastar zu stellen. Hieran wird deutlich, dass das Gelingen des Leasingkonzeptes ganz entscheidend von der Person I. Leiko und seinen Kompetenzen abhing. De facto liefen alle Verbindungen zwischen den Akteuren, angefangen bei den heimischen und ausländischen Banken bis hin zu den Fluggesellschaften, über I. Leiko. Auch die Interaktion mit

716 Vgl. Webseite der Leasinggruppe Lider (Stand 2004).
717 Vgl. Webseite der Leasinggruppe Lider (Stand 2004).
718 Vgl. Interview Andrej Tupolev, 2002 (Februar).
719 Lizenznummer 0170, 1. Juli 2001. Zeitgleich wechselten die OAO Tupolev und die OAO Aviastar auf der Webseite der Gruppe von der Rubrik „Produzenten" zur Rubrik „Strategische Partner"; vgl. o. V., Aviazavod ne soglasen, 2002.

der Aviastar selber lief vor allem über Leiko als Generaldirektor der Aviastar-Mutter.

Kompetenzen I. Leikos

Die Stärke des Präsidenten der Leasinggesellschaft Lider lag vor allem in seinen sehr breiten, umfangreichen Kontakten zu der russischen Geschäftswelt, insbesondere den Banken. So saß I. Leiko den beiden größten russischen Bankenverbänden als Präsident vor[720] und war Mitglied des informellen Vereins der Topmanager („Klub-2015"). Bei diesen Verbindungen handelte es sich um relativ lose instrumentelle Verbindungen mit nur schwachen persönlichen Interaktionsqualitäten, abgesehen von der Samarer Inkombankstrukturen – hier hatte Leiko seine Karriere begonnen.[721] Die fachliche Kompetenz für die Durchführung von Leasinggeschäften in der Größenordnung der Aviastar ist schwierig zu beurteilen. Seine Leasingerfahrungen beschränkten sich bislang auf die Finanzierung der Modernisierung von Tu-154-Maschinen in zudem sehr geringem Umfang.[722] Im Jahr 2001 versuchte Leiko mit dem Aviastar-Leasingprojekt den großen Sprung in den lukrativeren Markt der großen Lufttransporter. Zu diesem Zeitpunkt erreichte der Umsatz der konsolidierten Bilanz der Gruppe Lider zum Bilanzstichtag 30.06.2001 lediglich 11,5 Mio. $.[723] Der Leasingvertrag einer einzigen Tu-204 würde den Umsatz um 25 Mio. $, d. h. um mehr als 200 Prozent steigern. Damit wird deutlich, dass Leiko nicht als fachliche Autorität auf diesem Gebiet gelten konnte und das Aviastar-Projekt für ihn eine Herausforderung war.

Komplizierte Integrationssysteme mit vielen Versprechen und wenig Vertrauen

Dementsprechend basierte die Interaktion des Projektes vor allem auf dem Vertrauen der anderen Mitglieder dieses Interaktionssystems darauf, dass Leiko seine großen Versprechen auch einhalten würde. Als die Lider-

720 Das war die Assoziation der Russischen Banken (ARB) sowie der Moskauer Bankenverband (MBS).

721 Vgl. Zvetov, Vosduschnye boi za Aviastar, 2003.

722 Vgl. Stoljarob, Aviakor nugno sokratit', 1998.

723 Vgl. Webseite der Leasinggruppe Lider (Stand 2004).

Gruppe im Dezember 2002 den Leasingtender verlor und damit auch die versprochene Subventionierung der Kredite ausfiel, war das Vertrauen entsprechend angegriffen.[724] Damit drohten sich die Rendite des Aviastar-Projektes der russischen Banken entsprechend zu verringern.
Während sein vertikales Interaktionspotenzial und sein politisches Kapital auf zentralstaatlicher Ebene als eher schwach zu beurteilen ist, hatte Leiko es geschafft, zu den Akteuren der regionalen Administration ein enges korporatives Netzwerk aufzubauen. Unabhängig von der formellen Investitionsvereinbarung mit dem Gouverneur, in welcher er versprach, über den Staat 150 Mio. $ in das Werk zu lenken, bestand zu dem dominanten Netzwerk hinter der Ul'janovsker Administration, dem der „Gruppe der Regisseure", eine Verbindung, die weit über eine instrumentelle Interaktion hinausging. Allerdings stellte die Gruppe auch konkrete Forderungen an Leiko bei seinem Engagement für die Aviastar.

Restrukturierungspotenzial

De facto handelte es sich bei dem Lider-Projekt nicht um ein gesamtbetriebliches Restrukturierungsprojekt, sondern um die Vorfinanzierung eines Handelsgeschäftes. Das Projekt war durch hohe Vernetzungseffekte belastet. Die Handlungsfähigkeit der Leasinggesellschaft war durch das sehr niedrige Integrationspotenzial der Organisationsstrukturen eingeschränkt und konnte kaum von den persönlichen Integrationsqualitäten des Präsidenten der Gesellschaft über Vertrauen und Fachkompetenz kompensiert werden. In Anbetracht der Doppelfunktion Leikos als Präsident der Gruppe Lider und als Generaldirektor der Aviastar bestand die Gefahr, dass er seine Kompetenzen zum Nachteil der Aviastar nutzen könnte, zumal ein Interessenkonflikt zwischen den Zielgrößen beider Gesellschaften bestand.

---

724 Entgegen der Erwartungen war der Tender nicht über das Ministerium für Transport, sondern über das Ministerium für Wirtschaft organisiert worden. Vgl. o. V., Gruppa lizingovych kompanij Lider, 2001; ebenso Kukuschkin, Avialisingovye kompanii razduvajutsja, 2001.

6.5.3 Konflikte innerhalb des Netzwerkbündnisses: „Alle gegen Alle“

Wie schon beschrieben, stand die Aviastar ab Januar 2002 unter der Führung von I. Leikos als Generaldirektor und A. Mirimskis als Aufsichtsratsvorsitzender und dabei Vertreter der Administration, die zur Gruppe der „Regisseure“ gerechnet wird. Auf seiner ersten Pressekonferenz als Generaldirektor im Februar 2002 erklärte Igor Leiko, wie er den Komplex aus der Krise zu führen beabsichtigte. Dabei standen nicht gesamtbetriebliche Konzepte, die Verschuldung oder Restrukturierungsprobleme im Vordergrund, sondern die Rückführung der aus der Muttergesellschaft ausgegründeten Aktiva sowie die Unterstützung des Kamelprojektes. Im Gegensatz zur HNS schienen dem neuen Management die Bedingungen des Kamel-Vertrages betriebswirtschaftlich unbedenklich. Vielmehr sprach er dem ägyptischen Investor sein besonderes Vertrauen aus: „Das sind professionelle Strukturen, die auf den Exportmärkten arbeiten und sich auf den Verkauf der Tu-204 spezialisiert haben. Ich sehe eine potenzielle Zusammenarbeit mit Sirocco Aerospace International.“[725] Darüber hinaus werde sich der Komplex selber tragen. Von den großen Investitionen war nun keine Rede mehr.[726]

Die beiden strategischen Kooperationspartner hatten sich das Handelsgeschäft mit der Tupolev untereinander nach dem Prinzip „divide et impera“ aufgeteilt. Demnach sollte

1. das Auslandsgeschäft, d. h., der Export der Tu-204-120 (RR-Motoren), exklusiv Kamel überlassen bleiben, während
2. das Inlandsgeschäft mit der Tu-204 (mit Triebwerken von Permskie Motory) der Gruppe Lider und ihren Leasingstrukturen zugesprochen wurde.

725 Vgl. Korolev, Znaju, kak podmjat' Aviastar, 2005.

726 Eine staatliche Unterstützung sei nur für den Anfang nötig, für die „Restrukturierung der Schulden“ und die Kompensation der Kreditzinsen. Wenn diese Aufgaben gelöst würden, könnte sich, so Leiko, der Betrieb selbst tragen. Vgl. Korolev, Znaju, kak podmjat' Aviastar, 2005; ebenso Gavrilova, Aviakompleksu ne nuzny dopolnitel'nye den'gi, 2002.

6.5.3.1 Konfliktpotenziale des Bündnisses

Mit offiziellen Verlautbarungen ihrer gegenseitigen Unterstützung im Januar endete die Kooperation. Weder das Leasingprojekt noch das Kamel-Projekt sollten durchgeführt werden. Vielmehr blockierten sich beide Netzwerkgruppen gegenseitig vollständig und führten so letztlich den Betrieb in den Insolvenzprozess. Dafür gab es mehrere Gründe:

1. Die Interaktion zwischen den Netzwerken selber war schwach ausgebildet. Es gab keine informellen sozialen Verbindungen. Somit lief die Interaktion der beiden Gesellschaften über die regionale Administration. Beide Investoren hatten einen Investitionsvertrag mit dem Gouverneur Schamanov abgeschlossen. Dabei wurde der Zugang zum Aviastarkomplex gegen Investitionsversprechen gehandelt. Da beide Akteure als strategische Investoren auftraten, waren auch beide mit ihren Netzwerken in den Aufsichtsräten und der Geschäftsführung der beiden Aviastar-Gesellschaften vertreten.

2. Problematisch war allerdings, dass die Machtpositionen der einzelnen Gruppen hier asymmetrisch auf die ZAO Aviastar und OAO Aviastar-SP verteilt waren. Während das Kamel-Netzwerk mit V. Michailov[727] als Generaldirektor und dem RAKA-Vertreter V. Voskobojnikov als Aufsichtsratsvorsitzendem[728] die entscheidenden Positionen im Produktionsbetrieb ZAO Aviastar-SP besetzte, dominierte das Netzwerk Leiko–Mirimski die Verwaltungsgesellschaft der OAO Aviastar.[729] Das heißt, während das eine Netzwerk die Flugzeuge produzierte, bestimmte das andere über alle Rechte und Verträge der Produktion. Über die Muttergesellschaft konnten die Produktionsprozesse dabei ganz maßgeblich beeinträchtigt werden. Vjat-

---

727 Michailov hatte 1996 den ersten Investitionsvertrag mit Kamel abgeschlossen. Er gehört zum Kernnetzwerk Kamels. Es war auf das Wirken Kamels zurückzuführen, dass Michailov nach dem Abgang der HNS zum Generaldirektor der ZAO Aviastar-SP ernannt wurde.Vgl. Chasbiev, Pust' Aviastar spacaet prezident, 2002, S. 26.

728 Im Aufsichtsrat der ZAO Aviastar-SP war auch die Gruppe Poljakov mit vier Mitgliedern (A. Poljakov, I. Krjutschkov, V. Korotnev, S. Karataschov) noch vertreten.

729 Den Aufsichtsratsvorsitz hatte Mirimski und den Generaldirektorposten I. Leiko inne.

scheslav Lopuchov, ein langjähriger leitender Mitarbeiter und späterer Interims-Generaldirektor der UAPK Aviastar, machte in seiner Darstellung der „Geschichte der Restrukturierung der Aviastar" im Juli 2002 auf diese Motive aufmerksam: „Heute, so könnte man denken, hat die Aviastar (OAO) nichts mehr vorzuweisen als einen Haufen Schulden, aber über sie kann man Einfluss auf viele Dinge ausüben, vor allem, über die von ihr geschaffenen und von ihr abhängigen Unternehmen."[730] Aufgrund ihrer hohen gegenseitigen Abhängigkeit, hing das Gelingen der Investitionsvorhaben der beiden Beteiligungsunternehmen sehr von ihrer Kooperationsfähigkeit ab. Diese wiederum wurde sowohl durch die formellen als auch die informellen Integrationsformen beeinflusst.

3. Die Integrations- und Kooperationsbasis zwischen den Vertretern der Netzwerke Leiko-Regisseure und Kamel war im Gegensatz zu der Darstellung in der Öffentlichkeit sehr belastet. Denn beide Gruppen verfolgten verdeckte Interessen und Ziele, die maßgeblich miteinander konfligierten. So waren beide im Rahmen ihrer Geschäfte an dem preiswerten Einkauf von Maschinen interessiert, um ihre Investitionen klein bzw. ihre Rendite hoch zu halten. Ein Konfliktpunkt war der Zugriff auf den unfertigen Flugzeugpark, an dem Leiko und Kamel sehr interessiert waren. Darüber hinaus waren beide Investoren an den Aktienbeteiligungen der Mutter interessiert.

Auch die Rückführung der Aktiva entwickelte sich zunehmend zu einem Konflikt. Kamel war zu diesem Zeitpunkt an einer raschen Wiederaufnahme der Produktion gelegen, denn bekanntlich lief sein erster Vertrag, den er 1996 mit Viktor Michailov abgeschlossen hatte, Ende des Jahres 2002 aus. Danach würden die günstigen Bedingungen des ersten Vertrages (1996) neu verhandelt werden müssen. Dementsprechend verkündete er auch im Januar, „dass, wenn sich alles zufriedenstellend bis zum Ende des ersten Quartals 2002 abwickeln lasse, er bereit sei, 120 Mio. $ bis Ende 2002 zu überweisen."[731] Eine radikale Reorganisation des Komplexes einschließlich der Flugzeugstrukturen würde den reibungslosen Ablauf dieses Vorhabens in Gefahr bringen.

---

730 Vgl. VPK: Pologenie predprijatij VPK – Ul'janovskaja Oblast', 2001 (August).

731 Vgl. o. V., Aviastar naschtschupal vzletnuju polosu, 2002; siehe auch Chazbiev, Pust' Aviastar spasaet president, 2002, S. 26.

4. Hohe Vernetzungseffekte: Erhöht wurde das Konfliktpotenzial noch dadurch, dass die Ansprüche weitere Netzwerkpartner bedient werden mussten, wodurch das sensible Gleichgewicht dieser Netzwerkinteraktion von Anfang an belastet war. So war Leiko unabhängig von einer verbesserten Kontrolle über die Flugzeugproduktion und der Gewährleistung eines niedrigen Verkaufspreises der Flugzeuge dazu angehalten, seinen Netzwerkpartner sowohl einen Zugriff auf die Aktiva des Aviastarkomplexes zu ermöglichen als auch auf die Finanzströme, die über die Mutter flossen. Dabei sollten allein bei dem Kamel-Geschäft 280 Mio. $ über die Strukturen der Mutter fließen. Vjatscheslav Lopuchov formulierte diese Interessen folgendermaßen:

> „Die Leute, die sich heute um die Aviastar (OAO) reißen, verstehen sehr gut, dass man über sie auch die Leitung und Kontrolle über die ZAO ‚Aviastar-SP' und die OAO ‚Tupolev' erreichen kann, dass man die Bedingungen für den Mechanismus der Finanzflüsse der Investitionen diktieren kann. Bis zu dem Moment, als der Vertrag mit China und die weitere Investitionsvereinbarung mit Kamel sich abzeichneten, hatte sich keiner der Aktionäre um die Anliegen der ‚Aviastar' gekümmert. Danach änderte sich das. Es tauchten Personen der interessierten Gruppen auf. Sie kamen aus der nächsten Umgebung des Leiters der Administration – Mirimski, Piorunski." [732]

Im Übrigen waren im Aufsichtsrat der Aviastar auch die „indirekten" Netzwerkpartner Kamels, sprich die Inkombank und die Gutabank, vertreten, um über die umstrittenen Aviastar-Beteiligungen ihren Zugriff auf die Aktiva zu sichern.

5. Das schwache Vertrauensverhältnis zwischen den Netzwerken wurde auch nicht über zusätzliche formelle Integrationsinstrumente kompensiert. So basierten die Interaktionen nicht auf formellen Vereinbarungen, sondern auf informellen Absprachen. Erschwerend kam hinzu, dass die Gesellschaften selbst – dies traf insbesondere auf die „Lider" zu – über keine greifbaren Kompetenzen und Sicherheiten verfügten.

---

732 Vgl. VPK, Pologenie predprijatijtij VPK – Ul'janovskaja Oblast', 2001.

6.5.3.2 Die Aviastar unter der Führung des Netzwerkbündnisses

Die verdeckten rivalisierenden Interessen der beiden Netzwerke, ihre hohe gegenseitige institutionelle Verzahnung bei der Aviastar sowie die schwache formelle und informelle Integrationsbasis machten die Kooperation sehr anfällig. Dies sollte sich schon sehr bald zeigen. Den Anfang machte die Führung der ZAO Aviastar-SP. Sie lehnte das Investitionsangebot (Exklusivrecht für die Vermarktung der Tu-204-100) der Lider-Gesellschaft ZAO ZALIS mit der Begründung ab, dass die Gesellschaft ein „weitgehend leeres Unternehmen sei".[733] Leiko, so die Aviastar-Führung, habe gehofft, „dass wir allein per Handschlag dem Vertrag zustimmen würden".[734] Die ZAO Aviastar-SP befürchtete, dass sie mit dem Bau der Maschinen beginnen und es immer wieder zu Zahlungsverzögerungen kommen würde, die sich wie im Falle der Krasnojarskie Avialinii über mehrere Jahre hinziehen könnten. Hierdurch würde sich die ZAO immer weiter verschulden. Das Angebot der Lider-Gesellschaft beurteilte sie folgendermaßen:

> „Das sind nur Worte, hinter denen keine sichtbaren Ressourcen stehen. Natürlich kann man ein gutes und intelligentes Programm schreiben, in dem sich alles schön und machbar anhört, aber wenn es auf das reale Leben trifft, löst es sich in Luft auf. Die erste Frage, die das reale Leben stellt, ist: ‚Und wo ist das Geld?' Wie sich herausstellt, gibt es das Geld nicht. Einige Banken hatten nicht einmal bestätigt, dass sie es ihnen[735], zumindest in mündlicher Form, geschweige denn in schriftlicher Form, zugesagt hätten."[736]

Aus diesem Grund hatte die ZAO Aviastar-SP die Leasinggesellschaft aufgefordert, bis zum 26. April Dokumente vorzulegen, die das Angebot untermauerten bzw. die Finanzierung der Banken und Fluggesellschaften belegten. Als die Lider-Gesellschaft ZALIZ bis zu dem Termin kein einziges Dokument eingereicht hatte, war das Leasingprojekt Leikos vorerst gescheitert.

Es war zu erwarten, dass Leiko durch seine Netzwerkpartner erheblich unter Druck geraten würde, letztlich hatten sie neben politischem Kapital über

733 Vgl VPK, Pologenie predprijatijtij VPK – Ul'janovskaja Oblast', 2001; vgl. zudem Taniev, Aviastar otkazyvaetsja ot geneg, 2002.

734 Vgl. o. V., Aviazavod ne soglasen, 2002.

735 Damit ist die Lidergesellschaft ZALIS gemeint.

736 Vgl. o. V., Aviazavod ne soglasen, 2002.

1 Mio. $ in den Erwerb von Aktien investiert[737] – eine Investition, die sich entsprechend rentieren sollte. Spätestens ab diesem Punkt bestand die Gefahr, dass das Netzwerk Leiko–Regisseure jede Gelegenheit nutzen würde, ihre institutionellen Vorteile einzusetzen, um neben der Umsetzung der eigenen Netzwerkinteressen nun auch das Kamel-Geschäft zu blockieren:

1. Als Erstes verhinderte die Verwaltungsgesellschaft OAO Aviastar, über welche die Verträge mit Kamel abgeschlossen worden waren, die Flugzeugübergabe an diesen. „Da kein Flugzeug ohne die Abrechnungen und Übergabeprotokolle der Verwaltungsgesellschaft das Werk verlassen durfte, konnte weder die Maschine übergeben werden, noch konnte Kamel die 6 Mio. $ zahlen".[738] Damit wurden die wichtigsten Verbindlichkeiten der Flugzeugproduktion nicht bedient und auch die Löhne der Belegschaft konnten nicht ausgezahlt werden.[739]

2. Darüber hinaus begann die Leiko, mit Hilfe der Gruppe der Regisseure eine besondere Abschöpfungsstrategie umzusetzen. Dazu gehörte der Verkauf von Unternehmensaktiva[740] sowie die Generierung von Aviastar-Schulden auf der Basis von künstlichen Gläubigeransprüche. Mit anderen Worten, hier wurden hohe Ausgaben an Netzwerkmitglieder verbucht, denen keine Gegenleistung gegenüberstand. Im Falle der Insolvenz hoffte man diese gegen Unternehmensaktiva tauschen zu können. Nach den Ermittlungsergebnissen einer Kommission der Staatsanwaltschaft hatte Leiko beispielsweise mittels überteuerter Honorarzahlungen an ein An-

---

737 Vgl. VPK, Pologenie predprijatijtij VPK – Ul'janovskaja Oblast', 2001 (August).

738 Leiko hatte sich seit mehreren Monaten geweigert, das Dokument für die Übergabe der Anfang Mai fertiggestellten Tu-204 (Nr. 63029) an die Kato Aromatik zu unterzeichnen. Vgl. Polenov, Kollektiv – bez schtanov, 2002.

739 Vgl. Polenov, Kollektiv – bez Schtanov, 2002.

740 Er sollte eine 30%ige Beteiligung der OAO Aviastar an der Waggonfabrik der Tochter ZAO Zavolskoe Proizvodstvennoe predprijatie geleznorodnogo Transporta (PPGT) weit unter einem nachvollziehbaren Preis verkauft haben. Die Anteile soll Igor Leiko selbst erworben und sie dann weiter veräußert haben.Vgl. Polenov, Kollektiv – bez schtanov, 2002 ; vgl. auch Aviastar-Info, Chronologija dvigenie kapitala (Stand 2002); ebenso Stoljarov, Aviakor nugno sokratit', 1998.

waltsbüro in Saratov 33 Mio. $ Schulden bzw. Gläubigeransprüche generiert. Hinter diesem Anwaltsbüro stand der Vizegouverneur Piorunski.[741] Um nicht selbst mit dem Vorfall in Verbindung gebracht zu werden, hatte das Netzwerk für die Abwicklung der Verträge einen Mann namens Igor Djatschenko zum „Mitglied der Führung der OAO Aviastar" ernannt. Igor Djatschenko stand mit einem Monatsgehalt von 70 000 Rubel (2 413 $) offiziell in den Gehaltslisten, was im Vergleich zum durchschnittlichen Monatsgehalt von 3 000 Rubel sehr hoch war.[742] Nach der Abwicklung seiner Aufgabe wurde Djatschenko als Experte in der regionalen Administration eingestellt.[743] Da die OAO Aviastar zu diesem Zeitpunkt kaum noch über die Aktiva verfügte, wurde deren Rückführung verstärkt vorangetrieben.

6.5.4 Verlagerung des Konflikts auf die zentralstaatliche Ebene: Keine Koordination der Netzwerkakteure

Schon im Februar war Kamel klar, dass er, solange die strategischen Verhandlungen mit China aktuell waren, seinen auslaufenden Investitionsvertrag würde erneuert haben müssen. Mitte Februar 2002 bestätigte der Pressesekretär der russischen Regierung, dass zwischen Kamels Sirocco International Aerospace, dem russischen Ministerium für Vermögen, der staatlichen Luft- und Raumfahrtbehörde Rosaviakosmos und „den Tupolevern" Gespräche über einen Investitionsvertrag stattfanden. Diesem Vertrag zufolge verpflichtete sich Kamel zu einer „Investition" von 280 Mio. $. Im Gegenzug wollte er 25 Prozent plus eine Aktie von der ZAO Aviastar sowie 25 Prozent plus eine Aktie von der Holding OAO Tupolev erhalten.[744] Angesichts der Komplexität der politischen Entscheidungen waren diese Gespräche nicht als das Ende, sondern erst als der Anfang eines langwierigen Aushandlungsprozesses zu werten.

741 Erst im Dezember 2001 war in Saratov ein Beratungsunternehmen mit einem Stammkapital von 10 000 Rubeln (340 $) gegründet worden, das der neuen Führung der Aviastar seine juristischen Dienstleistungen anbot.

742 Vgl. Polenov, Kollektiv – bez schanov, 2002.

743 Vgl. Kaschinskij, Sorvat'bank i istscheznut', 2002.

744 Vgl. o. V., Sirocco Aerospace vedet peregovory, 2002.

Gleichzeitig war Kamel um die Aufrechterhaltung der Politisierung seines Engagements bemüht. Dazu gehörten PR-Kampagnen in der russischen[745] und vor allem in der westlichen Presse. Im Rahmen von Interviews inszenierte sich der ägyptische Geschäftsmann als Retter der russischen Luftfahrtindustrie, der Millionenbeträge in die Modernisierung der Fabriken investieren wolle. So verkündete er in einem Interview im „Wallstreet Journal“: „Die Investitionen werden für die Modernisierung des Betriebes verwendet, für die Auferstehung des Unternehmens [...] und für die Massenproduktion der Tu-204.“[746]

Es war ihm gelungen, für die Finanzierung des Kaufvertrages die European Bank for Reconstruction and Development (EBRD) zu gewinnen. Die EBRD hatte sein Projekt (Projekt Nummer 25158) sogar mit einem „high transition impact“ – dies steht für die positive Einschätzung des Beitrags des Projekts zu dem Übergang zu marktwirtschaftlichen Verhaltensweisen – aufgeführt: „The project will support the restructuring of the Russian aerospace industry and the transition of Aviastar to market-oriented practices, as export and domestic sales expand“.[747] Dass der Verkauf von Flugzeugen durch einen Zwischenhändler ins Ausland nicht per se mit Restrukturierung gleichzusetzen ist, zumal die bis dahin tatsächlich von Kamel gezahlten Preise nicht einmal die Herstellungskosten deckten, und dass in den letzten 5–6 Jahren keine Investitionen getätigt wurden, war von der EBRD nicht weiter hinterfragt worden.[748] Mit der Unterstützung durch den internationalen Geldgeber (EBRD), der bereit war, 50 Mio. $ in die russischen Kassen

---

745 Hier sprach er gerne von seiner Liebe zu Russland, seiner Kultur und insbesondere zum Ul'janovsker Flugzeugkomplex, wie der Ul'janovsker Journalist Mel'nik verwundert bemerkte. Vgl. Mel'nik, I sam ne am, i drugim ne dam, 2002.

746 Vgl. o. V., Sirocco Aeropace vedet peregovory, 2002.

747 Vgl. EBRD Project Summary Document: Sirocco Aerospace – Projekt Nummer: 25158; o. V., Sirocco gatova platit' za samolety, 2002.

748 Und das, obwohl im März 2002 einige Vertreter der EBRD in Ul'janovsk sich vor Ort einen Eindruck verschaffen konnten. Begleitet wurden sie dem Vorsitzenden der „Aviaeksport“, Felix Mjasnikov, der hier als Verantwortlicher vonseiten des russischen Staates auftrat. Dabei ist zu bedenken, dass Mjasnikov nicht nur institutionell, sondern auch persönlich in das Kamel-Geschäft integriert war und von ihm profitierte. Mjasnikov profitierte genauso wie Kamel direkt durch den Handelsgewinn der Tupolev über das gemeinsame Unternehmen Sirocco Aerospace. Zu der EBRD Delegation gehörte des Weiteren Igor Karavaev. Er trat hier allerdings nicht

zu leiten, hatte Dr. Kamel seine Position in den Verhandlungsprozessen auf der Regierungsebene aufgewertet.

6.5.4.1 *Keine Koordination der Netzwerkinteressen: Der neue Investitionsvertrag*

Dass der Konflikt zwischen den Netzwerken auf betrieblicher Ebene sich zunehmend auf die Regierungsebene verlagerte, zeigte sich durch die Verzögerungen beim Abschluss des Investitionsvertrags.[749] Eigentlich hätte der Investitionsvertrag als solcher schon im Februar unterschrieben werden sollen. Entgegen den Verlautbarungen in der Presse, die von einem festlichen Empfang zur Unterzeichnung des Investitionsvertrags im Kreml sprach, war lediglich eine Absichtserklärung von Kato Aromatic, der ZAO Aviastar-SP, der OAO Tupolev und Vertretern der russischen Regierung unterschrieben worden.[750]

Kurz nachdem die Führung der ZAO Aviastar den Leasingvertrag der Gesellschaft Lider abgelehnt hatte, sprach sich plötzlich das Ministerium für Vermögen in Person des stellvertretenden Ministers Gusev im April 2002 gegen den Investitionsvertrag aus. Nach der Auffassung des Ministers könnte einem Investitionsvertrag nur zugestimmt werden, wenn weitere Be-

---

als Vertreter von Kamels Sirocco Aerospace Russia oder als Vizepräsident der Gosinkor in Erscheinung, sondern in seiner Funktion als Vizegeneraldirektor des KB „Tupolev". Empfangen wurden sie vom Generaldirektor V. Michilov, der ebenfalls zum Netzwerk Kamels gehörte und Gesellschafter der Sircco war. Insgesamt konnte über diese Delegation das Bild einer geschlossenen Interessenlage der verschiedenen russischen Institutionen (Staatliche Exportbehörde, KB-Tupolev, Hersteller) und des internationalen Investors demonstriert werden. Tatsächlich handelte es sich lediglich um Angehörige eines Netzwerkes. Vgl. o. V., Delegazija Evrobanka – v ZAO Aviastar-SP, 2002.

749 Kamel verpflichtete sich zu einer „Investition" von 280 Mio. $ und sollte im Gegenzug 25 % plus eine Aktie von der ZAO Aviastar und 25 % plus eine Aktie von der Holding OAO „Tupolev" erhalten.

750 Der Premierminister war nicht anwesend. Anwesend waren der stellvertretende Vermögensminister N. Gusev sowie der Industrieminister I. Klebanov. Allerdings hatte das Dokument nicht Klebanov unterschrieben, sondern de facto der erste Stellvertreter der Luft- und Raumfahrt Behörde „RAKA", Valerij Voskobojnikov, obwohl sein Vorgesetzter neben ihm saß. Vgl. o. V., Egipetskogo milliardera obstschitali na dve aktzii; o. V., Sirocco umerla appetit, 2002.

dingungen erfüllt seien. Als zentrale Bedingung macht er die Aktienbeteiligung des ägyptischen Geschäftsmanns von der Rückführung alle Aktiva, die in den letzten Jahren aus der Mutter OAO Aviastar ausgegründet worden waren, abhängig.[751]
Dies war eine brisante Forderung. Zumal sich ein staatlicher Vorteil bei Erfüllung dieser Forderungen nicht erkennen ließ. Die Ausgliederung der Flugzeugproduktion in die ZAO Aviastar-SP und ihre Integration in die staatliche Tupolev-Holding war vom Staat selbst als Re-Verstaatlichungsprojekt maßgeblich unterstützt worden, hatte er doch damit die Ul'janovsker Flugzeugproduktion wieder unter seine Kontrolle gebracht, was im Einklang mit den föderalen Reorganisationsprogrammen stand.[752] Mit einer Rückführung aller Aktien hätte letztendlich auch die Flugzeugproduktion aus den staatlichen Strukturen der neuen Tupolev-Holding herausgelöst werden müssen und wäre an die von Leiko, Mirimski und Piorunski kontrollierte Muttergesellschaft gefallen. Aus eigentumsrechtlicher Perspektive hätte der Staat praktisch nur Nachteile gehabt, da er über die föderalen Fonds zu diesem Zeitpunkt nicht mehr als 8,57 Prozent der Muttergesellschaft hielt. Der damit entstehende staatliche Kontrollverlust wäre im Vergleich zum Investitionsprojekt der HNS offensichtlich als weitaus größer einzuschätzen gewesen. De facto vertrat Gusev hier die Interessen der Gruppe Mirimski–Leiko–Piorunski.

Lässt sich der Staat erpressen?

Der Premier Kasjanov sah sich gezwungen, eine Lösung des Konfliktes zu finden, da spätestens im Herbst im Rahmen des chinesisch-russischen Freundschaftsvertrages ein konkreter Vertrag über die Lieferung von weiteren 25 Maschinen an China abgeschlossen werden musste. Wollte man die internationalen Verträge und ihre wirtschaftlichen und politischen Ab-

751 Nach dem russischen Gesetz darf ausländischen Personen nicht die Sperrminorität von 25 % plus 1 Aktie übergeben werden. Vgl. Egorova, Gordiev uzel Aviastar, 2002; o. V., Egipetskogo milliardera obstschitali na dve akzii, 2002.

752 Dem Staat, genauer gesagt dem Ministerium für Vermögen, gehörten 74 % an der ZAO Aviastar-SP und 54 % an der OAO „Tupolev“.

machungen nicht negativ beeinflussen, musste die Regierung für einen reibungslosen Produktionsprozess und damit für eine Aufrechterhaltung der Aviastar-Kooperation sorgen. Dabei zeigte sich die Regierung auffallend kompromissbereit. Ende Mai hatte der Regierungschef, nach Aussage einer Regierungsquelle, die Rückführung der ausgeführten Aktiva in die OAO Aviastar bis Ende 2002 in Aussicht gestellt.[753] Am 05.06.2002 kam es zum Abschluss des „Ägyptischen Investitionsvertrages II" durch die Unterschriften der Sirocco Aerospace Russia, des Ministeriums für Vermögen und der RAKA.

In dessen Folge konnten die Aktienbeteiligungen der Aviastar-SP und die „Tupolev"-Aktien an die Sirocco Aerospace Russia gegeben werden. Gusev zufolge erhielt Kamel lediglich 25 Prozent minus 1 Aktie, womit das Vetorecht ausgehebelt wurde.[754] Die Übergabe der Aktien und die Zahlung der Investitionssumme sollten in mehreren Etappen erfolgen, wobei die Aktienübergabe direkt an die „Investitionsleistung" Kamels gekoppelt wurde. Im Juli sollte Sirocco 10 Prozent der Aviastar-SP-Aktien für eine Zahlung von 15 Mio. $ bekommen. Im Dezember sollten dann 13 Prozent der Aviastar und 10 Prozent der OAO Tupolev gegen 80 Mio. $ übergeben werden. Bis zum Ende des Jahres 2003 sollten dann die restlichen Aktien für eine Zahlung von 185 Mio. $ überschrieben werden.[755]

6.5.4.2 Blockadestrategien der Akteure vor Ort

Im Folgenden sollte sich die im Investitionsvertrag festgelegte Übergabe „Aktien gegen Bezahlung der Flugzeuge" sowie die Rückführung der Aktiva zum zentralen Streitpunkt entwickeln. Das Management der ZAO Aviastar-SP um das Netzwerk Kamels war mittlerweile strikt gegen eine Rückführung der Aktiva, da damit die Gefahr bestand, dass auch die Flugzeugproduktion unter die Kontrolle der mittlerweile feindlichen Gruppe Leiko–Mirimski fallen würde. Das Management der Aviastar-Muttergesellschaft (Leiko und Mirimski) hingegen war gegen die Aktienübergabe an Kamels,

---

753 Vgl. Egorova, Gordiev uzel Aviastar, 2002.

754 Vgl. o. V., Egiptskogo milliardera obstschitali na dve akzii, 2002; o. V. Sirocco umerla appetit, 2002.

755 Vgl. o. V., Rossijskie samolety stali na tschetvert' egipetskumu, 2002.

da dies zu einer erheblichen Minderung des Unternehmenswertes (100–200 Mio. $.) führen würde.

Blockadestrategie der Gruppe Poljakov

An dieser Stelle gilt zu bedenken, dass zu diesem Zeitpunkt die Aktienbeteiligungen der Mutter einschließlich der 25 Prozent an der ZAO Aviastar und 44 Prozent an der OAO-Tupolev von der Gruppe Poljakov kontrolliert wurden.[756] Kurz nach der Unterzeichnung des zweiten Investitionsvertrages sagte Klebanov der Presse: „Die Aktien bekommt die Sirocco nicht vom Staat, sondern von der Firma Inter-ANT."[757] Poljakov aber weigerte sich, die Aktienpakete ohne eine Gegenleistung zu übergeben.[758]

Blockadestrategie des Netzwerkes Leiko–Mirimski–Piorunski

Die Gruppe Leiko–Mirimski sah ihre Position zunehmend bedroht. Schon zu Beginn des Konflikts im März/April wusste von der Gefahr, dass sie auf der Ende April stattfindenden Hauptversammlung nicht mehr gewählt werden würde. Sollte die Gruppe aus dem Aufsichtsrat scheiden, hätte sie kaum noch Möglichkeiten, eine Aktienübergabe an Kamel zu verhindern und den eigenen Zugriff auf die Aviastar-Aktiva zu gewährleisten. Um Zeit zu gewinnen, verschob Mirimski in seiner Funktion als Aufsichtsratsvorsitzender der OAO Aviastar die Aktionärsversammlung auf den 28. Juni 2002.[759] Die verbleibende Zeit bis dahin nutzten Leiko und Mirimski, um kraft ihrer Ämter alle Schritte einzuleiten, die nötig waren, um die formellen Prozesse nach ihren Vorstellungen zu gestalten. Nachdem sie auch über Bestechungs- und Erpressungsversuche auf das Management der ZAO Aviastar-SP keinen Druck auszuüben vermochten, [760] initiierte das Netzwerk Leiko–Mirimski zwei drastischen Maßnahmen:

---

756 Die Inter-ANT hielt die Aviastar- und Tupolevbeteiligungen. Das Team um Poljakov hatte die Anteile der Muttergesellschaft an der Inter-ANT aber an drei Moskauer Unternehmen überschreiben. Damit hatte die Mutter erst einmal keine Zugriffsmöglichkeiten mehr – ein Vorgehen, das am Rande der Legalität war und als Verletzung von Artikel 78, Absatz 3 des Aktiengesetzes ausgelegt werden konnte.

757 Vgl. o. V., Sirocco umerla appetit, 2002.

758 Vgl. Titkov, Ukradennye kryl'ja, 2003.

759 Vgl. VPK, Pologenie predprijatija VPK – Ul'janovskaja oblast', 2002 (August).

760 Vgl. Zvetov, Vozguschnye boi za Aviastar, 2003.

1. Am 12.06.2002 übergab Igor Leiko als Generaldirektor (der Aviastar) der regionalen Steuerpolizei Informationen über Steuerschulden und Steuerhinterziehungen durch das alte Management und initiierte damit den Insolvenzprozess der OAO Aviastar.[761] Anlass der Insolvenzklage war die Verschuldung der Mutter gegenüber den Gläubigern mit insgesamt 1,5 Mrd. Rubel (50 Mio. $).[762] Da die Muttergesellschaft in Anbetracht der Liquiditätsknappheit die Schulden nicht zurückzahlen konnte, musste das Ministerium für Steuern und Gebühren die Insolvenzbehörde FSFO über eine Klage beim Arbitragegericht das Insolvenzverfahren einleiten. Mittels der Insolvenz hoffte die Kooperation Leiko–Mirimski, ihre künstlich geschaffenen Gläubigeransprüche in zweistelliger Dollar-Millionenhöhe gegen Aviastar-Aktiva „einlösen" zu können.[763]

2. Wenn nun die Gläubiger im Rahmen des Insolvenzprozesses ausgezahlt werden sollten, dann musste auch sichergestellt werden, dass die Mutter über genügend Aktiva verfügte. Dies versuchten Leiko und Mirimski über eine Klage gegen die illegale Ausgründung der Aviastar-Aktiva zu erreichen. Über eine Rückabwicklung würden die wichtigsten von Poljakov ausgegründeten Aktiva wieder in die Muttergesellschaft zurückgeführt werden. Dafür musste allerdings der Zugriff auf die belastenden Dokumente gesichert werden, die man in den beiden Verwaltungsgesellschaften Inter-ANT und Aviastar-Alpha vermutete.[764] Was dann auch geschah: „Am Mittwoch, dem 26. Juni, stürmten bewaffnete Beamte in Kampfmontur die Büros der Unternehmen ‚Inter-ANT' und ‚Aviastar-Alpha' im Rahmen einer Durchsuchung und nahmen einen Teil der Akten mit. Die Büros wurden daraufhin verbarrikadiert."[765] Hier wird deutlich, dass das Insolvenzrecht nicht als Instrument zur Sanktionierung von unwirtschaftlichem Verhalten oder zur

761 Nach dem russischen Insolvenzrecht kann neben den Aktionären und den Gläubigern auch ein neues Management eine Klage im Fall der Veruntreuung von Geldern oder Steuerschulden gegen das Unternehmen vorbringen. Vgl. Regierungsverordnung der RF NR. 1544, O lizenzirovanii dejatel'nosti fizitscheskich liz v katschestve arbitragnych upravljajuschtschich, 1998.

762 Vgl. Egorova, Aviastar popal pod nabludenie, 2002; Egorova, U aktzioerov Aviastar proverili dokumenty, 2002.

763 Vgl. Igin, Chvatit chodit's protjanutoj rukoj, 2003; Lanskoj, Pered boem, 2003.

764 Zitiert nach Egorova, Aviastar pripomnili staroe, 2003.

765 Zitiert nach Egorova, Aviastar pripomnili staroe, 2003.

Durchsetzung von Rechtsgrundsätzen zum Gläubigerschutz genutzt wurde, sondern zur Bedienung von informell verhandelten Zugriffsrechten im Rahmen wirtschaftskrimineller Zerschlagungsstrategien.
Die Klage gegen die Aviastar war unmittelbar vor der Aktionärsversammlung am 28. Juni 2002 erhoben worden. Über die Insolvenzklage konnte man sich zu diesem Zeitpunkt gleich mehrere Optionen offenhalten. Entweder reichte die Insolvenzklage als Drohgebärde aus, um die anderen Akteure zu einem Einlenken zu bewegen, oder man hatte über die Insolvenzklagen ein Instrument gefunden, um jenseits der Managementfunktionen Zugriff auf die Aktiva und Verträge der Aviastar zu erhalten. Lopuchov, der auf der genannten Aktionärsversammlung zum neuen Generaldirektor gewählt wurde, stellte diese Verhaltensweisen später in folgenden Zusammenhang: „Da sie nicht sicher waren, ob die Versammlung zu ihren Gunsten verläuft, hatten sie zuvor die Klage auf Insolvenz der Aviastar eingereicht. Wenn die Versammlung zu ihrem Vorteil ausgegangen wäre, hätte man die Klage zurückgezogen. Die Situation war im Vorfeld ausgerechnet worden, sie wird jetzt wieder kalkuliert."[766]

6.5.4.3 Keine Gültigkeit formeller Regelungen – anomische Zustände

Nachdem Leiko und Mirimski (als Vertreter der Gruppe der Regisseure) auf der Hauptversammlung am 28. Juni 2002 ihre Ämter als Generaldirektor und Aufsichtsratsvorsitzender verloren hatten –gleichwohl sie noch im Aufsichtsrat vertreten waren[767] –, reichten sie am folgenden Tag eine Klage gegen den neuen Aufsichtsrat ein.[768] So ließ Leiko das Verwaltungsgebäude von bewaffneten Sicherheitskräften umstellen, um dem von ihm verklagten neuen Management den Zugang zum Bürogebäude zu verwehren. Mit der Machtübergabe hatte er nicht nur seinen Posten, sondern auch sein Büro zu übergeben. In dem Bürosafe lagen allerdings noch Dokumente aus

766 Vgl. Interview mit Lopuchov, 2002 (Juli).
767 Vgl. Titov, Otscherednaja revoljuzija na „Aviastare" sostojalas', 2002.
768 Als rechtliche Begründung verwies Mirimski auf einige Formfehler. Vgl. Interview mit Lopuchov, 2002 (Juli).

seiner Amtszeit, die er keinesfalls in die Hände Dritter oder der Rechtsorgane gelangen lassen wollte. Nach Angaben des „Simbirskij Kur'er" versuchte Leiko mit der Blockade dem neuen Management den Zugriff auf diese Papiere zu vereiteln.[769] Die neue Führung wiederum, die Leiko am Zugang zu seinem Büro hindern wollte, hatte ihrerseits die Führungsetage mit ihren Sicherheitsleuten besetzt. So verharrten beide Seiten in einer Art Stellungskrieg. Ähnlich wie im Winter nach der Abwahl der Gruppe Poljakov gab es auch im Sommer 2002 bei der OAO Aviastar wieder zwei Generaldirektoren, zwei Aufsichtsräte und zwei verschiedene Gruppen von bewaffneten Sicherheitskräften, die sich gegenseitig weder hinein- noch hinausließen.

Aber selbst später, nachdem der neue Generaldirektor Lopuchov und der Aufsichtsrat institutionalisiert waren, versuchte das Netzwerk Leikos Zugriff zu den Dokumenten zu bekommen. „Obwohl er[770] schon", so erinnert sich S. Kartaschov, „manche listigen Aktionen unternahm. Einmal rief er, nach der Inszenierung eines Kurzschlusses, den MTS[771], der sich als seine eigenen verkleideten Mitarbeiter entpuppte. Wahrscheinlich wollte er einige Dokumente aus seinem Safe herausbringen."

Die Geschehnisse in Ul'janovsk erreichten Filmreife, und Berichte darüber wurden im Fernsehen GUS-weit in den Nachrichten ausgestrahlt. Diese an Gewalt gemahnende Vorgehensweisen (Inszenierung von Kurzschlüssen, Erpressungsversuche gegenüber dem Management der ZAO Aviastar-SP, die gegenseitige Blockade durch je eigene Gruppen von Sicherheitskräften etc.) sind letztlich das Ergebnis einer fehlenden Akzeptanz der Gesetze, Regelungen und Abstimmungen. Sie brachten das Unternehmen in einen Zustand der Anomie.[772]

769 Vgl. Korolev, Lider ne sumel, 2002; Kaschinskij, Rasklad izmenen, 2002.

770 Gemeint ist Leiko.

771 Technischer Hilfsdienst.

772 Viktor Michailov hatte die regionalen Rechtsorgane aufgefordert, den Konflikt zu lösen, woraufhin sich die russische Regierung eine Kommission der Staatsanwaltschaft nach Ul'janovsk entsand. Diese hatte dann versucht, die oben beschriebenen illegalen Maßnahmen Leikos und Mirimskis aufzudeckten. „Aber auch sie", so Juri Kaschinski vom Simbirski Kur'er, „hat bei weitem nicht alles erfahren, was sich hinter den Kulissen zugetragen hat". Vgl. Kaschinskij, Sorvat'bank i istscheznut', 2002.

Manipulationsstrategien im Insolvenzprozess

Der Insolvenzprozess entwickelte eine Eigendynamik, welche die Akteure, die staatlichen mit inbegriffen, kaum noch kontrollieren konnten. Nachdem die FSFO die Klage beim Arbitragegericht eingereicht hatte, wurde die Aviastar am 5. Juli 2002 „unter Beobachtung" gestellt. Damit war das Wahlergebnis der Aktionärsversammlung vom Juni 2002 weitgehend ausgehebelt. Das existierende Management wurde abgesetzt. Am 5. August 2002 hatte der Aviastar-Arbitrageverwalter gegen den neuen Generaldirektor der OAO Aviastar, Lopuchov, beim Gericht eine Klage eingereicht, und dieser wurde seiner Ämter enthoben. Daraufhin übernahm der externe Verwalter nicht nur die Untersuchungen für das Arbitragegericht, sondern auch die Funktion des Generaldirektors – zumindest bis zur nächsten Gläubigerversammlung. In Kooperation mit dem Gläubigerrat war es nun seine Entscheidung, ob die Aviastar in die Insolvenz ging, ob über eine einvernehmliche Regelung („Mirovoe soglaschenie") sowie eine Umschuldung verhandelt wurde oder ob gar eine Sanierung möglich war.[773] Damit lagen die Geschicke des Unternehmens in den Händen eines neuen Akteurs: des Arbitrageverwalters Igor Igin. Damit stand aber auch die Gruppe Lider–Regisseure weitgehend außen vor, denn sie konnte nun nicht mehr über die Aufsichtsratsmandate, sondern nur noch über die Gläubigerstellung und als Aktionäre Einfluss nehmen.

Es spricht für sich, dass das Netzwerk der Leiko-Gruppe und der Regisseure versuchte, über die Wahl des Arbitrageverwalters die Insolvenzprozesse nach seinen Vorstellungen zu gestalten. Ziel des Netzwerkes war es, Leiko wieder als Generaldirektor einzusetzen und die Zerschlagungsstrategie über den Arbitrageverwalter legitimieren zu lassen.[774]

---

773 Vgl. Regierungsverordnung der RF (Postanovlenie Pravitel'stvo) Nr. 1544, 1998.

774 Dabei soll es zu umfassenden Bestechungsmaßnahmen der „Gruppe der Regisseure" gegenüber dem neuen Arbitrageverwalter gekommen sein. Der Arbitrageverwalter hatte Zugang zu Dokumenten, die die fiktiven Gläubigerforderungen Leikos belegten. Damit hätte Leiko nicht mehr als Generaldirektor eingesetzt werden können. Dementsprechend war die Gruppe der Regisseure an den Dokumenten interessiert. Einige Wochen später übergab Arbitrageverwalter Igor Igin dem Arbitragegericht die belastenden Dokumente gegen Leiko. Vgl. Kaschinskij, Sorvat' bank i istscherznut', 2002; siehe Interview mit Igin, 2004.

Zu diesem Zweck wurde ein „alter Bekannter" Leikos aus Studienzeiten von der Insolvenzbehörde FSFO als Arbitrageverwalter eingesetzt: Igor Igin. Leiko wurde dabei von Schamanov unterstützt. Der Gouverneur hatte der Leiterin der Insolvenzbehörde FSFO, T. Trefilova, zu welcher Netzwerkbeziehungen bestanden, einen Brief geschrieben. In diesem Brief bat er, im Insolvenzfall der Aviastar Igor Igin als Arbitrageverwalter einzusetzen. In einem späteren Interview belegte Igor Igin diese Zusammenhänge:

> „Mich hatte der ehemalige Direktor Igor Leiko eingeladen, nach Ul'janovsk zu kommen. Wir sind alte Bekannte, und bei einem Treffen fragte er mich, was der Insolvenzprozess genau sei und wie er funktioniere. Ich habe es ihm erklärt, und danach hat er mir vorgeschlagen, mich mit der Insolvenz der Aviastar zu beschäftigen. Wir studierten die Bilanz des Unternehmens, wonach es klar schien, dass man den Prozess bei der Aviastar schon lange hätte anstrengen müssen. Im Übrigen hatte ich zu diesem Zeitpunkt nicht den geringsten Wunsch, mich mit den Problemen der Aviastar zu beschäftigen. Außerdem hatte ich derzeit das Angebot der ‚Meschregiongaz'. Als Antwort tat Leiko den ‚freundschaftlichen' Schachzug und schickte einen Brief an die FSFO zu Händen Tatjana Trefilovas durch den Ul'janovsker Gouverneur Vladimir Schamanov, in dem der Gouverneur bat, den Insolvenzprozess über die Aviastar zu eröffnen und mir zu übertragen. Danach legte Frau Trefilova mir nahe, als Arbitrageverwalter der Aviastar zu arbeiten, denn die Frage mit der ‚Meschregiongaz' sei noch nicht geklärt."[775]

Patronagefunktion des Militärs: Schamanov holt den Generalstab zu Hilfe und die Volga Dnepr den Chef der Luftstreitkräfte

Nach der Abwahl seiner Netzwerkmitglieder aktivierte der Gouverneur Schamanov alle ihm möglichen Netzwerkverbindungen, um die Interessen Leikos und der Gruppe der Regisseure zu unterstützen. Vor diesem Hintergrund ist auch die Aktivierung der vertikalen Netzwerkverbindung des Gouverneurs zum Chef des Generalstabs, Anatoli Kvaschnin, zu verstehen. Der ehrgeizige Generalstabschef verfügte über persönliche Beziehungen zu Putin.[776] Über die Patronage Kvaschnin hoffte die Gruppe, ihre politische Position auf der Regierungsebene gegen den Minister für Industrie

---

775 Vgl. Interview mit Igin, 2004.

776 Er wurde von Putin als erster Generalstabschef zum Vollmitglied des Sicherheitsrats ernannt. Vgl. Cimbala, The Russian Military into the Twenty-First-Century, 2001, S. 65–66.

und Wissenschaft, Klebanov, und den Generaldirektor des Rosaviakosmos, Juri Koptev, durchzusetzen.[777] Nach einem Besuch in Ul'janovsk[778] empfahl der Generalstabschef Präsident Putin dann auch, eine staatliche Kommission „zur Beurteilung der Situation des Unternehmens" einzuberufen, da sich „das größte Unternehmen des Flugzeugbaus in Russland in einer verdächtigen Situation befindet, in welcher die zweifelhaftesten Konzepte zur Abzweigung von Aktiva stattfinden".[779] Kvaschnin bezog sich dabei auf die Ausgründungsstrategien der Gruppe Poljakov. Er plädierte dafür, der Administration in Ul'janovsk alle Unterstützung bei der Rückführung der Aktiva des Flugzeugkomplexes in die OAO Aviastar zu gewähren.[780] Dass der Staat über die FSFO und das Arbitragegericht bereits Untersuchungen durchführte, schien ihn nicht weiter zu interessieren.

Im Übrigen besuchte kurz nach der Stippvisite des Generalstabschefs der Befehlshaber der russischen Luftstreitkräfte, V. Kuredov, das Gebiet Ul'janovsk. Er nahm dabei seine Patronagefunktion für die Frachtgesellschaft Volga Dnepr wahr. Da über die Rückführungskampagne der Aviastar-Aktiva auch die Aktiva der Frachtgesellschaft Volga Dnepr (wie der Flughafen „Ul'janovsk Vostotschny", das „Zentrum für Technische Wartung und Test der Luftfahrttechnik" (ZTO-EAT) sowie einige schon teilfinanzierte Ruslan-Maschinen) betroffen waren, machte er dem Gouverneur deutlich, dass bei einer unüberlegten Zerschlagungsstrategie gegen die Interessen der Luftstreitkräfte verstoßen würde. Offiziell sprach er von Modernisierungs- und

777 Vgl. Korolev, To jama, to kanava, 2001; Gorelov, Simbirskij podel'nik, 2002.

778 Tatsache ist, dass im Juli 2002, nach Eröffnung des Insolvenzverfahrens, Anatolij Kvaschnin das Gebiet besuchte. Nach den Angaben der Zeitung Stringer und des Simbirskij Kur'er hatte sich die Administration in Person des Gouverneurs Schamanov an den Chef des Generalstabes, Anatolj Kvaschnin, gewandt und ihn um Unterstützung gebeten. Man soll ihm auch den Posten des Generaldirektors der OAO Aviastar angeboten haben. Vgl. Korolev, Gubernator vzjal na kontrol, 2002; Gorelov, Simbirskij podel'nik, 2002; o. V., Natschalnik genschtabe priedet s nagradami, 2002.

779 Vgl. VPK, Pologenie predprijatii VPK – Ul'janovskij Oblast', 2002 (Juli, August).

780 Vgl. VPK, Pologenie predprijatii VPK – Ul'janovskij Oblast', 2002 (Juli).

Reparaturaufträgen der Ruslan-Maschinen und den Plänen des Ministeriums für Verteidigung, den Flughafen für die Flugzeuge der Luftstreitkräfte zu nutzen.[781]

6.5.4.4 Bargainingversuche des Vizepremiert

Das Bottom-up-Networking der Akteure „vor Ort“ und ihr Einfluss auf die oberen politischen Ebenen lassen sich durch eine Reihe von Gesprächen nachvollziehen.[782] Das Erstaunliche dieser Unterredungen ist, dass der Staat sich genötigt sah, mit den regionalen Netzwerken (Leiko-Gruppe der Regisseure) den Ausgang der Prozesse zu verhandeln. Wenn auch in einer übergeordneten Stellung, begab er sich mit den Netzwerkakteuren auf eine Verhandlungsebene. Bemerkenswert ist, dass auch unter Putin die Machtstellung der regionalen Akteure noch so groß war, dass sie nicht davor zurückschreckten, mit dem Staat in erpresserischer Form zu verhandeln. Zur Durchsetzung ihrer teilweise wirtschaftskriminellen Ziele schreckten sie nicht davor zurück, dem Staat mit der Fortführung des Insolvenzverfahrens und der Rückführung der Aktiva zu drohen.[783]

Den Höhepunkt der informellen Bargaining-Gespräche stellte das Gespräch am 10. August 2002 beim Industrieminister Klebanov in Moskau dar. Hier wurden Fragen zur Umverteilung der Aviastar-Aktiva sowie der Insolvenzprozess behandelt. Aus der Regierung waren der Minister für Transport (S. Frank) und der stellvertretende Minister für Vermögen (N. Gusev) vertreten. Als nachgeordnete Behörden waren die Leiter der staatlichen Insolvenzbehörde FSFO (vermutlich vertreten durch T. Trefilova) sowie der Rosaviaskosmos (vertreten durch Juri Koptev) anwesend. Auch an der Unterredung beteiligt waren der Chef des Generalstabes, Anatolij Kvaschnin, sowie der Berater des Ul'janovsker Gouverneurs Schamanov und das Aufsichtsratsmitglied der Aviastar, Michail Mirimski.[784] Gerade die Teilnahme der beiden letzten Akteure lässt sich nur über informelle

781 Vgl. VPK, Pologenie predprijatii VPK – Ul'janovskij Oblast', 2002 (Juli).
782 Vgl. Polenov, Kapkan dlja natschl'nika genschtaba, 2002.
783 Vgl. Interview mit Lopuchov, 2002 (Juli).
784 Vgl. Interview mit Igin, 2004; Polenov, Kapkan dlja natschl'nika genschtaba, 2002.

Netzwerkverbindungen zu der Gruppe der Regisseure und dem Gouverneur Schamanov erklären.
Klebanov verfolgte mit der Unterredung am 10. August 2002 drei Ziele: Zum einen wollte er gewährleisten, dass die Aktiva der Flugzeugproduktion unangetastet blieben, denn sie stellten die Basis der staatlich kontrollierten OAO Tupolev dar. Zum anderen musste die ungestörte Fertigstellung der Flugzeuge für China sichergestellt werden, was gleichzeitig auch die Umsetzung des Investitionsvertrages Kamels bedingte. Im Ergebnis wurden folgende Punkte ausgehandelt:[785]

1. Die staatlichen Strukturen sollten die Administration in Ul'janovsk (d. h. de facto das Netzwerk der Gruppe der Regisseure und Leikos) dabei unterstützen, das Kontrollpaket der OAO Aviastar zu bekommen. Damit verpflichtete sich das Ministerium für Vermögen, seine Aktienanteile an die Ul'janovsker Administration zu übergeben.
2. Gleichzeitig versprach Klebanov der Administration in Ul'janovsk, die Rückführung jener Aktiva, die nicht zur Flugzeugproduktion gehörten, voranzutreiben.
3. Der Preis, den Klebanov dafür verlangte, war die Zusage vonseiten des Netzwerks Leiko–Mirimski–Piorunski–Schamanov, die eigentliche Flugzeugproduktion, sprich die Aviastar-SP, den Flughafen „Ul'janovsk-Vostotschnyj" (an dem auch ein Interesse seitens des Verteidigungsministeriums bzw. der Luftstreitkräfte bestand), das Leasingunternehmen „ALK Tupolev", das Lackierwerk „Aviastar Spektr", die Wartungs- und Reparaturbetriebe der ZAO „ZTO und RAT-Aviaservice" unberührt zu lassen. Dies hieß mit anderen Worten: die Einstellung des Konkursverfahrens.
4. Des Weiteren verpflichtete Klebanov die Akteure der Administration und Leiko, die Übergabe der Aktienpakete an die Gosinkor und damit an Kamels Sirocco Aerospace International und Kato Aromatic nicht zu stören, genauso wenig wie die Übergabe der Aktien an Kamel.
5. Die Klage gegen die Inter-ANT sollte zurückgezogen werden.

---

785 Vgl. Polenov, Kapkan dlja natschl'nika genschtaba, 2002; Krasavin, Egiptjanin moget ne vzletet', 2004.

Die Zusagen von Minister Klebanov können nicht umgesetzt werden

Diese Insolvenzentscheidung war keine ökonomische, sondern eine rein politische Entscheidung, die der Staat de facto nicht durchsetzen konnte. Als es aufgrund fehlender rechtlicher Grundlagen und trotz des „Drucks über die Gewaltstrukturen“[786] zu Problemen bei der Rückführung der Aktiva kam, führte das regionale Netzwerkbündnis zwischen Leiko und den Akteuren der Administration den Insolvenzprozess weiter fort.[787]

Unabhängig von den Schwierigkeiten bei der Rückführung der Aktiva führte die Übergabe der Aviastar-Beteiligungen, die im Besitz der Inter-ANT waren, an die Gosinkor, die als Netzwerkpartner Kamels galt, zum erneuten Ausbruch des Konfliktes zwischen den Netzwerken der Aviastar auf der Betriebsebene. Zudem beklagte Leiko, dass die Zahlungen der Kamel-Maschinen immer noch nicht eingetroffen waren. Laut Vertrag mussten die Gelder an die Muttergesellschaft gezahlt werden. Zu Beginn seiner Amtszeit hatte Leiko die Unternehmenskonten der Aviastar-Mutter bei der Sberbank aufgelöst und bei der GUTA-Bank in Samara und Voronesch eingerichtet. Diese Finanzinstitute gehörten allerdings zu den Strukturen der Gruppe der Regisseure. Da Kamel Angst hatte, dass die Gelder über diese Bankenstrukturen veruntreut würden, weigerte er sich, die Summe an die GUTA-Bank-Konten zu überweisen. Hinzu kam, dass die Beträge ohnehin fast zu 90 Prozent an die Flugzeugproduktion gingen. So aber lagen die Millionenbeträge seit dem Frühjahr 2002 in der Kairo-Bank.[788] Ende August

---

786 Wie der Simbirskij Kur'er im September 2002 schrieb, gab es für die Rückführungsansprüche nach dem russischen Rechtssystem keine eindeutigen Rechtsgrundlagen, denn „diese Unternehmen sind mittlerweile eigenständige juristische Personen geworden, und die Aktiva müssen erst einmal den heutigen Eigentümern abgenommen werden. Bei der Sitzung des Minpromnauk ist lediglich ein Konzept andiskutiert worden, nachdem ‚mittels Druck über die Gewaltstrukturen‘ und Gerichtsklagen das Eigentum zurückzubringen ist“. Vgl. Polenov, Kapkan dlja natschl'nika genschtaba, 2002.

787 Vgl. Polenov, Kapkan dlja natschl'nika genschtaba, 2002; siehe auch o. V., Ne zabyli Nikita pro nasch sachar, 2002.

788 Vgl. o. V., Novoe rukovodstvo Aviastara gotovo obankrotit' aviazavod, 2002; Lanskoj, Pered boem- razgokaetsja novij skandal; o. V. Aviastar terjaet den'gi investorov, 2002.

2002 reichte Leiko dann Klage gegen die ZAO Aviastar wegen Nichtzahlung der Kamel-Gelder beim regionalen Arbitragegericht ein.[789]

Zuspitzung des Konflikts

Die Klagestrategie brachte dem Netzwerke Leikos und der Gruppe der Regisseure nicht die gewünschten Vorteile. Ihr größtes Problem lag darin, dass der Insolvenzverwalter I. Igin, der anfangs aufgrund der Bilanzzahlen und der Aussagen Leikos von der Zerrüttung des Komplexes überzeugt war,[790] seine Einschätzung der Situation des Ul'janovsker Flugzeugkomplexes geändert hatte. Igor Igin war mittlerweile zu der Überzeugung gelangt,[791] dass Leiko einen eigenen Plan bei der Aviastar verfolgte und die FSFO und seine Person dafür zu instrumentalisieren suchte: „Leiko fing an, in seiner Beziehung zur Aviastar zu einem regelrechten ‚blackmailing' überzugehen: Und zwar mittels der Einbeziehung einer dritten Kraft in Person der FSFO und damit eines Kahlschlags mittels des Insolvenzverfahrens ..."[792] Dass Leiko über Tarnfirmen virtuelle Schulden geschaffen hatte, hatte Igin schon im Juli entdeckt: „Danach zeigte sich auch das geniale Konzept Igor Leikos. Er schlug mir vor, den Vertrag für juristische Beratung mit der Firma ‚Ekspert Profi' zu legitimieren bzw. zu unterschreiben [...]. Ich habe errechnet, dass, wenn ich diesen Vertrag unterschrieben hätte, die Aviastar dieser Firma 39 Mio. $ schuldig gewesen wäre."[793]

---

789 Vgl. o. V., Novoe rukovodstvo Aviastara gotovo obankrotit' aviazavod, 2002.

790 Als Igin Anfang Juli 2002 nach Ul'janovsk kam, war er noch von der Notwendigkeit der Insolvenz überzeugt: „Ich hatte den Eindruck, dass das Unternehmen einfach völlig ausgeraubt worden war und der Gouverneur alles daran setzte, um die Gerechtigkeit wiederherzustellen." Vgl. Interview mit Igin, 2004.

791 Die Vermutung Igins, dass das Insolvenzverfahren vor allem ein Mittel war, um über teilweise kriminelle Praktiken sich den Zugriff auf die Aktiva zu sichern, sollte sich etwas später durch Dokumente bestätigen, zu welchen Igin über die föderale Insolvenzbehörde FSFO Zugang erhielt. So hatte er Berichte und Dokumente der Staatsanwaltschaft, der Abteilung zum Kampf gegen Wirtschaftskriminalität im Innenministerium UBEP (Upravlenije po Borbe ekonomitscheskij prestupnostju) und des FSB eingefordert. Diese Dokumente hatten seinen Verdacht gegenüber Leiko und der Administration bestätigt.Vgl. Polonov, Kapkan dlja natschal'nika Genschtaba, 2002; Interview mit Igin, 2004.

792 Vgl. Interview mit Igin, 2004.

793 Vgl. Interview mit Igin, 2004.

Spätestens im Herbst sollte deutlich werden, dass seine Restrukturierungsvorstellungen den Interessen der Gruppe Leiko–Mirimski–Piorunski diametral entgegenliefen. Der Plan dieser Gruppe setzte auf die Rückführung aller Aktiva und somit die Liquidierung der ZAO als juristische Person unter der Losung „Rückgabe der Aktien an die Aktionäre".[794] Nach der Auffassung Leikos sollten die Flugzeugproduktion und ihre Zulieferbetriebe von der Insolvenz ausgeschlossen werden.

Die Aviastar wird unter staatliche „Führung" gestellt

Während Kasjanov Anfang September einen Vertrag mit China abschließen musste, schien der Konflikt zwischen den Netzwerkparteien weiter zu eskalieren. Dies ließ sich nun auch in der Öffentlichkeit feststellen. Während Schamanov von Kamel nur noch abwertend als dem „Araber"[795] sprach, bezeichnete Michailov die Gruppe der Beamten hinter Schamanov auf seiner Pressekonferenz als „Gaunerpack": „Das hört man auch an ihrem Jargon, den sie selbst in den Kabinettssitzungen gebrauchen, sodass man weiß, was dies für Leute sind".[796]

Zudem hatte das korporative Netzwerk Leiko–Regisseure die Finanzierung der Ruslan-Modernisierung durch das amerikanische Finanzinstitut IFIO blockiert. Genauso wie Kamel war auch die Volga Dnepr nicht bereit gewesen, die Zahlungen für die Wartungsarbeiten von 30 Mio. $ über die Bankenstrukturen der Regisseure und Leikos fließen zu lassen. Als sie die erste im September fällige Zahlung von 150 000 $ nicht an die Muttergesellschaften, sondern direkt an ZAO Aviastar-SP überwies, reichte die Gruppe der Regisseure eine Klage auf Veruntreuung beim regionalen Arbitragegericht ein – ein indirektes, aber wirkungsvolles Druckmittel gegen die Volga Dnepr. Aufgrund der Unsicherheiten des russischen Rechtssystems reagierten die ausländischen Finanzgeber besonders empfindlich auf Skandale. Als Folge der Klage stellte die IFIO die Überweisungen an die

794 Vgl. o. V., Novoe rukovodstvo Aviastara gotovo obankrotit' aviazavod, 2002.
795 Vgl. Gavrilova, Aviastar na krani kracha, 2002.
796 Vgl. Pressekonferenz mit Michailov, 2002; siehe dazu auch Krasavin, Egiptjanin moget ne vzletet', 2004; o. V., Pod ugrozoj pike, 2002; o. V., Aviastar terjaet den'gi investorov, 2002.

beklagte Aviastar-SP ein.[797] Damit hatte sich die Administration einen zusätzlichen Gegner geschaffen, der ebenfalls über Interessenvertretungen auf föderaler Ebene verfügte – die Frachtgesellschaft Volga Dnepr.
Vor dem oben geschilderten Hintergrund sah sich die Regierung gezwungen, in die Prozesse einzugreifen. Am 25. September 2002 kam eine Regierungsdelegation unter der Leitung des Wirtschaftsministers German Gref nach Ul'janovsk. Die offiziellen Aufgaben waren die Erörterung von Leasingmechanismen im Rahmen des Programms zur Entwicklung der Luftfahrtindustrie sowie die Inspektion der Produktionsstrukturen.[798] Nachdem die Delegation den Komplex kurz besichtigt hatte, fand der inoffizielle Teil des Besuches hinter den verschlossenen Türen des Konferenzraumes des Werkes statt. Bis zum späten Abend gingen diese Gespräche, in denen German Gref im Wesentlichen über die Aktivitäten und Interessenstrukturen der Ul'janovsker Gebietsadministration und das Insolvenzverfahren aufgeklärt wurde. Mit Gref waren aus Moskau auch die bekannten Vertreter der Regierung, der Minister für Industrie Ilja Klebanov, der Chef der Rosaviakosmos Juri Koptev und der Minister für Transport Sergej Frank, angereist.[799] Der stellvertretende Minister für Vermögen, Gusev, war nicht mehr dabei. Noch um 22 Uhr berief Gref eine Pressekonferenz ein, in der er erklärte,

1. dass von nun an alle Zahlungen direkt über die ZAO Aviastar-SP laufen würden;
2. dass der ZAO Aviastar-SP die Umschuldung gegenüber den Gebiets- und Munizipalstrukturen in Aussicht gestellt wurde (es ist nicht auszuschließen, dass Gref mit dieser Maßnahme versuchte, den regionalen Akteuren der Administration die rechtliche Basis für die Insolvenzandrohung zu entziehen);
3. dass im Hinblick auf die Insolvenz das Konzept der Trennung der Aktiva zu realisieren sei: „Es gibt Aktiva und Aktiva: Die, die zur Flugzeug-

797 Vgl. Pressekonferenz mit Michailov, 2002.
798 Vgl. Pressekonferenz von Gref und Klebanov, 2002 (September); Jakimtschev, Moskva predupredela, 2002; o. V., Pod ugrozoj pike, 2002.
799 Vgl. Pressekonferenz von Gref und Klebanov, 2002 (September).

produktion gehören, müssen in Ruhe gelassen werden. Auch die Aktiva, die zum Produktionszyklus gehören, wie der Flughafen und der Lackierbetrieb, wird der Staat unter die direkte Kontrolle des Betriebes (ZAO Aviastar-SP) stellen, entweder physisch oder über die Aktien".[800] Pathetisch schloss Gref seinen Beitrag mit einer Drohung an alle, die sich gegen die Flugzeugindustrie stellten, denn „Russland mit Luftfahrt und Russland ohne Luftfahrt – das sind zwei verschiedene Länder".[801] Damit wurden die Aviastar und die Wiederaufnahme der Serienproduktion der Tu-204 offiziell unter die Führung des Staates gestellt.[802]

6.6 Zusammenfassende Beurteilung

Trotz der Zentralisierungsmaßnahmen unter Putin war das politische System nach wie vor durch informelle Netzwerksysteme stark fragmentiert.
1. Das für diese Phase (2001–2002) ungewöhnliche Ergebnis ist, dass eine marktwirtschaftliche Restrukturierung des Betriebes „von unten" ohne maßgebliche staatliche Unterstützung möglich gewesen wäre. Das Engagement der jungen Investorengruppe HNS belegt, dass die Restrukturierung von großen Komplexen über echte Investitionen, auch nach Kriterien des „profit seeking", nicht ungewöhnlich war und für die Aviastar als durchaus möglich erachtet wurde. Im Gegensatz zu den anderen Investoren, deren Investitionen sich als eine verdeckte Form der Vorfinanzierung eines Handelsgeschäftes entpuppt hatten, beruhten die Investitionen der HNS auf einem gesamtheitlichen, betriebswirtschaftlich fundierten Sanierungskonzept. Die Netzwerkkompetenzen des Akteurs allerdings gingen über die Bildung loser formeller Kooperationen in Form von Investitionsvereinbarungen nicht hinaus. Vor dem Hintergrund des netzwerkorientierten Umfelds

800 Vgl. Pressekonferenz von Gref und Klebanov, 2002 (September); Pressekonferenz von G. Gref , 2002 (September); Jakimtschev, Moskva predupredela, 2002.
801 Vgl. Pressekonferenz von Gref, 2002 (September); Jakimtschev, Moskva predupredela, 2002.
802 Vgl. Pressekonferenz von Gref 2002 (September); Interview mit Gref 2002 (September).

musste jedoch ein Investor, der nur „formelle“ Netzwerkkompetenzen besaß und nach ökonomischen Kriterien agierte, auf den Widerstand der Netzwerkakteure treffen.

2. Das Scheitern der HNS hat deutlich gemacht, dass für ein erfolgreiches Handeln in der Flugzeugindustrie ein Agieren in Kollektiven eine notwendige Bedingung ist. Die Untersuchung hat aber auch gezeigt, dass Netzwerkakteure trotz ihres höheren Integrationspotenzials nicht in der Lage waren, die Restrukturierungsprozesse des Werkes zu fördern – im Gegenteil.

Wie das Investitionskonzept Kamels war auch das Investitions- und Leasingkonzept des neuen Investors Igor Leiko kein ganzheitliches betriebswirtschaftliches Konzept, sondern de facto die Finanzierung eines Handelsgeschäft. Zu einer ökonomischen Belastung der Netzwerkaktivitäten entwickelten sich überdies die hohen Transaktionskosten und Vernetzungseffekte, die vor allem durch den Aufbau und den Unterhalt von Netzwerkverbindungen entstanden. Auch das Netzwerk Leikos war ein großes Beteiligungsnetzwerk mit Vernetzungseffekten. Dieses Interaktionskonstrukt verfügte nicht über engere persönliche Interaktionsqualitäten, wie das Netzwerk der Volga Dnerp, sondern basierte auf instrumentellen Beziehungen mit nur losen persönlichen Bindungen. Dementsprechend versuchte Leiko die Bindungen zu den Netzwerkakteuren über hohe Renditen und eine Minimierung des Risikos zu sichern. Dies bedingte neben entsprechend niedrigen Preisen für den Erwerb der Flugzeuge auch den Zugriff auf die Ämter und Aktiva des Werkes (Push-in-Effekte). Problematisch im Fall Leikos war, dass er in Personalunion sowohl die Interessen der Leasinggesellschaft und ihrer Netzwerkmitglieder vertrat als auch gleichzeitig als Generaldirektor der Aviastar die Interessen des Flugzeugwerkes. Dies hätte zu einem Zielkonflikt geführt, wenn seine Integration in die Strukturen Aviastar nicht weitaus schwächer gewesen wäre als die Integration in die Leasingstrukturen und deren Netzwerke. Von einer verdrehten Integrationsintensität war auch bei dem Generaldirektor der ZAO Aviastar-SP auszugehen. Er war als Netzwerkpartner Kamels in dieser Phase mehr an den Zielen des ägyptischen Geschäftsmanns orientiert als an den Interessen der Aviastar. Dafür sprach nicht nur die Unterstützung Kamels gegenüber der

HNS, sondern auch die Ergebnisse der Nachverhandlungen zum ägyptischen Investitionsvertrag, die klar gegen die Interessen der Aviastar verstießen, sowie die Tatsache, dass Michailov in der gewinnabschöpfenden Handelsgesellschaft Sirocco Aerospace persönlich eingebunden war.

Die gescheiterte Netzwerkkooperation zwischen den drei Netzwerkakteuren hat gezeigt, dass die Interaktion zwischen Netzwerken sehr instabil und störanfällig ist. Sie war durch Faktoren wie Misstrauen, Unsicherheit und Rivalität, Intransparenz und fehlende Kommunikation geprägt. Diese negativen Integrationsqualitäten konnten auch nicht durch formelle Regelungen kompensiert werden. Wie die Arbeit gezeigt hat, bestand die Gefahr, dass die formellen Institutionen zunehmend ihre Gültigkeit verloren. Über die hohen Vernetzungseffekte forciert, war die Interaktion zwischen den Netzwerken in einen Kampf aller gegen alle eskaliert.

Negativ auf die Restrukturierungsprozesse der Aviastar wirkte sich die Formalisierung der Inter-Netzwerksysteme in den formellen Strukturen der Gesellschaften aus. Über die Besetzung der formellen Ämter und Kompetenzen des Werkes durch Netzwerkmitglieder sollten die Einhaltung der Leasinggeschäfte, aber auch die informell verhandelten Zugriffsrechte gesichert werden. Dementsprechend wurden die formellen Positionen und Kompetenzen weniger für betriebswirtschaftlich relevante Entscheidungen und Maßnahmen genutzt als vielmehr für die Umsetzung von Netzwerkinteressen. Hinzu kommt, dass damit die Netzwerkkonflikte direkt auf das Werk übertragen und die formellen Kompetenzen dafür genutzt wurden, sich gegenseitig zu blockieren.

Je aggressiver sich die Netzwerkprozesse gestalteten, desto ruhiger wurde es in den Produktionshallen der Aviastar – der Betrieb lag weitgehend still. Betrachten wir die betrieblichen Prozesse und die Restrukturierungseffekte in dieser Phase, dann stellen wir fest, dass nach dem Abgang der HNS keine echten Investitionen und erst recht keine Restrukturierungsmaßnahmen mehr unternommen wurden. Die Ansätze der Herstellung eigener neuer Flugzeuge wurden wieder aufgegeben.[803] Aufgrund der Netzwerkrivalitäten wurde auch kein Absatz generiert. Somit verschuldete sich das

803 Poljakov erklärte: „Bis in unsere heutige Zeit [Dez. 2002] hatte die ZAO Aviastar-SP keine vollständig neuen Flugzeuge hergestellt.“ Erst am 09.12.2002 kam es zu

Werk wieder weiter im Umfang der Gemeinkosten, die sich 2002 auf 42 Mio. $ beliefen.[804] Seit November 2001 hatte der Betrieb weder seine Stromrechnungen noch seine Heizkosten begleichen können. Im Jahr 2001 waren dem Betrieb für eine Tupolev nur 6 Mio. $ zugeflossen. Im Jahr 2002 waren die tatsächlich realisierten Verkaufserlöse noch niedriger, zumal die Gelder für die Maschinen aufgrund der Veruntreuungsängste verzögert oder gar nicht auf den Konten der ZAO Aviastar ankamen.[805] Ab Juli 2002 war das Werk dann in dem von den korporativen Netzwerken begonnenen Insolvenzprozess blockiert.

3. Diese Unternehmens- und Netzwerkprozesse konnten auch nicht durch die staatlichen Akteure und hierarchischen Steuerungs- und Kontrollinstrumente über die OAO Tupolev koordiniert werden. Gerade die OAO Tupolev hatte sich als ein weitgehend handlungspassiver und hochfragmentierter Akteur dargestellt.

Soweit war die Restrukturierung „von unten" mittels der ökonomischen Restrukturierungsansätze der jungen Investoren sowie der netzwerkorientierten „Investitionsvorhaben" der privaten Investoren Kamel und Leiko gescheitert. Mit dem Jahr 2003 wurde der Komplex direkt unter die Kontrolle des Präsidenten gestellt. Nun sollte sich zeigen, ob eine Restrukturierung „von oben", unter der Kontrolle des Staates, möglich war.

Verhandlungen über die Zulieferung von Metallen für die Produktion. Vgl. o. V., Aviastar-SP zaklutschil pervye dogovory, 2002. Die Flugzeugproduktion beschränkte sich auf die Modernisierung schon gebauter Flugzeuge. Im Mittelpunkt standen die Arbeiten des Wartungs- und Modernisierungsbetriebes ZAO „ZAT". Er gehörte zu den Strukturen der ZAO Aviastar-SP.

804 Vgl. Polenov, Kollektiv – bez schatanov, 2002; Mel'nik, I sam de am, 2002.

805 Der andere Ruslan-Auftrag war ein Modernisierungsauftrag der Fluggesellschaft „Polet". Die Polet war bisher nur mit den alten An-124 Militärmaschinen geflogen. Erstmalig sollte nun eine der alten Maschinen für den zivilen Einsatz umgerüstet werden. Für diesen Auftrag soll die Fluggesellschaft in den letzten zwei Jahren 12 Mio. $ investiert haben. Inwieweit diese Gelder bis Ende 2002 tatsächlich auf den Konten der Aviastar angekommen sind, ist jedoch nicht bekannt. Vgl. Korolev, Aviastar vnov dogovorilsja s Kamelem, 2002.

7 Restrukturierung „von oben“ im Netzwerkkapitalimus (Phase V: 2003–2006)

Im Rahmen der Rezentralisierungs- und Reorganisationsmaßnahmen entstand die Form eines zentralistischen Staatskapitalismus, der nicht unwesentlich von den Loyalitätsnetzwerken des Präsidenten Putin getragen wurde. Eine Subordination der politischen und ökonomischen Akteure unter die Strukturen des Präsidenten wurde angestrebt. Damit stellt sich die Frage, ob über die neuen hierarchischen Koordinationsmechanismen eine Restrukturierung von oben zu erreichen war.

7.1 Institutionelle Rahmenbedingungen auf zentralstaatlicher Ebene

Konsolidierungsphase des Systems Putin

In dem Zeitraum bis 2004 wurden die Zentralisierungsmaßnahmen weiter vorangetrieben. Dabei war eine Machtverschiebung von der Regierung hin zum Präsidenten zu beobachten. Begleitet war dieser Prozess von der Schaffung neuer formeller Institutionen und informeller institutioneller Surrogate[806] auf allen Ebenen der Führungsvertikalen und der verschiedenen Sphären der Gesellschaft. Häufig wurden diese Organe von Vertretern der Geheimdienstinstitutionen, den „Spezslugby“ (FSB/FAPSI/FSNP/FPS), geführt.[807]

---

806 Die neuen Komitees sind in allen Bereichen der Staatsführung vorzufinden. Dazu gehören sowohl das Staatskomitee (Goskomitees-GK) „GK zum Widerstand des illegalen Umlaufs von Drogen und Psychopharmaka“ als auch das Goskomitee „GK für staatliche Rüstungsaufträge“ beim Verteidigungsministerium. Geleitet wurden die Komitees von den Vertretern der Geheimdienststrukturen. Das „GK für Rüstungsaufträge“ wurde beispielsweise vom ehemaligen Direktor der FAPSI, Vladimir Matjuchin, geleitet.Vgl. Muchin, Kremlovskoe dzjudo pod kovrom, 2004, S. 79–89.

807 Vgl. insbesondere Kryschtanovskaja, Anatomie der russischen Elite, 2004, S. 157–167. Dabei bestand die Gefahr, dass nicht nach demokratischen Methoden gearbeitet wurden musste, sondern die Ziele auch über informelle Methoden wie Überwachtung, Kompromitierung und Erpressung umgesetzt werden konnten. Für die Aviastar machte sich der Einfluss des FSB darin bemerkbar, dass die FSB-Organe bei wichtigen Entscheidungen neben dem Bevollmächtigten des Präsidenten direkt beteiligt waren. Der Einfluss der FSB-Strukturen in den Regionen

Allerdings waren die politischen Prozesse noch immer maßgeblich durch informelle Netzwerkprozesse beeinträchtigt. Dies betraf alle Putin-unabhängigen Netzwerke, aber insbesondere die häufig rivalisierenden Netzwerke der Familie Jelzin, die nach wie vor wichtige Organe und Funktionen besetzten. Zwar war es Putin in dieser Konsolidierungsphase gelungen, die Vertreter der „Familie" zunehmend an den Rand zu drängen,[808] trotzdem gilt zu beachten, dass die Regierung bis März 2004 noch immer unter der Führung von Kasjanov stand, der als Vertreter der „Familie" galt.

Aufbau eines zentralisierten Staatskapitalismus

Von diesen Zentralisierungsmaßnahmen und der Subordination unter die Netzwerke des Präsidenten waren (neben den politischen, judikativen, medialen und wissenschaftlichen Organen) auch die wichtigen strategischen Industrien des Landes betroffen. Das Ziel des Kreml war es, die wirtschaftlichen Ressourcen wieder unter das Primat der Politik zu stellen. Diese Prozesse sollten durch eine breit angelegte Holdingbildung beschleunigt werden. In der Luftfahrtindustrie wurden die Renationalisierungsziele mit Hilfe von staatlichen Behörden wie der Exportholding Rosoboronexport[809], der Gosinkor, der Insolvenzbehörde sowie den Leasingunternehmen „FIK" (Finanz-Leasinggesellschaft) und die „IFC" (Iljushin Finance Corporation)

---

lief über die Apparate der Bevollmächtigten des Präsidenten, hier wurden Abteilungen des Innenministeriums eingerichtet, über die die regionale Arbeiten des FSB koordniert werden sollten, Vgl. o. V., Sergej Kirienko i Nikolaj Patrutschev, 2003.

808 In diesen Jahren waren seine Leute von der „Ebene der Stellvertreter" in leitende Funktionen nicht nur in den Ministerien, sondern auch in der Duma, den Föderationsorganen, aber auch in den Medien, Forschungsunternehmen und Schlüsselunternehmen vorgerückt. Den Höhepunkt dieser Machtverschiebung in der ersten Amtszeit Putins war – als Reaktion auf die Verhaftung des Jukos-Chefs Chodorkovskie – die Entlassung des Leiters der Präsidentenadministration. Voloschin war einer der letzten zentralen Familienvertreter im Kreml im Herbst 2003.

809 Sergej Tschemesov gehört dem Netzwerksystem Putins an. Putin und Tschemesv arbeiteten für die sowjetische Aufklärung in Dresden und kamen 1996 beide in die Administration des Präsidenten, wo Tschemesov die Abteilung für internationale Wirtschaftsbeziehungen führte. Vgl. Makarkin, Piterskaja komanda Vladimir Putina, 2002.

umzusetzen versucht. Über den Kredit-gegen-Aktien-Mechanismus wurden auf der Basis freiwilliger oder unfreiwilliger Bargaining-Verhandlungen mit den unabhängigen Aktionären mehrheitliche Aktienanteile an den strategischen Unternehmen in immer größer werdenden staatlichen Holdings akkumuliert.

Das Problem in der Umsetzung bestand nun darin, dass nicht selten die Behörden und die Finanz- und Leasinggesellschaften in eigene, meist miteinander rivalisierende Netzwerke eingebunden waren.[810] Dies führte nicht selten zu Unstimmigkeiten, denn letztlich wurde im Rahmen der Renationalisierungsprozesse eine vollständige Neuverteilung der Ressourcen in der Luftfahrtindustrie vorgenommen.

Als erstes Konzept war die staatliche Beteiligungsholding ZAO OPK[811] „Oboronprom" gegründet worden. An diesem Beteiligungskonzept waren die ehemaligen Weggefährten Putins, Sergej Tschemesow (Rosoboronexport) und Denis Manturov (Gosinkor) federführend beteiligt. Sie hatten die über ihre Gesellschaften (Rosoboronexport und die Gosinkor) „gesammelten" Beteiligungen an die OPK übergeben. Nachdem allerdings auf Initiative Kasjanovs am 23. April 2003 mit B. Aleschin ein neuer Vizepremier ernannt und mit der Führung der Luftfahrtindustrie betraut wurde,[812] sollte

810 Netzwerk Kasjanov (Club der Finanzspezialisten): Kasjanov galt als Spezialist für die Spekulationsgeschäfte mit sowjetischen Schuldverschreibungen und hatte dabei mit Vertretern der „Familie" wie A. Mamut (ehemaliger VEB-Mitarbeiter, Finanzier der „Familie"), mit A. Lebedev (späterer Leiter der Nationalen Reservebank) und A. Kostin aus der russischen Botschaft in London zusammengearbeitet. Dabei bestand der Verdacht, dass über die Manipulationen große Summen Gelder privatisiert worden waren. Im Jahr 2001 war Kostin durch Unterstützung des Premier Kasjanov zum Generaldirektor der Außenwirtschaftsbank VEB und ein Jahr später auch der Vneschtorgbank ernannt worden. Die VEB selbst wurde als Kaderschmiede für die Netzwerke Kasjanvos bezeichnet. Die Iljushin Finance Corporation gehörte über die Beteiligungen der VEB und den Anteil der Nationalen Reservebank (NRB) von Lebedev jenen Netzwerkakteuren, die seit jeher mit dem Premier Kasjanov in Verbindung standen.

811 OPK – Obedinennaja promyschelnnaja Korporazija, nicht zu verwechseln mit der OAK – Ob'edinennojaviastroitel'noj Kompanii.

812 Am 1. November 2003 wurde Klebanov seiner Pflichten als Industrieminister enthoben und durch Fursenko ersetzt. Fursenko gehörte auch zu Putins Leuten aus der Peteresburger Zeit. Vgl. Lantratov, Voenno-promyschlennyj Kompleks, 2004;

ein radikaleres Renationalisierungs-Konzentrationskonzept umgesetzt werden. Dies war stark am Vorbild des europäischen Luft- und Raumfahrtkonzerns EADS angelehnt und sah, auf Drängen Aleschins, eine hohe ausländische Beteiligung vor.[813] Dieses Integrationskonzept, das den Namen „Vereinigtes Flugzeugbau-Konsortium" (Obedinennaja Aviastroitelnaja Korporazija – OAK) trug, sollte weit über den Konzentrationsansatz der Holding OAO Tupolev hinausgehen. In diesem neuen Konsortium sollten nicht nur das KB Tupolev und die Aviastar vereint werden, sondern auch das Kasaner Flugzeugwerk (KAPO) sowie das ANTK Iljushin und sein Produktionsbetrieb in Woronesch (VASO).[814]

Die Integrationsmodelle beider Holdings überschnitten sich bei der Unternehmensaufteilung[815] und wurden in der Regierung von verschiedenen Netzwerken gefördert. Dadurch kam es zu großen Verzögerungen bei der Umsetzung. Das Konzept des OAK lief ins Leere, als sein Schirmherr, Boris Aleschin, seinen Posten als Vizepremier im Frühjahr 2004 verlor und danach lediglich zum Leiter der Föderalen Agentur für Industrie (FPA, die die Aufgaben der liquidierten Föderalen Agentur Klebanovs ersetzte) ernannt wurde. Alle Versuche der Reaktivierung des OAK wurden vom Vizepremier und Verteidigungsminister Sergej Ivanov, der gute Beziehungen zu den Vertretern an der Spitze des Oboronprom hatte, unterbunden. Erst im Jahr 2006 beschloss Putin, die Gründung der OAK per Erlass neu aufzulegen.

---

o. V., Rebjata s naschevo dvora, 2002; ebenso Makarkin, Piterskaja komanda Vladimir Putina, 2002.

813 Vgl. Putilov, Metschta inostranzev, 2004.

814 Vgl. Putilov, Metschta inostranzev, 2004. Nach Angaben Makienkos umfasste die Superholding auch die Irkuzk Corporation, die Russische Aviation Corporation MIK und die Produktionswerke „Sokol" in Nishni Novgorod. Vgl. Makienko, The Concept behind the Formation of a Unified Russian Aircraft-Manufacturing Corporation, 2004. Die neu aufgelegte Superholding von 2006 schloss die Jägerproduktion ebenfalls mit ein.

815 Vgl. Lantratov, Voenno-promyschlennyj kompleks, 2004; siehe auch Webseite der Gesellschaft Obedinennaja promyschlennaja korporazija (OPK) (Stand 2010).

Putins zweite Amtszeit

In der zweiten Amtszeit Putins war seine Position soweit konsolidiert[816], dass er seine Vorgehensweisen und Ziele, wie seine Amtsansprache 2004 zeigte, auffallend ungeniert benennen konnte: Bis 2003 sei man mit der „Neutralisierung" der wichtigsten Gegenspieler beschäftigt gewesen, mit der zweiten Amtszeit 2004–2008 sei nun der Zeitraum für die Verwirklichung strategischer, wirtschaftspolitischer und sozialer Ziele gekommen.[817] Im Gegensatz zur Regierung Kasjanovs 2000–2004 setzt sich das neue Kabinett fast ausschließlich aus den loyalen Interessenvertretern Putins aus seiner Petersburger Zeit und den Geheimdienststrukturen zusammen.[818] Das betrifft auch alle anderen wichtigen staatlichen Organe. Der Akteurswechsel ging wie gewohnt mit neuen Netzwerken und Projekten einher. Das betraf auch das OAK-Projekt. Da sein Schirmherr Boris Aleschin nicht mehr in der neuen Regierung vertreten war, lief auch das Holdingprojekt ins Leere.

---

816 Nach der erfolgreichen Wahl Putins, bei der er mit 71,2 % der Stimmen gewählt wurde, ernannte Putin im März 2004 die neue Regierung der RF.

817 Amtsansprache des Präsidenten im Jahr 2004; vgl. Inaugurazionnoj retsch prezidenta, 2004.

818 Dabei waren die liberalen Kräfte auf ein erträgliches Maß im Rumpfparlament beschränkt. Aus dem liberalen Putin-Lager gehörte dazu der Vizeminister Christenko. Ihm wurden die strategischen Bereiche der realen Wirtschaft zugeordnet, einschließlich dem Minenergo mitsamt der natürlichen Monopole (RAO „EES" und Gazprom), das Minatom und das Mintrans. Gref blieb als Wirtschafts- und Handelsminister und Kudrin als Finanzminister in der neuen Regierung. Gref und Kudrin gelten als die wichtigsten Vertreter der Liberalen. Alle weiteren Ministerien, diese umfassten nicht nur die Machtministerien, sondern auch das Justizministerium und die Rüstungsindustrie, unterstanden direkt dem Präsidenten. Das zweite große Machtministerium blieb mit dem Generaloberst der Miliz Raschid Nurgalijev (Generaloberst aus den FSB-Strukturen) in den Händen der konservativen Siloviki. Gleiches gilt für das Ministerium für Zivilverteidigung und Katastrophenschutz unter Generaloberst Sergej Schojgu. Die Minister waren auch institutionell dem Präsidenten Putin unterstellt. Chef der Präsidentenverwaltung war Igor Sechin (Siloviki). Er trug zu einer Polarisierung der Siloviki gegen die Kreml-Technokraten (Medevedev) bei. Vgl. Lantratov, Voenno-promyschlennyj-Kompleks; Sadtschiko, U Rossii – novyj Kabinet ministrov; Bremmer/Charap, The siloviki in Putins Russia – Who They are and What the Want, 2006/2007.

Spätestens mit dem Regierungswechsel war auch der Großteil der Organe und Akteure, über die bis dahin das vertikale Networking der Aviastarnetzwerke lief, abgeschafft worden. Die wichtigsten Vertreter der regionalen Netzwerke auf zentralstaatlicher Ebene, wie der Generalstabchef Kvaschnin (für den Gouverneur Schamanov) sowie Klebanov (für Kamel) waren von Putin entlassen und als Vertreter des Präsidenten in den föderalen Regionen auf die Reservebank geschoben worden. Auch die von den Vorgängern ins Leben gerufenen Institutionen wie die Rüstungsagentur RAKA oder die Insolvenzbehörde FSFO wurden ganz abgeschafft. Damit ergab sich für die Netzwerkakteure vor Ort das Erfordernis, ihre vertikalen Verbindungen entsprechend anzupassen.

Staat als potenzieller Investor

Was die Haushaltssituation betrifft, so konnte die Regierung aufgrund der zurückgewonnenen Verfügung über die wichtigsten Exportquellen und in Anbetracht des rasanten Anstiegs der Weltmarktpreise insbesondere für Öl und Gas auf reich gefüllte staatliche Schatzkammern zurückgreifen.[819] Erstmalig hatte der russische Staat nach dem Zusammenbruch der UdSSR genügend Geld, um im großen Maßstab als „echter" Investor auftreten zu können. Es stellte sich allerdings die Frage, wie sich der Staat als Investor verhalten würde. Bis 2006 hatte der Staat vorwiegend in festverzinsliche ausländische Wertpapiere investiert. Nun musste sich zeigen, welchen Einfluss sein neues Engagement auf die Effizienz und Effektivität der von ihm kontrollierten Branchen und Unternehmen nahm.

7.2 Subordination der Märkte

Ab der Jahrtausendwende befand sich der Lufttransport mittlerweile mit zweistelligen Wachstumsraten im Aufwind. Der Modernisierungsdruck auf

---

819 Nach dem norwegischen Vorbild wurde 2003 ein Stabilisierungsfond eingerichtet. Er wurde von den Gewinnabführungen und Exportzöllen, vorwiegend aus den Ölexporten, gespeist. Bis Ende des Jahres 2007 überschritten die Einlagen die 150-Mrd.-$-Marke. Vgl. Götz, Russlands Öl und Europa, 2006, S. 11–12; o. V., Russlands Stabilisierungsfond, 2007.

dem bestehenden Fuhrpark kam hinzu, sodass von einer entsprechend hohen Nachfrage nach Flugzeugtechnik ausgegangen werden kann.[820] Allerdings mussten die Flugzeugproduzenten mit einem verstärkten Verdrängungswettbewerb durch die ausländische Konkurrenz rechnen. Denn auch der amerikanische Hersteller Boeing und die EADS-Tochter Airbus beabsichtigten, von dem überdurchschnittlichen Wachstum zu profitieren. Sie sahen bis zum Jahre 2025 einen Bedarf an (neuen und gebrauchten) Passagierflugzeugen von 620–650 Maschinen (31–35 im Jahr). Der Airbuskonzern zielte auf einen Marktanteil von 50 Prozent.[821] Der größte Verdrängungseffekt für den heimischen Flugzeughersteller ging dabei von den gebrauchten ausländischen Modellen, wie der 10–12 Jahre alten Boeing-757 oder den A320-Modellen, aus, welche die westlichen Fluggesellschaften für nur 8–12 Mio. $ auf den Markt warfen.[822]

Da zu diesem Zeitpunkt die Leasinggesellschaften immer noch keine Konzepte mit international konkurrenzfähigen Leasingbedingungen anbieten konnten, waren die heimischen Flugzeughersteller vor allem auf den Schutz durch die heimischen Zölle angewiesen. Infolge des WTO-Beitritts sollten die Zölle und Gebühren jedoch weiter gesenkt werden. Da die Tu-204 als ein analoges Modell zur A320 oder Boeing 737 galt, war sie insoweit von der Zollsenkung ausgeschlossen und blieb damit formell weiter geschützt. De facto gab es nach wie vor Möglichkeiten, diese Zollauflagen zu umgehen.[823]

---

820 Das Transportministerium schätzte den Flugzeugbedarf auf 527 Flugzeuge bis 2010 ein, davon 308 Passagiermaschinen, 42 Frachtflugzeuge und 177 Hubschrauber. Nach tradierter Manier wird der Bedarf an abgeschriebenen Maschinen und Neuanschaffungen, die sich aus den Schätzungen über die Marktentwicklung ergeben, mit der realen potenziellen Nachfrage nach russischen Maschinen gleichgesetzt.

821 Vgl. Schmeling, Neue Flugzeuge braucht das Land, 2005.

822 Vgl. Zavarskij, Rossijskie aviakompanii, 2005.

823 Vgl. Lemeschko, Chrennikov, Nebesnye spory, 2004; o. V., Rossija, verojatno, sogasitsja snizit' poschliny, 2004. Allerdings gewährte der neue Zollkodex von 2004 einige Sonderbedingungen und Sonderprivilegien. So erlaubte er den Fluggesellschaften, die fälligen Zahlungen über 34 Monate zu verteilen. Vgl. Zavarskij, Rossijskie aviakompanii, 2005.

Es spricht für die Macht der Putin-unabhängigen Netzwerke, dass sich weder die Transaero noch die Aeroflot de facto an die mit Putin (1999) vereinbarte Abmachungen hielten,[824] wonach die Fluggesellschaften für die Verlängerung ihrer Sonderprivilegien (in Form einer Zoll- und Gebührenbefreiung) die eingesparte Summe bis Ende 2004 in den Kauf heimischer Luftfahrttechnik hätten investieren müssen. Insgesamt beliefen sich die Zollvergünstigungen auf 700 Mio. $, was 25 neuen Tu-204 entsprochen hätte.[825] Erst im Sommer 2004 verklagte Wirtschaftsminister Grefs dann angesichts dieses Bruchs der Vereinbarungen beide Fluggesellschaften.[826] Die Durchsetzungsschwierigkeiten der Abmachungen zeigen deutlich die Macht der Netzwerke und damit auch die Steuerungsproblem des Staates in Putins erster Amtszeit. Und dies betraf nicht nur die private Transaero, sondern auch die Aeroflot, an welcher der russische Staat über das Ministerium für Vermögen mit 51 Prozent beteiligt war. Im Herbst 2004 wurde ein enger Vertrauter Putins, Viktor Ivanov, zum Aufsichtsratsvorsitzenden der Aeroflot gewählt. Das Generaldirektorium blieb allerding in der Person V. Okulovs, des Schwiegersohns Jelzins, in der Hand eines Vertreters der „Familie".[827] Es spricht zudem für die Machtverhältnisse, dass es den Fluggesellschaften auch nach 2004 gelang, die Zollzahlungen zu umgehen. Die Transaero beispielsweise hatte zehn Boeing-Maschinen über eine Finanzgesellschaft mit Sitz in der Freien Wirtschaftszone Kaliningrad erworben. Diese Gesellschaft war entsprechend von den Zollzahlungen befreit.[828]

824 Vgl. o. V., Aviakompanijam naschli dolg, 2004; o. V., Samolety prizraki, 2004.

825 Die Aeroflot hätte sechs Il-96-300 und drei analoge Cargo-Modelle bestellen müssen. Die Gesellschaften selbst hatten keine Stückangaben gemacht. Die Stückzahlen sind aber von der Zollvergünstigung und den Preisen der Maschinen abzuleiten. Die Transaero hätte zehn Tu-204 bestellen müssen. Vgl. o. V., Aviakompanijam naschli dolg; o. V. Samelety-prizraki, 2004.

826 Vgl. o. V. Samelety-prizraki, 2004.

827 Vgl. Pronina, Putin Aide elected to Board, 2004.

828 Vgl. Zavarskij, Rossijskie aviakompanii, 2005.

Renationalisierungs- und Konzentrationsprozesse im Lufttransport

Diese Vorgehensweisen blieben erst einmal formell ungestraft. Putin versuchte auch hier, das Steuerungsproblem durch Renationalisierungsmaßnahmen zu lösen – ein langwieriger Prozess. Schon seit 2003 war aber abzusehen, dass die Vertreter aus dem Netzwerk des Präsidenten versuchten, sich auf dem Markt für Lufttransport zu konsolidieren – zunächst unabhängig von der Transaero und der Aeroflot. Vor diesem Hintergrund ist die Fusion der erfolgreichen regionalen Petersburger Linie „Pulkovo", der drittgrößten russischen Gesellschaft, mit der kleinen staatlichen Fluggesellschaft Rossija zu sehen. Die Rossija hatte bis dahin lediglich den Flugverkehr der Regierung abgewickelt. Die Vertreter des Kreml erhofften sich, mit der Fusion die direkte Kontrolle über die international agierende zweitgrößte russische Fluggesellschaft mit insgesamt 38 Maschinen (Rossija 11) und 100 Routenlizenzen (Rossija nur 6) sicherzustellen. Geleitet wurde die neue Gesellschaft unter dem Namen „GTK Rossija" dann auch von dem „alten" Direktor der Rossija. Die Pulkovo hatte bis dahin vor allem mit der Aeroflot zusammengearbeitet; umso mehr verwunderte nun die Anbindung an Rossija.[829]

Hintergrund war, dass der Kreml bemüht war, alle Expansions- und Konsolidierungsversuche der Aeroflot zu unterbinden. Auch als die Aeroflot versuchte, die Sperrminorität ihres mittlerweile größten Konkurrenten, der Fluggesellschaft Sibir,[830] zu erwerben, wurden die Pläne vom Wirtschaftsministerium unter Verweis auf „Interessenkonflikte" gestoppt, genauso wie die Fusionsversuche der Aeroflot mit der insolventen Dalavia (2007). Diese sogenannten Interessenkonflikte könnten sich auf den Machtkampf zwischen den Vertretern Putins (Aufsichtsratsvorsitz) und den Vertretern der „Familie" beziehen. Das Vorgehen der für den Kreml agierenden Akteure zeigt, dass die Interessen des Staates nicht über die formellen Institutionen wahrgenommen wurden, sondern vielmehr über die Instrumentalisierung der Regelungen.

Entscheidend ist an diesem Punkt jedoch die Frage, inwieweit die Gesellschaften unter der Führung des Staates die Nachfrage nach heimischer

829 Vgl. Pustatov/Krampez, Pulkovo chotschet slit'sja s rossiej, 2006.

830 Die Sibir ist seit Mai 2006 unter dem Firmennamen S7 registriert.

Luftfahrttechnik zu verstärken vermochten. Einen Einblick in das Nachfrageverhalten ermöglicht die Nachricht, dass die ebenfalls staatliche Sankt Petersburger Außenhandelsbank „Vneschtorgbank" die Finanzierung (Leasing) von bis zu 16 Maschinen des Typs Airbus 320-200 für die neue Pulkovo/Rossija-Gruppe übernommen hatte.[831] Die Anschaffung einer so großen Zahl hochmoderner, neuer Flugzeuge bedeutete einen Quantensprung in der Geschichte der beiden Fluggesellschaft, zeigte aber zugleich, dass auch von den staatlichen Strukturen keine Änderung des Nachfrageverhaltens ausging.

Das Nachfrageverhalten der „unabhängigen" Fluggesellschaften

Was das Nachfrageverhalten der regionalen Fluggesellschaften betraf, so konnte die Aviastar von Nachfrageimpulsen ausgehen. Auf den ersten Blick schien die Aviastar von dem allgemeinen Aufschwung in der Lufttransportbranche, der insbesondere der Kras Air[832] und der Sibir[833] hohe Umsatzsteigerungen bescherte, zu profitieren. Laut der Leasingverträge mit der Iljushin Finance Corporation (Dezember 2002) sollten von der Krais Air in den Jahren 2003–2004 die ersten drei Tu-204 C in Leasing genommen und auf internationalen Strecken eingesetzt[834] sowie weitere fünf Passagiermaschinen erworben werden.[835] Auch die Sibir hatte im gleichen Jahr über die Iljushin Finance Corporation einen Leasingvertrag über mindestens zwei

831 Vgl. Pustatov/Krampez, Pulkovo chotschet slit'sja s rossiej, 2006.

832 Sie befand sich im Jahr 2003 wieder in der Gewinnzone und der Umsatz überstieg 5 Mrd. Rubel (167 Mio. $). Vgl. o. V., Aviakompanija „Krasejr": Itogi dejatel'nosti 2003 goda, 2003.

833 Vgl. Zavarskij, Rossijskie aviakompanii, 2005.

834 Vgl. Chikmatov, Dostojnoe predlogenie, 2003. Der Vertrag war im Dezember 2002 unterschrieben und die erste Maschine im Dezember 2003 übergegeben worden, die anderen beiden sollten im Jahr 2004 übergeben werden; vgl. o. V., Planiruet 2 dekabrja polutschit' tretij samolet Tu-204-100, 2003.

835 Über die IFC sollte die Kras Air ursprünglich noch fünf weitere Modelle leasen; vgl. o. V., Summa sdelki popriobreniju, 2003; siehe auch o. V., Krasnojarskie avialinii popolnjat svoj park vtorym Tu-204-100, 2000.

Tu-204 abgeschlossen.[836] Unabhängig davon, dass nur ein Teil dieser Verträge realisiert werden konnte, handelte es sich bei den übergebenen Tupolev-Maschinen um „alte", d. h. Anfang der 1990er hergestellte Modelle. Ab 2004 wechselten beide Akteure ihre Beschaffungsstrategie und gingen zum Kauf alter westlicher Modelle über.[837]

Trotz der Umsatzsteigerungen waren die heimischen Fluggesellschaften aufgrund des Modernisierungsdrucks und steigender Kosten in Gefahr, erneut in finanzielle Schwierigkeiten zu kommen. Im Jahr 2004 schlossen sich dann fünf russische Fluggesellschaften zur Allianz AiRUnion unter der Führung der Kras Air zusammen.[838]

Das neue Ruslan-Geschäft

Erstmals konnte die Aviastar einen Nachfrageschub durch Ruslan-Bestellungen erhoffen. Das gesamte Marktsegment des Schwerlast- und Großraumtransports konnte seit 2001 Wachstumsraten von 15–20 Prozent verzeichnen. Bis zum Jahre 2024 wurde ein Wachstum von 60 Prozent erwartet.[839] Nach Angaben der Wirtschaftszeitung „Kommersant" versprach aufgrund des hohen Wachstums im internationalen Luftfrachttransport der Bedarf an An-124 bis 2020 auf 40–50 Maschinen anzusteigen.[840] Auch für die

836 Die Seriennummern der Maschinen lauteten 64016 und 64017, d. h., sie gehörten, wie bei den Leasingverträgen zwischen der IFC mit der „Kras Air", zu den Beständen der in den 1990er Jahren hergestellten Modelle. Vgl. o. V., Pervoij polovinie 2003 g., 2002; o. V., Planiruet 2 dekabrja polutschit'tretij samolet Tu-204-100, 2003.

837 Die Kras Air erwarb 2004 zwei Boeing 767. Auch die Sibir war von der Aufstockung der Tu-204-Modelle abgerückt. Im Jahr 2006 hatte die Gesellschaft mit dem amerikanischen Leasingunternehmen GE-Commercial Aviastion Service (GECAS) einen Leasingvertrag über zehn Mittelstreckenflugzeuge des Typs A319 abgeschlossen; Vgl. o. V., Sibir to have Ten A319 this Year, 2006. Diese Maschinen vom Baujahr 1999 waren zuvor bei der in die Insolvenz geratenen amerikanischen Fluggesellschaft Northwest Airlines geflogen.

838 Dazu gehören die beiden Fluggesellschaften der Brüder Abramovitsch, die Kras Air und die Sibaviatrans, sowie kleinere Gesellschaften wie die Omskavia, Samara Airlines und die Moskauer Domodedovo Airlines.

839 Vgl. Schmeling, Neue Flugzeuge braucht das Land, 2005.

840 Vgl. Naumova, Ruslan zapustjat v serijnoe proizvodstvo, 2004.

militärischen Varianten waren konkrete internationale Aufträge zu verzeichnen. Allein über die Nato sollten die Ruslan-Betreiber bis 2010 (Anlauf der Serienproduktion der A400 M) Aufträge in Höhe von rund 1 Mrd. $ erhalten.[841] Im Jahr 2003 waren die Konstrukteure entsprechend optimistisch und gingen von einem Absatz von 80 bis 100 Ruslan aus.[842]

7.3 Institutionelle Rahmenbedingungen auf regionaler Ebene: Die Oblast Ul'janovsk in Abhängigkeit vom Kreml

2002 hatte Präsident Putin beschlossen, dass der Föderationsrat nicht mehr durch die Gouverneure und die regionalen Parlamentspräsidenten gestellt werden sollte, sondern durch Vertreter, die von den Regionalparlamenten bestätigt werden mussten. Zudem hatte sich der Präsident die Möglichkeit geschaffen, Gouverneure bei Ermittlungen durch die Generalstaatsanwaltschaft ihres Amtes zu erheben.

Bis 2004 blieb das institutionelle Umfeld unter dem Einfluss der Netzwerke der Administration weitgehend unverändert. Erst mit den Gouverneurswahlen in demselben Jahr wurden wesentliche Weichenstellungen für die vollständige Auflösung der föderalen Strukturen und ihre Eingliederung in die präsidiale Verwaltungshierarchie offensichtlich. Dabei hatte sich vor allem

---

841 Da der Airbus-A400M-Militärtransporter erst ab 2010–2012 zur Verfügung stehen würde, beabsichtigten die NATO und die EU, die militärische Ruslan-Variante als Ersatz einzusetzen, um die Transportengpässe zu überbrücken. Organisiert werden sollte der Einkauf von Luftfrachtkapazität für die NATO über das aus Leipzig organisierte Programm SALIS (Strategic Airlift Interim Solution). Beteiligt an dem Programm SALIS sind 16 NATO- und EU-Mitgliedsstaaten. Die von der SALIS GmbH gemieteten Maschinen sollten für Transporte in Krisengebiete eingesetzt werden und sowohl militärische als auch humanitäre Einsätze fliegen. Die Ruslan wird auch von der EADS eingesetzt. Die Behörde kooperiert mit der Polet Airlines, um den Transport von Bauteilen der Raumfahrt-Division einschließlich von Komponenten des Airbus A380 sowie der Triebwerke für die Engine Alliance GP7200 zu organisieren. Im Übrigen wird die Ruslan der Volga Dnepr auch als Ersatz für die Boeing-Variante 747LCF von Boeing selbst zur Beförderung der General Electric GE90-Triebwerke für den Typ Boeing 777 eingesetzt. Für den Airbus Militärtransporter sollen bisher Bestellungen von mindestens 200 Maschinen vorliegen. Von Boeing wurde im August 2006 der Prototyp der Fracht-Variante 747-8F fertiggestellt.

842 Vgl. Kutik/Safronov, Pod'em tjagestej, 2006.

die Einheitspartei als ein wichtiges allumfassendes Steuerungsinstrument des Kreml entwickelt. Schon zu den Dumawahlen im Dezember 2003 hatte sich die Partei in Ul'janovsk umfassend etablieren können. Ihr Erfolg basierte weniger auf politischer Meinungsbildung über wichtige strukturelle Themen der Region (Energieversorgung, Kriminalität etc.), sondern auf eher vagen Versprechungen. Nur einige Monate vor den Parlamentswahlen waren zwei Vertreter der Partei in Regierungsmaschinen der Linie Rossija nach Ul'janovsk geflogen. Sie versprachen dem Gouverneur Schamanov für den Fall, dass die Partei in Ul'janovsk entsprechend unterstützt würde, bei dringenden regionalen Aufgaben behilflich zu sein. Dazu gehörten der Bau einer Brücke über die Wolga, eine Verstärkung der Deiche und die „Reanimation" des Flugzeugherstellers Aviastar.[843] Der Großteil der administrativen Führungsspitze der Region trat in den folgenden Monaten in die Partei ein, einschließlich des Gouverneurs V. Schamanov.[844] Es drängt sich der Verdacht auf, dass für die Fortführung der politischen Karriere eine Mitgliedschaft in der Partei als notwendig angesehen wurde. Diese Auffassung vertrat auch der Leiter der regionalen Parteistrukturen der Partei „Jabloko": Die Partei „Edinaja Rossija" „ist eine Partei der Beamten, die sich vereinigen, um ihren warmen Sessel in den Machtstrukturen zu erhalten".[845] Dies war nicht nur in Ul'janovsk der Fall. Wie das Ergebnis der Dumawahlen zeigte, war die Partei „Edinaja Rossija" landesweit erfolgreich und mit fast 40 Prozent der Stimmen die mit Abstand stärkste Partei; Ul'janovsk lag mit einem Anteil von 33 Prozent noch unter dem Durchschnitt.[846] Das „Gesamtrussische Politische Institut" hatte angesichts der Wahlanalysen einen eigenen Demokratieindikator entwickelt: „Je höher das Rating ‚Einiges Russland' in den einzelnen Regionen, umso weniger ist davon auszugehen, dass es dort einen lebendigen politischen Prozess gibt."[847]

---

843 Vgl. Gogin, Osobennosti partstroitel'stva v Ul'janovskoj oblasti, 2004.

844 Vgl. Gogin, Osobennosti partstroitel'stva v Ul'janovskoj oblasti, 2004; o. V., Vladimir Schamanov vstupil v partiju vpolsednij raz, 2003.

845 Vgl. Zitat von Anatolij Netschaev, Vorsitzender der Partei Jabloko in Ul'janovsk, Pressemitteilung auf der offiziellen Seite der Partei Jabloko in Ul'janovsk vom 29.01.2003.

846 Vgl. o. V., S novym godom, s novymi ambizijami!, 2005.

847 Vgl. o. V., S novym godom, s novymi ambizijami!, 2005.

Im Rahmen der Gouverneurswahlen von 2004 gelang es Putin, alle „Gegenkräfte zu neutralisieren".[848] Dazu gehörten vor allem die Vertreter der Wirtschaftseliten, die versuchten, ihre wirtschaftliche Macht in politische Machtpositionen umzuwandeln.[849] Für Ul'janovsk war dies am Beispiel des politisch sehr erfolgreichen Parteimitglieds und Jukos-Aktionärs Vladimir Dubov zu beobachten. Er musste seine Kandidatur für die Gouverneurswahlen auf Druck von Moskau zurückziehen.[850] Auch der parteilose Ul'janovsker Unternehmer Sergej Gerasimov wurde, als sich nach dem ersten Wahlgang ein Kopf-an-Kopf-Rennen mit dem Wunschkandidaten der Partei (Edinaja Rossija), Sergej Morosov, abzeichnete, ein Tag vor dem zweiten Wahlgang von einem Ul'janovsker Gericht von den Gouverneurswahlen ausgeschlossen. Der Stab Morosovs beschuldigte ihn, seine Unternehmen zur Wahlbeeinflussung genutzt zu haben.[851] Morosov wurde entsprechend im zweiten Wahlgang zum Gouverneur gewählt und am 11. Januar 2005 in sein neues Amt eingesetzt.[852]

---

848 Der Parteivorsitzende der „Edinstvo" und ehemalige Minister für Inneres Gryslov sagte über den Sinn von Wahlen in Russland Folgendes aus: Das Wichtigste im Wahlkampf sei nicht der Kampf gegen Kriminalität und Terrorismus, sondern der Kampf mit den politischen Gegnern. Zitat von Gryslov in seiner Funktion als Vorsitzender der Partei Edinstvo; siehe Pressemitteilung auf der offiziellen Seite der Partei Jabloko in Ul'janovsk vom 29.01.2003.

849 So waren die Jukos-Mitarbeiter und Jukos-Aktionäre, die für die Edinaja Rossija bereits erfolgreich in den Regionen kandidierten, meist schon zu den Duma-Wahlen aus den Listen gestrichen und ihre weitere Kandidatur somit verhindert worden.

850 Vgl. o. V., Edinaja Rossija vytscherknula iz svoego federal'nogo spiska akzionera JUKOSA-Bladimira Dubova, 2003.

851 In einem regionalen Fernsehsender soll Gerasimov erklärt haben, bei einem Wahlsieg die Preise seiner Produkte senken und Investitionen in die Wirtschaft der Region unternehmen zu wollen. Gerasimov beabsichtigte, gegen seinen Ausschluss Klage beim obersten Gericht der RF einzureichen. Denn die Entscheidung, die Preise zu senken, sei schon zwei Monate vor Beginn des Wahlkampfes gefallen. Da die Klage gegen Gerasimov einen Abend vor dem zweiten Wahldurchgang eintraf, konnte seine Verteidigung keine Teilnahme an den Wahlen mehr bewirken.

852 Vgl. o. V., Sergej Morozov vstupil v dolgenost' gubernatora, 2005; Titov, Sergej Morozov obeschtschaet teplo, 2005.

Mit den Gouverneurswahlen war es Putin zudem gelungen, den Ex-General Schamanov von dem Posten als Administrationschef abzusetzen, um ihn durch einen Vertreter aus den Repressionsorganen zu ersetzen – Sergej Morosov, Jahrgang 1959, war gelernter Jurist und hatte zuvor in den Organen für Innere Angelegenheiten gearbeitet.[853] Als Schamanov seine Kandidatur für die anstehenden Gouverneurswahlen eingereicht hatte, war ihm vom Generalsovjet der Partei empfohlen worden, seine Kandidatur zurückzuziehen.[854] Dies tat er jedoch erst nach einem persönlichen Treffen mit Präsident Putin im November 2004, als dieser ihm eine Position als Sicherheitsberater des Premierministers anbot.[855] Wie die Zeitung „Izvestija" schrieb, soll Schamanov diese Position als „Dank der föderalen Macht für den seriösen Sieg, den die ‚Edinaja Rossija'[856] bei den Duma-Wahlen in Ul'janovsk errungen hatte"[857], bekommen haben.[858] Diese Interaktion belegt den persönlichen Charakter der Patronage-Klient-Beziehung zwischen Putin und Schamanov, die auf dem Austausch von Loyalität und Gehorsam gegen politische Patronage beruhte und damit den Mechanismus der regionalpolitischen Steuerung in der ersten Amtszeit Putins offenlegte.

An dem neuen politischen System in der Region Ul'janovsk lässt sich eine Verlagerung der föderalen Steuerung nachvollziehen: weg von der dualen persönlichen Loyalitätsbeziehung zwischen dem Exgeneral Schamanov als Gouverneur und der Person des Präsidenten Vladimir Putin hin zu einem zentral institutionalisierten Netzwerk, das über die vom Kreml gesteuerten Parteistrukturen organisiert wurde. Während in dem alten Interaktionsmodell dem Gouverneur zudem ein relativer Freiraum zur Gestaltung der eigenen regionalen Machtbasis gelassen wurde, was rasch zu einer unkontrollierten Netzwerkbildung und einer entsprechenden Privatisierung staatlicher Kompetenzen geführte hatte, schien die Steuerung über die

---

853 Als Leiter der Spezialabteilung im Kampf gegen Drogen in Ul'janovsk gehört er ebenfalls zu den Strukturen der „Siloviki" aus dem Innenministerium.

854 Vgl. o. V., Edinaja Rossija v Ul'janovskoj oblasti posovetovala gubernatoru ne idti na vybory, 2004; Vitebskaja, General perestaet byt' gubernatorom, 2004.

855 Vgl. Vitebskaja, General perestaet byt' gubernatorom, 2004.

856 Edinaja Rossija.

857 Vgl. Vitebskaja, General perestaet byt' gubernatorom, 2004.

858 Vgl. Vitebskaja, General perestaet byt' gubernatorom, 2004.

Partei Edinaja Rossija und damit über die parteiinternen Repressionsstrukturen einen weitaus breiteren und engmaschigeren Kontrollmechanismus zu bieten. Mit den Gesetzesänderungen vom 12. Dezember 2004 wurde die Vertikale der Macht nach dem Vorschlag des Präsidenten weiter manifestiert, wonach die Gouverneure nicht mehr durch das Volk gewählt, sondern einzig und allein auf Vorschlag des Präsidenten ernannt werden sollten. Des Weiteren sah der Gesetzentwurf die direkte Kontrolle der Landeschefs auch während ihrer Amtszeit durch den russischen Präsidenten Putin vor. Demnach konnte der russische Präsident Putin nun dem Gouverneur sein Vertrauen entziehen und ihn damit zum Rücktritt zwingen und daraufhin einen neuen Gouverneur „vorschlagen".[859]

7.4 Unternehmensebene – Akteure, Interaktionsformen und Strategien: Präsidialstrukturelle Führung und neue strategische Investoren

Nachdem im Jahr 2001 der marktwirtschaftliche Weg einer Restrukturierung der Aviastar „von unten" durch das weitgehend unpolitische „mittlere Business" (HNS) von den Netzwerksystemen vor Ort sabotiert worden war, sodass der Restrukturierungsprozess vollständig stagnierte, stellte sich die Frage, ob eine Restrukturierung unter der Führung des Präsidenten möglich war. In Anbetracht der hohen Eigendynamik der Netzwerkprozesse muss danach gefragt werden, ob eine einheitliche Steuerung möglich war und inwieweit diese die Restrukturierungsprozesse voranzutreiben vermochte.

859 Dieser Gesetzesentwurf sah vor, dass der Wahlkandidat von den Regionalparlamenten bestätigt werden konnte. Wenn die Zubilligung allerdings dreimal verweigert wird, dann hat das Staatsoberhaupt das Recht, das Legislativorgan aufzulösen und einen geschäftsführenden Gouverneur seines Vertrauens zu ernennen. Er muss durch das neue Parlament nur noch bestätigt werden. Vgl. Föderales Gesetz der Gesetzgebenden Versammlung (Federal'nyj zakon gosudarstvennoj dumoj) Nr. 159-F3 vom 2004; o. V., Gubernatorov budet naznatschat' president, 2004; o. V., Putin ob'javil o novoj Rossii, 2004; o. V., Zakon o naznatschenii gubernatorov, 2004.

7.4.1 Unter der Führung des Bevollmächtigten des Präsidenten: Keine Koordination der Netzwerkprozesse

Im September 2002 war laut Wirtschaftsminister Gref „die Flugzeugproduktion der Aviastar dem Staat unterstellt" worden. Was war damit gemeint? Letztlich unterstand die Flugzeugproduktion seit 1999 dem Industrieminister Klebanov bzw. seinem verlängerten Arm, der Luft- und Raumfahrtbehörde (RAKA). Auch operativ unterstand die Flugzeugproduktion über die OAO Tupolev, an welcher der Staat 74 Prozent des Aktienkapitals und die Mehrheit der Aufsichtsratsmandate hielt, dem Staat. Im Juli 2002 war der Komplex zudem noch unter die persönliche Führung des Industrieministers Klebanov gestellt worden. Dabei war es zu persönlichen Bargaining-Verhandlungen mit Vertretern der verschiedenen Netzwerke vor Ort und dem Industrieminister gekommen. Wie der vorangehende Abschnitt gezeigt hat, war die staatliche Führung auf der Basis dieser Interaktionsmechanismen von einer Koordination oder gar Steuerung der Unternehmens- und Netzwerkprozesse noch weit entfernt. So hatten die fortdauernden Blockadestrategien der Netzwerke vor Ort zu maßgeblichen Störungen der Produktionsabläufe geführt. Aufgrund der fortgeführten Insolvenzklagen stand der Komplex vor der Rückabwicklung der Renationalisierungsmaßnahmen, in deren Folge auch die Flugzeugproduktion aus der mehrheitlich staatlichen Tupolev-Holding hätte ausgegründet und wieder der OAO Aviastar zugeführt werden müssen. Nach dem Besuch der Regierungsdelegation unter der Ägide des Wirtschaftsministers G. Gref im September 2002 wurde dem Industrieminister die Verantwortung für den Komplex entzogen und nun der Regierung und dem Präsidenten übergeben. German Gref sprach in diesem Zusammenhang von der „ständigen Kontrolle des Präsidenten und der Regierung".[860] Dass die Aviastar zur Chefsache erklärt wurde, hatte einen nur bedingt disziplinierenden Einfluss auf die beteiligten Minister ausgeübt, denn es war ihnen nicht gelungen, sich in den folgenden Monaten auf ein gemeinsames Förderprogramm zu einigen. Laut dem Septemberprotokoll des Jahres 2002 hatten die Minister die Verabschiedung eines „Programms der gemeinsamen Maßnahmen zur Regulierung" angekündigt.[861]

---

860 Vgl. Pressekonferenz mit Gref, 2002 (September).

861 Vgl. o. V., Polpred Prezidenta RF v PFO Sergej Kirienko, 2002.

Der entscheidende Schritt in der Entwicklung zu einem präsidialen Etatismus unter Putin nahm zu Beginn des Jahres 2003 deutlichere Züge an. Jetzt wurde die Aviastar unter die Führung des bevollmächtigten Vertreters des Präsidenten in der Region Privolge, Sergej Kirienko, gestellt. Am 15. Januar 2003 ließ der Präsident Putin eine außergewöhnliche Aktionärsversammlung der ZAO Aviastar-SP in Moskau einberufen. Auf dieser wurde Sergej Kirienko zum Aufsichtsratsvorsitzenden der ZAO Aviastar-SP gewählt.[862]

Interaktionsbindungen im Leitungssystem Putin und Bevollmächtigter des Präsidenten

Unter dem Aspekt der vertikalen Lenkung durch den Präsidenten ist nun entscheidend, ob Kirienko bei der Ausübung seiner Pflichten dem Präsidenten gegenüber ausreichend verpflichtet war. Wie die Geschichte gezeigt hat, ist aufgrund der Informationsasymmetrie und der hohen Netzwerkorientierung der Akteure eine rein formelle institutionelle Lösung zur Sicherstellung einer vertikalen Lenkung nicht ausreichend. Für den netzwerkanalytischen Ansatz ist entscheidend, ob hier ein Interaktionsmuster mit einer zusätzlichen Reziprozitäts- und Loyalitätsbereitschaft zugrunde lag. Vor diesem Hintergrund ist wichtig, dass es Kirienko in seiner Phase als Premier 1998 gewesen war, der Putin zum Leiter des FSB ernannt und ihm damit den Zugang zu den Präsidentenstrukturen ermöglicht hatte. Putin hatte sich daraufhin als ausreichend dankbar gezeigt und Kirienko nach seiner Entlassung als Premier durch Jelzin 1998 (als Folge des Rubelsturzes und der Finanzkrise) in seinem Netzwerksystem aufgenommen. Einen Einblick in die Reziprozität- und Vertrauensvorstellungen, aber auch auf die Unsicherheiten der Interaktionslogiken bietet der Mitschnitt eines im Oktober 2000 aufgezeichneten Gesprächsausschnitts vonseiten Kirienkos, adressiert an zwei Unbekannte:

- Unbekannter: Unsere Zeit kommt noch in 2008. Für die Wahlen muss man sich schon jetzt vorbereiten, und dafür ist es notwendig, Putins Vertrauen zu gewinnen.

---

862 Vgl. o. V., Predsedatelem sovet direktorov ZAO Aviastar-SP izbran polpred presidenta RF, 2003.

- Kirienko: Mir glaubt Putin, ich bin der kompetenteste unter all den bevollmächtigten Vertretern.
- Unbekannter: Warum ist Putin Präsident geworden und ich nicht?
- Kirienko: Putin ist ein dankbarer Mensch. Ich habe ihn in den FSB RF gerufen, habe ihm den Freibrief für die große Politik gegeben ...[863]

Kirienko hatte offensichtlich Putins Vertrauen gewinnen können und war von ihm 2001 als Präsidentenvertreter in den Föderaler Bezirk Privolge entsandt. Mittelfristig konnte davon ausgegangen werden, dass er die Interessen des Präsidenten umsetzen würde. Allerdings war er auch anderen Netzwerken verpflichtet, deren direkte Interessen er für einen bestimmten Zeitrahmen bereit war zurückzustellen. Dieses Gespräch lässt auf eine Dynamik innerhalb der Interaktionssysteme schließen. Im Übrigen war auch über die neuen Abteilungen des Innenministeriums im Apparat des Bevollmächtigten im Gegensatz zu früher ein zusätzlicher Kontrollmechanismus geschaffen worden.

Aviastar unter der Führung Kirienkos

Im Gegensatz zu dem bis dahin üblichen Aufgabenverständnis staatlicher Akteure in den Aufsichtsräten, das sich vorwiegend auf eine passive Beobachtungs- und Kontrollfunktion beschränkt hatte, griff Kirienko aktiv in die Unternehmensprozesse ein. Für eine zweckorientierte Steuerung der Unternehmensprozesse reichte es aber nicht aus. Es gab vor allem drei relevante Aufgabenfelder: die Beendigung des Insolvenzprozesses, die Lizenzierungs- und Zertifizierungsaufgaben und die Suche nach einem Investor.

Keine Koordination und Steuerung der Unternehmensprozesse

Kirienko hatte vom Kreml den Auftrag erhalten, für einen störungsfreien Produktionsablauf zu sorgen, damit der Chinavertrag ausgeführt werden konnte. Dafür sollte die Beendigung des Insolvenzprozesses im Interesse des Staates sichergestellt werden.[864] Formell war aber nicht Kirienko als

---

863 Vgl. IAA (Informations-Analytische-Agentur) Sekretinfor, www.informacia.ru, Stichwort Kirienko, Sergej V.

864 Vgl. Interview Igin, 2004 (Juli).

Aufsichtsratsvorsitzender der ZAO Aviastar-SP für den Insolvenzprozess zuständig, sondern der Insolvenzverwalter, Igor Igin. In einem Interview betonte dieser, dass er seit September de facto unter dem Einfluss des Präsidentenvertreters Kirienko stehe und dass er angewiesen worden sei, eine Insolvenz zu vermeiden und einen Plan zur Aufteilung der Aktiva in „für die Flugzeugproduktion relevante" und „nicht relevante" und damit rückführbare Aktiva auszuarbeiten:

> „Mir hatte er [Kirienko] persönlich die Aufgabe gegeben, ein Schema für eine außergerichtliche Rückführung der Aktiva auszuarbeiten, das den Flughafen ‚Ul'janovsk-Vostoschnyj', ‚ZTO EAT' und ‚Spektra-Aviastar' mit der Aviastar-SP vereinte. Das heißt, unter Kirienko wurde ein anderes[865] Konzept realisiert, und das hieß: Nicht die Aviastar-SP anfassen! Teilweise konnten wir das tun [...]. Trotzdem setzte nun ein regelrechter Korporationskampf ein."[866]

Trotz des aktiven Eingreifens des Vertreters des Präsidenten gelang es ihm nicht, die Unternehmensprozesse und korporativen Netzwerkprozesse vor Ort zu kontrollieren oder zu steuern. Die Interessenstrukturen hinter der Ul'janovsker Administration (Gruppe der Regisseure) blockierten auch weiterhin die Entscheidungen des Staates. So versuchten sie über ihre Funktion als Aufsichtsratsmitglieder und Gläubiger der OAO Aviastar, den Insolvenzprozess nach ihren Vorstellungen zu beeinflussen und das Engagement anderer Aviastarinvestoren zu blockieren.

Erster Angriffspunkt war der Insolvenzverwalter Igor Igin. Als dieser im Frühjahr 2003 trotz persönlicher Drohungen weiterhin keine Anstalten zeigte, eine „konsequente" Insolvenz (Rückführung aller Aktiva in die OAO Aviastar) durchzuführen, betrieb Piorunski aktiv Lobbyarbeit, um den Insolvenzverwalter durch einen „seiner Leute" zu ersetzen.[867] In den folgenden

---

865 Zuvor hatte sich Igin für die Aufrechterhaltung der gesamten Holdingstruktur ausgesprochen, wonach die Verschuldung der OAO Aviastar gegenüber dem Staat durch die Übergabe eines Aktienpaketes von 19 % gelöscht werden sollte. Die OAO Aviastar schuldete dem Staat 1,5 Mrd. Rubel.

866 Vgl. Interview Igin, 2004 (Juli).

867 Vgl. Lanskoj, Pered boem, 2003.

Jahren kam es zur wiederholten Absetzung Igins[868] und seiner Wiedereinsetzung über das föderale Arbitragegericht. Teilweise gab es nach altbekannter Manier wieder zwei Verwaltungsstrukturen der Aviastar, in diesem Fall waren es zwei externe Insolvenzverwalter: Igor Igin und ein Arbitrageverwalter aus den Strukturen des korporativen Netzwerkes, genauer gesagt aus dem Netzwerk Piorunskis.[869]

Spätestens im Frühjahr schwebte Igin als Insolvenzverwalter institutionell allerdings weitgehend in der Luft. Mit der Abwahl der Regierung Kasjanovs im März 2004 war die Insolvenzbehörde FSFO ebenfalls liquidiert worden. Dies macht deutlich, wie eng die Insolvenzbehörde mit der Person Kasjanov und seinen Netzwerken im Zusammenhang stand. Putin gewährte der Institution, ihre Vollmacht bis zum 18. Juli 2004 auszuüben. In diesem Zeitraum schien die Behörde ihre Interessenpolitik geändert zu haben. Die Sanierungspolitik Igins war der FSFO nun ein Dorn im Auge, und sie unterstützte die Absetzung des einst auf ihren besonderen Wunsch eingesetzten Insolvenzverwalters.[870]

Kontinuität der Blockadestrategien gegenüber Kamel und der Volga Dnepr

Als im Januar 2003 die dritte von der Beratungsfirma „Expert-Profi" initiierte Appellation auf die unrechtmäßige Absetzung Leikos scheiterte, gab I.

868 Vgl. Lanskoj, Pered boem, 2003; o. V., Arbitragnyj sud Uljanovskij oblast' dolgen rassmotret' delo o vosstanovlenii Igora Leiko, 2003; siehe auch Interview Igin, 2004 (Juli).

869 Vgl. Tschernyscheva, Na „bol'schom" Aviastar smenilas'vlast', 2004. In einem Interview beschreibt Igin die Situation wie folgt: „Er [Rydenko] kam zum ‚Komando Schamanovs', weil deren Vertreter ihm einen Sitz im Föderationsrat für den Oblast' Ul'janovsk als Gegenzug für meine Beseitigung aus der ‚Aviastar' anboten. Der jetzige Insolvenzverwalter im Ul'janovsker Betrieb, Herr Ryndenko, ist ein Mann Oganjans. Und Oganjan arbeitete schon früher mit Piorunski zusammen [...]." Vgl. Interview Igin, 2004 (Juli). Igin wurde im September 2004, nachdem er erneut Berufung vor dem Föderalen Arbitragegericht eingereicht hatte, wieder eingesetzt. Rydenko erkannte die Entscheidung des Föderalen Gerichts nicht an, und es gab nach altbekannter Manier wieder zwei Verwaltungsstrukturen der Aviastar, in diesem Fall zwei externe Insolvenzverwalter. Vgl. Naumova, Kreditory rasterjalis', 2004.

870 Vgl. o. V., Mina pod zavod, 2004.

Leiko auch die Leasinggesellschaft „Lider“ auf.[871] Im folgenden Jahr kam Leiko nur noch einmal nach Ul’janovsk, allerdings nicht um seinen Netzwerkkollegen Piorunski zu besuchen, denn dieser erholte sich von seiner politischen Arbeit auf einer Finka an der Algarve, die I. Leiko kurz nach der Insolvenz der Inkombank im Sommer 1998 für über 2 Mio. $ erworben haben soll,[872] sondern um weitere Blockadestrategien gegen die Aviastar zu unternehmen. Auch wenn er mittlerweile keinen direkten Einfluss mehr ausüben konnte, so konnte er doch als Insider über das gezielte Lancieren von Informationen versuchen, die Unternehmensprozesse zu behindern. Als kurz vor Neujahr 2003/2004 der Vizepremier Boris Alemschin den Betrieb mit einer Delegation der EBRD (im Rahmen des Kamel-Projektes) besuchte, erschien pünktlich zum Eintreffen der Londoner Gäste in der Schamanov nahestehenden Zeitung „Narodnaja Gazeta“ ein Interview mit einem Herrn Kalitka zur Aviastar, in dem er zur Rettung des Rechts aufrief und die illegale Ausschlachtung der Holding Aviastar sowie die Illegalität der ZAO Aviastar anprangerte. Wie sich herausstellte, gehörte jener Kalitka ebenfalls zu den Rechtsberatern Leikos.[873] Ähnlich erfolgreich hatte die Gruppe ein Jahr zuvor den internationalen Finanzgeber der Volga Dnepr verschreckt.

Allerdings wurden unter Kirienko große Fortschritte auf dem zweiten Aufgabenfeld, bei den Lizenz- und Zertifizierungsaufgaben, gemacht. So erhielt ein Teil der Werkhallen noch im Dezember 2002 seine Lizenzen, darunter auch die Wartungswerke „ZSS“ und „ZTO“. Mit diesen Rechten war es für die Aviastar einfacher, sich auf dem zweiten Markt für Tupolev-Maschinen zu etablieren. Gleichzeitig unterstützte der Staat die Entwicklungsarbeiten der verkürzten Tupolev-Variante, der Tu-204-300. Dabei wurden auch die zuständigen F&E-Strukturen des Betriebes der OOO „Aviastar-Utscebnyj Zentr“ als betriebseigenes F&E-Zentrum lizenziert.[874] Kurz nach

---

871 Vgl. o. V., Arbitragnyj sud Ul’janovskij oblasti dolgen rassmotret’ delo o vosstanovlenie Igora Leiko, 2003.

872 Vgl. o. V., Piorunskij v Portugalii, 2003.

873 Vgl. Kaschinskij, Udary po kryl’jam, 2004.

874 Vgl. o. V., ZAO Aviastar-SP polutschilo srazy tscheyre lizenszii, 2002.

der Lizenzierung des F&E-Zentrums wurde im Herbst 2003 die neue Langstreckenvariante Tu-204-300 zertifiziert.[875]

Diese Maßnahmen liefen für die Restrukturierung des Produktionswerkes allerdings erst einmal so weit ins Leere, als keine Investitionen zum Wiederaufbau der Serienproduktion der Tu-204-100/120 sowie der neuen Tu-204-300 getätigt wurden. Da der Staat keinerlei Absichten in dieser Hinsicht hegte, musste nach wie vor ein privater Investor gefunden werden – hier eröffnete sich das dritte der oben genannten Aufgabenfelder. Auf der Pressekonferenz des Präsidentenvertreters S. Kirienko nach seinem Besuch des Flughafens „Ul'janovsk-Vostotschny" Anfang 2003 beschrieb er den Investitionsbedarf wie folgt:

> „Wir müssen einen echten und potenziellen Investor für das Werk finden. Heute haben wir bei der Aviastar viele Verträge, aber kein Geld; das ist eine einzigartige Situation. Uns gefällt jeder Investor, der bereit ist, de facto Geld in den Betrieb zu investieren. Ich glaube nicht an die Gespräche über Milliarden Rubel, soweit reichen dem Betrieb heute nicht einmal 10 Mio. $, um die Energieversorger zu bezahlen. Wissen Sie, im letzten Monat waren wir wieder kurz davor, von der Energieversorgung ausgeschlossen zu werden [...]. Deshalb akzeptieren wir jeden realen Investor, und die Kategorie ‚gefällt uns – gefällt uns nicht' funktioniert hier nicht."[876]

Auffallend an der Rede Kirienkos sind die adjektivischen Beschreibungen des Investors mit „real", „echt" und „potenziell" sowie der Begriff von „De-facto-Investitionen". Was er konkret unter „unechten Investitionen" verstand, bleibt offen. Wahrscheinlich wandte er sich hier gegen die Gleichsetzung von Investitionen und „Vorfinanzierung" und hoffte vielmehr auf ein Investitionskonzept, das eine solide, planbare mittel- bis langfristige Finanzierung ermöglichte. Die Kritik an dem Kriterium „gefällt uns – gefällt uns nicht" scheint eine klare Absage an die politischen und primär auf das Netzwerkpotenzial fokussierten Entscheidungsprinzipien bei der Wahl möglicher Investoren gewesen zu sein.

---

875 Im August 2003 fand der Jungfernflug der Kurz- und Mittelstreckenvariante statt (162 Passagiere/ 2500–3500 km) mit ihrer Zertifizierung nach den russischen Normen AP-25; vgl. o. V., Pervyj vylet novogo samoleta OAO „Tupolev" Tu-204-300, 2003.

876 Vgl. Pressekonferenz von Kirienko, 2003; o. V., Sergej Kirienko vstretilsja s Ibragimom Kamelem, 2003.

7.4.2 Das Scheitern der „unabhängigen" Akteure

Es war der Bevollmächtigte Vertreter des Präsidenten, Kirienko, der als Aufsichtsratsvorsitzender über den Zugang der Investoren bestimmte. Nach 2002 gab es drei „Investitionsprojekte". Das war das Leasingangebot der Leasinggesellschaft Iljushin Finance Corporation (IFC), der „Investitionsvertrag" mit Dr. I. Kamel und später das Volga-Dnepr-Projekt zur Wiederbelebung der Ruslan-Produktion.

7.4.2.1 Das Scheitern des ägyptischen Investitionsengagements

Die Entwicklung der Projekte war allerdings immer noch eng von den politischen Stellungen ihrer Patronageverbindungen, d. h. ihrer Patrons, auf Regierungsebene abhängig.[877] Mit der geschwächten Stellung des Industrieministers Klebanov in der Regierung Kasjanov, die Klebanov im Sommer 2003 verlassen musste, war Kamels zentrale Netzwerkverbindung weggebrochen und damit die Möglichkeiten, sein Investitionsprojekt über hierarchische Entscheidungen zu schützen. Eine ausreichende Anpassung der Netzwerkstrukturen an die sich verändernden Machtstrukturen stellte zweifelsohne einen hohen Aufwand dar. Zwar hatte Kamel mit dem neuen Generaldirektor der Sirocco, E. Pligin, einen Petersburger Juristen gewählt, der als kremltreuer Vorsitzender des Duma-Ausschusses für Verfassungsrecht galt und einen interessenpolitischen Ausgangspunkt bot. Über direkte Beziehungen zu den Präsidialstrukturen oder Vertretern der Regierung ist soweit jedoch nichts bekannt.

Infolgedessen reichte es für die Durchsetzung des zweiten Investitionsvertrages nun nicht mehr, sich auf Versprechen zu berufen, die dann über den Vizepremier Klebanov und die ihm nachgeordnete Behörde RAKA in den direkten Verhandlungen mit dem Werk willig unterstützt wurden. Dementsprechend zeigte sich Kirienko, der im Gegensatz zu dem Generaldirektor V. Michailov nicht an dem Handelsgewinn beteiligt war, eher kritisch gegenüber dem Kamelengagement. Schon im November hatte die Regierung

877 Vgl. o. V., Ul'janovskaja oblast' Moskva podozrevaet Aviastar v uvode aktivov, 2002.

die Preise des Kamelprojektes bemängelt und eine Preiserhöhung durchgesetzt.[878] Als Kamel Anfang des Jahres 2003 Kirienko versprach, bis Ende März eine Summe von 38 Mio. $ zu investieren,[879] forderte der Vertreter des Präsidenten ihn auf, die entsprechenden Nachweise über die Kreditverträge mit den internationalen Finanzinstitutionen (EBRD) vorzulegen.[880] Bis Ende des Jahres konnte Kamel trotz seiner Versprechen aus dem Jahre 2001 kein entsprechendes Kreditvermögen nachweisen und seine Investitionsversprechen einlösen.

Ein Grund lag darin, dass ihm der chinesische Staat erst im November 2003 eine Absichtserklärung über den Kauf von fünf Maschinen zukommen ließ. Und erst daraufhin unterzeichnete die EBRD am 17.12.2003 den Kreditvertrag in Höhe von 50 Mio. $.[881] Zwei Tage später kam es zur Aufnahme neuer Verhandlungen zwischen Kamel, dem Generaldirektor der ZAO Aviastar-SP V. Michailov, dem stellvertretenden Finanzminister Sergej Vjazalov, dem stellvertretenden Verteidigungsminister Aleksandr Moskovskij und dem RAKA-Präsident J. Koptev.[882] Im Rahmen dieses Treffens wurde festgelegt, dass erst Ende 2005 das 25-Prozent-Aktienpaket der ZAO Aviastar-SP in den Besitz Kamels übergehen sollte, jedoch nur dann,

---

878 Am 15. November 2002 kam es in Moskau zu einem offiziellen Vertrag zwischen der OAO „Tupolev“, der ZAO Aviastar und der russischen Tochtergesellschaft, der ägyptischen „Sirocco Aerospace International“. Nachdem die Variante des Vertrages vom Sommer 2002 nicht realisiert worden war, sollte hier nachgebessert werden. Dies betraf insbesondere die Preise. Demnach sollten 25 Flugzeuge an die ägyptische Gesellschaft nicht für einen Preis von 240 Mio. $ (11,2 Mio. $ pro Flugzeug), sondern für 365 Mio. $ (14,6 Mio. $ pro Maschine) verkauft werden. Offiziell plante man, davon mindestens 15 an China weiterzuverkaufen. Die ersten Cargo-Maschinen sollten bis Ende des Jahres 2003 an China und Ägypten ausgeliefert werden. In die Kassen der ZAO Aviastar wären damit insgesamt 150 Mio. $ geflossen.Vgl. o. V. Egipteskij Kontrakt – otscherdnoe podpisanie, 2002; Korolev, Aviastar vnov' dogovorilsja s Kamelem, 2000; Bin, Putins Partner in Beijing, 2003.

879 Vgl. o. V., Aviastar-SP i ruppa Sirocco dogovarilis', 2003; o. V., V konze Marta polpred prezidenta v POF, 2003.

880 Vgl. o. V., Aviastar-SP i gruppa Sirocco dogovarilis', 2003.

881 Vgl. EBRD Project Summary Document: Sirocco Aerospace – Project number: 25158; ebenso Bin, Putin's Partner in Beijing, 2003.

882 Vgl. Gavrilova, Schinovniki govorili o kitajskom kontrakte, 2003.

wenn Kamel bis dahin de facto 300–400 Mio. $ investiert hatte.[883] Dies war ein völlig anderes Verhalten, als Kamel es bis dahin von den verantwortlichen Beamten und dem Generaldirektor kannten.
Festzuhalten ist, dass die Verhandlungen mit der EBRD dann Anfang 2004 durch die Skandalpolitik der Gruppe der Regisseure in der Ul'janovsker Presse weiter verzögert wurden. Zu einer Umsetzung der Verträge über die Sirocco Aerospace ist es de facto bis heute nicht gekommen, keine einzige Tu-204 ist geliefert worden. Im Januar 2010 gab es erst eine Tu-204-120 SE in der chinesischen Flotte Air China Cargo, die Ende 2008 über die IFC an die Chinesen gegangen war.[884]

7.4.2.2 Die Iljushin Finance Corporation und die Netzwerke des Premiers Kasjanov

Während die Interaktionsvertikale Kamels in Anbetracht der Abberufung des ehemaligen Industrieministers I. Klebanov geschwächt wurde, konnte der neue Investor, die Leasinggesellschaft Iljushin Finance Corporation, davon profitieren. Eigentlich war dem Leasingunternehmen schon über den Leasingtender 2001 unter der Führung des Wirtschaftsministers Gref der Zugang zur Aviastar gelungen. Bis dahin hatte allerdings Klebanov ein Engagement der IFC bei der Aviastar erschwert.[885] Ein Grund mag darin gelegen haben, dass der Minister die Patronage für die rivalisierende Leasinggesellschaft FIK übernommen hatte.[886] Es ist kein Zufall, dass just nachdem Klebanov die Zuständigkeit für die Aviastar-Prozesse entzogen worden waren, die IFC als neuer strategischer Investor der Aviastar auftre-

---

883 Vgl. o. V., Ul'janovskaja oblast' Moskva podozrevaet Aviastar v uvode aktivov, 2002.

884 Vgl. Wikipedia, Stichwort: Air China Cargo. Sirocco hatte die Vereinbarung 2001 mit der Gesellschaft China Southwest und China Northwest getroffen. Diese waren in die Air China Cargo zusammengeführt worden. Ab 2005 sollte der China-Vertrag dann über die Leasinggesellschaft der Iljushin Finance Corporation abgewickelt werden.

885 Vgl. o. V., Klebanov „podstrachuet“ biznes FLK, 2004.

886 Vgl. o. V., Klebanov „podstrachuet“ biznes FLK, 2004.; o. V., Fradkow leitet in Woronesch eine Tagung zu Fragen der Entwicklung des einheimischen Flugzeugbaus, 2004.

ten konnte. Das Investitionskonzept der IFC bot der Aviastar die Finanzierung von 46 Maschinen an, dabei sollten 30 Flugzeuge in den nächsten sechs Jahren bei einem Vertragsumfang von 850 Mio. $ realisiert werden.[887] Als Sicherheit für ihre Investition verlangte die IFC den staatlichen Tupolev-Anteil von 73,75 Prozent an der ZAO Aviastar-SP für eine Frist von mindestens fünf Jahren zur treuhänderischen Verwaltung.[888]

Eingebunden waren die IFC und ihr Investitionsprojekt in das Netzwerk des damaligen Premiers Kasjanov. Die IFC war von zwei Banken gegründet worden, deren Leiter ein enges multifunktionales und soziales Netzwerk mit dem Premier bildeten. Die Gründer der Leasinggesellschaft waren die Nationale Reserve Bank (NRB) sowie die Vneschekonombank (VEB).[889] Geleitet wurde die NRB wurde von A. Lebedev und die VEB -auf Ernennung Kasjanovs gleich zu Beginn seines Amtsantritts als Premierminister von seinem Netzwerkpartner A. Kostin. Sie kannten sich teilweise noch aus Studienzeiten und hatten Anfang der 1990er Jahre gemeinsam mit dem Finanzier der Familie Jelzin, A. Mamut, über Manipulation und Spekulation mit den SSSR-Schuldverschreibungen Millionenbeträge privatisiert.[890]

---

887 Vgl. o. V., Aivastar-SP budet postavljat' na rynok, 2003. Nach diesen Angaben, die sich auf eine Quelle aus dem Ministerium für Transport beziehen, soll die IFC im Mai einen Vertrag dazu abgeschlossen haben.

888 Vgl. o. V., Kirienko provel zasedanie sovet direktorov, 2003.

889 Vgl. o. V., NRB planieruet obedinit', 2003.

890 Netzwerkbeziehungen Kasjanov/Kostin/Mamut/Lebedev oder „Club der Aussenschulden-Spezialisten" – Urzelle des Netzwerkes waren die Beziehungen zwischen A. Kostin, A. Lebedev und A. Mamut aus Studienzeiten. Später kam Kasjanov hinzu. Ende der 1980er Jahre arbeitete Kostin in der russischen Botschaft in London. Lebedev war KGB-Offizier. Er wurde als Diplomat nach London geschickt, um für den sowjetischen Geheimdienst die Bewegungen auf den Finanzmärkten zu beobachten. Lebedev und Kostin hatten, im Übrigen gemeinsam mit dem Finanzminister Dubin und seiner Frau, die Londoner Holding FIFK gegründet. Sie kooperierten zusammen mit Kasjanov, der u. a. an den Restrukturierungsgesprächen mit dem Londoner Club beteiligt war. Es bestand der Verdacht, dass sie die Informationen und formellen Kompetenzen nutzten, um über Spekulationsgeschäfte mit den Schuldverschreibungen größere Summen zu „privatisieren". Auch später, Anfang der 1990er Jahre, hatten sie einen Weg gefunden, um von dem Obligationshandel auf der Basis der sowjetischen Außenschulden persönlich zu profitieren. Mamut, der spätere Finanzier der „ Familie", saß zu diesem Zeitpunkt in der russischen Außenwirtschaftsbank VEB und war für die Emissionierung der

Die Interaktionen zwischen dem Premier Kasjanov und den Leitern der beiden Banken beschreiben dabei die enge Wechselwirkung von Top-down- und Bottom-up-Funktionen von Netzwerken. Einerseits war Kasjanov in dem von Netzwerken infiltrierten und fragmentierten formellen Institutionensystem auf die Hilfe loyaler Netzwerkpartner angewiesen, um seine Regierungsaufgaben umzusetzen. Andererseits konnten sich die beteiligten Netzwerkpartner über die vertikalen Netzwerkverbindungen den Zugang zu den gewünschten Industrien zu vorteilhaften Bedingungen verschaffen. So konnte Kasjanov über die IFC und ihren Leasingkredit-gegen-Aktien-Mechanismus die im Rahmen der Föderalen Programme vorgegebenen Verstaatlichungs- und Konzentrationsziele (Holdinggründung) umsetzen. Die Banken wiederum, allen voran die NRB, konnten ihr strategisches Ziel, das eine Konsolidierung der Beteiligungen im Luftfahrtsektor vorsah, erreichen und gleichzeitig noch staatliche Gelder aus den Förderprogrammen nutzen. Der NRB-Chef, A. Lebedev, hoffte hierüber eine Superholding zu schaffen. Diese sollte sowohl die Strukturen der Iljushin umfassen – dies schloss das KB Iljushin und sein Flugzeugwerk in Woronesch (Il-96) mit ein – als auch die gesamten Produktion- und Verkaufszyklen der Tu-204 und Tu-214. Kontrolliert werden sollte diese Holding durch die „Iljushin Finance Corporation“ und damit durch Lebedev und Kostin.[891]

Im Jahre 2002 hatte die IFC ihr Projekt mit der Finanzierung des Voroneschker Flugzeugwerks begonnen. Als Sicherheit hatte die Regierung der NRB die staatliche Beteiligung von 28 Prozent treuhänderisch überlassen.

SSSR-Schuldverschreibungen, der sogenannten Vebovki, verantwortlich. Gleichzeitig hatte er einige private Finanzinstitutionen gegründet. Dazu gehörten die Banken Imperial, das Bankenkonsortium KOPF und die MDM-Bank. Sie wurden durch Mamut und teilweise auch Lebedev und Kostin geleitet. Die von Mamut ausgestellten Vebovki waren zu sehr günstigen Bedingungen an die oben genannten Bankenstrukturen verkauft worden. Diese konnten die Anleihen zu sehr viel höheren Preisen weiterverkaufen. Für den Handel mit den Vebovki brauchten die Banken eine Lizenz vom Finanzministerium. Erteilt wurde ihnen diese von Kasjanov. Vgl. Bovenko, Byvschie diplomaty vovremja „vzjali kassu“, 1998; o. V., Minfin vykupiev i NRB obligazii, 1995.

891 Vgl. o. V., NRB planiruet obe'dinit, 2003.

Dieser Deal war unter Zustimmung der Regierung Kasjanovs abgelaufen.[892] Allerdings waren Skandale laut geworden, die bei diesem Swap von einer „Übervorteilung" des Staates sprachen, da die Anteile dem Staat zu teuer verkauft worden seien. Das Engagement der IFC wurde jedoch erst einmal ausgebremst, da Putin die Pläne Lebedevs zur Integration der zivilen Luftfahrtindustrie in die Strukturen der Leasinggesellschaft IFC zu ehrgeizig waren.[893] Bis zu diesem Zeitpunkt hatte Lebedev Beteiligungen bei der größten nationalen Fluglinie, der Aeroflot (30 Prozent), dem Voroneschker Flugzeugwerk sowie beim Strommonopolisten UES und der Gasprom aufgebaut. Dies waren letztlich alles strategische Bereiche, in denen der Staat keine starken privaten Akteure mehr dulden wollte.

Putin löste das Problem durch die bewährte Methode des „Nichtentscheidens" und der langsamen subversiven Demontage Lebedevs durch Skandale und die „natürlichen" Gegner des Oligarchen.[894] Im folgenden Jahr wurden die IFC sowie auch Lebedev zunehmend in Skandale verstrickt. Im Oktober 2005 geriet Lebedev ins Visier der staatlichen Ermittler. Die Aktien die Lebedev an der IFC hielt wurden wegen Falschbuchungen in Beschlag genommen. Nach den politischen Interaktionsproblemen wurde kein weiteres Leasingprojekt der IFC abgeschlossen.[895] Erst nach einer Subordination Lebedevs 2005 wurden ihm wieder Aufgaben und Einflussbereiche zugeteilt. [896]

---

892 Vgl. o. V., Mensche za tschas reschilas' sudba VSAO, 2002.

893 Zwar war noch einmal am 18. Juli 2004 in Moskau ein Vertrag über den Bau einer Tu-204-300 für die Leasinggesellschaft IFC mit der Kras Air und der Transaero (Auslieferung 2004–2005) bestätigt und unterschrieben worden, danach allerdings stagnierten die Verhandlungen. Vgl. o. V., Mensche za tschas reschilas' sudba VSAO, 2002; o. V., Rossijskaja aviazionnaja promyschlennosti' sposobna udovletvoritz' sproc na rynke, 2004.

894 Fridman hatte sich gegen Lebedev durchgesetzt und die Kontrolle über den Scheremetyevo-Flughafen, Hauptbasis der Aeroflot, erwirkt. Im Jahr 2005 kämpften beide um die 25 % Staatsanteil der Aeroflot.

895 Vgl. o. V., „Il'juschin-Finance KO" (IFK) zakupaet 30 samolteov tipa Tu-204 u Aviastara, 2003.

896 Erst später im Herbst 2005 war die IFC dann plötzlich wieder im Geschäft und bestellte bei der Aviastar dreizehn Tu-204 für China und den Iran. Sie sollten bis 2008 fertiggestellt sein. Grundlage des Geschäfts waren die neuen strategischen Verhandlungen zwischen Russland und China sowie zwischen Russland und dem

7.4.2.3 Die Wiederbelebung der Ruslan-Produktion und die Herausdrängung privater Investoren

Bei der Aktionärsversammlung im Juni 2003 wurden der Generaldirektor der Volga Dnepr, I. Isajkin, sowie der stellvertretende Kommandeur der Luftstreitkräfte, A. Zelin, in den Aufsichtsrat der ZAO Aviastar-SP einberufen. Die Luftstreitkräfte waren bis dahin nur in der Volga Dnepr vertreten. Ihr Auftauchen im Aufsichtsrat der ZAO Aviastar-SP ist im Zusammenhang mit den neuen „Investitionsplänen" bei dem benachbarten Hersteller zu sehen.

Die Volga Dnepr stand zu diesem Zeitpunkt unter erheblichem Modernisierungs- und Investitionsdruck. Zum einen musste sie weitere Ruslan-Maschinen erwerben, um ihren bestehenden Fuhrpark zu modernisieren, zum anderen ließ die dynamische Entwicklung des internationalen Luftfrachttransportes – einschließlich der Nachfrage nach Großraumtransportern durch die NATO, die sich aus den Entwicklungsverzögerungen westlicher Frachtmaschinen ergab – eine Wiederbelebung der Ruslan-Produktion als attraktives Projekt erscheinen. Allerdings wurden die Kosten dafür auf 1–2 Mrd. $ geschätzt.[897] Kurzfristig hätte man den Nachfragebedarf über die Modernisierung der bestehenden Ruslan-Maschinen zur An-124-M decken können. Diese ging nicht nur schneller, sondern kostete auch weniger. Demnach belief sich der Aufwand für die Modernisierung der bestehenden Ruslan-Maschinen auf ca. 30 Mio. $ pro Flugzeug.

Welche Variante auch gewählt wurde, es mussten zuvor zwei Probleme gelöst werden. Erstens musste man einen Investor finden und zweitens mussten die Kooperationsbeziehungen, insbesondere zu dem KB, wieder aufgebaut werden, da die Modernisierungsmaßnahmen an der Maschine (wie die Erhöhung der Nutzlast auf über 150 Tonnen, der Einbau neuer Elektronik und Triebwerke) sowie die Änderungen an der Fertigungstechnologie einer Zertifizierung bedurften. Eine Zertifizierung war aber nicht

---

Iran – womit sich noch einmal die politische Grundlage der Tupolev-Aufträge belegen lässt.

897 Vgl. Kutik/Safronov, Pod'em tjagestej, 2006. Kutik und Safronov sprechen von 1–2 Mrd. $, während in anderen Quellen nur von 500 Mio. $ gesprochen wird; vgl. Forecast International, Military Aircraft Forecast, Antonov/Aviastar An-124/225, 2008.

ohne Zustimmung des KB Antonov zu bekommen. Die Beziehungen insbesondere zu den Konstrukteuren hatten sich in den letzten Jahren allerdings erheblich verschlechtert.
Was die Finanzierung betraf, so konnte die Volga Dnepr auf ihren langjährigen strategischen Partner, die Beratungs- und Beteiligungsholding Kaskol, einer der letzten privaten Investoren im MIK, zurückgreifen. Die Kaskol war mit 48 Prozent der größte externe Aktionär der Volga Dnepr. Sie verfügte neben guten Kooperationsbeziehungen zu Unternehmen wie EADS und Airbus auch über gute Kontakte zu einigen internationalen Finanzinstitutionen.[898] Über diese Strukturen hatte man die amerikanische „International Finance Corporation" (IFS) als Finanzgeber gefunden.[899]
Vorher mussten jedoch die seit 14 Jahren ungelösten strukturellen Kooperationsprobleme mit dem ANTK Antonov gelöst werden. Das Problem zwischen beiden Akteuren lag in der wachsenden Rivalität zwischen der Frachtgesellschaft Volga Dnepr und der ukrainischen Antonov Airline, die zu den Strukturen des KB Antonov gehört, begründet.[900] Einen hohen Anreiz für einen Zusammenschluss stellten die internationale Aufmerksamkeit

---

898 Zu diesem Zeitpunkt integrierte die Holding 20 Unternehmen der High-Tech-Branche, wobei der Schwerpunkt auf folgenden Unternehmen in der Luftfahrtindustrie lag: Hubschrauberwerk Rosvertol (zivile und militärische Hubschrauber) 15 %; Hydromasch (russischer Monopolist für Hydrauliksysteme und Fahrgestelle) 60 %; KB Aisberg (KB für atombetriebene Eisbrecher); Flugzeughersteller Sokol (Suchoj Jäger), Volga Dnepr 49,9 % (sinkt im Jahr 2005 auf 33 %); Fluggesellschaft Atlant Soyuz (2005–2006).
Kaskol hatte 2002 mit Airbus ein in Moskau ansässiges Wissenschaftszentrum gegründet. Dabei sollten gemeinsam mit Airbus Kooperationsprogramme umgesetzt werden. Russische Hersteller sollten Komponenten für die neuesten Airbusmodelle wie A318 oder A380 herstellen. Vgl. o. V., Russia's Aerospace Industry Set for Docking, 2003, S. 5.

899 Vgl. o. V., Volga Dnepr priznala vo vsem mire, 2002.

900 Vgl. Volga Dnepr priznala vo vsem mire, 2002. Die Antonov Airline arbeitete zu diesem Zeitpunkt bereits mit dem ehemaligen JV-Partner der Volga Dnepr zusammen, der britischen „Heavy Lift". Zwar war die Volga Dnepr noch der größte Betreiber der Ruslan (in puncto Umsatz und Flotte), aber die Ukrainer befanden sich auf den internationalen Märkten auf der Überholspur. Vgl. o. V., Pritschudy „Ruslana, 2002.

und die hohen Umsätze dar, die von der internationalen Nachfrage, insbesondere der NATO, erwartet wurden.[901] Entsprechend vereinigten sich Ende 2003 das KB Antonov, das KB Progress (Triebwerke), die Volga Dnepr und die Aviastar, um gemeinsam die Modernisierung und Herstellung voranzutreiben.

Ein Projekt, wie es die Volga Dnepr und ihre ukrainischen Partner anstrebten, wäre zu diesem Zeitpunkt ohne staatliche Kontrolle und ohne staatliche Steuerungsmöglichkeiten nicht denkbar. Daher wollten die Volga Dnepr und ihre ukrainischen Partner eine offizielle „Genehmigung" der Regierungen in Moskau und Kiev bekommen. Im Februar 2005 wurden bei einem Zusammentreffen von Putin, dem neuen Gouverneur Sergej Morosov, dem Bürgermeister Sergej Ermakov, dem Vertreter des Präsidenten im Wirtschaftsbezirk Privolge und Generaldirektor V. Michailovs im Rahmen einer Sitzung des „Gossovets der Gouverneure" die politischen Weichen für das Ruslan-Projekt gestellt. In der Ul'janovsker Presse definierte Morosov kurz darauf die „Wiederbelebung der Ruslan-Produktion" als zentrales Unternehmensziel der Aviastar, und die Wiederbelebung der Ruslan wurde in das föderale Zielprogramm zur Entwicklung der zivilen Luftfahrt 2006–2008 aufgenommen.[902]

---

901 Beispielsweise laufen die Transportverträge mit der NATO über ein Gemeinschaftsunternehmen der Volga Dnepr und des ANTK Antonov. Das ist die Ruslan Salis GmbH. SALIS steht für Strategic Airlift Interim Solution. Vgl. Wikipedia, Stichwort: Strategic Airlift Interim Solution (SALIS). Isajkin, der Generaldirektor der Cargo-Gesellschaft, hatte erklärt, dass, wenn es zu einem Wiederaufbau der Produktion komme, die Aviastar bis zum Jahre 2030 bis zu fünf Maschinen im Jahr zusammenbauen könne. Den Preis einer Maschine gab Isjakin mit 110 Mio. $ an, was einem Markt von fast 6 Mrd. $ entsprochen hätte. Vgl. Korolev, Ruslan protiv A380, 2005.

902 Vgl. Arabov, Reinkarnazija v aviaziii, 2004; o. V., Russland und Ukraine wollen Flugzeuge An-124 wieder in Produktion nehmen, 2006; siehe auch Föderales Zielprogramm zur Förderung der zivilen Luftfahrttechnik Russlands in den Jahren 2002–2005 und der Periode bis 2015, 2001.

De facto scheiterte das Projekt dann aber doch.[903] Der Staat beabsichtigte die administrative Abhängigkeit der Volga Dnepr zu nutzen, um den privaten Investor Kaskol aus dem Projekt und der Frachtgesellschaft zu drängen. So band er die Zustimmung zu dem Ruslan-Projekt an die Bedingung, keine privaten Investoren zu beteiligen. Demzufolge wandte sich Isajikin gegen den privaten Investor Kaskol. Vor diesem Hintergrund ist auch die Rückgabe des Volga-Dnepr-Aktienpaktes von der Gruppe Kaskol an die staatliche Bank VEB zu sehen. Das Management der Frachtgesellschaft berief sich auf eine Vertragsklausel, die ein Rückkaufsrecht unter „besonderen Umständen" vorsah. Die Gruppe Kaskol hingegen bezeichnete die unfreiwillige Übergabe schlichtweg als Enteignung.[904] Erst jetzt wurde das Projekt vom Staat genehmigt. Allerdings investierte der Staat selbst nicht. Ursprünglich wollte die VEB gegen eine Beteiligung von 11 % das Projekt mitfinanzieren,[905] hielt sie dann aber mit Investitionen zurück.

7.5 Zusammenfassende Beurteilung

Noch nie schien eine zentral gesteuerte Politik in Moskau nach 1991 so leicht durchsetzbar zu sein wie in der zweiten Amtszeit Putins. Neben den politischen Institutionen gelangten die wichtigsten strategischen Konzerne des Landes unter die Kontrolle des Putin-Kreises. Damit konnte nach 2003 auch das parallele, vertikale Networking über die verschiedenen Staatsvertreter und Akteure in den Aufsichtsräten der OAO Tupolev, der Aviastar sowie in der Ul'janovsker Administration erst einmal eingedämmt werden. Allerdings hing die Schwächung der informellen vertikalen Interaktionen eng mit der Aufstellung eines neuen Kabinetts 2004 zusammen, wodurch bestehende Projekte eingestellt wurden. Die hohe Abhängigkeit der Wirtschaftsprojekte von den verschiedenen Personen in der Regierung beeinträchtigte gerade langwierige, hochtechnologische Projekte.

---

903 Kurz bevor die VTB und die Volga Dnepr einen allgemeinen Finanzierungsvertrag im Dezember 2005 unterschrieben hatten, war Isaijkin zum Generaldirektor der Aviastar-SP gewählt worden. Vgl. Korolev, Ruslan protiv A380, 2005.

904 Vgl. o. V., Fluggesellschaft Volga Dnepr überflügelt die Aeroflot, 2006.

905 Vgl., Pronina, State will buy 11 % of Volga Dnepr, 2005; Arabov, Reinkarnazija v aviaziii, 2004.

Die vorliegende Arbeit hat jedoch gezeigt, dass trotz der Ernennung des Vertreters des Präsidenten zum Aufsichtsratsvorsitzenden und der absoluten Dominanz putinloyaler Akteure in den Aufsichtsräten immer noch nicht von einer staatlichen Kontrolle und Führung gesprochen werden kann. Die verantwortlichen Beamten der Ul'janovsker Administration handelten auch nach 2003 an Netzwerkinteressen, die gegen die Ziele der Regierung gerichtet waren. So lief die staatliche Führung nach wie vor Gefahr, die Kontrolle über den Insolvenzprozess einzubüßen und den schon renationalisierten Flugzeugbetrieb wieder an das Netzwerk der Gruppe der Regisseure und ihre lokalen Netzwerkpartner zu verlieren.

Das entscheidende Ergebnis dieser Phase war, dass der Staat de facto alle unabhängigen Akteure aus den Strukturen der ZAO Aviastar-SP, der OAO Tupolev und der ZAO Volga Dnepr verdrängt hatte. Obwohl offiziell nach einem Investor gesucht wurde, konnten nach 2003 alle unabhängigen strategischen Investoren von den Unternehmensprozessen der Aviastar ausgeschlossen werden. Zu diesen „unabhängigen Akteuren" gehörten Kamel und die KASKOL, aber auch die IFC. Allerdings waren weder von der IFC noch von dem neuen Volga-Dnerp-Projekt zur Modernisierung- und Wiederbelebung der Ruslan-Produktion größere Produktionseffekte für die Aviastar zu erwarten gewesen, da sich beide Projekte weitgehend auf den Verkauf des bestehenden Flugzeugparks der Fluggesellschaft bezogen. Soweit hatte aber auch der Staat nicht wirklich investiert. Im Endeffekt blieb die Produktion 2003–2004 weit unter der Break-even-Menge zurück, und damit fehlte die Grundvoraussetzung für eine betriebswirtschaftliche Restrukturierung der Aviastar.[906]

906 Trotz des verstärkten Engagements der Strukturen der Volga Dnepr waren vom Winter 2002 bis 2004 lediglich zwei Ruslan fertiggebaut, die erst Ende 2004 übergeben wurden (die Ruslan 0608 für offiziell 29,8 Mio. $). Vgl. o. V., ZAO Aviastar-SP povedeny itogi dejatel'noti v sentajbre etogog goda. Die Realisierung des ägyptischen „Investitionsvertrages" von 2001/2002, der sich mittlerweile nur noch auf den China-Vertrag von fünf bis zehn Tu-204 beschränkte, war bis Ende 2003 nicht umgesetzt worden. Auch der später vom Aviastar-Generaldirektor, V. Michailov, erneut verkündete Auslieferungstermin für November 2005 wurde nicht eingehalten. Ein Grund für das Scheitern des China-Geschäftes mag darin gelegen haben, dass China selbst an dem Vertrag nicht interessiert war. So hatten die chinesischen Behörden die Maschine bis 2005 nicht für ihren Markt zertifizieren

Aussichten: Die Bildung einer großen Staatskorporation: Rosstechnologij

Der Prozess der Renationalisierung und Rezentralisierung gipfelte in der Einbringung fast aller an den Wertschöpfungs- und Innovationsprozessen der Tupolev beteiligten Akteure in die Staatsholding Rosstechnologij. [907] Auch Teile der Aviastar wurden in die Staatsholding eingebracht. Dies waren die 26 Prozent der OAO Aviastar-Mutter, die Poljakov an die Gosinkor übergeben hatte. Dieser Anteil war nicht dem ägyptischen Geschäftsmann übergeben worden, sondern der Staatsholding. Die restlichen 73 Prozent der ZAO Aviastar gehörten ohnehin der OAO Tupolev und damit der Staatsholding, die 95,51 Prozent der Tupolev hielt. Auch die heimische Nachfrage war von den politischen Bestimmungen der neuen Staatsholding Rosstechnologie abhängig, da der Großteil der russischen Fluggesellschaften seit 2008 in der Holding integriert war. Als quasiprivater Akteur verblieben nur noch die Aeroflot und die Transaero. Die Nachfragestrukturen hatten damit einen zunehmend politisch-administrativen Charakter.[908] So wurde der Export der Maschinen über politische Bargaining-Verhandlungen mit den Iran und Kuba abgeschlossen. Russland profitierte hier von dem US-Embargo und konnte mit dem Iran einen Leasingvertrag in Höhe von 100 Mio. $ abschließen.[909] Im Fall Kubas wurde der Kauf von Tupolev-Maschinen indirekt über Investitionen Russlands in die kubanischen Ölvorkommen und über die Tilgung der Altschulden Kubas gegenüber der Sowjetunion (35 Mrd. $) mitverhandelt. Hier müssen Ende 2007 de facto zwei Maschinen an die Cubana de Aviación gegangen sein; eine weitere folgte

---

lassen. In der Zwischenzeit hatten sie einen Kaufvertrag mit der Firma Boeing verhandelt. Insgesamt sollten 100 Boeing-737-Modelle (70 davon 737/700 im Wert von 4 Mrd. $ und 30 alte 737-Modelle im Wert von 1 Mrd. $) gekauft werden. Ein Kaufvertrag wurde 2005 abgeschlossen. Vgl. o. V., Russland rechnet mit einem neuen Vertrag, 2007; o. V., Milliarden-Aufträge für Boeing; o. V., Tschtoby Aviastar zarabotal normal'no, 2003.

907 Vgl. Cohen, Putins's zaibatsu – the Russia technology property grab, 2008.

908 Die wichtigsten Fluggesellschaften neben der Aeroflot und der Transaero wie die Sibir und Vladivostok Air gingen in die Holding der „Rossiskii Technologii" ein.

909 Vgl. o. V., Moskau profitiert vom US-Embargo, 2006.

2009.[910] Vor dem Hintergrund der Tilgung von Altschulden sind auch die Flugzeugaufträge Nordkoreas im Jahr 2007 zu sehen. Teilweise bezogen sich die Verkäufe bereits auf die neue Tu-204-300, die mittlerweile als wichtiges Verkaufsmodell der Aviastar galt.[911] Der China-Vertrag ist seit mehr als acht Jahren in der Schwebe.[912] Nach Stand November 2008 sind von Kuba (Cuban Air) für die nächsten Jahre fünf Tu-204-100 und von Korea (Air Koryo) zwei Tu 204-300 bestellt worden.[913] Dies macht deutlich, dass über den politisch-administrativen Mechanismus kaum ausreichend kontinuierlicher Absatz (Break-even bei zwölf Maschinen) im Jahr generiert werden kann. Hinzu kommt, dass ein politisch organisierter Export sehr anfällig für politische Konflikte ist. Im Inland wurden einige Tu-204-Modelle an die mittlerweile ebenfalls zur Rostek gehörende Vladivostok Air verkauft sowie an die von NRB-Chef A. Lebedev geführte Fluggesellschaft Red Wing. Die Red Wing fliegt als Billiganbieter mit den heimischen Tupolev-Modellen.

Alle diese Maßnahmen reichen jedoch nicht, um de facto eine ausreichende Auslastung zu schaffen. Bis 2010 produzierte das Werk noch immer nicht genügend Maschinen, um die Gesamtkosten zu decken, und operierte somit weiterhin mit Verlusten. Inwieweit somit über zentralstaatliche Institutionen und das Putin'sche Loyalitätsnetzwerk mittel- bis langfristig ein solider intakter Wertschöpfungs- und Innovationszyklus geschaffen werden kann, muss sich erst noch zeigen. Eine positive Entwicklung wird entscheidend davon abhängen, inwieweit es den staatlichen Akteuren gelingt, die an der Wertschöpfung und Innovation beteiligten Akteure zu koordinieren.

Allerdings ist es eine Utopie zu glauben, dass über die Schaffung einer großen Staatsholding automatisch eine klare zentralstaatliche Leitung erreicht würde. Das von außen erkennbare Bild des Autoritarismus oder der

---

910 Vgl. o. V., Kuba ist an einer Kooperation mit Russland in der Ölindustrie interessiert, 2007.

911 Vgl. o. V., V ZAO Aviastar-SP podveli itogi Marta, 2005. Am Ende des Jahres 2004 hatte man eine Tu-204-300 fertigmontiert, aber noch nicht verkauft.

912 Betrachten wir die Flotten der chinesischen Gesellschaften, dann ist nach dem Stand von Januar 2010 erst eine Tu-204-120 SE in der Air China Cargo verzeichnet. Diese Maschine ging Ende 2008 über die IFC an die Chinesen.

autoritären Staatswirtschaft täuscht über die dem russischen System innewohnenden Netzwerk- und Fragmentierungsdynamiken hinweg. Auch im System Putin handelt es sich bei diesen Netzwerken nicht um statische Gruppenstrukturen, sondern um hochmobile dynamische Netzwerkprozesse, die eine Vielzahl von Akteuren verbinden und so die Planbarkeit von langfristigen Restrukturierungsaufgaben erheblich erschweren. Die staatliche Förderung mehrerer Mittel- und Kurzstreckenflugzeuge (Tu-204-300-Varianten, An-148, Suchoj Superjet, Tu-334) trägt abermals die Problematik einer breit angelegten Bedienung rivalisierender Netzwerkakteure im Rahmen der Verteilungskämpfe um die staatlichen Ressourcen in sich sowie die Problematik einer Interessenbedienung, ohne die das politische System und das eng damit verzahnte Steuerungssystem nicht aufrechterhalten werden kann. Die weitere Entwicklung der Aviastar hängt nicht nur von dem „guten Willen" Putins ab, sondern von den Zwängen der Sicherung und des Erhalts immer wieder neuer Gleichgewichte.

8 Schlusskapitel

Bevor die Einflüsse der Netzwerke auf den Restrukturierungsprozess der Aviastar zusammengefasst werden, ist ein grundsätzliches Ergebnis dieser Studie festzuhalten: Das Investitionsverhalten der HNS als strategischer Investor der Aviastar hat gezeigt, dass eine Restrukturierung der Flugzeugproduktion nach rein ökonomischen Kriterien möglich gewesen wäre. Aufgrund der hohen Netzwerkorientierung des netzwerkkapitalistischen Gesellschaftssystems in Kombination mit den schwachen institutionellen Rahmenbedingungen war sie jedoch nicht umsetzbar. Ohne die Einbindung der bestehenden Netzwerke ist ein erfolgreiches Handeln nicht möglich. Wie viel Vernetzung demzufolge notwendig ist, um die Restrukturierungsziele umzusetzen, variiert mit den institutionellen, ökonomischen und netzwerkorientierten Einbettungsfaktoren. Ab einem bestimmten Punkt gestalten sich die Netzwerkprozesse so komplex und aufwendig, dass sich die Netzwerkaktivitäten und Restrukturierungsziele in einem Trade-off befinden. Eine Restrukturierung ist dann weder ökonomisch sinnvoll noch umsetzbar.

8.1 Netzwerke blockieren den Restrukturierungsprozess

Die Arbeit hat nicht nur belegt, dass das Handeln der Akteure durch Netzwerke beeinflusst wurde, sondern auch, dass die Interaktion mit Netzwerken eine Conditio sine qua non ist. Besonders deutlich konnte dies in Kapitel 6 anhand der Ausgrenzung der jungen Investorengruppe HNS aus den Strukturen der Aviastar demonstriert werden. Nachdem sich die HNS gegenüber den anderen Netzwerken vor Ort nicht als kooperationsfähiger Interaktionspartner erwiesen hatte, wurde sie rasch isoliert und musste Ul'janovsk verlassen. Das Vorgehen gegen die HNS hat gezeigt, dass ein potenzielles restrukturierungsorientiertes Investitionsprojekt allein auf der Basis von formellen, geschäftlich-instrumentellen Kooperationsbeziehungen nicht möglich ist. Für ein erfolgreiches Handeln der HNS wären demzufolge die Berücksichtigung der bestehenden Netzwerksysteme und die Bedienung der verschiedenen Netzwerkinteressen eine Voraussetzung gewesen. Mit anderen Worten hätte die HNS die Netzwerke der anderen Akteure kennen müssen, sie hätte dem ägyptischen Investor weiterhin Maschinen unter dem Herstellungspreis anbieten und ihr Amt als Geschäftsführer des Landmaschinenherstellers Rosselmasch missbrauchen müssen, um ihren Zugang zu der Region Ul'janovsk mit Mähdreschern zu bezahlen, und anderen Netzwerkakteuren aus der Administration Zugriff auf die Aviastar-Aktiva gewähren sollen. Dazu war die junge Investorengruppe aber weder bereit, noch hatte sie ausreichende Kenntnisse über die bestehenden Netzwerksysteme. Die darin zum Ausdruck kommende Netzwerkinkompatibiltät führte zu ihrem Ausschluss. Dies zeigt, dass der Akteur, der nicht im Interesse der Netzwerke handelt, sich selbst desintegriert und in dem gegebenen Umfeld nicht rational handelt. Dabei ist ein Networking vor Ort noch keine Garantie für die Durchsetzung eines Projektes; diese bedingt vielmehr ein Agieren auf allen Ebenen, insbesondere auf der zentralstaatlichen. Das Interaktionssystem des ägyptischen Investors Kamel hatte für die Zustimmung und die Patronage seines Projektes auf Regierungsebene umfassendes politisches Kapital sowie eine zeit- und kostenaufwendige Lobbyarbeit eingesetzt. Aufgrund der Dynamiken in den politischen Machtstrukturen steht den Investoren nur ein kurzes Zeitfenster offen. Dementsprechend müssen die Netzwerkaktivitäten den neuen Bedingungen angepasst werden. Dies lässt den Schluss zu, dass zwar ohne die Einbindung der bestehenden Netzwerke ein erfolgreiches Handeln nicht möglich ist, ab einem bestimmten Punkt gestalten sich die Netzwerkprozesse jedoch so komplex und aufwendig, dass sich die Netzwerkaktivitäten und Restrukturierungsziele in einem Trade-off befinden und die Restrukturierung nicht mehr sinnvoll ist.

Netzwerksysteme und ihr Einfluss auf die Unternehmens- und Restrukturierungsprozesse

Die Studie konnte die These belegen, dass Netzwerke die Restrukturierungsprozesse blockieren. Im Gegensatz zu den asiatischen Netzwerken, die sich als informelle stabile und vor allem langfristige persönliche Interaktionssysteme auszeichnen, mittels derer die Wettbewerbsfähigkeit der Unternehmen maßgeblich gefördert werden konnte, hat der Fall Aviastar gezeigt, warum die russischen Netzwerksysteme ihr Kooperationspotenzial nicht nutzen können. Dies lässt sich an einer Reihe von Punkten festmachen.

Fragmentierung der Wertschöpfungs- und Innovationsprozesse
Schon bei der Analyse der Netzwerksysteme zu Zeiten der Sowjetunion in Kapitel 3 wurde deutlich, dass die Netzwerkstrukturen nicht prozessorientiert verlaufen, sondern über verschiedene vertikale Interaktionssysteme, die den Wertschöpfungs- und Innovationsprozess an mehreren Stellen vertikal unterteilen. Allerdings konnten die damit einhergehenden Fragmentierungsdynamiken im Rahmen der zentralen Verwaltungswirtschaft durch das streng hierarchische Steuerungs- und Kontrollsystem und die selbstregulierenden Integrationsmechanismen kompensiert werden. In dem Augenblick aber, indem es im Rahmen von Glasnost und Perestroika zu einer Lockerung in den hierarchischen Steuerungs- und Koordinationsmechanismen und damit zu einer Erhöhung der Freiheitsgrade im Handlungsrahmen der Akteure kam, wurden die angelegten Fragmentierungsdynamiken freigesetzt und eine kontinuierliche Desintegration der Unternehmensprozesse setzte ein. Wie mit Blick auf die Gründung der Frachtgesellschaft Volga Dnepr in Kapitel 3 beschrieben wurde, liefen die Desintegrationsprozesse nicht selten über die alten vertikalen Interaktionssysteme, wie sie dem Kontroll- und Steuerungssystem „Voenpred" des Ministeriums für Verteidigung zugrunde lagen, die sich nun als neue Organisationen abspalteten. (Die Initiierung der Desintegration ging dabei allerdings nicht „von oben", also von der politischen Elite aus, sondern von den „Fachleuten" vor Ort, wie dem Voenpred der Ruslanproduktion der Aviastar.)
Wie in den folgenden Kapiteln beschrieben, kam es nach dem Systembruch zu einer zunehmend unkontrollierbaren Fragmentierung der Wertschöpfungs- und Innovationsprozesse. Zwar ermöglichten sie einerseits existenzielle Koordinationsfunktionen, andererseits beeinträchtigten sie mittelfristig die formellen Integrationsversuche zwischen den am Innovationszyklus beteiligten Akteuren. Diese wurden nun nicht mehr über eine hierarchische Steuerung koordiniert, sondern mussten sich dezentral organisieren. Der Einfluss der Netzwerke auf die formellen Integrationsversuche konnte insbesondere anhand der Integrationsversuche der staatlich

geförderte FIG (RAKA) sowie der Gründung der Holding OAO Tupolev aufgezeigt werden. Häufig waren die in den Organisationen beteiligten Akteure in andere, meist rivalisierende Netzwerke eingebunden, oder sie nutzten die neuen Organisationsansätze, um die Inanspruchnahme von Privilegien sowie einen Zugriff auf Umsätze und Finanzströme sicherzustellen.

Ziele, Akteurs- und Interessenskoalitionen:

Betrachten wir die Akteurskonstellationen der Netzwerke und neuen Organisationen, dann könnte auf ein hohes Wertschöpfungspotenzial der Akteure geschlossen werden, da wichtige Vertreter des Wertschöpfungs- und Innovationssystems hier integriert (vertreten) waren. Das Problem bestand allerdings darin, dass ihr Leistungsaustausch nicht an der Restrukturierung ausgerichtet war, sondern an den verschiedenen Eigeninteressen, die nicht mit den Restrukturierungszielen in Einklang zu bringen waren.

Das Auseinanderfallen der kollektiven und subjektiven Ziele war sowohl durch den Wegfall der zentralstaatlichen administrativen Koordination als auch durch die Eigendynamiken der Netzwerke beschleunigt worden. Neben dem Fortbestehen der Rivalitäten zwischen den Herstellern, dem KB und den Fluggesellschaften wurde eine restrukturierungsorientierte Koordination zudem durch die konfligierenden, auseinanderdriftenden Anreiz- und Sanktionsimpulse des neuen institutionellen und ökonomischen Umfelds erschwert.

Folgen für die Investitionsprojekte

Die divergierenden Interessen der für die Restrukturierung relevanten Akteure erklären auch, warum nicht die jungen Investoren der HNS, sondern Akteure wie der ägyptische Investor, die Gruppe der Regisseure oder die Leasinggesellschaft Lider sehr viel größere Chancen hatten, ihre Projekte durchzusetzen.

1. In Anbetracht der schwierigen mikro- und makroökonomischen Situation befanden sich die Akteure, insbesondere die Hersteller und Konstruktionsbüros, in einer betriebswirtschaftlich desolaten Situa-

tion. Ihre Ziele waren vor allem am institutionellen Selbsterhalt ausgerichtet. Damit standen kurzfristige Projekte zur Überbrückung von Liquiditätsproblemen im Mittelpunkt.

2. Die Fluggesellschaften waren die einzigen Akteure des Wertschöpfungszyklus, die unter den bestehenden makroökonomischen Bedingungen einen Zugang zu *echten* Finanzströmen hatten und damit als Investoren hätten agieren können. Warum sie das nicht taten, hatte mehrere Gründe. So waren die großen internationalen Fluggesellschaften am Import ausländischer Modelle interessiert. Sie wollten ihre Konkurrenzfähigkeit auf den internationalen Märkten sicherstellen. Die regionalen Gesellschaften waren zwar an dem preiswerten Kauf neuer Flugzeuge aus der heimischen Industrie interessiert, sie waren aber auf preiswerte und langfristige Leasingkonzepte angewiesen. Zudem waren die Fluggesellschaften an kundenfreundlichen Modernisierungs- und Wartungskonzepten interessiert. Da sie sich am Ende der Wertschöpfungskette und damit am Cash-in-Punkt befanden, boten sie einen hohen Anreiz für Abschöpfungsstrategien. In diesem Fall fielen sie als Käufer heimischer Flugzeuge vollständig aus bzw. belasteten den Wertschöpfungsprozess.
3. Die Finanzinstitutionen waren an eine Easy-Profit-Maximierung über hohe und kurzfristige Renditen gewöhnt.[914] Bestanden keine Netzwerkbeziehungen, wurden Kredite an die Industrie zu entsprechend hohen Zinsen und mit hoher Risikoabsicherung vergeben. Konnten keine staatlichen Garantien in Anspruch genommen werden, musste über eine direkte Beteiligung am Unternehmen über Aktien oder die Geschäftsführung eine Investitionskontrolle sichergestellt werden – mit den entsprechenden Folgen für die Investitionsvorhaben, die mit den hohen Renditen auf den Finanzmärkten konkurrieren mussten.

914 Durch die Möglichkeit, über Spekulationsgeschäfte und später über den Kauf von Staatsanleihen extrem hohe Renditen zu erwirtschaften, war es zu einer Entmonetarisierung und einem Crowding-out in den realen Industrien gekommen.

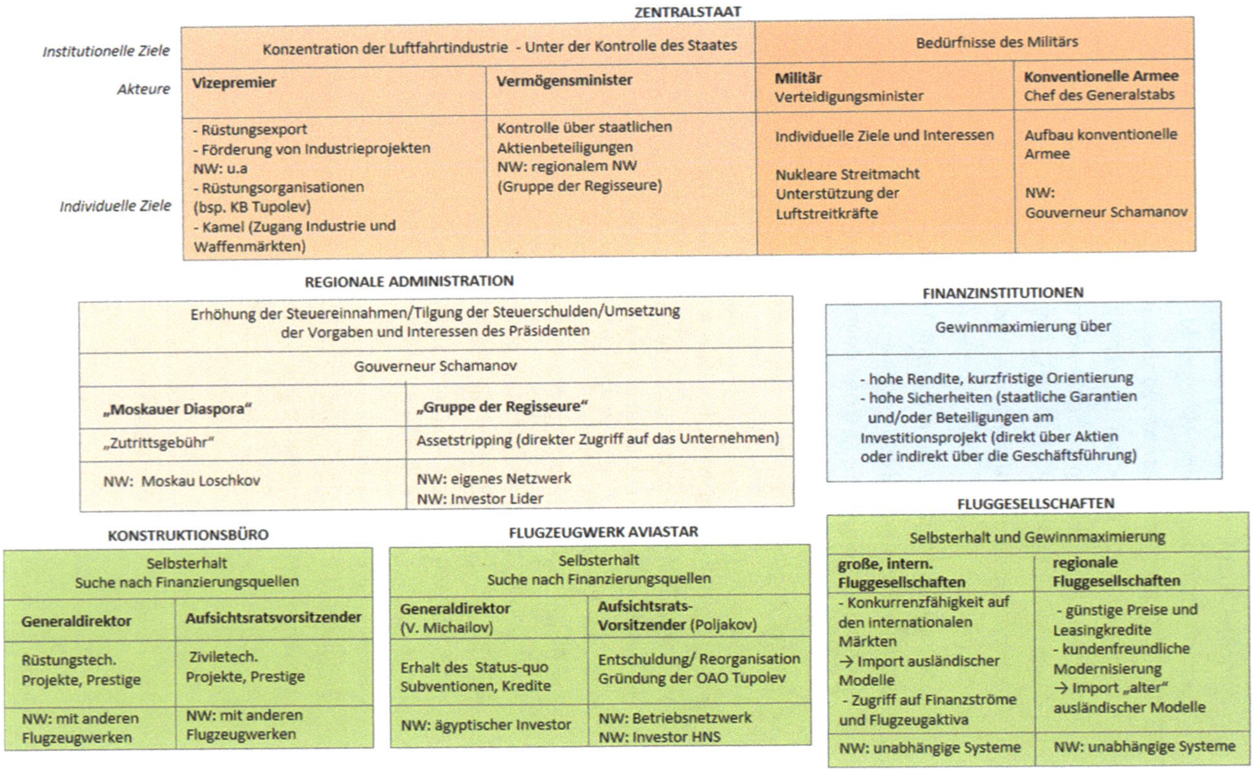

Abbildung 4: Akteurs- und Interessenskoalitionen

4. In der zweiten Hälfte der 1990er Jahre begannen sich zunehmend strategische Investoren im industriellen Sektor zu engagieren. Aufgrund des hohen generalisierten Misstrauens (und eines generalisierten Networkings) waren die Beteiligten häufig auch an einer Zustimmung und Zufriedenstellung der anderen Akteure des Projektkontexts ausgerichtet. Damit musste ein Projekt entsprechende Interessenausgleichs- und Integrationsmöglichkeiten anbieten.
5. Neben den oben genannten institutionellen Zielen waren die Akteure in eigene Netzwerke eingebunden. Auch die Ziele und Interessen dieser Netzwerkpartner, die als eher „zweckfremd" gelten, mussten bedacht werden.

Somit ergeben sich komplexe und sensible Akteurs- und Interessenskonstellationen. Daraus lässt sich schließen, dass eher Investitionsprojekte mit umfassenden Beteiligungs- und Kontrollmöglichkeiten sowie einer entsprechenden materiellen Basis und einem schnellen Kapitalumschlag Aussicht auf Erfolg haben als langfristig angelegte High-Productive-Projekte unabhängig agierender Investoren.

Neben den negativen ökonomischen Auswirkungen der Investitionsprojekte wurde das Werk zudem von den Netzwerkeffekten belastet.

Netzwerkeffekte: Beteiligungs-, Vernetzungs- und Fragmentierungseffekte

Die Netzwerkeffekte entstehen im Rahmen des Aufbaus, des Erhalts und der Koordination von Netzwerkbindungen. Die dabei sich ergebenden Kosten können als *Netzwerktransaktionskosten* bezeichnet werden. Wie die Untersuchung ergeben hat, ergeben sich negative Effekte insbesondere bei losen Beteiligungs- und Verteilungsnetzwerken, deren Bindungen weniger über soziale (persönliche oder familiäre) Integrationsformen, sondern vorwiegend über materielle Anreize hergestellt werden; die Netzwerkbindungen sind entsprechend „teuer". Wie die Studie in Kapitel 6 gezeigt hat, kommt es häufig zu kontinuierlich anwachsenden Netzwerkverbindungen:

a) durch neue projektbezogene Netzwerkverbindungen: Für das aktuelle „Investitionsprojekt" werden häufig noch zusätzliche Netzwerkbeziehungen zu den politischen, administrativen und industriellen Akteuren des Umfelds aufgebaut. Gerade traditionelle Netzwerke, deren Mitglieder noch stärker von den Normen der Konsensmaximierung und Personalisierung aus der Zeit der Sowjetunion geprägt sind, neigen zur Integration aller von den Entscheidungen betroffenen Akteure. Gefördert wird die Vernetzung auch durch ein hohes generalisiertes Misstrauen und die Netzwerkorientierung des Projektumfelds.

b) durch die Einbindung der Netzwerkpartner der einzelnen Netzwerkmitglieder des Kernnetzwerkes: Nicht selten sind die Akteure in mehrere Netzwerke eingebunden. Durch die kulturell verankerte hohe Hilfs- und Solidaritätsbereitschaft und die hohe Transitivität kommt es zur Integration indirekter Netzwerkbindungen und damit zum Anwachsen der Netzwerksysteme.

Durch die Einbindung neuer Akteure bestand zwar einerseits die Chance, dynamisch und flexibel auf die Restrukturierungsprobleme zu reagieren, andererseits kam es

a) zu einem stetigen Anstieg der redistributiven Anforderungen an das Investitionsprojekt: Häufig basieren diese Netzwerkbindungen auf einem nicht wertschöpfungsorientierten Leistungsaustausch. Dabei wird die Zustimmung zum Projekt gegen verschiedene Beteiligungsformen (Beteiligung am Handelsgewinn, Zugriff auf Finanzströme oder Aktien) getauscht, in deren Folge es zu einer zunehmenden Zweckentfremdung der Netzwerkziele und Strategien kommt.

b) zu einem Absinken der Handlungsfähigkeit: Mit dem Anwachsen der Zahl der Netzwerkmitglieder steigt nicht nur die Anzahl der indirekten Bindungen, sondern auch die Heterogenität der Mitglieder. Wie die Studie gezeigt hat, kann es dabei auch zu einem Import projektfremder Konflikte kommen. Die Interessen, die Handlungs- und Kommunikationsweisen sowie die Erwartungen sind zunehmend schwerer auf einen Nenner zu bringen und geraten immer häufiger in Konflikt miteinander. Es kommt zu einem Ungleichgewicht von Fragmentierungsdynamiken und Integrationsmöglichkeiten, das die Akteure durch steigende Renditeerwartungen und wachsende Kontroll- und Koordinationsmaßnahmen zu kompensieren versuchen. Die Verhandlungsprozesse werden schwieriger, instabiler und störanfälliger. Es entstehen komplexe Interessenkoalitionen mit sehr sensiblen Gleichgewichten.

Die Netzwerkeffekte wirkten sich demnach negativ auf die Restrukturierung aus. Das Werk musste dabei nicht nur die Kosten tragen, sondern es wurden auch die Unternehmensprozesse durch die Netzwerkaktivitäten blockiert.

Schwächen der Inter-Netzwerkkooperation

Wie in Kapitel 7 beschrieben, werden negative Restrukturierungseffekte weniger in engen Interaktionssystemen (beispielsweise über eine soziale Schließung), sondern vielmehr in den losen Intra-Netzwerkverbindungen produziert. Die Kooperation zwischen den Netzwerken Kamels und Leikos und dem Netzwerk der Administration (Gruppe der Regisseure) stellten sich dabei als besonders störanfällig und labil heraus. Die Interaktionsprobleme der hier beschrieben Netzwerke sind kein Einzelfall, sondern verweisen auf die generellen Schwierigkeiten von Inter-Netzwerkkooperation. Sie stehen in einem engen Zusammenhang mit den Einbettungsfaktoren und sind vor dem Hintergrund der gesamtgesellschaftlichen moralischen Ressourcen[915] zu sehen, die durch das Fehlen eines generalisierten Vertrauens und einer generalisierten Reziprozität beeinträchtig sind und die durch die geringe Geltung der formellen Institutionen und die Möglichkeiten zu Amtsmissbrauch und wirtschaftskriminellem Verhalten noch weiter geschwächt werden. Aufgrund der beschriebenen fragmentierten Moral, also der netzwerkbezogenen Integrität, Loyalität und Solidarität gegenüber *svoij ludie* (seinen Leuten vs. die anderen) einerseits und der hohen Bereitschaft zu opportunistischem und arglistigem Verhalten in den Außenbeziehungen andererseits, konnte ein rasches „Umschlagen" des Verhaltens beobachtet werden. Schon bei geringen Interaktionsstörungen wird Kooperations- und Hilfsbereitschaft zu Misstrauen. Infolgedessen werden Vereinbarungen nicht eingehalten und Gelder veruntreut; es kommt zu Erpressungen und

---

915 Diese Begrifflichkeit in Zusammenhang mit den post-sozialistischen Gesellschaften geht auf Tatur zurück. Vgl. Tatur, Transformation, Staat und moralische Ressourcen, 1998.

gegenseitiger Gewaltandrohung. Mehr als einmal kam es vor, dass die offiziellen Wahlen zum Aufsichtsrat und der Generaldirektorenschaft nicht anerkannt wurden. In Kapitel 7 wurde beschrieben, dass der Leasingchef Leiko und sein korporativer Netzwerkpartner (Gruppe der Regisseure) ihre Abwahl aus der Geschäftsführung nicht anerkannten und Klage aufgrund schwer nachvollziehbarer Formfehler einreichten. Daraufhin gab es zwei Managementsysteme, deren Sicherheitskräfte sich gegenseitig blockierten.

Problematik der Informalität

Erschwert wurde die Interaktion zwischen den Netzwerken zudem durch die nicht offene Kommunikation und die hohe Informalität der Vorgehensweisen. Gleichwohl konnte die Interaktion zwischen den Netzwerken auch nicht auf objektive und einheitliche formelle Koordinationsinstrumente zurückgreifen:

a) So war die Interaktion in puncto Aufgabenteilung und Kompetenzen nicht über Verträge formalisiert, sondern basierte allein auf Versprechen und losen Absprachen.
b) Auch die formellen Gesellschaften der Interaktionspartner waren kaum seriös formalisiert. Vielmehr fungierten sie als Institutionshülsen, mittels derer die Gewinnbeteiligung der Netzwerkpartner organisiert wurde und die es ihnen ermöglichten, als juristische Person wirtschaftlich zu handeln.

Damit aber konnten weder Leistungen und Rechte beider Interaktionspartner eingeklagt werden, noch gaben die Gesellschaften konkrete Anhaltspunkte zu ihrer Leistungsfähigkeit und Leistungsbereitschaft. So war die Leasinggesellschaft Lider entgegen ihrer offiziellen Darstellung keine erfahrene, organisch gewachsene Unternehmensstruktur, sondern eine lose Ansammlung von frisch gegründeten Joint-Venture-Gesellschaften ohne Haftungskapital und Umsatz. Ob diese Gesellschaften die versprochenen Finanzquellen de facto bereitstellen konnten, war nicht ersichtlich. Nicht viel anders sah es beim Kamel-Netzwerk aus. Hier lief die Investition über eine frisch gegründete Handelsgesellschaft, die eine Tochter einer ägyptischen Gesellschaft war, die zwar zur Gruppe des ägyptischen Investors gehörte, zu der aber keine organischen Beziehungen bestanden. Damit aber konnte die Interaktion schon durch kleine Begebenheiten gestört werden. Als die Leasinggesellschaft Lider keine Subventionen vom Staat in Form von verbilligen Krediten erhielt, zogen sich die Finanzinstitutionen aus dem Projekt zurück und die ganze Lider-Kamel-Kooperation geriet ins Wanken. Erst recht bemerkbar machten sich Verschiebungen im Machtverhältnis der Netzwerkpartner, wie die Degradierung Klebanovs als Patron des ägyptischen Investors vom Vizepremier zum Industrieminister gezeigt hat.

Formalisierung der Netzwerkakteure in den Strukturen der Aviastar
So schwach die Netzwerksysteme für sich formalisiert waren, so stark waren sie in den formellen Strukturen der Aviastar verankert. Dies ist vor dem Hintergrund der oben beschriebenen Kontroll- und Beteiligungsfunktionen der Netzwerke zu sehen. Es betraf alle Investoren, auch die HNS. Die Übernahme von Aktien und gegebenenfalls auch von Managementfunktionen stellte – in Anbetracht der Gefahr eines Amtsmissbrauchs – einen Kontrollmechanismus dar, um die Durchsetzung der gewünschten Entscheidungen und die richtige Verwendung der Gelder sicherzustellen. Nicht selten kam es vor, dass die verschiedenen Netzwerkakteure hier eingesetzt wurden, um sich gegenseitig zu kontrollieren und den Erhalt eines Status quo sicherzustellen. Am deutlichsten lässt sich dies bei der Besetzung des Aufsichtsrats und Vorstands der OAO Tupolev nachvollziehen.
Durch den direkten und umfassenden Zugriff eines Netzwerkes auf die formellen Kompetenzen der Organe der Aviastar wurden allerdings die negativen Netzwerkeffekte verstärkt und die Netzwerkkonflikte direkt auf die Unternehmensprozesse der Aviastar übertragen. Problematisch an diesem Punkt ist, dass in all diesen Fällen die Ämter und ihre Kompetenzen nicht für die Ausübung ihrer eigentlichen Aufgaben genutzt wurden, also für das Ziel, die Wertschöpfungsprozesse der Flugzeugproduktion wieder in Gang zu setzen, sondern für die Durchsetzung von Netzwerkinteressen. Im Extremfall wurde, wie in Kapitel 7 beschrieben, die Aviastar durch ihre eigenen Kunden geleitet, wobei die Ziele des Netzwerkes mit den Unternehmenszielen in Konflikt standen. Im Rahmen des Inter-Netzwerkkonfliktes zwi-

schen beiden Netzwerkakteuren wurden die formellen Unternehmenskompetenzen genutzt, um sich gegenseitig zu blockieren, was die Aviastar über mehrere Jahre hinweg in einem Insolvenzprozess paralysierte.

8.2 Vergleich der Netzwerke als Interaktionssysteme

Gleichwohl gibt es große Unterschiede zwischen den Netzwerken und ihren Auswirkungen auf die Restrukturierung. Im Mittelpunkt der Analyse standen die Interaktionssysteme der externen Investoren, die Zugang zu den Unternehmensprozessen der Aviastar bekommen hatten. Zu ihnen gehörten der ägyptische Investors I. Kamel, die junge Investorengruppe HNS, die Leasinggesellschaft Lider mit ihrem Präsidenten I. Leiko und später die von Lebedev geführt Leasinggesellschaft Ilushin Finance Corporation (IFC). Der Frachtgesellschaft Volga Dnepr kam aufgrund ihres hohen Verflechtungsgrades mit der Aviastar dabei eine Sonderrolle zu.
Wie die Arbeit gezeigt hat, liegt der größte Unterschied zwischen der HNS und den anderen Netzwerkakteuren. Dies wird vor allem bei der Zielsetzung und der Handlungsorientierung deutlich. Während die Investitionsprojekte fast aller Netzwerke entweder einen geringen bis negativen Wertschöpfungsgrad aufzeigten, basierte das Projekt der jungen „Investoren" der HNS auf einem gesamtbetrieblichen Sanierungskonzept des Flugzeugwerkes.[916] Mit ihren schon erfolgreich durchgeführten Sanierungsprojekten in anderen Industrien hatten die HNS gezeigt, dass sich große Komplexe sehr wohl über Profit-Seeking-Maßnahmen und langfristige, differenzierte Investitionskonzepte aus sich selbst heraus restrukturieren lassen. Bei dieser Strategie stimmten Anreize und Ziele des Investitionsprojektes mit den Restrukturierungszielen des Unternehmens überein. So konnten die Renditeerwartungen nur durch ein innovatives und effizientes betriebswirtschaftliches Restrukturierungskonzept erreicht werden. Die Investitions-

916 Dazu gehören Investitionen in den Wiederaufbau des Wertschöpfungszyklus, den Abbau und die Restruktuierung der Schulden, in Diversifikationsversuche, die Förderung des Verkaufs durch den Aufbau eines Key-Account-Managements, neue Garanie – und Wartungsprogramme, Betriebstouren für Kunden und Finanzinstitutionen.

projekte der Investoren Kamel und Leiko beschränkten sich auf Handelsgeschäfte und wiesen einen vergleichsweise geringen (bis negativen) Wertschöpfungsgrad auf. Die Projektrendite beruhte auf dem Handelsgewinn. Eine Erhöhung der Rendite wurde nicht über längerfristige Restrukturierungsstrategien erreicht, sondern durch Maßnahmen zur Verkaufssteigerung oder durch eine Senkung der Flugzeugpreise. Aufgrund der Verhandlungsschwächen der Aviastar bestand die Gefahr, dass die Renditeziele vor allem über eine Preissenkung realisiert werden sollten, was zu einer Belastung der betriebswirtschaftlichen Situation führte. Dies wurde insbesondere anhand des Investitionsprozesses des ägyptischen Geschäftsmanns Kamel beschrieben. Im Rahmen der Nachverhandlungen zu seiner Investitionsvereinbarung hatte er einen Preis durchsetzen können, der nicht einmal der Hälfte der ohnehin niedrigen Herstellungskosten entsprach. Aufgrund der Durchsetzung und Abtretung von Exklusivverträgen[917] an den ägyptischen Investor waren auch die Selbstorganisationsansätze des Werkes eingeschränkt worden. Diese Form der Renditegenerierung stand in Konflikt mit den betriebswirtschaftlichen Restrukturierungszielen und kann als abschöpfungsorientiert gelten.

Eine Abschöpfungsstrategie war in gewissem Sinne auch von Isajkin und dem erfolgreichen Volga-Dnepr-Projekt verfolgt worden, das neben den persönlichen Kompetenzen des Voenpred vor allem auf der „billigen" Nutzung der einzigartigen Ruslan-Maschinen und des Flughafens beruhte. Mittels der Großraumtransporter (An-124/Ruslan) konnte die Gesellschaft ein internationales Monopol auf dem internationalen Transportmarkt aufbauen. Die Aviastar-Aktiva (Flugzeuge, Flughafen) waren ohne erkennbare vergleichbare Gegenleistung in die Verfügung der Frachtgesellschaft übergegangen, neue Ruslan-Maschinen hatte die Frachtgesellschaft in der ganzen Zeit hingegen nicht in Auftrag gegeben.

Werden die Netzwerkkosten in die Investitionsvorhaben mit einbezogen, treten die Unterschiede zwischen den Investitionskonzepten noch deutlicher zutage. Während die HNS keine Netzwerkbindungen unterhielt, die

917 Das betraf den Liefervertrag mit Rolls Royce über den Einbau der RR-Triebwerke, der an Kamel abgetreten wurde, sowie den Exklusivvertrag für den Verkauf der Tupolev Tu-204 im Ausland.

über die formellen Investitionsvereinbarungen mit den zuständigen Vertretern der Aviastar und den Vertretern des Staates (Gouverneur von Ul'janovsk sowie der Leiter der Luft- und Raumfahrtbehörde RAKA) hinausgingen, interagierten die anderen Investoren auf der Basis teilweise sehr komplexer Netzwerksysteme. Diese produzierten in unterschiedlichem Ausmaß Netzwerkkosten und brachten Vernetzungsdynamiken hervor, die die Handlungsfähigkeit der Netzwerke und ihre Interaktionen erheblich einschränkten. Beides ging in den Fallbeispielen zulasten des Flugzeugproduzenten. Wie aufwendig, kostenintensiv und restrukturierungshemmend sich das Networking auswirkte, zeigt sich insbesondere bei den Netzwerkaktivitäten des ägyptischen Investors. Sein Interaktionssystem war weder über fachlich-funktionale Organisationsstrukturen koordiniert, wie dies bei der HNS oder auch der Frachtgesellschaft Volga Dnepr der Fall war, noch über starke soziale Integrationsformen, wie dies u. a. bei der Volga Dnepr oder der Gruppe der Regisseure festgestellt werden konnte. Vielmehr entpuppte sich das Netzwerksystem Kamels als ein großes, auf materielle Auszahlungen basierendes Zustimmungs- und Beteiligungsnetzwerk. Über verschiedene Interaktionsformen wurden Netzwerkpartner auf betrieblicher, industrieller und zentralstaatlicher Ebene zu integrieren versucht. Dabei produzierte das Netzwerk hohe Netzwerkkosten, verlor zunehmend an Handlungsfähigkeit und wurde durch negative Vernetzungsdynamiken belastet. Aufgrund der engen Netzwerkbindung des Generaldirektors des Flugzeugherstellers (Viktor Michailov) in das Netzwerk des ägyptischen Geschäftsmanns (verdrehte Integrationsintensitäten) konnten diese Kosten und Konflikte auf das Flugzeugwerk externalisiert werden. Letzteres ließ sich auch anhand der Formalisierung dieser Akteure in den Strukturen der Aviastar nachweisen. Nicht viel anders sah es bei dem Netzwerk der Leasinggesellschaft Lider aus.[918]

---

918 Davon blieben die formellen und informellen Unternehmensprozesse der Aviastar nicht unbeeinflusst, und so fanden sich die Vertreter dieser indirekten Netzwerkverbindungen in den Aufsichtsräten der Aviastar wieder. Sowohl I. Karavaev (Guta/Gosinkor) und Denis Manturov (Gosinkor) als auch Boris Zenkov (Inkombank) waren später in den Aufsichtsorganen der Aviastar vertreten. Sie nutzten ihre Ämter, um die Machtkämpfe um die Aviastar-Beteiligungen weiterzuführen.

Betrachten wir die Akteurskonstellationen der Aviastar-Netzwerke, dann fällt auf, dass die beteiligten Netzwerkmitglieder nach der formellen Ausrichtung ihrer jeweiligen Organisationen komplementär und restrukturierungsorientiert aufgestellt waren. Wichtige Vertreter des Innovationszyklus und der Wertschöpfung waren in den Netzwerken integriert. In dem Netzwerk Kamels waren der Flugzeughersteller Aviastar, das KB Tupolev, die Außenhandelsbehörde Aviaeksport sowie die staatliche Investitionskorporation Gosinkor integriert. Das Investitionsprojekt der Leasinggesellschaft Lider schloss zudem noch wichtige Finanzinstitutionen und regionale Fluggesellschaften mit ein. Wie sich herausstellte, war aber der Leistungsaustausch nicht an der Restrukturierung ausgerichtet, sondern vielmehr an dem Selbsterhalt der jeweiligen Organisationen und subjektiven Einzelinteressen.

Daneben waren die Netzwerke in einem unterschiedlichen Ausmaß mit zwei weiteren Problemen konfrontiert, die ihre Handlungsfähigkeiten beeinträchtigten konnten:

1. der hohen Fragmentierung der einzelnen Netzwerkmitglieder und ihrer Organisationen
2. den schwachen formellen und informellen Integrationsformen der Netzwerke

Das traf insbesondere auf die Netzwerk- und Organisationsprozesse um das Leasingprojekt der Leasinggesellschaft Lider zu.[919] Ihr relativ hohes Restrukturierungspotenzial wurde vollständig von den schwachen formellen und informellen Integrationsformen sowie negativen Vernetzungsdynamiken kompensiert. Dies hing damit zusammen, dass die Leasinggesell-

---

Vor diesem Hintergrund ist erklärlich, warum der damalige Inkom-Insolvenzverwalter, V. Alekseev, nun ebenfalls im Aviastar-Aufsichtsrat saß.

919 Integriert wurden die verschiedenen Akteure über die jeweiligen Leiter der Organisationen. Sie besetzten die Cut-Point-Position zwischen dem Handelsgeschäft und den Organisationen (Produzenten, Konstruktionsbüros). Aufgrund der hohen formellen und informellen Fragmentierung dieser Organisationen hatten die Netzwerkmitglieder allerdings keine echte Kontrolle, wodurch die Handlungsfähigkeit des Projektes eingeschränkt wurde.

schaft über keine eigenen Finanzmittel verfügte und somit externe Investoren integrieren musste. Wie die Studie gezeigt hat, reichten ihre formellen Integrations- und Koordinationsmechanismen nicht aus, um die hohen Kontroll- und Absicherungsanforderungen der Finanzinstitutionen bedienen zu können.[920] Auch über persönliche relationale Bindungen konnte keine ausreichend hohe Integrationsform sichergestellt werden. So verfügte das Interaktionssystem nicht über ein soziales Integrationspotenzial, wie es in den Netzwerken hinter dem Volga-Dnepr-Projekt um den Ex-Voenpred Isajkin oder in den Clan-Verbindungen um den Regisseur Nikita Michalkov zu finden war. Bei dem Regisseur-Clan waren die geschäftlichen Interaktionen vollkommen in die engen persönlichen und familiären Bindungen eingebettet. Und das Kernnetzwerk des Volga-Dnepr-Projektes war über die langen Jahre enger Arbeits- und Abhängigkeitsverhältnisse gewachsen. Vertrauen und Respekt gegenüber Isajkin, die klare Anerkennung des Führungsanspruchs des Ex-Voenpred sowie die guten gemeinsamen Erfahrungen können als die zentralen Integrationsgrößen dieses Interaktionssystems betrachtet werden. Genau diese Größen fehlten Leiko, um die losen formellen Interaktionen der verschiedenen unabhängigen Mitglieder ausreichend zu integrieren.

De facto konnte aber auch die HNS keine positiven Vernetzungseffekte aufweisen, da ihre externen Kooperationsformen nicht mit den Anforderungen des netzwerkorientierten Kontextes korrespondierten. So war eine restrukturierungsorientierte Koordination mit den vor- und nachgeschalteten Akteuren der Wertschöpfungskette sowie den staatlichen Strukturen allein über den Markt, also mittels Verträgen und offenen Gespräche ohne

920 Dabei sollten die Finanzgeber des Projekts über Renditeversprechen und den Zugriff auf Unternehmensaktiva des Flugzeugwerkes–im Rahmen von Kredit-gegen-Equity-Swaps – bedient werden. Die Formalisierung der Akteure über die Leasinggesellschaft Lider war sehr schwach. Als eine Ansammlung unabhängiger wie kleiner Joint-Venture-Unternehmen diente sie als eine Interaktionsplattform für Finanzinstitutionen, Produktionsgesellschaften und Fluggesellschaften. Die „sunk costs" waren dementsprechend niedrig. Die interne Organisation der Leistungskoordination war nur lose institutionalisiert und beruhte vor allem auf verbalen Versprechen.

jedweden informellen Leistungsaustausch, nicht durchsetzbar. Deshalb blieb das hohe Restrukturierungspotenzial der HNS weitgehend ungenutzt.

Das einzige Interaktionssystem, das positive Netzwerkeffekte produzierte, da sich formelle und informelle Strukturen weitgehend komplementär zueinander verhielten, war das Netzwerk des Voenpred I. Isajkin. Das Ruslan-Projekt basierte auf einem sehr handlungsfähigen Interaktionssystem, das bestens für die Bewältigung der anstehenden Aufgaben in dem neuen Umfeld geeignet war. Unabhängig von den für die Zeit seiner Gründung notwendigen politischen Zustimmungsbindungen war das Interaktionssystem weitgehend betriebswirtschaftlich funktional ausgerichtet. Grundlage war ein stabiles, komplementäres Netzwerk, das durch seine Manifestierung in den formellen Strukturen der privaten Frachtgesellschaft ZAO „Volga Dnepr“ ein festes, den kapitalistischen Bedingungen angepasstes Gerüst gefunden hatte. Die verschiedenen Akteure und ihre Handlungsorientierungen konnten dabei zweckorientiert gebündelt werden. Die Netzwerkinteressen und die Unternehmensziele stimmten also überein. Der negative Restrukturierungseffekt für die Aviastar lag darin, dass die Gesellschaft – allem Anschein zum Trotz – gegenüber der Aviastar an einer Abschöpfungsstrategie ausgerichtet war.

HNS	Volga Dnepr	Kamel	Leiko
gesamtbetriebl. Sanierungsziele	Zugriff auf Aktiva	Handelsgewinn-maximierung	Handelsgewinn
- Sanierungs-Know-how -Finanzkapital - kein NW-Kapital	- fachliches Know-how - hohes NW-Kapital	- Finanzkapital - hohes (politisches) NW-Kapital (Zentral-staat/Industrie)	- kein Finanzkapital - begrenztes NW-Kapital (Region)
hoch formalisiert	hoch formalisiert	mittel/ gering formalisiert	niedrig/ gering formalisiert
instrumentell / eng persönlich Vertrauen	instrumentell / eng persönlich Vertrauen, Abhängigkeit	instrumentell / persönlich materielle Basis, Abhängigkeit	niedrig instrumentell / niedrig persönlich materielle Basis, Unabhängigkeit
Verträge	persönliche Absprachen	persönliche Absprachen	einseitige Versprechen, lose Absprachen
keine	niedrig/mittel	mittel	hoch
hoch	mittel	mittel	niedrig
hoch/direkt		hoch/indirekt	hoch
positiv	ambivalent	negativ	ambivalent
keiner	niedrig	negativ	negativ

Abbildung 5: Interaktionssysteme

8.3 Netzwerke und Organisationen: Keine Koordination der Netzwerke

Das größte Problem für die postsowjetische Netzwerkgesellschaft bestand darin, dass die Netzwerke nicht koordiniert werden konnten. Das betrifft die Unternehmensstrukturen, die, wie oben beschrieben, seit den Zeiten der Sowjetunion durch Netzwerke in hohem Maße fragmentiert waren. Weitaus schwerwiegendere Folgen für die Restrukturierungsprozesse hatte aber, wie in Kapitel 7 beschrieben, dass die Netzwerke auch nicht über die staatlichen Strukturen als übergeordnetes System koordiniert oder gesteuert werden konnten. Dementsprechend fiel die Fragmentierung der Wertschöpfungs- und Innovationsprozesse mit der Fragmentierung der staatlichen Strukturen zusammen.[921] Darin unterscheidet sich die russische Netzwerkgesellschaft maßgeblich von dem koordinierten Kapitalismus asiatischer Netzwerkgesellschaften. Dort werden die verschiedenen Netzwerke und ihr Investitionsverhalten sehr effektiv über einen starken Staat koordiniert, wobei es zu stabilen Kooperationen kommt. Im postsowjetischen Gesellschaftssystem scheinen hingegen umgekehrt die Netzwerkstrukturen die formellen Interaktionssysteme zu steuern und entsprechend zu fragmentieren. Dabei werden, wie die Arbeit gezeigt hat, die zentralstaatlichen Strukturen und Entscheidungssystem vor allem von den betrieblichen und regionalen Netzwerken „von unten" über ein Bottom-up-Networking fragmentiert und instrumentalisiert.

Fragmentierung und Bottom-up-Networking

Bei fast allen Netzwerken ging die Initiative für Privatisierungs- oder sogenannte Investitionsprojekte nicht von den politischen Eliten aus, sondern von „Fachleuten" vor Ort. Und fast allen Akteuren war es gelungen, über ein aktives Bottom-up-Networking ihre Interessen auf den oberen Entscheidungsebenen durchzusetzen. Nach dem Befund der vorliegenden Arbeit war das auch im Rahmen des institutionellen Kontexts der zentralen Verwaltungswirtschaft Ende der 1980er Jahre möglich. In Kapitel 3 wurde beschrieben, wie es dem Generalkonstrukteur des KB Antonov gelungen war, im Rahmen von Bottom-up-Networking innerhalb streng hierarchischer Strukturen die Kommerzialisierung der militärischen AN-124 durchzusetzen. Kurze Zeit darauf hatte der Voenpred I. Isajkin es geschafft, nicht nur die Kommerzialisierung der militärischen Maschine und ihre private Nutzung, sondern sogar die Privatisierung des gesamten Flugzeugkomplexes über seine Verbindung zu den Luftstreitkräften durchzusetzen. Zweifelsohne variierten Zeitaufwand, Interaktionsformen und der Hierarchisie-

---

921 Neben einer hohen zwischenbehördlichen Fragmentierung zwischen den regionalen und zentralstaatlichen Behörden sowie einer interbehördlichen Fragmentierung lag auch eine Fragmentierung innerhalb der staatlichen Behörden, wie in der Abbildung 4 über die Interessen- und Akteurskonstellationen dargestellt wurde, vor.

rungsgrad des Networking mit den Besonderheiten des jeweiligen formellen institutionellen Kontexts. Gerade in den 1990er Jahren war eine Einflussnahme einzelner Gruppen im Rahmen der selektiven Aushandlungssysteme der politischen Führung unter Jelzin und Tschernomyrdin nicht die Ausnahme. Das ermöglichte auch ausländischen Geschäftsleuten wie dem ägyptischen Investor Kamel den weitgehend unkontrollierten Zugang zur russischen Rüstungsindustrie. Allerdings ging auch in diesem Fall die Initiative des Projektes von Vertretern der russischen Luftfahrtindustrie und den Außenhandelsstrukturen aus.

Die Instrumentalisierung der zentralstaatlichen Akteure durch die regionalen und betrieblichen Netzwerke war insbesondere bei der Herausdrängung der jungen Investorengruppe HNS aus dem Aviastarmanagement deutlich geworden (vgl. Kapitel 6.4). Dabei hatten alle beteiligten Netzwerkgruppen der regionalen Kooperation ihre Vertreter auf der zentralstaatlichen Ebene aktivieren können, um ihre Netzwerkinteressen durchzusetzen. Der Gouverneur und Ex-General Schamanov hatte den damaligen Generalstab mobilisiert, die Gruppe der Regisseure hatte über den Vermögensminister und der ägyptische Geschäftsmann Kamel über den Vizepremier bzw. Industrieminister interagiert. Die staatlichen Akteure waren dabei vor allem an der Bedienung partikularer Interessen ihrer Netzwerkmitglieder ausgerichtet und nicht an den Vorgaben und Interessen des Staates oder an den Funktionen ihrer Behörden. Dies wurde insbesondere offensichtlich, als es etwas später zum Bruch der Kooperation zwischen dem Netzwerk Leiko/Regisseure und Kamel gekommen war. Nun vertraten Minister divergierende Interessen und blockierten sich gegenseitig, woraufhin es zu erheblichen Problemen bei der Abwicklung der Tupolev-Fertigstellung für China kam und die strategischen Verhandlungen zwischen beiden Ländern beeinträchtigt wurden. Von einer Kontrolle seitens des Staates konnte also keine Rede sein. Vielmehr fiel durch die Einbindung der staatlichen Akteure in verschiedene Netzwerke der Staat als übergeordnete Steuerungs- und Koordinationsinstanz aus.

Keine Top-down-Modernisierung

An dieser Situation hatte sich auch in der ersten Amtsperiode Putins nicht viel geändert, obwohl die Unternehmensprozesse jetzt unter der Führung des Bevollmächtigten des Präsidenten standen. Zwar konnten unter Putin die formellen Organisationen und Institutionen gestärkt und die Netzwerkdynamiken erst einmal reduziert werden, aber wie anhand des Scheiterns der hierarchischen Restrukturierungsversuche der Aviastar gezeigt werden konnte, war entgegen der häufigen Darstellung des Systems Putin als autoritäres Regime der Präsident nicht in der Lage, die Restrukturierungsprozesse zu kontrollieren und zu steuern. Der Grund ist in der generellen Reproduktionsdynamik der rivalisierenden Netzwerksysteme in der russischen Gesellschaft zu sehen.

Die Schwierigkeit, die Dominanz der Netzwerksysteme in dem Institutionensystem einzudämmen, bestand darin, dass das gesamtgesellschaftliche Interaktionssystem von Netzwerkpyramiden und Vasallensystemen durchzogen war. In diesem netzwerkorientierten Gesellschaftssystem konnte und kann kein Akteur aufsteigen, der als Einzelakteur agiert, d. h., ein erfolgreiches Agieren ist immer nur über Netzwerksysteme möglich. Als Gegenleistung für die Karriereunterstützung ist der Netzwerkbegünstigte moralisch verpflichtet, seine Loyalität unter Beweis zu stellen und wichtige Positionen in seinem administrativen Umfeld an seine Netzwerkmitglieder zu vergeben. Diese nutzen ihre Ämter u. a., um ihre Partikularinteressen umzusetzen. In diesem netzwerkorientierten Umfeld sind die verantwortlichen Akteure wiederum auf ihre Netzwerkpartner angewiesen, um die ihnen zugeteilten Aufgaben überhaupt umsetzen zu können. Dabei kann es sowohl zu einer inter- als auch zu einer intraorganisatorischen Fragmentierung durch Netzwerke und damit zu erheblichen Durchsetzungsproblemen kommen.

Das generelle Dilemma der gesellschaftlichen Koordinationsprozesse bestand nun im Fall der Aviastar einerseits darin, dass die Fragmentierungs- und Lock-in-Dynamiken innerhalb der Netzwerke, aber insbesondere auch zwischen den Netzwerken so hoch waren, dass sie nicht zu einer effektiven, zielorientierten Handlungsweise fähig waren. Dies betrifft insbesondere anspruchsvolle Koordinationsaufgaben wie die Wertschöpfungs- und Innovationsprozesse der Flugzeugproduktion. Mit anderen Worten: Netzwerke sind nicht geeignet, Institutionen und formelle Organisationen zu ersetzten. Andererseits hatten in dem hier betrachteten Fall die Netzwerke die Organisationen nicht nur unterwandert und für ihre Zwecke instrumentalisiert, sondern sie so weit fragmentiert und geschwächt, dass die Organisationen ihre eigentlichen regulativen und integrativen Aufgaben nicht mehr ausreichend wahrnehmen konnten. Damit sind beide gesamtgesellschaftlichen Ordnungsformen maßgeblich geschwächt, mit entsprechenden Folgen für die Restrukturierungsprozesse.

8.4 Ausblick

Nach 2004 schien der Präsident die Steuerung der Unternehmensprozesse über eine vollständige Kontrolle in den Griff zu bekommen. So wurde die Macht der „unabhängigen" Akteure maßgeblich reduziert, und die Region, das Werk sowie alle am Innovationsprozess beteiligten Akteure konnten unter die Kontrolle der breit angelegten Loyalitätsnetzwerke des Präsidenten gestellt werden.

De facto war aber auch das Netzwerksystem unter Putin durch die dem russischen System innewohnenden Netzwerk- und Fragmentierungsdynamiken geprägt. Hinzu kommt, dass es sich nicht um *ein* Netzwerk handelte, sondern wiederum um verschiedene Gruppierungen, deren Ziele und Handlungen in den mobilen dynamischen Netzwerkprozessen schwer bestimmbar sind und die sich, wie Hanson am Fallbeispiel der Staatsholding Rosstek beschrieben hat, nach wie vor in rivalisierenden Feudalkämpfen blockieren. Allerdings laufen diese Verteilungskämpfe mittlerweile weitaus komplizierter und verdeckter innerhalb der formellen Institutionen ab.[922] Die Steuerung der Restrukturierungsprozesse hängt somit nicht nur von dem „guten Willen" Putins ab, sondern nach wie vor von den Zwängen der Sicherung und des Erhalts immer wieder neuer Netzwerkgleichgewichte.

Damit sieht sich das Land nach wie vor einem Dilemma gegenüber. Einerseits braucht es aufgrund der systeminhärenten Netzwerkdynamiken mit den beschriebenen Fragmentierungskräften und den konfliktären opportunistischen Verhaltenslogiken im Inter-Netzwerkbereich effektive Integrations-, Koordinations- und Steuerungsmechanismen. Andererseits haben die Subordinationsstrategien der letzten Jahre unter Putin gezeigt, dass

---

922 Vgl. Hanson, Networks, Cronies and Business Plans, 2011.

sich die Netzwerkdynamiken nicht über eine vollständige zentrale Kontrolle lösen lassen – ein Problem, das bekanntermaßen auch nicht von streng diktatorischen Regimen gelöst werden konnte –, vielmehr lief das Land Gefahr, dadurch jede Form von Selbstorganisation zu verlieren.

Soll die Modernisierung des Landes vorangetrieben werden, um den technologischen und wirtschaftlichen Anschluss an die internationalen Entwicklungen der Industrienationen zu schaffen, dann ist man jedoch auf die Selbstorganisationsfähigkeit von unten angewiesen. Denn ein innovativer Strukturwandelprozess mit seinen zahlreichen Restrukturierungsaufgaben kann nur über ein breit angelegtes und flexibles Innovationssystem umgesetzt werden. Bedauerlicherweise hat das System Putin die Ansätze einer innovativen und produktiven Selbstorganisationsfähigkeit[923] der privaten Akteure – im Rahmen der formellen Institutionensysteme – sehr effektiv ausgemerzt, und die mittlerweile schwerkranke, am Tropf des Kremls hängende Superholding kann diese Aufgaben sicherlich nicht lösen. Es spricht für die Kontinuität des Netzwerksystems, dass man die fundamentalen Modernisierungsaufgaben des Landes wiederum durch die Schaffung einer neuen Institution, die neue Wissenschaftsstadt Skolkov, glaubt bewerkstelligen zu können.

923 Dafür stehen insbesondere die Handlungen von Akteuren wie die HNS oder die Kaskol.

Anhang: Gesprächsprotokolle

1. Gesprächsprotokoll: Elena Gavrilova, Journalistin aus Ul'janovsk, am 27.01.2002 in Moskau (I)

Zur Geschichte der Aviastar:

Gründung

Im Jahr 1976 wurde die Aviastar als Ul'janovsker Luftfahrtindustriekomplex, kurz UAPK, in der Stadt Ul'janovsk am linken Ufer der Wolga gegründet. Hier sollten die Antonov-Transportflugzeuge produziert werden. Bis zu dieser Zeit war die Ruslan-Herstellung in Kiew auf einer Vielzahl von Zulieferbetrieben angewiesen. Eine Abhängigkeit bestand insbesondere von den Triebwerkherstellern. Für die Herstellung der Ruslan in dem neuen Komplex in Ul'janovsk wollte man keine allzu große Abhängigkeit, auch nicht von den Ukrainern. Daher war der Plan, so viel wie möglich selbst herzustellen. Dieser Plan umfasste auch eine eigene Triebwerkproduktion. Im Jahr 1985 konnte die erste An-124 ausgeliefert werden. Bis 1988, so kann man sagen, war die staatliche Finanzierung sehr gut. Das konnte man schon daran sehen, dass nach einem halben Jahr die jungen Mitarbeiter in der Regel eine werkeigene Wohnung und eine Datscha für sich und ihre Familien erhielten. Für die damalige Sowjetunion war das ein ungeheurer Fortschritt. Als man mit dem Bau des Motorenwerks begonnen hatte, gab es aber bereits einige Finanzierungsstörungen. Man hatte gerade das Fundament für das Werk gegossen, da begann das letzte Stadium der Perestroika, und es war endgültig vorbei mit der staatlichen Finanzierung.

Privatisierung und die erste Postprivatisierungsphase

Am 26. November 1991 hatte Präsident Jelzin die Privatisierung des UAPK erlaubt, noch vor der gesetzlichen Festlegung der Privatisierungsregeln. Die Leute erinnern sich, dass Jelzin die Privatisierungsverordnung auf dem Flügel des Flugzeugs unterschrieben hatte, mit dem er nach Ul'janovsk gekommen war.

Am 2. Januar 1992 besuchte der Präsident Jelzin den UAPK noch einmal und segnete eine Steuerbefreiung für das nun privatisierte Unternehmen ab. Bald darauf begannen dann die Aktien von Hand zu Hand zu wechseln. Dahinter standen Finanzinstitutionen, die ebenfalls als Töchter gegründet worden waren. So u. a. die AOTZ Fondovyj Dom Aviastar-Invest, eine von Aleksandr Petrovisch Poljakov geleitete Fondsgesellschaft. Sie versuchte vor allem, die Belegschaftsaktien aufzukaufen. Was sollten die Leute auch mit den Aktien machen. Manche tauschten sie gegen eine Kiste Wodka. Generaldirektor der Aviastar war bis 1996 Viktor Michailov. Er hatte das Werk schon zu Sowjetzeit, also vor der Privatisierung, geleitet und galt als Technokrat. Davor hatte er den Taschkenter Luftfahrt-Industriekomplex Tschkalov geleitet. Heute ist er 62 Jahre alt.

Der Betrieb unterlag nach der Privatisierung nicht mehr der Kontrolle des Staates. Damit bekam er aber auch keine Gelder mehr. Zwar gab es Zoll- und Steuerprivilegien sowie Staatsgarantien für Kredite, aber es gab keine Aufträge mehr, dafür aber Schulden. Ende 1994 reiste Viktor Michailov nach Moskau, um Finanzminister Boris Fedorov die Notlage des Werkes zu erklären und ihn um eine Subventionierung zu bitten. Aber das hatte nichts gebracht. Im Jahr 1996 hatten sich die Schulden der Aviastar gegenüber dem Staat, den Banken, den Lieferanten und der Belegschaft auf 400 Mio. $ akkumuliert.

Der Investor Dr. Ibrahim Kamel

Bereits 1995 hatten die Verhandlungen zwischen der Aviastar und dem international agierenden ägyptischen Unternehmen Kato Aromatic begonnen. Das Unternehmen gehörte dem Großunternehmer Dr. Ibrahim Kamel. Die Verhandlungen mit der Aviastar wurden nicht direkt mit Kamel oder der Kato Aromatic geführt, sondern über eine ebenfalls aus Ägypten stammende Gesellschaft. Die Firma hieß Sirocco und gehörte auch zu den Strukturen Ibrahim Kamels. Ich erinnere mich noch an die erste Pressekonferenz mit ihm:

- Kamel verfügt nicht nur über gute Russischkenntnisse, sondern
- er kannte vor allem das politische Machtsystem Russlands; er hatte über 30 Jahre mit den sowjetischen und russischen Machtstrukturen zusammengearbeitet;

- zudem galt er als großer Unternehmer und Politiker in Ägypten; er war Berater des Präsidenten Mubarak;
- Kamel war zu dem Zeitpunkt etwa 60 Jahre alt.

Kamel versprach, eine große Menge an Flugzeugen zu kaufen. Insgesamt 200 Tupolev wollte er kaufen, wobei er in den nächsten 5 Jahren wenigsten 30 zu erwerben vorgab mit der Option, in den darauffolgenden 10 Jahren noch weitere 30 Maschinen zu beziehen. Eine Maschine mit Triebwerken war an die 25–30 Mio. $ wert. Laut Vertrag hatte sich das Werk aber verpflichtet, Kamel 200 Maschinen zu je 12 Mio. $ (ohne Triebwerke) zu liefern. Diese 12 Mio. entsprachen knapp den Herstellungskosten.
Schon Anfang 1995 hatte die Aviastar es geschafft, mit Rolls-Royce einen Vertrag über die Lieferung von Triebwerken auszuhandeln. Ziel war es gewesen, die Abhängigkeit von den ukrainischen und russischen Triebwerkherstellern zu mindern. Es stellte sich bald heraus, dass Kamel sich erheblich an diesem Vertrag stieß. Und so überschrieb Michailov ihm den Vertrag mit Rolls-Royce, und Kamel wurde selbst zum Lieferanten.
Poljakov erinnerte sich: „Dr. Ibrahim Kamel änderte ständig an dem Vertrag herum. Letztlich kaufte er zwischen 1996 und 2001 lediglich 4 Maschinen, und zwar zu nur 6 Mio. $ pro Flugzeug.“ Nach den Worten Poljakovs wurde mit jedem Flugzeug, das für Kamel fertiggebaut wurde und in seinen Besitz überging, der letzte „Saft“ aus dem Unternehmen gepresst, da es ein Verlustgeschäft gewesen sei. Er hielt dem Ägypter zugute, dass er Monate im Voraus zahlte, was der Aviastar ermöglichte, die Löhne und Steuern zu begleichen sowie einzelne Bauteile einzukaufen. Aber dies sei nur kurzfristig wirksam gewesen und reichte nicht einmal für den vollständigen Einkauf der Bauteile.
Das Geld für die vierte Tupolev war gar nicht bei der Aviastar angekommen. Die 6 Mio. $ waren vermutlich bei irgendwelchen dubiosen Anlagegeschäften der Inkombank verschwunden. Später, im Winter 1998, versicherte Kamel, er habe das Geld längst überwiesen, es sei aber durch die Rubelabwertung im August 1998 „gefressen“ worden und hänge nun bei irgendeiner Bank fest. Damit musste sich das Werk zufriedengeben. Erst unter der HNS wurde beim Stockholmer Arbitragegericht eine Klage eingereicht. Es kam zu einer außergerichtlichen Einigung. Am 9. Februar 2002 kam es

dann zu einer Stellungnahme der Staatsanwaltschaft von Ul'janovsk. Sie erklärte während einer Pressekonferenz, dass es bekannt sei, wo das Geld sei, und dass es an die Aviastar zurückgeführt werden würde.
Ende 1998/1999 fing der russische Rechnungshof an, die Richtigkeit der Privatisierung der Aviastar und die Unternehmerprozesse zu überprüfen. Nach der Privatisierung war die Aviastar in mehr als 100 Tochterunternehmen zerfallen. Da gab es einige Werke/Kombinate für die Konsumgüterherstellung (Waschmaschinen, Staubsauger, Möbel). Es gab einen Flugzeug-Versuchskomplex (LIK – Letny-Isledovatelny Kompleks), einen Lackierbetrieb, einen Transportbetrieb, regionale Handelsgeschäfte und die eigentliche Flugzeugherstellung. Einige Werke, wie der Lackierbetrieb, arbeiten nicht nur für die Aviastar, sondern für andere Kunden, sogar fürs Ausland. Im Übrigen ist es interessant zu wissen, was mit den Flugzeugen passiert, die auf Lager stehen. Als ich das letzte Mal auf dem Werksgelände war, habe ich einige Maschinen in den Hallen gesehen. Vor allem Tupolev-Maschinen. Einige waren schon mit Triebwerken versehen, und bei anderen war gerade erst mit dem Rumpfbau begonnen worden.
Da es bei der Privatisierung Rechtswidrigkeiten gab, hätte die Privatisierung für ungültig erklärt werden können. Damit konnte man dem Komplex mit einer De-Privatisierung drohen. Einige Male übergab der Rechnungshof das Gutachten über die Gesetzesverstöße bei der Privatisierung und der Unternehmensführung an die Regierung und auch an die Staatsanwaltschaft – doch keine Reaktion.

Reorganisation der Aviastar

Die Aviastar verschuldete sich allerdings immer mehr. In dieser Situation hatte man sich dazu entschlossen, die eigentliche Flugzeugherstellung auszugründen. Zu diesem Zeitpunkt war Aleksandr Petrovitsch Poljakov Aufsichtsratsvorsitzender. Das neue schuldenfreie Unternehmen wurde ZAO Aviastar-SP genannt. Zur gleichen Zeit wurde die OAO Tupolev gegründet, mit Sitz in Moskau. Das Ziel war vermutlich schon damals, die staatliche Kontrolle über die Flugzeugherstellung in Russland wiederherzustellen.

Aktienverteilung

Die Aktien der OAO Aviastar (UAPK) waren wie folgt verteilt:

- 36 % Ausländer, davon hielt Kato 17–20 %
- 6 % Ministerium für Vermögen
- 12 % Ul'janovsker Komitee für Vermögen
- 20 % Belegschaft und ehemalige Mitarbeiter
- 20 % Volga Dnepr

Die Aktien der ZAO Aviastar gehörten ab 1999 zu:

- 74,6 % der OAO Tupolev
- 25,4 % der OAO Aviastar

Die Aktien der OAO Tupolev gehörten mit:

- 50 + 1 Aktie mehrheitlich dem Ministerium für Vermögen

Trotz der Reorganisationsmaßnahmen blieb die Situation schlecht. Zwar stimmten die Auftragsbücher 1998 optimistisch, aber realisiert wurde kaum etwas. 1999 hatte man 10 Maschinen für die Transaero verbucht. Auch hatte man 6 Tupolev in Auftrag gegeben. Am Ende des Jahres wurde der Transaero-Auftrag jedoch storniert. Ausgeliefert wurde nur eine Tu-204-120, das war die vierte Maschine für Dr. I. Kamel. Auch für das Jahr 2000 waren Bestellungen für 9 Flugzeuge verzeichnet. Und auch daraus ist nichts geworden.

Volga Dnepr

Zum Zeitpunkt der Privatisierung der Aviastar 1991 existierte die Volga Dnepr (Frachttransportgesellschaft auf der Basis der An-124) bereits. Sie war kurz vor der Privatisierung der Aviastar gegründet worden. Da einige Leute vorher bei der Aviastar beschäftigt waren, hielten die Mitarbeiter der Volga Dnepr Aviastar-Aktien, aber auch die Transportgesellschaft selbst hielt einen Teil der Aktien. Damals waren die Aviastar-Aktien an die Belegschaft verteilt worden, abhängig von Position und Dienstalter. Ein Teil der Aktien wurde auch zum Verkauf angeboten.

Die Volga Dnepr hatte sich seit ihrer Gründung gut entwickelt. Sie hat nach eigenen Angaben heute 20 % des Weltmarktes für superschwere Luftfracht. Diese Entwicklung beruht auf der Einzigartigkeit der An-124, die von der Aviastar produziert wurde. Bis 1994/1995 hatte die Transportgesellschaft 6–8 Ruslan, die hier im Werk hergestellt wurden, in ihrem Besitz. Die Volga Dnepr konnte zudem auch den internationalen Flughafen „Ul'janovsk-Vostotschnij" der Aviastar nutzen. Dieser gehörte zum Flugzeug-Versuchsbetrieb (LIK) und besaß eine selbst für russische Verhältnisse große Start- und Landebahn. Sie war fünf Kilometer lang und gut 250 Meter breit. Ursprünglich war sie als Reservelandebahn für die An-225 gebaut worden, die hier mit dem Spaceshuttle Buran auf dem Rücken landen sollte. Mit Unterstützung der Volga Dnepr ist der LIK zum Internationalen Flughafen Ul'janovsk-Vostotschnyj ausgebaut worden.

Die ZAO Aviastar, Poljakov und der neue Investor (HNS)

Nach der Ausgründung der ZAO Aviastar aus der Muttergesellschaft war die Aviastar schuldenfrei. Aber sie hatte auch kaum Aufträge mehr. Die beiden letzten Aufträge, der Auftrag der KawMinWody (1x Tu-204) und der Kras Air (1x Tu-204), waren Barter-Geschäfte. Bei dem Barter mit der Kras Air sollte die Tupolev mit Steinkohle und Heizöl bezahlt werden. Das Geschäft wurde von der Ul'janovsker Administration zur Verrechnung von Steuerschulden eingefädelt. Bedauerlicherweise verschwanden die Kohle- und Heizöllieferungen, die mit der Bahn nach Ul'janovsk gebracht werden sollten, auf dem Weg dorthin. Ende 2000 hatte die Aviastar einen neuen Auftrag für den Bau eines Flugzeuges von der Kras Air bekommen. Mit dem Bau des Flugzeuges begann Aviastar umgehend nach Erhalt des Auftrages, allerdings konnte die Transportgesellschaft nicht zahlen. Die Maschine kann vermutlich erst 2003 ausgeliefert werden. Im Jahre 2000 war auch klar, dass die Transaero ihr Versprechen nicht halten würde. Sie hat ursprünglich den Kauf von 10 Tupolev-Maschinen in Aussicht gestellt.

In Anbetracht einer neuen Verschuldung der Flugzeugproduktion wurden die 25,4 % der Aktien, die die Muttergesellschaft (OAO Aviastar) an der Flugzeugproduktion (ZAO Aviastar-SP) hielt, zum Verkauf angeboten. Als neuer Investor wurde die Holding „Novoe Sodrugestvo" (HNS) in die Geschäftsführung der ZAO Aviastar-SP gewählt. Das Angebot der HNS war wie folgt: Innerhalb der ersten zwei Jahre sollten 70 Mio. $ in die Flugzeugherstellung, insbesondere in die Verfahrenstechnologie, investiert werden.

Die HNS wollte allerdings die Geschäftsführung der ZAO Aviastar-SP übernehmen. Sie beabsichtigte, erstmals neue Flugzeuge von null an bauen zu lassen. Auch sollten die Schulden beglichen werden. Dafür forderte die HNS im Gegenzug die Übergabe der 25,4-%-Aktienbeteiligung sowie das Anrecht, nach vier Jahren über eine Neuemission weitere 22 % beziehen zu können. Dies wurde bei einer Pressekonferenz am 16. April 2001 bekannt gegeben.

Was man über die HNS wissen sollte: Die HNS war ein Investor, der sich vor allem aus jungen Leuten, die um die 30 Jahre alt waren, zusammensetzte. Es sind alte Studienfreunde, die teils am MAI (Moskovskij Aviazionnyj Institut) und teils am MIFI (Moskovksij Ingenerno-Fisitschekij Institut) studiert hatten. Schon während des Studiums hatten sie Export-/Importgeschäfte getätigt, u. a. mit Ägypten, aus dem sie aromatische Öle importiert hatten. Über die Handelsgeschäfte hatten die Jungs im Laufe der Jahre ein gewisses Startkapital gesammelt, und nun begannen sie, sich direkt in Unternehmen einzukaufen, wie in den Moskauer Farbenhersteller (M-PILS), die Moskauer Seifenfabrik und den Landwirtschaftsmaschinenhersteller RostSelMasch in Rostov am Don.

Und dann in die Aviastar. Relativ schnell stellte die HNS jedoch fest, dass die Zusammenarbeit mit Ibrahim Kamel für die Aviastar-SP sehr verlustreich war. Deshalb beabsichtige sie, neue Verhandlungen mit Kamel zu führen, wozu Kamel nicht bereit war. Die HNS drohte die Verträge zu kündigen. Daraufhin aktivierte Ibrahim Kamel seine alten Verbindungen, vor allem in den Ministerien.

2. Gesprächsprotokoll: Elena Gavrilova, Journalistin aus Ul'janovsk, am 29.01.2002 in Ul'janovsk (II)

Die Investoren HNS, Kamel und Lider

Die Tupolev Holding musste handeln, denn die Schulden der Aviastar (gemeint ist die zur Tupolev-Holding gehörende ZAO Aviastar-SP, in welche die Flugzeugproduktion eingebracht worden war) wuchsen erneut, vor allem gegenüber der Stadt Ul'janovsk. Die Kosten waren sehr hoch. Um das Werk in einem arbeitsfähigen Zustand zu halten, müssen die Hallen auf mindestens 7 Grad Celsius geheizt werden. So hatte sich das Werk wieder mit 105 Mio. Rubel (Energiekosten) neu verschuldet. Es gab eigene Werke, wie den Lackierbetrieb, die eigenes Geld verdienten. Die Administration Ul'janovsk hatte die Integration der Flugzeugproduktion in die Holding unterstützt. Dafür hatte das Regionalparlament von Ul'janovsk ein Gesetz über Steuervergünstigungen beschlossen. Es ist möglich, dass die Tupolev Holding aus der Moskauer Filiale der „alten" Aviastar gewachsen ist. Diese Filiale war von Poljakov (Aleksandr Petrovitsch Poljakov) im Dezember 1993 gegründet und geleitet worden.

Die Aviastar unter der Führung der HNS

Aleksandr Petrovitsch Poljakov ist der Präsident (mittlerweile Vizepräsident) der OAO Tupolev. Er war zuvor Aufsichtsratsvorsitzender der Aviastar-SP und der OAO Aviastar gewesen bzw. war immer noch in den Aufsichtsräten vertreten. Poljakov hatte die HNS gefunden und eingeladen. Ihm und seiner Gruppe gehörten zudem mindestens 12 % der Aviastar-Aktien (OAO Aviastar), und damit verfügten sie über eine Sperrminorität. Die Geschäftsführung der Aviastar war dann an die HNS übergeben worden. Auf der Gesellschaftsversammlung der ZAO Aviastar wurde dann Juri Ryansanov zum Generaldirektor und Valerij Maltzew zum geschäftsführenden Direktor der ZAO Aviastar-SP ernannt. Am 13. Juli 2001 wurde bekannt, dass die HNS keine Aktien der Aviastar-SP bekommen würde, was vermutlich auf den Einfluss Kamels zurückzuführen war. Am 2. Oktober 2001 verließ das Management der HNS die Aviastar.
Der neue Investor HNS hatte in den fünf Monaten, in denen er das Werk kontrollierte, über 300 Mio. Rubel investiert und eine Reihe von Modernisierungsmaßnahmen durchgeführt, u. a. im Rechnungswesen. Auch wurden völlig neue Aufgaben für das Waggonwerk ausgearbeitet. Zu der HNS gehörte eine Bank, von der die Gelder kamen. Als Garantie für die Investitionen in die Aviastar nutzte die HNS eine Tupolev, die auch auf dem Luftfahrtsalon MAKS 2001 präsentiert wurde. Als sie ausstieg, wollte sie die Maschinen beschlagnahmen. Der neue Tupolever Aufsichtsrat war dagegen. Das Schiedsgericht erkannte das Recht der HNS an. Aber ob die HNS ihr Geld zurückbekommt, ist offen. Und selbst wenn sie das Flugzeug bekommen sollte, muss sie es erst einmal selbst verkaufen, um an ihr Geld

heranzukommen. Es gab Interessenten für das Flugzeug, beispielsweise die Kras Air.

Neues Management: I. Leiko und die Leasinggruppe Lider

Am 5. November 2001 gab es Aufsichtsratswahlen (bei der OAO Aviastar), bei denen auch ein neuer Vorstand gewählt wurde. Diese Leute kannte hier keiner. Zum Vorstandsvorsitzenden und Generaldirektor wurde ein Mann namens Ponomarenko gewählt. Generaldirektor der ZAO Aviastar-SP war wieder V. Michailov, der auch schon vor 1997 der Generaldirektor des Komplexes war.

Auf einer Pressekonferenz wurde der Gouverneur vom Gebiet Ul'janovsk gefragt, wer nun der Investor der Aviastar-SP sei. Die Antwort war, es sei Herr Dr. I. Kamel, also der alte Bekannte. Es gab auch eine Absichtserklärung, also einen Vertrag zwischen der Gebietsadministration und Ibrahim Kamel. Kamel ist der Generalinvestor für den Bau von 5 Tu-204 für die Regierung Chinas. Es besteht noch eine Option für 10 weitere Tu-204. Kamel hatte es eilig, denn sein Vertrag mit Rolls-Royce läuft Ende 2002 ab. Schamanov (Gouverneur von Ul'janovsk ab 2000) sagte, dass die Beziehung zu Kamel Vorrang habe, man aber auch andere Investoren suchen müsse. Da war noch die Unternehmensgruppe Lider, die sich für die Aviastar interessierte. Die Gruppe beschäftigte sich seit zwei bis fünf Jahren mit dem Leasing von Flugzeugen. Sie trat als Investor auf. Leiko hatte angegeben, den Zuschlag beim staatlichen Tender zur Unterstützung des Flugzeugleasings zu bekommen.

Der neue Aufsichtsrat der Aviastar (OAO Aviastar) setzte sich aus 12 Mitgliedern zusammen. Die Sitze waren wie folgt verteilt:

- 4 Sitze gingen an Sirocco (Ibrahim Kamel)
- 4 Sitze gingen an die Leasinggruppe Lider
- 4 Sitze gingen an die Gebietsadministration

Der Großteil der Aufsichtsratsmitglieder war unbekannt. Der Generaldirektor Ponomarenko war bis vor kurzem Bürgermeister der Stadt Schachty im Gebiet Rostow am Don gewesen. Vor zwei Jahren war ein Strafverfahren gegen ihn eingeleitet worden. Ein paar Wochen nach der Aufsichtsratssitzung der OAO Aviastar im November war er dann plötzlich verschwunden,

und I. Leiko, der Chef der Leasinggruppe Lider, wurde neben seinem Aufsichtsratsvorsitz zum Generaldirektor der Aviastar ernannt. Die Gesellschaft Lider, die vier Sitze und den Vorsitz des Vorstandes stellte, hielt selbst nur 7 % der Aktien. Der Wert der Verwaltungsgesellschaft war eher niedrig. Der Nominalpreis einer Aktie lag bei 1 Rubel. Der tatsächliche Preis lag bei ca. 0,03 Rubel.
Später stellte sich heraus, dass die Unternehmensgruppe Lider die Ausschreibung dann doch nicht gewonnen hatte, also keine staatlichen Garantien bekam. Die Aviastar soll noch nicht einmal auf der Liste der Förderunternehmen gestanden haben.

Gebiet Ul'janovsk unter Schamanov

Vor den Gouverneurswahlen im Dezember 2000 regierte Gorjatschev. Ul'janovsk gehörte bis dahin zum Roten Gürtel Russlands – südlich von Moskau liegende Gebiete, häufig mit einer starken agrarindustriellen Ausrichtung, die rückwärtsgewandt und eher kommunistisch regiert werden; dazu gehören Tula, Rjasan, Kursk, Brjansk und Ul'janovsk. Gorjatschev regierte das Gebiet 17 Jahre lang. Sein Einfluss war so stark, dass kein Unternehmen ohne sein Wort etwas zu melden hatte – auch nach 1991 nicht. Das betraf auch die Aviastar. Er machte viel administrativen Druck, indem er mit Steuerfahndungen oder besonderen betrieblichen Inspektionen drohte.
Neuer Gouverneur seit Ende 2000 ist General Schamanov. Er wurde bei den Wahlen von unterschiedlichen Gruppierungen unterstützt, z. B. von Geschäftsleuten, Politikern, Berufssoldaten. Dementsprechend gibt es natürlich in seinem Team unterschiedliche Gruppierungen oder Clans:

1. *Samara-Gruppe*: Vertreter des Energiekomplexes und Vertreter aus der SamaraTransgas sind hier vertreten. Dazu gehört Wladimir Zarev. Er wurde Vizegouverneur für Industrie (Energie).
2. *Klein:* Klin ist ein Gebiet bei Moskau, in dem es einige Lebensmittelwerke gibt, u. a. auch Alkohol. Ul'janovsk wurde als zukunftsträchtiger Absatzmarkt betrachtet. Ihr Vertreter in Ul'janovsk ist Sergej Ilinskij. Auch er wurde als Vizegouverneur eingesetzt. Ihm unterstand die Nahrungsmittelindustrie.

3. *Militär*: Sein Vertreter in der Regierung Schamanov ist Valerij Kurotschka – Vizegouverneur für Soziales.
4. *Moskauer Diaspora*: Für diese Gruppe, die aus ehemalig einflussreichen Ul'janovskern bestand, saß Denisov in der Ul'janovsker Administration, ebenfalls als stellvertretender Gouverneur für Industrie (u. a. Flugzeugindustrie).

Das Vorgehen der Gebietsadministration gegenüber der Aviastar ist exemplarisch für den wechselnden Einfluss der einzelnen Gruppen. So trifft sie immer unterschiedliche Entscheidungen – einmal unterstützt sie Ibrahim Kamel, dann wieder Igor Leiko (Leasinggesellschaft Lider). Bis Mitte Dezember 2001 saß Wladimir Zarev als Vize für Industrie auch im Aufsichtsrat der OAO Aviastar. Ihm hatte man die Führung der Auseinandersetzungen mit der Belegschaft der Aviastar zugewiesen, die gegen den Abgang der HNS waren. Die Belegschaft war zwar anfangs misstrauisch gegenüber den jungen Investoren aus Moskau, da man gegen alles misstrauisch ist, was aus Moskau kommt, aber als sie sahen, dass die HNS echte Gelder investierte, Löhne zahlte und angekündigte Maßnahmen auch umsetzte, änderten sie ihre Meinung. Sie waren auch die Einzigen, die die HNS noch immer unterstützten, als alle anderen sich gegen die HNS gewendet hatten. Das schlechte Bild, das die Belegschaft nun von der Administration in der Person Zarevs hatte, war ein Grund dafür, dass er verjagt wurde und nach Samara zurückkehren musste. Auch Denisov (Moskauer Diaspora) ging ein paar Wochen später am 27. Januar 2002. Für ihn kam Michail Schkalow in die Administration. Neben ihm war noch Viktor Sidortschev mit der Aviastar befasst.

Aviastar-Strukturen und Streit um Tochterunternehmen

Das neue Management der Aviastar (Ul'janovsker Administration, Investor Leiko, Investor Kamel) strebte eine stärkere Integration der Tochterunternehmen in die OAO Aviastar an. Die Kontrolle über die Tochterunternehmen und die Zuteilung der Unternehmensaktiva war ursprünglich vor allem über Beziehungen gelaufen. Dabei bestanden bzw. bestehen zwischen der OAO Aviastar und den Tochterunternehmen, die Konsumgüter herstellen, keine besonderen Beziehungen, abgesehen von kleinen Aktienanteilen der Muttergesellschaft. Konkrete, vertragliche Bindungen gibt es nicht. Die

Tochterunternehmen allerdings, die an der Flugzeugherstellung beteiligt sind, haben mit der Aviastar-SP feste vertragliche Beziehungen.
Michailov erklärte, da der Rechnungshof viele Unregelmäßigkeiten bei der Privatisierung entdeckt hätte, könne man sämtliche Tochtergesellschaften so lange mit Steuerfahndungen quälen, bis sie alle wieder in der Mutterfirma eingegliedert seien.

3. Gesprächsprotokoll: Sergej Titov, Chefredakteur der Narodnaja Gazeta, am 29.01.2002 in Ul'janovsk

Alte Konflikte zwischen Gebietsadministration und Unternehmen

Die Aviastar wurde privatisiert, bevor überhaupt ein Regierungsbeschluss möglich war. Sie hatten dafür eine Sondererlaubnis von Jelzin. Auf Gorjatschevs (damaliger Administrationschef des Oblast' Ul'janovsk) Unterstützung konnte die Aviastar nicht hoffen, denn der Leiter der Administration war gegen Michailov eingestellt. Als ich Viktor Vassiljewitsch (Michailov) Anfang 1991 interviewte, beschwerte er sich darüber, dass sein Unternehmen von Gorjatschev gemolken werde. Er (Gorjatschev) hatte ihm gedroht: „Wenn du kein Geld für Soziales (soziale Infrastruktur, Siedlungen) rausgibst, dann wird die Gebietsadministration deine Interessen nicht auf der föderalen Ebene vertreten." Ein Teil der Probleme wurde kurzfristig von der Volga Dnepr gelöst.

In anderen Regionen bestand eine gute Beziehung zwischen der Leitung der regionalen Administration und dem Rüstungsunternehmen. Warum ist die Beziehung in Ul'janovsk anders?

Dafür gibt es viele Gründe. Der Konflikt geht schon in die Sowjetzeit zurück. Der Komplex hatte mit dem Oblast' nicht viel zu tun. Er bekam seine Zuteilungen aus Moskau und nicht von Gorjatschev oder dem Gebietsparteikomitee. Gorjatschev hatte in Ul'janovsk uneingeschränkte Kontrolle. Bedingt hatte er versucht, seinen Einfluss über die Partei auszuüben. (Eine Verbindung bestand zu Genadi Korotnev.) Nicht zu vergessen ist, dass die Partei überall vertreten war, eben auch in den Betrieben. Ihr Einfluss reichte bis in die untersten Ebenen des Betriebs, die Brigaden. Diese braucht nur aus drei Parteimitgliedern zu bestehen, um als Parteizelle zu agieren.

Die Aviastar und die Privatisierung

Im Interview beschwerte sich Michailov, dass Gorjatschev keine Privatisierung gewollt habe. Er verwies darauf, dass selbst der damalige Ministerpräsident Gajdar gegen eine Privatisierung der Aviastar gewesen sei. Der Betrieb könne ohne staatliche Hilfe nicht überleben. Ende August 1991, direkt nach dem Putsch, hatte Jelzin eine Business-Tour auf der Wolga unternommen, bei welcher er mit wichtigen westlichen Geschäftsführern wie auf einer Kreuzfahrt die wichtigsten Rüstungsbetriebe entlang der Wolga besuchte. Dabei wurde auch das UAPK begutachtet. Ein hochrangiger Mitarbeiter von Boeing antworte auf die Frage, ob er sich vorstellen könne, hier zu investieren: „Ihr geht alle pleite. Die Produktionshallen sind schon so riesig. Die zu heizen wird alle Einnahmen fressen."

Das Werk wurde dann doch privatisiert. Zum Zeitpunkt der Privatisierung bekamen die Vertreter der Geschäftsführung mehr Aktien als die Belegschaft. Heute besitzen natürliche Personen 20 % der Aktien, indirekt sind es mehr. Im Jahr 1993 wurde eine Reihe von Unternehmen von der Aviastar-Führung gegründet, so u. a. die Bank Aviastar-Invest. Ihr Ziel war es, so viele Aktien wie möglich zu akkumulieren. Am Anfang lief der Prozess in Übereinstimmung mit dem Vorstandsvorsitzenden Poljakov und dem Generaldirektor V. Michailov. Aleksandr Petrovitsch Poljakov hatte dann die Aviastar-Invest gegründet. Es wurde in allen Zeitungen inseriert: „Kauf von Aktien". Waren die Preise anfangs noch niedrig, bekam ein Facharbeiter später für seine Aktie bis zu 200 $. Die Aviastar-Invest besitzt heute 12 % der Aktien. Poljakov hatte vorgegeben, die Aktien zu kaufen, um das Werk vor dem Zugriff ausländischer Kräfte, die nicht an Investitionen des Werkes interessiert seien, zu schützen.

Aviastar, Subventionen und Reorganisationen

Die Aviastar hat keine echte Hilfe erhalten. Nur einmal wurde ein Konversionskredit gewährt. Der Staat hatte dabei keine zusätzlichen Gelder verteilt, sondern nur die Steuerschulden gestundet.

Wie hat das Werk überlebt?

Es wurde ja alles ausgegründet, die gesamte Flugzeugproduktion. Daneben wurden noch eine Reihe neuer Unternehmen und Filialen gegründet: für die Möbelproduktion, den Lackierbetrieb. Das war ein Skandal. Bei der

Mutter arbeiteten nur noch 60 Leute. Zu ihr gehörten nur noch zwei bis drei Gebäude und irgendwelche unwichtigen Tochterunternehmen. Wir veröffentlichten damals die Daten der Unternehmensneugründung (Handelskammerauszug), also die Adressen, Telefonnummern und den Namen der Direktoren. Sie stimmten mit den Namen der Geschäftsführung im Wesentlichen überein. Manchmal wurde noch nicht einmal die Adresse oder die Telefonnummer geändert. Auch das Gründungsdatum stimmte überein. Die Redaktion wurde daraufhin bedroht. Also haben wir es nie wieder gemacht. In Ihrem Land können die Daten aus Handelsregister doch auch veröffentlicht werden?!

Ja, allerdings nicht bei Filialen.

Sie meinten, die Reorganisation und Gründung eigenständiger Bereiche wäre eine sinnvolle Restrukturierungsmaßnahme in Anbetracht der Schulden und Kosten des Werkes. Ich bezweifle das. Ich habe noch kein Möbelstück dieser Tochtergesellschaft gesehen, und sie werden auch keinen in der Stadt finden, der ein Möbelstück gesehen hat. Verantwortlich für die Reorganisation war Aleksander Petrovitsch Poljakov. Er war der letzte Parteisekretär des UAPK. Dann leitete er die Treuhand der Aviastar. Er behauptet oft, dass er seine alten Überzeugungen nicht verraten hätte. Er ist aber der reinste Kapitalist.

Poljakov erzählte mir (Sergej Titov) in einem Interview, dass er die Aviastar retten wolle. Sein Ziel sei es, die Korporation „Tupolev" zu gründen. Auf die ausländischen Investoren könne man dabei nicht hoffen, die seien nicht wirklich interessiert, auch weil sie keine Aktienmehrheit mehr besitzen können. Bisher seien die Kräfte in der russischen Luftfahrtindustrie zerstreut. Tupolev-Flugzeuge werden ja in Kazan, Ul'janovsk und in Samara hergestellt. Diese müssen vereint werden. Dabei müssen, so Poljakovs Idee, die Konstrukteure, also das Konstruktionsbüro Tupolev, am gesamten Prozess beteiligt werden. Bis jetzt seien die Konstrukteure nicht für das Endergebnis verantwortlich. Der Staat müsse an dieser Korporation die Aktienmehrheit besitzen. Die anderen Anteile könnten von den Flugzeugbauwerken in Kazan, Samara und Ul'janovsk gehalten werden.

Im Jahr 1999 wurde dann diese Korporation gegründet. In die neue Holding wurden die fähigsten Spezialisten und besten technologischen Kapazitäten des KB eingebracht, während die Schulden und der Großteil des Kader- und Produktionsballastes beim ANTK blieben. Genauso war es bei der Gründung der ZAO Aviastar. Poljakov wurde einstimmig zum neuen Präsidenten der Holding gewählt. Er ist der mächtigste Mann der Aviastar geworden. Mittlerweile gibt es keine Entscheidung, die nicht über den Tisch von Poljakov geht.

Der Staat tätigt aber keine Investitionen. Auch mit dem Investor HNS geht es nicht weiter. Am 13. Juli 2001 war es offensichtlich, dass sie vertrieben werden sollten.

Nun ist die Leasinggesellschaft Lider am Zug. Sie arbeitet mit dem Triebwerkhersteller Permskije Motory (PM) zusammen. Es gab wohl einen Tender für die Subventionierung des Leasings von der Tu-204. Davon konnte die Aviastar nicht profitieren, obwohl der OAO Tupolev eigentlich die besten Chancen eingeräumt wurden. Gewonnen hatte dann aber eine Gesellschaft aus Tatarstan, an der auch die tatarische Ölgesellschaft TATNeft beteiligt war.

Anfang und Ende der Aviastar und ihre stillen Reserven

Im August 2001 kam ein Auftrag aus China. Das reicht als Auftragsbasis aber nicht aus, und das Werk steht vor seinem Ende – nach 25 Jahren. Das Werk wurde 1976 gegründet. Damals wurde die Legende in Umlauf gebracht, dass hier zivile Boeing-Lizenzflugzeuge gebaut werden sollten. Man wollte verdecken, dass es sich dabei um ein Rüstungswerk handelte. Seine Gründung war vom ZK (Zentralkomitee) bereits Ende der 1970er Jahre beschlossen worden. Ursprünglich sollte hier der strategische Überschallbomber und atomare Raketenträger Tu-160 in Serie gebaut werden. Dafür gab es sogar eine betriebseigene Eisenbahn mit unterirdischer Anbindung an das sowjetische Eisenbahnnetz.

Auch die An-124-100 ist ja nur eine Zivilversion der militärischen An-124. Die UdSSR brauchte damals ein Großraumfrachter für große Militäroperationen. Mit der Produktion des Militärtransporters konnte Mitte der 1980er Jahre begonnen werden. Heute befinden sich in den Hallen der Aviastar-SP neben 18 Tu-204 auch noch 3 An-124 in fast fertigem Zustand. Mit dem Bau dieser Maschinen hatte man noch zu Sowjetzeiten begonnen.

4. Gesprächsprotokoll: Dr. Juri Postnikov, Ingenieur für Maschinenbau, am 03.06.2005, Berlin

Juri Postnikov ist Ingenieur für Maschinenbau (Abschluss an der Technischen Staatlichen Universität N. E. Baumann).

Produktionsstrukturen

Bei der Aviastar handelt es sich um ein Superkombinat, das viele Herstellungsbereiche integriert. Allein die Flugzeugproduktion besteht aus sicherlich 20 Werkhallen. Da gibt es erst einmal die Halbzeugvorbereitung, die Metallbearbeitung, dann die Herstellung der einzelnen Baugruppen: Flügelbau, Rumpfbau, Bau des Tragwerks etc. Dann kommen die Endmontage, die Lackierarbeiten, die Testflüge und Kontrollarbeiten noch hinzu. Jeder einzelne Herstellungsbereich hat natürlich wieder eigene Fertigungsetappen. Diese sind häufig in einzelnen Werkstraßen bzw. Werkhallen unterteilt. In der Halbzeugvorbereitung sind alleine schon fünf Abteilungen zu nennen. Die erste ist die Abteilung „Lager". Die zweite Abteilung ist die Fertigungsvorbereitung I: Hier werden die Aluminiumplatten abgemessen und dann zugeschnitten. Dann kommt die Abteilung Fertigungsvorbereitung II: Hier wird geformt mit den Abschnitten „Pressen" und „Walzen". In der Fertigungsvorbereitung III kommt die Zerspannung. Die geformten Platten werden gefräst, gebohrt etc. (Aluminium-Lithium-Fräser). Die letzte Abteilung ist die Fertigungsvorbereitung IV „Thermische Behandlung": Hier werden die bearbeiteten Werkstücke durch die elektrische Hitzebearbeitungsstraße stabilisiert. Jeder größere Arbeitsschritt hatte eine eigene Verwaltung. Früher ging dies über die Buchhaltung hinaus.

Rolle des Voenpred-Systems

Isajkin als Voenpred fungierte hier als eine Art Revisor. Er kontrollierte die Finanzpolitik des Ruslan-Projektes, die Kosten- und Leistungsflüsse. Gleichzeitig musste er garantieren, dass alle Arbeitsprozesse korrekt ausgeführt werden und die Qualität stimmt. Für die Übergabe an das Ministerium hätte dabei keine Unterschrift auf der „podpisnoj list" (Unterschriftenliste) fehlen dürfen. Dieses Abnahmedokument umfasst die Unterschrift aller an den Fertigungsprozessen der Ruslan beteiligten Abteilungsleiter,

Werksleiter und Verwaltungsleiter. Sie garantieren mit ihrer Unterschrift für die festgelegte Leistungserbringung und Qualität ihrer Abteilung. Würde die Unterschrift nur eines Meisters fehlen, beispielsweise der Fertigungsabteilung Zerspannung für die Aufgabe „Bohren“, dann würde Isajkin die Maschinen nicht übergeben können. Mit seiner Unterschrift als Voenpred unter dem Kontroll- und Abnahmedokument übernimmt er dann de facto die „Haftung“ für die hergestellte Maschine gegenüber dem Ministerium. Kommen dann später technische Fehler an der Maschine zum Tragen, dann riskiert er Kopf und Kragen. Unter Stalin wäre er erschossen worden, später unter Breschnew hätte er im Knast Holz fällen oder Stiefel nähen dürfen. Meine Mutter hatte als Ingenieurin in einem Rüstungsbetrieb mit Voenpreds zusammengearbeitet. Sie sind speziell zum Militärökonom ausgebildete Leute, die zudem einen hohen hierarchischen Rang haben. Die Voenpred-Strukturen sind vom Werk unabhängige Systeme. Sie sind dem Ministerium für Verteidigung untergeordnet. Auch ihren Lohn bekommen sie nicht vom Werk, sondern vom Ministerium. Diese Belohnung war sehr gut. Was die Stellung des Voenpred im Werk zudem stärkte, war die generelle Priorität aller militärischen „Anliegen“. Diese Unterordnung der zivilen Strukturen oder andersherum ihre „Militarisierung“ war selbst schon durch den Mobilisierungsplan, den ein jedes Unternehmen hatte, gegeben. Neben dem hierarchischen Rang der zivilen Verwaltung waren bei den Entscheidungsprozessen, zumindest in den Rüstungsbetrieben, auch die militärischen Ränge der Leute nicht außer Acht zu lassen. (Ränge: General, Oberst [Polkovnik], Oberleutnant [Podpolkovnik], Major, Kapitän [Kapitan], Leutnant [Lejtenant].) Anzumerken ist, dass eine gewisse Rivalität nicht nur zwischen den Werken, sondern auch zwischen dem militärischen und dem zivilen Bereich des Werkes bestand. Sie arbeiteten anderen Ministerien und anderen Abteilungen der Glosplan-Behörden zu. Während in allen anderen Bereichen das Kolchos-Prinzip durchgesetzt werden sollte, wurde im Rüstungsbereich gezielt die Rivalität gefördert. Durch Konkurrenz sollte ein höheres Leistungsergebnis erreicht werden. Das wurde auch erreicht.

KGB und die Partei

Ein System im System war das KGB. Das Komitee agierte nicht über die Parteistrukturen, die auf allen betrieblichen Ebenen verankert waren, sondern verfügte über eigene Abteilungseinheiten. Das betraf insbesondere auch Rüstungsunternehmen wie die Aviastar. Ihre Verankerung war nicht offensichtlich und in Organigrammen natürlich nicht rot markiert. Sie stellten meist die 1. oder 2. Hauptabteilung. Ihre Aufgabe lag in einer vollständigen Kontrolle mittels der Dokumentation aller Prozesse. Da damals alles dokumentiert wurde, hatten sie auch alles unter Kontrolle. Ich erinnere mich noch an meine Militärausbildung. Selbst hier mussten wir, wenn wir nach Hause gingen, unsere Mitschriften in der Abteilung 1 (KGB) abgeben. Als ich den Hefter wiederbekam, war er gelocht, mit einem Faden „verplombt" und jede Seite war nummeriert.

Aber auch im Geheimdienst wurde die Rivalität gefördert. Dabei sollte der KGB die Kräfte des Innenministeriums, insbesondere das unter Stalin erstarkte NKWD (Volkskommissariat für Innere Angelegenheiten/Geheimpolizei), kontrollieren. Beispielhaft war vor diesem Hintergrund die Ausschaltung des damaligen Innenministers Nikolai Schtschjolokov in den 70er Jahren.

Eine „Desowjetisierung" hat nach 1991 sicherlich nicht stattgefunden. Vielmehr hat sich die alte Garde nicht nur punktuell, sondern flächendeckend verbreitet.

Volga Dnepr

Die Gründung der Volga Dnepr und die Maßnahmen zur Sicherstellung ihrer Geschäftsbasis kenne ich nicht genau. Vermutlich ist von eher intransparenten Geschäftstransaktionen auszugehen. Sicher ist jedenfalls, dass die junge Transportgesellschaft Anfang der 1990er Jahre die Maschinen nicht mit mehreren Millionen „in bar" bezahlte hatte. Solche Unternehmensgründungen basierten für gewöhnlich auf den privaten Kontakten, die der Voenpred zum Unternehmen und zum Ministerium hatte.

Kosten

Die Gemeinkosten des Werkes sind sehr hoch, da sie für gewöhnlich die Sozialkosten und Energiekosten mit einbeziehen. Wie hoch sie bei der Aviastar sind, weiß ich natürlich nicht. Für gewöhnlich war der Gemeinkostenanteil bei den Selbstkosten im Maschinenbau 20 %, in seltenen Fällen 30 %.

Region Ul'janovsk

Die Region galt als konservatives Gebiet – was in Anbetracht seines Namengebers Lenin nicht wundert.

Exkurs

Lenin wurde in Ul'janovsk geboren. Sein Geburtsname ist Vladimir Il'itsch Ul'janov. Den Name Lenin selbst hat er erst später angenommen. Er soll sich auf den Fluss Lena beziehen. Am Anfang war der Name Vladimir Il'itsch Ul'janov Lenin noch zu finden, später fiel der Name Ul'janov ganz weg.

Wir haben in unseren Schulbüchern gelernt, dass sich der Name auf den Arbeiteraufstand in einer Goldmine (feststehender Begriff im Russischen: Lenskoe Vosstanie) am Fluss Lena von 1903 bezieht. Dieser Aufstand war von der zaristischen Armee blutig niedergeschlagen worden. Lenin selbst war aber nicht dabei.

Nach einer anderen Erklärung für seine Namensgebung war Lenin nach seiner Rückkehr aus der Schweiz 1895 als junger Rechtsanwalt vom Zaren nach Sibirien in die – am Fluss der Lena gelegene – Siedlung Schuschenskoe verbannt worden. Nach diesem Fluss nannte sich Vladimir Il'itsch nun Lenin, was so viel bedeutet wie „von der Lena". Er hat hier allerdings keine schwere Arbeit verrichten müssen. Das „blutige Zarenregime" hatte Lenin einen fürstlichen monatlichen Betrag zukommen lassen, der es dem Revolutionär ermöglichte, neben einer Villa auch das dafür notwendige Personal zu unterhalten: eine Köchin, eine Putzfrau und jemanden, der ihm die Jagd organisierte. Später wurde in Büchern beschrieben, wie gutmütig er zu dem Jäger und dessen Sohn gewesen sein soll. Und damit es ihm als einzigem Revolutionär an der Lena nicht zu langweilig war, hatte man ihm ins gleiche

Dorf dann auch noch einige Gesinnungsgenossen geschickt, damit sie die Revolution in Ruhe vorbereiten können.

*

In manchen der konservativen Gebiete wie Ul'janovsk konnten sich die sowjetischen Leiter der Administration auch nach 1990 an der Macht halten. In Uljanvosk war dies Gorjatschev. Er war, wie sie sagten, Leiter des Exekutivkomitees und erster Sekretär. Letzteres ist entscheidend. Denn der wichtigste Mann des Gebietes war im Zentralen Verwaltungsstaat nicht der Vorsitzende des Obispolkom (Oblastnoj Ispolnitel'nyj Komitet), also des Exekutivkomitees des Gebietes gewesen, sondern der erste Sekretär des Obkom der KPSS. Obkom steht für das Gebietsparteikomitee der KPDSU. Die Parteistrukturen bestanden neben den staatlichen Verwaltungsstrukturen. Sie waren auf allen Verwaltungsebenen verankert. Auf der Stadtebene waren dies das Gorkom (Gorodskoj Komitet der KPSS) und der erste Sekretär der KPSS; auf der Gebietsebene, also der Oblast'-Ebene, war dies das Obkom; auf der Republikebene und auf der Ebene der SSSR war dies das Zentralkomitee und das Politbüro mit seinem Vorsitzenden, dem Generalsekretär. Er war de facto der mächtigste Mann im Staat. Dem gegenüber standen natürlich die staatlichen Organe, die Ispolkom's, das sind die Exekutivkomitees. Auf der Stadtebene das Gorispolkom, auf Oblastebene das Obispolkom und auf der Ebene der SSSR war dies der Sovet Ministrov, auf Deutsch: der Ministerrat, genauso wie die Sowjets.

5. Gesprächsprotokoll: Interview mit dem Jungunternehmer des Kunststeinproduzenten Aleksander P. im Juni 2002 im Gebiet Moskau

Aleksander P. ist 1971 geboren. Schon während seines Studiums zum Ingenieur der Flugzeugtechnik gründete er Anfang der 1990er Jahre eine eigene Computerfirma. Danach ist er in die USA gegangen und hat dort bei einem Unternehmen für Kunststeinherstellung gearbeitet. Im Jahr 1996 hat er im Gebiet Moskau einen eigenen Kunststeinbetrieb gegründet. Hier werden Kunststeine im Hochdruckgussverfahren hergestellt. Kunden sind die wohlhabende Mittelschicht, private Bauunternehmer in Moskau und manchmal auch staatliche Akteure. In der Herstellung arbeiten 40 Leute.

Überlebensstrategien in den ersten Jelzin-Jahren

Warum haben Sie vom Computerhandel in den doch beschwerlichen Bereich einer eigenen Produktion gewechselt und was sind die wesentlichen Unterschiede beider Geschäftsfelder?

Nun, das ist einfach: Im industriellen Bereich sind die Chancen höher, am Leben zu bleiben! Der Computerhandel war allerdings ein sehr einträgliches Geschäft. In Europa wurden die Computer zu Tausenden gekauft und hier in Moskau illegal verkauft. Auch über die Repräsentanz eines bekannten asiatischen Computerherstellers lief der illegale Verkauf. Aufgrund der großen Nachfrage waren da beachtliche Preisspannen möglich. Und alles bar auf die Hand. Die Gewinnspannen wurden mit den zentralen Händlern geteilt. Der Computerhandel war in die „entsprechenden" Strukturen (Mafia) eingebunden. Man musste zwar Schutzgelder zahlen, andererseits gab es früher die Möglichkeit, Steuerzahlungen zu umgehen. Im Übrigen waren auch die Löhne sehr niedrig. Kredite gab es allerdings nicht. Es musste alles aus dem eigenen Umsatz gezahlt werden. Als es hier, sagen wir, „zu eng und zu ungemütlich" wurde, bin ich in die USA gegangen und habe dort bei einem Bekannten die Herstellung von Kunststein gelernt.

Vom Handel in die Produktion. Besondere Herausforderungen bei der Unternehmensgründung: administrative Barrieren

Die Unternehmensgründung ist genau vorzubereiten. Das Geld ist nicht das wesentliche Problem, auch nicht die Ausrüstung. Man muss vielmehr genau hingucken, wo man hingeht. Zwei Jahre vor der Gründung des Unternehmens haben wir uns genau die Regionen und ihre Entscheidungsstrukturen angeschaut und Kontakte aufgebaut. Dass wir ins Umland gehen, lag auf der Hand. Denn hier kennen sich alle untereinander, was den Vorteil mit sich bringt, dass kriminelle Machenschaften schwerer greifen. Jeder weiß, was ich habe und dass ich nicht Handel betreibe, sondern produziere und meinen Leuten aus den Einnahmen die Löhne zahle. Ich fahre noch immer mit dem Lada meines Großvaters vor. Man lässt mich in Ruhe. Dennoch wird das Unternehmen von der Administration geschützt. Es hat also eine Dachstruktur, wenn Sie so wollen. Offiziell gibt es auch einen Geschäftsführer, der sich speziell mit den Behörden auskennt. Ja, das schließt das ganze Programm mit Wodka, Schaschlyki und Devuschki (Schaschlik und Mädchen) mit ein. Die Registrierung war einfach. Problematisch sind hingegen die Lizenzen. Sie werden mit immer neuen Auflagen erschwert. Die Vielfalt an Gründen für eine Inspektion ist unerschöpflich.

Regionale Eliten und ihre Spielregeln

Ganz ohne illegales Vorgehen ist die Unternehmensgründung nicht zu machen. Ein Beispiel dafür ist die Immobiliensuche, die sich als ausgesprochen kompliziert herausstellen kann, wenn man es zu genau nimmt. Wir haben eine kleine Halle beim regionalen Betonhersteller angemietet. Das ist ein größeres Unternehmen. Hier arbeiteten 3 000 Arbeitnehmer. Sie stellen Betonelemente für den Bau von Start- und Landebahnen, Raketenschächte, Bunker etc. her. Produziert wird jetzt nichts mehr und die fünf Werkhallen stehen leer. Ein Großteil der Belegschaft war bis 1997 de facto entlassen worden – nicht im westlichen Sinne, denn sie bekamen noch immer einen Mindestlohn ausgezahlt. Das Werk ist aber vor allem aufgrund der hohen Unterhaltszahlungen gegenüber den örtlichen Versorgern hoch verschuldet.

Und trotzdem gibt es das Werk immer noch?

Ja, das Werk musste keinen Konkurs anmelden. Ein Grund dafür ist, dass es Teil eines Rüstungsunternehmens (Klimovskij Schtampovotschnyi Zavod) ist, das für die Munitionsherstellung arbeitet. Auch die jetzige Administrationsführung kommt aus den ehemaligen Großbetrieben. Die Machthaber kennen sich untereinander, und sie wissen, wie es geht. Der jetzige Eigentümer (48 Jahre) des Werkes, der damalige Starsche Ekonomist (Finanzabteilung), verkauft nun alles, was es im Werk noch gibt: Betonplatten, Kloschüsseln etc., nach dem altbewährten Motto: „Nimm, was du kriegen kannst, du weißt nicht, was es morgen gibt“. Er arbeitete mit der kriminellen Welt zusammen. Und auch die Administration lebt von den Einnahmen.

Die Vermietung der Gebäude an ihre Firma gehört dann auch zu diesen „außerbetrieblichen“ Einnahmen?

Wenn Sie so wollen, gehört die Vermietung der Gebäude an uns auch dazu. Es gibt sogar einen Mietvertrag. Dieser Vertrag beinhaltet formell die Verpflichtung des Vermieters, eine funktionierende Infrastruktur, Strom,

Wasser zu gewährleisten. Das kann aber vom Vermieter nicht geleistet werden. Das Werk ist selbst gegenüber den Versorgern verschuldet. Die Zentrale wird trotzdem noch versorgt (Strom, Wasser etc.). In die Instandhaltung investiert das Werk allerdings nichts. Die Infrastruktur ist generell stark beschädigt. Die Kanalisation auf dem Betriebsgelände ist so durchgerostet, dass die Wasserversorgung sehr mangelhaft ist. In einem stillen Einverständnis akzeptiert der Mieter die fehlende Infrastruktur, und der Vermieter akzeptiert dafür einen Mietpreis, der weit unter dem Marktpreis liegt.

Sie arbeiten seit einiger Zeit offiziell. Was steht in den Büchern?

Offiziell ist außer der Miete und dem Faxgerät nicht viel verzeichnet.[924]

Gibt es keine Konten?

Es wird viel in bar bezahlt. Auch die Löhne werden bar aus der Tasche[925] gezahlt. Sie belaufen sich auf 8 000 $ monatlich. Durchschnittlich bekommen die Leute 200 $, in einigen wenigen Fällen 700 $.

Kapitalakkumulation, Kredite und die HNS

Auch die Kredite für die Expansion des Betriebes sind keine offiziellen Bankkredite. Die sind viel zu teuer. Wir sind zwar liquide, da wir nicht der Industrie zuliefern, sondern an meist wohlhabende Endkunden in Moskau liefern. Aber für die Anschaffung neuer Technologien etc. brauchen wir nun 200 000 $. Dieses Geld bekomme ich natürlich von meinen Leuten „svoj ludi". Das sind einige Kommilitonen, die in den letzten Jahren sehr erfolgreich Geld akkumuliert haben. Für meinen Kredit von 70 000 $ muss ich monatlich 2,2 %, also 1.500 $ Zinsen zahlen.

Kennen Sie die Investorengruppe Holding Novoe Sodrugestvo?

Ja, die HNS kenne ich. Die spielen aber in einer anderen Liga. Probleme, an Geld zu kommen, hatten die Jungs nicht. Die Russen haben viel Geld unter ihren Betten oder im Ausland gehortet, das ja nur darauf wartet, gewaschen und eingesetzt zu werden. Wenn sich einer als Unternehmer einen Namen gemacht hat, kann er sich bei diesen Leuten fast beliebig

924 De facto gibt es aber drei Dampfkammern, zwei computergesteuerte Betonmischcontainer und Druckformen.

925 Alexander hatte auch bei unserem Gespräch eine Herrenhandgelenktasche bei sich, die mit Bargeld gefüllt war.

fremdfinanzieren lassen. Das gilt im Großen wie im Kleinen für mein Unternehmen. Die Kapitalisten gewähren der Holding Kredite, deren Herkunft, ähnlich wie bei den Geldern für Stiftungen, nicht hinterfragt wird. Die Holding investiert diese Gelder in Investitionsprojekte und zahlt mit Renditen bis zu 80 % zurück. Nachdem die großen Jahre der Spekulation vorbei waren, mussten sie rentable und langfristige Investitionsprojekte in der Industrie suchen. Die HNS stellte sich gut an. Allerdings mögen die Leute hier die HNS nicht besonders. Die HNS kontrollierte den Moskauer Seifenhersteller. Sie haben die Geschäftsführung übernommen und Anteile erworben. Dann haben sie die Kosten gesenkt: Aktiva verkauft und Leute entlassen. Das hat ihnen hier einen schlechten Ruf eingebracht.

Unter Putin

Hat sich unter Putin etwas geändert?

Heute musst du aufpassen, dass du die Rechtsregelungen genauestens kennst, was kaum möglich ist. Du musst aufpassen, dass dich die Leute aus den föderalen Sicherheitsdiensten nicht anzeigen. Die Leute mit den höchsten Einnahmequellen findest du heute dementsprechend in den Rechtsvollzugsbehörden, einschließlich der Miliz und im Rechts-Consulting. Aber nach wie vor sind auch noch die Zollbehörden ein einträglicher Geschäftsbereich.

6. Gesprächsprotokoll: Anne S. (Finanzbuchhalterin in der Nahrungsmittelindustrie in der Sowjetunion in den 1980er Jahren)

Handlungsfreiräume in der sowjetischen Planwirtschaft und vertikale Integration

Jede Abteilung hatte eigene Möglichkeiten, Ressourcen abzuzweigen. Auch die Finanzbuchhaltung. Natürlich war eine strenge Hierarchie gegeben. Und alle Berichte mussten vom „Glavny Buchgalter“ (Leiter der Finanzbuchhaltung) sowie vom Generaldirektor unterschrieben werden. Allerdings waren die hier unterschriebenen Zahlen und Planindikatoren schon verändert. Es gab einige Möglichkeiten, die Zahlen zu gestalten. Beispielsweise war das alte Prinzip der Toten Seelen noch immer effektiv. Demnach wurden höhere Arbeitnehmerzahlen gemeldet, als es de facto in dem Unternehmen gab. Dementsprechend bekam der Betrieb auch höhere staatliche Ressourcen zugeteilt. Es wurde dabei eng mit der regionalen Abteilung des Gosplan zusammengearbeitet. Zusammen mit den Leuten vom Gosplan wurden ja auch die Erfolgsindikatoren festgelegt. Als ich damals aus Russland ging, musste ich ein Dokument unterschreiben, dass ich keine Informationen weitergebe. Ich möchte deshalb anonym bleiben.

7. Gesprächsprotokoll: Volga Dnepr am 29.01.2002 in Ul'janovsk

Fragenvorlage für das Gespräch mit der Luftfrachtgesellschaft Volga Dnepr über die Aviastar-Prozesse. Die Fragen konnten nicht, wie vorgesehen, in einem direkten Gespräch gestellt werden, sondern wurden von der Gesellschaft schriftlich beantwortet. (Übersetzung N. K.)

Fragenblock 1

- Wer war der Initiator der Privatisierung der OAO Aviastar oder wer stand hinter dem Arbeitskollektiv?
- V. Sokolov (Verfasser des Rechnungshofberichts über die Aviastar) verweist auf eine Reihe von wesentlichen rechtlichen Problemen und der unentgeltlichen Übergabe der Aktien an das Arbeitskollektiv sowie der informellen Verteilung des Eigentums zu Lasten des föderalen Budgets. Damit stellt sich die Frage: Wer hat von der Privatisierung profitiert? Wer konnte nun was kontrollieren? Welche Rolle spielten dabei ausländische Investoren? Und welche Folge hatte die Privatisierung für das Verhältnis zu den regionalen und föderalen Machtstrukturen?

Antworten der Volga Dnepr

Die Luftfrachtgesellschaft Volga Dnepr und die OAO Aviastar sind schon lange Partner im Luftfahrtgeschäft. Die Geschichte ihrer gegenseitigen Beziehung geht in ihren Wurzeln auf das Jahr 1989 zurück, als die Fluggesellschaft Volga Dnepr in der Stadt Ul'janovsk als erste Aktiengesellschaft, als Aktiengesellschaft Nr. 1, registriert wurde. Hauptaktionär (34 %) war einer der größten Flugzeughersteller Russlands – die OAO Aviastar. Gemeinsame Interessen und strategische Ziele in der Produktionskooperation (Bau und Sicherstellung betriebsbereiter Flugzeuge) bestimmten für viele

Jahre die erfolgreiche Arbeit beider Kollektive. Im Jahre 1999 traf die OAO Aviastar die Entscheidung, ihr Aktienpaket an die Versicherungsgesellschaft NIK zu verkaufen, mit dem Ziel, ihre materielle Lage zu verbessern. Diese Entscheidung erlaubte dem Flugzeughersteller, der Belegschaft die mehrmonatigen Lohnrückstände auszuzahlen. Außerdem erhielt die Aviastar 1999 von der Fluggesellschaft den Auftrag zum Fertigbau einer von drei dem Werk „hinterlegten" An-124-100, die der Volga Dnepr im Jahre 2000 übergeben wurde.

Fragenblock 2

Sie kennen einerseits die Aviastar-Strukturen und andererseits die Markt- und Absatzmöglichkeiten auch auf den internationalen Märkten. Welche Chancen und Möglichkeiten hatte die Aviastar, über den Verkauf von Flugzeugen eigene Finanzierungsmöglichkeiten zu generieren, und auf welche anderen Finanzierungsquellen konnte sie zurückgreifen?

- Der Wert der Produktionsstrukturen zur Herstellung der Tu-204 ist in Anbetracht der Absatzschwierigkeiten eingeschränkt. Wie wichtig ist hier der Absatz von Ruslan-Maschinen?
- Werden Ruslan-Maschinen neu hergestellt?
- Welche staatlichen Ansprüche auf eine finanzielle Unterstützung konnten geltend gemacht werden? V. Sokolov verwies auf Steuer- und Zollprivilegien.
- Inwieweit hat die Aviastar Möglichkeiten, auf dem Markt für Rüstungsgüter Fuß zu fassen?
- Und welche Rolle kam den betrieblichen Strukturen außerhalb der eigentlichen Flugzeugproduktion zu? Welche waren dies, welche Absatzchancen gab es Ihrer Meinung nach?

Antworten der Volga Dnepr

Ohne Zweifel waren sowohl die Fluggesellschaft Volga Dnepr wie auch die Aviastar an einer Weiterführung ihrer Zusammenarbeit interessiert. Zum heutigen Tag erweist sich die Fluggesellschaft als einer der aktivsten Investoren der russischen Luftfahrtindustrie und des Werkes Aviastar im Besonderen. Im Laufe all der Jahre des Bestehens hat die Luftfahrtgesellschaft mit eigenen oder eingebrachten Mitteln den Bau neuer sowie die

Modernisierung bereits in Betrieb genommener Maschinen aus der heimischen Produktion, darunter die AN-124-Ruslan, realisiert. Im Jahre 2000 hat die Fluggesellschaft eine heimische An-124-Ruslan fertiggebaut und sie betriebsbereit gemacht. Diese Arbeit dauert allerdings noch an.

Fragenblock 3

Laut Rechnungshofbericht gehörten zur OAO Aviastar zum Februar 2000 neben der Flugzeugproduktion 7 Filialen, 27 Tochterunternehmen und 15 abhängige ZAO und OAO-Gesellschaften. Der Großteil tritt als eigenständige juristische Personen in Erscheinung.

- Welche Beziehungen bestehen zwischen den Firmen, Filialen und ihren verantwortlichen Akteuren?
- Inwieweit unterstützen diese Unternehmen die Wertschöpfungsprozesse der Flugzeugproduktion?
- Inwieweit kommt es zu einer verdeckten Aktivaverschiebung?

Antwort der Volga Dnepr

Die langjährige Zusammenarbeit zwischen der Fluggesellschaft und dem Werk bedingte eine enge Kooperation in allen Aspekten der Produktion. Im Laufe der Jahre erreichte die Fluggesellschaft auf regulärer Basis eine Verteilung von Aufträgen an eine Reihe von Unternehmen, die zur Holding OAO Aviastar gehören. Zu nennen sind insbesondere die Lackierarbeiten der Flugzeuge nach den Vorgaben der Volga Dnepr. Diese Arbeiten wurden von dem Unternehmen Aviastar-Spektr durchgeführt. Und die Flugtauglichkeit beim Starten und Landen sowie das störungsfreie Funktionieren der Flugzeugtechnik wurden über den Flughafens „Ul'janovsk –Vostotschnyj" geprüft.

Fragenblock 4

- Wie sind die Zukunftsaussichten der Firma Volga Dnepr und wie beurteilen Sie das Verhältnis zu dem wichtigsten Vermittler der Transportdienste im Ausland, Ihrem britischen Joint-Venture-Partner Heavy-LIft?

Antwort der Volga Dnepr

All das oben Genannte erlaubt es, auf eine weitere erfolgreiche Zusammenarbeit zu hoffen. Was die finanziellen Aspekte der Beziehung zwischen der Volga Dnepr und der Aviastar betrifft, so sind sie heute als planbar und stabil zu charakterisieren. Die Leitungen der Fluggesellschaft und des Werkes sind übereingekommen, den Zeitplan für die Zahlung vorzuziehen. Nicht nur einmal im Laufe der Jahre 2000 und 2001 wurden die Zahlungen auf Anfrage der Leitung der Aviastar dem Zeitplan vorgezogen, um das störungsfreie Arbeiten des Flugzeuggiganten zu sichern. Vor diesem Hintergrund gilt es besonders anzumerken, dass alle Zahlungen für die laufenden Operationen von der Fluggesellschaft korrekt und pünktlich geleistet wurden.

Quellen- und Literaturverzeichnis

Alle Internetquellenangaben in den folgenden Verzeichnissen haben, sofern kein anderes Abfragedatum angegeben wird, den Stand Mai/Juni 2010.

Quellen

Interviews, Pressekonferenzen, Zitate

Interview von **Chajdarov, D.**, (Chajdarov ist ein ehemaliger Mitarbeiter der Brüder Tschorny. Die beiden usbekischen Brüder hatten sich in den 1990er Jahren zum wichtigsten Großhändler von Buntmetallen/Aluminium etabliert, mit Verbindungen zum Organisierten Verbrechen) mit Le Monde vom 28.11.2001, über Kompromat, Konglomeraty pojavilis v resul`tate smytschki megdu „sem'ej" i banditskim klanom – Vladimir Putin v okrugenii Mafii", online www.compromat.ru/page_12592.htm (Stand 15.05.2010).

Interview **Gavrilova, E.**, mit dem Autor der Arbeit vom 27.01.2002. Die schriftliche Fassung des Interviews liegt im Anhang „Gesprächsptotokolle" vor.

Interview **Gavrilova, E.** mit dem Autor am 29.01.2002, in Ul'janovsk. Die schriftliche Fassung des Interviews liegt im Anhang „Gesprächsptotokolle" vor.

Interview **Gref, G.** mit der Izvestija vom 26.09.2002, Prezident vzjal pod krylo ul'janovskij aviazavod, online www.aviaport.ru>novosti>2002/09/27/36910.html.

Interview mit **Grunberg, I.**, (in seiner Funktion als Professor der Ul'janovsker Universität und Präsident des Vereins Mittelständischer Unternehmen) im Februar 2002, in: Simbirskij „Zirulnik" (Schamov otdal oblast' na kormlenie „Sem'e" Nikity Michalkova), in: Moskovskie Novosit vom 04.09.2001, online www.compro mat.ru/page_11106.htm.

Interview **Igin, I.**, (in seiner Funktion als Arbitrageverwalter der OAO Aviastar und ZAO Aviastar-SP) mit der Samarskoe Obozrenie vom 09.07.2004, U menja bylo vpetschatlenie, tschto Aviastar prosto razvorovali, online www.samso.ru./ press/05.07.2004.

Interview **Isajkin, A.**, Generaldirektor der Luftfahrtgesellschaft Volga Dnepr, mit dem Kommersant am 18.12.2002, Ja gotov oplatschivat' podgotovku kadrov GCGA, online www.aviaport.ru/digest/2002/12/18/42141.html.

Interview mit **Isajkin, A.** (in seiner Funktion als Generaldirektor der Frachtgesellschaft Volga Dnepr), Reinkarnazija v aviazii,(Arabov, P.) mit Kompanija vom 10.05.2004, online www.ko.ru/document.php?id=9360.

Interview E. **Jasin** (sowjetischer Wirtschaftswissenschaftler) vom 08.05.1988, Die Perestroika und ihre Gesetze, online www.liberal.ru/echo.asp (Stand April 2008). Nicht mehr zugänglich

Interview mit Egorov, I., (Leiter der Abteilung für Wirtschaft in der Administration Ul'janovsk), Tschto proischodit v ekonomike Ul'janovksoj oblasti?, in: Delovoe obozrenie vom 06.02.2004, online www.simcat.ru/pressa/archive/item23115/ (Stand Oktober 2006).

Interview **Kamel, Dr. I.** mit der Gazeta am 20.03.2002, Vse ravno my budem tret'emi, online www.aviaport.ru/digest/2002/03/20/24509.html.

Interview Kamel, Dr., I. mit der Delovaja Chronika, Igra navylet, vom 22.03.2002, Nr. 2002-11.
Interview Kartaschov, S. mit Concise Aerospace vom 10.12.2001, Murky Waters at Aviastar, online www.concise.org/aerospace/viewarticle.cfa?articleid=2948.
Interview Korolev, V. mit der Wochenzeitung ZFN (Smirnova, M.) vom 07.05.2002, „Ozdorovlenie predprijatija", online www.zfn.ru.
Interview Leiko, L. mit der RBCdaily vom 17.09.2003, online www.rbcdaily.ru . Die relevanten Äußerungen sind auch in folgender Quelle zitiert worden: o. V. NRB planiruet ob'edinit' razrabotschikov i proizvoditelej gragdanskich samoletov.
Interview Lopuchov, V., in seiner Funktion als neuer Generaldirektor der OAO Aviastar und Veteran des Aviastar-Managements in den 1990er Jahren mit dem Simbirskij Kur'er (Gukova Nina) vom 23.07.2002, Nervy poportjat, online
Interview Mal'zev, V., (HNS) in seiner Funktion als ausführender Generaldirektor der ZAO Aviastar-SP mit der Izvestija (Chikmatov, T.) vom 05.09.2001, Rossija – ne svalka starych samoletov, (auch online über www.aviaport.ru/inter/1371 zugänglich).
Interview u. a. Mal'zev, V. mit dem Ekspert (Chazbiev A./ Imamutdinov, I.), Remontnaja masterskaja, in: Eksper Nr. 30, 20.08.2001, online www.expert.ru/printissues/expert/2001/30/30ex-airsal2/.
Interview Nedoroslew, S., (Präsident der Gruppe Kaskol, eine der größten privaten Beteiligungsunternehmen in der Rüstungs- und Luftfahrtindustrie) mit der Izvestija vom 27.03.2002, online.izvestia.ru/archive.pl?fl=a&id=44.
Interview Poljakov, A. mit der Monatszeitschrift „Prjamye Investizii", Nr. 7, Juli 2005, Po vozduschnym mostam, S. 32–35.
Interview Poljakov, A. mit der Novaja Gazeta (Oleg Novgorodzev) vom 24.12.2001, Svet pogaschej zvezdy ne daet pokoja tschinovnikam Ul'janovskoj administrazii, online www.flb.ru/info/3622.html.
Interview Poljakov, A. mit der Vedomosti vom 10.07.2001, Novitschku ne vezet, online www.aviaport.ru/digest/2001/07/10/14263.html.
Interview Poljakov, A. im Rahmen einer Pressekonferenz Anfang August 2001 mit E. Gavrilova für die Narodnaja Gazeta, Aviastar v tupike. Das Interview wurde nicht veröffentlicht. Das Dokument ist über die Beilage Sonderquellen einsehbar.
Interview mit Poljakov, A., in seiner Funktion als Präsident der OAO Tupolev und Vorstandsvorsitzender der OAO Aviastar mit der Ul'janovsk Segodnja vom 24.–30. 12.1999, (Roschtschin, V.), Tupolevzy ob'edinilis' s zel'ju samozaschtschity, S. 1 u. 4.
Interview Dr. Postnikov, Juri, (Herr Postniko ist Ingenieur. Er hatte bis 1994 als stellvertretender Glavy Buchgalter in einem Maschinenunternehmen gearbeitet.) mit dem Verfasser der Arbeit am 03.06.2005. Die schriftliche Fassung des Gesprächs liegt im Anhang als Gesprächsprotokoll vor.
Interview der RUPO[926]-Beamten: Konstantinow, Maximow, Kislinskaja mit P. Klebnikov, zitiert in: Klebnikow, Der Pate im Kreml, Boris Beresovskie und die Macht der Oligarchen, München 2001, S. 32

926 Beamte der Regionalnoje Uprablenije Prestupnostju – Abteilung zum Kampf gegen das organisierte Verbrechen.

Interview Rynkevitsch, S., (in seiner Funktion als Vizegeneraldirektor der Russischen Luft- und Raumfahrtbehörde RAKA) mit der Wirtschaftszeitung Profil (Zmejuschtschenko, V./ Titova. E.) vom 09.10.2000, Real'nyj bjudget ili real'ny sektor, online www.provil.ru/items/item=5033.

Interview Schamanov, V., (in seiner Funktion als neuer Gouverneur von Ul'janovsk) mit dem Simbirskij Kur'er, vom 29.12.2000, Ja ne sobirajus` brosat' kamni v spiny uchodjaschtschich, online www.sm-k.narod.ru/archives/2000/198-199-200/8.htm

Interview Schamanov, V., (in seiner Funktion als neuer Gouverneur von Ul'janovsk) am 25.12.2000 mit Simbriskij Kur'er (Gavrilova, E.), Lebed' prinjal ot Schamanova novyj samolet, online www.sm-k.narod.ru/archives/2000/dec/197/2html.

Interview mit Titov, A., (in seiner Funktion als Chefredakteur der regionalen Zeitschrift „Narodnaja Gazeta") am 03.02.2002 in Ul'janovsk. Die schriftliche Fassung des Interviews liegt im Anhang als Gesprächsprotokolle" vor.

-Interview Tupolev, A. mit dem Simbirskij Kur'er (I. Il'in) vom 16.02.2002, Pervym delom-rossijskie samolety, online www.sm-k.ru/archives/2002/feb/24-25/2.htm.

Interview Tupolev, A. mit Strana vom 15.02.2002, Rossijskoe aviaproizvodsvo eschtscho moget podnjat'sja i idti v nogu so vremenem, no natschinat' dvigenie nado nemedlenno, online www.unlease.ru/news/views-detailed/274.php

Interview mit Tolmatschev, V., Technischer Direktor der Gruppe „Volga Dnepr" mit der Novye Izvestija, Rossija otstala vo vsech segmentach aviazionnogo rynka, krome gruzovogo, in: Novye Izvestija vom 06.05.2004, online www.investline.ru/news/ 3398.

Interview mit der Volga Dnepr (schriftlich) am 02.02.2002, die Fassung liegt im Anhang als Gesprächsprotokoll vor.

Interview Voskoboajnikov, V. (Stellvertreter der Luft- und Raumfahrtbehörde RAKA) mit Vosduschnyj Transport vom 17.03.2003, Vremja sobirat' kamni", online www.aviaport.ru/digest/2003/03/17/47184.html.

Pressekonferenz von Gref, G., (in seiner Funktion als Wirtschaftsminister) vom 28.09.2002, Moskva predupredila, in: Simbirskij Kur'er vom 29.09.2002 online

Pressekonferenz Gref, G., (in seiner Funktion als Wirtschaftsminister) und Klebanov, I. (in seiner Funktion als verantwortlicher Vizepremier) vom 25.09.2002., Gref spas Aviastar ot Schamanova, in: Gazeta vom 26.09.2002, online www.gazeta.ru/2002/ 09/26/grefspacavia.shtml.

Pressekonferenz Kirienko, S., (in seiner Funktion als Präsidentenvertreter der RF im PFO und Aufsichtsratsvorsitzender der ZAO Aviastar-SP) vom 27.02.2003, Kirienko posetil Ul'janovsk s rabotschim visitom, in: Novy Gorod vom 28.02.2003. Die Zitate sind auf der offiziellen Seite des Präsidentenvertreters der RF im PFO einzusehen, Sergej Kirienko pribyl v Ul'janovskuju oblast`, vom 27.02.2003, online www.pfo.ru/?id=5965&template=print.

(Pressemitteilung Kirienko, Sergej, Tschtoby Aviastar zarabotal normal'no, emy nugno vypuskat' kak minimum 12 samolotov v god, zajavil Sergej Kirienko, Pressemitteilung des Vertreters des Präsidenten der RF im Föderalen Kreis Privolge (PFO), Sergej Kirienko, vom 28.01.2003, online www.aviaport.ru/digest/2003/01/28/44 532.html.)

Pressekonferenz Leiko, I., in seiner Funktion als neuer Generaldirektor der OAO Aviastar vom 09.02.2002, Znaju, kak podnjat' Aviastar, in: Simbirskij Kur'er vom 09.02.2002 (Korolev, A.), online www.sm-k.narod.ru/archives/2002/feb/20-21/ 11.htm.

Pressekonferenz Mal'zev, V., in seiner Funktion als Generaldirektor der ZAO Aviastar-SP, in: Vedomosti am 02.08.2001, Tupolev ne otdaet investoru akzii „Aviastara", online www.vedomosti.ru/newspapaer/article.shtml?2001/08/03/32360.

Pressekonferenz von Michailov, V., (in seiner Funktion als Generaldirektor der ZAO Aviastar), Eto schpana (Jakimtschev, G.), in: Simbirskij Kur'er vom 24.09.2002, online www.sm-k.narod.ru/archives/2002/sep/141/htm.

Zitat Grylsov, B., aus seiner Rede am 29.12.2003 vor der Staatsduma, Webseite der aphorisme.ru (online-Enzykloädie für Zitate/Aporismen), online www.aphoris me.ru/by-authors/grizlov/?q=2937.

Zitat von Leiko, I., (in seiner Funktion als Ex-Generaldirektor der OAO Aviastar), zitiert von Lanskoj, D., "Pered boem", in: Simbirskij Kur'er vom 24.07.2003, online www.sm-k.narod.ru/archives/2003/jul/107/14.htm.

Zitat von Netschaev, A., (in seiner Funktion als Vorsitzender der Partei Jabloko in Ul'janovsk), Pressemitteilung auf der offiziellen Seite der Partei Jabloko in Ul'janovsk vom 29.01.2003, online simbirsk.yabloko.ru/PUB/press1_3.htm (Stand Mai 2004). Mittlerweile ist die Mitteilung nicht mehr zugänglich. Das Zitat ist jedoch im folgenden Artikel wiedergegeben: Vladimir Schamanov vstupil v partiju v poslednij raz, in: Pravda vom 29.01.2003, online www.pravda.ru/politics/2003/1/ 5/9/6310_Shamanov.html.

Sonstiges (Institutionen, Gesetze, Programme und Webseiten)

Amtsansprache des Präsidenten im Jahr 2004 (Inaugurazionnoj retsch prezidenta) vom 07.05.2004, online www.rian.ru/politics/20040507/584644.html.

Ansprache des russischen Präsidenten Wladimir Putin vor der Föderalversammlung am 18. April 2002, in: Internationale Politik,Oktober 2002, Nr. 13 2002, online www.internationalepolitik.de/ip/archiv/jahrgang2002/oktober2002/jahresansprache-des-russischen-prasidenten-wladimir-putin-vor-der-foederalversammlung-am-18-april-2002-in-moskau-auszuege-.html (Stand 06.2010).

ANTK „Tupolev", Suschtschestvujuschtschij park samolotov Tu-204; detaillierte Information über die Modelle sind direkt verfügbar über die Webseite der ANTK Tuplev, online www.tupolev.ru/Russian/Show.asp?SectionID=110.

ASMO-Press, „Zolotaja kniga" (Goldenes Buch). Dabei handelt es sich um eine online-Enzyklopädie von Waren, Dienstleistungen und Vertretern des Managements, online enc.ex.ru/cgi-bin/n1boss.pl?lang=1&p=1536 (Stand 25.12.2001).

Aviacharter.ru, online-Verzeichnis und Beschreibung der zivilen russischen Flugzeugmodelle. Diese Seite ist nicht mehr zugänglich. Detaillierte Information über die Tupolev-Modelle sind direkt verfügbar über die Webseite der ANTK Tupolev, online www.tupolev.ru/Russian/Show.asp?SectionID=110.

Aviastar-Info, Chronologija sozdanija krupnych kompanij s utschetom OAO Aviastar i dvigenie kapitala, in: www.aviastar.info/doc/7.htm (Stand 04.2002).

Aviastar-Inform, Tekuschtschee sostojanie realizazii proektov lizinga – OAO Ilujuschin Finance Ko, in: www.aviastar.inform, 26.05.2004.

Aviastar-Pressemitteilung (ZAO Aviastar-SP), Egipteskij Kontrakt – otscherdnoe podpisanie, in: Novy Gorod vom 29.11.2002. Diese online-Zeitung gibt es seit 2010 nicht mehr, auch die Seite ist nicht mehr zugänglich.

Bonn International Centre for Conversion (BICC), Conversion Survey, Bonn 1996.

Center for Defense Information CDI Russian Weekly – Nr. 202, 19.04.2002, „CIA will Continue Seach for New Russian Technologies", online www.cdi.org/russia/202-8.cfm. dic.academic.ru (Große biographische Enzyklopädie), online www. dic.academic.ru.

Brief von I. Leiko an die Aktionäre gegen die Aktienübergabe an Dr. I. Kamel: Uvagaemye akzionery, in: www.aviastar.info, Stand 28.01.2005.

EBRD Project Summary Document: Sirocco Aerospace – Project Number: 25158, online www.ebrd.com/projects/psd/psd2002/25158.htm.

European Commission (2007) INNO-Policy TrendChart – Policy Trends and Appraisal Report Russia 2007

FLB.ru (Agentur für Föderale Aufklärung), online www.flb.ru.

Föderale Behörde für Industrie FAP, online www.faprom.gov.ru.

Föderales Gesetz der Gesetzgebenden Versammlung (Federal'nyj zakon gosudarstvennoj dumoj) Nr. 159-F3 vom 11.12.2004, Änderungen und Ergänzungen des Gesetzes, Ob osnovnych garantijach izbiratel'nych prav, online base.consultant.ru/cons/cgi/online.cgi?req=doc;base=LAW;n=69117;fld=134;dst=.

Föderales Gesetz der Gesetzgebenden Versammlung Nr. 67-F3 vom 12.06.2002, Ob obschtschich prinzipach organizazii zakonodatel'nych i ispolnitel'nych organov gosudarstvennoj vlasti sub'jektov Rossijskoj Federazii i prava na utschastie v referendume gragdan RF, online base.garant.ru/184566/.

Föderales Gesetz RF (Federal'nyj Zakon RF) vom 08.01.1998 N6-F3, Artikel 2 „O nesostojatel'nosti (bankrotsve)", online www.bankrotstvo.ru/fz.htm. Es gibt Ergänzungen vom 04.04.2000 bis zum 03.12.2002, wobei insbesondere die Ergänzung N 127-F3 vom 26.10.2002 hervorzuheben ist; www.bestreferat.ru/referat-14200.html. Der Volltext des Gesetzes ist einsehbar über die folgende Adresse: www.consultant.ru/popular/bankrupt/.

Föderales Zielprogramm für die Konversion der russischen Rüstungsindustrie für die Jahre 1995–1997 (Federal'noj zelevoj programme konversii oboronnoy promyschlennosti v 1995–1997 gody), bestätigt durch die Regierungsverordnung RF vom 26.12.1995 Nr. 1274, online www.innovbusiness.ru/pravo/DocumShow_DocumID_13640.html.

Föderales Zielprogramm zur Förderung der zivilen Luftfahrttechnik Russlands in den Jahren 2002–2005 und der Periode bis 2015 (Razvitie gragdanskoj aviazionnoj techniki Rossii na 2002-2005 i period do 2015goda), Nr. 728 vom 15.10.2001, online www.programs-gov.ru/27_2.php.[927]

Forecast International, Military Aircraft Forecast, Antonov/Aviastar An-124/225 (Archiviert 4/2008), online www.forecastinternational.com/archive/ma/ma10448.doc sowie unter 209.85.129.132/search?q=cache:P2xIEgYHiJoJ:forecastinternational.com, Stand 10.03.2009.

Gabler Wirtschaftslexikon, online www.wirtschaftslexikon.gabler.de

Gesetz der RF (Zakon Rossijskoj Federazii) vom 31.03.1995, Nr. 39-F3, O Federal'nom bjudzete na 1995 god, in: Rossiskaja Gazeta vom 07.04.1995, S. 3, online www.vip-auto.info/dok2009/laws42/tox12533/index.htm.

927 Online (Volltext) www.svavia.ru/info/docs/doc92.html. Der Text ist chiffriert. Der Zugang ist über die Kopie möglich oder über fcp.vpk.ru/cgi-bin/cis/fcp.cgi/Fcp/ViewFcp/View/2010/124 unter „Документы".

Gesetz RF (Zakon Rossijskoj Federazii) vom 08.01.1998, N6-F3, Artikel 2 „O nesostojatel'nosti (bankrotsve)", online www.bankrotstvo.ru/fz.htm. Es gibt Ergänzungen vom 04.04.2000 bis zum 03.12.2002, wobei insbesondere die Ergänzung N 127-F3 vom 26.10.2002 hervorzuheben ist; www.bestreferat.ru/referat-14200.html. Der Volltext des Gesetzes ist einsehbar über die folgende Adresse: www.consultant.ru/popular/bankrupt/.

Gesetz RF (Zakon Rossijskoj Federazii) vom 14.12.2004, Zakon o naznatschenii gubernatorov vstupil v silu, in: IA Amitel vom 17.12.2004. Die Seite ist nicht mehr zugänglich. Text und Gesetz sind unter folgender Quelle zu finden: Zakon o naznatschenii gubernatorov vstupaet v juriditscheskuju silu, online www.allpravo.ru/news/2004/12/14/283.html.

Gesetz der RSFSR[928] (Zakon RSFSR) vom 03.07.1991, Nr. 1532-I, O privatisazii gosudarstvennych i munizipal'nych predprijatij v RF, online www.businesspravo.ru/Docum/DocumShow_DocumID_38778.html.

Gesetz der RSFSR (Zakon RSFSR) vom 25.12.1990, Nr. 445-1, O predprijatijach i predprinimatel'skoj gejatel'nosti (Gesetz der RSFSR „Über Unternehmen und unternehmerische Tätigkeit"), zitiert im Rechnungshofbericht Nr. 10, Punkt 2.1, online (Volltext) www.mnogozakonov.ru/catalog/date/1990/12/25/109/.

Gesetz des Präsidenten der Russischen Föderation (Ukaz President Rossijskoj Fedrazii) vom 18.05. 1995, Nr. 496, O finansovo-promyschlonnoj Gruppe "Rossijskij Aviazionnyj Konsorzii", Gesetz vom 18. Mai 1995, online (Volltext) www.mnogoza konov.ru/catalog/date/1995/5/18/4567/.

Gesetz des Präsidenten der Russischen Föderation (Ukaz President Rossijskoj Fedrazii), vom 19.08.1993, Nr. 1267, Ob osobennostjach privatisazii i dopolnitel'nych merach gosudartvennogo regulirovannija dejatel'nosti predprijatij oboronnych otraslej promyschlennosti", zitiert im Brief des obersten Arbitragegerichts der RF vom 10.02.1994 über die Annahme des Gesetzes, online /infopravo.by.ru/fed1994/ch03/akt15279.shtm.

Gesetz (Zakon RF) zur Konversion der Russischen Rüstungsindustrie in der Russischen Föderation 1992 ,,Zakon o konversii oboronnoj promyschlennosti v Rossijskoj Federazii 1992", in: Ekonomitschkaja Gazeta Nr. 18.

Gesetze der SSSR[929], (Zakon SSSR o gosudarstvennom ob'edinenii predprijatii) vom 30.06.1987, Art. 2., in: O korennoj perestrojke upravlenija ekonomikoj, Sbornik dokumentov, Moskva,

Goskomstat of Russia, Russia in Figures - 1999, Governemental Statistics Agency, Moskau,1999.

Goskomstat, Rossija v Zifrach – 1995, Rossijskij statistitscheskij egegodnik, Moskau, 1996.

Goskomstat, Rossija v Zifrach – 1997, Rossijskij statistitscheskij egegodnik, Moskau. 1997.

---

928 RSFSR - Rossijskaja Sovetskaja Federativnaja Sozialistischeskaja Respublika (Russische Sozialistische Föderative Sowjetrepublik).

929 SSSR - Sojuz Sovetskich Sozialistischeskich Respublik (Union der Sozialistischen Sowjetrepubliken)

Goskomstat, Rossija v Zifrach – 2000, Rossijskij statistitscheskij egegodnik, Moskau, 2000.

Große Enzyklopädie der Luftfahrt (Name Ugolog Neba), Stichwort Tu-204-300, online www.airwar.ru/enc/aliner/tu204-300.html (Stand 10.2010).

IAA (Informations-Analytische-Agentur) Sekretinfor, www.informacia.ru, Stichwort: Kirienko, Sergej V, online www.informacia.ru/facts/kirienko-facts.htm.

(IA-VPK930, Informationsagentur des Militär-Industriellen-Komplexes. Die Agentur berichtet über die Lage der Unternehmen des MIK im Oblast´ Ul´janovsk, Pologenie predprijatii VPK – Ul'janvoskaja oblast', online www.ia.vpk.rus/regvpk/1_2_vl_73.htm. Die Seite ist nicht mehr zugänglich. Der Text ist chronologisch aufgebaut und inverkürzter Fassung über online stra.teg.ru/chronology/4 zugänglich.)

IGPI – Studien des Internationalen Institutes für humanitäre und politische Wissenschaften (Institut Gumanitarno-Polititscheskich Issledovanij), online www.igpi.ru.

Izvestnye persony Rossii (Internetseite für Biografien bekannter Personen), Person: Gorjatschev Jurij Frolowitsch, online www.persons.ru/cgi/show.exe?Num=410&Get=All&Item= http://www.

Lenta ru. (Online-Zeitschrift), online www.lenta.ru.

Megregional'nyj Investitionyj Bank (MIB), www.bankmib.ru (Stand 2004).

Military Aircraft Forecast, Anononov/Aviastar An-124/225, April 2004, online www.forecastinternational.com/Archive/ma/ma10448.htm (Stand Dezember 2008).

NIIEAP931-Analyse zum Russischen Rüstungskomplex, Ukreplenie rossijskogo VPK vom 09.10.2001, online www.avias.com/news/2001/10/09/17783.html.

NIIEAP-Anayse zur Wirtschaft der Luftfahrtindustrie, Analis rynka aviazionnoj techniki: Vnytrennij rynok gragdanskoj aviazionnoj techniki: Park vosduschnych sudow GA Rossii i ich spisanie, online www.avis.com/aviation/, Stand Oktober 2003.

NIIEAP-Analyse zur Luftfahrttechnik, Aviatechnika: Passagirskij srednemagistral'nyj samolet – Tu 154M, online www.aviaport.ru/directory/aviation/tu154m/.

NIIEAP-Analyse zum Leasing von Luftfahrttechnik, Aviazia „Lizing aviatechniki“ 1998 www.avias.com/aviation, online http://rea-centre.narod.ru/analis/aviatech-01.htm.

NIIEAP-Analyse zum Rechnungshofberichts Nr. 10, Gosudarsvo neset poteri, 16.05.2000, online www.aviaport.ru/news/Publications/11021.html.

NIIEAP-Analyse zum Rechnungshofberichts Nr. 28, Gosudarstvennaja poddergka aviazionnoj promyschlennosti, in: Aerokosmitschekie Novowsti Nr. 46, 14.11.2000, online www.budgetrf.ru/Publications/Schpalata/2000/bulletin/schpal8322000bull8-14.htm.

NIIEAP, Darstellung der Flugzeugmodelle auf den Seiten des Instituts, online www.aviaport.ru/directory/aviation/.

NIIEAP-Analyse des Finanzierungsvermögens russischer Fluggesellschaften, Financovaja obespetschennost' zakupok gragdanskoj aviatechniki otetschestvennymi aviakompanijami, online www.avias.com/aviation/v220.html (Stand März 2004); online http://rea-centre.narod.ru/analis/aviatech-01.htm#_Toc48637154.

930 VPK – Voenno-Promyschlennyj Kompleks (Militärisch-Industrieller Komplex).

931 NIIEAP - Nautschno-Issledovatel'skij Institut Ekonomiki Aviazionnoj Promyschlennosti (Wissenschaftliches Forschungsinstitut für die Wirtschaft der Luftfahrtindustrie).

NISIPP [932], Zakon o bankrotstve protiv raschischtschenija sobstvennosti vom 14.03.2002, über die offizielle Webseite des Instituts, online www.smb.ru/news.html?&year=2002&month=3&day=14.

Normative-rechtlichen Grundlagen der zivilen Luftfahrttechnik, Rechnungshof der Russischen Föderation (A.I. Vitkovskij), online www.budgetrf.ru/Publications/Magazines/VestnikSF/2006/vestniksf290-2/vestniksf290-2020.htm.

Webseite der Obedinennaja Promyschlennaja Korporazija (OPK), www.oboronprom.com. Dies ist eine russische Beteiligungsholding in der Luftfahrtindustrie.

Plenarsitzung der Staatsduma RF am 07.03.2001, in: Informationskanal der Staatsduma RF, online www.akdi.ru/GD/Plen_Z/2001/03/07/-3_u.HTM.

Präsidentengesetz (Ukas presidenta) vom 25.05.1999 Nr. 651, O strukture federal'nych organov ispolnitel'noi vlasti, online pravo.levonevsky.org/bazaru09/Ukasi/sbor00/text00876.htm.

Pressemitteilung auf der offiziellen Seite der Partei Jabloko in Ul'janovsk vom 29.01.2003, online http://simbirsk.yabloko.ru/PUB/press1_3.htm (Stand 05.2004). Mittlerweile ist die Mitteilung nicht mehr zugänglich. Das Zitat ist aber ebenfalls in folgendem Artikel wiedergegeben: Vladimir Schamanov vstupil v partiju v poslednij raz, in: Pravda vom 29.01.2003, online www.pravda.ru/politics/2003/1/5/9/6310_Shamanov.html.

RAUD [933] (Regionale Behörde für Schuldenmanagement), „Regional'noe Agenstvo Upravlenija Dolgami"). Diese Behörde ist nicht mehr aktiv. Ihre Analysen sind über andere Webseiten zu suchen. Dies betrifft den Beitrag: „Vnukovskie Avialinii" priznana bankrotom", vom 16.01.2003. Der Beitrag ist über Finansovye Izvestija zugänglich, online www.finiz.ru/economic/article7375/

Rechnungshofbericht Nr. 10 vom 24.03.2000, O resul'tatach tematischeskoj proverki zakonnosti privatisazii, effektivnosti upravlenija i gosudarstvennoj poddergki OAO Ul'janovskij aviazionnoj promyschlennyj kompleks Aviastar v postprivatizaziionnyj period 1992-1999 rody, in: Bjulleten' ctschetnoj palaty Rossijskoj Federazii, Nr. 06 (30) 2000, online www.budgetrf.ru/Publications/Schpalata/2000/bulletin/schpal6302000bull6-9.htm, auch unter www.ach.gov.ru/userfiles/bulletins/9-buleten_doc_files-fl-284.pdf.

Rechnungshofbericht Nr. 28 vom 25.08.2000, O resul'tatach tematischeskoj proverki zakonnosti privatisazii, effektivnosti upravlenija i gosudarstvennoj poddergki predprijatij aviazionnoj promyschlennosti v postprivatizazionnyj period 1992–1999, in: Bjulleten' ctschetnoj palaty Rossijskoj Federazii, Nr. 8/2000, online www.budgetrf.ru/Publications/Schpalata/2000/bulletin/schpal8322000bull8-14.htm, auch unter www.ach.gov.ru/userfiles/bulletins/14-buleten_doc_files-fl-337.pdf.

Rechnungshofbericht Nr. 41 vom 30.11.2001, O resu'tatach dokumental'noj proverki zakonnosti i effektivnosti dejatel'noti konkursnogo upravlenija v prozesse likvidazii

932 NISIPP - National'nyj Institut Sistemnych Issledovanij Problem Predprinimatel'stva – Nationales Institut für Systematische Untersuchung von Problemen des Unternehmertums

933 RAUD - Regional'noe Agenstvo Upravlenija Dolgami (Regionale Behörde für Schuldenmanagement)

kommertscheskich bankov, imejuschtschich objazatel'stvo pered bjugetom Rossijskoj Federazii, v OAO AB „Inkombank" (über die Konkursverwaltung der Inkombank), in: Bjulleten' ctschetnoj palaty Rossijskoj Federazii, Nr. 2/2002 online www.ach.gov.ru/userfiles/bulletins/4-buleten_doc_files-fl-586.pdf; oder www.fcinfo.ru/themes/basic/materials-document.asp?folder=2656&matID=19530 (Stand 2010).

Rechnungshofbericht Nr. 47 vom 28.02.2002, Proverki effektivnosti ispol'sovanija stredstv federal'nogo bjudgeta, l'got i preferenzij, vydelennych OAO „Ul'janovksij aviazionnyj promyschlennyj Kompleks Aviastarv 1994–2001, Bjulleten' ctschetnoj palaty Rossijskoj Federazii, Nr. 11 (17) vom 04.03.2002, online www.ach.gov.ru/userfiles/bulletins/14-buleten_doc_files-fl-979.pdf.

Rechnungshofbericht Nr. 21 vom 09.06.2000, O proverki privatisazii federalnogo paketa akzii RAO „Noril'ski Nikel'" v klad RAO „Noril'ski Nikel'", in: Bjulletien' ctschetnoj palaty Rossijskoj Federazii Nr. 7/ 2000, online www.ach.gov.ru/userfiles /bulletins/15-buleten_doc_files-fl-323.pdf .

Rede Putins auf einer erweiterten Sitzung der Regierung der RF am 13.September 2004, in: o. V., Gubernatorov budet naznatschat' president, in: Pjatniza Nr. 37, 17.09.2004, online pressa.irk.ru/friday/2004/37/002000.html.

Regierungsbeschluss und Ausführung der Regierungssitzung (beim Ministerium für Wirtschaftliche Entwicklung) vom10.04.2003, O chode vypolnenija reschenij pravitel'stva Rossijskoj Federazii po organizazii lizinga otetschestvennych vozduschnych sudov (Tekuschtschee sostojanie realizazii proektov lizinga – OAO „Ilujuschin Finance Ko), in: offizielle Seite der Regierung, online www.government.ru/data /structdoc.html?he_id=102&do_id=897 26.05.2004.

Regierungsverordnung RF (Postanovlenie Pravitel'stva Rossijskoj Federazii) Nr. 720 vom 30.06.1999 Nr. 720, Ob otkrytom akzionernom obschtschestve „Tupolev", online giod.consultant.ru/page.aspx?17;1114064.

Regierungsverordnung RF (Postanovlenie Pravitel'stva Rossijskoj Federazii) Nr. 783 vom 02.07.1996 Nr. 783, O merach gosudarstvennoj poddergki proizvodstva i realisazii na usovijach lizinga samolotov Tu-204, online http://unlease.ru/docu ments/normative/federal/1160.

Siehe auch: Zusatzverordnung Nr. 8 vom 06.01.1997 zur Regierungsverordnung (Postanovlenie Pravitel'stva Rossijskoj Federazii) Nr. 783, Postanovlenie Pravitel'stva Rossijskoj Federazii ot 06.01.1997 N 8, O vnesenii izmeneniij v postanovlenie pravitel'stva RF ot ijulja 1996 g. N 783, „O merach gosudarstvennoj poddergki proizvodstva i realisazii na usovijach lizinga samolotov Tu-204", online unlease.ru/documents/normative/federal/1164.php.

Regierungsverordnung RSFSR (Postanovlenie Pravitel'stva Sovetskaja Federativnaja Sozialistischeskaja Respublika) Nr. 23 vom 26.11.1991, Voprozy akzionernych obschestv Aviastar i Volga Dnepr, online www.pravoteka.ru/pst/719/359202.html.

Regierungsverordnung (Postanovlenie Pravitel'stvo Rossijskoj Federazii) Nr. 827 vom 15.07.1999, Voprocy rossijskogo Kosmitscheskogo Agenstva, online http://news50.info/docs/legal/textyz/lawuewgdu.htm.

Regierungsverordnung RF (Postanovlenie Pravitelstva Rossijskoj Federazii) Nr.1211 vom 03.11.1994, O selektivnoj poddergke aviazionnoj promyschlennostl i gragdanskoj aviazii Rossii v 1995–1996 godach, online www.innovbusiness.ru/pravo/DocumShow_DocumID_43788.html.

Regierungsverordnung RF (Postanovlenie Pravitelstva Rossijskoj Federazii) Nr. 783 vom 02.07.1996, O merach gosudarctvennoj poddergki proizvodstva i realizazii na uslovijach lizinga samolotov Tu-204, online www.giod.consultant.ru /page.aspx?17;1258854.

Regierungsverordnung RF (Postanovlenie Pravitelstva Rossijskoj Federazii) Nr. 530 vom 08.06.1993, O merach uvelitscheniju vypuska gragdanskich samoletov na Ul'janovskom promyschlennom komplekse, online www.vip-auto.info/transport /laws20/tex20543.htm.

Regierungsverordnung RF (Postanovlenie Pravitelstva Rossijskoj Federazii) Nr. 1544 vom 25.12 1998, O lizenzirovanii dejatel'nosti fizitscheskich liz v katschestve arbitragnych upravljajuschtschich (Primakov), in: Federal'naja slugba Rossii no finansovomu ozdorovleniju i bankrostvu, online www.vest.fsdn.msk.ru.

Regierungsverordnung RF (Postanovlenie Pravitelstva RF) Nr.1002 vom 03.09.1999, O porjadke i srokach provedenija restrukturizazii kreditorskoj zadolgenosti juriditscheskich liz po nalogam i sboram, online pravo.levonevsky.org/bazaru09 /postanov/sbor06/text06606.htm.

Regierungsverordnung RF Nr. 410 vom 23.05.2001, O vnesenii izmenij i dopolnenie v postanovlenie pravitelstva Nr. 1002, online www.audit-moscow.ru/document /doc017.html.

Regierungsvertrag der Russischen Föderation (Dogovor Pravitestva Rossijskoj Federazii) N-210 vom 30.10.1997, Dogovor o Razgranitschenii predmetov vedenija i polnomotschij megdy organami gosudarstvennoj vlasti RF i organami gosudarstvennoj vlasti ul'janvskoj oblasti, online constitution.garant.ru/DOC_73420.htm (Stand 06.2010).

Regional'no-obschtschestvennoe dvigenie „Edinyj Krai", online

Regionale Behörde für Schuldenmanagement RAUD[934] (Regional'noe Agenstvo Upravlenija Dolgami), Webseite: www.raud.ru/. Die Seite der Behörde ist nicht mehr aktiv. Ihre Berichte sind auf anderen Webseiten auffindbar. Bspw. der Artikel OAO Aviakompanija „Murmanskie Avialinii" vom 01.11.2001 ist nicht mehr über www.raud.ru/ zu finden, sondern online unter www.finiz.ru/economic/article7375/

RKK „Energija" www.rsce.ru, heute www.energia.ru (07.10.2005), allerdings sind die Daten chiffriert (der Zugang ist über die Kopie möglich).

Rossijsiko-Arabskij Delovoj Sovet, Arabskaja Respublika Egipet, online www.russarabbc.ru/rusarab/detail.php?ID=1434.

Russian Defence Business Directory, United States Department of Commerce (Hrsg.), Washington 1995.

Samarer-Energiekomplex „Samaraenergo", www-samaraenergo.ru.

Sistema XMS, Webseite der Petrochemischen Gesellschaft, online www.xms.ru vom 24.04.2001.

Soglaschenie – Ministeristva Finansov Rossijskoj Federazii, Ministersva Sel'skogo chozjastva i prodovol'stvia Rossijskoj Federazii OAO „AB" Inkombank, O Kreditirovanii Organiszazii Agromproyschlennogo Kompleksa na l'gotnych uslovijach iz sredstv Federalnogo Bjugeta vom 5.12.1997, online www.lawmix.ru/pprf.php ?id=140010.

---

934 RAUD – Regional'noe Agenstvo Upravlenija Dolgami (Regionale Behörde für Schuldenmanagement).

Stockholm International Peace Research (SIPRI), Yearbook 2000, Chapter 6, Armsproduktion, Russia.
Teleinformzionnaja set' VPK," Obsor Voenno-Promyschlennogo Kompleksa v Privolgskom federal'nom okruge", Juni 2001, online www.t.vpk.ru/corporate/region.
Texas Pacific Group (Seite der Venture-Capital Information Network), online www.vcbuzz.com (Stand 22.04.2004). Die aktuelle Seite des Private Equity Akteurs: www.tpg.com.
Tupolev Tu-204 Produktionsliste, online www.planespotters.net/production_List /Tupolev7Tu-204/index.php, Stand 05.Januar.2010.
U. S. Department of Commerce, The Russian Defence Directory, Washington 1995.
Ul'janovsker Administration, Zusammensetzung der Administration 2001/2002 („Struktura apparata administratzii oblasti"), online www.admobl-mv.ru . Zum Jahre 2006 wurde die Webadresse der Ul'janovsker Administration auf www.ulyanovsk-adm.ru abgeändert. Eine Zusammensetzung der Administration unter Schamanov Anfang 2001 befindet sich in dem Beitrag des Simbirskij Kur'er vom 01.02.2001, Komanda gubernatora budet na tret' men'sche, online www.sm-k.narod.ru/archives/2001 /feb/15/11.htm.
Verordnung des Ministerrates der CM[935] SSSR Nr. 520- R vom 1.04.1989, online www.kodeks.ru/noframeword/9000002.rtf?nd9052520.
Verordnung des Obersten Sowjet der Russischen Föderation (Postnanovlenie Verchovnogo Soveta) Nr. 56157 vom 12.08.1993, O Programme razvitija grazdanskoj aviazionnoj techniki Rossii do 2000, online www.innovbusiness.ru/pravo/ DocumShow_DocumID_64789.html.
Verordnung des Obersten Sowjet der Russischen Föderation (Postnanovlenie Verchovnogo Soveta), Gosudarstevennaja Programma privatisazii gosudartvennych i munizipalnych predprijatij v Rossijskoj Federazii na 1992 god, zitiert im Rechnungshofbericht Nr. 10.
Viktor Michailov, Vortrag vor Vertretern der Regierung der RF, dem Gouverneur der Administration Ul'janovsk und der Gesetzgebenden Versammlung am 15.04.2004 (in seiner Funktion als Generaldirektor der ZAO Aviastar-SP), online :ul-gov.ru/1989/2062/1710/.
Vortrag des Generaldirektors der OAO „UAPK-Aviastar für 2001 auf der Aktionärsversammlung, in: aviastar-info, online www.aviastar.info.ru (Stand 23.05.2004)
VPK (Voenno-Promyschlennyj Kompleks)936 - Informationsagentur (IA): Pologenie predprijatii VPK – Ul'janovskaja oblast', Situazija na OAO „Uljanovskij aviazionyj promyschlennij kompleks Aviastar", Die Arbeit bezieht sich auf Meldungen im Jahre 2002 vom : Januar : 16.01.2002; Juni: 01.07.2002; Juli: 17.07. 2002; 31.07.2002; August: 23.08.2001, 29.08.2002; Oktober 14.10.2002; online www.ia.vpk.rus/reg vpk/1_2_vl_73.htm. Diese Seite ist nicht mehr zugänglich. In gekürzter Fassung sind die Meldungen chronologisch aufgebaut über stra.teg.ru/chronology/4 zugänglich.
Vsesojuznaja konferezija Kommunistitscheskoj partii Sovetskogo Sojuza 28. ijunia- 1 julija 1988 goda, stenografitceskij ottschet, Tom 1, Moskva 1988, S. 34.
Webseite der Partei Edinaj Rossija, www.edinos.ru
Webseite der Regionalen Bewegung Edinyj kraj, online www.pyatn.edin-kral.ru.

935 Sovet Ministrov.
936 MIK - Militärisch-Industrieller Komplex.

Webseite der Holding Novoe Sodrugestvo, online www.novoe-sodrugestvo.ru. Stichwort Geschichte: online www.novoe-sodrugestvo.ru/historia Stand 15. Juni 2002. Die aktuelle Seite ist die www.novoe-sodurgestvo/ru/ru/10500/index.htm - История. Hier erscheint nur eine gekürzte Fassung der Unternehmensentwicklung im Vergleich zu der alten Version.

Webseite des britischen Fachjournals Jane's 2001–2002: Tupolev Tu-204, online www.janes.com/tu-204.

Webseite der Leasinggruppe Lider www.lider.ru, Stand 23.November 2004.

Webseite der Zertifizierungsbehörde MSA [937], Stichwort: Biographie/ Management: Knivel' Aleksandr Janovitsch, online www.aviationunion.ru/management (Stand 05. Oktober 2002).

Webseite der Gesellschaft Obe´dinennaja Promyschlennaja Korporazija (OPK), www.oboronprom.com. www.oboronprom.ru/show.cgi?/corporation/about.htm sowie www.oboronprom.ru/ show.cgi?/business/structure_dv.htm.

Webseite der Oppenheimer Capital, www.opcap.com.

Webseite der Organisation Fond liberal'naja missija", online www.liberal.ru/echo.asp? Num=63 .

Webseite des Präsidentenvertreters der RF im Föderalen Wirtschaftgebiet PFO, online www.pfo.ru

Webseite der Stromgesellschaft RAO"EES Rossii", www.ras-ees.ru/ru/info/manage ment, Stand 23. Oktober 2002.

Webseite der Partei „Rysskoe Nazional'noe Edinstvo", online www.rne.ru , Stand 12. Dezember 2004, danach www.rne-center.org.

Webseite der Sirocco Aerospace International, www. siroccoaerospace.com (UK). Diese Seite gibt es erst ab 2001. Nach 2002 wird die Seite allerdings nicht mehr aktualisiert: www.sirocco.ru/default.htm.

Webseite der Fluggesellschaft Volga Dnepr, Stichwort: *Historija* (Unternehmensgeschichte), online www.volga-dnepr.com/rus/group/history2/#1990, Stand 12. Juni 2010.

Webseite der Fluggesellschaft Volga Dnepr. Stichwort: *Upravlentschekij sostav* (Verwaltungspersonal), online, www.vda.com .ru/de/vip-isa.shtml. Stand 10. Mai 2004. Die Seite wurde neu eingerichtet. Die URL-Adresse lautet: www.volga-dnepr.com/rus/group/managment/team/.

Wikipedia, Stichwort: Air China Cargo, online en.wikipedia.org/wiki/Air_China_Cargo.

Wikipedia, Stichwort: Airbus A380, online www.wikipedia.org, Stand 21.07.06.

Wissenschaftliches Zentrum Agentur.ru, Biographische Daten zu Primakov Evgenij Maksimovitsch, online: www.agentura.ru/dossier/russia/people/primakov.

Zusatzverordnung Nr. 8 vom 06.01.1997 zur Regierungsverordnung (Postanovlenie Pravitel'stva Rossijskoj Federazii) Nr. 783, Postanovlenie Pravitel'stva Rossijskoj Federazii ot 06.01.1997 N 8, O vnesenii izmenenij v postanovlenie pravitel'stva RF ot ijulja 1996 g. N 783, „O merach gosudarstvennoj poddergki proizvodstva i realisazii na uslovijach lizinga samolotov Tu-204", online unlease.ru/documents/normative/federal/1164.php.

937 MSA - Megdunarodnogo Sojuza Aviapromyschlennosti (Zwischenstaatlicher Rat der Luftfahrtindustrie)

Zeitungsartikel

Artikel mit Verfasser

Anischtschik O., God s Sibirskim Aljuminiem, in: Region vom 03.07.2002, online regions.ng.ru/far/2000-05-16/6_sib_alu.html.

Arabaev, B.,"Tschto Gunzy govorit o Trube", in: BBC Moskau vom 11.09.2001. Der Artikel ist online nicht mehr zugänglich.

Arabov, P, Reinkarnazija v aviazii, in: Kompanija vom 10.05.2004, online www.ko.ru/document.php?id=9360.

Arzamastsev, A., Ten' za Presidenta', in: Delovye ljudi vom Januar 2004 (120), oline www.dl.mk.ru/article.asp?artid=27730. Nicht mehr zugänglich. Die relevanten Daten sind unter folgender Quelle erhältlich: Rostovskii, M., Sekretnye drusja Putina, in: Moskovskij Komsomolez vom 04.04.2001, online www.flb.ru/info/902.html.

Babkin V. I., FABRID, Stanzija „MIR" i interesy nautschnych organiszazij 2001, in: Virtual'nyj klub ozenschtschikov informaziji", online old.appraiser.ru/info/articles/art86.htm.

Babkin, K., Aviastar pustit vsech poglazet', in: Russkie Vesti, online www.vesti.ru vom 18.08.2001.

Baischev, Perfil'ev, Ul'janovskij oblast' v Aprele 1997, in: Politischeskij monotoring, IGPI[938], online www.igpi.ru/monitoring/1047645476/jun1996/1053348905.html.

Bekker, A./Lysova, T., Gosinkor umer. Da zdrastvuet Gosinkor cholding, in: Vedomosti vom 07.02.2003, online www.compromat.ru/page_12763.htm.

Belevzev, A., Schamanov vygnal zjatja Michalokva – Michalkova i Bakova svjazyvajut ne tol'ko rodstvennye otnoschenija, no i biznes-afery, in: Kompromat.ru vom 06.08.2002, online www.compromat.ru/page_12102.htm.

Berezanskaja, E./Berschidskij, Kak ukrali Inkombank. Est' odna versia, in: Vedomosti vom 31.01.2001, online www.compromat.ru/page_10527.htm.

Berzanskaja, E./Evstigneeva, M./Kozyrev, Vse, tschto nagito neposil'nym trudom, in: Vedomosti vom 15.01.2001, online www.compromat.ru/page_25258.htm.

Birman, A., Samyj ravnudarennyj oligarch, in: Kompnaija vom 09.05.2000, online www.compromat.ru/page_10249.htm.

Bobenko, E., Byvschie dipolmaty vovremja vzjali kassu, in: Soverschenno sekretno vom 07.05.1998, online topsecrett.chat.ru/txt5-98/7-5-98.htm.

Bondarenko, A., Po-semejnomy Toplivno-Energetischteskij Kompleks Ul'janovskoj oblasti budet kontroliruetsja is Samary, in: Nezavisimaja Gazeta vom 19.01.2001, online www.ng.ru/regions/2001-01-19/4_like_family.html.

Bujlov, M., Inkombank gotovitsja k vojne, in: Kommersant'Daily vom 14.02.2001, online www.kommersant.ru/doc.aspx?DocsID=168183.

Burakov, I., Kontrollnaja zakupka, in: Vremja Novostej vom 07.12.2001, online www.vremya.ru/2001/226/8/17389.html.

Chasbiev, A., Aviazionnaja ataka na Rossiju, in: Expert 2002 vom 04.03.2002, online www.expert.ru/printissues/expert/2002/09/09ex-naukn/.

Chazbiev, A., Pust' Aviastar spasaet president, in: Ekspert vom 17.12.2002, S. 26, auch online unter www.expert.ru/printissues/expert/2001/47/47ex-news35/.

Chikmatov, T., Dostojnoe predlogenie, in: Izvestija vom 19.09.2003, online über www.aviaport.ru/digest/2003/09/18/61185.html.

938 Institut Gumanitarno Polititscheskich Issledovanij.

Chrennikov, I., Sverchsekretnaja Avrora, in: Segodnja vom 27.09.2000, online www.7days.ru/w3s.nsf/Archive/2000_216_econom_text_hrennikov1.html.

Cohen, A., Putin's Zaibatsu – The Russian Technology Property Grab, in: BNE vom 01.08.2008, www.businessneweurope.eu, ebenso in: www.arielcohen, online www.arielcohen.com/articles.php?id=275.

Didurov, A., Klany pravjat Rossiej, in: Rodnaja Gazeta vom 30.07.–05.08.2004, online www.rodgaz.ru/index.php?action=Articles&dirid=16&tek=11436&issue=140.

Egorova, T., Aviastar popal pod nabludenie, in: Vedomosti vom 08.07.2002, online www.vedomosti.ru/newspaper/article/2002/07/08/47725.

Egorova, T., Aviastaru pripomnili staroe, in: Vedomosti vom 29.08.2002, online www.vedomosti.ru/newspaper/article/2002/08/29/50619.

Egorova, T., Dolgi Vnutschki Sibir ne nugny, in:Vedomosti vom 31.01.2002, online www.vedomosti.ru/newspaper/article/2002/01/31/40572.

Egorova, T., Gordiev uzel Aviastar, in: Vedomosti vom 05.06.2002, online www.aviaport.ru/digest/2002/06/05/29438.html.

Egorova, T., Ruslan smenit propisku – Po iniziative Kompanii Volga Dnepr, in: Vedomosti vom 10.12.2001, online www.vedomosti.ru/newspaper/article/2001/12/10/38640.

Egorova, T., U akzionerov Aviastar proverili dokumenty, in: Kommersant vom 28.06.2002, online www.kommersant.ru/doc.aspx?DocsID=329764 oder www.aviaport.ru/digest/2002/06/28/30951.html.

Egorova, T., Volga-Dnepr gotova uletet', in: Vedomosti vom 11.10.2002, online www.vedomosti.ru/newspaper/article/2002/10/11/52847.

Egorova, T./Reznik, I./Derilova, E., Pod kryschu Rosnefti, in: Vedomosti vom 24.12.2004, online www.vedomosti.ru/newspaper/article.shtml?2004/12/24/85154.

Fazullina, G., Odnogo „Tupoleva" zabyli, in: Ekspert vom 12.07.1999, S. 23.

Gagarin, K., Arestovan Kaznatschej Futbol'noj prem'erligi, in: Gazeta vom 20.10. 2004, online www.fontanka.ru/2004/10/20/95886/.

Galiev, A., Gorizont blizok, in: Ekspert Nr. 262 vom 15.01.2001, S. 23–24, online www.expert.ru/ptintissues7expert/2001/01/01ex-vpk1.

Galischnikov, N., Rossii nugny takie samolety, in: Narodnaja gazeta vom 26.12.2001, online www.gazeta.narod.ru/archive-115/news/01, Stand 14.September 2002.

Garkova, J., Po vozduschnym mostam, in: Prjamye investizii, Nr. 7 39/2005, S. 32–36, online www.sbrf.ru/common/img/uploaded/sbjr/05-07/032-035.pdf.

Gavoronkov, P., Bogatye u znamenitye, vom 09.09.2005 über die Seite der Unternehmensgesellschaft SIMS-Group, online www.simsgroup.ru/enews/?news=49, Stand März 2007.

Gavrilova E., Dlja tech, kto ugrogaet, Tschetschenija prosto predlog, in: Simbisrkij Kur'er vom 02.12.2000, online www.sm-k.narod.ru/archives/2000/dec/184-185/1.htm.

Gavrilova, E. Schamanov-Schkanov: Predvybornyj tandem, in: Simbirskij Kur'er vom 06.12.2000. Dieser Artikel ist nicht veröffentlicht.

Gavrilova, E., Aviakompleksu ne nuzny dopolnitel'nye den'gi, in: Narodnaja gazeta vom 01.01.2002.

Gavrilova, E., Aviastar na grani kracha, in: Konsomol'skaja Pravda vom 24.09.2002, online www.mosaica.ru, Stand 05.Dezember 2002.

Gavrilova, E., Aviastar na poslednem izdychanii, in: Narodnaja Gazeta für den 05.11.2001; Der Artikel ist nicht veröffentlicht.

Gavrilova, E., Aviastar v Tupike, für die Narodnaja Gazeta im August 2001. Der Artikel wurde nicht veröffentlicht.

Gavrilova, E., Esli zavtra vstanet Aviastar, in: Narodnaja Gazeta vom 12.08.2001, online www.sm-k.narod.ru/archives/2001/aug/121101.txt.

Gavrilova, E., Lebed' prinjal ot Schamanova novyj samolet, in: Simbirskij Kur'er vom 26.12.2000, online www.sm-k.narod.ru/archives/2000/dec/261200.htm

Gavrilova, E., Tschinovniki govorili o „Kitajskom Kontrakte", in: Narodnaja gazeta vom 25.12.2003

Gavrilova, E., ZAO Aviastar-SP: V 2000 gody uvelitschil ob'em proizvodsva, Januar 2001, Der Artikel ist nicht veröffentlicht.

Georgiev, P., Krivaja Rossijskich Avialinij, in: Kommersant vom 09.07.1996, S. 26–27.

Gogin, S., Ul'janovsk Governor Forms Oil Company over Yukos Objections, in: Rast West Institute Russian Regional Report Vol. 6 Nr. 26 vom 09.07.2001, online www.related:se2.isn.ch/serviceengine/FileContent?serviceID=10&fileid=B68F78D7-B01B-D206-39E9-F532D32E5A47&lng=en.

Golovanivskaja, M., General v jubke, in: Kommersant vom 06.02.1999, online www.kommersant.ru/doc.aspx?DocsID=212547&print=true.

Golovenko, A., Vtoraja gizn' Nikolaja Rygkova, in: Duel' Nr. 1, 2000, online compromat.ru/main/ryzhkovnik/a.htm.

Gonzorova, E., FSFO reschilo smenit' rukovodstvo na korschunovskom GOKe – V tsch'ich interesach dejstvuet Tat'jana Trefilova?, in Kompromat vom 21.07.2003, online www.kompromat.ru.

Gorelov, A., Simbirskij podel'nik. Fil'm snimaetsja v Ul'janvoksoj oblasti. V roli zarja – Nikita Michalkov, in: Stringer vom 14.09.2002, online www.stringer.ru/Publication.mhtml?PubID=1416&Part=39.

Gorschkova, S., Guta-Bank – Ekonomitscheskoe Tschudo-judo?, in: Kompromat vom 22.05.2000, online www.compromat.ru/page_9743.htm.

Gubarev, V., Konversija bez illjuzii, in: Pravda vom 30.07.1990.

Holmes, G., Boeing Attempts a U-Turn at High Speed, in: Business Week vom 16. 04.2001, online www.businessweek.com/magazine/content/01_16/b3728103.htm.

Holmes, S., Boeing's Sonic Bruiser, in: Business Week, 02.07.2001, online http://www.businessweek.com/magazine/content/01_27/b3739179.htm.

Idiatullin, S., Moskva predpotschla kazanskim aviastroiteljam ul'janvoskich, in: Aerokosmitscheskie Novosti vom 08.07.1999: online www.aviaport.ru/news/Avia Industry/5697.htmlViD.

Igin, I., Chvatit chodit's protjanutoj rukoj, in: Simbirskii Kur 'er vom 22.11.2003, online www.sm-k.narod.ru/archives/2003/nov/175-176/13.htm.

Il'in, I., Rogov i Kampanija, in: Simbirskij Kur'er vom 10.11.2000, online www.sm-k.narod.ru/archives/2000/nov/

Ivanov, I./Paukov, V., Neudobnyj arestant. Pereezd Tatavosa Surinova v tjur'mu ego soratniki oboschli grobovym moltschaniem, in: Vremja Novosti 20.10.2004, online www.compromat.ru/page_15705.htm.

Izmailov, V., Kto takoj general Schamanov, in: Kompromat vom 29.12.1999, online www.compromat.ru/page_9289.htm.

Jakimtschev, G., A. Eto schpana, in: Simbirskij Kur'er vom 24.09.2002, online www.sm-k.narod.ru/archives/2002/sep/141/1.htm.

Jakimtschev, G., Moskva predupredila, in: Simbirskij Kur'er vom 29.09.2002, online www.sm-k.narod.ru/archives/2002/sep/143-144/7.htm.

Jambaeva, R., Aviazionnaja promyschlennost'- sovremmenost', in: Kommersant- Vlast', vom 30.10.2001, online www.kommersant.ru/doc.aspx?DocsID=289253.

Jambaeva, R., Aviazionnoj transport, in: Kommersant Vlast' Nr. 27, April 2000, online www.aviaport.ru/news/Publications/6817.html.

Jambaeva, R., Schans dlja „Vnutschki", in: Kompanija vom 01.02.2000, online www.ko.ru/document.php?id=1276.

Jambaeva, R./Bunrin, D., Komy prinadlegit Rossija, aviazionnoj transport, in: Kommersant Vlast' vom 30.10.2001, online www.kommersant.ru/doc.aspx?DocsID=289251&print=true. Der vollständige Text ist jetzt nicht mehr über den Kommersant, sondern über Kompromat zu finden, online www.compromat.ru/page_11249.htm.

Jambaeva, R./Sapozikow, W., Pozdnee ditja rossijskogo aviaproma, in: Aviatransportnoe obozrenie Nr. 27. April 2000, online www.aviaport.ru/news/Publications/10721.html.

Jambaeva, R./Zavarskij, L., Sovremmenost'– aviazionnyj transport, in: Kommersant-Vlast' vom 13.10.1999, online www.aviaport.ru/news/Publications/6817.html.

Jarzev, G., Zavarckij, L., Aviastar napravlen na bankrotstvo, in: Kommersant, 08.07.2002, online /www.kommersant.ru/doc.aspx?DocsID=331103 (Stand 08.07.2002).

Kalaschnikov, M./Mozgi Tupoleva, in: stringer-news vom 08.07.2002, online www.stringer.ru/Publication.mhtml?PubID=895&Menu=&Part=39&Page=0.

Kapitonov, K., Chosin Mubarak – Gospodin tschestnost', in: Africana.ru (Webseite für das Lobbying afrikanischer Projekte in Russland), online www.africana.ru/konkurs/raboti/Kapitonov/Mubarac.htm.

Kaschinskij, J. „Na Aviastar napravjat FSB i nalogovuju poliziju", in: Simbirskij Kur'er vom 04.08.2001; online www.sm-k.narod.ru/archives/2001/aug/114-115/1.htm.

Kaschinskij, J., Udary po kryl'jam, in: Simbirskij Kur'er vom 17.01.2004, online www.sm-k.narod.ru/archives/2004/jan/6-7/13.htm.

Kaschinskij, Ju., Aviastar – na mylo, in: Simbirskij Kur'er vom 24.04.2001, online www.sm-k.narod.ru/archives/2001/apr/114-115/1.htm.

Kaschinskij, Ju., Rasklad izmenen, in: Simbirskij Kur'er vom 02.07.2002, online www.sm-k.narod.ru/archives/2002/jul/93/2.htm.

Kaschinskij, Ju., Sorvat' bank i iztscheznut', in: Simbirskij Kur'er vom 17.12.2002, online www.sm-k.narod.ru/archives/2002/dec/186/1.htm.

Kasenova, T., Zatschem priezgal Boris Beresovskiej?, in: Delovaja Nedelja", vom 05.06.1998, online eurasia.org.ru/archive/archives/june/Pol174.htm.

Kaz, E., Mylovary rvytsja v nebo, in: Vremja vom 31.05.2001, online www.vremya.ru/2001/94/8/10275.html.

Keller, G., Rol' i mesto Rossii na mirovom rynke orugija, in: Voprocy Statistiki, Nr. 1, 1997, S. 60–63.

Kinderknecht, V. (Vorsitzender des Aufsichtsrats der ZAO „Avializing"), Letat' nado bylo lutsche, in: Novyj Kompan'on (Permsker Wochenzeitung) vom 27.03.2004, online www.nk.perm.ru/articles.php?newspaper_id=387&article_id=10066.

Kirgusin, J., Tovary narodnogo potreblenija, vypuskaemye A.O. Aviaprom, in: Konversija Nr. 1, 1998, S. 19–23.

Kisljakov A., Russian Regional Jet positioniert sich auf dem Weltmarkt, in: russland.ru vom 21.12.2005, online wirtschaft.russlandonline.ru/luftfahrt/morenews.php?iditem=279.

Korolev, A., Aviastar vnov' dogovorilsja s Kamelem, in: Simbirskij Kur'er vom 19.11.2002, online www.sm-k.narod.ru/archives/2002/nov/171/2.htm.

Korolev, A., Eto schpana, in: Simbirskij Kur'er vom 24.09.2002, online

Korolev, A., Gubernator vzjal na kontrol', in Simbirskij Kur'er vom 30.07.2002, online www.sm-k.narod.ru/archives/2002/jul/109/10.htm.

Korolev, A., Lider ne sumel, in: Simbirskij Kur'er vom 04.07.2002, online www.sm-k.narod.ru/archives/2002/jul/73/10.htm.

Korolev, A., Polpred uchodit s Aviastarom, in: Simbirskij Kur'er vom 27.01.2005, online ulpressa.ru/news/2005/01/27/article4162/.

Korolev, A., Ruslan protiv A380, in: Simbirskij Kur'er vom 25.01.2005, online ulpressa.ru/news/2005/01/25/article

Korolev, A., To jama, to kanava, in: Simbirskij Kur'er vom 18.08.2001, online sm-k.narod.ru/archives/2001/122-123/2.htm

Korolev, A., Vchodit v kompaniju, in: Simbirskij Kur'er vom 26.02.2005, online ulpressa.ru/news/2005/02/26/article61117/.

Korolev, A., Znaju, kak podnjat' Aviastar, in: Simbirskij Kur'er vom 09.02.2002 (1. Pressekonferenz von I. Leiko als Generaldirektor der OAO Aviastar),www.sim-k.ru/archive/archives/2002/feb/20-21/11.htm

Korolev, A., Pervye – oni rukovodili naschej oblast'ju so dnja ee obrazovanija, in: Simbirskij Kure'r vom 22.12.2000, Nr. 195, online ulpressa.ru/news/2000/12/22/ article22690/.

Koschelev, D., Bankrotstvo v Rossii, in: Seite des Rechtsanwaltbüros Parfenov i Partner von der Webseite des Clubs für Anwälte „Jurclub", online www.lawyerclub.kodeks.net (Stand 01.2005), hier nicht mehr zugänglich, sondern unter der Quelle: Koschelev, D., Bankrotit' po russki: Kto vinovat, Seite des Rechtsanwaltbüros Parfenov i Partner, online www.yurclub.ru/docs/civil/article40.html (Stand 17.05.2010).

Kozlov, D., Prioritetam novoj FZP razvitija gragdanskoj aviazionnoj techniki stanut Be-200, Il-96-400, Tu-204-300 i An-124", in: aviaport.ru vom 29.11.2005, online www.aviaport.ru/news/2005/11/28/98058.html.

Kozyrev, M., Starye stschety, in: Vedomosti vom 29.09.2000, online www.vedomosti.ru/newspaper/article.shtml?2000/09/29/21261.

Krasavin, A., Egiptjanin gruzit Aviastar, in: Gazeta vom 02.12.2002, online www.gzt.ru/topnews/business/21554.html.

Krasavin, A., Egiptjanin moget ne vzletet', in: Gazeta vom 05.08.2002, online www.gzt.ru/topnews/business/18189.html.

Krasnikov, E., Politischeskoe predstavitel'stvo biznesa, in: Predely vlasti, Nr.4, S. 133-142

Kudrin, A., Otvet na parlamentskij zapros „O krititscheskoj situazii slogivschejsja vokrug kompleksa Aviastar" – 3390-III GD vom 11.12.2002 (Die Antwort des Finanzministers auf die Untersuchungsanfrage des Parlaments), online www.government.ru/data/structdoc.html?he-id=101&do_id=844.

Kukuschkin, M., Avializingovye kompanii razduvajutsja, in: Vremja Novosti vom 02.07.2001, online www.vremjanovostl/11374.html.

Kutik, M./Safronov, I., Pod'em tjagestej, in: Kommersant (Ukraine) vom 25.10.2006, online www.kommersant.ua/doc.html?DocID=716267&IssueId=35760.

Lanskoj, D., Pered boem- razgygaetsja novyj skandal na bol'schom Aviastare, in: Simbirski Kur'er vom 24.07.2003, online www.sm-k.narod.ru/archives/2003/jun/121-122/26.htm

Lantratov, K., Voenno-Promyschlennyj-Kompleks, in: Kommersant vom 24.05.2004, online über die Föderale Agentur für Industrie (FAP) www.faprom.gov.ru/snews.php?id=121, 01. Juli 2004.

Lemeschko, A./Chrennikov, I., Nebesnye spory, in: Vedemosti vom 07.07.2004, online www.vedomosti.ru/newspaper/article/2004/07/07/78125.

Lopuchov, V., Istorija reorgansiazii OAO Aviastar, in: VPK-IA /Ul'janovskaja oblast'/Vlast' i Voprosy upravlenija vom 24.07.2002 (Auszug), online ia.vpk.ru/vpkrus/regvpk/1_2_vl_73.htm, Stand 15.11.2005. Diese Seite ist nicht mehr zugänglich. Der Text ist gekürzt unter online www.sm-k.narod.ru/archives/2002/jul/105/12.htm einzusehen.

Lur'e, O., Iz dos'e Schamanova, in: Kompromat vom 17.01.2000, online www.compromat.ru/page_9340.htm.

Luré, O., Temnyj les. V sluchom ostatke milliony otmytych dollarov, in: Agenstvo Federal'nych Rasseldovanij (FLB) vom 06.02.2002, online www.flb.ru/info/5161.html.

Magametov, A., Itogi gubern. Vyborov v Ul'janovskom oblasti v kontekste formirovanija grangdanskogo obschtschestva, Dissertation, online über www.carnegi.ru, Stand 12.2001.

Makarkin, A., Piterskaja komanda Vladimira Putina – Tektonitscheskie sdvigi, in: politkom.ru vom 23.08.2002, online www.compromat.ru/page_11305.htm.

Maksimov, V., Ten' piramid nad Aviastarom, in: Vedomosti vom 14.08.2001, online www.vedomosti.ru/newspaper/article/2001/08/14/32920.

Maksimov, V./Egorova, T./Kozurev, V., Novitschku ne vezet, in: Vedomosti vom 28.06.2001, Nr. 112 (453), online www.aviaport.ru/news/2001/07/10/14263.html.

Malej, M., Eksport orugia: Zlo ili blago?, in: Izvestija vom 29.01.1993, S. 5.

Mel'nik, V., I Igin rubjat, in: Simbirskij Kur'er vom 03.02.2004, online www.sm-k.narod.ru/archives/2004/feb/16/16.htm

Mel'nik, V., I sam ne am, i drugim ne dam, in: Simbirskij Ku'er vom 04.04.2002, online www.sm-k.narod.ru/archives/2002/apr/48/8.htm.

Mel'nik, V., Tschernyj koschmar gubernatorskoj gonki, in: Simbirskij Kur'er vom 09.12.2000, online www.sm-k.narod.ru/archives/2000/dec/188-189/3.htm.

Mel'nik, V., Zarev uvolen, no delo ego givet, in: Simbirskij Kur'er vom 08.12.2001, online www.sm-k.narod.ru/archives/2001/dec/185-186/9.htm Mel'nik, V., Ob'javlen rozysk schesti Millionov dollarov, in: Simbirskij Kur'er vom 01.12.2001, online www.sm-k.narod.ru/archives/2001/dec/181-182/10.htm.

Moisee, I./Nikol'skij, A., Berezanskaja, E., Naznatschenie Andreja Kostina glavoj Vneschtorgbanka, bankovskij skandal, in: Vedomosti vom 07.06.2002, online www.vedomosti.ru/newspaper/article/2002/06/07/46405.

Moisee, I./Nikol'skij, A./Berezanskaja, N., Afera, a sam Kostin- neizvestno kto, in: Kompromat vom 08.06.2002, online www.compromat.ru/page_11887.htm.

Morzek, G., Putin setzt Generäle in Schlüsselämter, in: Berliner Zeitung vom 20.05.2000, online www.berlinonline.de/berlinerzeitung/archiv/.bin/dump.fcgi/2000/0520/

Muchin, A. A., Kremlevskoe dzjudo pod kovrom, novye vidy polititscheskich edinoborstv, Moskva 2004.

Müller, A., Die sowjetische "Condor setzt Anfang der 1980er neue Maßstäbe", in: Streitkräftebasis vom 02.09.2006, online www.streitkraeftebasis.de/portal/a/

streitkraeftebasis/servic/archiv?yw_contentURL=/01DB040000000001/W26LUHCJ 973INFODE/content.jsp.

Murmazaev, A., Dos'e Il'ja Klebanov: Lobbist vsegda – ne tak seli: in: Kompromat vom 19.09.2002, online www.compromat.ru/page_12262.htm.

Naumova, E., Kreditory rasterjalis', in: Kommersant (Samara) vom 14.09.2004, online www.kommersant.ru/doc.aspx?DocsID=504902.

Naumova, E., Ruslan zapustjat v serijnoe proizvodstvo", in: Kommersant vom 30.10.2004, online www.kommersant.ru/doc.aspx?DocsID=520854.

Netreba, P., Prem'er vypolnil svoj dolg, in: Kommersant vom 20.02.2002, online www.kommersant.ru/doc.aspx?DocsID=311715.

Novorodzev, A., Aviastar terjaet den'gi investorov, in: Gazeta vom 23.09.2002, online www.gazeta.ru/2002/09/23/aviastartera.shtml.

Orischtschen, D., Tschetyrie aviapredprijatija soedinili v odno, in: Kommersant vom 18.10.2002.

Panteleev, O., Podpisanie paketa soglaschenij megdu kompanijami „KrasEjr" i Boeing, in: aviasport.ru vom 08.12.2002, online www.aviaport.ru/news/2002/12/08/41514.html.

Pappé, J., Oligarchitscheskij period zakontschen. Zabud'te, in Delovye ljudi, Nr. 174, Sentjabr' 2005.

Perfil'ev, S. Ul'janovkskaja Oblast' v janvare 1997 goda, in: IGPI, 01.1997, online www.igpi.ru/monitoring/1047645476/1997/0297/73.html.

Perfil'ev, S./Baischev, P., Ul'janovskaja oblast' v izbiratel'nych kompanijach 1995–1996: sravnitel'nyj analiz-: Politischeskij monitoring, in: IGPI[939], online www.igpi.ru/monitoring/1047645476/1995/0895/73.html.

Perfil'ev, S./Baischev, P., Ul'janovskij Oblast' v Aprele 1996, in: Politischeskij monotoring, in: IGPI Juni 1996, online www.igpi.ru/monitoring/1047645476/jun1996/1053348905.html.

Pimenov V., U poroga reorganizazii, in: Nezavisimoe Voennoe Obozrenie vom 02-03.2001, online http://nvo.ng.ru/concepts/2001-03-02/4_reorganization.html.

Polat, N., Kas'janov inspektiroval rodinu Lenina, in: Izvestija vom 20.02.2002, online www mos.ru/wps/portal/!ut/p/c1/04_..._SxOXUEs_lwN.

Polat, N./Levinski A., Novaja roklrovka na Aviastare – Menedger stal direktorom vmesto Mera, in: Izvestija vom 24.01.2002, online www.izvestia.ru/economic/article13319/.

Polenov, S., Kapkan dlja natschal'nika genschtaba, in: Simbirskij Kur'er vom 14.09.2002, online www.sm-k.narod.ru/archives/2002/sep/135-136/3.htm.

Polenov, S., Kollektiv –bez schtanov, natschal'stvo – na Vol'vo, in: Simbirski Kur'er vom 27.02.2002, online www.sm-k.narod.ru/archives/2002/jun/90/2.htm6.'02.politik/0057/index.html.

Politkovskaja A., A dirty War – A Russian Reporter in Tschechnya, London 2001.

Pribylovskij, V., Portret pretendenta, general Schamanov chotschet stat' gubernatorom Ul'janovska, in Kompromat vom 07.09.2000, online www.compromat.net/page_27016.htm.

Privalov, A./Kalintschenko, N., Privatisazija VPK: orala o metschach, in: Kommersant vom 30.08.1993, online kommersant.ru/doc.aspx?DocsID=63537&print=true.

939 Institut Gymanitarno Politischeskich Isseldovanij.

Pronina, L., Nation Scrambles for EU Noise Ban Solutions, in: Moscow Times vom 26.03.2002, online www.avia.ru/english/articles/doc96.shtml.

Pronina, L., Putin aide elected to Board of flagship carrier Aeroflot, in: Moskau Times (London) vom 25.10.2004, online www.themoscowtimes.com/sitemap/paid/2004/10/25.html.

Pronina, L., State will buy 11 % of Volga Dnepr, in: Moscow Times vom 23.12.2005, online www.pressmon.com/cgi-bin/press_view.cgi?id=960816.

Putilov, S., Metschta inostranzev, in: Rodnaja Gazeta vom 20.02.2004, online www.rodgaz.ru/index.php?action=articles&dirid=71&tek=8281&issues=109.

Radzievskij, A., Pervym delom samolety...nu, a den'gi?, in: Rossijskie Vesti vom 11–17 Dezember, onlinewww.aviaport.ru/digest/2002/12/19/42279.html.

Reitschuster, B., Wohin steuert Russland?, 2. Auflage, Berlin 2004.

Rjabov, I., Beresovskiej i Koch protiv Gusinskogo, in: www.politcom.ru vom 22.01.2002, mittlerweile zugänglich nur noch über www.sem40.ru/politics /a95.shtml.

Rogova, O., Sbalansirovannost' finansogo-bankovskoj sistemy i aktivisazija kreditovanija real'nogo sektora ekonomiki, in: Dengi i Kredit, Nr. 12, 1996, S.75–80.

Romanov A., Silaev,S., Berichte der Regionalen Antimonopolbehörde (Hrsg.) vom 15.08.2003 über die Gesetzesverstöße der OGUP „Srednjaja Volga" bei der Veruntreuung von Aktien, der Nichteinhaltung von Zahlungsverträgen im Fall der Zuckerfabrik und des Getreidesilokomplexes Simbirsk-Muka, Samara 2003, Nr. 2009/04-02.2002.

Roschtschin, V., Tupolevzy ob'edinilis` s zel'ju samozaschtschity, ili dja tschevo Opengeimer aviaziju skupal, in: Ul'janovsk Segodnja vom 24.–30.12.1999.

Rostovskii, M., Sekretnye drusja Putina, in: Moskovskij Komsomolez vom 04.04.2001, online www.flb.ru/info/902.html.

Rubtschenko, M., Kosmitschekij remont, in: Ekspert vom 04.03.2002, online www.expert.ru/expert/current/data/tema2.shtml.

Rybak, B., Russia plans to lease 100 Western Transporters, in: Aviation Week&Space Technology vom 24.04.1995, S. 38–39.

Rybakova, T., Kudrin, Gref i Bukaev protiv FSFO kak predstavitelja gosudarstva v delach o bankrotsve, in: Finansovye Izvestja vom 19.02.2003, online www.finiz.ru/economic/article8537.

Rygkin, S., Aviakompanijam naschli dolg, Vozduschnej Transport in: Kommersant vom 13.08.2004, online www.kommersant.ru/doc.aspx?DocsID=497452.

Sadtschiko, A., U Rossii – novyj kabinet ministrov, in: Finansovye Izvestija vom 10.03.2004, online www.finiz.ru/economic/article796462.

Saidov, A., Novye schansy dla rossijsoj aviapromyschennosti, in: Radio Svoboda vom 01.07.2004, online http://archive.svoboda.org/ll/econ/0104/ll.010704-1.asp.

Schmeling, U., Neue Flugzeuge braucht das Land, in: Internationale Transport Zeitschrift, November 2005, online www.tranportjournal.com/d/itz/itz/article.php?id=9454.

Schmidt, U., Nikita Michalkov als politischer Mentor Russlands, Russland-Analysen, Nr. 211, 03.12.2010, S.10-13

Sermirjaga, V., Vorona dlja oboronschtschika, in: Moskovskij Komsomolez vom 20.02.2002, online http://kompromat.flb.ru/material1.phtml?id=911.

Simanovskij/S./Petuchova S., Konversija v Rossii: sozial'no trudovye problemy, in: Konversija Nr. 7, 1992, S. 21–26.

Simon, H., Rationality in Psychology and Economics, in: Hogart, M./Reder, W. (Hrsg.), The Behavioral Foundation of Economic Theory, Journal of Business, 1986.

Sinizkij A., Na vzlete, in: Financovaja Izvestija vom 10.08.1999, S. 3.

Sobakina, D., Kas'janov bankrotit provitel'stvo, in: Segodnja vom 17.12.2003, online über www.garweb.ru/conf/fsfo/20030520/smi/msg.asp@id_msg209798.htm.

Sovenko, A./Zajavin. V., An-124 Ruslan – strategitscheskij voenno-transportnyj samolet, www.airwar.ru/enc/craft/an124.html (Stand Mai 2010).

Stepovoj, S., Tschelovetscheskij faktor Tat'janova Anodina Tschac' II – Materinskie zaboty, in: Stringer vom 06.2002, online www.stringer.ru/Publication.mhtml?PubID =976&Part=0.

Stoljarov, B., Konzepzija kolchoznogo proizvodstva samolotov, in: Novye Izvestija vom 20.03.1998, S. 2.

Stoljarov, G., Aviakor nugno sokratit', in: Wochenzeitung „Delo" vom 05.04.2002, online www.delo.ru.

Strelkov, A., P. S. Pleschakov v radiopromyschlennosti SSSR, in: Radiopromyschlennost', Spezialausgabe zu seinem 80. Geburtstag am 10.07.2002, P. S. Pleschakov, online über www.ruselectronics.ru, Stand 10. März 2004.

Taniev, A., Aviastar otkazyvaetsja ot deneg, in: Simbirskij Kur'er vom 23.03.2002, online www.sm-k.narod.ru/archives/2002/mar/41-42/7.htm.

Tichonov, I., Gubernator Ul'janovskoj oblasti priostanovil svoe tschlenostvo v „Edinoj Rossii", in: IA Regnum vom 22.11.2004, online www.regnum.ru/news/362769.html.

Titkov, A., Ukradennye kryl'ja, in: Rossijskie Vesti vom 26.11.–02.12.2003.

Titov, S., Broschennyj bol'noj – investory samoletnoj Kompanii Aviastar uschli, obigennye gosudarstvom, in: Moskovskie Novosti vom September 2001, online www.mn.ru/issue.php?2001-42-24, Stand 09.2001.

Titov, S., Otscherednaja revoluzija na „Aviastare" sostojalas', in: Narodnaja Gazeta vom 24.07.2002, online www.ng.netrograd.ru/archive_117/news01.htm, Stand 01.Juni 2004,

Titov, S., Sergej Morozov obeschtschaet teplo, in: Rossijskaja gazeta (Srednaja Volga) vom 14.01.2005, online www.rg.ru/printable/2005/01/14/morozov.html.

Tregudova, E., Bajki kremlevskogo diggera, Moskau 2003.

Tschernyaev, A., Schest' let s Gorbatschevym", Moskau 1993.

Tschernyscheva, V., Na „bol'schom" Aviastare smenilas'

vlast', in: Komsomolskaja Pravda (Ul'janovsk) vom 21.05.2004, IA „Mosaika", online www.mosaica.ru/about/news/kp/?id=3386. Diese IA gibt es nicht mehr.

Turovskij, R., Gubernatory i oligarchi, in: Politija, 2001, №5 (декабрь), S. 120–139, auch online www.regional-science.ru/authors/turovsky/.

Ul'eev, V., Ul'janvoksij aviazavod otpravil v „Polet" An-124-100, kotoryj moget stat' zaverschajuschtschim samolotom v serii, in: Voenno-promyschlennyj Kur'er, Wochenzeitschrift, 23.06.2004, online www.aviaport.ru/digest/2004/06/23/80351.html.

Ul'janovskaja oblast'. Vize-gubernator Vladimir Zarev provel vyezdnoe soveschtschanie s predstaviteljami MPS940 Rossijskoj Federazii, in: IA Volgainform vom 24.07.2001, online www.volgainform.ru.

940 MPS – Ministerstvo Putej Soobschtschenija (Ministerium für Eisenbahn).

Vin'kov, A., Roskred stal kombajnerom, Ekspert Nr. 47 vom 17.12.2001, online www.expert.ru/printissues/expert/2001/47/47ex-news34/.

Vitebskaja T., General perestaet byt' gubernatorom, in: Izvestija vom 12.11.2004, online www.vibori.info/news/article.php?id=1294.

Vladimirov, G., Rossijskij zentr i mestnaja vlast' 1991–1993, in: IGPI[941], online www.igpi.ru/monitoring/1047645476/apr_93/russ-center.html.

Voswinkel, S., Der Demokrat läßt wählen, in: Die Zeit vom 04.12.2003, online www.zeit.de/2003/50/Russlandwahl?page=all.

Zagolov, V., Samye bogatye genschtschiny Rossii – Eto semejnoe Pleschakov, vom 30.08.2001, online www.flb.ru/info/6073.html.

Zajarin, V./Sovenko, N., An-124 Ruslan – strategitscheskij voenno-transportnyj samolet, online www.airwar.ru/enc/craft/an124.html (Stand Mai 2010).

Zaloga, S., Level 1–2, Janes Information Group, Ltd. Janes Review, Vol 9, Nr. 5 1997, online oook.info/dyson/sdi.html (Stand 2010).

Zanobinskaja E./Bardachova, A., Genprokuror Ustinov idet na vtoroj srok, in: Kompromat vom 13.04.2005, online www.compromat.ru/page_16581.htm.

Zapognikov, W./Jambaeva R., Posdnee ditja rossijsokogo aviaproma, 13.12. 2000, in: aviaport.ru, online www.aviaport.ru/news/Publications/10721.html.

Zavarski, L., Situazija vokrug kompanii Aeroflot-teoria v praktike Berezovskogo, in: Kommersant-Daily vom 16.11.1995, online www.kommersant.ru/doc.aspx?DocsID= 121791.

Zavarskij, L., Butrin, D., Komy prinadlegit Rossija, Aviazionnye perevoski-2001, in: Kommersant-vlast'vom 30.10.2001, online www.compromat.ru/page_11249.htm.

Zavarskij, L., Investory ne dogdalis' svoej doli aviazavoda, in: Kommersant Nr. 137 (2267) vom 03.08.2001, online www.kommersant.ru/doc.aspx?DocsID=277025.

Zavarskij, L., Rossijskie aviakompanii dozreli do opta zarybegnych samoletov, in: Aviatransportnoe Obozrenie vom 05.03.2004, online www.aviaport.ru/digest/2004 /03/05/73386.html.

Zav'japov A. B./Goew A.I., Problemy restrukturizazii gradoobrazyjuschtschich predprijatij oboronnoj promyschlennosti, in: Konversija i Maschinostroenii 1997, Nr. 4, S. 53-56.

Zlobin, A., Doomed to fly old planes – Russian airlines have to use second-hand Western planes, because they cannot afford new domestically made ones, which are as expensive als new Western models, in: Moskow News vom 04.08.2006, online www.cdi.org/russia/johnson/2006-177-13.cfm.

Zvetov, A., Vozduschnye boi za Aviastar, in: Simbirskij Kur'er vom 25.11.2003, online www.sm-k.narod.ru/archives/2003/nov/177/18.htm.

Artikel ohne Verfasser

15 Janvarja sobranie akzionerov ZAO Aviastar-SP rassmotrit, v tschastnosti,vopros ob izbranii soveta direktorov, in: IA Finmarket vom 13.01.2003, online www.aviaport.ru/digest/2003/01/13/43436.html.

3 Avgusta projdet torgestvennaja peredatscha aviakompanii „Volga Dnepr" tjagelogo samolota An-124-100, in: Finmarket vom 28.07.2000, online avianews.chat.ru/c0700.htm.

---

941 IGPI - Institut Gymanitarno Politischeskich Isseldovanij.

Administrazija Murmanskoj oblasti polutschit paket akzij OAO Kol'skoj gorno-metallurgitscheskoj Kompaniji, in: Finmarket vom 08.06.1999, online www.finmarket.ru/z/nws/news.asp?rid=4&fid=7226&l=43&id=48950&ref=AnketaOrg.

Air Foyle Heavy Lift confirms Joint Venture, in: Presseabteilung auf der Webseite der Heavy Lift Group vom 16.10.2001. Dieses Joint Venture existierte nicht länger als ein Jahr. Die Fakten dieses Kooperationsversuches sind über die neue Webseite der Frachtgesellschaft Volga Dnepr zugänglich, online www.volga-dnepr.com/eng/presscentre/articles/?id=218 oder wikipedia.org/wiki/Air_Foyle_HeavyLift.

Airbus: Ein „Höllenritt" beim A350, in: Die Presse vom 19.04.2010, online www.diepresse.com.

Aircraft leasing scheme spawns controversy over governement shareholdings, in: Concise Aerospace Archive vom 28.112001, www.conciseb2b/aerospace/archive (article ID: 2931).

Akzionery ne smogli uvolit' direktora ANTK im. Tupoleva, in: Kommersant vom 05.10.1999, online www.kommersant.ru/doc.aspx?DocsID=226804.

An-124 „Ruslan" tjagelyj voenno-transportnyj samolet, vom 23.03.2004, online www.arms.ru.

Anglijskaja kabina dlja Tu-204-120, in: Aerokosmitschskie Novosti Nr. 30 vom 23.07.1999. Der Artikel ist nicht mehr zugänglich. Informationen sind über folgende Quelle zu finden: „Ibragim Kamel sertifiziroval Tu za sobctvennyj stschet" auf der Webseite des ägyptischen Fördervereins www.africana.ru/news/firms/avia/Tupolev/index.htm. (Da der Text chiffriert ist, auf Kopie gehen).

AO Aviastar prodala 34 % akzij ZAO Aviakompanija Volga Dnepr, in: Aerokosmitscheskie Novosti vom 27.08.1999, online www.aviaport.ru/news/Aviation/4239.html.

Arbitragnyj sud Uljanovskij oblast' dolgen rassmotret' delo o vosstanovlenii Igorja Leiko v katschestve gendirektora OAO Aviastar, in: skrin.ru vom 17.01.2003, online www.avias.com/news/2003/01/17/43769.html.

Aviakompanija KrasEjr priobrela dva novych samolota po lizingoboj scheme, in: Ekspert Sibir vom 11.–17.10.2004. Dieser Artikel ist nicht mehr verfügbar. Der Text entspricht dem folgenden Artikel: Park aviakompanii KracEjr popolnitsja dvumja samoletami-Boeing 767, in: Kommersant'vom 04.06.2004, online www.aviaport.ru/digest/2003/12/15/67505.html.

Aviakompanija Krasejr: Itogi dejatel'nosti za 11 mesjazev 2003 goda, in: Pressemitteilung der Kras Air vom 15.12.2003, online www.aviaport.ru/digest/2003/12/15/67505.html.

Aviakompanija Volga Dnepr prodast okolo 10 % svoich akzij dlja privletschenija 30 Mio.$", in: AKS (Agenstvo Konfliktnich Situazii) vom 03.06.2004, online www.aviaport.ru/digest/2004/06/03/79156.html.

Aviakompanija Volga Dnepr zarabotala 77 Millionov Dollarov, in: Lenta. Ru vom 04.09.2000, online lenta.ru/economy/2000/09/04/volga-dn/.

Aviakompanijam naschli dolg, in: Kommersant vom 13.08.2004, online www.kommersant.ru/doc.aspx?DocsID=497452.

Aviakompanijam naschli dolg, Vozduschnej Transport, in: Kommersant vom 13.08.2004, online http://www.kommersant.ru/doc.aspx?DocsID=497452.

Avializing polutschil Gospodergku, in: GZT vom 17.01.2004, online www.gzt.ru/topnews/business/8536.html.

Aviastar naschtschupal vzletnuju polosu, in: Rossijskaja Biznes-Gazeta vom 15.01.2002, online www.aviaport.ru/digest/2002/01/15/21341.html.

Aviastaru pripomnili staroe, in: Vedomosti vom 29.08.2002, online www.vedomosti.ru/newspaper/article/2002/08/29/50619.

Aviastar popal pod nabljudenie, in: Vedomosti vom 08.07.2002, online www.vedomosti.ru/newspaper/article/2002/07/08/47725.

Aviastar pustit vsech poglazet', in: Russkie Vesti, www.vesti.ru, vom 18.08.2001.

Aviastar-SP budet postavljat' na rynok ne menee 5-6 samoletov Tu-204, in: IA Finmarket vom 14.05.2003, www.aviaport.ru/digest/2003/05/14/51586.html.

Aviastar-SP i Gruppa Sirocco dogovarilis' o vozobnovlenii investizij do natschala nojabrja", in: IA „Interfaks-AVN vom 09.09.2003, online www.aviaport.ru/dig est/2003/09/09/60537.html.

Aviastar-SP pri sodejstvii NRB pristupaet k rstori

l'stvu Samoletov dja Il'juschin Finans, in: Webseite der Natioanl'nyj Rezervnyj Bank (Nationale Reserve Bank) vom 18.07.2003, online www.nrb.ru/rus/news/forsmi/ page.php?id_news=31.

Aviastar-SP zaklutschil pervye dogovory na postavku metalla dlja novoj serii zapuskaemych v proizvodstvo samolotov, in: Finmarket vom 09.12.2002, online www.aviaport.ru/digest/2002/12/09/41617.html.

Aviastar terjaet den'gi investorov, in: Gazeta vom 23.09.2002, online www.gazeta.ru/2002/09/23/aviastartera.shtml.

Aviastar v konze ijulja zdast pervyj za poslednie schest' let samolet „Ruslan", in: Sita.ru. vom 27.05.2000, online www.sita.ru/ru/news/aerospace/aviastar. Der Artikel ist unter dieser URL-Adresse nicht mehr zugänglich, aber über folgende Quellenangabe einsehbar: aircraft.jofo.ru/blog/2000/6/16.

Aviatory ne chotjat russkich samoletov, in: Gazeta vom 10.06.2002, online www.aviaport.ru/digest/2002/06/10/29731.html.

Aviazavod ne soglasen, in: Simbirskij Kur'er vom 30.04.2002, online www.sm-k.narod.ru/archives/2002/apr/63/4.htm.

Befehlshaber der Luftlandetruppen: Russlands Erfolg in Tscheschenien ist ein Verdienst Putins, in RIA-Novosti vom 22.02.2012.

Blokada KrasEjr, in: NIA[942] vom 05.12.2002, online www.aviaport.ru/digest /2002/12/05/41368.html.

China will bei Russland neue Frachtflugzeuge Tu-204-120 bestellen, in: RIA Novosti (Shanghai) vom 06.11.2006, online de.rian.ru/world/20061106/55407156.html.

China-Besuch: Premier Fradkow wird über strategische Energiepartnerschaft verhandeln, in: RIA Novosti (Shanghai) vom 06.11.2006, online de.rian.ru/world/ 20061107/55421729.html.

de.rian.ru/business/20070929/81628266-print.html.

Delegazija Evrobanka – v ZAO Aviastar-SP, in: Novyj Gorod vom 31.01.2002, online www.newtown.ru. Diese Seite ist nicht mehr zugänglich.

Delo ob otstranenii Ju. Skutatova ot dolgenosti", in: Utro vom 11.11.1999, online www.utro.ru/articles/politics/1999.

Deputaty prosjat likvidirovat' MAK, in: Stringer-news, 20.03.2003, online www.stringer.ru/Publication.mhtml?PubID=1895&Part=39.

942 Informationsagentur: Nezavisimoe Informazionnoe Agensvo.

Desjatyj samolet An-124-100 „Ruslan“ aviakompanii „Volga-Dnepr“ pokinul sborotschnyj zech, 26.05.2000, online nicht mehr über die Internet-Quelle: www.sita.ru/ru/news/airlines/volgadnepr, sondern nur über www.avia.ru/pressreleases/volga-dnepr007.shtml zugänglich.

Dolgi Vnutschki „Sibir“ne nuzny, in: Vedomosti vom 31.01.2002, online www.vedomosti.ru/newspaper/article/2002/01/31/40572.

Dos'e Il'ja Klebanov: Lobbist vsegda- ne tak seli, in: Kompromat vom 19.09.2002, online www.compromat.ru/page_12262.htm.

Dostojnoe predlozenie, in: Izvestja vom 18.09.2003, online www.aviaport.ru /digest/2003/09/18/61185.html.

Double murder in russian defence industry, in: Moscow Times vom 09.06.2003,,online www.templetonthorp.com/en/news332.

Edinaja Rossija v Ul'janovskoj oblasti posovetovala gubernatoru ne idti na vybory i podderg'ka mera, in: IA Pskov vom 22.10.2004, online informpskov.ru/ print/16493.html.

Edinaja Rossija vytscherknula iz svoego federal'nogo spiska akzionera JUKOSA – Vladimira Dubova, in: Press-Klub „Wahl-2005“ vom 28.10.2003, online www.vibori.info/news/article.php?id=327.

Egipet i Rossija, in: Africana.ru (Webseite für das Lobbying afrikanischer Projekte in Russland), online www.africana.ru/news/Russian/lands/Egipt/index.htm.

Egipetskogo milliardera obtschistili na dve akzii, in: Gazeta vom 14.06.2002, online www.gzt.ru/topnews/business/16811.html.

Faktor Titova, in: Samarskoe Obozrenie vom 06.07.1998, online www.samso.ru/ press/06.07.1998/47600/.

Fluggesellschaft Volga Dnepr überflügelt die Aeroflot, in: RUFO (Internetzeitung) vom 27.10.2006 online www.aktuell.ru/russland/wirtschaft/fluggesellschaft_wolga_dnjepr _ueberfluegelt_aeroflot_1477.html .

Fradkow leitet in Woronesch eine Tagung zu Fragen der Entwicklung des einheimischen Flugzeugbaus, in: RIA Novosti vom 24.06.2004, online wirtschaft.russlandonline.ru/luftfahrt/morenews.php?iditem=35.

Gendirektor futbol'noj prem'er-ligi naruschil vozduschnyj kodeks, in: Gazeta vom 20.10.2004, online www.gzt.ru/topnews/accidents/43272.html.

General Schamanov proigral svoe galvnoe sragenie, in: Stringer vom 14.09.2002. Nicht mehr zugänglich. Relevanten Fakten sind aber in folgender Quelle einsehbar: Gorolev, Simbirskij podelnik, in: Kompromat vom 14.09.2002, online www.compromat.ru/page_27014.htm.

Genprokurator obeschtschaet ili predupregdaet, in: Utro vm 17.05.2000, online www.utro.ru/articles/politics/2000.

Gosudarstvennaja politika v oblsti ozenki, utscheta i ispol'sovanija intelektual'noj sobstvennosti, technologitschekij biznes', in: Internet-Journal Nr. 8, 09.2000, online www.techbusiness.ru/tb/page10.htm.

Gref spas Aviastar ot Schamanova, in: Gazeta vom 26.09.2002, online www.gazeta.ru/2002/09/26/grefspasavia.shtml.

Gruppa lizingovych kompanij „Lider“ nadetsja izmenil' itogi gostendera na stroitel'stvo samoletov Il-96 u Tu-204/214, in: Vedomosti vom 11.09.2001, online www.avias.com/news/2001/09/11/16783.html.

GUAP „Pulkovo" (Sankt-Petersburg) otkroet v vesenne-letneju navigaziju 2002 g. reguljarnye rejsy v Nizzu, Pekin i Seul, in: Prajm-Tass vom 11.03.2002, online www.aviaport.ru/digest/2002/03/11/23918.html.

Gubernator – za internet-obrzovanie, in: Vestnik vom 17.05.2002, online vestnik.ulsu.ru/issues/594/7/.

Gubernatorov budet naznatschat' president, in: Pjatniza vom 17.09.2004, online pressa.irk.ru/friday/2004/37/002000.html.

Guta-Bank – ekonomitscheskoe tschudo-judo?, in: Kompromat vom 22.05.2000, online www.compromat.ru/page_9743.htm.

I. Klebanov: Prioritetami Voenno-Technitscheskogo Sotrudnitschestva (VTS) Rossii stanut PVO i Aviazia, in: IA PBK vom 01.06.2001, online www.avias.com/news/2001/06/01/13046.html.

Ibrahim Kamel sertifiziroval Tu za sobstvennyj stschet, in: Aerokosmitscheskie Novosti vom 23.07.1999. Hier nicht mehr verfügbar, sondern nur über die offizielle Seite des Afrikanischen-Russischen Portals www.africana.ru, online www.africana.ru/news/1999/07/23_Egipt_Russia_avia.htm.

Igra sud'boj „Aviastara", in: Simbirskaja Izvestija vom 16.08.2001, S. 3.

Il'juschin-Finance KO (IFK) zakupaet 30 samolteov tipa Tu-204 u Aviastara (Utvergdenie kontrakta na zakupku Iljuschin Finance 5 Tu-204 na Aviastar-SP), in: Finmarket vom 07.03.2003, online www.aviaport.ru/digest/2003/03/07/46714.html.

Informazija-po resul'tatam raboty upravlentschkoj kompanii choldinga Novoe Sodruzestvo na ZAO Aviastar-SP, in: Pravda vom 02.08.2001, online www.news.pravda.ru/comp/2001/08/02/30312.html.

Inkombank i NRB pod patronagem „Gasproma", in: Zolotoj Rog vom 01.09.1998, online www.zrpress.ru/98/n68/fin-podb.html,

Interros razorugilisja, in: Vedomosti vom 13.08.2003, online www.aviaport.ru/digest/2003/08/13/58494.html.

Iz plochich ruk – v choroschie lapy, in: Voroneschker Branchenzeitschrift Tekstilnyj Vestnik vom 24.11.2001, online www.compromat.ru/page_26257.htm.

Izbran novyj sovet direktorov Permskie Motory, in: Region-Inform-Perm' vom 26.12.2001, online www.volgainform.ru/allnews/18661.

K 2010 gody rossijskij aviaprom dolgen prodavat' na rynke do 90-120 gragdanskich samolotov, in: Finmarket vom 09.10.2001, online www.aviaport.ru/digest/2001/10/09/17786.html.

Kirienko provel zasedanie Sovet direktorov ZAO Aviastar-SP, in: IA Regnum vom 03.03.2003, online www.aviaport.ru/digest/2003/03/03/46298.html.

Klebanov „podstrachuet" biznes FLK, in: Ekonomika vom 28.04.2004, online emigration.russie.ru/news/6/1882_1.html.

Klebanov obsudit v Kaire russijskoe-egipetskoe Voenno-Technitschskoe Sotrudnitschestvo, in: Arms-Tass vom 10.09.2003, online www.arms-tass.com/news/akv/title.html/6760 (oder online www.africana.ru/news/2003/09/030910_Egypt.htm).

Kollektvu ZAO Aviastar-SP predstavleno novoe rukovodstvo, in: Strana vom 25.04.2001 online old.strana.ru/stories/01/01/29/1255/50961.html (Stand 29.01.2001).

Kompanija „Il'juschin Finans" peredala Aviakompanii Krasejr Samolet Tu-204-100 v ramkach realizsazii lizingovogo soglaschenija, in: IA Finmarket vom 02.12.2003, online www.aviaport.ru/digest/2003/12/02/66532.html.

Kompanija pokidajut aviapromyschlennyj kompleks, in: Aviastar-SP-info vom 03.10.2001, online www.aviaport.ru/digest/2001/10/03/17564.html.

Kras Ejr: Agonija pered krachom, in: Ekonomika i gizn' vom 02.12.2002, online www.aviaport.ru/digest/2002/12/02/41002.html oder www.ecolife.krsk.ru/content.asp?id=1661.

Kras Ejr:Novoe myschlennie –novye technologie, in: Promyschlennik von März 2004, online www.naididom.ru/?page=7&iid=181350// (Stand 03.2004) oder: Aviakompanija KrasEjr-Novator aviazionnogo rynka, online www.aviafond.ru/partner.php?id=27.

Krasejr i Transaero borjutsja za pravo letat' v Lissabon, in: Travel.ru vom 13.11.2003, online www.aviaport.ru/digest/2003/11/13/65106.html.

Kras-Ejr: Agonija pered krachom, in: Ekonomika i gizn' vom 02.12.2002, online www.aviaport.ru/digest/2002/12/02/41002.html/.

Krasnenkera opjat' yvolili, in: Nationaler Informationsdienst „Strana.ru" vom 10.10.2000, online www.aviaport.ru/news/ASNNews/14698.html.

Krasnojarskie avialinii popolnjat svoj park vtorym Tu-204-100, in: Aviaport vom 21.12.2000, online www.aviaport.ru/news/AviaIndustry/16914.html.

Kreditory rasterjalis', in: Kommersant (Samara) vom 14-09-2004, online www.kommersant.ru/doc.aspx?DocsID=504902.

Kriminal'naja "Kryscha" Kamenschtschika i Fileva, in :avianews.freespeechsite vom 15.05.2002, online www.compromat.ru/page_11809.htm.

Kto ect' Kto, Seite der Partei „Edinaja Rossija" (www.edinos.ru), online www.edinros.ru/rubr.shtml?804, Stand August 2005.

Kuba ist an Kooperation mit Russland in der Ölindustrie interessiert, in: IA RIA-Novosti vom 27.03.2007, online de.rian.ru/business/20071220/93463170.html.

Lenta fondovych novostej, in: Ros Buiznes Konsalting (RBC), Regionaler Informationsdienst www.rbc.ru, vom 01.03.2002.

Lizing pod prismotrom, in: Gazeta 01.10.20002, online www.aviaport.ru/digest/2002/10/01/37162.html.

Lizingovaja kompanija „Ilushin-Finance Ko" podpisala soglaschenie s aviakompanie Kras Ejr, In: IA Finmarket vom 30.08.2002, online www.aviaport.ru/digest/2002/08/30/35073.html.

M. Kas'janov osvobodil G. Talja ot dolgnosti rukovoditelja FSFO i naznatschil na etu dolgnosti T. Trefilovu", in: RIA „Novosti" vom 16.02.2001.

Megdu nami vse kontscheno, in: Vedomosti vom 11.02.2003, online www.compromat.ru/page_12763.html.

Mentsche za tschas reschilas' sudba VASO, in: Voronegskie Novosit vom 30.09.2002, online www.voronezh.ru/inform/news, Stand 10.2003.

Michailu Kas'janovu uzok assortiment Kitajskogo eksporta. Tonkie vostotschnye nameki, in: Kommersant vom 22.08.2002, online www.kommersant.ru/doc.aspx?DocsID=337517.

Military-Industrial-Complex 2000-2004, in: Kommersant vom 19.10.2004, online www.kommersant.com/476700, Stand 12. Januar 2009.

Milliarden-Aufträge für Boeing, in: Handelsblatt vom 20.11.2005.

Mina pod zavod, in: Simbirskij Kur'er vom 13.05.2004, online www.simcat.ru/pressa/archive/item9956/.

Minfin vikupiev i NRB obligazii, in: www.Ua Today.net vom 23.12.1995, online uatoday.net/news?/mat=4824. Dieser Artikel ist nicht mehr zugänglich. Der Sachverhalt ist im nachfolgenden Bericht ähnlich beschrieben: Bobenko, E., Byvschie dipolmaty vovremja vzjali kassu, in: Soverschenno sekretno vom 07.05.1998, online topsecrett.chat.ru/txt5-98/7-5-98.htm.

Minpromenergo Rossii stschitaet neobchodimym napravit' tschast' credstv stabilizazionnogo fonda, in: Pressemitteilung des Minpromenergo vom 14.10.2004, online www.aviaport.ru/digest/2004/10/14/84667.html.

Moskau profitiert vom US Embargo, www.russlandintern.de vom 27.09.2006, online wirtschaft.russlandonline.ru/luftfahrt/morenews.php?iditem=442.

Na Aviastarkollektiv beryt za gorlo, in Simbirskij Kur'er vom 29.09.2001, online www.sm-k.narod.ru/archives/2001/sep/146-147/4.htm.

Na dostrojku i sertifikaziju pervogo samolota Tu-204-300 trebuetsja 300–350 Mio. Rublej, in: Finmarkt vom 09.10.2002, online www.aviaport.ru/digest/2002 /10/09/37664.html.

Natschalnik penschtabe priedet s nagradami, in: Simbirskij Kur'er vom 25.04.2002, online www.sm-k.narod.ru/archives/2002/apr/60/3.htm.

Naznatschenie Andreja Kostina glavoj Vneschtorgbank – afera, a sam Kostin ne izvestno kto, in: Vedomosti vom 07.06.2002, online www.compromat.ru/pa ge_11887.htm.

Ne zabyl Nikita pro nasch sachar, in: Simbirskij Kur'er vom 12.10.2002, online www.sm-k.narod.ru/archives/2002/oct/151-152/1.html.

Neftjanoj korol' trebuet nakazat' zamestitelja mera, in: Simbirskij Ku'er vom 02.12.2000, online www.sm-k.narod.ru/archives/2000/dec/184-185/2.htm.

Neskutschnye biznes – vokrug NTV prodolgaetsja „tichaja rabota", in: Izvestija vom 30.01.2002, S. 7.

Novaja neudatscha „Sodrugestva", Tupolev ne otdaet investoru akzii Aviastara, in: Vedomosti, 03.08.2001, online www.avia.ru/press/1183/.

Novitschku ne vezet, in: Vedomosti vom 28.06.2001, online www.aviaport.ru/digest/ 2001/07/10/14263.html.

Novoe rukovodstvo Aviastara gotovo obankrotit' aviazavod, in: Novoe Telegrafnoe Agenstvo Privolg'e vom 07.07.2002,

Novyj sovet direktorov „UAPK-Aviastar", in: Prim- Tass vom 05.11.2001, online www.aviaport.ru/digest/2001/11/05/18741.html.

NRB planiruet ob'edinit'razrabotschikov i proizvoditelej gragdanskich samoletov, in: IA „AKS" vom 26.05.2003. Nicht mehr zugänglich. Ein ähnlicher Text befindet sich im folgenden Artikel: NRB sobiraet aviacholding, in: Vedomosti vom 26.05.2003, online www.aviaport.ru/digest/2003/05/26/52449.html.

O chode vypolnenija reschenij pravitel'stva o organizazii lizinga otetschestvennych vosduschnych sudov, in: Gazeta vom 10.04.2003, online www.gazeta.ru/ 2003/04/10/predlozeniap.shtml.

O chode vypolnenija reschenij Pravitel'stva Rossijskoj Federazii po organisazii lizinga otetschestvennych vozduschnych sudov, in: Russiskaja biznes gazeta vom 08.04.2003, online www.avia.ru/press/2968/.

OAO Aviakompanija „Murmanskie Avialinii“, RAUD[943] vom 01.11.2001. Die Seite der Behörde (www.raud.ru) ist nicht mehr verfügbar. Der Text ist noch einsehbar unter online ato.3ebra.com/rus/media/ato/archives/23-1999/.

Ob'edinenie ili razdelenie, in: Aviatransportnoe obozrenie vom 01.02.2000, online www.ato.ru/26/npr7.htm (Stand 02.2002). Aviastar-SP budet nostavljat' na rynok ne menee 5-6 samoletov Tu-204, in: IA Finmarket vom 14.05.2003, www.aviaport.ru/digest/2003/05/14/51586.html.

Otstavnye generaly, in: Izvestija vom 24.01.2002, online www.flb.ru/info/4599.html.

Pervoij polovinie 2003 g. OAO Aviakompanija „Sibir“ priobretet v lizing dva Samoleta Tu-204, in: Informationsagentur SKRIN, online www.aviaport.ru/digest/2002/12/03/41098.html.

Pervyj vylet novogo samoleta OAO Tupolev Tu 204-300, Pressemitteilung der OAO Tupolev vom 17.08.2003, online www.aviaport.ru/digest/2003/08/17/58721.html.

Piorunskij v Portugalii, in: Simbirskij Kur'er vom 16.08.2003, online www.sim-k.ru/archive/archives/2003/aug/120-121/2.htm.

Planiruet 2 dekabrja polutschit' tretij samolet Tu-204-100 v finansobyj lizing, in: Svavia.ru vom 25.11.2003, online www.svavia.ru/news/2003/11/25/index/html. Die Daten sind mittlerweile chiffriert. Der Artikel ist unter folgender Quelle zugänglich: Kompanija Il'juschin Financ peredala Aviakompanii Krasejr samolot Tu-204-100 v ramkach realizazii lizingogo soglaschenija, in: Finmarket vom vom 02.12.2003, online www.aviaport.ru/digest/2003/12/02/66532.html.

Pod ugrozoj pike, in: Izvestija vom 26.09.2002, online www.aviaport.ru/digest/2002/09/26/36845.html.

Poka bez Abramovitsch, in: Kontinent Sibir vom 11.08.2003, online www.aviaport.ru/digest/2003/08/11/58334.htms (Stand 27.11.2003).

Polpred Prezidenta RF v PFO Sergej Kirienko, in: IA TS-VPK vom 14.10.2002. Nicht mehr zugänglich. Der Text ist über folgende Seite und Artikel einsehbar: Sergej Kirienko provel soveschtschanie po voprosam razvitija aviastroenija v okruge, auf der offiziellen Webseite des Vertreters des Präsidenten der RF im PFO pfo.ru vom 14.10.2002, online www.pfo.ru/?id=5601.

Posadotschnaja polosa na futbol'nom nole, in: Kommersant vom 21.10.2004, online www.kommersant.ru/doc.aspx?DocsID=517206.

Post mortem, in: Vedomosti vom 15.05.2001, online www.vedomosti.ru/newspaper /article.shtml?2001/05/15/28555.

Potrebnosti aviakompanii Volga Dnepr v samoletach An-124-100 pozvoljat sochranit' ich vypusk na ul'janovskom „ Aviastare“, in: Finmarket vom 10.05.2001, online www.avias.com/news/2001/05/10/12319.html.

Posizii aviakompanii Avialinii Antonova na rynke aviaperevosok sverch tjagelych gruzov mogut usilit'sja za stschet livijskich samolotov, in: IA Finmarket vom 17.02.2003, online www.svavia.ru/news/2003/02/. Der Text ist chiffriert. Der Artikel ist noch zugänglich über folgende Quelle: Pozizii aviakompanii „Avialinii Antonova“ na rynke aviaperevosok sverch tjagelych gruzov mogut usilit'sja za stschet livijskich samolotov vom 17.02.2003, online www aviaport.ru/digest/2003/02/14/45862.html (Stand 06.2010).

943 Regionale Behörde für Schuldenmanagement, Regional'noe Agenstvo Upravlenija Dolgami.

Predsedatelem sobeta direktorov ZAO Aviastar-SP, izbran Sergej Kirienko, in: NTA Privolg'e vom 16.01.2003, online www.nta-nn.ru/news/item/?ID=16005&v=print.

Predsedatelem sovet direktorov ZAO Aviastar-SP izbran polpred prezidenta RF v Privolgskom FO S.Kirienko, in: IA „RBK"[944] vom 15.01.2003, online www.aviaport.ru/digest/2003/01/15/43631.html.

Predstaviteli komandno-letnogo sostava veduschtschich rossijskich Aviakomnanij posetili Aviastar-SP, in: Aviaport.ru vom 21.09.2001, online www.aviaport.ru/news /2001/09/21/17196.html.

Predvybornaja „Zatschistka" Schamanova, in: „Russkaja Mysl'" vom 07.09.2000, online compromat.net/page_27016.htm.

Prekraschtschenie raboty Inkombanke skagetsja na aviapromyschlennosti, in: Aviaport.ru vom 28.10.1998, online www.aviaport.ru/news/AviaIndustry/5187.html.

Prezident Egipta v pervoj polovine etogo goda posetit Moskvu, in: ITAR-TASS vom 11.03.2001, online www.africana.ru/news/2001/03/11/Egipt.htm.

Prezident vzjal pod krylo Ul'janovskij aviazavod, in: Izvestija vom 27.09.2002, online www.aviaport.ru/digest/2002/09/27/36910.html.

Pritschudy „Ruslana", in: Kompanija vom 16.01.2002, online www.aviaport.ru/ digest/2002/01/16/21423.html.

Putin dolgen znat' pravdu, in: Novaja gazeta vom 17.01.2000, online http://uisrussia.msu.ru/docs/nov/2000/03/nov_2000_03_10.htm.

Putin ob'javil o novoj Rossii, in: UTRO[945] vom 13.09.2004, online www.utro.ru/articles/2004/09/13/350107.shtml.

RAO Noril'skij Nikel' priobrelo aviakompaniju „Murmanskie Avialinii" za 5.1 Mio.$", in: AK&M vom 24.12.1999.

Rebjata s naschevo dvora, in Stringer vom 04.11.2002, online www.stringer.ru/ Publication.mhtml?PubID=1570&Part=0.

Rossija, verojatno, sogasitsja snigit' poschliny na vvoz regional'nych smoljotov, in: Defense Express (vom Center for Army Conversion and Disarmament Studies) vom 03.02.2004, online www.defense-ua.com/rus/news/?id=11835.

Rossijskaja aviazionnaja promyschlennosti' sposobna udovletvoritz' sproc na rynke gragdanskich magistral'nych i regionl'nich samoletov, in: Webseite des Minipromenego vom 09.09.2004, online www.derrick.ru/index.php?f=n&id=4612.

Rossijskie banki chotjat obslugivat' naschi ofschory na Kipre, in: RUSMET.RU: Novosti vom 15.06.2004, online mobile.urbc.ru/event.asp?ida=22379&r=1.

Rossijskie samolety stali na tschetvert' egipetskimi, in: Kommersant vom 14.06.2002, online www.kommersant.ru/doc.aspx?DocsID=327296.

Rossijskij blischne-srednemagistral'nyj samolet MS-21 dolgen byt' zapuschtschen v eksplutaziju v 2012 godu, in: RIA Novosti vom 23.09.2005, online www.rian.ru/ science/20050923/41485840.html.

Ruslan gdet zagruzki, in: Gazeta vom 01.04.2005, online www.aviaport.ru/ digest/2005/04/01/89521.html. Deutsche Fassung: Für die „Wiederbelebung" der Ruslan fehlen 1 Mrd. Dollar, in: russland aktuell vom 01.04.2005, online www.russland.ru/ruwir0010/morenews.php?iditem=3949.

944 RocBiznesKonsalting (Internetzeitschrift für Mittelständler).

945 Russische Wirtschaftszeitung.

Ruslan ischtschet chozjaina – Volga Dnepr priznana vo vsem mire, in: Vedomosti vom 22.08.2002, online www.aviaport.ru/digest/2002/08/22/34528.html.
Ruslan smenit propisku, in: Vedomosti vom 10.12.2001, online www.vedomosti.ru/newspaper/article.shtml?2001/12/10/38640.
Ruslan zapustjat v serijnoe proizvodstvo, in: Kommersant' vom 01.11.2004, online www.aviaport.ru/digest/2004/11/01/84942.html.
Russia's Aerospace Industry Set for Docking, in: Diplomat (Monatszeitschrift), 02.2003; auch online www.diplomatrus.ru/page?dyear=2003&dmon=02&dpage=005&dlang=1.
Russlands Entwicklung unter Putin im Jahre 2000,in: Länderanalysen vom 31.12.1999, online: http://www.laender-analysen.de/russland/chroniken/Chronik_2000.htm
Russlands Entwicklung unter Puttin im Jahre 2001, in Länderanalysen vom 20.02.2001, online http://www.laender-analysen.de/russland/chroniken/Chronik_2001.htm
Russland rechnet auf neuen Vertrag mit China über die Lieferung von weiteren zehn Tu-204, in: RIA Novosti vom 29.09.2007, online
Russland und Ukraine wollen Flugzeuge An-24 wieder in Produktion nehmen, in: RAI Novosti vom 25.10.2006, online www.russland.ru/ukraine/morenews.php?iditem=1510.
Russlands Stabilisierungsfond beträgt 150 Mrd. $, in: RIA-Novosti vom 17.12.2007, online de.rian.ru/russia/20071217/92856033.html.
Rykovodstvo ul'janovskogo AO Aviastar zakljutschilo dva kontrakta na postavku samolotov 11.01.2000 in: Finmarket vom 01.11.2000, online www.aviaport.ru/news/AviaIndustry/7428.html.
S kem nado bylo govorit' o den'gach v 2002 gody, Liste führender Manager aus dem Jahr 2002, in: Kommersant (Den'gi), online www.kommersant.ru/FreeMoney/2003/027/table28480736.htm.
S Molotka, in: Gazeta vom 04.02.2003, online www.aviaport.ru. Dieser Artikel ist nicht mehr zugänglich und liegt in der Beilage „Sonderquellen" vor.
S nov'm godom, s novymi ambizijami, in: delovoe obozrenie vom 02.2005, online www.mosaica.ru/publish/do/arh/.
S tschevo natschinaetsja Rodina, in: Vsluch vom 28.10.2003, online www.vslux.ru/node/6161.
Samarskaja Oblast'. Itogi dejatel'nosti OAO Samaraneft'gaz v 2001, vom 12.04.2002, online www.regnum.ru›Главные новости России›29213.html.
Samolet-Metschta An 225 vstaet na krylo, in: Ekspert vom 10.07.2000, online www.expert.ru/printissues/expert/2000/26/26ex-avan2/.
Samolety prizraki, in: Dengi vom 25.08.2004, online www.dni.ru/news/economy/2004/8/25/48265.html.
Schamanov otdal oblast' na kormlenie „Sem'e" Nikity Michalkova, (Simbirskij Zirul, nik) in: Moskovskie Novosit vom 04.09.2001, online www.compromat.ru/page_11106.htm.
Segodnja Moskovskij arbitragnyj sud rassmotrit otschety konkursnych upravljajuschtschich Inkombanka, in: Vedomosti vom 31.01.2001, online www.compromat.ru/page_10527.htm.
Sergej Kirienko i Nikolaj Patrutschev proveli zasedanie rukovoditelj territorial'nich organov FSB sub'jektov federazii, vchodjaschtschiche v sostav PFO, vom 04.07.2003, Pressemitteilung der Stellvertretenden des Präsidenten der RF im Föderalen Kreis Privolge, online www.pfo.ru/?id=6417&query_id=63707.

Sergej Kirienko pribyl Ul, janovskuju Oblast, in: offizielle Seite des Präsidentenvertreters RF in PFO vom 27.02.2007, online www.pfo.ru/?id=5965.

Sergej Kirienko provel zasedanie soveta direktorov ZAO Aviastar, in: Presseabteilung des Präsidenten Russische Föderation in PFO vom 28.03.2003, online www.pfo.ru/?id=5889. (Ursprünglich: Novaja Gazeta vom 28.03.2003. Diese online Zeitschrift gibt es nicht mehr).

Sergej Kirienko vstretilsja s Ibragimom Kamelem, in: Novy Gorod vom 18.03.2003. Diese Quelle ist nicht mehr zugänglich. Die Pressemitteilung ist über die offizielle Seite des Präsidentenvertreters der RF im PFO zugänglich, online www.pfo.ru/?id=6040. (Stand 2010)

Sergej Morozov vctupil v dolgenost' gubernatora ul'janovskoj oblasti, in: offizielle Seite der Regierung Ul'janovsk vom 14.01.2005, online ulgov.ru/news/regional/471.

Sertifikat na pravo technitscheskogo obslugibanija, in: Presseabteilung Kras Air vom 21.11.2003, online www.aviaport.ru/digest/2003/11/21/65720.html.

SeverInform (Murmansk) vom 17.11.1999, online www.finmarket.ru/z/nws/news.asp?rid=2&fid=43716&l=40&id=66130&ref=AnketaOrg. Sibir to have ten A319 this year, in: Kommersant vom 13.04.2006, online

Simbirskij „Zirulnik" (Schamanov otdal oblast'na kormlenie „Sem'e" Nikity Michalkova), in: Moskovskie Novosit vom 04.09.2001, erneut zugänglich in: Kompromat vom 23.11.2003, online www.compromat.ru/page_11106.htm.

Sirocco Aeropace vedet peregovory c Rossij, in: The Wall Street Journal vom 19.03.2002, online www.aviaport.ru/news/2002/03/19/24489.html.

Sirocco Aerospace holds Talks with Russia in: Wallstreet Journal vom 19.03.2002. Diese Seite ist nur noch in der Russischen Übersetzung zugänglich: Sirocco Aeropace vedet peregovory c Rossiej, online www.aviaport.ru/news/2002/03/19/24489.html.

Sirocco gatova platit' za samolety, in: Vedomosti vom 27.11.2002, online www.vedomosti.ru/newspaper/article/2002/11/27/55126.

Sirocco umerla appetit, in: Vedomosti vom 14.06.2002, online www.aviaport.ru/digest/2002/06/14/29965.html.

Sos'ete General' budet vladel'zem kontrol'nogog pakete akzij Rosbanka, in: Vremja Novosti vom 29.09.2006, online www.vsesmi.ru/news/126318/337183/.

Sostojalos' otscherednoe sobranie akzionerov aviakompanii „Voga-Dnepr", in: Vozduschny Transport vom 19.06.2002, online www.aviaport.ru/digest/2002/06/19/30249.html.

Sotrudniki GK "Volga Dnepr" obutschajutsja remontirovat' Boeing-747", in: IA Regnum vom 10.02.2004, online www.aviaport.ru/digest/2004/02/10/71951.html.

Spezialisty „Krasnojarskich Avialinii" otpravitsja v Ul'janovsk dlja priemki novogo samoleta Tu-204-100, in: IA Regnum vom 24.11.2003 online über www.aviaport.ru/digest/2004/02/10/71951.html.

Strategischekij investor ZAO Aviastar-SP „Novoe Sodruzestvo" i upravlentscheskaja

Summa sdelki po priobreteniju, dostrojke i peredatsche v lizing „KrasEjr" 5 samoltotv Tu-204-100 95 Mln Doll., in: IA Finmarket vom 10.04.2003, online www.aviaport.ru/digest/2003/04/10/49130.html.

Sverchsekretnaja „Avrora", in: Segonja vom 27.09.2000 (Chrenikov, I), online www.segodnya.ru/w3s.nsf/Archive/2000_216_econom_text_hrennikov1.

Tat'jana Anodina – eta genschtschina letaet slischkom vysoko, online www.forum-avia.ru/forum/3/0/13246647644138868961211563094 30_126.shtml.
Texas Pacific Group Company Profile", in: Hoover's vom 22.04.2004, online www.hoovers.com/company/TPG_Capital_LP/hrhchi-1.html.
The World in Figures, in: The Economist, Sonderausgabe Dezember 1996, S. 86.
Tovarooborot megdu Rossij i Kitaiem v 2001 na 2 Mrd. Dollar, in: Finmarket vom 06.09.2001, online www.innov.ru/news (Stand April 2004).
Transaero zaklutischla c Il'juschin-Finans Ko. i Aviastar-SP kontrakt na priobretenie 4 samoletov Tu-204-300 v finansovyj lizing, in: IA Finmarket vom 19.08.2003, online www.finmarket.ru/z/nws/news.asp?rid=1&fid=6264&id=246071&ref=AnketaOrg.
Triebwerkdebakel könnte A380-Auslieferung verzögern, in: Spiegel-online vom 12.11.2010, www.spiegel.de/wirtschaft/unternehmen/0,1518,728749,00.html.
Trudnyj lizing, in: Gazeta Kontinent Sibir vom 09.06.2003, online www.aviaport.ru/digest/2003/06/09/53512.html.
Tschernyj koschmar pri neprotivlenii Sytscheva, in: Simbirskij Kur'er vom 22.12.2000, online www.simcat.ru/pressa/archive/item10188/.
Tschtoby Aviastar zarabotal normal'no, emy nugno vypuskat' kak minimum 12 samolotov v god, zajavil Sergej Kirienko, Pressemitteilung des Vertreters des Präsidenten der RF im Föderalen Kreis Privolge (PFO), Sergej Kirienko, vom 28.01.2003, online www.aviaport.ru/digest/2003/01/28/44532.html.
Tschugie zdes' ne letajut, in: Moskovskie Novosti vom 10.12.2002, online www.aviaport.ru/digest/2002/12/10/41660.html.
Tu-204 proletaet mimo Schamanova, in: Gazeta vom 28.08.2002, online www.gazeta.ru/2002/08/28/tu204proleta.shtml.
Tu-204-S uletel po deschevke, in: Izvestja vom 18.09.2004, online über www.aviaport.ru/digest/2003/09/15/61185.
Tupolev-Tu-204, Aviazionnyj Nautschno-Technitscheskij Kompleks imeni Tupoleva,, www.aviacharter.ru (Stand Mai 2005).
Tuschki proryvalis' na vostok, in: Aviatransportnoe obozrenie Nr. 136, online www.ato.ru (Stand 2004).
TV-6 Konflikt sobstvennikov ili bol'schaja politika. Die Seite ist nicht mehr zugänglich. Der Inhalt ist jedoch unter folgender Adresse zugänglich: „Lukoil povtorjaet podvid Gazproma, in Lenta.ru vom 29.12.2001, online lenta.ru/articles/2001/12/29/tv6/.
U akzionerov Aviastar proverili dokumenty, in: Kommersant vom 28.06.2002, online www.kommersant.ru/doc.aspx?DocsID=329764.
U. S. President must Press Russia on Chechnya Abuses – Criminal Investigation Urged on Role of Top General in: Massacre, 14.06.1999, online www.hrw.org/english/docs/2001.
Ubit profsojusnyj lider Vnukovskich Avialinii, in: Kommersant vom 29.01.1999, online www.kommersant.ru/doc.aspx?DocsID=212039&print=true.
Uchod Novogo Sodrugestvo s Aviastar-SP javeljaetsja resultatom nevzveschennoj politiki rykovodstva, in: Prime Tass vom 04.10.2001, online www.avia.ru/press/1370/.
Ugolovschtschina na letnom pole, in NIA[946] vom 15.12.2002, online www.aviaport.ru/digest/2002/12/05/41378.html.

946 NIA - Nezavisimoe Informazionnoe Agenctvo – Unabhängige Informationsagentur.

Ul'janovsk – 3. ijunja proschlo sobranie akzionerov ZAO Aviastar-SP, in: Volga Inform vom 10.06.2001, online www.volgainform.ru/allnews/7820.
Ul'janovskaja oblast'Moskva podozrevaet Aviastar v uvode aktiveov, in: NTA[947] Privol'ge vom 01.08.2002, online www.nta-nn.ru/news/item/?ID=3769.
Ul'janovskij aviakompleks raskololsja, na dve gruppy akzionerov, in: Kommersant vom 08.11.2001, online www.aviaport.ru/digest/2001/11/08/18862.html.
Ul'janovskij Aviastar zakontschil stroitel'stvo samoleta An-124-100 Ruslan dlja Volga Dnepr, in: Finmarket vom 16.03.2004, online www.finmarket.ru/z/nws/news.asp ?rid=1&fid=6264&id=286509&ref=AnketaOrg.
Ul'janovskij Aviastar-SP zakontschil 2003 god s pribyl'ju, in: rian.ru vom 13.01.2004, online www.aviaport.ru/digest/2004/01/13/69538.html.
Ul'janovskij aviazavod opjat' na grani ostanovkie, in: Izvestija vom 21.08.2001, online www.aviaport.ru/digest/2001/08/23/16196.html.
Ul'janovskj Aviakompleks raskololsja na dve gruppy akzionerov, in: Kommersant vom 08.11.2001, online www.kommersant.ru/doc.aspx?DocsID=290350.
Ul'janvoskij gubernator obsudil s bankirami perseptkivy investizij v ZAO "Aviastar-SP", in: Strana vom 21.12.2001, online old.strana.ru/stories/01/01/29/1255/96506.html (Stand 10.2004).
USA ozabotscheny vyborami v Rossii, in: Nezavizimaja gazeta vom 15.03.2004 (09.–12.2003), online www.ng.ru/ideas/2004-03-15/1_usa.html.
Uspeschno zaverschen odin iz Etapov sertifikazii samoleta Tu-204-120 po evropejskim normam, in: Aviaport.ru vom 07.01.2004, online www.aviaport.ru/news/2004/01/07/69128.html.
V konze Marta polpred prezidenta v POF, Gendirektor „Aviastara", S. Kirienko i glava Kompanij Sirocco obsugdjat detal'nyj proizvodctvennyj plan predprijatija", in: IA Finmarket vom 19.02.2003, online www.aviaport.ru/digest/2003/03/19/47461.html.
V pervye za poslednie godey ul'janovskij zavod Aviastar-SP zaverschil god s pribyl'ju", in: IA Rosbalt vom 13.01.2004, online www.rosbalt.ru/print/138344.html.
V Rossii sazdan novyj passagirskij samolet, in: NTV.ru vom 01.12.2004, online www.aviaport.ru/digest/2004/12/01/85945.html.
V ZAO Aviastar-SP podvedeny itogi dejatel'nosti v sentjabre etogo goda", in: Avia vestnik[948] vom 12.10.2004, online http://avia.samair.ru/?itemid=802.
V ZAO Aviastar-SP podvedeny itogi raboty za minuvschij god", in: Pressemitteilung der ZAO Aviastar-SP vom 30.01.2005, online www.aviaport.ru/digest/2005/01/30/87580.html.
V ZAO Aviastar-SP zaverscheno stroitelstvo samoletov An-124-100, in: Informationsagentur Mosaika vom 09.10.2003, online www.aviaport.ru/digest/2003/10/08/62509.html.
Vesna. Kas'janov torgestvuet, in: Stringer vom 09.04.2002, online www.stringer.ru/Publication.mhtml?PubID=310&Part=39.
Vladimir Schamanov vstupil v partiju vpolsednij raz, in: Pravda vom 29.01.2003, online www.pravda.ru/politics/2003/1/5/9/6310_Shamanov.html.
Vlast' i krupnyj biznes, in: fond obschtschestvennyj mnenie vom 21.03.2000, online bd.fom.ru/report/cat/polit/ros_pol/gref_g_o_/dd001635.

947 Regionale Politische Informationsagentur der Region Privolga.
948 Informationsportal für die zivile Luftfahrt.

Vlasti Ul'janvoksoj oblasti poddergat iniziativu kipriskoj kompanii Piosevle v voprose smeny soveta direktorov AO Aviastar, in: IA Finmarket vom 13.08.2001, online www.avias.com/news/2001/08/13/15597.html.
Vneschtorgbank predostavit Kompanii „Kras Ejr", in: IA Finmarket vom 06.03.2003, online www.aviaport.ru/digest/2003/03/06/46657.html.
Vnukovskie avialinii priznana bankrotom, in: RAUD[949] vom 16.01.2003, online www.finiz.ru/economic/article7375/.
Vnutrennie problemy vneschnego dolga, in: Kommersant vom 06.04.2000, online www.kommersant.ru/doc.aspx?DocsID=144635&print=true.
VOAO Aviastar – Novyj General'nyj, in: Simbirskij Kur'er vom 29.06.2002, online www.sm-k.narod.ru/archives/2002/jun/91-92/7.htm.
Volga Dnepr popala v plan, in: Vremja Novostej vom 02.04.2003, online www.vremya.ru/2003/72/8/35218.html.
Volga Dnepr priznala vo vsem mire, krome ul'janovskoj oblast', in: Vosduschny Tranport vom 20.11.2002, online www.aviaport.ru/digest/2002/11/20/40142.html.
Volga Dnepr prosit ob iskljutschenie, in: Vremja Novosti vom 09.02.2004, online www.vremya.ru/2004/21/8/91161.html.
Volga Dnepr uletit iz Kaskola, in: Vedomosti vom 16.06.2005, online www.vedomosti.ru/newspaper/article/2005/06/16/93472.
Volga-Dnepr gotova uletet', in: Vedomosti vom 11.10.2002, online www.aviaport.ru/digest/2002/10/11/37758.html.
Volga-Dnepr ischtschet investora, in: Aviatransportnoe obozrenie vom 12.05.2000, online www.aviaport.ru/news/Aviation/10709.html.
Volga-Dnepr popala v plan, in: Aviazija v Ukrajne vom 26.04.2004, online www.aviaUA.net. Diese Seite ist nicht mehr zugänglich.
Za desjat' mesjazev 2002 goda finansovyj oborot OAO „KrasEjr" sostavil 4056 Mrd. rubel', rost po tonoscheniju k analogitschnomy periodu proschlogo goda –40 %, in: Regionale IA „SIA" (Pressemitteilung) vom 13.11. 2002, online www.aviaport.ru/digest/2002/11/13/39664.html.
Za kogo Mafia, in: Simbirskij Kur'er vom 05.12.2004, online
Zareanimazijut do smerti, in: Simbirskij Kur'er vom 13.05.2004, online www.simcat.ru/pressa/archive/item9958.
Zatschem drugit' s vlast'ju, in: Vedomosti Nr. 145 vom 14.08.2001, online www.vedomosti.ru/newspaper/article/shtm oder www.businesspress.ru/newspaper/article_mld.43_ald_78170.
Zjat' Michalkova stal bezrabotnym (-Schamanov vygnal zjat' Michalkova), in: „Ekspress-Gazeta" vom 06.082002, online www.compromat.ru/page_12102.htm.
Znatschitel'nuju tschast' aviakompanii Vnukoskie avialinii priobreli tri novosibisrskie kompanii, in: Finmarket vom 09.06.2001, online www.finmarket.ru/z/nws/news.asp?rid=1&fid=6453&id=138639&ref=AnketaOrg.

Sekundärliteratur

Abalkin, L. Obnovlenie otnoscheni sobstvennosti ukrepit socialism, Moskau 1990

949 RAUD - Regional'noe Agenstvo Upravlenija Dolgami (Regionale Behörde für Schuldenmanagement).

Ackermann, R., Pfadabhängigkeit, Institutionen und Regelformen, Tübingen 2001.
Akopov, A., Uspeschnoe desantirovanie, in: Politjournal Nr. 12 (15) vom 05.04.2004, online www.politjournal.ru/archiv/12. Diese Seite ist nicht mehr zugänglich.
Albrecht, U., Die Nutzung und der Nutzen militärischer F&E-Ergebnisse für die zivile Anwendung, in: Technologie Transfer Nr. 14, Berlin 1989.
Albrecht, U., Informelle Regulation in Transformationsgesellschaften, in: Hopfmann, A./Wolf, M., Transformation und Interdependenz, Beiträge zur Theorie und Empirie der mittel- und osteuropäischen Systemwechsel, Politische Soziologie Bd. 12, Münster 1998.
Albrecht, U., Rüstung in der Konversion: Die aktuelle Entwicklung beim Wandel von Beschäftigungsverhältnissen in der Rüstungsindustrie und bei den Streitkräften in Europa, Beiträge zur Konversionsforschung, Bd. 1, Münster 1994.
Albrecht, U./Nikutta, R., Die sowjetische Rüstungsindustrie, Lengerich 1989.
Alemann v., U./Heinze, R., Vom Pluralismus zum Korporatismus – Analysen, Positionen, Dokumente, Opladen, 1981.
Alice, J./Branscomb, L./Brooks, H. u. a., Beyond Spin-off. Military and Commercial Technologies in a Changing World, Harvard Business School, 1992.
Aslund, A., Reforms vs. „Rent-Seeking", in Russias Economic Transformation, in: Transition 2/2, 1996.
Aukutsionek, S., Industrial Barter in Russia, in: Communist Economies & Economic Transformation, 1998, Vol. 40, Nr. 2, S. 98–102.
Baaken, T./Christopher, J., Management der Konversion: Konzepte, Methoden, Erfahrungen der betrieblichen Rüstungskonversion, Berlin 1995.
Batjargal, B., The Dynamics of Entrepreneurs's Networks in a Transitional Economy: The Case of Russia, Vol. 18, London, New York, Oslo u. a. 2006.
Batjargal, B., Comparative social capital: Networks of Entrepreneurs and Investors in China and Russia, William Davidson Institute, Working Paper Nr. 783, July 2005.
Batjargal, B., Social Capital and Entrepreneurial Performance in Russia: A Longitudinal Study, in: Organization Studies 24, 2003, S. 535–556.
Baum, Giemulla, v. Schyndel, Die Umstrukturierung der Luftfahrt der Russischen Föderation, in: Reuss (Hrsg.), Jahrbuch der Luft- und Raumfahrt – German Aerospace Information, 2000, S.466 ff., online www.vanschyndel.com/HvS/Reuss2000-Artikel.html.
Beresovkskij, V., Chervyakov, V., Sectoral Production Capital: MIC and FEC, in: Segbers, K./De Spiegeleire, S., Post-Soviet Puzzles: Mapping the Political Economy of the former Soviet Union, Emerging Societal Actors – Economic, Social and Political Interests, Theories, Methods and Case Studies. Aktuelle Materialen zur Internationalen Politik, Stiftung Wissenschaft und Politik/SWP 40/3, Vol. III, Baden-Baden 1995, S. 405–458.
Beresovskie, V./Chervyakov. V., Corporate Groups of Industrialists and Entrepreneurs in the Production Sphere, in: Segbers, K./ De Spiegeleire, S., (Hrsg.), Post-Soviet Puzzles, : Mapping the Political Economy of the former Soviet Union, Emerging Societal Actors – Economic, Social and Political Interests, Theories, Methods and Case Studies. Aktuelle Materialen zur Internationalen Politik, Stiftung Wissenschaft und Politik/SWP 40/3, Vol. III, Baden Baden, 1995, S. 319–404.
Bernstein, D., Summary of Project on Defense Conversion in Russia, CISAC (Center for International Security and Cooperation), 1992.

Bin, Yu, Putin's Partners in Beijing: Old and Young, in: Comparative Connections (E-journal on East Asian Bilateral Relations), Nr. 4, 2003, online www9.wittenberg.edu/academics/polisci/yuconnections.html.

Blasi, J., Russian Privatisation: Ownership, Governance and Restructuring, in: World Bank 1994, Privatisation and private Sector Development in Russia.

Blasi, J./Shleifer, A., Corporate Governance in Russia: An Initial Look, in: Frydman, R./Gray, C./Rapaczynski, A., Corporate Governance in Central Europe and Russia, Insiders in the State, Vol. 2, Budapest, London, New York, 1996, S. 78–107.

Bremmer, I./Charap, S., The Siloviki in Putins Russia – Who They are and What They want, The Washington Quarterly Winter 2006/07, S. 83–92, online www.twq.com/07winter/docs/07winter_bremmer.pdf.

Brie, M./Stölting, E., The Transformation of the Informal, unveröffentl. Manuskript, vorraussichtl. Frankfurt a. M. 2013.

Brie, M./Stykow, P., Regionale Akteurskoordinierung im russischen Transformationsprozess, in: Wollmann, H./Wiesenthal, H./Bönker, F. (Hrsg.), Transformation sozialistischer Gesellschaften: Am Ende des Anfangs, Leviathan, Sonderheft 15/1995, Herford, S. 207–232.

Brömmelhörster, J., Ökonomie der Konversion, Wirkung, Barrieren und Erfordernisse für die Bundesrepublik Deutschland, Frankfurt/New York 1994.

Buase, K. de/Koen, D./Gel′, P. de, Bankovskaja sistema Rossii: Problem perechodnogo perioda, in: Den'gi i kredit, Nr. 5, 1995, S. 31–40.

Burawoy, M., Krotow, P., Der sowjetische Übergang vom Sozialismus zum Kapitalismus, in: PROKLA, Nr. 89, 1992, S. 545–546.

Bureau of Export Administration (Hrsg.), The Russian Defense Directory, Washington 1995.

Burt, R. The Contingent Value of Social Capital, in Administrative Science Quarterly, 1997, Nr. 42, S. 339–365.

Burt, R., Range, in: Burt, R./Minors M. (Hrsg.), Applied Network Analysis: A Methodological Introduction, Beverly Hills 1983.

Burt, R., Structural Holes versus Network Closure as Social Capital, in: Lin u. a. (Hrsg.), Social capital. Theory and Research, New York 2001, S. 31–56.

Burt, R., Structural holes. The social structure of competition, Cambridge, Massachussats, 1992.

Burt, R., The Network Structure of Social Capital, in: Research in Organizational Behaviour, Nr. 22, 1992, S. 345–423.

Burt, R., Towards a Structural Theory of Action, New York 1982.

Bystrova, I., Paradoxes of Soviet Arms Production and Trade at the Cold War Periode, XIV International Economic History Congress, Helsinki 2006 (Session 85: Guns versus Butter Paradoxes).

Carlin, W./Fries, S./Seabright P., Barter and Non-Monetary Transaction in Transition Economies: Evidence from a Cross-Country Survey, in: Seabright, P. (Hrsg.), The Vanishing Rouble: Barter Networks and Non-Monetary Transactions in Post-Soviet Societies, Cambridge 2000, S. 236–259.

Cassel, D., Institutionelle Probleme der Systemtransformation, Berlin 1992.

Castell, M., The Rise of the Networking Society. The Information Age: Economy, Society and Culture, Blackwell Publishing 2000.

Chavance, B., Formal and Informal Institutional change: The Experience of Postsocialist Transformation, in: The European Journal of Comparative Economics (EACES), 2008,

Christiansen, T., Neuhold, C., International Handbook on Informal Governance, Cheltenham u.a.O., 2012

Clarke, W., Crime and Punishment in Soviet Officialdom, Combating Crime in the Political Elite, 1965–1990, New York 1992.

Coase, R., The Nature of the Firm, in: Economica 4, 1932, S. 386–405.

Coase, R., The Problem of Social Cost, in: Journal of Law and Economics, Nr. 3, 1960, S. 1–44.

Coleman, J., Grundlagen der Sozialtheorie, Bd. 1, Handlungen und Handlungssysteme, München 1995.

Commander, S./Mummsen C., The Growth of Non-Monetary Transaction in Russia, Causes and Effects, in: Seabright, P. (Hrsg.), The Vanishing Rouble: Barter Networks and Non-monetary Transactions in Post-Soviet Societies, Cambridge 2000, S 115–146.

Cooper, J., Das Innovationspotenzial der russischen Wirtschaft, in: Russland-Analysen Nr. 209 vom 05.11.2010.

Cooper, J., The Soviet Defence Industry, Conversion and Economic Reform, The Royal Institute of International Affairs, New York 1992.

Crouch, C. u. a. (Hrsg.), Local Production Systems in Europe: Rise or Demise? Oxford 2001.

DeBresson,C./Amesse, F., Networks of Innovators: A Review and Introduction to the Issue, Research Policy, Vol. 20, 1991, S. 363–379.

Demsetz, H., Towards a Theory of Property Rights, in: American Economist Review, Nr. 57, 1967, S. 347–359.

Di Maggio, P./Powell, W., The New Institutionalism in Organisational Analysis, Chicago 1991.

DIW, Deutsches Institut für Wirtschaftsforschung (Hrsg.), Integration in den Weltmarkt, Berlin 1996.

Dolgopyatova, T./Alimova T., Informelle Wirtschaftsaktivitäten, in: BIOst, Nr. 8, 1998.

Dolgopytova, T., Strategy predprijatija na rynke resursov, in: Ekonomika i gizn' vom 13.02.1997.

Dore, R., The Asian Form of Capitalism, in: Admiral, P. (Hrsg.), The Corporate Triangle, Malden, 1997

Dornbusch, R./Welfens, P., Systemstrategische und strukturelle Anpassungsprobleme in post-sozialistischen Ländern, Berichte des Bundesinstitutes für Ostwissenschaftliche und Internationale Studien, 1998.

Dowley, K., Striking the Federal Bargain in Russia. Comparative Regional Government Strategies, in: Communist and Post-Communist Studies, 4/98, S. 359–384.

Easter, G., Networks, Bureaucracies and the Russian State, in: Aldershot, 2003, S. 39–58.

Easter, G., Reconstructing the State: Personal Networks an Elite Identity in Soviet Russia, New York, Cambridge 2001

Easter, G., Personal Networks and Post-revolutionary State Building, in: World Politics, 1996, Vol. 48, Nr. 2, S. 551–578.

Ebers, M./Gotsch, W., Institutionenökonomische Theorien der Organisation, in: Kieser, A. (Hrsg.), Organisationstheorien, 2. Auflage, 1995.
EBRD Project Summary Document: Sirocco Aerospace – Project number: 25158, online www.ebrd.com/projects/psd/psd2002/25158.htm.
Felgengauer, P., Degradation of the Russian Military, in: Perspective 10/11. 2004, online www.bu.edu/iscip/vol15/Felgenhauer.html.
Forsberg, R., The Arms Reduction Dilemma – Contraction and Restraint in the World Combat Aircraft Industry, Cambridge u. a. 1994.
Forstner, C., Russland – Hintergründe und Perspektiven der Krise, Friedrich Ebert Stiftung, Bonn 1999, online library.fes.de/fulltext/stabsabteilung/00824toc.htm.
Franchetti, M., Vladimir Vladimirovitsch Groznyj, in: Index of Lexanson www.nica.ru/-lexanson vom 14.03.2004, die Seite ist nicht mehr zugänglich, jetzt abrufbar unter: The Times vom 10.03.2004,
Freemann, L., Centrality in Social Networks. Conceptual Clarification. Social Networks, 1979, Nr. 1, S. 215–239.
Frenkel, A., Prognoz osnovnych pokazatelej social'no- ekonomitscheskogo razvitija Rossii na 1997 god, in: Voprosy statistiki, 1998, Nr. 1, S. 44–59.
Friedberg, E., Ordnung und Macht, Frankfurt a. M., New York 1995.
Fruchtmann, J., Der Russische Föderalismus unter Präsident Putin: Diskurse – Realitäten, Dissertation, 2007,online http://elib.suub.uni-bremen.de/publications/dissertations/E-Diss537_Fruchtmann.pdf
Frydmann, R./Gray, C./Rapaczynski, A., Corporate Governance in Central Europe and Russia, Vol. 1, 2, Budapest, London, New York 1996.
Fukuyama, Francis, Konfuzius und die Marktwirtschaft, München 1995.
Funke, Norbert, Timing and Sequencing of Reforms: Competing Views and the Role of Credibility, in: KYKLOS, Vol. 46, S. 334 ff.
Gaddys, M./Ickes, B., The Virtual Economy, in: Foreign Affairs, Vol. 77, 1998, Nr. 5, S. 53–67.
Gallant, S., The Failure of Russia's Defense Conversion, in: Jane's Intelligence Review, Vol. 07. 1994, S. 304–310.
Gambetta, D., Mafia: The Price of Distrust, in: Gambetta, D. (Hrsg.), Trust Making and Breaking Cooperative Relations, Oxford 1988, S. 158–175.
Gärtig, T., Ob osnovach social'no-rynotschnoj ekonomiki v Rossii, Moskau 1997.
Gärtig; T., Was tun – Eine alte und neue russische Frage, in: Schriften des Osteuropa-Instituts Berlin, Februar 1997, S. 21.
Geerz, C., The Bazaar Economy: Information and Search in Peasant Marketing, in: The American Economic Review, Vol. 68, 1978, S. 28–32.
Gianella, C./Thomson, W., Stimmulating Innovation in Russia: The Role of Institutions and Policies, OECD Economics Department Working Papers No. 539, 2007
Gel'man, V., Regional'naja vlast' v sovremennoj Rossii, Instituty i pratika, in: Gel'man, V./Kuz'min, A./Ljuchterhandt, G. (Hrsg.), Organy gosudarstvennoj vlasti v sub'jektach Rossijskoj Federacii, Moskau 1998, S. 44–72.
Gel'mann, V., Der subnationale Autoritarismus in Russland, in: Russland-Analysen vom 06.11.2009.
Göhler, G., Institutionen, in: Göhler, G./Iser, M./Kerner I. (Hrsg.), Politische Theorie, Wiesbaden 2006, S. 209–226.
Göhler, G., u. a., Institutionen – Macht – Repräsentation, Baden-Baden 1997.

Gonchar, K., Defense Conversion in the Declining Economy: Chances and Dangers, in: Brunn, A./Baehr, L./Karpe, H. J. (Hrsg.), Conversion – Opportunities for Development and Environement, Berlin, Heidelberg 1992.

Gonchar, K., Eto trudnoe delo – ekonomika razorugenija, in: Kommunist Nr. 9, S. 91–10. Gibson, J., Social Networks, Civil Society, and the Prospekts for Consolidating Russia's Democratic Transition, in: American Journal of Political Science, 45, Nr.1, S. 51-68, Januar 2001

Glaz'ev, S., Finansovye problemy budgeta 1997, in: Dengi i kredit, Nr. 1, 1997, S. 4–5.

Glinkina, S., Russia's Underground Economy during Transition, in: Feige, E./Ott, K. (Hrsg.), Economies in Transition – Unrecorded Aktivity, Tax, Corruption and Organised Crime, Asgate, Aldershot 1999, S. 101–106.

Glintschikova, A., Ein neues Dilemma der russichen Politik – Die neue „Kammer", in: Wostok, Nr. 1, 2005, S. 100 ff.

Gluchich, V. K., Razvitie reform i stabilizazija dejatel'nosti oboronnych otraslej promyschlennosti, in: Konversija Nr. 1, ?, S. 3–6.

Gogin, S., Osobennosti partstroitel'stva v Ul'janovskoj oblasti, in: Moskovskja Schkola Politischeskich Issledovanij, 2004, online www.tmp108.vokrug.info/cgi-bin/print.pl?id=97. Diese Seite ist nicht mehr verfügbar. Das Dokument ist aber über die Beilage Sonderquellen einsehbar.

Gorbatschov, M., Erinnerungen – Das Vermächtnis eines Reformers, Berlin 1995.

Götz, R., Russlands Öl und Europa, in: FES-Analyse Russland (Friedrich-Ebert-Stiftung), Bonn 2006, S. 19–21.

Götz, R., Strukturerbe und Systemtransformation in der früheren UdSSR: Erfahrungen der Perestroika, in: Außenpolitik, Heft 2, 1994, S. 166–175.

Grabher, G. (Hrsg.), The Embedded Firm: On the Socio Economics of Industrial Networks, London 1993.

Granovetter, M., Economic Action and Social Structure, The Problem of Embeddedness. American Journal of Sociology, Nr. 91, 1985, S. 481–510.

Granovetter, M., The Strength of Weak Ties, in: American Journal of Sociology, Vol. 78, Nr. 6, 05.1973, S. 1360–1380.

Grossmann, G., The Second Economy of the USSR, in: Problems of Communism, 09/10.1977, S.25–40.

Grundmann, M./Potthoff, K., Rüstungskultur als Hemmfaktor für Konversion, in: Baaken, T./Christopher, J. (Hrsg.), Management der Konversion, Berlin 1995.

Guriev, S./Ickes, B., Barter in Russia, in: Seabright, P., The Vanishing Rubel, Cambridge 2000

Hall, P./Soskice, D., Varieties of Capitalism: The Institutional Fondation of Comparative Advantage, Oxford 2001.

Halpin, T., Russian Orthodox Church choses between "Ex KGB candidates" as Patriarch, in: timesonline vom 26.01.2009, www.timesonline.co.uk/tol/comment/faith /article5594067.ece.

Hamilton, G., Overseas Chinese Capitalism, in: Tu.W. (Hrsg.), Confusian, Tradition in East Asian Modernity: Moral Education and Economic Culture in Japan and the Foue Mini-Dragons, Cambridge, MA, 1996, S. 328-344

Hanson, P., Networks, Cronies and Business Plans: Business-State Relations in Russia, in: Kononenko, V., Moshes, A., Russia as a Network State, New York, 2011, S. 113-138

Hanson, P./Teage, E., Big Business and the State in Russia, in: Europe-Asia Studies Nr. 5, 2005.
Harter, S., Die russische Luftfahrtindustrie: Endgültige Bruchlandung, in: Schriftenreihe des Bundesinstituts für ostwissenschaftliche und internationale Studien, BIOst, Nr. 43, 1998.
Harter, S., Wirtschaftliche Transformation in Russland. Ein Netzwerkansatz, Arbeitspapiere des Bereichs Politik und Gesellschaft, Osteuropa Institut der Freien Universität Berlin 1997.
Hasler, R., Konversion der Rüstungsunternehmen – Ein technologie- und marketingorientierter Ansatz, Beiträge zur Konversionsforschung, Bd. 4, Münster 1994.
Haug, R., Russland unter Putin, Korruption und Kleptokratie, Bürger im Staat, 2/2, Filderstadt 2001.
Hegmann, G., Pannen-Serie bei Militärtransporter: A400M – Technik überfordert Airbus, Financial Times Deutschland vom 12.01.2009.
Heller, L/Nuss, S., Transformation in Russland – Die Illusion einer Marktwirtschaft als Ergebnis informeller Regulation, in: Prokla, Nr. 117, 10.12.1999, S. 555–577.
Helmke, G./Levitsky, S., Informal Institutions and Comparative Politics: A Research Agenda, in: Perspectives on Politics 2, 2004.
Héritier, A., Policy – Netzwerkanalysen als Untersuchungsinstrument im europäischen Kontext: Folgerungen aus einer empirischen Studie regulativer Politik, in: ders. (Hrsg.), Policy-Analysen, Kritik und Neuorientierung, PVS, Sonderheft 24, 1993, S. 432–450.
Höhmann, H., Eine unterschätzte Dimension? Zur Rolle wirtschaftskultureller Faktoren in der osteuropäischen Transformation, Bremen 1999.
Hollstein, B., Qualitative Methoden der Netzwerkanalyse – ein Widerspruch?; in: Hollstein, B.; Strauss, F. (Hrsg.), Qualitative Netzwerk-Analyse, Konzepte, Methoden, Anwendungen, Wiesbaden, 2006, S. 11-36.
Hübner, K., Ökonomische Theorie und osteuropäische Transformation, in: PROKLA, Nr. 4, Jg. 22, 1994, S. 552–577.
Humphrey, C., How Is Barter Done? The Social Relations of Barter in Provincial Russia, in: Seabright, P. (Hrsg.), The Vanishing Rouble: Barter Networks and Non-Monetary Transactions in Post-Soviet Societies, Cambridge 2000, S. 259–297.
Jansen, D., Netzwerkanalyse, Grundlagen, Methoden, Forschungsbeispiele, 3. überarbeitete Auflage, Wiesbaden 2006.
Jansen, D., Soziale Netzwerke, in: Schäfers, B./Kopp, J. (Hrsg.), Grundbegriffe der Soziologie, Opladen 2006, S. 210.
Johansson, B., Economic Networks in Self-Organization, in: Bergman, E./Maier, G./Tödtling (Hrsg.), Regions Reconsidered. Economic Networks, Innovation and local Development in Industrialized Countries, London, New York 1991, S. 17–34.
Junghänel, F., Airbus – Der Riese speckt ab, in: Berliner Zeitung vom 20.01.2007.
Kappel, R., Wirtschaftsperspektive Afrikas zu Beginn des 21. Jahrhunderts: Strukturfaktoren und Informalität, in: Kappel, R. (Hrsg.), Afrikas Wirtschaftsperspektive, Hamburg 1999.
Klebnikov, P., Der Pate des Kreml: Beresovskie und die Macht der Oligarchen, München 2001 (Klebnikov, P., The Godfather of the Kreml in: The Decline of Russia in the Age of Gangster-Capitalism, New York, 2001).

King, L., Explaining Postcommunust Economic Performance, William Savidson Working Paper, Nr. 559, William Davidson Institute at the University of Michigan Business School, 2003.

King, L./Szelenyi, I, Post-Communist Economc System, in: Smelser, N., Swedberg, R., The Handbook of Economic Sociology, New York, Princeton, 2005, S.205-229.

Knabe, B., Das System-Mafia als Faktor der sowjetisch-russischen Transformation, Teil I und II, Systemtransformation und gesellschaftlicher Wandel in Russland, in: Berichte des Bundesinstitutes für ostwissenschaftliche und internationale Studien, Nr. 47–48, Köln 1998.

Köllner, P., Formale und informelle Politik aus institutioneller Perspektive: Ein Analyseansatz für die vergleichenden Area-Studies, Working Paper Nr. 5, Deutsches Übersee-Institut (DÜI), 2005.

Kononenko, V.,Moshes, A., Russia as a Network State, New York, 2011

Kordinskii, S., The Structure of Economic Space in Post-Perestroika Society and the Transformation of the Administrative Market, in: Segbers, K./De Spiegeleire (Hrsg.), Post Soviet Puzzle, Vol. 3, Baden-Baden 1995, S. 157–204.

Kordonskii, S., Evaluating Administrative Weights in the Hierarchies of Power, in: Segbers, K./De Spiegeleire, S., Post-Soviet Puzzles: Mapping the Political Economy of the Former Soviet Union, Vol. III, Emerging Societal Actors – Economic, Social and Political Interests, Theories, Methods and Case Studies, Baden-Baden 1995, S. 123–154.

Kordonskii, S., The Structure of Economic Space in Post-Perestroika Society and the Transformation of the Administrative Market, in: Segbers, K./De Spiegeleire, S. (Hrsg.), Post-Soviet Puzzles: Mapping the Political Economy of the Former Soviet Union,Vol. I, Against the Background of the Former Soviet Union, Baden-Baden 1995, S. 157–204.

Kornai, J., Economies of Shortage, New York 1980.

Kosarev, A./Grigoreyev, L., Capitalflight – Scale and Nature, 24.02.2000, online www.imf.org/external/pubs/ft/seminar/2000/invest/pdf/kosarev.pdf.

Kowol, U., Die Konzeption von Innovationsnetzwerken – Regionale Netzwerke in globalen Wissenschaften, in: Weyer, J., Soziale Netzwerke, Oldenburg 2000, S. 135–160.

Krasavina, A., Problemy antiinflazionnoj straegii politiki v Rossii, in: Den'gi i Kredit, Nr. 1, 1995, S. 11–20.

Krasnov, G., Financial Groups and the Development of Market Institutions, in: Segbers, K. (Hrsg.), Explaining Post-Soviet Patchworks, Vol. I, Aldershot 2001, S. 177–200.

Kregel, J. u. a., The Market Shock, Wien 1992.

Krome, N., Konversion in Rußland – Barrieren der Rüstungsunternehmen, unveröffentl. Magisterarbeit, Freie Universität Berlin 1997.

Krome, N., Konversionsprodukte der russischen Rüstungsindustrie – In einem atomaren U-Boot durch die Südsee, in: Berliner Osteuropa Informationen (BOI), Heft 8, 1997, S. 23–24.

Krüger, A., The Political Economy of Rent-Seeking, in: American Economic Review, Nr. 64, S. 291–303.

Kryshanovskaya, O./White. S., The Nomenklatura in Post-Communist Russia, in: Graeme, G. (Hrsg.), Elites and Leadership in Russian Politics, New York 1998.

Kryshtanovskaja, O., Die Anatomie der russischen Elite. Die Militarisierung Russlands unter Putin, Köln 2004.

Kryshtanovskaja, O., White, S., The Formation of Russia's Network Directorate, in: Kononenko, V.,Moshes, A., Russia as a Network State, New York, 2011

Kunz,V./Gabriel,O., Soziale Integration und politische Partizipation. Das Konzept des Sozialkapitals, in: Druwe, U./Kühnel, S./Kunz, V. (Hrsg.), Kontext, Akteur und strategische Interaktion, Opladen 2000.

Kuznetsov, Y., Grafting Market Institutions in the Transition Economies, Mimeo1995.

Kuznetsov,Y., Learning to learn, Emerging patterns of Enterprise Behaviour in the Russian Defense Sector 1992–1995, in: Kuznetsov, Y./Musienko, I./Vorobyev, A. (Hrsg.), Learning to Restructure, Studies of Transformation in the Russian Defense Sector, BICC, Paper 3, 1996, S. 7–40.

Kuznetsov, Y., Learning in Networks: Enterprise Behaviour in the Former Soviet Union and Contemporary Russia, in: Nelson, J./Tilly, C./Walker, L. (Hrsg.), Transforming Post-Communist Political Economies, Washington 1998.

Kuznetsov, Y./Musienko, I./Vorobyev, A. (Hrsg.), Learning to Restructure: Studies of Transformation in the Russian Defense Sector, BICC, Paper 3, 1996.

Laker, M., Schwerter zu Pflugscharen: Konversion von der Wehrtechnik zu zivilen Märkten, in: zfbf, Nr. 2, 1992.

Lane, D., State and Politics in the USSR, Oxford 1985.

Lane, D., The Political Economy of Russian Oil, Maryland 1999.

Lane, D., Was für eine Wirtschaft hat Russland, in: Russland Analysen, 07.07.2006.

Lapina, N., Business und Macht in den russländischen Regionen, BIOst, Nr. 4, 1998.

Lapina, N., Business und Macht in den rußländischen Regionen. Schriftenreihe des Bundesinstituts für ostwissenschaftliche und internationale Studien, BIOst, Nr. 41, 1998.

Lauth, N., Informal Institutions and political Transformation, in: Theoretical and Methodological Reflections, Papier präsentiert im Rahmen der ECPR JointSeccion in Upsala 2004.

Ledeneva, A., Can Medvedev Change Sistema? Informal Networks and Public Administration in Russia, in: Kononenko, V., Moshes, A., Russia as a Network State, New York, 2011, S. 39-61

Ledeneva, A., Ambiguity of Social Networks in Post-Communist Contexts, Department of Social Science, University College London, Working Paper Nr. 48, 2004.

Ledeneva, A., Shadow Barter. Economic Necessity or Economic Crime, in: Seabright, P. (Hrsg.), The Vanishing Rouble: Barter Networks and Non-Monetary Transactions in Post-Soviet Societies, Cambridge 2000, S. 298-317

Ledeneva, A., Russia's Economy of Favours – Blat, Networking and Informal Exchange, Cambridge 1998.

Ledeneva, A., Kurkchiyan, M. (Hrsg.), Economic Crime in Russia, The Hague, London, Boston 2000.

Lepekhin, V., Interest Groups in Russia's Political Life, in: Segbers, K./De Spiegeleire (Hrsg.), Post-Soviet Puzzel, Vol. 3, Baden-Baden 1995, S. 59–76.

Lin, N., Social capital. A theory of structure and action, in: Structural Analysis In the Social Science, 2001.

Makarov/Kleiner, Barter in the Russian Economy: Characteristics in the Transition Period, Working Paper 1996, Nr. oo6, Russian Academy of Science (CEMI).

Makienko, K., The Concept behind the Formation of a Unified Russian Aircraft-Manufacturing Corporation, in: Moscow Defense Brief, Januar 2004, S. 11–13, online www.mdb.cast.ru/mdb/1-2004.

Malek, M., Russische Rüstungsindustrie gestern und heute, Teil 1, in: Österreichische Militär Zeitschrift (ÖMZ) Nr. 1, 1994, S. 33–40.

March, J./Olsen, J., Rediscovering Institutions: The Organisational Basis of Politics, New York 1989.

March, J./Simon, H., Kognitive Grenzen der Rationalität, in: Organisation und Individuum, Wiesbaden 1976, S. 129–160.

Marx, K., Das Kapital – Kritik der Politischen Ökonomie, Kapitel 6, Stuttgart 1957.

Maximov, A., Rossiskaja prestupnost': Kto est' kto, Moskau 1998, S. 18–35, online über lib.ru/POLITOLOG/r-prest.txt.

Mayntz, R./Scharpf, F., Der Ansatz des akteurszentrierten Institutionalismus, in: Dies. (Hrsg.), Gesellschaftliche Selbstregulierung und politische Steuerung, Frankfurt/a. M., New York, 1995, S. 39–72.

McFaul, M./Perlmutter T,.Privatisation, Conversion and Enterprise Reform in Russia, CISAC (Center for International Security and Cooperation) 1994.

McFaul, P., State Power, Institutional Change and the Politics of Privatisation, in: World Politics, Vol. 47, 01.1995, S. 210–243.

McNelly, C., The Instituional Contours of Chinas emergent Capitalism, in: McNelly, C. (Hrsg.), In Chinas Emergent Political Economy. Capitalism in the Dragon's liar, London, New York, 2008

Medvedev, P., Ekonomiko-matematitscheskye metody i realnyi chozystvennyj mechanism, Moskau 1982.

Meissner, B., Entwicklung und Grundzüge der sowjetischen Staatslehre, in: Maurach, R./Meissner B., 50 Jahre Sowjetrecht, Stuttgart 1969, S. 9–51.

Merkel, W., Systemtransformation, Eine Einführung in die Theorie und Empirie der Transformationsforschung, 2. Auflage, Wiesbaden 2010.

Messner, D./Meyer-Stamer, J., Die nationale Basis internationaler Wettbewerbsfähigkeit, in: Nord-Süd aktuell, Jg. 7, 1993, 1. Quartal, S. 98–111.

Mildner, K., Korruption in Rußland: Wurzeln, Effekte und Strategien, in: Wollmann, H./Wiesenthal, H./Bönker, F., Transformation sozialistischer Gesellschaften: Am Ende des Anfangs, Leviathan Sonderheft 15/1995, S. 346–364.

Mögel, N. A./Schwanitz, S., Staatslobbyismus als System: Entscheidungsstrukturen im russischen Rüstungssektor, in: Schriftenreihe des Bundesinstituts für ostwissenschaftliche und internationale Studien, BIOst, Nr. 32, 1995.

Mögel, N., Allianzen auf Zeit: Zum Zusammenspiel von Regionalverwaltungen und Rüstungsunternehmen in Russland. Schriftenreihe des Bundesinstituts für ostwissenschaftliche und internationale Studien, BIOst, Nr. 41, 1997.

Mögel, N., Sachse, Chancen und Probleme der Rüstungskonversion in der GUS, in: BICC Report 2, 1995.

Muchin, A. A., Kremlevskoe dzjudo pod kovrom, Novye vidy polititscheskich edinoborstv, Moskva 2004.

Musienko, I., Emerging Linkages between Industry and Finance form an Industry Perspective, The Case of West Siberia, in: Kuznetsov, Y. (Hrsg.), Learning to Restructure, Studies of Transformation in the Russian Defence Sector, BICC (Bonn International Center for Conversion), paper 3, 1996. Online www.bicc.de/uploads/pdf/publications/papers/paper03/paper03.pdf.

Naishul', V., The Supreme and Last Stage of Socialism, Center for Research into Communist Economies (CRCE), Nr. 2, 1992.

Nee, V., Norms and Networks in Economic and Organizational Performance, in: American Economic Review, 1998, Nr. 88 (2).

Nielsen, K./Jessop, B./ Hausener, J., Institutional Chance in Post-Socialism, in: Hauser, F./ Jessop, B. Niesen, K. (Hrsg.): Strategic Choise and Pathdependency in Post Socialism, Institutional Dynamic in the Transformation Process, Aldershot 1999, S. 3–45.

North, Economic Performance through Times, in: Brinton, M. C. and Nee, V., The New Institutionalism in Sociology, New York 1998 (1993), S. 248–249.

North, D., Five Propositions about Institutional Change, in: Knigt, J., Explaining Social Institutions, Michigan 1995, S. 15–26.

North, D., Institutionen, institutioneller Wandel und Wirtschaftsleistung, Tübingen 1992 (engl.: Institutions, Institutional Change and Economic Performance, Cambridge 1990).

Oding, N./Zaostrovzev, A., Rent-seeking as a Source of Makroeconomic Instability in Russia, 2000, S. 478 zitiert in: Stykow, P. Staat und Wirtschaft in Russland, Interessenvermittlung zwischen Korruption und Konzertierung, Wiesbaden, 2006.

Offe, C., Das Dilemma der Gleichzeitigkeit. Demokratisierung und Marktwirtschaft, in: Merkur, 1991, Nr. 4, S. 271–292.

Olson, M., From Communism to Market Democracy: Why is Economic Performance even Worse after Communism is abandoned?, in: Siebert, H., Overcoming the Transformation Crisis. Lessons for the Successor States of the Soviet Union, Tübingen 1993.

Opitz, P., Kein Phönix aus der Asche, in: Deutsches Institut für Wirtschaftsforschung (DIW), Wochenbericht 37, 2000.

Opitz, P., Krisenmanagement in der russischen Rüstungsindustrie, in: BICC, Report 6, 1995.

Ouchi, W., Markets, Bureaucracies and Clans, in: Administrative Science Quarterly 25, 1980, S. 129–141.

Ozegov, A.,The Conversion of the Russian Military Aircraft Industry, in: Forsberg, R.(Hrsg.), The Arms Production Dilemma, Contraction and Restraint in the World Combat Aircraft Industry, CSIA Studies in International Security, No.7, Cambridge, Massachusetts, London 1994, S. 61–110.

Paduano, R./Harris, W./Cutcher-Gershenfeld, J., Case Study-Employing Activity Based Costing and Management Practices within the Aerospace Industry: Sustaining the Drive for Lean: The Boeing Commercial Airplane Group Wichita Division, May 2000, online http://web.mit.edu/ctpid/lara/pdfs/abccasestudy.pdf;

Parkin, F., Strategien Sozialer Schließung und Klassenbildung, in: Kreckel, R. (Hrsg.), Soziale Ungleichheiten. Soziale Welt, Sonderband 2, Göttingen 1983.

Parson, T., Zur Theorie sozialer Systeme, Opladen 1976.

Pappé, Y., Russian Economic Elites: A Group Portrait Anno 1994, in: Segbers, K./De Spiegeleire (Hrsg.), Post-Soviet Puzzle, Vol. 3, Baden-Baden 1995, S. 39–58.

Peters, G., Political Institutions. Old and New, in: Goodin, E./Klingemann, H. (Hrsg.), A New Handbook of Political Science, Oxford 1998.

Pingel, K., Und morgen bin ich Unternehmer – Zur Herausbildung des Unternehmers in Russland – dargestellt an Fallbeispielen ausgewählter Betriebe in Nignij Novgorod, Betriebswirtschaftliche Schriftenreihe, Münster 2000.

Pleines, H., Corruption and Crime in the Russian Oil Industry, in: Lane, D. (Hrsg.), The Political Economy of Russian Oil, Lanham, Boulder, New York, Oxford 1999, S. 97–110

Pleines, H., Korruption und Kriminalität im russischen Bankensektor, Berichte des BIOst, Nr. 28,1998.

Pleines, H., Large-scale Corruption and Rent-seeking in the Russian Banking Sector, in: Ledeneva, A./Kurkchiyan, M., Economic Crime in Russia: The Hague, London, Boston 2000, S. 191–207.

Pleines, H., Mehr Staat und mehr Markt? Die Quadratur des Kreises in der russischen Öl- und Gasindustrie, in: Russland-Analysen vom 03.10.2008.

Pleines, H., Ukrainische Seilschaften, Informelle Einflussnahme in der ukrainischen Wirtschaftspolitik von 1992–2004, Münster 2005, S. 148.

Politkovskaja A., A dirty War – A Russian Reporter in Tschechnya, London 2001.

Porter, M., The Competitive Advantage of Nations, New York 1990.

Porter, M., Wettbewerbsvorteile, Frankfurt a. M. 1992.

Powell, W., Neither Markt nor Hierarchy: Networkforms of Organisation, in: Research in Organisational Behaviour, Vol. 12, 1990, S. 298–299.

Pratt, A., The Emerging Shape and Form of Innovation Networks and Institutions, in: Simmie, J. (Hrsg.), Innovation, Networks and Learning, London 1997, S. 124–136.

Putnam, Robert, Bowling alone. The Collapse and Revival of the American Community, New York u. a. 2000.

Putnam, Robert, Making Democracy Work. Civic Tradition in Modern Italy, Princeton 1993.

Pimenov,V., Novye podchody k konversii proizvodstva na sovremennom etape razvitija reform v Rossii, in: Konversija Nr. 4, 1996, S. 4–8.

Radaeev, V., Corruption and Violence in Russian Business in the Late 1990s, in: Ledeneva, A., Kurkchiyan, M. (Hrsg.), Economic Crime in Russia, The Hague, London, Boston 2000, S. 63–82.

Röhrle, B., Soziale Netzwerke und soziale Unterstützung, Weinheim 1994.

Roland, G., The Political Economy of Transition in the Soviet Union, Discussion Paper Nr. 628, London 1992.

Rothlauf, J., Interkulturelles Management, München 1999.

Sachs, J./Lipton, D., Creating a Market Economy in Eastern Europe: The Case of Poland, Brooking Papers of Economic Activity, Vol. 2, S. 293–342.

Sachse, T., Russische Rüstungspolitik 1993/1994, in: BIOst Nr. 25, 1995.

Sakwa, R., Liberalism and Neo-Patrimonialism in Post-Communist Russia, in: Law in Eastern Europe, Nr. 59, 2008, S. 181–200.

Scharpf, F., Interaktionsformen, Akteurszentrierter Institutionalismus in der Politikforschung, Wiesbaden 2006.

Schätzel, L., Wirtschaftsgeographie 1, Paderborn 1993, 5. Auflage, S. 129–205.

Schmidt, U., Nikita Michalkov als politischer Mentor Russlands, in: Russland-Analysen Nr. 211 vom 03.12.2010, S. 10–12.

Schneider, E., Putins zweite Amtszeit – Stärkung der Machtvertikale und wachsender Einfluss des FSB, in: SWP-Studie (Stiftung Wissenschaft und Politik am Deutschen Institut für Internationale Politik und Sicherheit), Berlin 2006, online

Schröder, H., Versorgungskrise, Rüstungsabbau und Konversion in der UdSSR, Teil 1, Berichte des Bundesinstitutes für ostwissenschaftliche Studien, Heft 56, 1989.

Schulus, Alexej, Schattenwirtschaft in Russland: Formen, Ausmaß und Bedrohungen, in: Osteuropa Wirtschaft, 1993, Nr. 3, S. 250–261.

Schuppert, G. F. (Hrsg.), Governance-Forschung – Vergewisserung über Stand und Entwicklung, 2. Auflage, Baden-Baden 2006.

Schwanitz, S. Russlands Regionen als neue Machtzentren. Föderale und regionale Entscheidungsstrukturen am Beispiel der Privatisierung des Rüstungssektors (Schriftreihe des Bundesinstituts für ostwissenschaftliche und internationale Studien, Nr. 36), Baden Baden, 1998.

Schwarz, C., Corruption and Political Development in the UdSSR, in: Comparative Politics, 07.1979, S. 425–434.

Sedaitis, J., Network Dynamics of Market Transition, in: Stark, D./Grabher, G., Leagies, 1997.

Sedaitis, J., Networks in Market Transition, Managerial constraints in the Post-Soviet Commodity Markets, in: Studies of Management an Organisation, 1997, Nr. 1, S. 61-83

Segbers, K., Actors and Interests in a changing Russia, in: Segbers, K. (Hrsg.), Explaining Post-Soviet Patchworks – Pathways from the past to the global, 2001, Vol. 2.

Sell, A. Krylov, A. (Hrsg.), Corporate Governance, Unternehmensverfassung im Ost-West-Dialog, Bern, Berlin, Brüssel, Frankfurt a. M., Oxford, New York 2006.

Selznick, P., TVA and grass roots, Berkley, Los Angeles 1949.

Sheppard, B./Tuchinsky, M., Interfirm Relationships – A Grammar of Pair, in: Cumming, L./Staw, B. (Hrsg.), Research in Organisational Behaviour, Vol. 18, Greenwitch 1996, S. 331–373.

Shleifer, A./Treismann D., Without a map, Political Tactics and Economic Reform in Russia, Cambridge /MA 2000.

Shleifer, R./Vichny, R., Unstable Banking, in: Journal of Financial Economics, Oktober 2009, S. 306–318, online www.economics.harvard.edu/faculty/shleifer/files/unstable_banking_jfe_print.pdf

Siegert, J., Das „System Putin" nach der Dumawahl: Der Wahlkampf, der kein Wahlkampf war, in: Pleines, H./Schröder, H. H.(Hrsg.), Putin auf dem Weg in die zweite Amtszeit: Machtsicherung und Politikgestaltung. Forschungsstelle Osteuropa Bremen, Arbeitspapiere März 2004, S. 39–44.

Siehl, E., Pfadabhängigkeit und Privatisierung in Osteuropa: Die institutionenökonomische Perspektive, Arbeitspapiere des Osteuropa-Instituts der Freien Universität Berlin, Arbeitsbereich Politik und Gesellschaft, Heft 10/1997.

Siehl, E., Privatisierung in Russland, in: Untersuchungen zum Forschungsschwerpunkt Konflikt- und Kooperationsforschung in Osteuropa an der Universität Mannheim, Nr. 15, 1997.

Silnizki, M., Der Geist der russischen Herrschaftstradition, Köln, Weimar, Wien 1991.

Sokov, N., Russian Strategic Modernisation, Past and Future, Lanham, Boulder, New York, Oxford 2000.

Smirnov, S. V./Efimuschkin S. N./Kolobov A. A, Upravlenie Maschinostroitel'nym predprijatiem, Moskau 1989.

Sokov, N., Russian Strategic Modernisation, Past and Future, Lanham, Boulder, New York, Oxford 2000.

Staniszkis, J., Postkommunismus. Versuch einer soziologischen Analyse, in: PROKLA, Nr. 12, 1998, S. 375–394.

Stark. D., Vederez. B., The Social Times of Networks Spaces: Sequence Analysis of Network Formation and Foreign Investment, unveröffentlichtes Manuskript, 05.2003.

Stark, D./Bruszt, L., Postsocialist Pathways, Transforming Politics and Property in East Central Europe, Cambridge 1998.

Stark, D., Networks of Assets, Chains of Debt, in: Frydman, R./Gray C. /Rapaczynskie, A. (Hrsg.), Corporate Governance in Central Europe and Russia, Vol. 2, 1996, S. 109–150.

Stark, D., Nicht nach Design: Rekombiniertes Eigentum im osteuropäischen Kapitalismus, in: PROKLA, Nr. 4, 1994, S. 127–142.

Strange, Soule, Diffusion in Organisations and Social-Movements, in: Annual Review of Sociology 24/1, 1998, S. 265–291.

Streeck, W./Schmitter, P., Gemeinschaft, Markt, Staat – und Verbände?, in: Kenis, P./Schneider, V. (Hrsg.), Organisation und Netzwerk, Institutionelle Steuerung in Wirtschaft und Politik, Frankfurt a. M. (u. a.) 1996.

Streeck, W./Schmitter, P., Private Interest Government – Beyond Market and State, London 1985.

Stykow, P., Staat und Wirtschaft in Russland, Interessenvermittlung zwischen Korruption und Konzertierung, Wiesbaden, 2006.

Stykow, P./Brie, M., Regionale Akteurskoordinierung im russischen Transformationsprozess, in: Wollmann, H./Wiesenthal, H./Bönker, F. (Hrsg.), Transformation sozialistischer Gesellschaften: Am Ende des Anfangs, Leviathan, Sonderheft 15/1995, S. 207–232

Svetlova, E., Die Macht der Manager: Corporate Governance in Russland, in: Osteuropa-Wirtschaft, 2003, Nr. 3, S. 244–261.

Tatur, M., Ökonomische Transformation, Staat und moralische Ressourcen in den postsozialistischen Gesellschaften, in: PROKLA, Nr. 112, 1998, Nr.3 S. 339–374.

Tatur, M., Interessen und Normen: Politischer Kapitalismus und die Transformation des Staates in Polen und Russland, in: Wollmann, H./Wiesenthal, H./Bönker, F., Transformation sozialistischer Gesellschaften: Am Ende des Anfangs, Leviathan Sonderheft 15/1995, S. 96, S. 93–116.

Thelen, K./Steinmo, S., Historical Institutionalism in Comparative Politics, in: Steinmo, S./Thelen, K. (Hrsg.), Structuring Politics. Historical Institutionalism in Comparative Analysis, Cambridge, New York 1992, S. 1–32.

Thorelli, H., Networks. Between Markets and Hierarchies, in: Strategic Management Journal, Vol. 7, 1986, S. 37–51.

Torke, H. J., Das russische Beamtentum in der ersten Hälfte des 19. Jahrhunderts, in: Forschung zur osteuropäischen Geschichte 13, Berlin 1997.

Torke, H. J., Continuity and Change in the Relation between Bureaucracy and Society in Russia, in: Canadian Slavic Studies, 1971, S. 457–476.

Treismann, D., The Politics of Soft Credit in Post-Soviet Russia, in: Europe-Asia Studies, Vol. 47, 1995, No. 6, S. 949–976.

Varese, F., The Russian Mafia, Oxford 2001.

Voigt, S./Engerer, H., Institutions and Transition, Possible Policy Implication of the New Institutional Economics, SSRN, Working paper, Dezember 2001. Vol. 5, Nr. 1, S. 57–71.

Volkov, V., Organized Violence, Market Building, and State Formation in Post-Communist Russia, in: Ledeneva, A./Kurkchiyan, M. (Hrsg.), Economic Crime in Russia, The Hague, London, Boston 2000, S. 43–62.

Volkov, V., Patrimonialism versus Relational Bureaucracy: On the Historical Relativity of Corruption, in: Lovell, S./Ledeneva, A./Rogachevskii, A. (Hrsg.), Bribery and Blat in Russia, London, 2000, S. 35–47.

Vorobyev, A., An Industry Perspective: The Aviation Industry, in: Kuznetsov, Jevgeni (Hrsg.), Learning to Restructure: Studies of Transformation in the Russian Defense Sector, Bonn International Centre of Conversions (BICC), Paper 3, 1996, S. 68–69.

Wagner/Kaiser/Beimdiek, Ökonomie der Entwicklungsländer, Stuttgart 1989.

Walicki, A., Legal Philosophies of Russian Liberalism, Oxford 1987.

Wallmann, L, Konversion als Unternehmensstrategie, Bergisch Gladbach, Köln 1994.

Weddel, J., Clans, Cliques and Captured States: Rethinking Transition in Central and Eastern Europe and the Former Soviet Union, in Journal of International Development, Nr. 15, S. 427-440

Wellmann, B., Structural Analysis: from Method and Metaphor to Theory and Substance, in: Wellmann, B./Berkovitz, S. (Hrsg.), Social structures: A network approach, Cambridge 1988, S. 19–61.

Wetzel, A., Das Konzept der Pfadabhängigkeit und seine Anwendungsmöglichkeiten in der Transformationsforschung, Arbeitspapiere des Osteuropa-Instituts der Freien Universität Berlin, Arbeitsbereich Politik und Gesellschaft, Heft 52/2006, S. 22–23.

White, H. C., Identity and Control. A Structural Theory of Social Action, Princeton 1992.

White, H./Scott, A./Breiger, Social Structures from Multiple Network-Blockmodels and Roles and Positions, AJS 81, 1976, S. 730–780.

Wiegert, R., Transformation, Wachstum und Wettbewerb in Russland, Heidelberg 2003.

Wiesenthal, H., Absturz in die Moderne: Der Sonderstatus der DDR in den Transformationsprozessen Osteuropas, Zentrum für Sozialpolitik, Universität Bremen, Arbeitspapiere, Bremen 1991.

Wiesenthal, H., Auf dem Weg zu einer Allgemeinen Theorie der Koordinationsmedien, in: BBIS, Nr. 28, 1999.

Willerton, J., Patronage and Politics in the USSR, Cambridge 1992.

Williamson, J., The Economic Institutions of Capitalism, in: Journal of Economics, Vol. 17, 1986, S. 279–292.

Williamson, O. E.: The Theory of the Firm as Governance Structure: From Choice to Contract, in: Journal of Economic Perspectives, Vol. 16, 2002, Nr. 3, S. 171–195.

Wolkognonow, D., Die sieben Führer, Frankfurt a. M. 2001.

Yakovlev, A., Corporate Governance. Wandel im Unternehmerverhalten?, in: Höhmann, H./Pleines, H./Schröder, H. (Hrsg.), Nur ein Ölboom? Bestimmungsfaktoren und Perspektiven der russischen Wirtschaftsentwicklung, Münster 2005.

Yakovlev, A., The Evolution of Business-State Interaktion in Russia. From State Capture to Business Capture, in: Europe-Asia-Studies, Vol. 58, 2006, Nr. 7, S. 1033–1056.

Zusammenfassung

Es gibt eine Reihe von Gründen, warum in Russland das umfassende technologische und industrielle Potenzial aus Zeiten der Sowjetunion nicht genutzt werden, um die Deindustrialsierung zu verhindern und eine Reindustrialisierung und Modernisierung in Gang zu setzen. Die Netzwerkperspektive bietet einen guten Ansatz, diesen Sachverhalt zu analysieren. Nach 1991 haben sich bestehende Netzwerke nicht einfach aufgelöst oder reproduziert, sondern im Rahmen der neuen institutionellen Rahmenbedingungen und ökonomischen Freiheiten zu der dominanten Interaktionsform entwickelt. Vor diesem Hintergrund lässt sich von einer netzwerkkapitalistischen Gesellschaft sprechen. Die Untersuchung zeigt, dass die Netzwerke in den postkommunistischen Restrukturierungsprozessen im Gegensatz zu den Erfahrungen asiatischer Gesellschaften, in denen Netzwerke entscheidend zur Modernisierung beigetragen haben, einen höchst ambivalenten Charakter aufweisen.
Die empirische Analyse der Unternehmensprozesse eines der führenden Flugzeugkomplexe aus dem ehemaligen MIK im Rahmen einer Langzeitfeldstudie baut auf dem Analysekonzept des akteurszentrierten Institutionalismus von Mayntz und Scharpf auf. Beginnend in den 1980er Jahren werden die Möglichkeiten und Grenzen des informellen Bottom-up- und Top-down-Networking innerhalb der zentralen Verwaltungswirtschaft aufgezelgt. Die Unternehmensprozesse des Flugzeugwerkes werden dabei von den Netzwerksystemen nur bedingt unterstützt, denn sie sind nicht an den Wertschöpfungs- und Innovationsprozessen ausgerichtet, sondern an den hierarchischen Interaktionssystemen. Dementsprechend wirken sie vor allem vertikal fragmentierend auf die Unternehmensprozesse ein. Neben den Restriktionen für die allgemeine Innovation und Selbstorganisation trägt das Werk damit ein oft unterschätztes Desintegrationspotenzial in sich und kann nur bedingt als zweckorientierte effiziente Einheit agieren. Die schwache Kohäsion des Betriebes kann jedoch in dieser Phase noch durch die hohen selbstregulierenden Integrationsfaktoren des gesamtgesellschaftlichen Systems kompensiert werden.

Welche wichtige Rolle die Integrationsfaktoren für das Akteursverhalten und die Unternehmensprozesse gespielt haben, zeigt sich, als es aufgrund der Änderungen der institutionellen Rahmenbedingungen Ende der 1980er Jahre innerhalb kurzer Zeit zu umfassenden Abspaltungs- und Kommerzialisierungsmaßnahmen kommt. Nach dem formellen Systembruch (1991) wird das tradierte Desintegrationspotenzial weiter freigesetzt, und bis 1996 kommt nicht nur der Innovationszyklus zum Erliegen, sondern auch der Wertschöpfungsprozess bricht weitgehend zusammen. Die Akteure beschäftigen sich mit Überlebens- und Abschöpfungsstrategien, prozessorientierte Netzwerksysteme können dabei nicht aufgebaut werden. Dass jedoch ein restrukturierungshemmendes Akteursverhalten kein zwingend notwendiges Ergebnis des ökonomischen Umfelds ist, sondern vielmehr die Möglichkeit einer Restrukturierung nach ökonomischen Kriterien besteht, zeigen die erfolgreichen Investitionsprojekte junger Investorengruppen (formelles Interaktionssystem), die unterbewertete sowjetische Großbetriebe im Rahmen von umfassenden Sanierungsstrategien in gewinnbringende marktwirtschaftlich orientierte Unternehmen umwandeln können. Im Fall des Flugzeugkomplexes Aviastar scheiterten die Investoren jedoch mit ihrem vorwiegend rational-ökonomischen Restrukturierungskonzept an ihrer schwachen Netzwerkorientierung. Dies zeigt, dass in manchen Industrien eine höhere Netzwerkorientierung vorliegt als in anderen. Eine Restrukturierung über die Netzwerksysteme war bei Aviastar aber ebenfalls nicht möglich. Die Netzwerke konnten ihr Integration- und Handlungspotenzial nicht nutzen. Dabei wäre in Anbetracht der Schwächen der institutionellen Rahmenbedingungen und der makroökonomischen Schwierigkeiten eine Koordination jenseits von Hierarchie und Markt geeignet gewesen, die komplexen Restrukturierungsaufgaben zu bewältigen. De facto bewiesen sich die Netzwerke aber nicht nur als restrukturierungs*un*fähig. Vielmehr entwickelten sie sich zunehmend zu einem eigenen Hindernis für die Restrukturierungsprozesse, indem sie infolge tief verankerter Beteiligungs- und Verteilungslogiken sowie unkontrollierter Vernetzungsdynamiken die Unternehmensprozesse mit hohen negativen Netzwerkeffekten belasteten. Dies zeigte sich wiederum in steigenden Netzwerktransaktionskosten, welche vor allem von dem Werk getragen werden mussten.

Auch in der, als autoritär bezeichneten, Restrukturierungsphase unter Putin konnten zwar die Netzwerkdynamiken vorerst reduziert werden, dennoch war die Aviastarführung unter der Kontrolle der Strukturen des Präsidenten nicht in der Lage, die Restruktrierungsprozesse zu kontrollieren oder zweckorientiert zu steuern.

Die hohen Eigendynamiken, die Rivalitäten zwischen den Netzwerkakteuren, die hohe fragmentierte Moral und die Einbettung der Netzwerkesysteme in das formelle Interaktionssystem des Flugzeugwerkes führte zu Lock-in-Szenarien, in denen das Werk jahrelang in einem Insolvenzprozesse paralysiert wurde. Das Dilemma für die Koordination und Steuerung von Restrukturierungs- und damit Modernisierungsprozessen besteht darin, dass Netzwerkakteure sich einerseits nicht selbst koordinieren können, andererseits aber die formellen Organisationen und Institutionen so weit instrumentalisieren und fragmentieren, dass diese ihre eigentlichen Ordnungs- und Integrationsfunktionen nicht mehr ausüben können. Damit können die Netzwerke auch nicht mehr über die formellen Interaktionssysteme ausreichend koordiniert oder gesteuert werden. Damit sind beide gesamtgesellschaftlichen Ordnungsformen, sowohl die Netzwerke sowie die formellen Organisationen und Institutionen, maßgeblich eingeschränkt. Diese Steuerungsprobleme erschweren nicht nur die Restrukturierung, sondern auch die Modernisierungsprozesse und sind letztlich ein Grund, warum es Russland nicht gelingt, breit angelegte Innovationsyssteme aufzubauen, um den Anschluss an die modernen Industrienationen zu schaffen.

SOVIET AND POST-SOVIET POLITICS AND SOCIETY

Edited by Dr. Andreas Umland

ISSN 1614-3515

1 *Андреас Умланд (ред.)*
Воплощение Европейской конвенции по правам человека в России
Философские, юридические и эмпирические исследования
ISBN 3-89821-387-0

2 *Christian Wipperfürth*
Russland – ein vertrauenswürdiger Partner?
Grundlagen, Hintergründe und Praxis gegenwärtiger russischer Außenpolitik
Mit einem Vorwort von Heinz Timmermann
ISBN 3-89821-401-X

3 *Manja Hussner*
Die Übernahme internationalen Rechts in die russische und deutsche Rechtsordnung
Eine vergleichende Analyse zur Völkerrechtsfreundlichkeit der Verfassungen der Russländischen Föderation und der Bundesrepublik Deutschland
Mit einem Vorwort von Rainer Arnold
ISBN 3-89821-438-9

4 *Matthew Tejada*
Bulgaria's Democratic Consolidation and the Kozloduy Nuclear Power Plant (KNPP)
The Unattainability of Closure
With a foreword by Richard J. Crampton
ISBN 3-89821-439-7

5 *Марк Григорьевич Меерович*
Квадратные метры, определяющие сознание
Государственная жилищная политика в СССР. 1921 – 1941 гг
ISBN 3-89821-474-5

6 *Andrei P. Tsygankov, Pavel A.Tsygankov (Eds.)*
New Directions in Russian International Studies
ISBN 3-89821-422-2

7 *Марк Григорьевич Меерович*
Как власть народ к труду приучала
Жилище в СССР – средство управления людьми. 1917 – 1941 гг.
С предисловием Елены Осокиной
ISBN 3-89821-495-8

8 *David J. Galbreath*
Nation-Building and Minority Politics in Post-Socialist States
Interests, Influence and Identities in Estonia and Latvia
With a foreword by David J. Smith
ISBN 3-89821-467-2

9 *Алексей Юрьевич Безугольный*
Народы Кавказа в Вооруженных силах СССР в годы Великой Отечественной войны 1941-1945 гг.
С предисловием Николая Бугая
ISBN 3-89821-475-3

10 *Вячеслав Лихачев и Владимир Прибыловский (ред.)*
Русское Национальное Единство, 1990-2000. В 2-х томах
ISBN 3-89821-523-7

11 *Николай Бугай (ред.)*
Народы стран Балтии в условиях сталинизма (1940-е – 1950-е годы)
Документированная история
ISBN 3-89821-525-3

12 *Ingmar Bredies (Hrsg.)*
Zur Anatomie der Orange Revolution in der Ukraine
Wechsel des Elitenregimes oder Triumph des Parlamentarismus?
ISBN 3-89821-524-5

13 *Anastasia V. Mitrofanova*
The Politicization of Russian Orthodoxy
Actors and Ideas
With a foreword by William C. Gay
ISBN 3-89821-481-8

14 *Nathan D. Larson*
Alexander Solzhenitsyn and the Russo-Jewish Question
ISBN 3-89821-483-4

15 *Guido Houben*
Kulturpolitik und Ethnizität
Staatliche Kunstförderung im Russland der neunziger Jahre
Mit einem Vorwort von Gert Weisskirchen
ISBN 3-89821-542-3

16 *Leonid Luks*
Der russische „Sonderweg"?
Aufsätze zur neuesten Geschichte Russlands im europäischen Kontext
ISBN 3-89821-496-6

17 *Евгений Мороз*
История «Мёртвой воды» – от страшной сказки к большой политике
Политическое неоязычество в постсоветской России
ISBN 3-89821-551-2

18 *Александр Верховский и Галина Кожевникова (ред.)*
Этническая и религиозная интолерантность в российских СМИ
Результаты мониторинга 2001-2004 гг.
ISBN 3-89821-569-5

19 *Christian Ganzer*
Sowjetisches Erbe und ukrainische Nation
Das Museum der Geschichte des Zaporoger Kosakentums auf der Insel Chortycja
Mit einem Vorwort von Frank Golczewski
ISBN 3-89821-504-0

20 *Эльза-Баир Гучинова*
Помнить нельзя забыть
Антропология депортационной травмы калмыков
С предисловием Кэролайн Хамфри
ISBN 3-89821-506-7

21 *Юлия Лидерман*
Мотивы «проверки» и «испытания» в постсоветской культуре
Советское прошлое в российском кинематографе 1990-х годов
С предисловием Евгения Марголита
ISBN 3-89821-511-3

22 *Tanya Lokshina, Ray Thomas, Mary Mayer (Eds.)*
The Imposition of a Fake Political Settlement in the Northern Caucasus
The 2003 Chechen Presidential Election
ISBN 3-89821-436-2

23 *Timothy McCajor Hall, Rosie Read (Eds.)*
Changes in the Heart of Europe
Recent Ethnographies of Czechs, Slovaks, Roma, and Sorbs
With an afterword by Zdeněk Salzmann
ISBN 3-89821-606-3

24 *Christian Autengruber*
Die politischen Parteien in Bulgarien und Rumänien
Eine vergleichende Analyse seit Beginn der 90er Jahre
Mit einem Vorwort von Dorothée de Nève
ISBN 3-89821-476-1

25 *Annette Freyberg-Inan with Radu Cristescu*
The Ghosts in Our Classrooms, or: John Dewey Meets Ceauşescu
The Promise and the Failures of Civic Education in Romania
ISBN 3-89821-416-8

26 *John B. Dunlop*
The 2002 Dubrovka and 2004 Beslan Hostage Crises
A Critique of Russian Counter-Terrorism
With a foreword by Donald N. Jensen
ISBN 3-89821-608-X

27 *Peter Koller*
Das touristische Potenzial von Kam''janec'–Podil's'kyj
Eine fremdenverkehrsgeographische Untersuchung der Zukunftsperspektiven und Maßnahmenplanung zur Destinationsentwicklung des „ukrainischen Rothenburg"
Mit einem Vorwort von Kristiane Klemm
ISBN 3-89821-640-3

28 *Françoise Daucé, Elisabeth Sieca-Kozlowski (Eds.)*
Dedovshchina in the Post-Soviet Military
Hazing of Russian Army Conscripts in a Comparative Perspective
With a foreword by Dale Herspring
ISBN 3-89821-616-0

29 *Florian Strasser*
Zivilgesellschaftliche Einflüsse auf die Orange Revolution
Die gewaltlose Massenbewegung und die ukrainische Wahlkrise 2004
Mit einem Vorwort von Egbert Jahn
ISBN 3-89821-648-9

30 *Rebecca S. Katz*
The Georgian Regime Crisis of 2003-2004
A Case Study in Post-Soviet Media Representation of Politics, Crime and Corruption
ISBN 3-89821-413-3

31 *Vladimir Kantor*
Willkür oder Freiheit
Beiträge zur russischen Geschichtsphilosophie
Ediert von Dagmar Herrmann sowie mit einem Vorwort versehen von Leonid Luks
ISBN 3-89821-589-X

32 *Laura A. Victoir*
The Russian Land Estate Today
A Case Study of Cultural Politics in Post-Soviet Russia
With a foreword by Priscilla Roosevelt
ISBN 3-89821-426-5

33 *Ivan Katchanovski*
Cleft Countries
Regional Political Divisions and Cultures in Post-Soviet Ukraine and Moldova
With a foreword by Francis Fukuyama
ISBN 3-89821-558-X

34 *Florian Mühlfried*
Postsowjetische Feiern
Das Georgische Bankett im Wandel
Mit einem Vorwort von Kevin Tuite
ISBN 3-89821-601-2

35 *Roger Griffin, Werner Loh, Andreas Umland (Eds.)*
Fascism Past and Present, West and East
An International Debate on Concepts and Cases in the Comparative Study of the Extreme Right
With an afterword by Walter Laqueur
ISBN 3-89821-674-8

36 *Sebastian Schlegel*
Der „Weiße Archipel"
Sowjetische Atomstädte 1945-1991
Mit einem Geleitwort von Thomas Bohn
ISBN 3-89821-679-9

37 *Vyacheslav Likhachev*
Political Anti-Semitism in Post-Soviet Russia
Actors and Ideas in 1991-2003
Edited and translated from Russian by Eugene Veklerov
ISBN 3-89821-529-6

38 *Josette Baer (Ed.)*
Preparing Liberty in Central Europe
Political Texts from the Spring of Nations 1848 to the Spring of Prague 1968
With a foreword by Zdeněk V. David
ISBN 3-89821-546-6

39 *Михаил Лукьянов*
Российский консерватизм и реформа, 1907-1914
С предисловием Марка Д. Стейнберга
ISBN 3-89821-503-2

40 *Nicola Melloni*
Market Without Economy
The 1998 Russian Financial Crisis
With a foreword by Eiji Furukawa
ISBN 3-89821-407-9

41 *Dmitrij Chmelnizki*
Die Architektur Stalins
Bd. 1: Studien zu Ideologie und Stil
Bd. 2: Bilddokumentation
Mit einem Vorwort von Bruno Flierl
ISBN 3-89821-515-6

42 *Katja Yafimava*
Post-Soviet Russian-Belarussian Relationships
The Role of Gas Transit Pipelines
With a foreword by Jonathan P. Stern
ISBN 3-89821-655-1

43 *Boris Chavkin*
Verflechtungen der deutschen und russischen Zeitgeschichte
Aufsätze und Archivfunde zu den Beziehungen Deutschlands und der Sowjetunion von 1917 bis 1991
Ediert von Markus Edlinger sowie mit einem Vorwort versehen von Leonid Luks
ISBN 3-89821-756-6

44 *Anastasija Grynenko in Zusammenarbeit mit Claudia Dathe*
Die Terminologie des Gerichtswesens der Ukraine und Deutschlands im Vergleich
Eine übersetzungswissenschaftliche Analyse juristischer Fachbegriffe im Deutschen, Ukrainischen und Russischen
Mit einem Vorwort von Ulrich Hartmann
ISBN 3-89821-691-8

45 *Anton Burkov*
The Impact of the European Convention on Human Rights on Russian Law
Legislation and Application in 1996-2006
With a foreword by Françoise Hampson
ISBN 978-3-89821-639-5

46 *Stina Torjesen, Indra Overland (Eds.)*
International Election Observers in Post-Soviet Azerbaijan
Geopolitical Pawns or Agents of Change?
ISBN 978-3-89821-743-9

47 *Taras Kuzio*
Ukraine – Crimea – Russia
Triangle of Conflict
ISBN 978-3-89821-761-3

48 *Claudia Šabić*
"Ich erinnere mich nicht, aber L'viv!"
Zur Funktion kultureller Faktoren für die Institutionalisierung und Entwicklung einer ukrainischen Region
Mit einem Vorwort von Melanie Tatur
ISBN 978-3-89821-752-1

49 *Marlies Bilz*
Tatarstan in der Transformation
Nationaler Diskurs und Politische Praxis 1988-1994
Mit einem Vorwort von Frank Golczewski
ISBN 978-3-89821-722-4

50 *Марлен Ларюэль (ред.)*
Современные интерпретации русского национализма
ISBN 978-3-89821-795-8

51 *Sonja Schüler*
Die ethnische Dimension der Armut
Roma im postsozialistischen Rumänien
Mit einem Vorwort von Anton Sterbling
ISBN 978-3-89821-776-7

52 *Галина Кожевникова*
Радикальный национализм в России и противодействие ему
Сборник докладов Центра «Сова» за 2004-2007 гг.
С предисловием Александра Верховского
ISBN 978-3-89821-721-7

53 *Галина Кожевникова и Владимир Прибыловский*
Российская власть в биографиях I
Высшие должностные лица РФ в 2004 г.
ISBN 978-3-89821-796-5

54 *Галина Кожевникова и Владимир Прибыловский*
Российская власть в биографиях II
Члены Правительства РФ в 2004 г.
ISBN 978-3-89821-797-2

55 *Галина Кожевникова и Владимир Прибыловский*
Российская власть в биографиях III
Руководители федеральных служб и агентств РФ в 2004 г.
ISBN 978-3-89821-798-9

56 *Ileana Petroniu*
Privatisierung in Transformationsökonomien
Determinanten der Restrukturierungs-Bereitschaft am Beispiel Polens, Rumäniens und der Ukraine
Mit einem Vorwort von Rainer W. Schäfer
ISBN 978-3-89821-790-3

57 *Christian Wipperfürth*
Russland und seine GUS-Nachbarn
Hintergründe, aktuelle Entwicklungen und Konflikte in einer ressourcenreichen Region
ISBN 978-3-89821-801-6

58 *Togzhan Kassenova*
From Antagonism to Partnership
The Uneasy Path of the U.S.-Russian Cooperative Threat Reduction
With a foreword by Christoph Bluth
ISBN 978-3-89821-707-1

59 *Alexander Höllwerth*
Das sakrale eurasische Imperium des Aleksandr Dugin
Eine Diskursanalyse zum postsowjetischen russischen Rechtsextremismus
Mit einem Vorwort von Dirk Uffelmann
ISBN 978-3-89821-813-9

60 *Олег Рябов*
«Россия-Матушка»
Национализм, гендер и война в России XX века
С предисловием Елены Гощило
ISBN 978-3-89821-487-2

61 *Ivan Maistrenko*
Borot'bism
A Chapter in the History of the Ukrainian Revolution
With a new introduction by Chris Ford
Translated by George S. N. Luckyj with the assistance of Ivan L. Rudnytsky
ISBN 978-3-89821-697-5

62 *Maryna Romanets*
Anamorphosic Texts and Reconfigured Visions
Improvised Traditions in Contemporary Ukrainian and Irish Literature
ISBN 978-3-89821-576-3

63 *Paul D'Anieri and Taras Kuzio (Eds.)*
Aspects of the Orange Revolution I
Democratization and Elections in Post-Communist Ukraine
ISBN 978-3-89821-698-2

64 *Bohdan Harasymiw in collaboration with Oleh S. Ilnytzkyj (Eds.)*
Aspects of the Orange Revolution II
Information and Manipulation Strategies in the 2004 Ukrainian Presidential Elections
ISBN 978-3-89821-699-9

65 *Ingmar Bredies, Andreas Umland and Valentin Yakushik (Eds.)*
Aspects of the Orange Revolution III
The Context and Dynamics of the 2004 Ukrainian Presidential Elections
ISBN 978-3-89821-803-0

66 *Ingmar Bredies, Andreas Umland and Valentin Yakushik (Eds.)*
Aspects of the Orange Revolution IV
Foreign Assistance and Civic Action in the 2004 Ukrainian Presidential Elections
ISBN 978-3-89821-808-5

67 *Ingmar Bredies, Andreas Umland and Valentin Yakushik (Eds.)*
Aspects of the Orange Revolution V
Institutional Observation Reports on the 2004 Ukrainian Presidential Elections
ISBN 978-3-89821-809-2

68 *Taras Kuzio (Ed.)*
Aspects of the Orange Revolution VI
Post-Communist Democratic Revolutions in Comparative Perspective
ISBN 978-3-89821-820-7

69 *Tim Bohse*
Autoritarismus statt Selbstverwaltung
Die Transformation der kommunalen Politik in der Stadt Kaliningrad 1990-2005
Mit einem Geleitwort von Stefan Troebst
ISBN 978-3-89821-782-8

70 *David Rupp*
Die Rußländische Föderation und die russischsprachige Minderheit in Lettland
Eine Fallstudie zur Anwaltspolitik Moskaus gegenüber den russophonen Minderheiten im „Nahen Ausland" von 1991 bis 2002
Mit einem Vorwort von Helmut Wagner
ISBN 978-3-89821-778-1

71 *Taras Kuzio*
Theoretical and Comparative Perspectives on Nationalism
New Directions in Cross-Cultural and Post-Communist Studies
With a foreword by Paul Robert Magocsi
ISBN 978-3-89821-815-3

72 *Christine Teichmann*
Die Hochschultransformation im heutigen Osteuropa
Kontinuität und Wandel bei der Entwicklung des postkommunistischen Universitätswesens
Mit einem Vorwort von Oskar Anweiler
ISBN 978-3-89821-842-9

73 *Julia Kusznir*
Der politische Einfluss von Wirtschaftseliten in russischen Regionen
Eine Analyse am Beispiel der Erdöl- und Erdgasindustrie, 1992-2005
Mit einem Vorwort von Wolfgang Eichwede
ISBN 978-3-89821-821-4

74 *Alena Vysotskaya*
Russland, Belarus und die EU-Osterweiterung
Zur Minderheitenfrage und zum Problem der Freizügigkeit des Personenverkehrs
Mit einem Vorwort von Katlijn Malfliet
ISBN 978-3-89821-822-1

75 *Heiko Pleines (Hrsg.)*
Corporate Governance in post-sozialistischen Volkswirtschaften
ISBN 978-3-89821-766-8

76 *Stefan Ihrig*
Wer sind die Moldawier?
Rumänismus versus Moldowanismus in Historiographie und Schulbüchern der Republik Moldova, 1991-2006
Mit einem Vorwort von Holm Sundhaussen
ISBN 978-3-89821-466-7

77 *Galina Kozhevnikova in collaboration with Alexander Verkhovsky and Eugene Veklerov*
Ultra-Nationalism and Hate Crimes in Contemporary Russia
The 2004-2006 Annual Reports of Moscow's SOVA Center
With a foreword by Stephen D. Shenfield
ISBN 978-3-89821-868-9

78 *Florian Küchler*
The Role of the European Union in Moldova's Transnistria Conflict
With a foreword by Christopher Hill
ISBN 978-3-89821-850-4

79 *Bernd Rechel*
The Long Way Back to Europe
Minority Protection in Bulgaria
With a foreword by Richard Crampton
ISBN 978-3-89821-863-4

80 *Peter W. Rodgers*
Nation, Region and History in Post-Communist Transitions
Identity Politics in Ukraine, 1991-2006
With a foreword by Vera Tolz
ISBN 978-3-89821-903-7

81 *Stephanie Solywoda*
The Life and Work of Semen L. Frank
A Study of Russian Religious Philosophy
With a foreword by Philip Walters
ISBN 978-3-89821-457-5

82 *Vera Sokolova*
Cultural Politics of Ethnicity
Discourses on Roma in Communist Czechoslovakia
ISBN 978-3-89821-864-1

83 *Natalya Shevchik Ketenci*
Kazakhstani Enterprises in Transition
The Role of Historical Regional Development in Kazakhstan's Post-Soviet Economic Transformation
ISBN 978-3-89821-831-3

84 *Martin Malek, Anna Schor-Tschudnowskaja (Hrsg.)*
Europa im Tschetschenienkrieg
Zwischen politischer Ohnmacht und Gleichgültigkeit
Mit einem Vorwort von Lipchan Basajewa
ISBN 978-3-89821-676-0

85 *Stefan Meister*
Das postsowjetische Universitätswesen zwischen nationalem und internationalem Wandel
Die Entwicklung der regionalen Hochschule in Russland als Gradmesser der Systemtransformation
Mit einem Vorwort von Joan DeBardeleben
ISBN 978-3-89821-891-7

86 *Konstantin Sheiko in collaboration with Stephen Brown*
Nationalist Imaginings of the Russian Past
Anatolii Fomenko and the Rise of Alternative History in Post-Communist Russia
With a foreword by Donald Ostrowski
ISBN 978-3-89821-915-0

87 *Sabine Jenni*
Wie stark ist das „Einige Russland"?
Zur Parteibindung der Eliten und zum Wahlerfolg der Machtpartei im Dezember 2007
Mit einem Vorwort von Klaus Armingeon
ISBN 978-3-89821-961-7

88 *Thomas Borén*
Meeting-Places of Transformation
Urban Identity, Spatial Representations and Local Politics in Post-Soviet St Petersburg
ISBN 978-3-89821-739-2

89 *Aygul Ashirova*
Stalinismus und Stalin-Kult in Zentralasien
Turkmenistan 1924-1953
Mit einem Vorwort von Leonid Luks
ISBN 978-3-89821-987-7

90 *Leonid Luks*
Freiheit oder imperiale Größe?
Essays zu einem russischen Dilemma
ISBN 978-3-8382-0011-8

91 *Christopher Gilley*
The 'Change of Signposts' in the Ukrainian Emigration
A Contribution to the History of Sovietophilism in the 1920s
With a foreword by Frank Golczewski
ISBN 978-3-89821-965-5

92 *Philipp Casula, Jeronim Perovic (Eds.)*
Identities and Politics During the Putin Presidency
The Discursive Foundations of Russia's Stability
With a foreword by Heiko Haumann
ISBN 978-3-8382-0015-6

93 *Marcel Viëtor*
Europa und die Frage nach seinen Grenzen im Osten
Zur Konstruktion ‚europäischer Identität' in Geschichte und Gegenwart
Mit einem Vorwort von Albrecht Lehmann
ISBN 978-3-8382-0045-3

94 *Ben Hellman, Andrei Rogachevskii*
Filming the Unfilmable
Casper Wrede's 'One Day in the Life of Ivan Denisovich'
Second, Revised and Expanded Edition
ISBN 978-3-8382-0044-6

95 *Eva Fuchslocher*
Vaterland, Sprache, Glaube
Orthodoxie und Nationenbildung am Beispiel Georgiens
Mit einem Vorwort von Christina von Braun
ISBN 978-3-89821-884-9

96 *Vladimir Kantor*
Das Westlertum und der Weg Russlands
Zur Entwicklung der russischen Literatur und Philosophie
Ediert von Dagmar Herrmann
Mit einem Beitrag von Nikolaus Lobkowicz
ISBN 978-3-8382-0102-3

97 *Kamran Musayev*
Die postsowjetische Transformation im Baltikum und Südkaukasus
Eine vergleichende Untersuchung der politischen Entwicklung Lettlands und Aserbaidschans 1985-2009
Mit einem Vorwort von Leonid Luks
Ediert von Sandro Henschel
ISBN 978-3-8382-0103-0

98 *Tatiana Zhurzhenko*
Borderlands into Bordered Lands
Geopolitics of Identity in Post-Soviet Ukraine
With a foreword by Dieter Segert
ISBN 978-3-8382-0042-2

99 *Кирилл Галушко, Лидия Смола (ред.)*
Пределы падения – варианты украинского будущего
Аналитико-прогностические исследования
ISBN 978-3-8382-0148-1

100 *Michael Minkenberg (ed.)*
Historical Legacies and the Radical Right in Post-Cold War Central and Eastern Europe
With an afterword by Sabrina P. Ramet
ISBN 978-3-8382-0124-5

101 *David-Emil Wickström*
"Okna otkroi!" – "Open the Windows!"
Transcultural Flows and Identity Politics in the St. Petersburg Popular Music Scene
With a foreword by Yngvar B. Steinholt
Second, Revised and Expanded Edition
ISBN 978-3-8382-0100-9

102 *Eva Zabka*
Eine neue „Zeit der Wirren"?
Der spät- und postsowjetische Systemwandel 1985-2000 im Spiegel russischer gesellschaftspolitischer Diskurse
Mit einem Vorwort von Margareta Mommsen
ISBN 978-3-8382-0161-0

103 *Ulrike Ziemer*
Ethnic Belonging, Gender and Cultural Practices
Youth Identitites in Contemporary Russia
With a foreword by Anoop Nayak
ISBN 978-3-8382-0152-8

104 *Ksenia Chepikova*
‚Einiges Russland' - eine zweite KPdSU?
Aspekte der Identitätskonstruktion einer postsowjetischen „Partei der Macht"
Mit einem Vorwort von Torsten Oppelland
ISBN 978-3-8382-0311-9

105 *Леонид Люкс*
Западничество или евразийство? Демократия или идеократия?
Сборник статей об исторических дилеммах России
С предисловием Владимира Кантора
ISBN 978-3-8382-0211-2

106 *Anna Dost*
Das russische Verfassungsrecht auf dem Weg zum Föderalismus und zurück
Zum Konflikt von Rechtsnormen und -wirklichkeit in der Russländischen Föderation von 1991 bis 2009
Mit einem Vorwort von Alexander Blankenagel
ISBN 978-3-8382-0292-1

107 *Philipp Herzog*
Sozialistische Völkerfreundschaft, nationaler Widerstand oder harmloser Zeitvertreib?
Zur politischen Funktion der Volkskunst im sowjetischen Estland
Mit einem Vorwort von Andreas Kappeler
ISBN 978-3-8382-0216-7

108 *Marlène Laruelle (ed.)*
Russian Nationalism, Foreign Policy, and Identity Debates in Putin's Russia
New Ideological Patterns after the Orange Revolution
ISBN 978-3-8382-0325-6

109 *Michail Logvinov*
Russlands Kampf gegen den internationalen Terrorismus
Eine kritische Bestandsaufnahme des Bekämpfungsansatzes
Mit einem Geleitwort von Hans-Henning Schröder und einem Vorwort von Eckhard Jesse
ISBN 978-3-8382-0329-4

110 *John B. Dunlop*
The Moscow Bombings of September 1999
Examinations of Russian Terrorist Attacks at the Onset of Vladimir Putin's Rule
Second, Revised and Expanded Edition
ISBN 978-3-8382-0388-1

111 *Андрей А. Ковалёв*
Свидетельство из-за кулис российской политики I
Можно ли делать добро из зла? (Воспоминания и размышления о последних советских и первых послесоветских годах)
With a foreword by Peter Reddaway
ISBN 978-3-8382-0302-7

112 *Андрей А. Ковалёв*
Свидетельство из-за кулис российской политики II
Угроза для себя и окружающих (Наблюдения и предостережения относительно происходящего после 2000 г.)
ISBN 978-3-8382-0303-4

113 *Bernd Kappenberg*
Zeichen setzen für Europa
Der Gebrauch europäischer lateinischer Sonderzeichen in der deutschen Öffentlichkeit
Mit einem Vorwort von Peter Schlobinski
ISBN 978-3-89821-749-1

114 *Ivo Mijnssen*
The Quest for an Ideal Youth in Putin's Russia I
Back to Our Future! History, Modernity, and Patriotism according to *Nashi*, 2005-2013
With a foreword by Jeronim Perović
Second, Revised and Expanded Edition
ISBN 978-3-8382-0368-3

115 *Jussi Lassila*
The Quest for an Ideal Youth in Putin's Russia II
The Search for Distinctive Conformism in the Political Communication of *Nashi*, 2005-2009
With a foreword by Kirill Postoutenko
Second, Revised and Expanded Edition
ISBN 978-3-8382-0415-4

116 *Valerio Trabandt*
Neue Nachbarn, gute Nachbarschaft?
Die EU als internationaler Akteur am Beispiel ihrer Demokratieförderung in Belarus und der Ukraine 2004-2009
Mit einem Vorwort von Jutta Joachim
ISBN 978-3-8382-0437-6

117 *Fabian Pfeiffer*
Estlands Außen- und Sicherheitspolitik I
Der estnische Atlantizismus nach der wiedererlangten Unabhängigkeit 1991-2004
Mit einem Vorwort von Helmut Hubel
ISBN 978-3-8382-0127-6

118 *Jana Podßuweit*
Estlands Außen- und Sicherheitspolitik II
Handlungsoptionen eines Kleinstaates im Rahmen seiner EU-Mitgliedschaft (2004-2008)
Mit einem Vorwort von Helmut Hubel
ISBN 978-3-8382-0440-6

119 *Karin Pointner*
Estlands Außen- und Sicherheitspolitik III
Eine gedächtnispolitische Analyse estnischer Entwicklungskooperation 2006-2010
Mit einem Vorwort von Karin Liebhart
ISBN 978-3-8382-0435-2

120 *Ruslana Vovk*
Die Offenheit der ukrainischen Verfassung für das Völkerrecht und die europäische Integration
Mit einem Vorwort von Alexander Blankenagel
ISBN 978-3-8382-0481-9

121 *Mykhaylo Banakh*
Die Relevanz der Zivilgesellschaft bei den postkommunistischen Transformationsprozessen in mittel- und osteuropäischen Ländern
Das Beispiel der spät- und postsowjetischen Ukraine 1986-2009
Mit einem Vorwort von Gerhard Simon
ISBN 978-3-8382-0499-4

122 *Michael Moser*
Language Policy and the Discourse on Languages in Ukraine under President Viktor Yanukovych (25 February 2010–28 October 2012)
ISBN 978-3-8382-0497-0 (Paperback edition)
ISBN 978-3-8382-0507-6 (Hardcover edition)

123 *Nicole Krome*
Russischer Netzwerkkapitalismus
Restrukturierungsprozesse in der Russischen Föderation am Beispiel des Luftfahrtunternehmens "Aviastar"
Mit einem Vorwort von Petra Stykow
ISBN 978-3-8382-0534-2

124 *David R. Marples*
'Our Glorious Past'
Lukashenka's Belarus and the Great Patriotic War
ISBN 978-3-8382-0574-8 (Paperback edition)
ISBN 978-3-8382-0675-2 (Hardcover edition)

125 *Ulf Walther*
Russlands "neuer Adel"
Die Macht des Geheimdienstes von Gorbatschow bis Putin
Mit einem Vorwort von Hans-Georg Wieck
ISBN 978-3-8382-0584-7

126 *Simon Geissbühler (Hrsg.)*
Die Revolution 2.0
Der Umbruch 2013/14 und die Perspektiven der Ukraine
ISBN 978-3-8382-0581-6 (Paperback edition)
ISBN 978-3-8382-0681-3 (Hardcover edition)

127 *Andrey Makarychev*
Russia and the EU in a Multipolar World
Discourses, Identities, Norms
ISBN 978-3-8382-0629-5

128 *Roland Scharff*
Kasachstan als postsowjetischer Wohlfahrtsstaat
Die Transformation des sozialen Schutzsystems
Mit einem Vorwort von Joachim Ahrens
ISBN 978-3-8382-0622-6

***ibidem*-Verlag**
Melchiorstr. 15
D-70439 Stuttgart
info@ibidem-verlag.de

www.ibidem-verlag.de
www.ibidem.eu
www.edition-noema.de
www.autorenbetreuung.de

FSC
www.fsc.org
MIX
Papier | Fördert gute Waldnutzung
FSC® C083411

Kolibri 360 GmbH
Ferdinand-Jühlke-Straße 7
99095 Erfurt, Deutschland
produktsicherheit@kolibri360.de